Joachim Radkau

Geschichte der Zukunft

Prognosen, Visionen, Irrungen
in Deutschland von 1945 bis heute

Carl Hanser Verlag

1 2 3 4 5   21 20 19 18 17

ISBN 978-3-446-25463-3
Alle Rechte vorbehalten
© Carl Hanser Verlag München 2017
Satz: Greiner & Reichel, Köln
Druck und Bindung: CPI – Ebner & Spiegel, Ulm
Printed in Germany

Inhalt

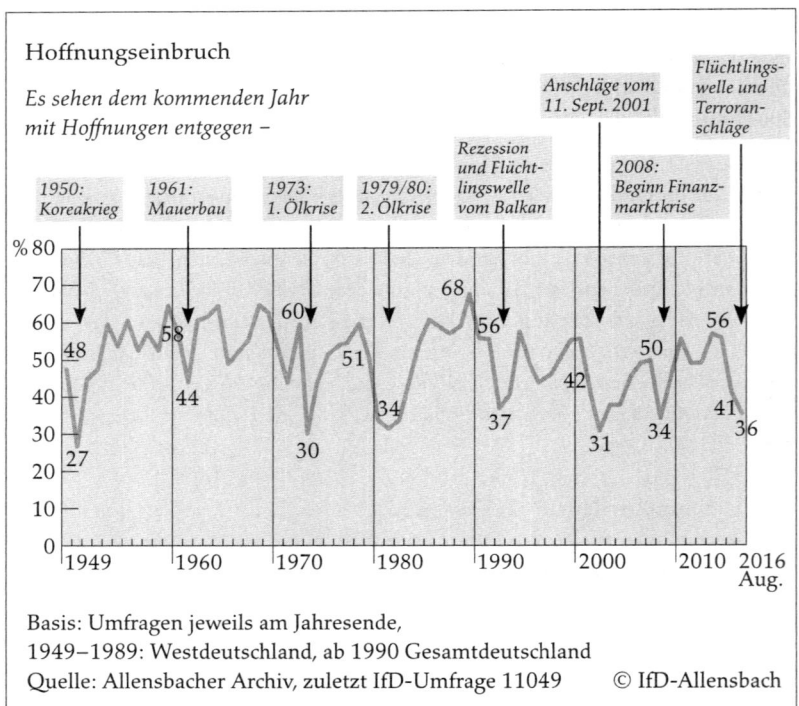

Hoffnungseinbruch

Es sehen dem kommenden Jahr
mit Hoffnungen entgegen –

Anschläge vom
11. Sept. 2001

Flüchtlings-
welle und
Terroran-
schläge

Rezession
und Flücht-
lingswelle
vom Balkan

2008:
Beginn Finanz-
marktkrise

| 1950:
Koreakrieg | 1961:
Mauerbau | 1973:
1. Ölkrise | 1979/80:
2. Ölkrise |

% 80
70
60
50
40
30
20
10
0

48
27
58
44
60
30
51
34
68
56
37
42
31
50
34
56
41
36

1949   1960   1970   1980   1990   2000   2010 2016
Aug.

Basis: Umfragen jeweils am Jahresende,
1949–1989: Westdeutschland, ab 1990 Gesamtdeutschland
Quelle: Allensbacher Archiv, zuletzt IfD-Umfrage 11049   © IfD-Allensbach

»Hoffnungseinbruch«: Schaubild des Instituts für Demoskopie Allensbach,
das von Anfang an jeweils zum Jahresende die Zukunftsgestimmtheit
der Bundesbürger erfragte.

Einleitung:
Der Historiker und die Zukunft –
ins Stocken geratene Anläufe
und neue Zugänge

DIE URLUST AN DEN URSPRÜNGEN DER URSPRÜNGE UND DAS VERGNÜGEN DER RETROSPEKTIVEN BESSERWISSEREI: STOLPERSTEINE BEIM UMKREMPELN DER GESCHICHTE. Eine anekdotenreife Szene aus einem Bismarck-Seminar des Historikers Heinz Gollwitzer an der Universität Münster ist mir noch nach über fünfzig Jahren in Erinnerung: Da hielt ein Student ein Referat über das Sozialistengesetz von 1879. Am 11. Mai jenes Jahres hatte der Klempnergeselle Max Hödel auf den Kaiser geschossen; am 2. Juni war das Attentat von Karl Nobiling, dem Doktor der Staatswissenschaften, gefolgt; dieses benutzte Bismarck zum Verbot der Sozialdemokratie, ohne dass ein Zusammenhang der Attentäter mit dieser Partei nachgewiesen worden wäre. Aus dem Seminar kam die Frage: »Warum hatte Bismarck nicht schon Hödels Attentat zum Anlass genommen?« Der Referent: »Och, er wollte wohl erst das Attentat von Nobiling abwarten.« Da schaute Gollwitzer, sonst meist ernst, mit zuckenden Mundwinkeln umher – wir begriffen und fingen an zu lachen. Als ob Bismarck schon damals die »Bismarck-Zeit« wie in einem nachträglichen Geschichtsbuch vor Augen gehabt und daher gewusst hätte: Auf Hödel folgt Nobiling!

Ist diese Geschichte bloß komisch? Für mich wurde sie zum Aha-Erlebnis. Hödel hin, Hödel her – aber die fixe Idee, die Akteure der Vergangenheit hätten den Fortgang der Geschichte kennen müssen, spukt auch zehn Etagen höher in Historikerhirnen herum, selbst dann, wenn das Überraschungsmoment der damals einstürmenden Geschehnisse offenkundig ist. Historiker bekennen sich zwar zu dieser Prämisse kaum je direkt; aber sie urteilen in einer Weise, die diese Voraussicht voraussetzt. Das gilt nicht zuletzt für den streitbaren Hans-Ulrich Wehler. So vermisste er, über ein Jahrzehnt nach erfolgter Wiedervereinigung, bis 1989 bei der SPD, der er sonst nahestand, eine »aktive Einigungspolitik«, ja erkannte bei ihr gegenüber der DDR geradezu eine »politische Blindheit«.[1] »Die kurzlebige Existenz der DDR hat in jeder Hinsicht in eine Sackgasse geführt.«[2] Aber kein anderer als Wehler selbst hatte noch im April 1989 in Buffalo einen Vortrag mit dem Titel gehalten: »The ›German Question‹ in Europe 1648–1989 – Why Germany Should Not be Reunited«[3], wobei er – wie in heutigen Titeln beliebt – »Warum?« vom Frage- zum Bekräftigungswort umdreht, das Fragen abschneidet. Damit hatte er eine Fortexistenz der DDR auf unabsehbare Zeit in Aussicht gestellt. Mit dieser Sichtweise stand er noch zu jener Zeit ganz und gar nicht allein.[4] Einstige Fehlprognosen nicht wegzuwischen, sondern in Erinnerung zu rufen öffnet historische Einsichten eigener Art, nicht zuletzt über die Bedeutung des Überraschungseffekts in der Geschichte.

Im Zuge der Recherchen für meine Dissertation über die deutsche USA-Emigration nach 1933 lernte ich den schon im Jahr der Machtergreifung emigrierten Historiker George W. F. Hallgarten (1901–1975) kennen, der damals in Washington lebte. In den Jahren darauf schrieben wir gemeinsam das Buch *Deutsche Industrie und Politik von Bismarck bis heute*. Hallgarten legte mir gegenüber Wert darauf, 1933 sei er einzig als Pazifist und Anhänger der politischen Linken emigriert, nicht wegen seiner jüdischen Herkunft; kaum einer der deutschen Juden sei damals auf die Idee gekommen, dass er in NS-Deutschland nicht nur in einer etwaigen Beamtenkarriere, sondern auch an Leib und Leben bedroht sei.[5] Groteske Ironie des Schicksals: Hallgarten war Mitschüler, ja Schulfreund von Heinrich Himmler (»my once tender and sensitive former friend«) gewesen.[6] Zu der Zeit, als wir miteinander in Kontakt traten, hatte ein amerikanischer Psychohistoriker die These aufgestellt, Himmlers Antisemitismus sei einem untergründigen Neid auf den jungen Hallgarten, den Spross der Münchener Schickeria, entsprungen. Diese Unterstellung, dass er selbst, wenn auch schuldlos, am Ursprung des Holocaust stehe, brachte Hallgarten aus der Fassung; er wollte mit mir ein ganzes Buch schreiben, um nachzuweisen, dass die mörderische Judenfeindschaft Himmlers wie überhaupt künftiger Nationalsozialisten frühestens 1917/18, in der Endphase des Krieges, entstanden sei, daher hätten die meisten deutschen Juden die tödliche Neuartigkeit dieses Antisemitismus zu lange nicht begriffen.

Ich wimmelte dieses Buchprojekt ab, weil ich Forschungen, bei denen vorweg feststeht, was herauskommen soll, nicht schätze; und doch mag Hallgarten aus seiner eigenen Erfahrung etwas Richtiges erkannt haben. Bei all seinen Sarkasmen zum wilhelminischen Deutschland hielt er doch nicht viel von Wehlers damaliger Konstruktion des Kaiserreichs als eines geschlossenen Systems, das per se zum Verhängnis prädestiniert war; er besaß einen ausgeprägten Sinn für das Überraschungs- und Überrumpelungsmoment der Geschichte: Manche Umbrüche können ebendeshalb geschehen, weil sie vom Gros der Zeitgenossen zumindest in dieser Form *nicht* vorhergesehen wurden. Niemand, der das Leben liebt, hätte 1933 die NSDAP gewählt, hätte er (oder sie) im Voraus gewusst, was kommt: eigentlich eine denkbar simple Einsicht!

Der Historiker soll die Menschen vergangener Zeiten verstehen. Aber wo deren Handeln keine bloße Alltagsroutine und nicht lediglich reaktiv ist, muss man zum Verständnis damalige Zukunftserwartungen rekonstruieren, und diese können sich himmelweit vom tatsächlichen Fortgang der Geschichte unterscheiden. Diese Logik ist eigentlich so naheliegend wie nur möglich, und man sollte meinen, die Historiker hätten voller Neugier der Geschichte der Zukunftserwartungen nachgespürt – aber ebendies ist verblüffend selten geschehen, und wo es solche Ansätze gab, blieben diese, mit wenigen Ausnahmen, regelmäßig stecken. 1959, in der Zeit von Mao Tsetungs »Großem Sprung«, verkündete gar der Historiker Hermann Heimpel, der als Erfinder des Begriffs »Vergangenheitsbewältigung« gilt: »Die Geschichtswissenschaft muss den Sprung in die planetarische Zukunft wagen«[7], und wurde damit viel zitiert; aber ihm lag es fern, diesen großen Sprung zu wagen. Einst suchte ich zusammen mit meiner Ehefrau Orlinde, wir beide von der lustvollen Seite von 1968 beschwingt, der Lust in der Geschichtswissenschaft nachzugehen: Da entdeckten wir mit Staunen, dass schon Droysen, der bedeutendste Geschichtsdenker des 19. Jahrhunderts, die Historiker dazu auffordert, das dynamische Element in der Geschichte zu erforschen, statt ewig den Wurzeln nachzuspüren; und doch setzte er sich damit nicht durch.[8] Wie ist dieses Rätsel zu erklären?

Eine Antwort liegt nahe: Wer sich der Geschichte zuwendet, dessen Leidenschaft richtet sich erst einmal auf die Retrospektive, und in diese steigert man sich dann hinein; so schwelgt die Urlust des Historikers im Spüren nach den Ursprüngen und immer weiter nach den Ursprüngen der Ursprünge … Und nicht selten verstärkt sich diese Libido durch eine andere Lust: die der Besserwisserei aus der Rückschau. Das ist eigentlich ein billiges Vergnügen, mit dem man nicht unbedingt renommieren kann; aber beim Rückblick auf die NS-Verbrechen und die Weltkriege erlangt es einen Zug von moralischer Überlegenheit. In diesem Sinne wurde »Erinnerungskultur« zur Parole populärer Geschichtsvermittlung. Wenn in den 1950er Jahren und danach Angehörige der älteren Historikergeneration, die der Kriegsfreiwilligen von 1914 und derer, die sich 1933 zu Hitler bekannt hatten, zuweilen daran erinnerten, dass man sich zum Verständnis der Geschichte in einstige Zukunftshorizonte hineinversetzen müsse, weckte dies bei Jüngeren den Verdacht auf Apologie, und nicht ohne Grund.

Reinhard Wittram (1902–1973), dessen Büchlein *Das Interesse an der Geschichte* (1958) für mich wie für viele Mitstudenten der erste Einstieg ins Geschichtsstudium war, brachte 1966 die Essaysammlung *Zukunft in der Geschichte* heraus, die mit Betrachtungen über die »vergangene Zukunft« begann. Zwischen den Zeilen mag man spüren, dass er durch die Zukunft der Zwischenkriegszeit im Grunde gerne seine eigene NS-Vergangenheit entschuldigen würde; aber gewissenhaft, wie er war, zuckt er davor im Gedanken an Auschwitz zurück: »es hieße alle Gewichte verwirren …, wenn wir bei dem Bemühen um die Vergegenwärtigung des Nationalsozialismus in unsere eigene Naivität des Jahres 1933 oder 1937 oder irgendein Ereignis der nächstfolgenden Jahre ohne das Wissen um das Grauen der Vernichtungslager ins Auge fassen wollten …«[9] Das einst als Credo der Historiker gern zitierte Wort Leopold von Rankes, jedes Zeitalter sei »unmittelbar zu Gott«, blieb dem Historiker im Anblick der NS-Verbrechen im Halse stecken.

EINE ERSTE ENTDECKUNG: DIE PRODUKTIVITÄT DES PRAGMATISCHEN PESSIMISMUS. Um ehrlich zu sein: Auch ich selbst bin oft genug beim Thema »Zukunft« ins Stocken geraten – bezeichnenderweise kamen mir viele Gedanken des Buches nicht so sehr beim gezielten Grübeln, sondern eher im Halbschlaf, wenn abgesunkene Erinnerungen hochtauchten. Auf dem tiefsten Grund eine Erinnerung aus meiner Schülerzeit, Anfang 1961: Da hatte ich an einem Wochenendseminar mit Wolfgang Leonhard teilgenommen, der mit seinen Insiderkenntnissen aus der SED-Führung zu jener Zeit Furore machte. Damals hatte ich die Mao-Biographie von Robert Payne gelesen, die noch die einstige Faszination des Autors durch den chinesischen Revolutionär verrät.[10] Ich meinte zu Leonhard, solch ein Revolutionär, der eine große Vision hat und aus dem Stegreif Gedichte macht, das sei doch wirklich ein anderes Kaliber als diese Bonner Alltagsmenschen. Er dagegen mahnte zur Vorsicht mit Staatschefs, die Visionen haben und Gedichte fabrizieren: Alltagsmenschen wie hierzulande bekämen den von ihnen Regierten oftmals weit besser!

Damals war noch längst nicht ins öffentliche Bewusstsein gedrungen, dass Maos »Großer Sprung« – diese Parole mit Kick, gerade für Jugendliche – weitaus mehr Menschenleben gekostet hatte als selbst der Holocaust; und doch überkam mich nach dieser Entgegnung ein peinliches Gefühl, das ich bis heute in Erinnerung habe. Mir wurde bewusst: Ich hatte mich mit großen Worten wichtig getan in einer Art, wie das damals unter »kritischen« Intellektuellen der Stil war; in Wahrheit hatte ich von der weiten Welt keine Ahnung, wogegen Leonhard wohl wusste, wovon er redete. War es etwa ein Vorzug der alten Bundesrepublik, dass die Politiker – zumindest bis in die frühen 1960er Jahre – die Zukunftsvisionen gemeinhin den Publizisten überließen? Oder lag da doch ein Defizit der Bonner Politik, zumindest auf die Länge der Zeit? Über 53 Jahre danach, in Nachrufen auf den verstorbenen Leonhard, war zu lesen, dass er sich in seinen alten Tagen nach »langfristigen Perspektiven« in der Politik geradezu »gesehnt« habe.[11]

Bahnbrechend war in der Zukunftsgeschichte *Die Entdeckung der Zukunft* von Lucian Hölscher. Da stehen visionäre Zukunftsentwürfe im Zentrum, die die gesamte Gesellschaft und Kultur umfassen; die »Periode des Höhepunkts« ist ausgerechnet die Zeit von 1890 bis 1950: die Zeit des Hochimperialismus, der Weltkriege, des Faschismus und des Stalinismus. Das bestätigt die Warnung, die der Philosoph Hermann Lübbe mir gegenüber äußerte: »Träume vom Paradies führen in die Hölle!« Die Zeit nach 1950 dagegen ist bei Hölscher »die Periode des Niedergangs«. Eben von dieser Zeit handelt jedoch dieses Buch. Es war keine große Zeit der Utopien, aber eine Zeit der nüchternen, oft genug pessimistischen Zukunftsszenarien, auch eine Zeit spezieller, auf bestimmte Sektoren begrenzter Zukunftsentwürfe, für automatisierte Industrien etwa, für das Verkehrswesen, die Bildung und die Energiewirtschaft. Und dann, nach 1970, das dramatische Hell-Dunkel der ökologischen Zukünfte!

All dies enthält die Chance, die Zukunftsgeschichte tiefer in der realen Geschichte zu verwurzeln, ob als Spiegel von Zeitstimmungen, als Triebkraft des Handelns oder als Quelle von Überraschungen. Ebendies ist das Ziel dieser Darstellung. Zukunftserwartungen machen nicht zuletzt durch die von ihnen wider Willen bewirkten Überraschungseffekte Geschichte. Und die resultieren in typischen Fällen aus der Synergie diverser Entwicklungen, die bis dahin voneinander getrennt wahrgenommen wurden. Wenn man aus den Schulen immer wieder die Klage hört, die Schüler fänden die deutsche Nachkriegsgeschichte im Kontrast zur NS-Zeit so langweilig, lässt sich dies ändern: durch die Konzentration auf das dramatische Wechselspiel von Erwartungen und Überraschungen!

Den unmittelbaren Anstoß zu diesem Buch gab mir die Bekanntschaft mit Michael Wettengel und seinen Recherchen über den Parlamentarischen Rat, der 1948/49 das Grundgesetz ausarbeitete. Da hatte er den Zukunftserwartungen dieser oft leidgeprüften Parlamentarier besondere Aufmerksamkeit gewidmet, mit dem für mich überraschenden Ergebnis, dass diese ganz überwiegend »skeptisch bis pessimistisch« waren.[12] Kaum einer hatte auch nur die leiseste Ahnung vom kommenden »Wirtschaftswunder« und dem Aufstieg der Bundesrepublik, durch den das »Grundgesetz«, das damals bewusst den Beiklang des Provisorischen besaß, zur stabilsten deutschen Verfassung werden sollte. Stattdessen grassierte in Erinnerung an die Ermordung von Erzberger und Rathenau die Sorge, durch die Mitarbeit an der Vorbereitung des neuen Weststaats in den Augen der Chauvinisten zum Kollaborateur zu werden und die eigene persönliche Sicherheit zu gefährden. »Wir sollten uns alle darüber klar sein, dass wir Politik mit dem Kopf unter dem Arm machen«, erklärte damals der SPD-Abgeordnete Rudolf-Ernst Heiland[13]; *Politik mit dem Kopf unter dem Arm* machte Wettengel zum Titel seiner Abhandlung. Damit reihte Heiland sich und seine Kollegen unter die »Kephalophoren« ein: ein Terminus für die zahlreichen Heiligen, die ihr abgeschlagenes Haupt tragen.[14]

In einer solchen Stimmung wurden die Grundlagen der Bundesrepublik gelegt, derweil in der Ostzone mit einem Schwall von Zukunftspathos ein brüchiges Staatsgebilde installiert wurde. Ein schlagender Beweis für die Produktivität von Skepsis und Pessimismus und dafür, dass die großen Visionen gar nicht jene schöpferische Kraft besitzen, die ihre Lobredner ihnen zuschreiben? Oder enthielt »Politik mit dem Kopf unter dem Arm« auch ein Stück Selbstdramatisierung zu Märtyrern, gerade auch gegenüber den Besatzungsmächten, die diesen Parlamentariern viel zu schaffen machten; war man im Innern zuversichtlicher, als man nach außen zeigte? Zu den wenigen, die in diesem Gremium ganz offen Humor und gute Laune verbreiteten, gehörte Theodor Heuss; nicht zuletzt daraus erklärt sich das durchaus situationsgebundene Charisma des kommenden Bundespräsidenten.

Wieder und wieder hatte ich Phasen, da konnte ich das Pochen auf die »Zukunft« mit dem gewissen motzigen Ton nicht mehr hören. Und auch heute: Immer wieder, wenn geltungsbedürftige Stadtplaner mit großen Projekten kommen, durch die vertraute Stadtviertel verhunzt, Steuergelder verplempert und – wie stets mit gewaltiger Überschreitung der Kostenvoranschläge und obendrein einem Rattenschwanz von Schludrigkeiten – Betonklötze als Jahrhundertbauwerke verkauft werden, wobei das ewige

»Zukunft-Zukunft-Zukunft« wie ein Kuckucksruf erklingt und Kritiker als Ewiggestrige abgekanzelt werden, kribbelt es mich, auf diese »Zukunfts«-Rhetorik eine Breitseite zu feuern, ja »Vision« zum Unwort zu deklarieren – und dann zucke ich davor zurück. Braucht man nicht doch Zukunftsvisionen, gerade auch um einen derartigen Murks wirksam zu verhindern? Und wie steht es mit der Umweltbewegung, der ich seit über vierzig Jahren anhänge? Ist nicht gerade für sie der Gedanke an die Zukunft essenziell? Nicht zuletzt in Reflexionen darüber besteht für mich der praktische Sinn dieses Buches. SECHS ANLÄUFE ZUR ZUKUNFTSGESCHICHTE – ABER WIE WEITER? EINE SELBSTKRITISCHE RÜCKSCHAU. Über Jahrzehnte holte mich das vertrackte Thema »Zukunft« immer wieder ein; stets geriet ich daran durch konkrete historische Stoffe sehr unterschiedlicher Art, nicht durch geschichtstheoretische Betrachtungen; aber immer wieder blieb ich irgendwo stecken. Auf welche Weise dabei das Wissen zur Weisheit wird, blieb eine offene Frage. Dass bei einem Großteil der futuristischen Populärliteratur »Zukunft« einen polternden, auftrumpfenden Ton besitzt – wohinter sich in der Regel ein bloßer Bluff verbirgt, der einem nach ein paar Jahren in Antiquariaten fast umsonst nachgeschmissen wird –, trug dazu bei, dass dieses Genre bei mir einen intellektuellen Brechreiz hervorrief und mir die Lust an fortgesetzten Zukunftsreflexionen verdarb. Bei den Vorarbeiten zu diesem Buch wurde mir erst nach und nach bewusst, dass ich mindestens ein halbes Dutzend Anläufe zur Zukunftsgeschichte hinter mir habe, die mein gesamtes Historikerdasein durchziehen und immer neue Fragen aufwerfen, die vorerst im Raum stehenbleiben müssen. Um diese kurz zu rekapitulieren: 1. DIE EMIGRATION AB 1933. Meine Arbeit an der Dissertation zu diesem Thema fiel in die Jahre um 1968; mein Doktorvater war der Hamburger Historiker Fritz Fischer, der Star der damaligen Linken, und die Wahl meines Themas – das nicht von Fischer, sondern aus mir selbst kam – entsprach ganz der »antifaschistischen« Stimmung jener Zeit, noch ohne eine Ahnung davon, dass Migration ein äußerst zukunftsträchtiges Thema werden sollte. Damals dachte man bei den USA-Emigranten an erster Stelle an Herbert Marcuse und Ernst Bloch, die Zukunftsvisionäre und Mentoren von Rudi Dutschke. Aber als ich jetzt zum ersten Mal nach langer Zeit wieder in meine Dissertation schaute, war ich überrascht über die Wiederentdeckung des Kapitels »Emigranten als Kritiker des ›Utopismus‹«.[15] In der Tat, das war damals eine (erst einmal enttäuschende) Entdeckung: Marcuse und Bloch waren überhaupt nicht repräsentativ für jene Emigration; ganz im Gegenteil: Eine lange Galerie bedeutender Geister zeugt davon, dass das Trauma von 1933 in typischen Fällen geradezu eine Allergie gegen großspurige Zukunftsvisionen welcher Art auch immer hervorrief. Das verstehe ich besser nach Lektüre der *Zukunft der Weimarer Republik* von Rüdiger Graf: einer der bislang ganz wenigen großangelegten Arbeiten zur Geschichte der Zukunftserwartungen. Da ist man verblüfft über den damals von rechts bis links grassierenden oft »geradezu überschwänglichen Optimismus«.[16] Umso traumatischer muss die darauf folgende böse Überraschung gewirkt haben. Nach 1945 traf sich der Anti-Utopismus führender Emigranten mit der Grundstimmung der Mehrheit der Deutschen: Nicht zuletzt durch diese Konvergenz wurde die Emigration zu einem Bestandteil auch der deutschen Geschichte. Aber war das ein Fortschritt hin zur politischen Weisheit – ein dauerhafter, nicht bloß ein situationsgebundener?

2. DAS ÜBERRASCHUNGSMOMENT VON 1933. Solche Entdeckungen im Schrifttum des Exils, bestärkt durch die Zusammenarbeit mit Hallgarten, stießen mich immer wieder auf die Frage, wieweit sich die NS-Katastrophe hatte vorhersehen lassen. 1976 brachte ich mit einem Freund ein Schulbuch *Nationalsozialismus und Faschismus* heraus; da widmete ich dieser Frage ein eigenes Unterkapitel[17], ohne mir allerdings ganz darüber klar zu sein, was Schüler aus einstigen Fehlprognosen lernen können. Gewiss war mir nur das eine, dass die selbstzufriedene Vorstellung, die Hälfte der Deutschen sei 1933 blind oder böse gewesen und wir heute seien zum Glück viel besser, mit einem »Aus-der-Geschichte-Lernen« wenig zu tun hat. Ein paar Jahre später griff ich die Frage wieder auf, als ich für eine Tagung über das Ende der Weimarer Republik Prognosen der *Weltbühne* über den Nationalsozialismus analysierte[18]: Selbst in dieser legendären Zeitschrift der Linksintelligenz wimmelte es von unglaublichen Fehlurteilen![19]

In spätere Auflagen des Schulbuches fügte ich in das genannte Unterkapitel einen Text aus dem Buch *Hitlers Weg* (1932) von Theodor Heuss ein, das ich auf einer Bergwanderung im Rucksack gehabt hatte und das mit seiner aus der Rückschau bizarren Mischung aus Hellsicht und Blindheit viel zu grübeln gibt: Das wurde einer der Anstöße zu meiner Heuss-Biographie.[20] Auch hier war die Quintessenz nicht leicht. Heuss liebte es, sich in Gestalten, über die er schrieb, zu spiegeln und ein Stück von sich selbst zu entdecken: Auf diese Weise gelangen ihm Geistesblitze bei einem Wilhelm Busch, aber unterliefen ihm Irrlichter bei einem Hitler. Im übrigen war er weder zum aktiven Widerstand noch zur Emigration bereit: Auch dieser begrenzte Handlungsspielraum beeinflusste sein Urteil. Prognosen und Handlungsperspektiven hängen oft zusammen.

Am 17. Januar 1919, zwei Tage bevor er bei den Wahlen zur Nationalversammlung durchfiel, hatte Heuss in Stuttgart eine Wahlrede gehalten, die später unter dem Titel »Deutschlands Zukunft« die Reihe seiner »Großen Reden« eröffnete. Da stellte er die kühne Behauptung auf: »der deutsche Nationalgedanke ist nicht mit Brutalität und Herrscherwillen durchsetzt, sondern findet seine Ziele und Grenzen im Geistigen.«[21] Noch einmal hielt er am 18. März 1946 eine Rede »Um Deutschlands Zukunft«, wieder unmittelbar nach einem verlorenen Krieg; da versicherte er den Berlinern, die sich schon vom Westen abgehängt fühlten: »Es gibt kein Entrinnen aus dem deutschen Gesamtschicksal.«[22] O doch, das gab es für die Westzonen sehr wohl; das sollte sich schon bald herausstellen. Heuss, der für seine Person noch in seinen alten Tagen eine überraschende Zukunft haben sollte, erwies sich nicht als begnadeter Prophet; als Präsident hat er sich meist der Zukunftsrhetorik enthalten, und dies ganz bewusst: »Ich bin nicht in der Korporation der Propheten aktiv geworden.«[23] Auch darin war er beispielgebend für die frühe Bundesrepublik. Aber – gerade diese Zurückhaltung kann zukunftsträchtig sein!

3. DAS ÜBERRASCHUNGSMOMENT VON 1914. Als ich bei den Recherchen zu meinem *Zeitalter der Nervosität* in Patientenakten von Neurasthenikern vor 1914 stöberte, da die Nervosität als die große Epidemie der Zeit galt, war ich von zweierlei Entdeckungen frappiert: zum einen davon, dass sich das kaiserliche Deutschland hier nicht entfernt so martialisch präsentierte wie in jener Literatur (die Bücher meines Doktorvaters inbegriffen), die jene Jahre als gewitterschwüle Vorgeschichte des großen Krieges schildert, und zum anderen davon, dass kaum einer dieser sonst so ängstlichen und übersensiblen Neurastheniker sich vor einem kommenden Krieg sorgt.[24] Die Nervengeschichte gab mir den unmittelbaren Anstoß zur Beschäftigung mit Max Weber, dessen Korrespondenzen eine Fundgrube für die Nervensorgen jener Zeit sind; aber wieder: Selbst bei diesem großen Geist, dem gerne prophetische Hellsicht nachgerühmt wird, findet man in den Vorkriegsbriefen auch nicht den kleinsten Hinweis auf dem kommenden Krieg![25] Nicht anders bei dem jungen Heuss, obwohl er ebenso wie Weber ein politischer Mensch war und auch an Interna der Reichsregierung herankam.[26] Lujo Brentano, der brillanteste deutsche Nationalökonom jener Zeit, mit Weber wie mit Heuss bestens bekannt, führte zwei Wochen vor Kriegsausbruch, wie sich ein Hörer später erinnerte, »mit seiner ganzen unwiderstehlichen Logik triumphierend« den Nachweis, »dass die Verflechtung und die Vernunft der modernen Weltwirtschaft jeden Krieg, zumindest jeden längeren Krieg völlig unmög-

lich mache«.[27] Erst in jüngster Zeit haben Historiker eine Fülle von Zeitzeugnissen entdeckt, die *gegen* die Erwartung eines großen Krieges vor der
Julikrise von 1914 sprechen.[28] 1962 erinnert sich der Ökonom Moritz Julius
Bonn, Jahrgang 1873, in einem Brief an den befreundeten Theodor Heuss, sie
beide hätten ihre Jugend in einer Zeit verlebt, in der »fast alle von der Empfindung erfüllt waren, sie lebten in den Stunden der aufgehenden Morgen-
sonne«.[29] War das eine Verklärung der eigenen Jugend aus der Wehmut des
Alters? Aber im Jahr 1900 verfasste der 24-jährige Konrad Adenauer für
seinen ältesten Bruder ein Hochzeitsgedicht, das begann: »Herrlich liegt vor
Euch die Zukunft, wie das weite sonnbeglänzte Meer ...«[30]

All dies kann dazu führen, nicht nach immer neuen Ursprüngen der Ursprünge zu suchen, sondern auch das *Überraschungsmoment* des Geschehens
schärfer ins Visier zu nehmen.[31] Die realhistorische Bedeutung früherer Zukunftserwartungen kann ebendarin bestehen, dass diese den Überrumpelungseffekt realer Kontingenzen, unvorhergesehener Verknotungen diverser
Ereignisketten verstärken. Der hin und her fliegende Vorwurf der Nervenschwäche kann Kurzschlussreaktionen zur Demonstration der Nervenstärke hervorrufen. Zwar glaubt Lucian Hölscher in seiner *Entdeckung der Zukunft* (1999) feststellen zu können, in der Neuzeit habe es »wohl kaum einen
Krieg« gegeben, »der von den Zeitgenossen gleichermaßen intensiv erwartet, befürchtet, ja sogar erhofft worden ist wie der Erste Weltkrieg«.[32] Aber
vielleicht ist ebendies der springende Punkt: Ganz verschiedenartige Zukunftserwartungen übten in der Julikrise 1914 durch ihr Zusammenschießen
einen fatalen Synergieeffekt aus: die Hoffnung eingefleischter Militaristen
auf einen »frischen, fröhlichen Krieg«, nach dem man zu Weihnachten wieder siegreich daheim war, der fatalistische Glaube des Kanzlers Bethmann
Hollweg an die Unvermeidlichkeit des Krieges und die Zuversicht eines
Brentano, dass ein großer Krieg ebendeshalb, weil seine Folgen so unausdenkbar seien, am Ende doch nicht kommen werde, da die Staatsmänner ja
nicht verrückt seien. Hölscher verweist auf futuristische Kriegsliteratur der
Zeit vor 1914; aber da stellt sich – für die damalige ebenso wie für die heutige Zeit – die Grundfrage, wieweit solche Sensationsbücher, Frühformen der
Science-Fiction, tatsächlich die Erwartungen breiter Bevölkerungsschichten
unter Einschluss der Politiker spiegelten oder ebendeshalb Furore machten,
weil sie Unglaubliches präsentierten.

4. EINE ZUKUNFT, DIE ZUR VERGANGENHEIT WIRD: DIE DEUTSCHE ATOM-
WIRTSCHAFT. Als ich Ende 1973 mit meinen Recherchen zur Genese der
bundesdeutschen Atomwirtschaft begann, mehr aus purer Neugier als aus

irgendeinem Kalkül – es war ja damals für einen Historiker ein ziemlich verrücktes Unterfangen! –, intendierte ich eine Vorgeschichte der Zukunft. Meine erste Entdeckung bestand darin, dass es die zivile Kernkraft, von der seit den 1950er Jahren so viel geredet wurde, realiter noch kaum gab, die Geschichte der Kernenergie vielmehr bis in die jüngste Zeit eine Geschichte der Zukunftserwartungen war. Wie so viele Intellektuelle meiner Generation hielt ich es für gegeben, dass das »friedliche Atom«, beste Erfüllung des Pazifistentraums »Schwerter zu Pflugscharen«, die Menschheit aus der Energienot erlösen werde und man an der Bonner Atompolitik die Zögerlichkeit zu kritisieren habe.[33] Nur langsam und zunächst widerwillig, dann jedoch von der Flut neuer Einsichten durch die Kernenergie-Kontroverse überwältigt, öffnete ich mich der Einsicht, dass die Anti-AKW-Bewegung alles in allem die besseren Argumente hatte.[34] Aber noch an der Erstfassung meiner Geschichte der deutschen Atomwirtschaft (1983) kritisierten Kernenergie-Gegner (zu Recht), dass ich mir Schlupflöcher für eine künftige Pro-Kernenergie-Haltung offengelassen hatte: In der Tat war ich mir nicht sicher, ob die Kernkraft in irgendeiner Form nicht doch eine Zukunft hatte. An mir selbst erfuhr ich den Reiz, aber auch die Tücke eines Themas mit offener Zukunft.

In der damaligen Einleitung bezeichnete ich die »Schrumpfung des Zeithorizontes« als den Grundfehler der Atompolitik: Statt inhärent sichere Reaktortypen zu entwickeln, habe man sich auf die von den USA schon preiswert angebotenen Leichtwasserreaktoren verlegt, die mit einem extrem hohen Restrisiko verbunden sind. Die Atomstrategen hätten ein Verwirrspiel mit der Zeit getrieben: Sie hätten eine dröhnende Zukunftsrhetorik betrieben, aber in Wahrheit kurzfristig – und kurzsichtig kalkuliert.[35] Der »Verlust der Zukunft« habe die Kerntechnik angreifbar gemacht »für neue, um die Zukunft besorgte Bewegungen«.[36] In der Neufassung des Buches dreißig Jahre darauf, nach dem beschlossenen deutschen Ausstieg aus der Kerntechnik, habe ich diese Passage gestrichen. Aus der Rückschau erscheint mir meine damalige Vorstellung utopisch, bei einer derart komplizierten Technik sei ein politischer Entscheidungsprozess möglich gewesen, der aus der verwirrenden Vielzahl theoretisch möglicher Reaktortypen denjenigen mit höchster Sicherheit ausgewählt hätte.

Schon Reinhard Wittram, der mir einst so altmodisch erschien, hatte 1966 einen besorgten Blick auf die Kerntechnik geworfen. Nicht umsonst war er in Göttingen Kollege des Physikers Werner Heisenberg gewesen, des Halbgottes der entstehenden atomaren »Community«. Er erkannte in der Kernenergie ein Anzeichen dafür, dass in der Gegenwart »die Voraussage von der Planung abgelöst«, ja die Gegenwart überhaupt zunehmend von der Zukunftsplanung beherrscht werde. »Der Historiker hat davon Kenntnis zu nehmen, dass die Zukunft wie ein Feuer die Gegenwart frisst.«[37] Wirklich? Als ich mit mehr Glück als Verstand Zugang zu den Akten der Bonner Atompolitik erlangte und aus meiner ursprünglichen Schnapsidee eine dicke Habilitationsschrift machen konnte, bestand eine meiner größten Überraschungen in der Entdeckung, dass die vier bundesdeutschen Atomprogramme, die gerade auch von den Gegnern so wichtig genommen worden waren, für den praktischen Verlauf der Dinge nahezu bedeutungslos waren. In Wahrheit herrschte nicht die Zukunft, sondern die Gegenwart: Auch darin kann die Quintessenz einer Geschichte der Zukunftserwartungen bestehen!

Eric J. Hobsbawm, einer der größten Sozialhistoriker des 20. Jahrhunderts, der die längste Zeit seines Lebens auf eine sozialistische Zukunft hoffte, erkannte nach dem Zusammenbruch des Kommunismus – der zugleich ein großes Stück Geschichte perspektivlos erscheinen ließ – das »bedrohlichste Phänomen unserer Zeit« darin, dass die neue Jugend »in einer Art permanenten Gegenwart« aufwachse, ohne Geschichte und ohne Zukunft.[38] Der sozialdemokratische Umweltpolitiker Michael Müller jedoch, der den britischen Historiker sonst hochschätzt, klagte mir gegenüber, Hobsbawm verfolge diesen Gedanken nicht weiter, auch wenn sein *Zeitalter der Extreme implizit* sehr wohl Zukunftsausblicke enthält[39]: immer wieder dieses Abbrechen von Ansätzen zur Zukunftsgeschichte! Da fühlte sich Müller, der als Vorsitzender der Kommission zur Endlagersuche für den Atommüll die abgründigste Zukunftsbewältigungs-Aufgabe vor sich hatte, bei der Suche nach einer neuen Zukunft im Zeichen der Nachhaltigkeit[40] von dem Historiker allein gelassen. Dabei betont Hobsbawm geradezu heftig: »Die Geschichte allein ermöglicht uns eine Orientierung, und jeder, der ohne sie auf die Zukunft blickt, ist nicht nur blind, sondern gefährlich …« Und doch rückt er nicht mit einer eigenen Prognose heraus, und dies mit Grund: »Jeder von uns, der sich jemals an Prognosen herangewagt hat, ist damit mehrmals auf die Nase gefallen.«[41] Der Historiker, der sich an Prognosen heranwagt, hat Grund, sich dabei zu prüfen, ob die Zukunftsszenarien wirklich seiner historischen Analyse oder nicht vielmehr seinen Hoffnungen und Ängsten entspringen. Das ist ein Weg, um aus der Geschichte der Prognostik zu lernen.

Offenbar gibt es nicht *die eine* große Gegenwarts-Zukunfts-Geschichte, sondern ein immer neues Wechselspiel der Zeiten. Der Althistoriker Christian Meier, der seine Studenten wiederholt dazu anhielt, Erwartungen für das kommende Jahr zu notieren, in einem Umschlag zu verschließen und sich nach einem Jahr überraschen zu lassen[42], erkannte kurz nach Hobsbawm ein »Verschwinden der Gegenwart«, allerdings als ein keineswegs neues Phänomen: Schon Machiavelli habe gelehrt, für den Staatsmann sei es wichtiger, »die Zukunft als die Gegenwart zu bedenken«.[43] Auch der politisch viel erfahrene Philosoph Hermann Lübbe erkennt zur gleichen Zeit eine »Gegenwartsschrumpfung«, für den Wissenschaftler besonders peinvoll ablesbar an der »abnehmenden Halbwertszeit wissenschaftlicher Literatur«[44], die zunehmend aus Bibliotheken ausrangiert und im Internet zu Ramschpreisen angeboten wird. Oder ist das nur ein Zeichen, dass auch in der angeblichen »Wissensgesellschaft« die Gehirne nicht größer werden?

5. ZUR ZUKUNFTSGESCHICHTE DES WALDES. Nach Abschluss meiner *Atomwirtschaft*, 1980, folgte ich meiner Sehnsucht in die Wälder und stürzte mich in die Geschichte der Wald- und Holzwirtschaft im Vorfeld der Industrialisierung. Den Anstoß dazu gab mir das Finale von Werner Sombarts Riesenwerk *Der moderne Kapitalismus*, das im Verlauf der frühen Neuzeit ein »drohendes Ende des Kapitalismus« als Folge fortschreitender Abholzung der Wälder und immer katastrophalerer Holzverknappung erkannte.[45] Vor diesem Hintergrund wurde die auf Steinkohle basierte Industrialisierung zur Reaktion auf eine ökologische Krise. Und kaum hatte ich mit dem Projekt begonnen, erscholl auch schon der Alarm über das Sterben der Wälder – welch eine Verlockung zur Aktualisierung der Geschichte: »Waldsterben damals – Waldsterben heute«!

Aber in den Archiven geriet ich durcheinander; da fand ich viele Anzeichen dafür, dass die alten Klagen, die sich gegen Ende des 18. Jahrhunderts zu einem Großalarm massierten, in typischen Fällen interessengebunden waren und von einer akuten Katastrophe der Holzversorgung keine Rede war. Im Eifer des Gefechts machte mir nunmehr der Anti-Alarmismus Spaß, und ich entfachte die Holzverknappungs-Kontroverse[46], die seither unter Forsthistorikern immer neu aufflammt.[47] Zeitweise war ich förmlich als Feind der Förster verschrien, da die große Holzverknappung des 18. Jahrhunderts zum Gründungsmythos der modernen, auf Nachhaltigkeit verpflichteten deutschen Forstwirtschaft gehört. Aber ich schätzte ja diese forstliche Tradition und sah in den Förstern gar keine Feinde; und Geschichte nur deshalb zu betreiben, um sich über Menschen früherer Zeiten zu mokieren, ist ein allzu billiges Vergnügen.

Mein langjähriger Kollege Reinhart Koselleck (1923–2006), in seiner Generation der führende Geschichtsdenker zum Thema »Zeit«, erkannte um

1800 eine große Wende im Zukunftsdenken: Bis dahin hätten die Menschen in der Vorstellung eines ewigen Kreislaufs des Gleichen gelebt; von jetzt an wurde die Zukunft zu einem ganz Neuen.[48] Vor diesem Hintergrund konnte der Holzalarm dann doch etwas Tiefgründiges bekommen: als eine Vorwegnahme der Zukunft, wenn man die am Ende des 18. Jahrhunderts erkennbaren Ansätze industriellen Wachstums fortlaufend ins Futurum fortschrieb, ohne eine neuartige Energiebasis mitzudenken. Dann hätten die Warnrufe eine durchaus drohende chronische Krise zu einer akuten Katastrophe hochstilisiert, um etwas zu bewegen. Volker Hauff, der Vertreter der Bundesrepublik in der Brundtland-Kommission der 1980er Jahre, die die Zauberformel »Nachhaltige Entwicklung« in die Welt setzte, meinte zu mir sogar, der »Holznot«-Alarm um 1800 sei ein historischer Augenblick der Hellsicht gewesen, worauf der Siegeszug der Kohle die Menschen wieder in einen »zweihundertjährigen Tiefschlaf« eingelullt habe.[49] Ein Hinweis darauf, dass sich die Kosellecksche Zukunftswende um 1800 keineswegs linear bis in die Gegenwart fortsetzt, sondern von einem Zickzack abgelöst wird, der im Detail untersucht werden muss: Diese Einsicht hat mich bei der Arbeit an diesem Buch bestimmt.

In der Neufassung des »Holz«-Buches zog ich bei dem »Waldsterben«-Alarm der 1980er Jahre eine ähnliche Quintessenz wie bei dem »Holznot«-Alarm von 1789: Eine chronische Gefährdung des Waldes wurde zur akuten Katastrophe hochstilisiert.[50] Apropos, entgegen Kosellecks makrohistorischer Schau: Schon seit der Antike, bereits »in einer so dynamischen Zeit wie dem 5. Jahrhundert vor Christus« (Christian Meier)[51], ist die Geschichte der Zukunftserwartungen in heftiger Bewegung – Grund genug, auch dort ebenso wie für die neuesten Zukünfte nicht nur Makro-, sondern auch Mikrohistorie zu betreiben. Koselleck hat das Thema »Zukunft« nicht empirisch bis in die neueste Zeit verfolgt, sondern sich stattdessen im Zeichen der »Erinnerungskultur« der Denkmalforschung zugewandt.

6. »DIE ÄRA DER ÖKOLOGIE«: VERGANGENHEIT ODER ZUKUNFT? Als ich mich nach etlichem Zögern an eine globale Geschichte der Umweltbewegung heranwagte, hatte ich es fast noch mehr als einst bei der Atomwirtschaft mit einem zur Zukunft hin ganz und gar offenen Thema zu tun. Schon der Buchtitel *Die Ära der Ökologie* ließ sich mehrdeutig verstehen: Er konnte eine mehr oder weniger abgeschlossene Epoche bezeichnen, aber auch eine Zukunft, die gerade erst begonnen hat. Wie kann sich da ein Historiker mit Anstand aus der Affäre ziehen? Diesmal wollte ich die Zukunftsoffenheit schon in der Grundstruktur zum Ausdruck bringen, indem ich bei aller Erzählfreu-

digkeit doch auf ein *master narrative* verzichtete und stattdessen ein Neben-einander verschiedener Dramen präsentierte, die fundamentalen Spannun-gen des *environmentalism* entspringen, wie sie von Amerika bis Ostasien zu beobachten sind.[52] Eine Meistergeschichte suggeriert allzu leicht die Illusion, dass wir die Zukunft der Mensch-Umwelt-Beziehung kennen, oder gar die Einbildung, wir stünden bereits am Ende der Geschichte.

Ganz am Schluss habe ich dann doch, wenn auch mit Vorsicht, eine Pro-gnose auf eine *mögliche* Zukunft gewagt: Der von Friedrich Nietzsche an-gezweifelte »Nutzen der Historie für das Leben« bestehe womöglich darin, dass man in der eigenen Gegenwart den »historischen Augenblick« entdeckt, »wo das Trägheitsmoment bestehender Strukturen durchbrochen wird«. Und dann habe ich mit etwas mulmigem Gefühl noch hinzugefügt: »Wer weiß, vielleicht erleben wir einen solchen Augenblick schon bald.«[53] Zwei Wochen nach Auslieferung des Buches geschah die Reaktorkatastrophe von Fukushima mit nachfolgender deutscher Energiewende, und nun wurde dies Finale von manchen als prophetisch bezeichnet, zumal ich die Verdrängung des nuklearen Risikos in Japan angesprochen hatte.[54] Aber ich werde mich auch weiterhin vor Katastrophen- und Wendeprognosen hüten.

»UND JETZT SIND WIR EBEN IN EINEM ZACK«: BETRACHTUNGEN ZU LETZ-TEN GEDANKEN VON JÜRGEN KUCZYNSKI, ZU UNTERSCHIEDLICHEN PROGNOSE-TYPEN UND ZUR DIALEKTIK DER ZUKUNFTSGESCHICHTE. Im turbulenten Wen-dejahr 1990 war ich als Referent zur Berliner Sommer-Universität geladen; ich sollte über Geschichte und Zukunft der Technik in der noch bestehen-den DDR reden: welch eine delikate Aufgabe! In der damaligen Literatur, auch der westdeutschen, bekam die DDR in der Technologie oft erstaunlich gute Zensuren, schon wegen der hohen Zahl der dort ausgebildeten Inge-nieure[55]; ein junger Fabrikarbeiter jedoch, dessen einzige Aufgabe darin be-stand, einer uralten Maschine das Schmieröl abzuwischen, mit dem sie sich ständig beschlabberte, und mit dem ich 1985 durch das nächtliche Dresden bummelte, war mir gegenüber vor Frustration förmlich explodiert: Wir im Westen hätten ja keine Ahnung, wie hoffnungslos heruntergekommen die DDR-Industrie sei!

Aber natürlich wollte ich im Sommer 1990 nicht als Unglücksprophet auftreten, auch wenn ich schon damals nicht glaubte, dass die Einführung der D-Mark in der DDR die gleiche Schubwirkung haben würde wie 1948 die Währungsreform im Westen. Ich begnügte mich mit verhaltenen Tönen, erinnerte skeptisch an die Zuversicht der frühindustriellen Liberalen, freies Eigentum wirke wie ein »elektrischer Schlag« und verwandele Lethargie in emsiges Leben, und schloss mit dem Hinweis, die Elektrotherapie sei »mit Recht in Misskredit geraten; sie gibt kein gutes Leitbild für die deutsche Vereinigung.«[56] Zur gleichen Zeit machte ich mir in einem Aufsatz zur bundesdeutschen Technikgeschichte der 1950er Jahre geradezu einen Spaß daraus, die Technomanen mit ihrem Innovationsfimmel zu foppen und so anschaulich wie möglich zu zeigen, dass sich das »Wirtschaftswunder« auf gar keine Zukunftstechnik, sondern durchweg auf verbesserte Anwendung konventioneller Technik oder kleine trickreiche Neuerungen stützte, die dem Lebensgenuss dienten: Wallnussknackmaschine zur Pralinenherstellung gegen östlichen Sputnik-Rummel.[57] Da erschien mir die (vermeintlich) von der Raumfahrt faszinierte DDR-Führung wie ein Hans Guckindieluft. Aber galt das noch für die Ära Honecker? Durch Gespräche mit DDR-Technologen kamen mir Zweifel.

Jürgen Kuczynski, der *grand old man* der DDR-Historiographie, einst ein Vertrauter von Erich Honecker, ließ sich auf der Sommer-Universität von seiner Verunsicherung über den Zusammenbruch seiner Welt nichts anmerken. Als ihn ein verstörter Altkommunist, der die Welt nicht mehr verstand, fast flehentlich um eine Orientierungshilfe bat, hatte er kein Problem: Schon Genosse Engels habe ganz richtig erkannt, dass der Fortschritt in der Geschichte nicht geradlinig verlaufe, sondern im Zickzack. »Und jetzt sind wir eben in einem Zack.«

In der Tat musste Engels erleben, wie die Hoffnung auf Revolution in eine unbestimmte Zukunft entschwand; aber der »Zickzack« stammte nicht von Engels, sondern war original Kuczynski. Der brachte mit 92 Jahren als letztes Opus seines Lebens ein Büchlein *Vom Zickzack der Geschichte* (1996) heraus. Da bekennt er, noch in seinem Buch von 1984 *60 Jahre Konjunkturforscher* (sehr anders als die meisten Zukunftsbücher heute selbst antiquarisch zu keinem Preis mehr erhältlich) habe er bei aller Erinnerung an die vielen Fehlprognosen noch an die Möglichkeit solcher Voraussagen geglaubt. »Heute teile ich diese Ansicht nicht mehr.« Und zustimmend zitiert er das Gefrotzel des Londoner *Economist*: »Ein Wirtschaftswissenschaftler ... ist ein Experte, der morgen wissen wird, warum die Dinge, die er gestern voraussagte, heute nicht eingetreten sind.«[58]

Die Konjunkturprognosen sind ein Reich für sich, zum Teil ein esoterisches; das werden wir noch sehen. Überhaupt gibt es Prognosen höchst unterschiedlicher Art und Qualität. Da gibt es die klassischen Utopien, von der *Utopia* des Thomas Morus bis zu Francis Bacons *Neu-Atlantis*: zwar am berühmtesten, für den Historiker jedoch am wenigsten relevant, da sie hoch über der Realität schweben. Da gibt es die Vorhersagen der professionellen Prognostiker, die typischerweise die Verbindung zu den Planern suchen, die ihre Prophezeiungen in eine *self-fulfilling prophecy* zu transformieren vermögen. Da gibt es den Zweckoptimismus, in der deutsch-deutschen Geschichte nach 1945 besonders ausgeprägt beim SED-Regime, und den Zweckpessimismus von Adenauers geflügeltem Wort »Die Lage war noch nie so ernst« bis zu den Alarmrufen von Wirtschaftsleuten in den 1990er Jahren über den gefährdeten »Standort Deutschland«. Da gibt es futuristische Wunsch- wie auch Angstträume –, und da gibt es die der Gegenseite spöttisch unterstellte *German Angst*, die seit langem zum Standardrepertoire der Sprücheklopfer in Abwehr der Bedenkenträger gehört; was davon zu halten ist, wird uns noch beschäftigen. Da gibt es die auf Knalleffekte kalkulierten Zukünfte futuristischer Bestseller, aber auch die mitunter ganz anderen Zukunftserwartungen breiter Bevölkerungsschichten; da fand ich bei den Allensbach-Meinungsforschern ungeahnte Schätze, die mir zum Gutteil durch Thomas Petersen erschlossen wurden, der mir schrieb: »Nach meiner Erfahrung ist kaum etwas lustiger als die Zukunftsszenarien der Vergangenheit.«[59] Und last but not least die Zukunftsspekulationen der Unternehmer, die sie oft für sich behalten oder gar Optimismus mit Pessimismus kaschieren, um einen Konkurrenzvorteil zu erlangen oder die Politiker einzuschüchtern[60], aber auch Zukunftsbeschwörungen der Politiker, mit denen nicht selten kurzfristige Kalküle kaschiert werden: »Zukunft« als Objekt eines Versteckspiels! Man sieht: Bei diesem Thema gibt es eine Menge zu entdecken, Anreize genug für detektivische Historiker; aber sobald man zu differenzieren beginnt, präsentiert sich diese Materie erst einmal abschreckend diffus.

So gesehen ist es kein Wunder, dass Vorstöße der Historiker hier immer wieder ins Stocken kamen. Auch der 92-jährige Kuczynski, der einst sein Leben zum zielstrebigen Vollzug einer höheren kommunistischen Prädestination stilisiert hatte[61], schrieb sein *Zickzack der Geschichte* zu einer Zeit, als er damit rechnen konnte, dass ihm der Tod das Weiterforschen in diesem Zickzack ersparen würde. Unterhalb der altberühmten Zukunftsentwürfe präsentiert sich die Zukunftsgeschichte erst einmal als formloses Potpourri, und schon gar im 20. Jahrhundert zerfasert sie immer mehr; den Historiker überkommen Zweifel, ob sich aus alledem Geschichte, Struktur, Zusammenhang ergibt, abgesehen davon, dass er bei der Lektüre vieler einschlägiger Literaturprodukte einen Widerwillen überwinden muss.

Und doch, das soll dieses Buch zeigen: Es *gibt* da Strukturen, große Linien und enge Verflechtungen mit der realen Geschichte, und sei es dadurch, dass diese von Überrumpelungseffekten profitiert, die durch Fehlprognosen verursacht wurden. Und zugleich lohnt es sich, ins Detail zu gehen: Wunschvorstellungen erzeugen fast automatisch die Sorge, dass die Wünsche enttäuscht werden – auch dies eine Dialektik der Zuküntfe.[62] Strategien, die im Blick auf eine vorgestellte Zukunft monomanisch verfolgt werden, provozieren Gegenkräfte. Viele Prognosen sind charakteristische Zeitprodukte; keineswegs sind sie ganz willkürlich, sondern gerade wegen ihres luftigen Wesens sind sie umso mehr auf Vernetzungen und auf Rückversicherungen in der Realität angewiesen, ganz besonders dann, wenn sie zur Orientierung der Handelnden herhalten sollen.

Michael Wettengel, dem ich den unmittelbaren Anstoß zu diesem Buch verdanke, warnte mich gleichwohl vor einer breit angelegten Zukunftsgeschichte, die sich nicht auf die Erwartungen einer bestimmten Gruppe in einer bestimmten Situation wie die des Parlamentarischen Rates von 1948/49 beschränkt. »Es gibt der Zukünfte einfach zu viele, und sie sind widersprüchlich und schwer fassbar. Eigentlich ist das wie ein Urwald voller Gewächse, eine Art grüne Hölle der Zukünfte.«[63] Und doch lohnt es sich, Schneisen durch diesen Dschungel zu schlagen: Da entdeckt man, dass er eben doch kein bloßes Durcheinander ist, sondern ein Ökosystem eigener Art. Gleichwohl tut es gut, sich davor zu hüten, in die Zukunftsgeschichte gar zu viel Ordnung hineinzulegen und – wie es im Gefolge Kosellecks manchmal geschah – für bestimmte Perioden regelrechte »Zeitregimes« anzusetzen. Stattdessen lohnt es sich, darauf zu achten, ob nicht gerade solche Prognosen, die zur fixen Idee geworden sind, Gegenentwürfe provozieren.

Ein Kapitel der *Allgemeinen Theorie* von John Maynard Keynes handelt vom »Zustand der langfristigen Erwartung«; dies ist ein Zustand von relativer Stabilität, da er sich auf Vertrauen gründet und dieses nur langsam wächst.[64] Wie man in Keynes' Sachregister sieht, ist die »Erwartung« für ihn ein zentrales Thema, als Antrieb von Investitionen, und zugleich ein zu entdeckendes, oftmals nicht offen zugegebenes Motiv.[65] Da wird es spannend. Nicht selten sind Zukunftserwartungen überdies transnational und zeigen sogar Gemeinsamkeiten zwischen West und Ost. Und darin liegt der spezielle Reiz der Zukunftsgeschichte: Je mehr die Prognosen bis zur letzten Konsequenz betrieben werden, desto mehr entwickeln sie ihre Dynamik, ihre Dialektik; je mehr sie auf Provokation angelegt werden und/oder in der Praxis stolpern, desto mehr rufen sie Gegenreaktionen, konträre Zukünfte hervor. Dafür bietet die deutsche Geschichte nicht nur vor, sondern mindestens so sehr nach 1945 schlagende Beispiele; um diesen Zickzack herauszubringen, muss man die chronologische Aufeinanderfolge mit Längsschnitten kombinieren, die ein Motiv durch die Dekaden verfolgen.

DER UNGLÜCKSPROPHET IM ZICKZACK. Mitunter erfolgte ein Zack sogar prompt: Der publizistische Paukenschlag des 83-jährigen Philosophen Karl Jaspers *Wohin treibt die Bundesrepublik?* (1966), der die bundesdeutschen Politiker dafür anklagt, dass sie nach 1945 den »Grundakt der Umkehr nicht vollzogen« hätten[66] – obwohl man gerade damals aus der aufgewühlten Bundestagsdebatte über die Verjährung der NS-Verbrechen, mit der Jaspers beginnt, das genaue Gegenteil herauslesen könnte –, provozierte die Gegenschrift des 1939 aus Deutschland emigrierten Politikwissenschaftlers Karl J. Newman *Wer treibt die Bundesrepublik wohin?* (1968), der dem Philosophen vorwirft, dass er mit seiner Forderung nach einer kollektiven Willensbildung großen Stils in der Pose des Demokratie-Predigers eine in Wahrheit totalitäre Botschaft verkünde.[67] Auch der junge Erhard Eppler, das künftige Oberhaupt des grünen SPD-Flügels, bemerkte 1966 in einem Artikel »Wohin treibt Karl Jaspers?«, dass manche Stellen des Buches im *Neuen Deutschland*, andere dagegen »in der rechtsradikalen Presse abgedruckt werden können«.[68] Da plädierte Jaspers sogar dafür, das maoistische China notfalls mit einem atomaren Präventivschlag zu bedrohen![69] Aber wider alles Erwarten wurde der greise Philosoph, eben noch ein unerbittlicher Kalter Krieger, für den 1965 der Bundespräsident Lübke der einzige Lichtblick in der Bonner Politik gewesen war[70], mit dieser Schrift als Wegbereiter der Achtundsechziger wahrgenommen; Newman sah den erklärten Freud-Feind Jaspers[71] in einer Reihe mit dem Freudianer Herbert Marcuse! Als der liberale Politologe Kurt Sontheimer 22 Jahre darauf Jaspers' Streitschrift neu edierte, obwohl er sie »manchmal geradezu grotesk« fand, bemerkte er kopfschüttelnd, Jaspers habe »anscheinend in dem Bewusstsein« gelebt, »auf eine Katastrophe zuzugehen«.[72]

Jaspers, der 1933 keinerlei Hellsicht gezeigt und die Emigration damals zum Ausdruck von Dummheit erklärt hatte[73], profilierte sich später in Beschwörung der verbrecherischen Vergangenheit als Unglücksprophet; der Emigrant Newman warf ihm vor, »die Gegenwart und Zukunft der Vergangenheit zu opfern«.[74] Wenn ein kritischer Kopf in Deutschland nach 1945 Geschichte und Zukunft verknüpfte, lag es nahe, das Werdende argwöhnisch auf eine Wiederkehr von NS-Elementen hin zu beäugen; die Frage, ob dieser Umgang mit der Erinnerung die Voraussicht gefördert oder vom Zickzack der Zukünfte eher abgelenkt hat, wird sich in diesem Buch wiederholt stellen. Die bundesdeutsche Geschichte, die sich (bislang) aus der Rückschau gerade vielen Jüngeren im Kontrast zur NS-Zeit als eine wenn auch löbliche, so doch etwas langweilige Erfolgsstory präsentiert, wandelt sich in der Geschichte der Zukunftserwartungen über weite Strecken zu einer Balance an Abgründen.

»Expect the Unexpected!« steht auf Warnschildern an einer Straße, die in endlosen Haarnadelkurven aus der Gangesebene hoch nach Darjeeling führt; gerade aus historischer Erfahrung passt diese Warnung nicht nur an Himalaya-Straßen. Manchmal ist das Unerwartete ja auch erfreulich, ob »Wirtschaftswunder« oder Wiedervereinigung. Wenn ich an trüben Tagen auf meinen Spaziergängen ausschließlich Hundefrauen und Hundeherrchen begegne und immer wieder durch Gebell aus meinen Gedanken gerissen werde, verfolgt mich die Horrorvision, es könne immer so weitergehen, dass die Deutschen lieber Hunde als Kinder haben – zumal man den Hunden noch Kommandos zubrüllen kann –, bis aus der Bundesrepublik die Hunderepublik Deutschland geworden ist: meine Variante von *Deutschland schafft sich ab*! Aber dann sehe ich Scharen fröhlicher Kinder und denke an den Zickzack der Geschichte, wo Trends in Gegentrends umschlagen. Und bei alledem bekenne ich mich verschämt zu dem Wunschtraum einer großen segensreichen Konvergenz, wo sich per Effizienz und Recycling ökologischer und ökonomischer Fortschritt miteinander vereinen, das Ideal der Nachhaltigkeit sowohl die erneuerbaren Ressourcen wie die finanzielle Solidität fördert, der Umweltschutz als Basis von Gesundheit und Wohlbefinden die weltweite Verständigung vorantreibt und sich durch Frauenbildung und Besserstellung der Frauen das Problem der Übervölkerung von selbst erledigt. *Denkbar* ist das alles! Aber auch die Sorge, dass die Dinge der Welt sehr anders laufen, ist leider begründet, und es wäre blind, sie als bloße Angstmacherei ins Lächerliche zu ziehen. Die Zukunft entzieht sich dem systematischen Zugriff; nur durch ein immer neues unruhiges Hin- und Herschauen, durch scharfe Beobachtung der Vielfalt und Widersprüchlichkeit der Gegenwart kommt man ihr womöglich ein wenig näher.

I

»Forderung des Tages« –
»Und der Zukunft zugewandt«:
Der deutsch-deutsche Zukunftskontrast,
die offenen und die verborgenen
Zukünfte und der Überraschungseffekt
des »Wirtschaftswunders«

DAS VORLÄUFIGE ENDE DES FORTSCHRITTSGLAUBENS. Sigfried Giedion von 1928 bis 1938 in Zürich Generalsekretär des Congrès Internationaux d'Architecture Moderne und Autor mehrerer Klassiker zum Fortschritt in Technik und Architektur, schloss 1948 sein großes Werk *Die Herrschaft der Mechanisierung* mit dem Seufzer: »Heute, nach dem Zweiten Weltkrieg, gibt es wahrscheinlich kaum Menschen, wie entlegen sie auch leben mögen, die nicht ihren Glauben an den Fortschritt verloren haben. Der Fortschritt hat die Menschen in Schrecken versetzt, und er ist nicht mehr eine Hoffnung, sondern eine Bedrohung. Der Fortschrittsglaube gehört jetzt mit vielen anderen entwerteten Symbolen in die Rumpelkammer.«[1] Bei dieser Fortschrittsfurcht handelt es sich also keineswegs um eine von Öko-Alarmisten geschürte *German Angst* der jüngsten Zeit, sondern um eine international verbreitete Seelenlage, die der noch frischen Kriegserfahrung entsprang.

Gewiss war sie bei den Deutschen, ob sie den Krieg an der Front oder daheim bei den Luftangriffen erlebt hatten, besonders schmerzhaft. Selbst bei einer Untersuchung unter robusten Hüttenarbeitern, die von moderner Technik lebten, wurde sie von Meinungsforschern 1953/54 registriert. »Denn der Krieg steckt uns noch in den Knochen, und jeder, der vom technischen Fortschritt spricht, denkt an den Krieg«, äußerte ein fünfzigjähriger Reparaturschlosser – so sehr ist die angeblich blinde Fortschrittsgläubigkeit der 1950er Jahre ein Mythos der fortschrittskritischen Öko-Ära! Und keineswegs nur Bildungsbürger zweifelten an den Segnungen dieser Art von

Zukunft. Ein Schmelzer bemerkte zum Stichwort »technischer Fortschritt«: »Seit etwa 1870 ist die Technik großen Stils im Gang. Seitdem haben wir drei Kriege gehabt, von denen einer immer noch schlimmer ist als der vorherige …«[2] Genereller Zweifel am technischen Fortschritt kann sich sehr wohl mit kompetenter Handhabung der konkreten Technik vertragen.

Einer der zu jener Zeit bekanntesten Rundumschläge über die bundesdeutsche Gesellschaft war Friedrich Sieburgs Buch *Die Lust am Untergang* (1954). Dieser einstige Pariser Korrespondent der *Frankfurter Zeitung*, der zuerst 1929 durch *Gott in Frankreich* berühmt wurde, steigt am Ende seines Buchs in eine Zeitmaschine und beschließt es mit einem Gespräch mit dem fortschrittsgläubigen Voltaire, dem er sich als Mensch des 20. Jahrhunderts vorstellt und der von ihm eine Preisrede auf die Herrlichkeiten der damaligen Zukunft erwartet. Sieburg jedoch: »›Herr Voltaire‹, sagte ich und flüsterte geheimnisvoll, ›wissen Sie, dass meine Zeit die Mittel hat, den ganzen Erdball in die Luft fliegen zu lassen? Was sagen Sie nun?‹ rief ich und lächelte ebenso blöde wie erwartungsvoll. ›Hinaus‹, schrie der kleine Mann und hob sich vor Wut auf die Zehenspitzen, ›hinaus! Ich werde dem Diener klingeln!‹«[3] Der Witz ist nun allerdings, dass der Titel *Die Lust am Untergang* pure Effekthascherei ist; denn das gesamte Buch lang ärgert sich der Autor darüber, dass die Bundesdeutschen trotz grausiger Vergangenheit und noch abgründigerer Zukunftsperspektive ganz einfach vor sich hin leben und kräftig zulangen, wo sie es sich leisten können. Aber wie sollte man anderes von ihnen erwarten, nach solchen Erfahrungen?[4]

Noch im Oktober 1951 ergab eine westdeutsche Meinungsumfrage, dass ganze zwei Prozent der Befragten die Gegenwart als die Zeit erlebten, in der es den Deutschen am besten gegangen sei; zwei Jahrzehnte später werden es über 80 Prozent sein.[5] Der Schock der Notzeit wirkte bis weit in das »Wirtschaftswunder« hinein. Nach einem üppigen Essen fällt es schwer, sich auch nur um ein, zwei Stunden zurück in den Zustand des Hungers zu versetzen; umso schwerer fällt es heutigen Deutschen, sich den Seelenzustand der Mehrheit der deutschen Bevölkerung 1945 und danach sinnenhaft vorzustellen. Denn da beherrschte der Hunger alles. So weit war es erst nach Kriegsende gekommen, als die Kriegsverluste nicht mehr durch Ausbeutung besetzter Gebiete zu kompensieren waren; »unter Hitler haben wir nicht gehungert« bekam man noch in den 1950er Jahren mit bedeutsamem Unterton zu hören. Erst vierzig Jahre danach, als der Hunger längst vergessen, das Kriegsende dagegen aus der Rückschau zum Beginn einer großen Erfolgsgeschichte geworden war, fand Bundespräsident Richard von Weizsäcker den Beifall neuer Generationen, als er den 8. Mai 1945 zum »Tag der Befreiung« erhob. Er selbst, 1920 geboren, hatte die Notzeit noch in Erinnerung und gab zugleich zu verstehen, dass die große Mehrheit der Deutschen den 8. Mai erst im Lauf der Zeit als einen solchen Tag zu empfinden vermochte; damals waren die Empfindungen (auch in der Familie Weizsäcker) tief gespalten gewesen: »Der eine kehrte heim, der andere wurde heimatlos. Dieser wurde befreit, für jenen begann die Gefangenschaft. … Verbittert standen Deutsche vor zerrissenen Illusionen, dankbar andere Deutsche für den geschenkten neuen Anfang.«[6] Aber auch viele von denen, die das NS-Regime verabscheuten, hatten Schlimmes durchzumachen. Die meisten Deutschen waren in jener Zeit ganz auf die eigene Existenz, die eigene Not, das pure Überleben zurückgeworfen; man braucht nicht die Psychoanalyse zu bemühen und einen kollektiven Verdrängungsakt zu konstruieren, wenn man sich damals einfach nur nach jener Zeit zurücksehnte, in der man nicht zu hungern brauchte, und im übrigen über das vergangene Böse schwieg.

Selbst Carlo Schmid, der damalige Zukunftsmann der SPD, als Baudelaire-Übersetzer der Liebling französischer Literaten, wurde nach dem französischen Einmarsch in Tübingen vorübergehend verhaftet und zusammengeschlagen.[7] Diese Erinnerung verfolgte ihn noch lange, obwohl er von seiner ganzen Art her ein Bonvivant und Frankreich-Freund war, der lieber auf Hoffnungsschimmer schaute und auch im zerstörten Deutschland notfalls im Geisterreich des George-Kreises seine Zuflucht fand.[8] Dann, Anfang 1946, als De-facto-Regierungschef der französisch besetzten Zone Württembergs, publizierte er (noch als »Karl Schmidt«) Reden und Aufsätze unter dem Titel *Die Forderung des Tages*.

DIE VORAUSSCHAUENDE »FORDERUNG DES TAGES«. Das war ein Goethe-Zitat, das als geflügeltes Wort bereits seine Geschichte hatte. Es war ein Aufruf zur Tagespolitik, gegen das Abheben in Phantasiewelten. »Was aber ist deine Pflicht? Die Forderung des Tages«, heißt es in den *Maximen und Reflexionen*; und als Weimarer Minister hatte Goethe Alltagspflichten genug, zu deren Erledigung er sich einen Ruck geben musste. Unter dem Titel *Die Forderung des Tages* publizierte der zum engagierten Republikaner gewandelte Thomas Mann 1930 Reden und Aufsätze aus früheren Jahren. Schon 1910 hatte unter dem gleichen Titel Wilhelm Ostwald, Chemie-Nobelpreisträger von 1909, gesammelte Abhandlungen in einem 600 Seiten starken Band herausgebracht. Der »Forderung des Tages« nachzukommen bedeutete für ihn konkret, »den Beruf des Universitätsprofessors mit dem des praktischen Idealisten« zu vertauschen, der die Menschheit dazu anhielt, ihren Stolz nicht im verschwenderischen Umgang mit Energie zu suchen, sondern vielmehr darin, »mit möglichst geringem Aufwand roher Energie unsere Kulturbedürfnisse zu befriedigen«. In der Zukunft erkennt er gewaltige Fortschritte hin zur Nutzung der Solarenergie. »Forderung des Tages« war für ihn also weit entfernt von engstirnigem Pragmatismus.[9] Aber unter die gleiche Goethe-Maxime stellte er im August 1914, obwohl nach wie vor im Prinzip »Internationalist und Pazifist«[10], auch sein Bekenntnis zum Krieg[11]: die »Forderung des Tages« als vermeintlicher Zwang der Gegenwart, der die Zukunft erschlägt. Mit dem Aufruf »der ›Forderung des Tages‹ gerecht zu werden«, schloß Max Weber seine an Münchener Studenten gerichtete Rede »Wissenschaft als Beruf« im November 1917[12], zu Beginn des letzten Kriegswinters; doch was er mit dieser Forderung meinte, reicht über den Tag hinaus: Die ergebe sich dann von selbst, »wenn jeder den Dämon findet und ihm gehorcht, der seines Lebens Fäden hält«. Auch im Gestus der Abwehr von Wunschwelten, in der demonstrativen Umkehr zur Pflicht der Gegenwart verstecken sich Zukunftsideen!

Gilt das auch für den phantasievollen Carlo Schmid 1946? Unter dem Titel »Die Forderung des Tages« stand sein Neujahrsartikel; und dieser ist noch aus heutiger Sicht beispielhaft in dem Hin und Her seiner Reflexion über den Umgang mit Zukunft und Gegenwart. Da beklagt er, dass viele Landsleute ihr Gleichgewicht »in der Hingabe an die Starre der Hoffnungslosigkeit gefunden« hätten, »die – so paradox das klingen mag – heute ihr zuverlässigster Trost ist, denn sie glauben damit mutig ein Schicksal zu bejahen«. Auch dies ist eine Art, sich in der Gegenwart einzurichten; und genau dagegen zieht Schmid zu Felde: »Aber dies ist eitler Selbstbetrug und es gibt keine dringendere Aufgabe, als unser Volk aus diesem Dämmerschlaf zu einem mutigen Wachsein aufzurütteln …, in dem das Hier und Jetzt der Existenz nicht als auswegloser Abschluss eines Gestern erlebt wird, sondern als Tor, das in einen Morgen führt, den wir mit den Bildern unseres Hoffens und Wollens prägen können …« Aber dann gleich dieser Rückzieher:

> »Doch da gilt es gleich zum Anbeginn vor einer Gefahr zu warnen, die so tödlich ist wie die Lethargie …, nämlich der Uferlosigkeit des Hoffens und dem Glauben an die Umkehrbarkeit der Zeit. Was wir auch tun mögen, wie sehr wir auch unsere Muskeln spannen werden – nie wieder werden wir zu Umständen kommen gleich denen, die die Älteren unter uns noch gekannt haben.«[13]

Selbst für einen Optimisten wie ihn war damals also ganz unvorstellbar, dass es kein Jahrzehnt später zumindest im Westen dem Gros der Deutschen besser gehen würde als je zuvor! Ein Programm für den Neuaufbau seines Landes und eine Vision für ein künftiges Deutschland entwickelte er nicht.[14] Er wurde Mitglied der SPD und trug wie kein anderer dazu bei, dieser Partei ein neues kulturelles Flair zu verleihen; aber anders als Kurt Schumacher und viele alte Kämpen der Partei glaubte er an keinen Sozialismus in greifbarer Zukunft.[15] Für einen von seiner Biographie her ganz nach Westen orientierten Württemberger klammerte er sich auffallend lange an die Fiktion eines weiterexistierenden Gesamtdeutschlands und drohte sich zeitweise durch seinen Widerstand gegen die Gründung des Weststaats sogar ins politische Abseits zu manövrieren.[16] Noch im Parlamentarischen Rat insistierte er geradezu pedantisch darauf, das Grundgesetz lediglich als ein Provisorium und das westdeutsche Gebilde als ein unvollkommenes zu verstehen, was den ihm sonst wohlgesinnten Theodor Heuss dazu veranlasste, den korpulenten Kollegen mit Reimen anzupflaumen: »Der Carlo celebriert wie ein Gedicht/die hohen Worte seines Staatsfragments,/auf jedem Komma wuchtet sein Gewicht –/jetzt die Cäsur, dann fühlsam die Cadenz.«[17] Und doch präsentierte *Der Spiegel* in einem Carlo-Schmid-Titel am 12. März 1949 den »elastischen Bullen aus Tübingen, der auf mehreren Klavieren mit einiger Bravour spielen oder sogar tanzen kann«, unter der Überschrift »Zum Herrschen geboren« (einer angeblichen Astrologen-Prophezeiung über ihn) wie den Führer des kommenden Weststaats, der zugleich die SPD zur Volkspartei macht[18]: ihn, der dann doch mit seiner staatsmännischen Begabung nie so recht zum Zuge kam.

Umso mehr kann man an Schmids Zögerlichkeit ermessen, was neue Generationen nach 1945 im Westen kaum mehr nachvollziehen konnten: wie schwer es zu jener Zeit war, die Zukunft eines geteilten Deutschlands zu denken – wie längst nicht nur bei eingefleischten Nationalisten das Gefühl vorherrschte: »Das kann doch nicht wahr sein!« Bei einem Politiker kam im Gedanken an die zahllosen Exnazis wohl auch die Sorge hinzu, durch Mitarbeit an dem neuen Staat als Kollaborateur und Verräter auf die Abschussliste nationalistischer Untergrundorganisationen zu geraten: »Politik mit dem Kopf unter dem Arm« zu betreiben. Erst aus der Rückschau wirkt diese Sorge grundlos. Die Situation war dieses Mal eben ganz anders als 1918: Wer die deutsche Einheit retten wollte, musste sich mit der sowjetischen Besatzungsmacht verständigen; und dazu waren Altnazis am allerwenigsten imstande. Nur durch Neutralisierung war die Einheit zu retten; wer jedoch auch nur die geringste Aussicht haben wollte, die Amerikaner zum Abzug aus Westdeutschland zu veranlassen, musste sich mit den amerikanischen

Isolationisten und obendrein dortigen sowjetfreundlichen Linken zusammentun; und gerade deutsche Nationalisten waren die allerletzten, die zu solchen Koalitionen fähig waren.

Man kann annehmen, dass vor allem dieser unlösbare Widerspruch eine neue nationalistische Sammlung blockierte. Altnazis zerfielen in Neutralisten und Kalte Krieger, und noch viel mehr von ihnen übten sich geflissentlich in der neuen politischen Korrektheit. All jene Warner, die sich die Nazis nach dem Brecht-Vers »Der Schoß ist fruchtbar noch« wie eine homogene ewig gleiche regenerationsfähige Rasse vorstellten, waren im Grunde auf die Selbstinszenierung des NS-Regimes hereingefallen: Der »typische Nazi« existierte vorwiegend in der NS-Propaganda und in der Anti-Nazi-Karikatur, wogegen die NSDAP in Wahrheit ein situationsgebundenes Konglomerat heterogener Kräfte war, das in der neuen Lage nach 1945 wieder in seine Bestandteile zerfiel. Wenn man sich an die Begeisterung der Massen für Hitler erinnert, überrascht das schwach ausgeprägte Nationalgefühl in den Jahrzehnten nach 1945; die Sorge, dass nach dem Ende des Besatzungsregimes zahllose Krypto-Nazis die Maske abwerfen und das Rad der Geschichte zurückdrehen würden, erwies sich als grundlos.

Viele, die den 1967 von Alexander und Margarete Mitscherlich publizierten Essayband *Die Unfähigkeit zu trauern* nur dem Titel nach kannten, bildeten sich ein, hier werde der Mangel an Trauer über die Opfer des NS-Regimes angeklagt; in Wahrheit zielte der Titel auf den Mangel an Trauer um den einst geliebten »Führer«![19] Das Gros der Deutschen war zu jener Zeit einfach nur froh, das NS-Regime los zu sein. Für Joachim Fest, Jahrgang 1926, war »das nahezu spurenlose Verschwinden« der bis dahin allgegenwärtigen und alles beherrschenden NSDAP bei Kriegsende die große Überraschung seiner jungen Jahre.[20] Die Perspektivlosigkeit eines neuen deutschen Nationalismus war allzu offenkundig. Ob nach 1945 Chancen zur Rettung der deutschen Einheit verpasst wurden oder nicht: Klar ist nur, dass ein solches Ziel, in seinen Konsequenzen durchdacht, im Westen wenig Verlockendes an sich hatte und nur geringe politische Zugkraft besaß. Kurt Schumacher hasste die Kommunisten mindestens so sehr wie Adenauer, und er verachtete die ehemaligen SPD-Genossen, die in der Sowjetzone mit den »rotlackierten Faschisten« kollaborierten.[21]

Ebenso ist fraglich, ob es nach 1945 außerhalb der Sowjetzone – wie in der Neuen Linken nach 1968 gerne geglaubt[22] – die überzeugende Vision einer sozialistischen Alternative zu dem dann folgenden Gang der Dinge gegeben habe. Jene Zeitzeugnisse, die von einer Sehnsucht nach einer Großen Wende sprechen, stammen meist von einer intellektuellen Minderheit.[23] Die Verstaatlichungen in der Sowjetzone, die zur Kommandowirtschaft ohne Raum für freie Gewerkschaften führten, raubten der Idee der Sozialisierung jeglichen Charme von Arbeiterselbstbestimmung. Nicht Sozialisierung, sondern Mitbestimmung wurde zur Parole von Arbeiter-Aktivisten im Westen.

SEHNSUCHT NACH VOLLGEFÜHL DER GEGENWART: WIEDERENTDECKUNG DES EINFACHEN GLÜCKS. Ein besonders frappantes Zeitzeugnis ist eine Passage aus dem auf Tagebuchaufzeichnungen fußenden Bericht des Theologen Helmut Gollwitzer über seine Zeit in russischer Kriegsgefangenschaft, gerade weil er später zur geistigen Autorität der Linksintellektuellen neuen Typs und zum Freund Rudi Dutschkes wurde. Da bricht es in der Demütigung des Gefangenendaseins und des Gefilztwerdens aus ihm heraus, in Erinnerung an die großen Visionen der Rechts- wie der Linksintellektuellen, die am Ende dorthin führten:

»Wer bewahrt die Welt vor dieser Weltgefahr Nr. 1: den Intellektuellen, die ihre Theorien entwerfen, das Bestehende verlästern, die Massen mit Utopien bezaubern und den Mächtigen die moralischen Hemmungen wegeskamotieren, – ohne die Kosten und Kehrseiten zu bedenken, ohne die Kosten am eigenen Leib tragen zu wollen? Sie konnten sich nicht genug tun, von links und von rechts ihre antibürgerliche Romantik zu kultivieren, sie priesen die totale Gesellschaft oder den totalen Staat – und schreckten (wie viele faschistische oder kommunistische Intellektuelle wären als Exempel zu nennen!) mit erstaunten Kinderaugen naiv auf, wenn der entfesselte Felsblock der Macht nicht nur anderen, nicht nur den ›Bürgern‹, sondern auch ihnen selbst auf den Kopf fiel und ihr Leben zerquetschte.«[24]

In großen Visionen sind oft Machtträume versteckt: die Vorstellung, man werde selber zu den Mächtigen der Zukunft gehören und nicht zu den Opfern der ambitioniert gedachten Zukünfte. Nicht zu vergessen: Auch im Nationalsozialismus hatte längst nicht in dem Maße eine reaktionäre Romantik den Ton bestimmt, wie spätere Modernisierer behaupteten; vielmehr war das »Tausendjährige Reich« auf seine Art geradezu zukunftsfixiert gewesen, ähnlich wie in der italienischen Kunstszene gerade Futuristen zu fanatischen Faschisten geworden waren: auch ein Grund, den Nachkriegsdeutschen die Zukunftsrhetorik zu verleiden. Gollwitzer erinnert sich an anderer Stelle:

»Der junge Lehrer, der neben mir liegt, vermag auszusprechen, was vielen klar geworden ist: ›In der Schule ließ ich die Älteren gern Aufsätze schreiben: Was ist das Glück? Die richtige Antwort habe ich selbst jetzt erst gelernt: Glück ist, mit den paar Menschen zusammen zu sein, die man liebt und von denen man geliebt wird.‹ ›Es geht dir also auch so! Mir auch! Und allen hier. ...‹ Dies also wurde klar:

dass der Sinn nicht im Überindividuellen liegen kann, wo mein Ich vergleichgül-
tigt wird zum Material, sondern nur im ›Individuellen‹, im Ich und Du, in der persönlichen Liebe.«[25]

Die Rückkehr zu einem ganz normalen Leben: Davon träumten viele Menschen in der frühen Nachkriegszeit! Nicht ohne Grund lag dieses Gollwit-
zer-Buch in den frühen 1950er Jahren allenthalben auf den Geschenktischen.
Ergreifend wie wenige andere Bücher bot es die Glücksoffenbarung jener
Notzeit, die gerade heute, wo die Erinnerung an Kriegsnöte in Europa verblasst ist, wieder in Erinnerung gerufen zu werden verdient: Glück ist vor
allem anderen, zu *leben*, seine gesunden Glieder zu spüren, seinen Frieden,
seine Freiheit, seine Familie, seine Freunde, sein Zuhause zu haben, zu lieben
und geliebt zu werden, in der Heimat zu sein, nicht hungern zu müssen, eine
unantastbare Privatsphäre zu besitzen. Und zum Teufel mit jenen Ideologen,
die mit ihren Zukünften gegen diese Einsicht blind machen: Auch das ist ein
Grundgefühl jener Zeit, verständnislos verachtet von jenen selbsternann-
ten Visionären, die den Verlust der Utopie, das Schwinden der Zukunft, die
Banalität des Lebens und die Borniertheit des individuellen Daseins bekla-
gen. Dieses Grundgefühl überdauerte die frühe Nachkriegszeit. Alexander
Schmidt-Gernig, ein Historiker der Zukunftsforschung, erkennt eine »spezifische Utopie-Resistenz der bundesdeutschen Gesellschaft«; »nirgendwo
sonst« habe die »Zukunftsforschung« als »so wenig seriös und kaum för-
derungswürdig« gegolten wie in der Bundesrepublik: eine nach dem Utopismus des »Tausendjährigen Reiches« nur allzu verständliche Aversion.[26]
Klaus Mehnert fand es noch 1967 »bezeichnend, dass die in den USA zeit-
weilig marktbeherrschende Science-Fiction-Literatur in Deutschland mit
keinen großen Namen repräsentiert ist«.[27]

NOCH IM VORFELD DES MARSHALLPLANS: »DER UNAUSSPRECHLICHE
SCHRECKEN DER DEUTSCHEN WIRKLICHKEIT«. Zu den bedeutsamen Zeit-
dokumenten auch für die damalige Zukunft gehört *Die deutsche Wirklichkeit* (1949, amerikanische Originalausgabe 1948) des vielerfahrenen Gustav
Stolper, der bis 1933 Redakteur des *Deutschen Volkswirts* war, noch um die
Jahreswende von 1932/33 Hitler und die NSDAP für definitiv erledigt hielt[28],
jedoch schon wenige Monate nach der Machtübernahme der NSDAP nach
New York emigrierte und auch dort Erfolg hatte: an der Börse wie beim Aufbau eines Netzwerks einflussreicher Beziehungen. Er war ein leidenschaftlicher Liberaler und heftiger Antikommunist, daher von Anfang an prädestiniert, einen mit den USA verbündeten deutschen Weststaat aufzubauen.

Im Frühjahr 1947 kam er mit der Hoover-Kommission, die den Marshall-plan vorbereitete, nach Deutschland. Seit 1918 war er mit Theodor Heuss befreundet; und sein Deutschlandbuch entstand zum Gutteil im Sommer 1947 bei einem gemeinsamen Urlaub in Sils-Maria, wo Stolper den späteren Bundespräsidenten »fast wie einen Schwamm« auspresste – so Stolpers Gattin Toni, die später als Witwe die Geliebte des Bundespräsidenten wurde.[29]

Umso mehr muss es verwundern, dass das Buch zum allergrößten Teil gar nicht von der damaligen »deutschen Wirklichkeit« handelt, sondern von der deutschen Geschichte. Man kann daran ermessen, wie unübersichtlich sich in jener Nachkriegszeit die deutsche Realität darstellte – und wie abgrundtief deprimierend, selbst für einen Draufgänger wie Stolper, der eigentlich der Kraft des freien Marktes vertrauen wollte und seine Informationen von einem Heuss bezog, der nach Hoffnungsschimmern suchte. Sein auf den 18. Dezember 1947 – neun Tage vor seinem Tod! – datiertes Vorwort schließt mit dem Satz: »Selbst der ungeheure Reichtum der englischen Sprache bleibt unzulänglich vor dem unaussprechlichen Schrecken der deutschen Wirklichkeit.«[30] Als die größten Hemmnisse eines deutschen Wiederaufbaus bezeichnet er die Knappheit an Kapital und natürlichen Ressourcen und »die durch Hunger und Krankheit erschütterten Körperkräfte und die Zersetzung des gesellschaftlichen Lebens inmitten unvorstellbarer Stadtruinen«.[31] Zwar mögen Lichtzeichen »Riesenkräfte der Erholung« auslösen – so recht glauben kann man es nach Lektüre dieses Buches nicht; und selbst im günstigsten Fall wirkt der Wiederaufbau hier als ein sich bis in eine unabsehbare Zukunft erstreckender Prozess. Und dabei war der Marshallplan Ende 1947 beschlossene Sache und die westdeutsche Wirtschaft 1949, als das Buch auf Deutsch erschien, bereits auf dem besten Wege, das Vorkriegsniveau zu erreichen! Der Großteil der Deutschen merkte allerdings noch nicht viel von dem Aufschwung.

Bei einem Teil der Stolperschen Düsternis mag es sich um Zweckpessimismus gehandelt haben, der für die amerikanische Öffentlichkeit bestimmt war: Ohne Zweifel wollte er gegen Demontagen, Fortwirkungen des Morgenthau-Plans – die von Morgenthau bestimmte Direktive JCS 1067 galt offiziell noch bis 1947 – und die Lähmung der deutschen Wirtschaft durch die Grenzen der Besatzungszonen angehen; selbst auf der Fahrt von Stuttgart nach Tübingen musste Heuss eine solche Grenze überqueren! Und doch war jenes Buch, das Stolper mit letzter Lebenskraft vollendete, im Kern wohl ganz ernst gemeint; nicht zuletzt die Erfahrung der Weltwirtschaftskrise muss bei ihm, wie bei vielen Zeitgenossen, das Vertrauen auf die Selbstheilungskräfte der Wirtschaft tief erschüttert haben. Damals hatte dieser doktrinäre Liberale gegen die Massenarbeitslosigkeit kein Gegenmittel anzubieten gehabt[32]; für Ernst Wagemann, den bis 1933 führenden deutschen Konjunkturforscher, der damit auftrumpfte, den New Yorker Börsenkrach von 1929 vorausgesagt zu haben, war Stolper, der »Fanatiker der (liberal-ökonomischen) Tradition«, geradezu der Erzfeind gewesen, der einer wirksamen Arbeitsbeschaffungspolitik entgegengearbeitet und dadurch der NSDAP den Weg zur Macht bereitet hatte.[33] Vor dem Hintergrund derart deprimierender Erfahrungen stützte sich Stolper gewiss in hohem Maße auf authentische Eindrücke seines Freundes Heuss. Es wäre ganz falsch, aus der Retrospektive auch nur einen Hauch von Zukunftsvertrauen in jene Zeit zurückzuprojizieren. Renate Köcher, die Leiterin des Allensbach-Instituts, dessen Meinungsumfragen bis in jene Jahre zurückreichen, warnt davor, sich die 1950er Jahre, in der Wahrnehmung der Zeitgenossen, als eine zuversichtliche »Wirtschaftswunder«-Ära vorzustellen:

> »Wer die psychologische Ausgangssituation in dieser Entstehungszeit und den ersten Jahren der Bundesrepublik ignoriert, muss die Leistung unterschätzen, die die Stabilisierung dieses Staates bedeutet. Die fünfziger Jahre, die heute häufig idealisiert werden, sind in den Trendreihen als eine Phase sozialen Misstrauens, der Verunsicherung und wenig gefestigter demokratischer Überzeugungen zu erkennen. Nie wieder hat in der Nachkriegszeit das soziale Misstrauen den Grad erreicht, der Anfang der fünfziger Jahre gemessen wurde. Erst Mitte der sechziger Jahre war diese Periode sozialer Kälte zu Ende. Fatalismus war in den fünfziger Jahren weit verbreitet, im privaten wie in Bezug auf den öffentlichen Raum.«[34]

Eine Alltagsgeschichte der ersten Nachkriegsjahrzehnte beginnt mit der Erinnerung einer Sechzigjährigen Anfang der 1980er Jahre: »Ach, die 50er Jahre! Das waren bestimmt die schönsten und die lustigsten Jahre überhaupt ... Ja, dass man jetzt endlich wieder leben konnte, ohne Krieg ... Das war wie eine Neugeburt ...«[35] Aber da zeigt sich exemplarisch die Retuschierung der Erinnerung aus der Retrospektive: Das wirkliche damalige Zeitgefühl war bei dem Gros der Deutschen sehr anders. Die von Ludwig Erhard durchgesetzte Freigabe der Konsumgüterpreise erfüllte viele Menschen erst einmal mit Sorge; noch Anfang der fünfziger Jahre hatten nur 14 Prozent der Bevölkerung von Erhard eine gute Meinung.[36] Auch dies ein Indiz, in welchem Maße es in die Irre führt, Geschichte aus späten Erinnerungen zu konstruieren. Das Schlagwort vom »Wirtschaftwunder«, auch wenn es oft nur ironisch oder gar abfällig gebraucht wurde – Heuss wetterte 1956 über »das verfluchte ›Wirtschaftswunder‹«, das manche Leute übermütig mache[37] –, hat seinen Grund:

Mögen auch Wirtschaftshistoriker aus der Rückschau für den langen Nach-kriegsboom viele Ursachen finden, so bedeutete dieser vor dem Hintergrund vorheriger Zukunftserwartungen doch eine überwältigende Überraschung[38], wobei im Begriff »Wunder« untergründig ein Zweifel lauerte, ob diese wun-dersame Wende von Dauer sein würde.[39] Der von Walter Rothenburg getex-tete Mainzer Karnevalssong von 1952, der mit seiner Sehnsucht nach einer ewigen Gegenwart gleichsam zur geheimen Nationalhymne der »Wirt-schaftswunder«-Deutschen wurde, verrät am Schluss eine geheime Angst:

»So ein Tag, so wunderschön wie heute,
so ein Tag, der dürfte nie vergehn.
So ein Tag, auf den man sich so freute,
und wer weiß, wann wir uns wiedersehn.«

In der ersten Nachkriegszeit gingen Sprüche von der Art um, dass es am klügsten wäre auszuwandern, im Gedanken an den kommenden dritten Weltkrieg so weit wie möglich, am besten nach Lateinamerika oder Aus-tralien; in Deutschland sei nichts mehr zu hoffen. Heutzutage erscheint es unglaublich, dass selbst ein so kompetenter Mann wie Karl Schiller, dem eigentlich daran gelegen sein musste, Zuversicht zu verbreiten, als Hambur-ger Wirtschaftssenator um 1947 die voraussichtliche Dauer des Wiederauf-baus auf achtzig Jahre veranschlagte.[40] So niederdrückend war der Anblick der Ruinenfelder in den Großstädten, und so schwer war selbst für best-informierte Beobachter zu durchschauen, was an industrieller Substanz noch immer vorhanden war! Allerdings: Schon 1947 dachten viele Jugendliche anders – vielleicht, weil sie am wenigsten durch wehmütige Erinnerungen belastet waren, sondern vor allem erkannten, dass es viel zu tun gab. Die ersten Allensbach-Umfragen erbrachten zu allgemeiner Überraschung, dass »Schüler und Studenten, im Gegensatz zu den vorherrschenden Ansichten, die Zukunft Deutschlands nicht grau in grau, sondern überwiegend zuver-sichtlich betrachteten«.[41] Da behielt die Jugend recht!

VERBORGENE HOFFNUNGEN. Denn der deprimierende Schein trog; in Wahrheit war weit mehr an Ressourcen – menschlichen wie materiellen – erhalten geblieben, als selbst Ökonomen wahrnahmen. Die Luftangriffe hat-ten die Wohnsiedlungen am schlimmsten getroffen; noch 1944, als Nacht für Nacht alliierte Kampfflieger über deutsche Städte donnerten, lag die deut-sche Industrieproduktion über dem Vorkriegsstand. Aber *wie* viel erhal-ten geblieben war, überschaute vorerst jeder Unternehmer nur für seinen eigenen Betrieb; und je mehr die Gerüchte über eine bevorstehende Währungsreform und Preisfreigabe grassierten, desto mehr produzierte er vorerst auf Lager: So entstand das Wunder der vollen Schaufenster nach der Währungsreform, das fortan die Legende nährte, der Währungsschnitt selbst habe die Initialzündung zum Wiederaufstieg gegeben.

Vor allem aber bestand eine entscheidende Erfahrung jener Jahre darin, dass es auf den Faktor Mensch ankam.[42] Gerade hier war der äußere Eindruck erst einmal trostlos, im Blick auf die Millionen der Gefallenen, Verwundeten, Gefangenen und den Mangel an ausgebildetem Nachwuchs. Und doch bot die Situation auch ganz andere Ansichten: Gerade viele Fachkräfte, von der Front freigestellt, hatten überlebt; viele Frauen, die im Krieg für die Männer eingesprungen waren, hatten sich in der Industrie bewährt; und vor allem die Millionen der Ostflüchtlinge stellten nicht nur eine Belastung, sondern in Teilen auch eine höchst wertvolle ökonomische Ressource dar – und all das im Blick auf den unendlichen Warenhunger, der sich nach den Kriegsverlusten melden würde, sobald die Menschen wieder Geld hätten, das etwas wert wäre!

Hans-Ulrich Wehler, einst unerbittlich gegen alles, was auch nur potentiell als eine Apologie des Nationalsozialismus erscheinen konnte, hat im Alter seine Leser mit der These überrascht, der vom NS-Regime gezüchtete »Leistungsfanatismus« sei nach 1945 zum Antrieb des wirtschaftlichen Wiederaufstiegs geworden. Diese These hat scharfen Widerspruch hervorgerufen; sie scheint sich im Kern auf (vermeintliche) Selbsterfahrung zu stützen und ist unmöglich exakt zu belegen.[43] Eines lässt sich wohl festhalten: Der Mangel des damaligen Nachwuchses an formaler Bildung war beim Wiederaufbau, wo es aufs Zupacken ankam, nicht ein solches Manko, wie Bildungsbürger glauben mochten.

Doch es gab aus der NS-Zeit eine weitere Ressource, deren Bedeutung erst in neuerer Zeit – wenn auch nicht unumstritten – gewürdigt worden ist: die aus der durch Albert Speer perfektionierten Organisation der Kriegswirtschaft überkommene Tradition der Zusammenarbeit, die unternehmerische Entscheidungsspielräume bestehen ließ und eine partielle Konkurrenz nicht ausschloss. Zwar erteilte Ludwig Erhard am 20. August 1948, zwei Monate nach der Währungsreform, auf einer Großkundgebung von Wirtschaftsvertretern den Unternehmern eine Rüge: Bei ihnen sei aus Kriegszeiten »noch zu viel ungesunde Solidarität vorhanden«; sie fühlten sich »noch zu sehr als Kollegen«, nicht als Wettbewerber.[44] Aber dazu meint Werner Abelshauser, Erhard habe die wahren Gründe des ihm zugeschriebenen »Wirtschaftswunders« selber nicht verstanden. In neuerer Zeit wurde mitunter gefrotzelt, der wahre »Vater des Wirtschaftswunders« sei nicht Ludwig Erhard, sondern Albert Speer gewesen.[45] In der Situation nach 1945 hätten die Westzonen nur allzu leicht zur ökonomischen Kolonie der USA werden können; da fungierte die unauffällige »Deutschland AG«, von den Großbanken gestützt, als Gegenkraft. Selbst der Nationalökonom Ernst Wagemann, 1945 nach Chile ausgewandert und von dort in den 1950er Jahren mit dem breiten Lächeln des Amerikaerfahrenen zurückgekehrt, sah das Erfolgsrezept der amerikanischen Wirtschaft in der »fortschrittlichen Kooperation« und Überwindung »kurzsichtiger Konkurrenzangst« gegen alle wirtschaftsliberalen Dogmen.[46] Eine Kumpanei hinter den Kulissen freilich war in Wirtschaftskreisen, die den Horror vor jeglichem Sozialismus kultivierten, kein diskutables Konzept für die Zukunft.

MYTHOS MARSHALLPLAN. Bis heute diskutiert wird die Bedeutung des Marshallplans (European Recovery Program, ERP), zumal dieser zum Gründungsmythos der Entwicklungshilfe geworden ist. Im Zeichen der neuen westdeutsch-amerikanischen Freundschaft gehörte es geradezu zum guten Ton, die rettende Rolle des Marshallplans zu rühmen. Werner Abelshauser sieht diese Behauptung schon durch die bloße Chronologie widerlegt: Als der Marshallplan zu wirken begann – später als oft angenommen –, sei das Wirtschaftswachstum in den Westzonen längst angelaufen gewesen. Auch von ihrer materiellen Substanz hätte die ERP-Hilfe gar nicht ausgereicht, zu dem Aufschwung wesentlich beizutragen.[47] Gegen Abelshausers makroökonomische Sicht haben Kritiker wie Knut Borchardt und Christoph Buchheim auf konkrete Fälle in industriellen Schlüsselsektoren – speziell der Textilindustrie und der Energiewirtschaft – hingewiesen, wo dieses Hilfsprogramm doch gereicht habe.[48] (Eine aus heutiger Sicht weniger verdienstvolle Rolle blieb bei alledem unbeachtet: ERP-Kredite trugen 1958 dazu bei, den frühesten bundesdeutschen Reaktorplänen eine finanzielle Basis zu geben![49]) Wie dem auch sei, eines lässt sich vor dem Hintergrund des damals vorherrschenden Pessimismus festhalten: Für die Zukunftserwartungen der deutschen Wirtschaft, nicht zuletzt auch für deren sehr konkrete Kreditchancen war es gewiss ein großer Vorteil, die übermächtigen USA nicht als Gegenspieler, sondern, ungeachtet der Konkurrenz, als Verbündeten bei der Rückkehr auf den Weltmarkt zu wissen – und die Investitionen und langfristigen Kredite orientierten sich entscheidend an Zukunftserwartungen.[50]

In der Tat vermitteln die Zeitdokumente den Eindruck, dass der Marshallplan am stärksten als Zukunftsperspektive wirkte, nicht zuletzt auch als ein Rahmen, in dem Deutschland aus dem Paria-Status des Besiegten entlassen und in ein neues Europa integriert würde. Schon am 22. Juli 1947, als dem Marshallplan »zum ›Plan‹ noch alles fehlte« (Volker Hentschel)[51], feierte der neu konstituierte Wirtschaftsrat der Bizone diesen Plan als Versuch, »die Solidarität der Völker im Wirtschaftsleben zu verwirklichen«, und gab der Hoffnung Ausdruck, dass auf diesem Wege die Grundlage für ein Zusammenwirken der europäischen Völker gelegt werde. Zwar kam bald heraus, dass der Marshallplan durch den sowjetischen Widerstand die Spaltung Deutschlands zum ersten Mal offenkundig machte; aber die sich durch diesen Plan eröffnenden Aussichten waren derart verführerisch, »dass selbst eingefleischte deutsche Neutralisten ... an ihrer Einstellung irre wurden und sich für die Annahme des amerikanischen Hilfsangebots aussprachen, auch wenn die Spaltung Deutschlands damit vertieft würde« (Klaus Schwabe).[52] Der Marshallplan konnte helfen, bei den Westdeutschen neues Vertrauen in die Zukunft zu begründen, und lieferte damit eine auch in den Augen von Keynes entscheidende Ressource, damit es mit der Wirtschaft bergauf ging.

ZAUBERWORT »EUROPA«. Mit dem Marshallplan nahm auch die Vision »Europa« erstmals greifbare Gestalt an: Diese schillernde Vision, die im Zuge ihrer schubweisen Realisierung ihre eigene Dialektik entwickelte, begleitet die Geschichte deutscher Zukunftserwartungen von 1945 bis heute.[53] Schon unter den deutschen USA-Emigranten, die – wie wir sahen – sonst typischerweise auf politische Utopien allergisch reagierten, wurde »Europa« zum Zauberwort, das wohl auch Heimweh weckte. Aus dem transatlantischen Exil-Schrifttum lässt sich eine lange Anthologie emphatischer Bekenntnisse zu Europa zusammenstellen.[54] Da verfällt selbst Klaus Mann in ungewohnt feierliches Pathos: »Ich versuchte, meiner Sehnsucht einen Namen zu geben, mein Erbe und meine Verpflichtung zu benennen. Europa! Diese drei Silben wurden mir zum Inbegriff des Schönen, Erstrebenswerten, zum inspirierenden Antrieb, zum politischen Glaubensbekenntnis und zum moralisch-geistigen Postulat. ... Golgatha und die Akropolis sind die Garanten europäischer Zivilisation.«[55] Der einstige Emigrant Ludwig Rosenberg glaubte noch als DGB-Vorsitzender unerschütterlich daran, dass die europäische Integration zu den »Vereinigten Staaten von Europa« führen werde.[56] Aber auch Teile der NS-Publizistik sprachen im Krieg vom kommenden Großreich als von »Europa«[57]; in ein »Großdeutschland« konnte man ja kein Frankreich integrieren. Und wer wollte, konnte bei »Europa« auch primär an das verbündete Italien denken.

Nach Kriegsende war es im besiegten Deutschland zunächst nicht leicht,

an Europa zu glauben: Die französischen Besatzer galten als besonders schi-
kanös; im Rufe relativer Großzügigkeit dagegen standen die Amerikaner.
Eine Europa-Idee, die auf Distanz zu den USA ging, war für Deutsche damals denkbar unzeitgemäß; aber der amerikanische Marshallplan entwarf ja
ein Europa unter amerikanischem Schutz. Und je mehr im deutschen Westen die Bekenntnisse zur Wiedervereinigung zur krampfhaften Pflichtübung
wurden, desto mehr wurde »Europa« zur idealen politischen Einheit – falls
man überhaupt noch eine kollektive Identität suchte. Mit »Europa« konnte
man hoffen, dem deutschen Schicksal zu entrinnen – der Teilung und der Be-
schmutzung des deutschen Namens durch die NS-Verbrechen. »Eine wirkliche Sehnsucht (hankering) nach einer Mitgliedschaft in einer europäischen
Gemeinschaft« glaubte ein britischer Beobachter Ende 1948 im Parlamentarischen Rat zu spüren. Dort verkündete Carlo Schmid, man wolle die deutsche »Souveränität haben, um Deutschland in Europa aufgehen lassen zu
können«.[58] Eine »Flucht nach Europa« diagnostizierte Sieburg, der sich für
seine Person in Paris zu Hause fühlte, bei den Deutschen seiner Zeit[59]; und
in dieser Hinsicht fühlt er sich mit ihnen sogar verbunden, auch ohne klares Konzept für ein künftiges Europa. Dass Adenauer, schon in den 1920er
Jahren als Kölner Oberbürgermeister Mitglied der Paneuropa-Union, »vom
denkbar frühesten Augenblick an im Strom der europäischen Bewegung
schwimmt, ist ein Umstand, dessen Bedeutung gar nicht überschätzt werden
kann«, bemerkt sein Biograph Hans-Peter Schwarz.[60] Aber was bedeutete
»Europa« konkret; waren die »Vereinigten Staaten von Europa« das Endziel?
Das ist bis heute die große offene Frage geblieben.

In der Nachkriegszeit sah es zunächst so aus, als hätten die Deutschen
an nationaler Identität ohnehin nicht mehr viel zu verlieren. Aber das sollte
sich ändern; und zudem konnte ein Frankreich-Kenner kaum glauben, dass
die Franzosen den Deutschen und Europa zuliebe ihre eigene Identität auf-
geben würden – eher war zu befürchten, dass die Deutschen, die sich bis
dahin durch ihren Chauvinismus verhasst gemacht hatten, ihren Nachbarn
nun durch ihren Antinationalismus auf die Nerven fielen. Als Grundregel
lässt sich schon jetzt festhalten, dass es wichtig ist, zwischen Europa-Rhetorik und europapolitischer Realität zu unterscheiden. Wer ein »echter Europäer« war oder nur aus bestimmten Interessen heraus so tat, darüber konnte
man spekulieren.[61] Wie Alan Milward in einem bahnbrechenden, auf breite
Quellenbasis gegründeten Opus zeigte, bekannten sich zwar die von ihm
ironisch betitelten *European Saints* von Robert Schuman bis Adenauer wie in
einem feierlichen Ritual zur Einheit Europas, die reale Politik dagegen zielte

darauf ab, über europäische Institutionen die bestehenden Nationalstaaten in einer Zeit der Weltmächte neu zu stabilisieren.[62]

Einen derartigen Rückhalt hatte die Bundesrepublik damals besonders nötig. Frankreich war ursprünglich vor allem an bestimmten Teilunionen zum Vorteil der eigenen Wirtschaft interessiert: an der Montanunion (Europäische Gemeinschaft für Kohle und Stahl, EGKS), dem Vorreiter der europäischen Einigung, die 1951 in Paris mit einer supranationalen Behörde gegründet wurde und der französischen Schwerindustrie Vorteile beim Zugang zur Ruhrkohle verschaffte, und der 1955 in Messina beschlossenen Europäischen Atomgemeinschaft (Euratom), die – wie der *Industriekurier* 1959 mit beißender Ironie zu berichten wusste – im »Volkswitz« »Europäische Gemeinschaft zur friedlichen Herstellung einer französischen Atombombe« tituliert wurde.[63] Dieses Europa gab wenig Stoff für visionäre Zukunftsentwürfe; zumal in Wirtschaftskreisen besaß »Europa« schon seit der Montanunion einen Geruch von Reglementierung und Bürokratie.

Bei der in Messina ebenfalls beschlossenen Europäischen Wirtschaftsgemeinschaft (EWG), deren künftige Gestalt damals noch recht unsicher war, lag französischen Wirtschaftskreisen an hohen Außenzöllen: eine Aussicht, die die deutsche Wirtschaft mit Ludwig Erhard an der Spitze in Alarm versetzte; denn Lateinamerika und der Nahe Osten schienen dem deutschen Export damals bessere Chancen zu versprechen als das hochindustrialisierte Westeuropa. Obendrein hatten sich die Deutschen in jenen Weltregionen durch die Weltkriege nicht unbedingt unbeliebt gemacht; und da öffneten sich deutschen Waren konkurrenzlose Märkte, da gab es vielfach alte Handelsbeziehungen, und da taten sich neue Zukünfte auf.[64] Westeuropa / USA oder Lateinamerika / Nahost: Da trafen damals unterschiedliche Weltanschauungen und Zukunftsszenarien aufeinander. Auch Neutralisten, Pazifisten, Verehrer Albert Schweitzers schauten auf die »Dritte Welt«, die nach dem Untergang des »Dritten Reiches« den Zukunftszauber der Zahl Drei besaß. Martin Niemöller, der erbitterte Gegner der Adenauerschen Aufrüstung und Westorientierung, der in den neutralen Ländern der Dritten Welt gefeiert wurde, prophezeite noch 1960 allen Ernstes, »in zwanzig Jahren frage ohnehin kein Mensch mehr nach Moskau oder Washington«.[65]

Es dürfte schwerfallen, von Meinungsführern im Nachkriegsdeutschland eine Anthologie derart schwärmerischer Bekenntnisse zu Europa zusammenzustellen wie von deutschen Emigranten in den USA. Der Europäer *par excellence* war im Bonn der 1950er Jahre Walter Hallstein, der 1958 zum Präsidenten der EWG-Kommission aufstieg; aber er war einer, von dem es hieß, dass die Temperatur in einem Raum um mehrere Grad sinke, sobald er eintrete. 1956 attackierte ihn Thomas Dehler, der freidemokratische Neu-Nationalist, als einen »Mann ohne Herz und Hoden«.[66] Mit seinem Namen verband sich die rigide »Hallstein-Doktrin«, die diplomatische Beziehungen zu all solchen Staaten, die die DDR anerkannten, untersagte und somit die bundesdeutsche Ostpolitik blockierte; das war ein Politikstil, der eine neue Zukunft versperrte. Lange Zeit war Brüssel für bundesdeutsche Spitzenpolitiker nicht attraktiv; da kursierte der Spottvers: »Hast du einen Opa / Schick ihn nach Europa!« Und doch *hatte* dieses Europa eine Zukunft; auch ohne große Vision und breite Begeisterung zog es im Laufe der Jahrzehnte, teilweise unauffällig und unerwartet, mehr und mehr Kompetenzen an sich. Ob sich dieser Prozess auch in Zukunft fortsetzen wird, ist heute die große Frage![67]

VOM »VATER DES WIRTSCHAFTSWUNDERS«: ZUKUNFTSVISIONEN ALS FAST-GEGENWART. Ludwig Erhard, obwohl auch er mit den obligaten Europa-Bekenntnissen nicht sparte, liebte *dieses* Europa eindeutig nicht. Adenauer musste die Wirtschaftsgemeinschaft gegen seinen Wirtschaftsminister durchsetzen, und auch danach suchte Erhard unter Berufung auf das von ihm angestrebte unbürokratische Freihandels-Europa immer wieder querzuschießen: »Erhard redete bei jeder auch nur halbwegs passenden Gelegenheit geradezu zwanghaft über europapolitische Notwendigkeiten und europapolitische Verfehlungen und hielt auf diese Weise die Wut des Kanzlers auf seinen widerspenstigen Minister in jederzeit aufwallbereitem Kochen.« (Volker Hentschel)[68] Adenauer dachte primär von der Außenpolitik her, von der Suche nach einem sicheren Rückhalt gegen die Bedrohung aus dem Osten, und folgte der simplen Maxime: Die Bundesrepublik braucht verlässliche Freunde, und die findet es nur im verbündeten Europa. Obwohl er kein Visionär war, hat er selbst aus heutiger Sicht recht behalten: Europa hatte weit mehr Zukunft, als viele in der Nachkriegszeit glaubten, wogegen sich die »Dritte Welt« als höchst instabil erwies und »Entwicklungsländer«, ursprünglich ein Begriff der Verheißung, zum Euphemismus für »unterentwickelte Länder« wurde.[69]

Erhard, ein simplerer Geist als Adenauer mit weniger scharfem Blick auf aktuelle Trends, der vor allem durch seine Art populär wurde, Zukunftsvertrauen auszustrahlen, hegte auf seine Art durchaus seine Visionen; sie lassen sich in die drei Parolen zusammenfassen: »Der Kunde ist König«, »Wohlstand für alle« und »Deutschlands Rückkehr auf den Weltmarkt«. Aus seinem Mund, den man sich nur mit Zigarre vorstellen konnte, hörte sich das alles an wie eine in der Gegenwart bereits greifbare Zukunft; aber der *Wohl-*

stand für alle – Titel eines 1957 unter Erhards Namen veröffentlichten, von dem *Handelsblatt*-Redakteur Wolfgang Langer verfassten[70] Bestsellers – lag in den 1950er Jahren noch in weiter Ferne und ist heute vollends zur Utopie geworden. »König Kunde« bedeutete Vorrang der Konsumgüter- vor den Grundstoffindustrien, konkret: Brechung der traditionellen Dominanz der Ruhr; Abbau von Subventionen; keine staatliche Beeinflussung des Konsumverhaltens; freie Konkurrenz; Kampf gegen Kartelle und Konzentration in der Wirtschaft. Dieser Erhardsche Kampf wurde zur Zielscheibe der Karikaturisten; gerade unter den Bedingungen wirtschaftlicher Freiheit waren Machtzusammenballungen in der Wirtschaft schwer zu verhindern. Und die Manipulation der Menschen durch Reklame, die Verwandlung des Bürgers zum Konsumenten wurde im »Wirtschaftswunder« zum Thema wie nie zuvor.

Auch *Deutschlands Rückkehr zum Weltmarkt*, ebenfalls Titel eines unter Erhards Namen publizierten Buches (1953), war mindestens so sehr Zukunft wie Gegenwart; der Weltmarkt war ja kein Marktplatz, zu dem man heimkehren konnte, sondern ein fließendes Gebilde, das immerfort neue Herausforderungen stellte. In den 1960er Jahren, vor allem während seiner glücklosen Kanzlerzeit, wurde Erhard von allen Seiten vorgeworfen, dass er die Anforderungen der neuen Zeit nicht verstehe und staatliche Innovations- und Wachstumspolitik für ihn kein Thema sei. 1955, bei der Schaffung des Atomministeriums, hatte er gemurrt, es gebe doch auch kein Dampfkesselministerium.[71] 1983, sechs Jahre nach seinem Tod, rühmte Herbert Gruhl, ein Vordenker der Umweltbewegung, an Erhard gerade das, was vordem als altmodisch gegolten hatte, als zukunftsweisend.[72] Auch ein Adenauer-Wort von 1954, als die Auto-Lobby immer aggressiver auf verstärkten Straßenbau zum Nachteil der Bahn drängte, wartet auf eine Wiederentdeckung im Zeichen des Umweltschutzes: Wenn er nicht schon Vorsitzender der stärksten Partei wäre, würde er »eine Partei gründen gegen den Automobilismus, die noch stärker wäre«. So sprach er zu Fritz Berg, dem Vorsitzenden des Bundesverbandes der Deutschen Industrie (BDI), und der hatte »keinen Zweifel, dass Adenauer mit dieser Einschätzung der Stimmungslage ins Schwarze getroffen hatte«.[73]

POLITIK »VON EINEM TAG AUF DEN ANDEREN«? RÄTSEL UM ADENAUER. Wie hielt es Adenauer mit der Zukunft? Seine erfolgreichste Wahlparole, ja wohl überhaupt die berühmteste in der bisherigen bundesdeutschen Geschichte war die von 1957, als der 81-jährige Kanzler wider Erwarten – denn die damalige »Kampf-dem-Atomtod«-Bewegung hatte Ängste gegen seine Politik geweckt – für die CDU die absolute Mehrheit gewann: »Keine Experimente!« Diese Parole mitsamt ihrem durchschlagenden Erfolg schien die gesamte bundesdeutsche Mentalität der Ära Adenauer auf den Begriff zu bringen: Risikoscheu, Streben nach Sicherheit – Zukunft nicht als etwas Anderes, Neues, sondern als Fortsetzung der Gegenwart. Freilich konnte man darüber streiten, ob die atomare Bewaffnung der Bundeswehr, die in jener Zeit die Öffentlichkeit erregte, der Maxime »Keine Experimente!« entsprach.

Vorausgegangen war im Herbst 1956 die Suezkrise, die durch die Enteignung der anglofranzösischen Kanalgesellschaft durch den ägyptischen Staatspräsidenten Nasser ausgelöst wurde. Als am 1. November 1956 der vereinte britisch-französische Luftangriff auf Ägypten durch die Presse ging, waren in der Bundesrepublik nicht nur Linke und Pazifisten, sondern auch regierungsnahe Medienorgane schockiert.[74] Offiziöse französische und britische Organe rechtfertigten den Angriff durch die Gleichsetzung Nassers mit Hitler; in der deutschen Bevölkerung dagegen wurden, wie Heuss der Freundin in New York berichtete, eher die Angreifer mit Hitler in eine Reihe gestellt, mit dem Tenor: »Da sieht man's, die sind auch nicht besser!«[75] Für den, der auch nur ein wenig in die Zukunft schaute, hätte es eigentlich evident sein müssen, dass die Suezkanal-Gesellschaft ein Relikt des Kolonialismus und deren Verstaatlichung nichts als die logische Konsequenz der Dekolonisierung war.

Adenauer dagegen zeigte sich nicht etwa über den Angriff alarmiert, sondern im Gegenteil darüber, dass die USA die Verbündeten in diesem Kampf im Stich ließen, schlimmer noch: sie im Verein mit der Sowjetunion zum Rückzug zwangen. Das gab ihm den Anstoß, unter Bruch des seinerzeit den westlichen Verbündeten gegebenen Versprechens über Jahre insgeheim eine eigene bundesdeutsche Atomwaffenproduktion anzustreben, obwohl diese, einmal publik geworden, ein Gottesgeschenk für die östliche Propaganda gewesen wäre und das westliche Bündnis auf eine Zerreißprobe gestellt hätte. Man kann von Glück reden, dass es – so weit bislang bekannt – bei der bloßen Absicht blieb, da eine politische Steuerung in der deutschen Kerntechnik ohnehin nicht funktionierte und der Bundesatomminister Balke offen mit den Atomphysikern sympathisierte, die sich im Göttinger Manifest (April 1957) gegen die atomare Bewaffnung der Bundeswehr gewandt hatten.[76] Wenn der Bundesrepublik der Frieden und das westliche Bündnis erhalten blieben, ist dieses nicht nur auf die Weitsicht der Staatsmänner, sondern auch auf Kräfte der Zivilgesellschaft – und wohl auch auf glückliche Zufälle zurückzuführen.

Adenauer und die Zukunft: Das Thema hat etwas Undurchsichtiges; klar ist nur, dass der Kanzler aus der Überzeugung heraus handelte, dass die Bundesrepublik verlässliche Verbündete brauche und diese nur im Westen finde. Fürchtete er wirklich einen Angriff aus dem Osten; oder betrieb er die Angstmache vor allem aus wahlstrategischen Motiven heraus? »Die Lage war noch nie so ernst!«, »Mein Gott, was soll aus Deutschland werden?«: Diese Sprüche, die bis heute am meisten mit dem ersten Bundeskanzler verbunden werden: Wie ernst waren sie gemeint; wieweit waren sie bloßer Zweckpessimismus? War sich Adenauer selber darüber klar? Hinter seiner unerschütterlichen Miene, die maskenhaft wirken konnte, verbargen sich Zweifel und Stimmungsschwankungen. In seiner frühen Kanzlerzeit bekannte er einer befreundeten Ärztin, »das Leben« habe ihn »entsetzlich misstrauisch gemacht gegen die Menschen«, habe ihn »zu einer Menschenverachtung und damit zu einer inneren Vereinsamung gebracht, die kaum zu ertragen ist«.[77] Offenbar kannte er auch andere Stimmungen; aber dieses Misstrauen befiel ihn nicht nur gegen Mitmenschen, sondern auch gegen verbündete Staaten – und gegen das eigene Volk. In einem Brief an Heuss vom 20. Februar 1958, aus seinem Urlaub in Vence hoch über Nizza, schrieb Adenauer wie von einer bekannten Tatsache von der »grauenvollen Zeit, in der wir leben«[78]: Eine Konzession an den Adressaten war das gewiss nicht; denn die gleichzeitigen Heuss-Briefe lassen nichts von einem derartigen Lebensgefühl erkennen, ganz im Gegenteil. Zumindest in Phasen muss Adenauers Pessimismus echt gewesen sein, so in jener Zeit, als er – so gegenüber Joseph Alsop von der *New York Herald Tribune* – unter der Prämisse »Chruschtschow = Hitler« Anzeichen dafür zu erkennen glaubte, dass die USA »unter allen Umständen zu einem Appeasement mit den Russen kommen wollten«.[79] Man kann es umso bemerkenswerter finden, mit welcher Vitalität und Tatkraft sich ein derartiger Pessimismus verbinden lässt!

Und gerade in den ersten Jahren nach Kriegsende, als sich der über Siebzigjährige wieder in die Politik stürzte, war die Düsternis noch weit erdrückender gewesen. Am 16. April 1946 schrieb Adenauer an den nach Bolivien emigrierten sozialdemokratischen Journalisten Efferoth, er glaube, »dass noch viele Millionen in Deutschland sterben werden. Die Menschen sind meistens apathisch und hoffnungslos, die Jugend verwildert und verkommen. Die Verhältnisse von 1918 lassen sich auch nicht im entferntesten mit den Verhältnissen von heute vergleichen.«[80] Und dabei waren schon 1918 die Aussichten düster genug gewesen! Wenn Adenauer 1946 prophezeite, das bürgerliche Zeitalter werde »nie zu Ende sein«[81], mochte das viel später als Stilblüte eines unerschütterlichen Glaubens an Stabilität zitiert werden; damals kann es bloßer Zweckoptimismus gewesen sein, um die Gründung einer neuen bürgerlichen Sammlungspartei zu ermutigen.

Aus späterer Rückschau wirkt es paradox, dass ausgerechnet Adenauer auf jene Londoner Beschlüsse der westlichen Regierungen vom Juni 1948, die der Gründung eines Weststaats grünes Licht gaben, mit Blick auf all die daran damals noch geknüpften Beschränkungen deutscher Selbstbestimmung zunächst mit tiefer Enttäuschung, ja Entsetzen reagierte. Der Vertrag von Versailles, schrieb er einem holländischen Sozialdemokraten, sei »dagegen ein Rosenstrauch«.[82] Und immer wieder die Erinnerung an Versailles, das er als 43-jähriger Oberbürgermeister erlebte![83] Zwei Jahrzehnte darauf wird Franz Josef Strauß den »Atomsperrvertrag« (Vertrag zur Nichtverbreitung von Atomwaffen) als »neues Versailles von kosmischen Ausmaßen« und Adenauer ihn als »Morgenthau-Plan im Quadrat« und »Todesurteil für Deutschland« verfluchen[84], obwohl selbst Sprecher der Atomwirtschaft die Unterzeichnung dieses Vertrages nicht nur für passabel, sondern mehr noch für zwingend notwendig erklärten![85]

Allein aus politischer Taktik konnten derartige Ausbrüche Adenauers nicht kommen. Wenn er sich trotz tiefer Enttäuschungen schon 1948 uneingeschränkt für ein Westbündnis, sogar ein militärisches, engagiert, lässt sich diese seine Linie – so Hans-Peter Schwarz – überhaupt nur dann verstehen, »wenn man sich klar macht, dass er jetzt mit der Möglichkeit eines Krieges rechnet«. Und er hat sogar Stimmungen, in denen er auf einen solchen hofft: »Den Russen wird man ein Ultimatum stellen, nicht nur Deutschland, sondern auch Polen, Ungarn und die ganzen Satellitenstaaten zu räumen. ... Es kann keinem Zweifel unterliegen, falls die Russen nicht früher losschlagen, dass sie in einer bestimmten Zeit zurückgedrängt werden.« So Adenauer am 15. September 1948 vor der CDU/CSU-Fraktion des Parlamentarischen Rates[86], zu einer Zeit, als nur die USA über Atomwaffen verfügten. Aber immer auch wieder tiefe Sorgen – die Vibrationen des ersten Bundeskanzlers sind geradezu exemplarisch für das Wechselspiel zwischen Furcht und Hoffnung, wo die eine die andere erzeugt. Was von dem üblichen Adenauer-Bild her überrascht: Hans-Peter Schwarz erkennt bei ihm hinter der Maske ruhiger Festigkeit »eine Psyche von großer innerer Spannung: viel eher unharmonisch als harmonisch, eher unruhig als ruhig, eher extrem als politisches Normalmaß, eher unkalkulierbar als kalkulierbar. Das Bild von dem stets rationalen, immer zielklaren und am hohen Wertehimmel orientierten Adenauer ist ein schönes Märchen.«[87]

Gerade diese verborgene Seite Adenauers wurde durch den Kalten Krieg unablässig stimuliert. Quälende Grübeleien über das drohende atomare Inferno durchziehen die gesamte Ära Adenauer; vor diesem Hintergrund erscheinen die überdrehten Hoffnungen auf das »friedliche Atom« als vitale Abwehrreaktion, ganz besonders bei sensiblen Atomphysikern, die sich an der erschreckenden Aussicht mitschuldig fühlen mussten. Das nuklearstrategische Grübeln drehte sich ewig im Kreis: Welches Waffenarsenal ist nötig, um einen sowjetischen Angriff abzuschrecken? Aber drohte ein solcher Angriff überhaupt, oder war es gerade die westliche Aufrüstung, die auf östlicher Seite ein Gefühl des Bedrohtseins erzeugte und womöglich einen Präventivschlag provozierte? Oder wollte man sogar – und sei es durch Bluff eigener Übermacht –, dass sich die Sowjets bedroht fühlten und aus Ostdeutschland zurückwichen? All diese Perspektiven enthielten erschreckende Potentiale und hatten es mit Unbekannten zu tun; da bestanden tiefe Hemmungen, darüber im Klartext zu diskutieren.

Die entschiedenen Gegner der Atombewaffnung, zu denen damals sogar der spätere Bundeskanzler Helmut Schmidt gehörte, konnten dagegen eine rundheraus klare, ethisch wie pragmatisch fundierte Position bieten. Erst jetzt in den 1950er Jahren, nach dem Ende der amerikanischen Militärzensur über Japan, wurde der Weltöffentlichkeit erschreckend bewusst, was Hiroshima mit seinen Langzeitfolgen bedeutete. Zugleich wurde auch die Sowjetunion zur Atommacht; die A-Bombe wurde vom Trumpf des Westens zur Bedrohung. Und dazu die Warnungen prominenter Wissenschaftler vor dem radioaktiven *Fallout* der Atomwaffentests! Wurden Pazifisten früher als weltferne sentimentale Träumer verspottet, konnten die Wortführer dieser neuen Friedensbewegung nun als Realisten auftreten, die die Zeichen der Zeit erkannten. Die Friedenssehnsucht, die seit 1945 fast alle Deutschen erfüllte, bekam eine rationale Basis. Der ewige Frieden wurde vom Traum zur Notwendigkeit. »Frieden« wurde zur wirkungsvollsten Parole der DDR; diese besaß weit mehr Werbekraft als »Sozialismus«.

Die Paradoxie bestand freilich darin, dass sich dieser Zwang zum Frieden auf die Fortexistenz der Atomwaffen gründete und deren Abschreckungswirkung nur dann bestand, wenn glaubhaft war, dass sie im Notfall tatsächlich eingesetzt würden. Der Berliner Bischof Otto Dibelius, der als Vorsitzender des Rats der Evangelischen Kirche am 22. Februar 1957 den Militärseelsorgevertrag mit der Bundesregierung unterzeichnete[88], suchte angeblich[89] in krampfhafter Konsequenz das Undenkbare zu denken und als Eventualität zu akzeptieren; eine Broschüre der Anti-Atomtod-Bewegung zitierte ihn voller Abscheu: »Die Anwendung einer Wasserstoffbombe ist vom christlichen Standpunkt aus nicht einmal eine so schreckliche Sache, da wir alle dem ewigen Leben zustreben.«[90] Karl Jaspers, dessen Philosophie um »Grenzsituationen« kreiste und der sich im Austausch mit der befreundeten Hannah Arendt in ein Horrorbild vom Totalitarismus hineinsteigert, brachte es fertig, in seiner Schrift *Die Atombombe und die Zukunft des Menschen* (1958) mit erbarmungsloser fundamental-ethischer Konsequenz zu räsonieren, in der Abwehr dieser existenziellen Gefahr dürfe man nicht mehr von der Prämisse ausgehen, »um jeden Preis müsse die Menschheit am Leben bleiben«.[91]

Adenauer las Jaspers' Atombomben-Zukunftsbuch im Urlaub; aber natürlich wäre es für ihn politischer Selbstmord gewesen, in dieser Art zu reden; und wieweit man in Bonn selbst im innersten Kreis über derartige Perspektiven im Klartext diskutierte, ist zweifelhaft. Franz Josef Strauß bramarbasierte als frischgebackener Verteidigungsminister am 13. November 1956 in den *Nürnberger Nachrichten*: »Wir leben in einem technischen Zeitalter, in dem die vereinigte Stärke unserer Bundesgenossen ausreicht, um das Reich der Sowjetunion von der Landkarte streichen zu können.«[92] Aber nicht ganz ein Jahr später zeigte der Start des Sputnik die Überlegenheit der sowjetischen Militärtechnik. Da bluffte Chruschtschow: »Wir können eine Fliege im Weltraum abschießen«, wogegen jener *Spiegel*-Artikel »Bedingt abwehrbereit«, der 1962 die *Spiegel*-Affäre auslöste, begründete Zweifel weckte, ob die Bundeswehr im Ernstfall viel wert war.

Michael Knoll glaubt in seiner Dissertation von 2013 zu erkennen, dass Adenauer an keinen Atomkrieg glaubte: »In öffentlichen wie in vertraulichen Gesprächen bezeichnete er sowohl die amerikanische als auch die sowjetische Führung als rational und weitsichtig genug, um eine atomare Eskalation zu verhindern.«[93] Gerade die unvorstellbare Furchtbarkeit eines Atomkrieges als Argument, dass er nicht wirklich zu befürchten sei! Aber hegte er das gleiche Vertrauen gegenüber seinem eigenen Verteidigungsminister? Strauß hat in seinen Memoiren aus dem Juli 1962 einen Zusammenstoß zwischen ihm und dem Kanzler berichtet, der so unglaublich klingt, dass er bislang nicht die Beachtung gefunden hat, die er verdient.[94] Da hatte Strauß vom Bundespräsidenten Lübke vertraulich erfahren, Adenauer wolle ihn in Kürze entlassen, da er, Strauß, einen Präventivkrieg plane. Darauf sei Strauß mit anderen CDU-Oberen zum Kanzler gestürmt und habe ihn als Lügner beschimpft.[95]

Eine gespenstische Szene, die ein grelles Licht darauf wirft, dass man über eine derartige Schicksalsfrage selbst im engsten Kreis nicht offen redete und einander vertrauen konnte! Selbst intern war die Atompolitik von einer Atmosphäre des Misstrauens und der Verschleierung umgeben, Verschleierung auch eigener Unsicherheit. Adenauers »Verschleierungspolitik« hat Knoll zufolge auf das bundesdeutsche Geschichtsbild bis heute gewirkt und Abgründe vernebelt.[96] Selbst aus den Akten entsteht keine volle Klarheit; vermutlich gab es sie gar nicht. Klar ist immerhin eines: Die damalige Anti-Atomtod-Bewegung war wohlbegründet, mochte auch die Polemik speziell gegen Strauß verkennen, dass dieser lediglich nach Direktiven Adenauers operierte.[97] Einem ehemaligen U-Boot-Kapitän wie dem hessischen Kirchenpräsidenten Martin Niemöller, einem Exponenten dieser Bewegung, mochte man Rigidität und Verbohrtheit unterstellen, aber gewiss nicht Hysterie. Es wäre sicherlich unbedacht, die Ära Adenauer nur aus der Retrospektive nach der Devise »Ende gut – alles gut!« zu beurteilen. Der amerikanische Außenminister Dulles erklärte Adenauer während der Berlinkrise von 1959, für die USA gehöre ein Atomangriff auf die Sowjetunion durchaus in den Bereich des Möglichen; und der Bundeskanzler wagte keinen offenen Widerspruch.[98] Der Adenauer-Biograph Hans-Peter Schwarz schreibt rückblickend: »Noch heute kann man es ja kaum glauben, weshalb es der Menschheit gelungen ist, das nukleare Wildwestzeitalter der fünfziger und frühen sechziger Jahre unverstrahlt zu überstehen. Vielleicht ist das doch der Gottesbeweis, nach dem ernsthafte Theologen früher unablässig gefahndet haben.«[99]

Wenn Adenauer gleichwohl im Herbst 1957 seinen größten Wahlsieg erzielte, lag das vermutlich zu einem Gutteil an der von ihm durchgesetzten Rentenreform, der Einführung der dynamischen Rente, die an den Produktivitätsfortschritt der Wirtschaft gekoppelt war und Millionen alternder Menschen von der Angst vor Altersarmut befreite.[100] Von allen Maßnahmen der Regierung Adenauer war die Rentenreform die populärste, obwohl sie – kritisch betrachtet – nicht gerade dem Wahlslogan »Keine Experimente!« entsprach, sondern ein gewagtes Experiment darstellte und eine Spekulation auf die Zukunft enthielt. Der Grundgedanke bestand darin, die Rente nicht mehr aus den im Lauf des Lebens eingezahlten Beiträgen abzuleiten, die durch den Währungsschnitt von 1948 ohnehin nahezu entwertet waren, sondern am wachsenden Lebensstandard zu orientieren. Das war der »Generationenvertrag«, der von nun an zum Begriff wurde, bis er in den 1990er Jahren Konkurrenz von der »Generationengerechtigkeit« bekam: Die derzeit Arbeitenden finanzierten die Versorgung der Rentner. Darin steckte eine gehörige Portion an Optimismus, wie wir heute wissen: die Zuversicht, dass sich der

Wirtschaftsaufschwung immer weiter fortsetzen würde – andernfalls müsste man ja unpopuläre Rentenkürzungen vornehmen – und zudem die neuen Generationen so zahlreich wie bisher sein würden.

Adenauer konnte die Rentenreform nur in harten Kontroversen mit seinen Wirtschafts- und seinem Finanzminister durchsetzen, die sich beide gegen die erhöhten Belastungen der Wirtschaft stellten; aber bei alledem waren demographische Sorgen – aus heutiger Sicht überraschend – kein großes Thema. Vor allem seit den 1990er Jahren wurde immer wieder das angebliche Adenauer-Wort kolportiert, mit dem er Bedenken abgefertigt habe: »Kinder kriegen die Leute doch immer!«[101] Aber so sehr war er gar nicht von der Unwandelbarkeit der menschlichen Natur überzeugt; noch einige Jahre davor hatte er sich über das Altern der deutschen Gesellschaft gesorgt, das aus den Kriegsverlusten folgte. Die Sorge, dass die Deutschen als Folge mangelnder Gebärfreudigkeit von anderen Völkern erdrückt zu werden drohten, hatte bereits die NS-Bewegung geleitet[102]; ebendadurch waren allerdings nach 1945 pronatalistische politische Maßnahmen zum Tabu geworden. Nun, mittlerweile waren viele Deutsche wieder familien- und kinderfreudig geworden. Würde das so bleiben? Ging nicht ein Trend zu einem individualistischen Lebensstil, für den Kinder hinderlich waren?

Aber das ist eben die große Frage, wieweit Adenauer seine Politik, vom westlichen Bündnis einmal abgesehen, an durchdachten Zukunftserwartungen ausrichtete und nicht an aktueller Opportunität. Im Dezember 1960 bemerkte er gegenüber seinem Staatssekretär Hans Globke in unzufriedenem Ton: »Ich lebe tatsächlich politisch gesehen von einem Tag auf den anderen.«[103] Es ist bezeichnend, dass ihm dies gerade zu jenem Zeitpunkt als ein Defizit auffiel; denn mit der Wende zu den 1960er Jahren wurden international Prognosen, Planung und Beratung durch Experten zum neuen Trend. Wenn er als Kanzler die längste Zeit politisch »von einem Tag auf den anderen« gelebt hatte, muss er damit ganz zufrieden gewesen sein!

RESTAURATION? ZEITZEICHEN – VOM STREIT UM DAS GOETHE-HAUS BIS ZUM SIEGESZUG DES ROCK'N'ROLL. Ist »Zukunft« auch ein Thema der Kulturgeschichte? Diese Frage wird uns noch wiederholt beschäftigen. Seit den 1960er Jahren wurde die Ära Adenauer von neuen Generationen, politisch wie kulturell, üblicherweise mit dem Etikett »Restauration« versehen, wogegen sie sich vielen Zeitgenossen eher als Chaos präsentierte und Restauration – Pendant zum Wiederaufbau! – mehr Hoffnung als Realität war. In der Tat hat die Zeit nach 1945 mit der nach 1815 – der klassischen Ära der Restauration – nur wenig gemein; der Begriff »Restauration« besitzt hier etwas Ahistorisches. Die frühe Bundesrepublik bietet, insgesamt gesehen, ein völlig anderes Bild als das kaiserliche Deutschland oder die Weimarer Republik. Anhaltspunkte finden sich für Restauration am ehesten in der Kultur der Gebildeten; aber auch hier war das Zurück zur guten alten Zeit mehr Wunsch als Realität.

Als Paradebeispiel für den restaurativen Zug der Zeit erscheint auf den ersten Blick der Goethe-Kult nach 1945. »Er las zuviel Goethe«, heißt es in Wolfgang Koeppens Roman *Das Treibhaus* (1953) über das Präsidenten-Double Musäus, eine Parodie auf Heuss.[104] Bei diesem Literaturfreund und Vielschreiber von Präsidenten ist jedoch geradezu auffällig, dass er nie über Goethe schrieb; aber er flachste, Goethe habe Glück gehabt, dass er 1832 und nicht 1833 gestorben sei, denn andernfalls hätten die Nazis ihre Herrschaft mit Hundertjahrfeiern für einen völkisch frisierten Goethe begonnen. Stattdessen überstand Goethe die NS-Zeit einigermaßen unverbraucht, und so konnte die Bundesrepublik 1949 ihren Start kulturell mit Feiern zum 200-jährigen Geburtstag des Dichters schmücken.

Damals entbrannte über der Frage, ob das im Krieg ausgebrannte Frankfurter Goethe-Haus originalgetreu wiederaufgebaut werden sollte, eine heftige Kontroverse; die Bauverwaltung der Stadt war zunächst strikt dagegen.[105] Man sollte meinen, für die damaligen Deutschen habe es wichtigere Themen gegeben; aber das Thema »Goethe« war damals mit Symbolik geladen. Karl Jaspers hatte 1947 beim Empfang des Frankfurter Goethe-Preises eine Rede »Goethe und die Zukunft« gehalten. Da nahm er das Goethe-Motiv der »Forderung des Tages« auf: »Er hilft uns, uns nicht zu verlieren in der Schwärmerei, nicht in den Illusionen eines Fernen, eines Jenseitigen, eines Zukünftigen, sondern real zu werden. Goethe lehrt uns, dass wir nicht versäumen das einzige für uns greifbare, das Wirkliche, das für uns gegenwärtig ist.«[106] Wohl ebendeshalb verhielt er sich gegenüber der Restauration des Goethe-Hauses reserviert: Goethe sollte eben nicht für Restauration stehen, sondern für eine zukunftsträchtige Gegenwart. Diese seine »Modernisierung« Goethes brachte dem Philosophen eine wutentbrannte Attacke des ihm bis dahin befreundeten Romanisten Ernst Robert Curtius ein, der ihm unterstellte, er wolle jetzt selber der *Praeceptor Germaniae* sein und daher keinen Goethe neben sich dulden.[107]

Einen wachsenden Ehrgeiz solcher Art mag man bei dem alten Jaspers wohl erkennen; und doch war der Weimarer Klassiker als Leitbild für einen deutschen Neuanfang in der Tat geeignet: mit seinem freigeistigen und kosmopolitischen Zug und überdies – wenn man wollte – mit seiner heiteren erotischen Unbefangenheit[108], seiner Naturfreude und auch mit seinem zunehmenden Interesse an den Naturwissenschaften. Mehr noch: Goethe war bestens dazu geeignet, ein Bewusstsein der deutschen Einheit wachzuhalten; Frankfurt und Weimar waren die Goethe-Städte. Die Restauration des Frankfurter Hauses kam erst nach 1949 mit Bundesmitteln voran, als die DDR das Weimarer Goethe-Haus als Kultort wiederherstellte und dadurch die Eifersucht des Westens weckte. Dieses Bekenntnis zur Goethe-Tradition war eben *nicht* Ausdruck jenes restaurativen Geistes, den die Kritiker unterstellten[109], abgesehen davon, dass nicht wenige brutale Stadtplaner der 1950er Jahre, die an Vernichtung von Altem noch die Luftangriffe übertrafen, das genaue Gegenteil von Restauration praktizierten.

Zu den erklärten Goethe-Verehrern gehörte auch Walter Ulbricht.[110] Am Haus des Kindes zu Beginn der Stalinallee ließ er die Verse vom Schluss des *Faust II* anbringen: »Solch ein Gewimmel möcht' ich sehn, / auf freiem Grund mit freiem Volke stehn.« Nun könnte man einwenden, das seien die Worte des erblindeten Faust, der nicht begreift, dass die Geräusche um ihn herum von den Lemuren herrühren, die sein Grab schaufeln. Ulbricht jedoch ging davon aus, dass dieser Schluss nicht das Ende sein könne; für ihn sollte die DDR gleichsam *Faust III* werden, die Tragödie lediglich ein Durchgang zur Erlösungsgeschichte, wo sich die Vision des blinden Faust verwirklicht.[111]

Ein tiefer Kulturbruch vollzog sich in der Bundesrepublik der 1950er Jahre nicht in der Hochkultur, sondern in der Populär- und insbesondere der Jugendkultur: mit dem Siegeszug der amerikanischen Popmusik von Ragtime bis zu Rock 'n' Roll und all dem, was damit an Jugendmoden und neuem Lifestyle einherging. »Lässige Jeans, pomadige Elvis-Tollen, wippende Pferdeschwänze und Petticoats, knatternde Mopeds, lärmender Rock 'n' Roll, Kinofilme mit James Dean, Großkonzerte mit Bill Haley – und im Anschluss daran ›Halbstarken-Randale‹.« (Axel Schildt) Nüchtern betrachtet war all dies weit weniger verbreitet und auch weniger rebellisch, als es von der Medien hochgespielt wurde; beunruhigend wirkte es auf viele Ältere vor allem dadurch, dass es als tiefer Kulturbruch und Vorzeichen einer befremdenden Zukunft wahrgenommen wurde.[112] Gerade auch in der Technik mehrten sich ab 1955 die Signale, die zwar für die reale Wirtschaft wenig bedeuteten, dafür jedoch in den Vorauserwartungen Geschichte machten: Es wurde jetzt viel von Atomkraft und Automation geredet – manchmal in einem Atemzug –, und dann kam 1957 mit dem Sputnik der Schwall der Raumfahrt-Phantasien. In weiten Kreisen der Jugend wurden die USA zur konkreten Utopie; umso mehr, als die meisten Deutschen noch nicht dorthin reisen konnten. Der

Song »I like to be in America« aus Leonard Bernsteins Musical *West Side Story* (als Film 1961), das von puertoricanischen Immigranten in den USA handelt, war eine Zeitlang in aller Munde, nicht jedoch der auf den amerikanischen Rassismus anspielende Gegen-Song: »Life is all right in America/if you're all white in America.«

Zu einer Zeit, als in der Anti-Atomtod-Kampagne antiamerikanische Töne laut wurden, gewann das bundesdeutsche Bündnis mit den USA in der Jugend eine emotionale Basis, das es bei den Älteren am ehesten durch Karl-May-Romane besaß. Bei einer Allensbach-Umfrage im Mai 1965 »Welches Land betrachten Sie als besten Freund Deutschlands?« votierte die Hälfte der Befragten für die USA, nur knapp ein Zehntel für Frankreich; dabei war die Vorliebe für die USA bei den Jüngeren am höchsten[113] – nur wenige Jahre vor den großen Demonstrationen gegen den Vietnamkrieg!

DIE FRÜHE DDR: ZWISCHEN ZUKUNFTSKULT UND ZUKUNFTSKRAMPF. Das Thema »Zukunft« bietet Chancen für einen Brückenschlag zwischen West und Ost; und doch muss die Darstellung zumindest auf dem derzeitigen Kenntnisstand für die entstehende DDR viel kürzer ausfallen als für den deutschen Westen. Da ist die Situation auf der einen Seite ganz simpel, auf der anderen höchst undurchsichtig. Im Unterschied zum Westen wurde hier der Glaube an den Fortschritt von oben forciert wie noch nie; aber wieweit diese Propaganda bei größeren Teilen der Bevölkerung ankam, lässt sich bei fehlender Freiheit der Meinungsäußerung nur schwer ermitteln, soweit die Menschen nicht ohnehin »mit den Füßen abstimmten« und in den Westen gingen. Offiziell inszenierte sich die DDR ganz und gar zukunftsorientiert: »Auferstanden aus Ruinen/Und der Zukunft zugewandt« begann Johannes R. Bechers Nationalhymne. Der Kontrast zur pessimistischen Stimmung im Bonner Parlamentarischen Rat ist eklatant. Die Aussicht auf eine sozialistische Zukunft, auf eine Gesellschaft mit allgemeiner Teilhabe an den Gütern und zielstrebiger Planung des Fortschritts, sollte über die trübe Gegenwart hinwegtrösten. Die Parole hieß: »dialektisch zu denken«, sich die Zukunft als Antwort auf die Nöte der Gegenwart vorzustellen.

Man kann die Frühphase der DDR in der Zukunftsgeschichte als Periode eigener Art begreifen: Damals war noch vieles offen, nicht zuletzt auch die Zukunft des Weststaates; und daher ließ sich in den neuen sozialistischen Staat noch viel hineinprojizieren: eine Möglichkeit, die im Zuge der Zeit zunehmend schrumpfte, wenn auch mit manchem Zickzack. So unglaublich es erscheint: Selbst Adenauer glaubte unmittelbar nach Kriegsende, Stalin sei ein »Freund Deutschlands«![114] Aus der Rückschau nach 1990 könnte man meinen, die DDR habe nie eine Chance gehabt und der Westen von Anfang an fast alle Trümpfe besessen: den Rückhalt bei den reichen USA, das freie Unternehmertum, das Ruhrrevier und den massenhaften Zustrom von Fachkräften aus dem Osten. Die Okkupation durch die Rote Armee 1945 mit den zahllosen Vergewaltigungen, Plünderungen, den zu einem förmlichen Feldzug ausartenden Demontagen und den stalinistischen Terrormethoden war für die Ostdeutschen in der Tat eine traumatische Erfahrung, die bis zum Ende der DDR wirkte. In West- und Süddeutschland bauten weite Kreise der Bevölkerung – wie der Sicherheitsdienst der SS meldete – bereits im Frühjahr 1943 darauf, dass sie im Gegensatz zu den Ostdeutschen noch Glück im Unglück haben würden, da sie zur »anglo-amerikanischen Sphäre« kämen.[115] Den Ostdeutschen dagegen drohte die sowjetische Herrschaft oder gar die Vertreibung. Wie erst in jüngster Zeit wiederentdeckt wurde[116], ging dort dem Einmarsch der Roten Armee eine Selbstmordwelle voraus. Nach den Verbrechen der Wehrmacht im Osten, von denen viele der dort stationierten Soldaten einiges mitbekommen hatten, fürchtete man mit Grund eine blutige Rache und ein erbarmungsloses Regiment.

Aber selbst der Ostkrieg war in seinen menschlichen Folgen merkwürdig ambivalent; er hatte zwischen Deutschen und Russen auch Vertrautheit erzeugt; man hatte erfahren, dass auch auf der Gegenseite ganz normale Menschen lebten, und der Kommunismus enthielt die Chance, die Feinde in Freunde zu verwandeln. Und man vergesse nicht: Noch in der Gründerzeit der Bundesrepublik gab es trotz anlaufender Hochkonjunktur nicht die leiseste Ahnung von dem kommenden »Wirtschaftswunder«! Selbst ein Radikalliberaler wie Gustav Stolper schaute in der ersten Nachkriegszeit besorgt in den Osten: Da gab es von Anfang an ein größeres Wirtschaftsgebiet als in den aufgesplitterten Westzonen und zudem – in der Hungerzeit hochwichtig! – eine größere Agrarfläche pro Kopf der Bevölkerung; die Zerstörungen durch alliierte Luftangriffe waren geringer als im Westen; der dortigen Industrie öffnete sich der riesige sowjetische Markt. Ob die ungeheuren Aufgaben des Wiederaufbaus von Privatunternehmern besser bewältigt werden konnten als durch zentrale Planung, war nicht von vornherein sicher. Selbst André Steiner, der zu einem vernichtenden Gesamturteil über die Planwirtschaft der DDR gelangt, stellt fest, dass sich die ostzonale Wirtschaftslenkung in der ersten Aufbauphase relativ gut bewährt habe; bis zur Währungsreform wuchs zumindest nach der Statistik die Industrieproduktion im Osten stärker als im Westen.[117] Wenn in der frühen DDR die Schwerindustrie den Vorrang vor der Konsumgüterproduktion hatte[118], entsprach das nicht nur dem stalinistischen Modell, sondern auch deutscher Tradition.

Die Weltwirtschaftskrise war vielen noch in frischer Erinnerung; sie war nicht geeignet, Hoffnungen auf die Eigendynamik der freien Wirtschaft zu erwecken. Selbst ein führender westlicher Ökonom wie Joseph A. Schumpeter, der den Pionierunternehmer als Ursprung der wirtschaftlichen Dynamik gerühmt hatte, schrieb 1942: »Kann der Sozialismus funktionieren? Selbstverständlich kann er es. Kein Zweifel ist darüber möglich ...«[119] Die große Zeit der Unternehmer-Pioniere war für ihn passé. Wer glaubte, dass in der Wirtschaft alles an der Energie hing – eine bis heute verbreitete Meinung –, konnte erwarten, dass eine zentrale Wirtschaftslenkung am besten geeignet sei, zügig wieder Großkraftwerke in Gang zu bringen; noch 1953 zeigte sich selbst ein so kritischer Geist wie der Wirtschaftspublizist Kurt Pritzkoleit darüber erschrocken, dass der Pro-Kopf-Energieverbrauch in der DDR ein paar Prozent höher lag als in der Bundesrepublik.[120] Wer von der Bildung her dachte, kam leicht zu der Annahme, dass der hohe Rang der technischen Bildung in dem von der Herrschaft der Philologen unbelasteten Oststaat auf die Dauer zwangsläufig dahin führen würde, dass dieser den Westen überholte. Vor allem drei Bevölkerungsgruppen hatte die DDR, zunächst zumindest, etwas zu bieten: den von der SED umworbenen Jugendlichen, den aufstiegsorientierten Arbeitern und jenen Frauen, die beruflich Karriere machen und zugleich Kinder haben wollten.[121]

Selbst der Althistoriker Christian Meier, Jahrgang 1929, der in Rostock in einem liberal-bürgerlichen Milieu aufwuchs und sich schon als Schüler gen Westen orientierte, vermeidet es gleichwohl ganz bewusst, die Offenheit seiner damaligen Zukunftserwartungen aus der Retrospektive zu retuschieren, sondern erinnert sich in einem Interview:

> »Was ich für jene Zeit sicher weiß, war die Frage, ob den Russen und dem Kommunismus die Zukunft gehöre, ob also nicht nur die imposante Gewalt etwa der Roten Armee, sondern auch die unter SED-Ägide sich entfaltende Ideologie samt all den Liedern, Aufmärschen etc. dem Westen weit überlegen waren. Es gab eine Menge Agitation, im Großen und im Kleinen, und sie war zum Teil recht intelligent, in der Tradition des Widerstands gegen das NS-Regime. Wir haben die SED in der Universität bekämpft, aber immer wieder gab es die Frage, ob wir damit nicht auf der falschen Seite stünden. Man konnte da durchaus schwanken.«[122]

Ging im Westen eine Standardklage dahin, dass die Oberen die Jugend orientierungslos ließen, ließ sich der SED-Führung *dieser* Vorwurf am aller-

wenigstens machen. Gerade in einer chaotischen Zeit konnte der marxis-
tisch-leninistische Glaube an die Gesetzmäßigkeit des gesellschaftlichen
Fortschritts zu einem festen Halt werden, gerade auch für solche Jugendliche, die nach dem Fiasko der von NS-Führern vermittelten Orientierun-
gen und Gemeinschaftsgefühle unter Entzugserscheinungen litten. Und auf
der Linken war schon vor Kriegsende die Parole verbreitet gewesen: »Nach
Hitler wir!«[123]

Wer allerdings »wir« war, das wurde in der Sowjetzone die große Frage,
je mehr sich herausstellte, dass die Kommunisten an den Hebeln der Macht
saßen und Andersdenkende ins Abseits drängten oder gar verfolgten. Das
konnte auf Altlinke erschütternder wirken als auf ehemalige Hitlerjungen.
Eines der bis heute eindrucksvollsten Dokumente ist das *Deutsche Tagebuch*
(1959/61) des Altkommunisten und Spanienkämpfers Alfred Kantorowicz
(1899–1979), in der DDR zunächst wohlbestallter Literaturwissenschaftler
an der Berliner Humboldt-Universität, der – zunehmend bedrängt – 1957
in die Bundesrepublik ging, aber sich auch dort von seinem alten sozialistischen Ideal nicht lösen mochte. Bei dem großen Fackelzug Unter den Linden
am 11. Oktober 1949 zur Gründung der DDR ekelte es ihn in der Erinnerung
an den Fackelzug der Nazis ebendort am 30. Januar 1933: »Das Niveau ist
nicht zu unterbieten. Es erinnert grausigerweise bis in schäbige Einzelheiten
hinein an die Nazitechnik. Nur machten die Nazis das besser, wirksamer;
sie brachten mit ihrem Gejaule tatsächlich die Massen hinter sich.«[124] Bei
einer ersten Reise in die Bundesrepublik sieht er bedrückt, wie dort überall
der Wiederaufbau in vollem Gange ist und vor den Baugerüsten die Beton-
mischmaschinen rotieren, während sich im »Arbeiterstaat« Lethargie verbreitet. Und doch, 1956 bei einer Westreise im Anblick der vollen Auslagen
in den Geschäften, kurz bevor er selber in den Westen übersiedelte: »Die Sa-
turierten haben weder Erinnerung noch Vision.«[125]

Schon im Vorfeld des Aufstandes vom 17. Juni 1953 wurde es offenkundig, dass die DDR hinter dem Weststaat immer weiter zurückfiel. Selbst in
der Sowjetführung, wo es von Anfang an starke Zweifel an den Chancen
eines aufoktroyierten Kommunismus in der Ostzone gegeben hatte[126], hielt
man die dortige Wirtschaftspolitik für gescheitert. Unmittelbar voraus ging
dem 17. Juni ein massiver und für Ostberlin »völlig unerwarteter« Druck
aus Moskau, den politischen Kurs herumzuwerfen; der dadurch entstandene Eindruck, dass das SED-Regime nicht mehr sowjetischen Rückhalt besaß, hat den Protest wohl wesentlich ermutigt.[127] Und doch kam der Aufstand für Ost und West überraschend; und vermutlich lag es nicht zuletzt an

diesem Überrumpelungseffekt, dass er Züge einer Revolution annahm. In welchem Maße diese Geschehnisse die Machteliten überraschten, haben wir erst lange danach durch Einblick in einschlägige Archivalien erfahren. Wie heute Stefan Wolle resümiert: »Die westlichen Dienststellen und Nachrichtendienste waren von dem Aufstand in der DDR, wie die Akten zeigen, vollkommen überrascht worden und zunächst sogar ungläubig und der Theorie zugeneigt, die Russen hätten die Demonstration der Bauarbeiter organisiert, um Ulbricht unter Druck zu setzen.«[128] Auch der sonst so eloquente Bundespräsident Heuss reagierte auf den 17. Juni, den späteren Tag der deutschen Einheit, zunächst nur verhalten und nahm nicht die Gelegenheit wahr, eine seiner »großen Reden« zu halten; in der Folge wurde er für diese Abstinenz kritisiert.[129] Wieder und wieder: Die Geschichte der Zukunftserwartungen ist zugleich eine Geschichte der Überraschungen.

2

Agraraussichten vor dem Urgrund der Hungerzeit: Ein Zwiespalt der Zukünfte und deren Überrumpelung durch ungeahnte Innovationsschübe, Überproduktion und ökologische Revolution

DAS FORTWIRKENDE TRAUMA DER HUNGERZEIT. Die Landwirtschaft ist »ein Focus der Zukunftserwartungs-Geschichte« (Wolfgang Haber)[1] – und zugleich eine der Überraschungen. Für Eric J. Hobsbawm ist der welthistorisch einschneidendste Vorgang der zweiten Hälfte des 20. Jahrhunderts der Niedergang des Bauerntums: ein Prozess, der in diesem rapiden Verlauf nicht vorhergesehen worden sei: »Das Tempo, in dem das Bauerntum nach seinem langen und erfolgreichen Überleben schließlich doch von der Bühne verschwand, ist erstaunlich.«[2] In der Hungerzeit dagegen schien den Bauern die Zukunft zu gehören. Und als *der* Zukunftsmann der Agrarpolitik erschien in der ersten Zeit nach 1945 der Agrarwissenschaftler Hans Schlange-Schöningen (1886–1960), vor 1933 Führer der Christlich-Nationalen Bauern- und Landvolkpartei, 1933 als »politischer Liberalist« ins politische Abseits verbannt, 1944 in Kontakt zu den Verschwörern vom 20. Juli, nach Kriegsende als Mitbegründer der CDU potentieller Konkurrent Adenauers und auch als künftiger Bundespräsident im Gespräch. Im Hungerwinter 1947 publizierte er ein schmales Buch, dessen Hauptteil er schon 1943 geschrieben hatte: *Lebendige Landwirtschaft*. Gleich der erste Satz lautete: »Vor uns liegt eine Zukunft von undurchdringlicher Dunkelheit.« Und noch aus der Kriegszeit stammt der Ausblick, der von Furcht vor dem Frieden zeugt: »Was soll werden, wenn eines Tages die Rüstungsindustrie stillsteht? Es wird eine Not und ein Hunger werden, denen gegenüber die Erlebnisse von 1918 ein Kinderspiel waren!«[3]

Nun, *eines* konnte man jedoch mit Sicherheit vorhersagen: Auch in Zukunft würden die Menschen essen müssen, und gerade in einer Zeit des Hungers erlangte die Landwirtschaft eine Schlüsselposition wie sonst kaum mehr im Industriezeitalter. »In einem hungernden Volk kann auch die Landwirtschaft nicht blühen«, warnte Schlange-Schöningen[4]; aber das war wie so manche Klage der Agrarier allenfalls eine Halbwahrheit: Gerade in der Hungerzeit war der Bauer begehrt wie noch nie; die Städter brachten ihren Schmuck und ihre Teppiche auf die Höfe, um etwas zu essen zu bekommen. Die Probleme begannen, als die Hungerzeit vorbei war, der industrielle Boom begann, die Knechte in die Industrie strömten und die Bauern mit Agrarimporten konkurrieren mussten. Schon Schlange-Schöningen prophezeit 1947: »Heute schreit der Konsument nach der Hilfe der Landwirtschaft, morgen wird die Landwirtschaft nach der Hilfe der Konsumenten schreien.«[5] Aber an große Agrarsubventionen war zu jener Zeit kein Gedanke. In der Folgezeit legte sich Schlange-Schöningen mit der auf staatliche Subvention drängenden Agrarlobby an, und diese wusste zu verhindern, dass er von Adenauer zum ersten Bundesminister für Landwirtschaft ernannt wurde.[6]

Noch bis weit in die 1950er Jahre saß das Trauma der Hungerzeit tief; dort wurzelte der kategorische Imperativ, der noch das Subventionswesen bestimmte, dass Deutschland nämlich in der Lage sein müsse, sich selbst zu ernähren. Auf die Idee, die Überproduktion könne zum Erzübel der Landwirtschaft werden, kam bis in die späten 1950er Jahre kaum jemand. Bedrohliche »Butterberge«: unvorstellbar zu einer Zeit, wo man jedes Stückchen »guter Butter« zu schätzen wusste! Dagegen galt der Maisanbau um 1950 als perspektivlos[7]; vielen Deutschen war aus der Hungerzeit in unguter Erinnerung, wie man die Amerikaner um »Korn« gebeten und Mais (»corn«) bekommen hatte, den man in Brotform selbst in der Notzeit nur mit Widerwillen hinunterwürgte. Damals, 1947, hatte Johannes Semler (CSU), Verwaltungsdirektor der Bizone, den Amerikanern unterstellt, den Deutschen »Hühnerfutter« zu liefern, und war darob zum Rücktritt gezwungen worden; doch seine »Hühnerfutter-Rede« blieb als Beispiel von Courage in Erinnerung.[8] Es lohnt sich, die Geschichte der Agrarperspektiven von der ersten Nachkriegszeit bis in die Gegenwart durchzuziehen: Sie zeigt besonders krass die Konfusionen der Zukunftsvorstellungen und Überrumpelungseffekte des Unerwarteten, ja sie ist geradezu ein Paradigma dafür, wie jegliches historische Verstehen durch die Retrospektive blockiert wird. Denn bereits aus der Rückschau der späten 1960er Jahre stellt sich die Brüsseler Agrarpolitik von rechts bis links als kompletter Irrsinn dar![9]

Das Durcheinander wurde, wie es scheint, dadurch verstärkt, dass in der Agrarpublizistik noch mehr als im Schrifttum mancher anderer Branchen ein Grundton polternder Rechthaberei zum Stil gehört[10]: Dieser Gestus verstellt jenen scharfen Blick auf die unübersichtliche und in raschem Wandel befindliche Gegenwart, der in der Landwirtschaft besonders nötig gewesen wäre. Die Besserwisserei wird umso skurriler, je deutlicher sich bei kritischem Blick zeigt, dass sie keineswegs mit einem klaren, fundierten und widerspruchsfreien Konzept von der bäuerlichen Zukunft verbunden ist. Umso stärker leuchtete das Bild von der zu konservierenden Vergangenheit: dem Familienbetrieb des *Ganzen Hofes*, der in sich eine organische Einheit bietet. Dieses überkommene Ideal wird umso wütender verteidigt, je verworrener sich die Zukunft darstellt.

Auch Schlange-Schöningen stapft mit schweren Stiefeln in die Szene. Aber worin besteht seine Botschaft? Einzelne Sätze klingen apodiktisch, solange man sie für sich sieht; aber je mehr man liest, desto stärker wird einem bewusst, dass er hin- und hergerissen ist: zwischen der bäuerlichen Tradition und dem Fortschritt zur Rationalisierung, zwischen sensibler Naturnähe und forscher Mechanisierung, zwischen den Vorzügen des Großbetriebs und der intensiven Kleinwirtschaft. Mit dem Grundton der Begeisterung erinnert er an den »großen Umschwung und Aufschwung« der Jahre 1930 bis 1934 (wohlgemerkt nicht 1933!):

> »Da erschienen drei industrielle Erzeugnisse fast gleichzeitig, die geeignet waren, eine völlige Revolution in der landwirtschaftlichen Betriebsführung hervorzurufen: der schwere Raupenschlepper, der schnelle Gummitrecker und der gummibereifte Ackerwagen. … Darüber hinaus das wahrhaft Bahnbrechende, das uns erfindungsreiche Konstrukteure mit diesen drei Dingen schenkten: die Möglichkeit einer Wirtschaftskombination, die ich geradezu als das Geheimnis des Siegers bezeichnen möchte. Nicht nur ist das Problem peinlicher Ackerkunst plötzlich voll gelöst und auf ein ganz neues Niveau gehoben, sondern auch die Transportfrage ist mit einem Schlage ihrer Schrecken beraubt.«[11]

KONVERGENZ VON BÄUERLICHER TRADITION UND TECHNISCHEM FORTSCHRITT? Wirklich? Hat der Fortschritt der Landtechnik längst zu einer idealen Synthese geführt, die alle Probleme löst? Schlange-Schöningen beschreibt hier in Wahrheit nicht bereits historische Realität, sondern Zukunftsvision. Kurz hintereinander enthält seine Schrift die folgenden Sätze: »Wenn ein Bauer ein Maschinenmensch und umsichtig genug ist, die volle Ausnutzung des Apparates sicherzustellen, spielt die Betriebsgröße keine entscheidende Rolle.« Und doch eine Seite weiter: »Jede vernünftige Staatsführung muss den kleinen Bauern bis zum letzten verteidigen und darf ihn niemals dem modernen Maschinengeist zum Opfer bringen.«[12] Aber ganz am Schluss: »Kein Zweifel, dass die Maschine am besten in größeren Betrieben zur Wirkung kommt.«[13] Zwischendurch dagegen: »Nur Maschinenfanatiker können dem Irrtum verfallen, als müsse die Ackerkultur Dienerin der Maschine werden. Umgekehrt muss es sein. Nicht einen Zoll darf man dem Trecker nachgeben, um ihm auf Kosten der Kultur die Arbeit zu erleichtern.«[14] Es lohnt sich, diese Nachkriegsschrift so ausführlich zu zitieren, da sie in ihrem Zwiespalt typisch ist. Sie gibt einen Vorgeschmack davon, in welche Verwirrung, wenn nicht gar hilflose Wut viele Bauern durch das Expertenwesen gerieten, das in der Agrarszene zunehmend den Ton angab.

Dieser Zwiespalt kam nicht von ungefähr; er hatte damals bereits seine Geschichte. Schon nach dem Ersten Weltkrieg, als die Schießpulverfabriken ein neues Absatzfeld in der Düngemittelproduktion suchten, hatte es Erfahrungen mit der Schädlichkeit der Überdüngung gegeben und wurde die Rückkehr zum Viehdünger propagiert.[15] Die »Treckeritis«[16] wurde zum Spottbegriff: die Beschaffung überdimensionierter Trecker, die sich bei Klein- und Mittelbetrieben nicht rentierten. Kein anderer als Schlange-Schöningen hatte 1931, zu Beginn der später von ihm gerühmten agrartechnischen Revolution, bei allem Lob des technischen Fortschritts die Existenz von so manchem »kostspieligen Maschinenfriedhof« wie eine bekannte Tatsache erwähnt und mit Emphase hervorgehoben, was ohnehin ein Credo damaliger Agrarlehre war[17]:

> »Die Natur kann man nicht zwingen … Die höchste Wirtschaftskunst des deutschen Landmanns kann nur darin bestehen, der Natur abzulauschen, was sie will, und sie durch richtige Maßnahmen zu unterstützen. Darin liegt die ungeheure Gebundenheit der Landwirtschaft, darauf beruht der Zwang zur Vielgestaltigkeit der gerade in Deutschland so verschieden gearteten Wirtschaftsgebiete.«[18]

Der Industrielle Robert Bosch hatte 1912 in einem Moorgebiet bei München den »Boschhof« gegründet, den er zu einer agrarischen Versuchsstation großen Stils auszubauen suchte; aber er hatte damit eine Enttäuschung nach der anderen erlebt und wider Willen offenbart, dass sich die industrielle Rationalität nicht direkt in die Landwirtschaft transferieren lässt und am Ende die Natur siegt. Erste Versuche um 1930, den Mähdrescher in Deutschland einzuführen, waren fehlgeschlagen: Bei dieser agrarischen Zukunftsmaschine *par excellence* handelte es sich damals noch um eine typisch amerikanische Technik, die in die deutschen Polykulturen nicht hineinpasste.[19]

VERGANGENE AGRARZUKÜNFTE. In den bundesdeutschen Gründerjahren hatte die Landwirtschaft bereits drei vergangene Zukünfte hinter sich: eine geschrumpfte und fast vergessene, eine am liebsten verleugnete und eine zu einer trivialen Gegenwart deformierte Zukunft. Im ersten Fall handelte es sich um das ländliche Genossenschaftswesen, im zweiten um die Agrarromantik vom »Blut und Boden«, die in der NS-Zeit zum Bestandteil der Staatsideologie geworden war, und im dritten um das Projekt einer Synthese von Arbeiter- und Bauerndasein durch landwirtschaftlichen Nebenerwerb in Streusiedlungen, wo jedes Haus ein Stück Land besitzt und sich im Notfall bis zu einem gewissen Grade selbst versorgen kann. Es lohnt sich, auf all diese einstigen Zukunftskonzepte einen Blick zu werfen, um den Überraschungseffekt dessen, was dann realiter kam, umso besser zu ermessen.

1. DIE GENOSSENSCHAFT ALS ARCHAISCHES ERBE UND ZUGLEICH ZUKUNFTSKONZEPT. Wer nur die heutigen Überbleibsel der Genossenschaften kennt, die sich kaum mehr von normalen Privatunternehmen unterscheiden, hat keine Vorstellungen von den Zukunftserwartungen, die sich vor über hundert Jahren mit diesem Betriebstyp verknüpften: Das galt damals als eine speziell deutsche Variante jener immer neuen Konzepte eines »Dritten Weges« zwischen Kapitalismus und Kommunismus, vor allem im ländlichen Bereich. Für Sozialisten waren Einkaufs- und Wohnungsbaugenossenschaften die dritte Säule der Arbeiterbewegung neben Partei und Gewerkschaften; für sozial engagierte Konservative waren Genossenschaften ein Mittel, um den Sozialisten das Wasser abzugraben. Der tiefreligiöse Friedrich Wilhelm Raiffeisen (1818–1888), der Begründer der nach ihm benannten Genossenschaftsbanken, verkündete die Idee der Genossenschaft wie ein Evangelium.[20] Einen Vordenker von Format fand die Genossenschaftsbewegung in dem Rechtslehrer Otto von Gierke (1841–1921), der ein vierbändiges Opus über das deutsche Genossenschaftsrecht herausbrachte und darin eine altgermanische Gemeinschaftstradition zu erkennen glaubte. Aber genossenschaftsartige Vereinigungen gab es auch anderswo, und im übrigen waren deutsche Bauern keineswegs nur durch Gemeinschaftsgeist, sondern mindestens so sehr durch dickköpfigen Eigensinn gekennzeichnet.

Die NS-Diktatur führte 1934 in den Genossenschaften die Pflichtmitgliedschaft ein; nach 1945 gehörten diese umso mehr zu den vergangenen, ja vergessenen Zukünften. Rein von der Idee her hätte das Genossenschaftswesen durch die Mechanisierung einen neuen Schwung und einen neuen Sinn bekommen können: Der gemeinsame Maschinenpark wäre die Lösung des Dauerproblems gewesen, dass sich viele dieser kostspieligen Maschinen für den isolierten Klein- und Mittelbetrieb nicht lohnten. Als jedoch in den 1950er Jahren die technische Revolution auf dem Lande mit voller Wucht durchschlug, waren derartige Zukunftsideen schon nahezu in Vergessenheit geraten; die »Maschinenringe« setzten sich nicht durch: Der typische Bauer wollte über seinen Trecker frei verfügen.[21] So nützlich die Raiffeisen-Genossenschaftsbanken für die Bauern sein mochten, so war aus ihnen doch keine »Bewegung«, keine neue Form von bäuerlicher Gemeinschaft hervorgegangen.[22] Wilhelm Kaltenborn, der der alten Genossenschaftsidee nachtrauert, bemerkt über das, was am Ende daraus geworden ist, mit bitterer Resignation: »Eine solch dreiste Perpetuierung von Vorstands- oder Geschäftsführerämtern ist mir noch nie vorgekommen. Undemokratischer geht es nicht.«[23] Im allgemeinen gilt die Regel, dass ein Verband desto hierarchischer wird, je mehr er in die Größe wächst und je länger die Alltagsroutine anhält.

2. »BLUT UND BODEN«. Da wird es nach 1945 heikel. Die Nachkriegs-Agrarpublizistik tut das politisch hochbelastete »Blubo« am liebsten als Blabla ab; aber ohne Zweifel spiegelte die »Blut-und-Boden«-Ideologie bäuerliche, doch auch urbane Wunschträume, die weit über 1945 hinausreichten. Bezeichnend ist das 1954 erschienene Buch des öffentlichkeitswirksamen Agrarlehrers Hermann Priebe (1907–1997), der uns noch wiederholt begegnen wird, über *Sozialprobleme der deutschen Landwirtschaft*. Da redet er über diese Tradition der Agrarromantik streckenweise in abfälligem Ton; und doch verraten seine Ausführungen im Blick auf die »Sozialprobleme« eine gewisse Sympathie für ebendiese anrüchig gewordene Tradition. Er spricht davon, eigentlich stamme diese Sehnsucht nach Bodenständigkeit von den »Idealisten der Jugendbewegung«. »Doch ihre Anschauungen wurden bald dogmatisch verhärtet und von der ›Grünen Front‹ propagandistisch ausgewertet.« »In den Bauerntumslehren der dreißiger Jahre werden die Dinge dann weiter überspitzt und schlagwortartig verzerrt.« Kaum etwas anderes habe sich auf die »geistige Situation in unseren Dörfern« schädlicher ausgewirkt »als die ideologische Verzerrung der Verhältnisse während der letzten Jahrzehnte«. »Bis heute ist die ›Bodenständigkeit‹ neben den wirtschaftlichen Leistungsmaßstäben fast die einzige Leistung auf sozialem Gebiet geblieben, deren man sich in Fachkreisen offen rühmen darf«[24]: eine Paradoxie in den 1950er Jahren, als der Wirtschaftsboom die Knechte und Landarbeiter in die Industrie lockte! *Wer wird die Scheunen füllen?* lautete der Obertitel von Priebes Buch. Aber das Lob der Bodenständigkeit ist bei ihm nicht etwa ironisch gemeint, glaubt er doch zu wissen: »Noch sind weite kleinbäuerliche Gebiete

Reservoire gesunder Menschen.« Und daher: »Die Verlagerung industrieller Arbeitsplätze in ländliche Gebiete mit starker kleinbäuerlicher Bevölkerung ist das beste Mittel zur Verbesserung ihrer Sozialstruktur.«[25] Da bewegt er sich noch ganz in den Zukunftskonzepten der dreißiger und vierziger Jahre! Aber schon diese waren in sich alles andere als homogen gewesen. Ausgerechnet David Schoenbaum, der wie kaum ein anderer vor ihm den modernisierenden Grundzug der NS-Politik hervorhob, glaubte zwar zu spüren, die Verwurzelung im heimischen Boden sei das einzige echte Ideal im ideologischen Konglomerat des Nazismus gewesen – so sehr, dass »den SS-Männern der oberen Ränge die Augen leuchteten und die Stimme brach, wenn sie an ein Leben auf dem Lande dachten«.[26] Hitler selbst handelt jedoch in *Mein Kampf* nur auf dürftige und phrasenhafte Art von der »Erhaltung eines gesunden Bauernstandes als Fundament der gesamten Nation«.[27] Betrachtet man dieses Opus insgesamt, wird ganz deutlich, dass Hitlers Vorstellungen kaum etwas mit Agrarromantik zu tun hatten. An der Agrarpolitik des NS-Regimes fällt eher der Mangel an einem in sich konsequenten Leitbild auf. Das Erbhofbauergesetz widersprach geradezu der NS-Devise »Freie Bahn dem Tüchtigsten«. Der erbberechtigte älteste Sohn war ja nicht unbedingt der Tüchtigste; beim langen Warten auf das Erbe konnte er bereits den frischen Schwung verloren haben und dem Alkohol verfallen sein. (Noch in den 1950er Jahren kursierte der aus der NS-Zeit stammende Spottvers: »Erbhofbauer, sei nicht faul, / zahl deine Steuern und halt's Maul!«) Die Unveräußerlichkeit des Bodens machte es unmöglich, für Investitionen Hypotheken aufzunehmen. Zugleich jedoch stand die Wirtschaftspolitik im Zuge der Aufrüstung und Autarkiepolitik ganz und gar im Zeichen der Produktionssteigerung. Die von oben forcierte »Erzeugungsschlacht« überrollte das Ideal des autonomen, in sich »organischen« Hofbetriebes.

Der in Argentinien geborene Landwirtschaftsminister Walther Darré, der in jungen Jahren gerne Gaucho geworden wäre, wetterte über das »diabolische Grinsen des Kapitalismus« und suchte bodenschädigende Wirkungen des puren Profitstrebens zu bremsen; aber er war unter den NS-Technokraten ein Sonderling, besaß auch für die Bauern keinen Stallgeruch und wurde im Krieg politisch kaltgestellt.[28] Die Industrie brauchte Arbeitskräfte noch und noch; die ländliche Bevölkerung sollte gar nicht um jeden Preis im Dorf gehalten werden. Waren die Bauern in den Jahren vor 1933 in Scharen der NSDAP zugeströmt, wurde das NS-Regime am Ende für die Bauern zu einer Enttäuschung.[29] Auch in der Forstpolitik kollidierte das zunächst verkündete Leitbild des naturnahen Waldes mit dem wachsenden Holzbedarf.[30] Wenn es um Spitzenwerte in der agrarischen »Erzeugungsschlacht« ging, wurde wie zum Hohn auf Darrés Boden-Philosophie sogar der Maisanbau forciert, ähnlich wie in den Wäldern selbst der Eukalyptus akzeptabel wurde, der Inbegriff des forstlichen Fremdlings.[31] Auf diese Weise hinterließ die NS-Zeit ein wirres Durcheinander an Zukunftskonzepten, das die Aufarbeitung dieser Erfahrung erschwerte. Nicht zuletzt, was die Stellung zum Staat betraf: Damals wie in der gesamten darauf folgenden Zeit gingen der Ruf nach dem Staat und der Horror vor dem Staat durcheinander und verhedderten sich in einem schier unentwirrbaren Knäuel.

3. DER NEBENERWERBSBETRIEB ALS ZUKUNFTSMODELL? KOMBINATIONEN VON INDUSTRIE UND LANDWIRTSCHAFT. Schon in der alten Zeit der Stadtmauern war es offenkundig, dass die Trennung zwischen Stadt und Land nicht zu weit getrieben werden durfte: In kleinen Städten dominierte der »Ackerbürger«, der sein Stück Land besaß, und auf dem Land verbreiteten sich in der protoindustriellen Zeit die Gewerbe. Die großen Dampfmaschinen förderten dann industrielle Ballungen; aber Verbrennungsmotor und Elektrifizierung öffneten neue Perspektiven industrieller Dezentralität. Von der Jahrhundertwende bis in die 1950er Jahre kreisten agrarische Zukunftsgedanken um die Frage, wie sich Bodenständigkeit und industrielles Wachstum miteinander verbinden ließen. Da war vor allem Württemberg das Erfolgsmodell; unter Leitung des Ökonomen Erich Preiser, der noch eine bundesdeutsche Zukunft haben sollte, wurde 1934 die Arbeitsgemeinschaft Ostpreußen-Württemberg gegründet, der gleichsam eine Württembergisierung Ostpreußens vorschwebte, wo bis dahin weder eine größere Industrie noch ein Klein- und Mittelbauerntum gedieh, und die davon träumte (gesperrt gedruckt), »den Überschuss und Nachwuchs aus dem Schwabenstamm nach dem Osten zu verpflanzen«.[32]

Wie jüngst Michael Prinz mit einer Fülle von Belegen dargestellt hat[33], zogen Ideen solcher Art damals und noch in der Nachkriegszeit überraschend weite Kreise und beschränkten sich nicht auf bestimmte Ideologien. Sie kursierten im Umfeld der NS-Bewegung, besaßen aber auch einen emphatischen Fürsprecher in Carl Goerdeler, einem der Oberhäupter der Verschwörung vom 20. Juli 1944, wogegen sich der »Führer« zum industriellen Fordismus bekannte.[34] Aber auch im Schweizer Exil vertrat der Ökonom Wilhelm Röpke, ein geistiger Vater der »sozialen Marktwirtschaft« Ludwig Erhards, ganz ähnliche Ideen.[35] Das verblüfft auf den ersten Blick am allermeisten: Da wird einem bewusst, dass selbst dieser Liberale geistig noch in der Zeit *vor* der von seinem Mitemigranten Karl Polanyi bezeichneten

»Great Transformation«[36] wurzelte, die zur totalen Herrschaft des Marktes führte.

Mehrere Motive aus unterschiedlichen Zeiten kamen bei dieser Präferenz für Kombinationen von Industriearbeit und Landwirtschaft zusammen: gewiss nicht zuletzt die uralte, von Augustinus bis Adenauer propagierte Lebensphilosophie, dass der Mensch Gesundheit und Glück am besten im eigenen Garten findet.[37] Diese Lebensweisheit erlangte eine neue Aktualität im Anblick der Industrialisierung; bereits um die Jahrhundertwende erlebten, von England kommend, Gartenstadt- und Siedlungsprojekte eine Konjunktur. In Kriegs- und Nachkriegszeiten kam die Erfahrung des Hungers dazu und verbreitete das Grundgefühl, dass auch in der modernen Wirtschaft ein Rückhalt in der Selbstversorgung zur Rettung werden kann: Damals hatten unzählige Menschen nur dank des eigenen Gartens oder Ackerstücks noch leidlich zu essen gehabt.

Für einen Wirtschaftsliberalen wie Röpke war diese Subsistenzbasis auch im konjunkturellen Auf und Ab der Friedenszeiten von Wert: Es war ein »Sozialstaat hinter dem Haus« (Michael Prinz), der die staatliche Sozialpolitik entlastete. In West- wie in Ostdeutschland war es überdies im ersten Nachkriegsjahrzehnt ein sozialpolitisch erstrebtes Ziel, möglichst viele Ostflüchtlinge auf dem Lande anzusiedeln. Bundeslandwirtschaftsminister Lübke berichtete 1954 dem Bundestag stolz von der Vergabe von 70 000 neuen Siedlerstellen, davon nicht weniger als 76 Prozent an Vertriebene und Flüchtlinge.[38] Im gleichen Jahr begann jedoch mit staatlichem Rückhalt eine Flurbereinigung, die durch Aufgabe unrentabler kleiner Höfe größere Betriebseinheiten schuf und von radikalen bäuerlichen Gegnern als »Hof-Vertreibung« gebrandmarkt wurde.[39]

Darüber hinaus war aber noch eine ganz andere, auf ökonomische Zukunftsprognosen gestützte Logik denkbar, die diese Kleinbauern- und Gartenwirtschaften nicht lediglich als Nothilfe begriff: Man konnte argumentieren, dass der Gang der Entwicklung zu intensiverer Bodennutzung führe, diese (aber eben nur auf dem damaligen Stand der Technik!) am besten in Kleinbetrieben betrieben werde und dass auch die zunehmend differenziertere städtische Nachfrage eine vielseitige, mit Liebe betriebene Gartenwirtschaft begünstige. Wenn die Regierung Adenauer das Eigenheim zum »Leitbild des Wiederaufbaus« (Michael Prinz) erhob, obwohl de facto der damaligen Wohnungsnot kurz- und mittelfristig nur mit Mietshäusern abgeholfen werden konnte, stellte man sich mit Vorliebe ein Eigenheim mit großem Garten vor, der ein gewisses Maß an Selbstversorgung gewährleistete.[40] Tatsächlich geschah jedoch in der Folge etwas ganz anderes: Das Wohnen »im Grünen« ging mit der fortschreitenden Massenmotorisierung einher; der Garten wurde zum Ziergarten oder bloßen Rasen. Und doch hielten sich viele bestehende Nebenerwerbsbetriebe mit bemerkenswerter Zähigkeit[41], mochten sie sich auch rein ökonomisch nicht unbedingt rechnen: Sie waren eben keine bloße Übergangserscheinung, sondern wie schon seit Jahrhunderten eine »stabile Lebensform« (Hermann Priebe).[42] Eine pure Phrase war die »Landliebe« eben doch nicht – das sollten seit den 1970er Jahren die »alternativen« Zukünfte noch eindrucksvoller vor Augen führen!

Aber bis dahin waren die organisierten Bauern in der Öffentlichkeit vor allem dadurch präsent, dass sie immerzu klagten; Hermann Priebe bemerkte 1970, der Bauernverband sei »Gefangener seines eigenen Zweckpessimismus« geworden.[43] Unter dem Eindruck dieses lautstarken Lamentos an eine bäuerliche Zukunft zu glauben war nicht leicht. Priebe hatte sich als Leiter der Forschungsstelle für bäuerliche Familienbetriebe (später Institut für ländliche Strukturforschung) schon in den frühen sechziger Jahren mit der Agrarlobby angelegt; ein Landwirt hatte 1964 in Versen geseufzt: »Wir wären aller Sorgen ledig/hätt' Priebe seinen Bauernhof.«[44] Sobald man von Subventionen selber profitiert, findet man sie ja vernünftig. Priebe dagegen wies immer wieder darauf hin, die ewigen Klagen und Subventionsforderungen der Bauern seien im Endeffekt selbstzerstörerisch; denn hohe Subventionen seien für den Steuerzahler auf die Dauer nur dann zu ertragen, wenn viele Bauernwirtschaften wegrationalisiert würden. 1985 machte der 78-jährige Priebe, nun aller positionsbedingter Rücksichtnahmen ledig, in seiner Streitschrift *Die subventionierte Naturzerstörung* seiner über Jahrzehnte angesammelten Wut auf die Agrarlobby Luft: »wir stehen vor einem Abgrund.« Und damit meinte er die nicht nur ökologische, sondern auch soziale Verarmung der ländlichen Gebiete.[45] Wieweit er als einflussreicher Berater allerdings auch selber seinen Anteil am Lauf der Dinge gehabt hatte, reflektiert er nicht.[46]

DER »GANZE LANDWIRT« UND DIE REVOLUTION DER AGRARTECHNIK. Frank Uekötter hat daran erinnert, dass neben dem kleinbäuerlichen Modell in den 1950er Jahren noch das überkommene Leitbild des »Ganzen Landwirts« im Raum stand.[47] Vielen war es so selbstverständlich, dass sie daraus gar kein großes Thema eigener Art machten. Zum »organischen Hof«[48] gehörte Getreide verschiedener Art und Vieh, gehörte auch der Bauerngarten. Das Vieh düngte die Felder; auch der Fruchtwechsel sorgte für die Erhaltung der Bodenfruchtbarkeit; die Vielfalt der Produkte verringerte das Risiko gegenüber den Schwankungen des Marktes – im Idealfall also eine Synthese aus Öko-nomie und Ökologie. Wieweit es sich bei diesem Leitbild um ein Ideal oder um eine zumindest in der Tendenz bestehende Realität handelte, blieb in der Agrarliteratur umstritten und ebenso, ob es sich eher um ein historisches Relikt oder um ein Modell mit Zukunft handelte.

Ein 1949 vom westfälischen Landwirtschaftsverlag herausgebrachtes und auch für den Gebrauch an Schulen empfohlenes Büchlein *Humusver-sorgung – Bodenfruchtbarkeit* stand noch ganz unter dem Postulat, die Bodenfruchtbarkeit auf »organische« Weise innerhalb der Hofwirtschaft zu regenerieren[49]; nicht zu vergessen: Das war nach einem Jahrzehnt der Über-nutzung der Böden in Krieg und Hungerzeit ein Zukunftsideal, keineswegs aktuelle Realität! Wenn man verfolgt, mit welcher Härte in der bundesdeut-schen Agrarpolitik der 1950er Jahre speziell um den Milchpreis gekämpft wurde, die »damals noch sicherste Einnahmequelle für die meisten Bauern« (Rudolf Morsey)[50], erkennt man, dass es mit der Polykultur in vielen Fällen nicht weit her war. Wie Uekötter resümiert, wurde zu jener Zeit nicht klar erkannt, dass »der Ganze Landwirt in unauflöslicher Spannung zum Ideal des durchrationalisierten, umfassend verwissenschaftlichten Agrarbetrie-bes« stand, der eine Tendenz zur Spezialisierung und zur Monokultur besaß.

Hermann Priebes *Wer wird die Scheunen füllen?* von 1954 beginnt mit der Feststellung, auf den deutschen Dörfern vollziehe sich »eine umfassende technische und soziale Revolution«. Er, der drei Jahrzehnte darauf zur Kas-sandra der Agrarpolitik wurde, verfällt bei diesem Thema jedoch in einen geradezu trotzigen Optimismus: Diese Revolution biete »alle Vorausset-zungen dafür, die Unterbewertung der Landarbeit gründlich zu beseitigen«; gegenwärtige Schwierigkeiten der Landwirtschaft ergäben sich »gerade aus der Tatsache, dass die positiven Zukunftsmöglichkeiten noch so wenig er-kannt werden«. Noch immer stecke in den Köpfen die fixe Idee vom Nach-hinken der Landwirtschaft gegenüber der Industrie. Dabei gebe es »ver-schiedene Gründe, dass der kleine, selbständige Unternehmerbetrieb in der Landwirtschaft gerade mit der modernen Entwicklung unerwartete Vorteile gewinnt«.[51]

Man verkenne nicht: Das hatte in der damaligen Situation durchaus sei-ne Logik, im Prinzip zumindest; es verdiente eine Diskussion, ob nicht die-ser Optimismus bei anderen politischen Rahmenbedingungen hätte recht bekommen können. Denn tatsächlich: Die Landwirtschaft war ja drauf und dran, die Industrie in der Technisierung einzuholen. Dass dabei Arbeitskräf-te freigesetzt wurden, war zumindest im Prinzip kein Schaden; denn in der boomenden Industrie wurden sie gebraucht. Das Ideal war ohnehin der bäuerliche Familienbetrieb; und dieser wurde erst durch die Mechanisierung perfekt, die die Knechte und Saisonarbeiter reduzierte. Zumindest im Ideal konnten Bauer und Bäuerin mit den Mitteln der Technik jetzt das meiste selber machen, und dies ohne schwere Plackerei, die den Rücken verkrümmte. »Aus der harten, gleichförmigen Arbeit werden leichtere, abwechslungsreichere Tätigkeiten.«[52] Dazu noch mit höherem Ertrag. Und es war ja richtig, dass es in der modernen Technik einen Trend zur Miniaturisierung gab; die Zeit der monströsen Dampfpflüge, die obendrein den Boden verdichteten, war vorbei. Daher versichert Priebe voll Zuversicht:

> »Die Vorstellung, dass die Technik eine Revolutionierung der landwirtschaftlichen Betriebsformen bedingt, ist völlig unrealistisch. ... Es ist interessant zu beobachten, wie die gesamte Wirtschaftsentwicklung die Tendenz zur Dezentralisation der landwirtschaftlichen Betriebsweise nur weiter verstärkt. ... So fördert die gesamte biologische und technische Entwicklung gerade die vielseitige Kleinunternehmung ... Die Technik dringt in immer kleinere Betriebsgrößen vor, und der *vollmotorisierte Bauernhof* ist in Westeuropa bereits vieltausendfach zur Tatsache geworden.«[53]

Nun, zu jener Zeit, als das Gros der Deutschen noch kaum in fremde Länder kam, konnte man über das Ausland viel behaupten. So wie Priebe hier eine große Konvergenz zwischen ökonomisch-technischen Entwicklungen und dem Ideal des Familienbetriebes zu erkennen glaubt, gehen Diagnose der Gegenwart und optimistischer Zukunftsentwurf untrennbar durcheinander; das sollte er selber später noch schmerzlich erkennen. Er glaubte die technische Revolution in der Landwirtschaft bereits zu überblicken und sah aus heutiger Sicht doch erst die Anfänge. Aber auch die Innovationsschübe der 1950er und 1960er Jahre waren nicht das Ende; die dann folgende elektronische Revolution sollte noch ungeahnte Miniaturisierungschancen bescheren.[54] 1969 rechnete der westfälische Agrarberater Hans Jungehülsing in öffentlicher Kontroverse dem Brüsseler Agrarstrategen Sicco Mansholt (1908–1995), seit 1958 Kommissar der Europäischen Kommission, der die Kleinbauern loswerden wollte, detailliert vor, wie kleinere Betriebe häufig kostendeckender arbeiteten als die ganz großen.[55] Der bayerische Agrarhistoriker Dietmar Stutzer kritisiert die seit Mitte der 1950er Jahre vorangetriebenen Flurbereinigungen aus der Sicht von 1988 als ebenso ökonomischen wie ökologischen Irrtum: »Es wurde versucht, die Landschaft den Maschinen anzupassen und nicht umgekehrt. Dass dies technisch möglich ist, hat sich durch die Steuerelektronik von heute gezeigt.«[56] Aber das konnte man damals nicht ahnen; bis um 1970 wurde »Automatisierung« fast automatisch mit einem Zwang zum Größenwachstum verknüpft.

Den späteren Leser berührt besonders merkwürdig, dass Priebe bei all seinem Bekenntnis zum Familienbetrieb doch über die *Bäuerin* kaum ein Wort verliert[57], wogegen Heinrich Lübke 1958 als Bundeslandwirtschaftsminister darüber klagte, dass die Bäuerin in der Regel die Hauptlast der Rationalisierungsvorgänge zu tragen hatte, obwohl schon damals die Melkmaschine auf immer mehr Höfen ihren Einzug hielt.[58] In der Realität war die Mechanisierung eben überhaupt kein perfekt aufeinander abgestimmter Vorgang, wo alles ineinandergriff und mit der Ökonomie und Ökologie des bäuerlichen Kleinbetriebs im Einklang stand. Vor dem Hintergrund solch kritischer Beobachter wie Schlange-Schöningen und Priebe kann man das ganze Ausmaß des Überraschungseffektes jener drei Revolutionen ermessen, die dann tatsächlich kamen: einer chemisch-technischen Revolution, die großflächige Monokulturen begünstigte; einer subventionierten Überproduktion, die zum öffentlichen Skandal wurde; und dann schließlich einer großflächig voranschreitenden Degradation von Boden und Grundwasser, die die gesamte Zukunft dieser Art von Agrarwirtschaft in Frage stellte.

REVOLUTION OHNE UTOPIE. Auf dem »organischen Hof« hatten die Tiere die Felder gedüngt; aus den vom Landbau abgekoppelten Tierfabriken verschmutzte die Gülle das Grundwasser, das ohnehin durch die rasant zunehmenden chemischen Düngemittel und Pestizide belastet wurde. Es war alles in allem eine lange Zeit unübersichtliche und von den meisten Beteiligten unbeabsichtigte Revolution: Teil einer weltweiten Umwälzung der Landwirtschaft, die – wenn auch von Region zu Region unterschiedlich – vermutlich mehr als alles andere im 20. Jahrhundert das Gesicht der Erde und der menschlichen Gesellschaften verändert hat und in der Bundesrepublik dazu führte, dass die einstige Agrarromantik in Schimpfkanonaden diverser Art umschlug. Frank Uekötter resümiert: Diese Agrarrevolution, die sowohl zur Intensivierung wie auch zum Großbetrieb führte, war »der seltene Fall einer Revolution ohne Utopie«.[59] Wenn das Ziel, auf das dieses alles hinauslief, klar vor Augen gestanden hätte, wäre dies vermutlich ein Bremsfaktor gewesen[60]; aber trotz aller »Grünen Pläne« des Bundes lief diese Revolution ohne Plan. Und auch trotz des sich über das platte Land verbreitenden agrarischen Expertenwesens. Gerade aus den Perspektiven der Agrarwissenschaft schildert Uekötter die damalige Modernisierung der Landwirtschaft mit Traktoren-Metaphorik als einen »stotternden, ungleichmäßigen Prozess mit zahlreichen Fehlzündungen« wie das Holpern eines frühen Treckers über aufgewühlte Matschwege.[61]

Das ist umso merkwürdiger, als es unter den Agrarexperten schon seit dem frühen 20. Jahrhundert eine »förmliche Reformationswut« gab, wie der Verfasser einer *Philosophie der Landwirtschaftslehre* 1919 klagte. Aber nicht nur hier lenkte das Reformgerede mit seinen imaginierten Zukünften von den sich realiter vollziehenden Wandlungsprozessen ab. Das ist umso bemerkenswerter, als die Landwirtschaft auch in der Zeit der Liberalisierung ein staatlich regulierter Sektor blieb und die Regierung eine derartige Entwicklung gar nicht wollte. Ähnliches gilt für Berater der Deutschen Landwirtschaftsgesellschaft, wo 1955 der Mahnruf ertönte: »Unsere Landwirte sollten sich warnen lassen und gut überlegen, ob sie sich bei dem augenblicklichen Stand einer viel zu teuren und aufwendigen Motorisierung der Ackerarbeiten auf einem guten Weg befinden.« Ein Kritiker erkannte bei vielen Bauern eine »geradezu magisch auf die Vollmechanisierung eingestellte Blickrichtung«.[62]

Wenn man freilich liest, dass Priebe zur gleichen Zeit den »vollmechanisierten Bauernhof« weiter westlich bereits für Tatsache hielt, muss man sich über die Magie dieses Leitbilds nicht wundern. Die Signale aus Expertenkreisen waren eben widersprüchlich; da gab es kein in sich konsistentes Leitbild. Die Firmenvertreter dagegen, die auf die Höfe kamen, brachten selbstverständlich eine eindeutige Botschaft mit – und viele Bauern brauchten eben klare und simple Faustregeln und Signale. Doch die gab es jetzt am ehesten für den Kauf bestimmter Maschinen. Und nicht selten hatten die Bauern, von ihrem eigenen Kosten-Nutzen-Denken her betrachtet, sogar recht, wenn sie sich um warnendes Abwägen und differenzierendes Einerseits-Andererseits nicht scherten: alles in allem ein Lehrstück für Wechselwirkungen zwischen dem rasant zunehmenden Beraterwesen und den Erfahrungen der Praxis. Ein Kenner der bayerischen Bauerngeschichte, der bereits die neue Welt der Elektronik vor Augen hat, blickt 1988 sarkastisch zurück:

> »Es ist viel lamentiert worden über die Übermechanisierung und die angebliche Kapitalverschwendung der Bauern durch die Anschaffung von Eigenmaschinen, die naturgemäß immer nur kurzzeitig und vor allem zu einem begrenzten Teil ihres Leistungsvermögens ausgenutzt werden können. Bayern hat sich durch eine besonders geräuschvolle Propaganda auf diesem Gebiet hervorgetan. Der vorausgesagte Zusammenbruch der meisten Betriebe als Folge der Übermechanisierung ist ausgeblieben.«[63]

DIE ÜBERRASCHENDEN SYNERGIEEFFEKTE DER EWG. Aber diese Rationalität entwickelte sich nicht zuletzt dank der Subventionen. Diese Entwicklung gründete sich – und besonders hier liegt das Lehrreiche dieses Überraschungseffektes – auf die Verknüpfung von zwei Ereignisketten, die in
der Wahrnehmung der Zeitgenossen bis dahin auf verschiedenen Ebenen
verlaufen waren: der technischen Revolution in der Landwirtschaft und der
europäischen Einigung. 1957 trat die Europäische Wirtschaftsgemeinschaft
(EWG) in Kraft. Aus der Rückschau ist es ein großes Rätsel, dass man sich
vor allem seit der EWG-Agrarkonferenz von Stresa 1958[64] ausgerechnet die
Agrarpolitik als »Motor der europäischen Integration« (Ulrich Kluge) vorstellte[65] – als Motor, nicht als Moloch!; denn in der darauf folgenden Zeit
trug nichts so sehr dazu bei, dass die Europa-Idee ihren Charme verlor, wie
die von Brüssel ausgehende Agrarregulierung, die in einen nicht nur für
Außenstehende undurchdringlichen Richtlinien- und Subventionsdschun-
gel mündete, der sich als barer Irrwitz und Ausgeburt von übelstem Lobby-
ismus präsentierte. Priebe bemerkt aus dem Rückblick von 1970 über einstige Fehlprognosen:

> »Es war ein Unglück für die EWG, dass der Beginn der Gemeinsamen Agrarpoli-
> tik mit einer *Produktionsrevolution* zusammenfiel, die in diesen großen Ausmaßen
> niemand voraussehen konnte. … Auf französischer Seite wurden die Absatzmög-
> lichkeiten im Gemeinsamen Markt überschätzt, auf deutscher Seite die Produkti-
> onsreserven unterschätzt. Beide Fehlprognosen kumulieren sich. Diese Entwick-
> lung wird sich fortsetzen.«[66]

Für Kiran Klaus Patel, den Historiker der EWG-Agrarintegration, deutete
noch »im Frühjahr 1957 wenig darauf hin, dass der Agrarbereich binnen zehn
Jahren zu dem am stärksten integrierten und teuersten, dem prestigeträch-
tigsten und problematischsten Projekt der Gemeinschaft werden sollte«.[67] In
den frühen 1950er Jahren wirkte noch das Trauma der Hungerzeit nach; da
versprach die europäische Einigung, die dicht- und dünnbesiedelte Regionen
verband, eine dauerhafte Rettung. Solange man in mehr oder weniger sta-
tischen Vorstellungen dachte, konnte man sich eine geradezu ideale wech-
selseitige Ergänzung vorstellen. Am Ursprung des Gemeinsamen Marktes
stand unterhalb der politischen Motive ein simples Tauschgeschäft[68]: Frankreich öffnet sich den deutschen Industrie-, die Bundesrepublik sich den französischen Agrarexporten. Diese These vom trivialen »Kuhhandel« ist mit
ihrer Agrar-Metaphorik zwar wiederholt bestritten worden, und im Klartext
scheint ein derartiger Deal in den Akten auch nicht zu finden zu sein; aber

von der öffentlichen Wahrnehmung her – so Patel – verdient die Kuhhandelsthese sehr wohl eine »Ehrenrettung«.[69]

Und damit verbunden war in Bonn ein anderer Kuhhandel: Adenauer versprach, die vom gemeinsamen europäischen Agrarmarkt den deutschen Bauern drohenden Benachteiligungen[70] durch staatliche Unterstützung zu kompensieren; die Führer des Bauernverbandes gaben das Gegenversprechen, nicht gegen »Europa« mobilzumachen. Auf diese Weise verlieh die europäische Zukunft auch den Agrarsubventionen eine Zukunft: was sich in einer Ära, in der die Dynamik der liberalisierten Wirtschaft neu entdeckt wurde, keineswegs von selbst verstand. Solange man davon ausging, dass das Agrarprodukt nur mäßig wachsen würde, konnte man annehmen, dass im Endeffekt beide Seiten besser leben und nur moderate Preisstützungen und Subventionen nötig sein würden. In Wirklichkeit sollte sich ein *circulus vitiosus* entwickeln: Subventionen förderten die Überproduktion, diese – sich selbst überlassen – drohte viele Bauernbetriebe zu ruinieren und führte zum Ruf nach weiteren Subventionen; die tonangebenden Großagrarier verschanzten sich hinter der (wirklichen oder angeblichen) Not der Kleinbauern, und ein für Außenstehende immer undurchsichtigerer Filz von Lobbyisten und »Experten« in Brüssel sorgte dafür, dass die wachsende Agroindustrie den Löwenanteil der Subventionen kassierte.

Die Förderprogramme der »Grünen Pläne«, die 1955 begannen, waren eigentlich zur Erhaltung des bäuerlichen Familienbetriebes gedacht[71], der das Leitbild war und blieb; die staatliche Subvention expandierender Großbetriebe war grotesk, ob sozial- oder finanzpolitisch betrachtet. Aber da war das Dilemma: »Ständig wurde über die ›richtige‹ Betriebsgröße gesprochen, aber wie groß ein ›richtiger‹ Hof sein sollte, konnte niemand sagen.« (Dietmar Stutzer)[72] Kein Wunder: Denn während in kargen Mittelgebirgsregionen weite Flächen nötig waren, um einer Bauernwirtschaft ihr Auskommen zu sichern, reichte auf fruchtbaren Böden in der Nähe von Großstadtmärkten ein Bruchteil davon. Bis in die 1960er Jahre pflegten die Planer sich damit zu behelfen, dass sie die optimale Mindestgröße durch die Zahl der Kühe definierten, mit Blick auf die Rentabilität der Melkmaschinen. Diese Rechnung ging jedoch davon aus, dass der Milchertrag der Kern der Bauernwirtschaft bleiben würde, und hatte überdies noch keine Ahnung von den Problemen der Tierfabriken.

Heinrich Lübke (1894–1972), von 1947 bis 1952 Landwirtschaftsminister in Nordrhein-Westfalen und von 1953 bis 1959 im Kabinett Adenauer, ist durch seine späteren Ausrutscher in der Bundespräsidentenrolle als lächerliche Figur in die Erinnerung eingegangen. Blickt man jedoch auf jene Zeit zurück, wo er als Agrarpolitiker in seinem Element war, ist ihm unrecht geschehen; da hat er sich im Zweifrontenkrieg über die Subventionen zwischen »wildgewordenen« Bauernführern[73] und der eisernen Sparsamkeit des Finanzministers Fritz Schäffer einigermaßen redlich geschlagen. Gegenüber dem »hemdsärmelig-robusten« Bauernführer Edmund Rehwinkel[74] zeigte er ein bemerkenswertes Rückgrat; ein verlängerter Arm der Agrarlobby war er nicht. Wenn ihm dabei jeglicher visionäre Zug abging, war das nach Lage der Dinge kein Nachteil. Im Gegensatz zu Erhard bejahte er die EWG voll und ganz, gerade auch mit ihrem Kern deutsch-französischer Verständigung, und »Plan« war für ihn kein obszönes Wort mit dem Geruch des Kommunismus, sondern für die Landwirtschaft eine Notwendigkeit. Aber eben durch die EWG kam in die Agrarentwicklung ein Faktor hinein, der sich nicht von Bonn aus dirigieren ließ. Hatte Lübkes Programm von 1956 »zur Verbesserung der Agrarstruktur« Priebe zufolge über Jahre eine Welle von Hoffnung und neuen Initiativen ausgelöst, so kippte die Stimmung um die Mitte der 1960er Jahre, als die wachsenden Agrarüberschüsse in der EWG gegen eine weitere wahllose Subventionierung eine heftige politische Gegenstimmung aufkommen ließen.[75]

Im Gegenzug mobilisierte die Agrarlobby die neue moralische Dritte-Welt-Globalrhetorik: Im Blick auf den Hunger in der Dritten Welt bedeuteten, global betrachtet, die europäischen Agrarüberschüsse keinen Skandal, sondern eine Hoffnung für die Welt.[76] Sehr glaubwürdig war das nicht; denn Rehwinkel und seine Mitstreiter taten sich sonst weder durch Selbstlosigkeit noch durch weltweiten Horizont hervor. Aber ähnliche Fanfaren ertönten auch von ganz anderer Seite: Selbst der Sozialdemokrat Fritz Baade (1893–1974), bis 1961 Leiter des Kieler Institutes für Weltwirtschaft und einer der prominentesten deutschen Zukunftsdenker jener Zeit, der als Student auf einem Bergbauernhof gearbeitet hatte, machte sich diese Apologie der Agrarüberschüsse zu eigen: kein Gedanke daran, dass die EWG gerade durch Agrarexporte zu Schleuderpreisen viele Kleinbauern der Dritten Welt ruinieren und längerfristig die dortige Ernährungslage erst recht verschlimmern könnte! Weil Baade das rasante Wachstum der Agrarproduktion in der EU vor Augen hat, jedoch weder deren ökologische Kosten noch den damit verbundenen Verbrauch begrenzter Energieressourcen bedenkt, fällt er geradezu wutschäumend über die Warner vor Übervölkerung her: »Dieser Glaube an den begrenzten Nahrungsraum ist schon immer ein Wahn gewesen, und er war niemals ein so wahnsinniger Aberglaube wie in der

Gegenwart.«[77] Man könne nicht daran zweifeln, »dass die Ackerfläche der Erde ohne Schwierigkeit in den nächsten Jahrzehnten verdreifacht werden könnte … Tropische Urwälder, tropische Dschungel, tropische Sumpfgebiete bilden den größten Teil der Reserven der Erde an kulturfähigem Land.«[78] Das Cover seines in sieben Sprachen übersetzten Buches *Der Wettlauf zum Jahre 2000* (1960) versichert, Baades »Zukunftsbild« unerschöpflicher Ressourcen sei unumstößliche Wahrheit und habe »nichts mit Phantasie oder utopischen Wahrsagereien zu tun«!

In Edmund Rehwinkel (1899–1977) besaß Lübke einen Gegenspieler, der ihm das Ministerdasein so schwer wie möglich machte. Der war 1945 einer der wenigen Bauernführer ohne braune Vergangenheit, ja war wegen eines Spottgedichtes sogar drei Wochen in Gestapo-Haft gewesen.[79] Umso ungehemmter und dröhnender konnte er, wenn auch von aufdringlichem NS-Jargon gereinigt, weiterhin die »Reichsnährstand«-Ideologie in Reinkultur vertreten: Der Bauernstand sei die Grundlage eines gesunden Volkes und müsse daher vom Staat in vollem Umfang und um jeden Preis erhalten werden. Bei seiner Antrittsrede als Präsident des Deutschen Bauernverbandes 1959 gipfelte die Liste seiner Forderungen in der Proklamation, Aufgabe des Bauernverbandes bleibe es, das »Gros des Bauerntums heil durch das Ungewitter der zweiten technisch-industriellen Revolution hindurchzuführen«.[80] Da übernahm er den neuen Revolutionsbegriff zukunftsgerichteter Linker, um daraus ein bloßes Intermezzo, ein vergängliches Unwetter zu machen. Ganz im Stil der alten großstadtfeindlichen Agrarromantik reimte er: »Ein gieriges Untier ist die Stadt / Sie frisst und frisst und wird nimmer satt …«, und brachte es damit 1957 auf den Titel des *Spiegels*.[81] Schon körperlich klobig, »mit Fäusten wie Schmiedehämmer«[82], verkörperte er das Urvieh des Bauern weitaus perfekter, als Darré dies je vermocht hatte, war jedoch darauf bedacht, ein Abgleiten von Bauernverbänden in den Rechtsradikalismus zu verhüten. Aber die verbale Brutalität und Selbstverständlichkeit, mit der er für die Erhaltung der überkommenen Landwirtschaft kämpfte, macht die Schroffheit und Zukunftsrhetorik seines aufsteigenden Gegenspielers Sicco Mansholt verständlich.

Auch der Mansholt-Plan besaß dem niederländischen Bestseller *Die Getreiderepublik* von Frank Westermann[83] zufolge seinen Ursprung in der Erfahrung des Hungers, nicht der Überproduktion der 1960er Jahre; so gesehen war er schon damals in gewissem Sinne anachronistisch. Sicco Mansholt wollte anfangs ebenso wie schon die vorausgegangenen agrarischen Vordenker den Familienbetrieb mit dem technischen Fortschritt kombinieren, ging jedoch davon aus, dass das nur bei solchen Betrieben möglich sei, deren Größe weit über dem bisherigen Durchschnitt lag. Dass es in der modernen Technik auch einen Fortschritt zur Miniaturisierung gibt, scheint er nicht bedacht zu haben: für seine Generation nicht überraschend. Ganz realistisch sah er, dass auf dem Gros der bisherigen Bauernbetriebe von einer Vollmechanisierung keine Rede war, sondern allemal noch Plackerei genug übrigblieb und daher ein Teil der Landjugend nicht mehr auf dem Dorf bleiben wollte. Dass es jedoch auch andere Einstellungen gab und diese Art von Landarbeit für einen darin aufgewachsenen Menschentyp ihre eigene Art von Befriedigung besitzen kann, wollte er, der selber vom Hof stammte, nicht glauben; das war in seinen Augen eine Illusion reaktionärer Agrarromantik. Dem modernen Bauern sollten wie dem Städter Freizeit und Urlaub zustehen; und der städtische Steuerzahler durfte nicht mit immer noch höheren Agrarsubventionen belastet werden. Mansholt wollte die Abwanderung der Kleinbauern in die Städte finanziell unterstützen. Die Beschränkung der Subventionen auf die Großbetriebe war, für sich genommen, ein sozialpolitischer Skandal; einen vernünftigen Sinn bekam der Plan nur dann, wenn er darauf hinauslief, dass in absehbarer Zeit die Agrarsubventionen überhaupt drastisch zurückgefahren würden – aber davon sprach man lieber nicht zu laut. Hinter der Mansholt-Zukunft verbargen sich durchaus gegenwärtige Interessen niederländischer Großbauern, aus deren Reihen Mansholt stammte.[84]

In seiner ursprünglichen Fassung besagte der Mansholt-Plan, kurz und brutal auf den Punkt gebracht: Binnen zehn Jahren dürfen in der EWG von zehn Millionen Bauern nur noch fünf Millionen übrig sein.[85] »Fünf Millionen Bauern zuviel«: Ein Aufschrei ging durch die Landbevölkerung von der Bundesrepublik bis Westeuropa; wo Mansholt auftrat, tobten ihm Proteststürme entgegen. Aber er war sich damals seiner Sache absolut sicher; mehr als frühere Agrarplaner besaß er ein konsistentes Programm, auch wenn er mit seinen sozialistischen Sympathien mehr noch als andere der Illusion der Planbarkeit einer komplexen Realität unterlag. Der bäuerliche Nebenerwerbsbetrieb hatte für ihn keine Zukunft. Als seine Rede in der Kieler Ostseehalle am 13. Dezember 1969 im Gebrüll der Protestler unterging, vertrieb er sich auf dem Podium die Zeit mit Kartenspielen und demonstrierte auf solche Weise den Gegnern seine Verachtung.[86]

»Wenn wir jetzt nichts tun, fließt uns spätestens 1970 die Butter auf die Straße«, verkündete er 1968 und inspirierte damit eine Schlagzeile des Spiegels.[87] Der Journalist Hermann Bohle, der wiederholt zu Agrarfragen in der Zeit schrieb, publizierte 1969 unter dem Titel »Das Ende der Illusionen« ein

Pro-Mansholt-Pamphlet, das in seiner polternden Rechthaberei noch die übliche Agrarpublizistik übertraf, sich in damaliger »Zukunfts«- und Europa-Rhetorik austobte, Mansholts Prognosen für bare Münze nahm und alle Widersacher in das Grab der »Mumie Nationalstaat« verbannte.[88] Gemeinsamer Markt und Föderation Europa gehörten untrennbar zusammen; in einem europäischen Bundesstaat könnten Deutschland und Italien getrost auf einen Teil ihrer Bauern verzichten, ohne sich um ihre Ernährung sorgen zu müssen.[89] Der damalige Bundesernährungsminister Hermann Höcherl, der gegenüber dem Mansholt-Plan lavierte, sah sich durch ihn immerhin zu Betrachtungen zum Umgang mit der Zukunft veranlasst, wenn er daran erinnerte, dass die Agrarpolitik der vergangenen zwei Jahrzehnte stets aus Übergangslösungen bestanden habe, und jene zu seinen Gegnern erklärte, die »die allerkompliziertesten Modelle, die einer fernen Zukunft angehören, heute schon verwirklichen wollen und dabei gar nicht wissen, dass wir für die Gegenwart, für das Heute und für das unmittelbare Morgen eine tragbare Kompromisslösung finden müssen«.[90]

Da würde Mansholt entgegnen, sein Zukunftsmodell sei ja gar nicht kompliziert, vielmehr einfacher und klarer als das heillose Durcheinander der derzeitigen Realität; und es trage nur dem ohnehin fortschreitenden »Höfesterben« Rechnung. Aber auch die Prämissen seines eigenen Modells gerieten ins Fließen; das sollte sich bald zeigen. Als Josef Ertl, ab 1969 Höcherls Nachfolger als Bundesernährungsminister, im Bundestag zur allgemeinen Heiterkeit den Spruch aus einer CSU-Korrespondenz zum Besten gab, es gebe nicht fünf Millionen Bauern, sondern einen Kommissar in Brüssel zu viel, erwiderte Höcherl, er wolle sich »diese schneidige Formulierung« zwar nicht zu eigen machen; »aber ich widerspreche ihr auch nicht.«[91]

VON »WACHSEN ODER WEICHEN« ZU DEN »GRENZEN DES WACHSTUMS«. Wenig später, um 1970, brachte dann die »ökologische Revolution« zwar vorerst nicht die agrarische Gegenwart, dafür umso gründlicher deren Zukunft durcheinander. In der Gegenwart galt weiterhin die Devise »Wachsen oder Weichen«, für die Zukunft dagegen seit dem Weltbestseller des Club of Rome von 1972 die *Grenzen des Wachstums*. Deren bereits aktuelle Bedeutung schien schon im Jahr darauf, wenn auch nur vorübergehend, die Ölkrise zu bestätigen. Von nun an zeichnete sich eine Zukunft ab, wo nicht mehr beliebig und preisgünstig energieaufwendige Düngemittel eingesetzt werden konnten, sondern eine Rückkehr zum »organischen Hof« angesagt war, wo die Fruchtbarkeit des Bodens durch tierischen Dünger und Fruchtwechsel regeneriert wurde. Und zu alledem die chemischen Pestizide, die

Tierfabriken mitsamt den Hormonen und Güllemassen, die das Grundwasser verunreinigten, statt den Boden zu befruchten! Hatten bis dahin nur die mit Steuergeldern subventionierten Butterberge und Milchseen die Empörung der außeragrarischen Öffentlichkeit erregt, so kamen vor allem seit den späten 1970er Jahren die Bauern obendrein als »Giftmischer der Nation« in Verruf! »Vergiften uns die Bauern?« lautete der *Spiegel*-Titel vom 30. Oktober 1978[92]; zu jener Zeit gerieten zusammen mit der Chemie auch die Bauern ins Visier der Öko-Bewegung.

Insgesamt zeichnet sich eine tragische Ironie ab: Das frühere Ideal der »organischen« Landwirtschaft hätte jetzt, von rückwärtsgewandter Romantik gereinigt und dafür mit hochmoderner ökologischer Basis ausgestattet, zur Grundlage einer neuen Zukunft werden können – aber in der Bundesrepublik kam diese neue Zukunft zu spät, zunächst zumindest. Sicco Mansholt, seiner politischen Verantwortung entledigt und dafür Liebhaber von Petra Kelly[93], der künftigen Gründermutter der Grünen, sprang prompt auf den neuen Trend auf, als sei nichts gewesen, nach wie vor strotzend vor Selbstbewusstsein und ohne einen Hauch von kritischer Reflexion über seinen gerade noch heiß umkämpften großen Plan. Hatte er eben noch die Agrarsubventionen gesteuert nach dem Motto »Wer da hat, dem wird gegeben«, leistete er jetzt großspurige Lippenbekenntnisse zu einem globalen Egalitarismus, wie ihn nicht einmal der liebe Gott verwirklichen könnte. »Für uns, die industrielle, die reiche Welt, ist die Senkung des materiellen Lebensstandards ein Gebot.«

Hatte er gerade noch das Wachstum mit Steuergeldern forcieren wollen, bekannte er sich jetzt zu den Grenzen des Wachstums. Und bei alledem der Kuckucksruf »Zukunft-Zukunft-Zukunft«: »Mit diesem Blick auf die Zukunft habe ich meine Agrarpolitik in Angriff genommen« – als hätte er nicht mittlerweile eine ganz andere Zukunft vor Augen. »Zwischen Utopie und Realität entscheide ich mich für die Utopie.«[94] Aber dann auf einmal ein Sprung in die vor allem am Rande der Öko-Szene beliebte Apokalyptik: »Ich bin Pessimist. Wenn es keine Demokratie auf weltweiter Ebene gibt, wenn keine weltweite Institution die Menschen unter einen Hut bringen … kann, können wir weiter nichts als unmittelbare, punktuell wirkende Maßnahmen ergreifen. Einzig eine Katastrophe, die eine Art Elektroschock erzeugt, könnte die Leute wachrütteln.«[95] Bei all den großspurigen Globalperspektiven jedoch rein gar nichts Konkretes zur ökologischen Umsteuerung der europäischen Agrarpolitik. Da konnte Petra Kelly nichts von ihm lernen, kam anscheinend auch gar nicht auf diese Idee. Erst in den Jahrzehnten darauf wurde der naturnahe Landbau zu einer breiten Strömung, deren stärkste Triebkraft die Sorge um die Gesundheit war. Selbst Hildegard Hamm-Brücher, später eine umweltpolitische Vordenkerin in der FDP, profilierte sich in den 1960er Jahren mit Attacken auf dick aufgetragene Bauernromantik in bayerischen Schulbüchern[96], als ob selbst in der Ära der »Traktoritis« noch immer »im Märzen der Bauer die Rösslein anspannt«: keine Idee davon, dass manche bäuerlichen Traditionen eine neue Zukunft versprechen, während sich gewisse Pfade der Technisierung und Chemisierung der Landwirtschaft nicht gerade als zukunftsträchtig erweisen würden!

LANDWIRTSCHAFT UND NATURSCHUTZ: DIE FEHLENDE VISION. Allerdings – wiewiet die ökologische Umsteuerung der Landwirtschaft in letzter Konsequenz mit überkommenen bäuerlichen Strukturen konvergiert, ist nicht sicher, schon gar nicht, wenn »ökologische Landwirtschaft« einseitig als Schließung von Stoffkreisläufen ohne Rücksicht auf Artenvielfalt definiert wird und vorrangig auf die Produktion von Biosprit hinausläuft: Das sehen wir heute deutlicher denn je. Und zur gleichen Zeit ist unsicher, wie zielbewusst die Umweltbewegung eine Harmonisierung von Landwirtschaft und Natur vorantreibt. Nach wie vor laufen Agrar- und Umweltpolitik über weite Strecken unverbunden nebenher.[97] Die von der EU seit 1992 betriebene Subventionierung von Flächenstilllegungen, mochte sie auch reizvolle Brachen entstehen lassen, war kein Ersatz für eine ökologische Umsteuerung der Agrarpolitik.

Das Erneuerbare-Energien-Gesetz (EEG) vom April 2000 hat mit seiner Förderung des Biosprits die Ausbreitung von Mais-Monokulturen in nie dagewesenem Maße gefördert. Von vielen Bauern als Patentlösung des leidigen Überschussproblems begrüßt und von Claudia Roth, der Vorsitzenden der Grünen, als »die größte Erfolgsgeschichte auf der ganzen Welt« bejubelt, wurde es von Naturschützern als die größte Landschaftszerstörung seit Menschengedenken beklagt.[98] Aber selbst der Naturschutz ist an diesem Lauf der Dinge nicht ganz unschuldig, denn immer wieder konzentrierte er sein Bestreben auf die Erhaltung und Schaffung von Wildnis und beachtete viel zu wenig die Verarmung der Natur durch Verödung alter Kulturlandschaften. Darauf hat schon frühzeitig Wolfgang Haber hingewiesen, ein Begründer der Landschaftsökologie, obwohl er um 1970 auch zu den Gründervätern des Nationalparks Bayerischer Wald gehörte.[99] Wie er zeigte, verbindet Wildniskult und Intensivierung der Landwirtschaft eine eigene Logik; denn je mehr die Erträge der bebauten Flächen wachsen, desto weitere Landgebiete können der Verwilderung überlassen werden. In der Hungerzeit nach dem Krieg kam es auf die Nutzung von jedem Flecken Land an und hätte die Proklamation von »Natur Natur sein lassen« für weite Gebiete wie Hohn geklungen; die wachsende agrarische Überproduktion dagegen gab dem Drang nach Wildnis eine Chance. Umgekehrt erforderte die fortschreitende Ausweitung der Wildnisse geradezu außerhalb der Naturreservate eine Intensivierung der Landwirtschaft, um eine wachsende Menschheit zu ernähren. Die Vielfalt der Natur lässt sich jedoch nur in einer kleingekammerten, diversifiziert bewirtschafteten Landschaft erhalten.

Erst seit der Zeit um 1990, als sich in Teilen der EU-Führung eine ökologische Wende abzeichnete, suchte man in Brüssel dieser Erfordernis Rechnung zu tragen, vor allem mit der FFH-(Fauna-Flora-Habitat-)Richtlinie, die von den EU-Mitgliedstaaten 1992 einstimmig beschlossen wurde und in den Jahren darauf – so Wolfgang Haber – zu einem europaweiten »Quantensprung« im Naturschutz führte.[100] Hier ging es nicht mehr um große kompakte Vorzeige-Nationalparks, sondern um ein weit über die Kulturlandschaft ausgefächertes »Biotop-Verbundnetz«; auch in kleinen FFH-Gebieten soll die Artenvielfalt gefördert werden, indem diese durch Korridore miteinander verbunden werden. Die FFH-Richtlinie, die zum stärksten Hebel des Naturschutzes gegen widerspenstige Bauern wurde, hat entscheidend dazu beigetragen, dass viele Naturschützer, die bis dahin mit tiefem Misstrauen auf Brüssel schauten, zu EU-Enthusiasten wurden.

Die Kehrseite besteht darin, dass viele Bauern den Naturschutz nun als etwas von außen Aufgedrücktes erfahren – zumal hier anders als bei der früheren EWG-Agrarpolitik die finanziellen Kompensationen nicht gleich mitgeliefert wurden –, sehr im Unterschied zu jenen Zeiten, als Natur- und Heimatschutz zusammengingen und Landschaftsschützer an das bäuerliche Traditionsbewusstsein appellierten. Aber jene Traditionen des »organischen« Landbaus, an die die Landschaftsschützer einst hatten anknüpfen können, waren in den 1990er Jahren bei dem Gros der Landwirte längst abgerissen. Auf der Berliner »Grünen Woche« demonstrierten Tausende von Natur- und Umweltschützern gegen die industrialisierte Landwirtschaft mit der Massentierhaltung unter dem Motto »Wir haben es satt«. Die Agrarlobby organisierte darauf eine kleine Gegendemonstration unter dem Motto »Wir machen Euch satt!«.

Wolfgang Haber entwickelte bereits Anfang der 1970er Jahre ein Konzept der »Differenzierten Landnutzung« (DLN), das die sich abzeichnende Dichotomie von Nationalparks und großflächig technisierten Monokulturen zu durchbrechen suchte.[101] Sein Ziel besteht nicht zuletzt darin, ökologische

Kriterien in der Landwirtschaft selbst, und zwar gerade auch in der industrialisierten, zu verankern, statt den Naturschutz den Landwirten als etwas Aufoktroyiertes zu präsentieren. Hier wie in anderen Bereichen erkennt man eine potentielle Konvergenz zwischen ökologischer und elektronischer Revolution: Mit den heutigen Steuerungstechniken wäre es möglich, eine »mosaikartig differenzierte« Landnutzung mit einem hohen Maß an Technisierung zu verbinden und eine »Präzisionslandwirtschaft« zu betreiben, in der der Gegensatz von Ökonomie und Ökologie verschwindet.[102] Die seit 2005 auf EU-Ebene unter der Devise »Cross Compliance« (CC) eingeführte ökologische Umsteuerung der Agrarsubventionen hat – wie Haber im Detail beschreibt – das Subventionssystem in einem Maße kompliziert, von dem wohlmeinende Naturschützer nichts ahnten und wo sich Bauern wohl noch am ehesten mit Computerprogrammen zurechtfinden.[103]

Wie Haber feststellt, besitzt sein DLN-Konzept »nichts Romantisches«; es lässt sich nicht in reizvollen Bildern einfangen.[104] Man erkennt das Grundproblem, dass sich die Synthese von Landwirtschaft und Naturschutz noch zu keiner populären Zukunftsvision kristallisiert hat, die die Medien und die Politiker mobilisiert.[105] Wie ein Blick auf die Werbeplakate zeigt, ist vor allem die imaginierte Rettung melancholischer Gorillas im Regenwald populär. Der Sinn einer kritischen Geschichte der Zukunftserwartungen besteht nicht zuletzt darin, auf aktuelle Defizite der futuristischen Phantasie hinzuweisen: Das zeigt sich beim Thema »Landwirtschaft und Naturschutz« besonders deutlich. Das »Ökodorf Brodowin« im Biosphärenreservat Schorfheide-Chorin nordnordöstlich von Berlin, wo nach dem Ende der DDR der Demeter-Konzern eine komplette LPG übernahm und in den »größten Biobauernhof Europas« verwandelte, jedoch neben Biogas-Anlagen auch eine bunte Vielfalt von Bauerngärten entstehen ließ, mag immerhin dieser Vision reale Substanz geben[106], ähnlich wie die Saga von Karl Ludwig Schweisfurth, der einst nach dem Vorbild von Chicago die größte Fleischfabrikenkette Europas begründete, aber in den 1980er Jahren eine große Wende vollzog und in den Hermannsdorfer Landwerkstätten das Modell einer naturnahen Tierhaltung aufbaute, die zugleich kulinarische Bedürfnisse befriedigte.[107] Beide Beispiele weisen freilich darauf hin, dass Öko-Landbau nicht notwendig mit traditioneller Familienwirtschaft konvergiert. Kein Wunder, dass es bis heute an einem einheitlichen Zukunftsbild des Bio-Landbaus fehlt, das nicht nur für Nischenbetriebe geeignet ist.

Kein Zweifel: Die stärksten und populärsten Impulse bekommt die naturnahe Landwirtschaft heutzutage aus keiner naturwissenschaftlich verstandenen Ökologie, sondern aus dem Streben nach gesunder und wohltuender Ernährung; das gilt von den USA[108] bis Mitteleuropa und vereint auch in neuartiger Weise germanische und romanische Länder, ebenso wie sich Bedürfnisse der Zukunft mit solchen der Gegenwart vereinen. Die darauf zielende *Slow-food*-Bewegung wurde 1986 in Italien als *movimento di piacere*, »Bewegung der Lust«, gegründet[109], während die Öko-Bewegung bis dahin Züge puritanischer Ethik getragen hatte. Sprecher von Euronatur[110] ebenso wie der zeitweilige Greenpeace-Vorsitzende Thilo Bode[111] machten seit den 1990er Jahren die Nahrungsmittelindustrie zu ihrer Zielscheibe.

Zur Lust gesellte sich in Deutschland jedoch die Angst: Damals lösten Meldungen über den »Rinderwahnsinn« (BSE = »Bovine spongiforme Enzephalopathie«) zeitweise eine wahre Hysterie aus[112], von der selbst ein alterfahrener Agrarhistoriker wie Ulrich Kluge voreilig glaubte, diese aus seiner Sicht größte Agrarkrise seit 1945[113] bedeute die Große Wende hin zum naturnahen Landbau. Der »Verbraucherschutz« wurde die schärfste Waffe grüner Agrarpolitiker[114], obwohl »auf dem Höhepunkt der Seuchenkrise auch die ökologische Tierhaltung in schlechten Ruf kam« (Ulrich Kluge)[115]; die agrarpolitischen Konsequenzen dieses Debakels waren nicht eindeutig. In Frankreich wurde selbst unter Bauern José Bové, obwohl ursprünglich der Hippie-Szene der »Baba-Cools« entstammend[116], zum grünen Nationalhelden, als er am 12. August 1999 zusammen mit dortigen Schafzüchtern in Millau, einer Kleinstadt im Süden der Cevennen, im Protest gegen amerikanischen »Scheißfraß« (»bouffe de merde«) eine McDonald's-Filiale demolierte; das Bild, wie er, anschließend verhaftet, mit triumphierendem Lachen seine Hände in Handschellen hochhielt, wurde zur Ikone.[117] In mittel- und südfranzösischen Regionen hatte sich weit mehr als in Deutschland ein traditionsstolzes Bauern- und Hirtenvolk erhalten[118], und unter den Städtern war die Bereitschaft größer als beim Gros der Deutschen, sich gutes Essen etwas kosten zu lassen; unter heutigen deutschen Bedingungen wäre ein Happening wie das von Millau, auch mit seiner antiamerikanischen Stoßrichtung, bislang schwer vorstellbar. Aber auch hier spricht einiges für die auf die Natur im Menschen gegründete Prognose, dass die Synthese von Landwirtschaft und Natur zum Gutteil über den Magen läuft. »Landschaft schmeckt!« wurde 1998 zur Devise einer Kampagne des NABU-Naturschutzbundes für naturnahe Landwirtschaft. Doch die Sorge um eine gesunde Ernährung drohte in bürokratischer Konsequenz die Verbindung von Ökologie und traditioneller Bauernwirtschaft zu durchkreuzen: Unter der Devise »Verbraucherschutz« erreichten die vorgeschriebenen Angaben selbst der kleinsten Bestandteile auf Lebensmittelverpackungen »bald den Umfang von Medikamenten-Packzetteln« (Wolfgang Haber).[119] Das begünstigt industrialisierte Agrarbetriebe, die sich ein Labor leisten können.

EIN VERBORGENER URSPRUNG BUNDESDEUTSCHER UMWELTPOLITIK: DIE INTERPARLAMENTARISCHE ARBEITSGEMEINSCHAFT FÜR NATURGEMÄSSE WIRTSCHAFT (IPA). In den frühen 1950er Jahren war auch in deutschen Landen noch viel von jenen bäuerlichen Traditionen lebendig, die eine naturnahe Landwirtschaft als breite Basis gebraucht hätte. Daher stellt sich die Frage: War es zu jener Zeit wirklich unmöglich und nur aus retrospektiver Besserwisserei zu fordern, Agrarpolitik mit Rücksicht auf Naturbedingungen zu betreiben? Das Ideal der Naturnähe ist ja gerade in Deutschland alles andere als neu; es gab sogar eine spezifische Natursehnsucht der 1950er Jahre, als das Gesicht der großen Städte noch durch Ruinen entstellt war und man nur in Wald und Feld noch ein Gefühl von heiler Welt bekam.

Hier ist der Ort für einen Seitenblick auf die am 7. Februar 1953 im Frankfurter Rathaus gegründete Interparlamentarische Arbeitsgemeinschaft für naturgemäße Wirtschaft (IPA), die schon durch ihren Namen signalisiert, dass man die Idee einer naturgemäßen Landwirtschaft für jene Zeit keineswegs als prinzipiell anachronistisch abtun darf. Da ging es keineswegs nur um erbauliches Palaver; vielmehr war die IPA ein bedeutsamer, wenngleich bis in die jüngste Zeit mysteriöser Ursprung der späteren Umweltpolitik.[120] Die IPA umfasste Bundestags- wie Landtagsabgeordnete und war parteiübergreifend; von vornherein war sie darauf angelegt, nicht nur politische Fronten, sondern auch die Barrieren des bundesdeutschen Föderalismus auf ebenso unauffällige wie wirksame Art zu unterlaufen. Aus wechselnder Perspektive betrachtet, lässt sich die IPA nicht nur als Auftakt, sondern auch als Gegenentwurf zur späteren Umweltbewegung verstehen: Im Kontrast zu dieser war sie ganz auf Konsensfindung, nicht auf spektakuläre Konfrontation angelegt, im Einklang damit auf minimale statt auf maximale Publicity; und sie proklamierte keine große Vision einer neuen Welt, sondern leistete Kleinarbeit unter den gegebenen Bedingungen – diese jedoch wirkungsvoller als mancher spätere Öko-Rhetoriker.

Die Naturbeziehung mancher Beteiligten besaß ihre emotionale Basis in der Jagd; dennoch beschränkte sich die praktische Tätigkeit der IPA ganz überwiegend auf das, was seit der zweiten Hälfte des 19. Jahrhunderts unter »Stadthygiene« gelaufen war: Im Zentrum stand die Reinhaltung des Wassers und der Luft; auch die Lärmbekämpfung fand besondere Aufmerksamkeit[121], wogegen die Landwirtschaft, soweit bisher bekannt, nicht zu den großen Themen gehörte. Da bestand aus damaliger Sicht kein Handlungsdruck, zumindest kein akuter; und die Arbeit der IPA war vorwiegend auf die »Forderung des Tages«, nicht auf Anforderungen einer fernen Zukunft gerichtet. Und Herausforderungen der Gegenwart gab es damals zur Genüge; die »Wasserkalamität« war viel aufreizender als heute[122], und gerade hier war es oberstes Gebot, die Kleinkariertheit des Föderalismus zu überwinden, da viele Flüsse die Ländergrenzen überquerten.

Aber obwohl Wolfgang Burhenne, der IPA-Vorsitzende von 1953 bis zu ihrer Auflösung 2013, kein Visionär, sondern vor allem ein versierter Netzwerker war, wurde er durch sein IPA-Engagement im Zuge der Zeit doch ein Anwalt der Planung für künftige Generationen und trat in Kontakt zu Robert Jungk.[123] Eine seiner wenigen ausführlicheren Publikationen ist sein Beitrag »Ansätze deutscher ›Planarbeit‹ und Möglichkeiten für die Entwicklung eines deutschen ›Planungsamtes‹« zu einem Sammelband *Deutschland ohne Konzeption?*, der aus einer Tagung in der Frankfurter Paulskirche 1963 hervorging und auf den als bedeutsames Zeitzeugnis damaligen deutschen Zukunftsdenkens noch wiederholt zurückgegriffen werden wird. Wie die anderen Autoren war Burhenne weit entfernt von jenen marktwirtschaftlichen Doktrinären, für die »Planung« eine obszöne kryptokommunistische Parole war. Schon gar im Kontext »Landesplanung« war Planung auch im Westen gesellschaftsfähig: bei den »natürlichen und räumlichen Gegebenheiten wie dem Wasser, dem Boden und dem Waldbestand«.[124] Und daher: »Auch die Landwirtschaft erfordert eine echte Gesamtplanung. Es ist unverantwortlich, insbesondere das Kleinbauerntum über die sich immer deutlicher abzeichnenden Entwicklungstendenzen im Unklaren zu lassen.«[125] Aber diese »Entwicklungstendenzen« werden noch als Sachzwang, als Prämisse der Planung hingenommen, ähnlich wie es Mansholt tat; sie erscheinen damals nicht als ein Bereich, der sich im Sinne »naturgemäßer Wirtschaft« aktiv planen ließe.

»JUNKERLAND IN BAUERNHAND« – UND AM ENDE IN DER LPG: PLANUNGEN UND ÜBERRASCHUNGEN IN DER AGRARPOLITIK DER DDR. An dieser Stelle ist es höchste Zeit, einen Blick auf Ostdeutschland zu werfen; denn bei den westdeutschen Agrarkontroversen stand die Kollektivierung der Landwirtschaft in der DDR fortwährend vor Augen, ganz besonders seit der flächendeckenden Zwangskollektivierung ab 1960, die in Verbindung mit der vorangegangenen Aufhebung der Lebensmittelkarten[126] zu einer schweren Versorgungskrise, zur Massenflucht von Bauern in den Westen und zum Mauerbau vom 13. August 1961 führte – zu einer Zeit, als man im Westen über die agrarische Überproduktion zu stöhnen begann! Bereits der erste, offiziell noch auf Freiwilligkeit gegründete Kollektivierungsschub von 1952/53 war eine der Ursachen des Aufstandes vom 17. Juni 1953 gewesen.[127] Das DDR-Pendant zur sowjetischen Kolchose, die Landwirtschaftliche Produktionsgenossenschaft (LPG), gab fortan der alten Idee der Genossenschaft einen fatalen Beigeschmack von Zwang und Schikane: kein Wunder, dass diese im Westen den letzten Rest von Zukunftscharme verlor.

Das Nebeneinander der Agrarentwicklungen in West und Ost ist eine seltsame Mischung von Kontrast und Analogie. Hier wie dort erkennt man einen *circulus vitiosus*: in der DDR eine Aufeinanderfolge von Agrarkrisen und Kollektivierungsschüben, die diese Krisen zeitweise noch verstärkten. Erst die neuere Forschung hat genauere Aufschlüsse darüber erbracht, was bei alledem absichtsvolle Planung, bloßes Krisenmanagement und Überrumpelung durch widerspenstige Realitäten und unerwartete Synergieeffekte war; und doch hat die ost-, aber auch die westdeutsche Agrargeschichte bis heute manches Undurchsichtige behalten. Auf welche Weise die Landwirtschaft *de facto* funktionierte und wieweit doch noch die alte Hofwirtschaft und das dörfliche Beziehungsnetz den alltäglichen Lauf der Dinge bestimmten – auch in der LPG blieb das alte Landeigentum formal bestehen! –, lässt sich nur vor Ort ermitteln.

Die DDR bezeichnete sich als »Arbeiter- und Bauernstaat«; es war jedoch die Arbeiterklasse, die im Kommunismus den Fortschritt verkörperte, und die Bauern waren stets ein kritischer Punkt. Und dies nicht nur aus ideologischen, sondern auch aus ganz praktischen Gründen: Der Alltag des Arbeiters in der Großindustrie erfuhr durch die kommunistische Planwirtschaft keine empfindliche Zäsur, die resistent oder gar rebellisch machte; ganz anders war das bei der Hofwirtschaft des Bauern. Eigentlich wären die Erfahrungen mit der stalinistischen Zwangskollektivierung ab 1929, die eine furchtbare Hungersnot zur Folge hatte, ganz dazu angetan gewesen, künftig gegenüber den Bauern behutsam zu verfahren; aber das volle Ausmaß dieser Katastrophe scheint bis zum Ende der Sowjetunion selbst westlichen Antikommunisten nur undeutlich bewusst gewesen zu sein; es fällt auf, dass diese Erfahrung als Hintergrund in der Literatur über die Kollektivierungen in der DDR meist fehlt. Wissenschaftliche Publikationen stützten sich notgedrungen auf sowjetische Veröffentlichungen und vermittelten daher in der Regel ein eher verharmlosendes Bild.[128]

Oder hatte die SED-Führung eine Zwangskollektivierung gar nicht von Anfang an geplant? Vermutlich nahm sie in der ersten Zeit an, einen Zusammenschluss der Bauern in Genossenschaften zumindest teilweise auf freiwilliger Basis bewirken zu können. Denn unter bestimmten Aspekten konnte man hier in der Tat eine Zukunftschance des Kommunismus in der Sowjetzone sehen, die pro Kopf der Bevölkerung über weit mehr Land verfügte als der Westen. Der erste Akt, schon 1945, war die entschädigungslose Enteignung des Großgrundbesitzes, der seit dem 19. Jahrhundert nicht nur für die Linke, sondern auch für die Liberalen die Gegenmacht schlechthin war. Da gab es mit einem Schlage viel Land zu verteilen, an Landarbeiter und an Vertriebene aus dem Osten. »Junkerland in Bauernhand« war eine zugkräftige Parole; eine Zeitlang konnte die SED darauf hoffen, in den »Neubauern« eine populäre Basis auf dem Lande zu finden.

Um 1950 gab es in der DDR über 800 000 selbständige Bauern; um 1960 waren diese auf weniger als 20 000 zusammengeschmolzen. Warum? Gewichtige Indizien sprechen dafür, dass die SED-Führung von Anfang an, wenn auch ohne konkreten Zeitplan, zur Kollektivierung entschlossen war und viele Bauern daher Grund hatten, der neu gewonnenen Selbständigkeit nicht zu trauen.[129] Wenn das SED-Regime jedoch schon 1952/53, obwohl von sowjetischer Seite zur Zurückhaltung ermahnt[130], einen ersten Anlauf zur Kollektivierung unternahm, bestand ein aktueller Handlungsdruck dadurch, dass sich die »Neubauern«-Siedlung überwiegend als Fehlschlag erwies: Kaum mehr als einem Zehntel dieser Siedler gelang eine wirtschaftliche Konsolidierung – viele waren zu unerfahren, zu schlecht ausgestattet und blieben in den Dörfern isoliert.[131]

Vor diesem Hintergrund besaß die Kollektivierung durchaus ihre Logik. Und nicht nur unter diesem Aspekt. Auch im Westen kreisten die Agrardiskussionen um die Frage, wie sich die anstehenden technischen Innovationen mit der bisherigen Bauernwirtschaft vereinen ließen. Nicht nur von der kommunistischen Ideologie her, sondern ebenso mit Blick auf den technischen Fortschritt, so wie man ihn damals verstand, erschienen Genossenschaften als das Patentmittel, um die brennenden Probleme der Landwirtschaft zu lösen, und immer noch bauernfreundlicher als der Mansholt-Plan, der auf die Schaffung größerer Einheiten durch Großbauern hinauslief. Wieder: Aus späterer Sicht wirkt die Agrarpolitik in West wie in Ost mit Blindheit geschlagen; von damaligen Zukunftsperspektiven her besitzt sie gleichwohl ihre Logik, und zwar Ende der 1950er Jahre noch ausgeprägter als ein Jahrzehnt davor. Wie in der Sowjetunion wurde auch in der DDR der Traktor zum Symbol des Fortschritts. Aber während der »Schlepper« im Westen zum Ausdruck von bäuerlichem Selbstbewusstsein wurde – weshalb man bei seinem Kauf oftmals gar nicht genau auf die Rentabilität schaute[132] –, wurden in der DDR die 1952 nach sowjetischem Vorbild eingeführten Maschinen-Traktoren-Stationen (MTS) zum Hebel der Partei, speziell der Staatssicherheit auf dem Lande.[133]

Utopisch angehauchte Parolen – »Vom Ich zum Wir!«, »Frühling auf dem Lande« – verdeckten um 1960 den brutalen Kollektivierungszwang; widerspenstige Bauern wurden mit Lautsprechern bedröhnt. Und doch ist das nicht das Ende der Geschichte. Die gewaltig gewachsene LPG-Masse verstärkte das Gewicht der Agrarinteressen innerhalb des Machtapparats der SED. Von jetzt an stieg die Erfolgsaussicht bäuerlicher Klagen gegen industriell verursachte Rauchschäden.[134] Die MTS-Maschinenparks wurden in den Jahren darauf den LPGs unterstellt. Ab 1968 kam es im Zuge der forcierten Industrialisierung der Landwirtschaft zur Trennung von Pflanzen- und Tierproduktion – einem Trend, der auch im Westen voranschritt; aber in den 1980er Jahren wurde beides wieder zusammengeführt.[135] In der devisenarmen DDR brauchte man den Tierdünger für die Äcker nötiger als im Westen, wo ebenfalls seit langem die Tierfabriken florierten – der DDR-Schlager »Unsere LPG hat hundert Gänse«, als ob man darauf stolz sein könne, wurde im Westen zum Lacherfolg.[136] Die LPG-Wirtschaft schuf monotone Landschaftsbilder, ließ aber gerade deshalb, weil sie große einförmige Flächen brauchte, nicht wenige Naturnischen bestehen. Der Mangel an chemischen Düngemitteln und Pestiziden zumindest in den ersten DDR-Dekaden kam dem Grundwasser und der Vogelwelt zugute[137]; die Mangelwirtschaft führte dazu, dass einheimische Obstsorten weiter kultiviert wurden.[138] Unbeabsichtigte, potentiell zukunftsträchtige Auswirkungen der DDR-Verhältnisse sind ein vielversprechendes Thema der Umweltgeschichte!

Das bäuerliche Trägheitsgesetz, das zu Anfang die stärkste Gegenkraft zur Kollektivierung gewesen war, arbeitete im Zuge der Zeit bis zu einem gewissen Grade *für* die LPGs, die ein gesichertes Dasein und Urlaub boten[139]; obendrein waren die Bauern durch ihre Gärten dem Gros der Städter bei der Versorgung mit Salat und Gemüse voraus. Auch westliche Beobachter, die das Festhalten am bäuerlichen Familienbetrieb als Krampf empfanden, hielten die LPGs zumindest im Prinzip für eine ganz vernünftige Einrichtung. Jahre vor der Wende stellte Günter Gaus – einst *Spiegel*-Chefredakteur und dann Leiter der Ständigen Vertretung der Bundesrepublik in der DDR – die besorgte Frage: »Ertrügen Westdeutschlands Mächtige die Vereinigung mit VEB und LPG?« Fünf Monate nach dem Mauerfall schüttelte sich der *Spiegel*-Redakteur Dieter Wild über eine derartige »Verblendung«.[140] Bei den meisten Industriebetrieben wirkte nunmehr in der Tat die Sorge lächerlich, deren Konkurrenz könne der westdeutschen Industrie schwer zu schaffen machen; die LPGs dagegen überstanden den Zerfall der DDR alles in allem weitaus besser als die VEBs und überholten sogar westdeutsche Konkurrenten. Auch das war eine Überraschung, die in der ersten Zeit nach der Wende noch nicht abzusehen war.[141]

Zunächst gab es, wie nicht zu verwundern, ein wirres Durcheinander von Aufbruchseuphorie und Zukunftssorgen. Die Rechtslage der LPGs war vielen Betroffenen undurchsichtig, die ökonomische Situation unübersichtlich; Geschichten kursierten, wie Nachkommen der 1945 enteigneten Großgrundbesitzer wieder über Beziehungen an ihre Ländereien heranzukommen wussten oder gewiefte LPG-Vorsitzende sich den gesamten LPG-Besitz trickreich unter den Nagel rissen. Was dabei Ausnahme und was typisch war, ließ sich schwer durchschauen.[142] Nach »Vom Ich zum Wir« nunmehr »Vom Wir zum Ich«? Anders als viele selbst im Westen geglaubt hatten, war in der DDR kein neuer Mensch entstanden. Aber – nicht nur Egoismus, sondern auch ein Bedürfnis nach Gemeinschaft und Kooperation gehört zur menschlichen Natur; und überdies begünstigte die EU-Agrarpolitik große Betriebseinheiten. All das trug dazu bei, dass sich die Mehrheit der LPGs unter den neuen Bedingungen erfolgreich behauptete, allerdings unter Reduzierung der Beschäftigten auf einen Bruchteil. »Die Ironie der Geschichte besteht darin, dass die unter großen Mühen und gegen vielfältige Proteste zwangsweise durchgesetzte kollektivierte Landwirtschaft nur durch freiwillige Entscheidungen der Genossenschaftsmitglieder nach der Wende erhalten blieb.« (Bernd Martens)[143] Und eine weitere Ironie der Geschichte bestand darin, dass eben zu jener Zeit, als man im Westen die Vorzüge des bäuerlichen Mittelbetriebs wiederentdeckt und in Verbindung damit eine »Ökowende« proklamiert hatte, der Erfolg der LPG-Nachfolger derartige Zukunftsentwürfe durchkreuzte.[144] Dabei hatten um 1990 gerade auch westliche Anhänger des Öko-Landbaus im Osten Aufbruchsstimmung gewittert!

Bäuerliche »Besserwessis«, für die der Familienbetrieb das einzig Wahre war, kommentierten Schlampereien im LPG-Betrieb: »Klar, dass das bei euch nicht funktioniert hat. Man steht eben nachts nur auf, um einer Kuh beim Kalben zu helfen, wenn es die eigene ist.«[145] Aber ganz so klar war und ist das eben nicht; und überdies wurde mittlerweile das Geld vor allem mit Getreide, nicht mit den Kühen gemacht. »Milch trinken die Leute doch immer«[146] erwies sich ähnlich als anthropologische Halbwahrheit wie »Kinder kriegen die Leute doch immer«. Bernhard Forstner von der Braunschweiger Bundesforschungsanstalt für Landwirtschaft glaubt sogar über zwei Jahrzehnte nach der Wende resümieren zu können: »Die westliche Wissenschaft hat sich blamiert. Nach jahrelangen Debatten schien festzustehen, dass landwirtschaftliche Betriebe mit mehr als 500 Hektar nicht mehr beherrschbar seien. Da habe es bei vielen Agrarwissenschaftlern ideologische Denkbarrieren gegeben.«[147] Nun, in der Zeit des Mansholt-Plans gab es umgekehrte Denkbarrieren; so wandeln sich die Perspektiven. Diese Geschichte ist sicher nicht zu Ende. Attraktive, konkrete, diversifizierte, aber nicht gar zu komplizierte und von Zeit zu Zeit überdachte agrarische Zukunftskonzepte stehen als Aufgabe noch immer im Raum.

3

»Die Zukunft hat schon begonnen« –
aber was für eine?
»Die Russen kommen« – »Die Roboter kommen«:
Oder doch nicht wie erwartet?

ZWISCHEN FURCHT UND HOFFNUNG: ÖFFENTLICHKEITSWIRKSAME ZUKÜNFTE IN DEN ERSTEN NACHKRIEGSDEKADEN. Es gibt die versteckten, teilweise unbewussten Zukunftserwartungen, die zwischen den Zeilen der Dokumente aufzuspüren sind; und es gibt die öffentlichkeitswirksamen Zukunftsspekulationen, die Bestseller produziert haben. Die waren oftmals recht kurzlebig und wurden bald verramscht und vergessen; und doch sind sie nicht einfach gedankliche Seifenblasen, sondern sie hängen untereinander zusammen und spiegeln ein Stück Zeitgeist.

Für die ersten beiden Nachkriegsjahrzehnte zeichnet sich eine ziemlich kompakte Menge von Fixpunkten ab: Die USA, womöglich aber auch die Sowjetunion, in Verbindung mit der aufkommenden Dritten Welt verkörpern die Zukunft; Kybernetik, Roboter, Automation und Atom bilden den technologischen Kern dieser Zukunft; zwischen alldem bestehen Verbindungen, die geeignet sind, bei Nachkriegsdeutschen Staunen und Erschrecken hervorzurufen, umso mehr, als all dies in einer effektvollen populären Publizistik schon mehr oder weniger als Gegenwart hingestellt wurde. Damalige Autoren weisen mit Vorliebe den Utopismus-Verdacht weit von sich, obwohl sie in Wahrheit Reportagen über die Aktualität mit Zukunftsprojektionen vermischen, oft auf eine Art, die für den damaligen Leser schwer zu durchschauen war.

Bedeutet diese Zukunft Frieden oder Krieg? Nicht zu vergessen: Das war für die durch Krieg traumatisierten Deutschen die Grundfrage schlechthin; und gerade in dieser Hinsicht boten diese Aussichten ein extrem ambivalentes Bild. Man erinnere sich an die Aussage des 50-jährigen Schlossers um

1953: »Denn der Krieg steckt uns noch in den Knochen, und jeder, der vom technischen Fortschritt spricht, denkt an den Krieg.« Um derartige Sorgen zu hegen, brauchte man zu jener Zeit überhaupt kein Hysteriker, sondern nur ein wenig Historiker zu sein: Gerade wer sich in der neuesten Technikgeschichte auskannte, wusste ja, dass der Zweite Weltkrieg jenem technischen Fortschritt, der damals vor Augen stand, den entscheidenden Schub gegeben hatte. Und doch verbanden sich mit diesem Fortschritt auch gewaltige Hoffnungen. Ebendies charakterisiert jene Zeit: ein Vibrieren zwischen Furcht und Hoffnung, zwischen Pessimismus und Optimismus; gleichsam ein »Possibilismus« ohne allzu fixe Ideen. Sucht man nach »Lehren der Geschichte«, liegt die Quintessenz nahe, dass diese Vibration keine schlechte Basis für besonnenes Handeln bedeutet.

Kulturpessimismus war sicherlich keine deutsche Spezialität; auch in der angloamerikanischen Welt wurde bereits vor 1945 die fortschreitende Technisierung von wirkungsvollen Horrorphantasien begleitet. Aldous Huxleys futuristischer Roman mit dem sarkastischen Titel *Brave New World* (1932), in dem Ford ebenso wie Lenin vergöttert wird und die künftigen Menschen schon im Reagenzglas programmiert werden, und George Orwells noch schaurigere Vision *1984* (1949), die schon die schlimmsten Erfahrungen totalitärer Systeme verarbeitet, wurden zu Klassikern der negativen Utopie. Charlie Chaplins Film *Modern Times* (1936) zeigt den modernen Arbeiter als bloßes Rädchen im Getriebe: immerhin noch als einen, der nicht durch Roboter wegzurationalisieren ist. Schon damals beginnt der Diskurs über die Automation ein Eigenleben zu führen; daher ist stets zu fragen, wieweit er auf scharfer Beobachtung der sich wandelnden Wirklichkeit beruht.

Epochal wurde in den Jahren nach 1945 in den USA die Begründung der »Kybernetik« durch Norbert Wiener (1894–1964), der diesen Begriff in die Welt setzte. Sohn ostjüdischer Immigranten, der zeitweise in Göttingen gewirkt hatte, war er von Hause aus Philosoph und Mathematiker ohne technisches Know-how; und sein Entwurf einer selbstgesteuerten und grenzenlos expandierenden Technik, weit über bloße Rechenmaschinen hinaus, war in der Essenz Zukunftsphantasie, keine aktuelle Realität, auch wenn diese Kybernetik in einem spezifischen Sektor bereits praktische Bedeutung erlangt hatte: nämlich bei der Luftwaffe, wo Wiener die Installierung eines Regelkreises zwischen Flugzeug und Flugabwehr zum automatischen und zielsicheren Abfeuern von Flugabwehrgeschützen inspiriert hatte. Das war überhaupt ein Grundphänomen der entstehenden »Automation« – auch ein Neuwort jener Zeit –, dass sie sich am frühesten für militärische Zwecke perfektionieren ließ, wo es um Tötung von Menschen ging, nicht ganz so leicht zur Befriedigung menschlicher Bedürfnisse, die sich wandelten und mit wachsendem Wohlstand differenzierten.

Wieners programmatisches Buch über »Kybernetik und Gesellschaft« trug den propagandistischen Obertitel *The Human Use of Human Beings* (1950)[1]: Indem die Kybernetik dabei hilft, stumpfsinnig-repetitive »Sklavenarbeit« zu automatisieren, macht sie es möglich, die menschliche Arbeit ganz auf menschenwürdige Tätigkeiten zu beschränken. Aber war das logisch; lag es nicht im Wesen einer ambitiös verstandenen Kybernetik, auch intelligente Steuerungstätigkeiten zu automatisieren? Immer wieder betont Wiener, hierin ein Proto-Habermas: »Gesellschaft ist Kommunikation«; aber macht die Kybernetik, die im Sinne Wieners das menschliche Gehirn nachahmt, nicht die Mensch-zu-Mensch-Kommunikation obsolet? Wieners Vision einer von Kybernetik beherrschten Welt enthielt faszinierende, aber mehr noch erschreckende Seiten. Nicht nur wächst die Gefahr des Totalitarismus und eines neuen Weltkrieges, der ihm zufolge nur durch die Massenverwendung von Robotern gewonnen werden konnte[2]; er sagte ungeachtet kybernetischer Steuerungsmöglichkeiten »eine Arbeitslosigkeit voraus, mit der verglichen sogar die Depression der dreißiger Jahre als ein harmloser Spaß erscheinen wird« – so zitiert ihn sogar ein späterer Autor, der am liebsten in Automationseuphorie schwelgt![3] Erst der anhaltende Boom ließ derartige Zukunftsängste verblassen und führte dazu, dass der überwiegende Teil der Automationsprognosen ins Positive kippte.

Ein erstes deutsches Buch *Die Roboter sind unter uns* (1952), das sich im Untertitel als »Tatsachenbericht« ausgibt, aber fortwährend Fakten mit Prognosen vermischt und mit Überschriften wie »Die Roboter sind überall« blanken Unsinn suggeriert, mündet noch in tiefen Pessimismus. Ein Kapitel trägt die Überschrift: »Die Diktatur der Automaten«. Bereits für die nähere Zukunft seien »die Perspektiven, die sich aus den Möglichkeiten der elektronischen Maschinengehirne ergeben, erschreckend genug«. Es sei keine Entwicklung, die sich weitsichtig steuern ließe, sondern ein Prozess, dem man »beinahe hilflos ausgeliefert« sei. Dabei sei es »fast nebensächlich, ob ein globaler Krieg den Menschen die Demonstration der Macht der mechanischen Gehirne in einer brutalen Weise vor Augen führen wird oder ob eine friedliche Entwicklung die menschliche Ohnmacht vor dem dynamischen Prinzip der Technik zwar nicht so brutal, dafür aber um so deutlicher und gründlicher aufdecken wird«. »Die Technik hat so eine Offensive großen Stils gegen die menschliche Freiheit eröffnet.« Gerade die Ähnlichkeit der

»Elektronengehirne« mit dem menschlichen Gehirn macht sie vollends unheimlich: »Elektronen-Gehirne werden geisteskrank« lautet eine Überschrift.[4] Sie vermittelt immerhin eine Ahnung von neuen Dimensionen der Störanfälligkeit zukünftiger Technologien.

Da ist das zuerst 1949 erschienene, seit 1954 auch in deutscher Ausgabe vorliegende Buch des prominenten französischen Ökonomen Jean Fourastié (1907–1990) *Die große Hoffnung des zwanzigsten Jahrhunderts,* das für viele Zukunftsvisionäre zum Klassiker wurde, wie eine Stimme aus einer anderen Welt und auch ein Zeichen dafür, dass sich ein ungebrochener Glaube an den Fortschritt am besten dort erhält, wo sich der Fortschritt nicht gar zu überstürzt vollzieht. Fourastié war ein Protagonist der Pariser *planification*: kein Wunder, dass er in den Errungenschaften der Kybernetik vor allem die *Chancen* sah: die Verheißung einer unerwarteten neuen Zukunft. »Die sture Fließarbeit namenloser, zur stundenlangen Wiederholung immer gleicher Bewegungen verdammter Ungelernter schien eine Vorwegnahme der Zukunft zu sein. Diese Ansicht rechtfertigt sich beim Anblick der hässlichen, lärmerfüllten und staubigen Fabriken von 1920 und bei der Untersuchung der unpersönlichen, brutalen Methoden des Taylor-Systems; sie dürfte jedoch heute überholt sein.«[5]

Fourastié popularisierte die These von den drei Sektoren Rohstoffgewinnung, Rohstoffverarbeitung und Dienstleistung und erblickte den durch die Automation gesetzmäßig vorangetriebenen Fortschritt darin, dass die bislang zu beobachtende Verlagerung des ökonomischen Schwergewichts vom ersten auf den zweiten Sektor sich nunmehr in einer »Tertiarisierung«, einer Verlagerung auf den dritten Sektor, fortsetze. Wenn er diesen Prozess als höchst vielversprechend darstellt, erkennt man einen versteckten Elitarismus: die Zuversicht, dass die Automation nur solche Tätigkeiten betrifft, die für Intellektuelle ohnehin uninteressant sind. Zwar finden sich auch auf dem Dienstleistungssektor zahlreiche subalterne Jobs; aber diese sind weder für die Politik noch für die Prognosen der Gesellschaft ein großes Thema. Vor allem bietet die Tertiarisierungsthese in der Version Fourastiés ein schlagendes Argument, um viel mehr Geld für den Bildungssektor zu fordern. »Die Menschen müssen unbedingt intelligent werden und ihr Denken den wissenschaftlichen Methoden unterwerfen.«[6] Aber kann man sie nach Belieben intelligenter machen? In der frühen Bundesrepublik fand Fourastié vorerst kaum Beachtung.[7]

Ein Grundzug der Automations- und Kybernetik-Literatur, der sich noch in Zukunftsvisionen der 1950er Jahre fortsetzt, besteht darin, dass die menschliche Natur für weit manipulierbarer gehalten wurde, als dies dem heutigen Empfinden entspricht. Waren die einst für so redlich gehaltenen Deutschen in den NS-Verbrechen noch wiederzuerkennen? Und wirkten nicht die Russen in den Selbstinszenierungen des Sowjetregimes wie eine beliebig formbare Masse? Aber auch das sich in den USA in aufreizender Weise entwickelnde Marketing spekulierte auf den manipulierbaren Menschen. Gerade die automatisierte Industrie mit ihren hohen Fixkosten – der kritische Punkt der Automation! – war ja darauf angewiesen, sich eine stabile Nachfrage zu sichern.

Die neuesten angloamerikanischen Zukunftstrends wurden auch in der frühen Bundesrepublik prompt rezipiert. Wie Rüdiger Safranski über das damalige Westdeutschland bemerkt: »Bereits die 50er und frühen 60er Jahre haben einen Katastrophendiskurs ausgebildet, der vorerst noch friedlich koexistierte mit dem Aufbaueifer, dem Wohlstandsbehagen, dem Optimismus in kleinen Dingen und auf kurze Distanzen. Die Kulturkritik begleitete in düsterem Moll die muntere Geschäftigkeit der prosperierenden Bundesrepublik.«[8] Sie wurde eben nicht nur von Geistern wie Martin Heidegger und Friedrich Georg Jünger getragen, die mit ihren düsteren Technikprognosen zwar weite Beachtung fanden, wegen ihrer früheren Nähe zum Nationalsozialismus jedoch vielen Intellektuellen neuen Typs suspekt waren[9], sondern bekamen auch neue Impulse aus dem westlichen Ausland. Die nachkriegsdeutsche Geschichte technisch inspirierter Zukunftserwartungen, die von der Szenerie des Kalten Krieges nicht zu trennen ist, lässt sich nicht aus einem rein nationalen Horizont, sondern nur aus einem deutsch-amerikanischen Wechselspiel heraus verstehen. Dabei wird jedoch die vor allem seit der Jahrtausendwende stereotyp wiederholte These von der *German Angst*[10] nicht bestätigt: keine Rede davon, dass die Deutschen einen speziellen Hang zu futuristischen Horrorszenarien besessen hätten. Der Philosoph Günther Anders (1902–1992), der 1950 aus dem amerikanischen Exil nach Wien zurückkehrte, erhob im Blick auf die drohenden Gefahren die Angst zum moralischen Postulat, glaubte jedoch zu erkennen, ungeachtet all der Alarm-Publizistik werde die Angst nicht wirklich empfunden: »Angst ist heute zur Ware geworden, und über Angst spricht heute jedermann. Aber *aus* Angst sprechen nur sehr wenige.«[11] Und er charakterisierte die Gegenwart geradezu als »Zeitalter der Unfähigkeit zur Angst«.[12] Ein Hinweis darauf, dass die wirklichen Zukunftserwartungen vieler Menschen nicht einfach aus Trends der Publizistik deduziert werden können, sondern oft besser aus deren tatsächlichem Verhalten abzuleiten oder aus Untertönen zu entnehmen sind.

DIE USA ALS KONKRETE ZUKUNFT – ODER AUCH DIE SOWJETUNION? DEUT-
SCHE USA-EMIGRANTEN ALS VORDENKER. Günther Anders steht als Heimkeh-
rer aus den USA nicht allein: Bei der transatlantischen Vermittlung der Zukünfte kommt einer ganzen Reihe von USA-Emigranten aus dem deutschen
Kulturraum eine besondere Bedeutung zu; es ist eine spannungsvolle Geschichte eigener Art. Jene jungen Deutschen, die in den 1950er Jahren das
Privileg eines Gastaufenthalts in einem Elite-Milieu in den USA erlangten –
der 1931 geborene Historiker Hans-Ulrich Wehler hat aus den Fulbright-Sti-
pendiaten jener Zeit, zu denen er selber gehörte, geradezu eine Generation
sui generis gemacht –, tendierten generell dahin, die USA daheim als konkrete Utopie in einem durchaus positiven Sinne zu verkünden; Wehler hat
noch im Alter geschildert, wie tief dieser Glaube nach einem solchen frühen Erweckungserlebnis im Menschen eingewurzelt bleibt. Wen es dagegen
in den 1930er Jahren, in der Zeit der großen Arbeitslosigkeit, als Flüchtling in die »Neue Welt« verschlagen hat und wer sich dort irgendwie hatte durchschlagen müssen, verband mit den USA oft zwiespältigere Empfindungen[13], auch wenn die offizielle Dankbarkeit dem Gastland gegenüber
zum guten Ton gehörte. Nicht zuletzt die Frankfurter Schule wurde in ihrer
späteren bundesdeutschen Wirksamkeit wesentlich durch diese Exilerfah-
rung geprägt.

Robert Jungk (1913–1994), der 1933 nach Frankreich geflüchtet war, hatte
den Zweiten Weltkrieg in der Schweiz verbracht und war erst danach in die
USA gegangen; von dort aus begann er seine Karriere als populärster deutscher Zukunfts-Publizist, der noch im Jahr vor seinem Tod seinen Memoiren
den Untertitel gab: *Mein Leben für die Zukunft.*[14] Sein Stil war und blieb die
Reportage; und daher war es seine Sache, die entstehende Zukunft in der
Gegenwart aufzuspüren. Dem entspricht bereits der Titel seines ersten Bestsellers: *Die Zukunft hat schon begonnen* (1952). Einen scharfen Kontrast zu
den euphorischen Amerika-Utopisten jener Zeit signalisiert der Untertitel:
Amerikas Allmacht und Ohnmacht. Das Buch ist in der Essenz eine Reportage über Los Alamos und andere Stätten der amerikanischen Militär- und
insbesondere Atomforschung, aus späterer Perspektive besonders hellsichtig durch die Seitenblicke auf Tierfabriken und industrialisierte Landwirtschaft.[15]

Die Darstellung schlägt von Anfang an der gängigen Amerika-Schwär-
merei ins Gesicht; das Buch markiert geradezu den Punkt, wo Motive des
alten kulturpessimistischen deutschen Amerika-Schauders – in klassischer
Form in Ferdinand Kürnbergers Roman von 1855 *Der Amerikamüde*, der

wohl selbst Max Weber beeinflusste[16] – mit modernstem Insiderwissen aktualisiert werden: »Es bricht jetzt durch die Fassade der ›neuen Welt‹ etwas anderes durch, das ich als die ›neueste Welt‹ bezeichnen möchte: ein Amerika, das mit den Leitsätzen seiner bisherigen Geschichte nicht mehr im Einklang steht und immer deutlicher Züge totalitärer Art aufweist.« Die totalitäre Gefahr droht nicht nur vom Osten, sondern auch vom Westen! In den Supermärkten habe man anschaulich vor Augen, wie das amerikanische Leben in die »Uniform der Standardisierung« gepresst werde; erschreckender noch in den »großen Rüstungsfabriken mit ihren nagelneuen Massensiedlungen«, in denen die Freiheitsrechte »weitgehend aufgehoben« seien und mit diversen Formen von Gleichschaltung experimentiert werde.[17]

Aber seltsam: Gegen Schluss des Buches, in dem Kapitel »Das Elektronenorakel«, auf einmal ein verwirrender Wandel der Szenerie: Da besichtigt der Autor in Washington eine Baracke, in der die neuesten »Elektronengehirne« untergebracht sind. Und da erfährt er so nebenbei, dass diesem Computer das Verdienst zukomme, dass Präsident Truman am 11. April 1951 den Oberbefehlshaber im Koreakrieg, den überaus populären General Douglas MacArthur, brüsk entlassen hatte, als dieser einen Atomschlag gegen China plante.[18] Und Jungk nimmt diese Story, so unglaublich sie auch ihm zuerst klang, nach einigem Sich-Umhören sogar für bare Münze: als ob es dem Computer in der Baracke zu verdanken sei, dass der Welt damals ein nuklearer dritter Weltkrieg erspart blieb! Das ist der Knalleffekt am Ende von *Die Zukunft hat schon begonnen*, wo die längste Zeit vorwiegend trübe Ahnungen über die von Automaten regierte Zukunft aufkamen. Jungk, dessen Markenzeichen fortan die Zukunft wurde und der später »Zukunftswerkstätten« gründete – in denen freilich fast nur recht allgemein geredet wurde –, braucht am Ende eben doch zumindest die Ahnung einer machbaren Zukunft, die Hoffnungen weckt! In geradezu dramatischer Weise hat Jungk in seinem weiteren Wirken den Zickzack der Zukünfte, die Dialektik zwischen Furcht und Hoffnung verkörpert. Was Truman anbelangt, so resultierte sein damals höchst unpopulärer Entschluss wohl, wie nicht anders zu erwarten, nicht so sehr aus Kalkulationen über die ökonomischen Auswirkungen eines großen Krieges wie vielmehr aus globalstrategischen Überlegungen zu einer Zeit, als die Sowjetunion der Hauptgegner war: Da war ein Vernichtungsschlag gegen China der falsche Krieg.[19]

Man erkennt in Umrissen einen Zukunftsdiskurs, wenn man zwei wenige Jahre darauf erschienene, zueinander konträre Bücher zweier USA-Emigranten Revue passieren lässt: *Die nächsten zwanzig Jahre* (1955) des 1909 in

Wien geborenen Peter F. Drucker und *Automation* (1956) des 1894 als Sohn eines Freiburger Fabrikanten geborenen Friedrich Pollock; beide emigrierten bereits 1933, gehörten also damals zu jenen, die – beide jüdischer Herkunft – früher als viele andere die Zeichen der Zeit erkannten. Drucker debütierte 1939 in den USA mit *The End of Economic Man*, einer »Studie über den neuen Totalitarismus«, die die erstaunliche Behauptung enthielt, »von allen Klassen« habe *big business* »wahrscheinlich am meisten an wirtschaftlichem Totalitarismus und Wehrwirtschaft« zu leiden.[20] Trotzdem machte er in der Folge jedoch in den USA eine derart rasante Karriere als Wirtschaftspublizist und Berater großer Konzerne, dass er laut Wikipedia in mehreren Rankings zum »einflussreichsten Managementdenker aller Zeiten« gewählt wurde – nichts vom *end of the economic man*! – und laut *Spiegel*-Nachruf auf den mit 95 Jahren Verstorbenen zum »Nestor aller Unternehmenslenker« avancierte[21], während andere ihn schon früh als Vordenker des amerikanischen Neokonservatismus würdigten und ein britischer Rezensent seine Management-Lehre als »Theologie von General Motors« bezeichnete.[22]

Der deutschen Fassung seines Buches schickt er eine Einleitung voran: »Europa von Amerika aus gesehen«, und gleich der erste Satz beginnt mit dem Bekenntnis: »Dies ist das Buch eines Amerikaners«, während sein Buch von 1939 auf David E. Lilienthal, den Chef der Tennessee Valley Authority (TVA) und berühmtesten Planer des New Deal, noch allzu europäisch gewirkt hatte.[23] Später verkörperte er den Typus des amerikanischen Erfolgsmanns. Sein Buch von 1955 ist geradezu eine Propagandaschrift für die Automation; es beginnt mit einem Kapitel »Die Arbeitskräfte werden knapp«, und dann folgt die rettende Botschaft: »Die Verheißung der Automation«.[24] Aus der Rückschau nach sechzig Jahren wirkt es kurios, dass er von der Automation mit Selbstverständlichkeit wie von einem eindeutigen und einheitlichen Prozess spricht, über den sich definitive Aussagen machen lassen.

Obwohl er in Wahrheit über die Zukunft spekuliert, schreibt er so, als handele er von der Gegenwart, und zwar von einer übermächtigen: »Die Revolution der Automation ist da und schreitet mit Riesenschritten voran.« Aber dann beschwichtigend: Sie werde dennoch »wahrscheinlich undramatisch verlaufen«.[25] Erfolgreiche Automation ist ein totaler Prozess; »automatische Fabriken in einen Betrieb einzubauen, der nicht vorher in anderer Hinsicht automatisiert ist, kann den Bankrott bedeuten.«[26] Realistisch erkennt er das Problem: Die Automation erhöht sprunghaft die Fixkosten; dadurch macht sie den Betrieb gegenüber Schwankungen des Marktes inflexibel[27]: Wir befinden uns noch lange vor der Ära der Mikroelektronik; damals wurden die »Elektronengehirne« immer größer und teurer. Aber umso nötiger braucht man eben einen Marketing-Virtuosen wie Drucker, der alle Tricks kennt, um sich die benötigte Nachfrage zu schaffen und noch mehr dazu.

Nun wäre allerdings auch eine ganz andere Logik möglich, und auch sie lag damals international in der Luft: Je mehr die Automation zu immer gewaltigeren Automatismen voranschreitet, desto mehr fördert und erfordert sie staatliche Planwirtschaft. Diese Folgerung war für Drucker tabu; stattdessen wollte er die Unternehmen zu stärkerer Planung anhalten und von einer ausschließlich kurzfristigen Profitorientierung abbringen. Und doch steht gegen Schluss unter der Kapitelüberschrift »Amerika wird ein Habenichts« die aus heutiger Sicht höchst verblüffende Warnung: »Die Länder des Sowjetblocks drohen durch eine rasche Wendung in der Strategie des kalten Krieges den Amerikanern überall in der Welt die wirtschaftliche Initiative zu entreißen und ihnen die sterile Rolle des Nachahmers und Verteidigers zu überlassen.«[28] So konnte es damals selbst ein bestinformierter Hyper-Neuamerikaner sehen, der für den Sowjetkommunismus nicht die geringsten Sympathien hegte – aber von dort desto eher eine Gefahr witterte!

Die im Jahr darauf veröffentlichte *Automation* seines Mitemigranten Pollock ist über längere Strecken ein Anti-Drucker-Buch.[29] »Fred« Pollock war seit jungen Jahren »der treueste Lebensgefährte«, mitunter »Nothelfer« Max Horkheimers (Günter C. Behrmann).[30] Es war nicht zuletzt sein Verdienst, der in die Höhen der Theorie abhebenden Frankfurter Schule den nötigen Bodenkontakt zu vermitteln; im New Yorker Exil war er der geschäftsführende Leiter von Horkheimers Institute for Social Research gewesen. Auch sein Buch zur Automation zeugt bei allem Bestreben, den Anschluss an die Gesellschaftstheorie zu halten, von einem Sinn für die konkrete Wirklichkeit. Er erkennt, dass diese gerade in Sachen Automation fortwährend im Fluss ist. Bereits um 1954 hatte es in den USA zu diesem Thema einen regelrechten publizistischen Boom gegeben; da entstand eine Konvergenz mit der Atomeuphorie, die damals – nach Eisenhowers Verheißung »Atoms for Peace« vor der UN-Vollversammlung am 8. Dezember 1953[31] – ebenfalls einem ersten Höhepunkt zustrebte: Das Paar »Atom und Automation« wurde in der damaligen Öffentlichkeit oft wie eine Einheit wahrgenommen. Im Zusammenhang mit der Genfer Atomkonferenz vom August 1955 wurde eine zehnbändige deutsch-französische *Enzyklopädie des technischen Jahrhunderts* mit dem Titel *Epoche Atom und Automation* konzipiert. Allein von den Fakten der Wirtschafts- und Technikgeschichte her ist schwer zu erklären, dass nicht nur das Atom, sondern auch die Automation »plötzlich in aller Munde«[32] war. Der Laie mochte glauben, dieser publizistische Boom handele von einer aktuellen Realität; in Wahrheit schwelgte er zu einem Gutteil in Zukunftsprojektionen; und diese waren luftig. Schon im Jahr darauf geriet aus Pollocks Sicht wieder alles ins Fließen; der zweite, längere Teil seines Buches ist ein »Bericht über die Entwicklung der Automation im Jahre 1955«. Am 27. Juli 1955 brachte *Der Spiegel* erstmals eine einschlägige Titelgeschichte: »Künstliche Welten: Die Revolution der Roboter«. Unter Berufung auf eine Studie der Universität Chicago glaubte das Magazin, weite Teile der Industrie, selbst Bäckereien und Brauereien seien bereits reif für die Automation.[33]

Dessen war sich Pollock, der die USA über Jahrzehnte aus der Nähe kannte, gar nicht sicher. Ebenso wie Drucker schöpft er ganz und gar aus US-amerikanischen Erfahrungen, obwohl er schon seit 1950 wieder in Frankfurt ist; bei beiden Büchern könnte man schier vergessen, dass Automation auch ein Thema der damaligen *deutschen* Realität ist – beide Autoren sind sich offenbar sicher, dass die USA für Europa die Zukunft verkörpern. Der Unterschied zwischen Realität und Prognose bleibt bei Pollock und Drucker wie auch sonst in diesem Literaturgenre oft in der Schwebe. Gleichwohl arbeitet Pollock immer wieder heraus, dass es überhaupt noch nicht klar ist, was »Automation« konkret bedeutet, auch wenn aus heutiger Rückschau selbst er viel zu sehr glaubt, die Automation bereits zu überschauen. Anders als Drucker schreibt er nicht mit dem auftrumpfenden Unterton eines Wortführers der Arbeitgeber, die mit Automationsaussichten die Gewerkschaften einzuschüchtern suchen, sondern als kritischer Sozialwissenschaftler, der den besorgniserregenden Perspektiven besondere Aufmerksamkeit widmet und – wenn auch verhalten – nach politischem Handlungsdruck sucht. Da zitiert er Norbert Wiener, der in einer Anwandlung von tiefem Pessimismus prophezeit: »Die erste Revolution, die Revolution der ›dark satanic mills‹, war die Entwertung des menschlichen Arms durch die Konkurrenz der Maschine ... Die moderne industrielle Revolution wird mit Notwendigkeiten in ähnlicher Weise das menschliche Gehirn entwerten, zumindest in seinen einfacheren und routinemäßigen Funktionen.«[34]

Nun, jeder Kenner der Industriegeschichte weiß, dass ein solch schematisches Geschichtsbild viel zu einfach ist und die Dampfmaschine mitnichten den menschlichen Arm entwertet hat; und auch Pollock, der das Wiener-Zitat erst einmal unkommentiert stehen lässt, gibt in der Folge zu erkennen, dass die Automationsaussichten für ihn höchst ambivalent sind. In seinem abschließenden Ausblick »Automation – Segen oder Fluch?« – später pflegte man stattdessen »Risiko und Chance« zu sagen – referiert er noch einmal trübe Prognosen Wieners, die noch unter dem frischen Eindruck von Weltwirtschaftskrise, Faschismus und Krieg standen: »Er sah am Horizont eine Zukunft aufsteigen, in der Massenarbeitslosigkeit herrschen würde, in der viele qualifizierte Berufe ausgestorben sein würden und in der die neuen Methoden im Dienste der Tyrannei stehen könnten.« Aber in einer Fußnote setzt er hinzu, dass Wiener mittlerweile nicht mehr »so durch und durch pessimistisch« sei wie früher.[35]

SCHWANKENDE ZUKÜNFTE FÜR DIE GEWERKSCHAFTEN. Auch Drucker beruft sich auf Wiener, der neuerdings prophezeit, die Automation werde zur »menschlichen Verwendung menschlicher Wesen« führen.[36] Jetzt ist man ja mitten in den 1950er Jahren, auf dem Höhepunkt eines anhaltenden internationalen wirtschaftlichen Booms; nicht Arbeitslosigkeit ist das Problem, vielmehr werden Arbeitskräfte gesucht, auch qualifizierte; die düstere Zukunft der Kriegs- und frühen Nachkriegsjahre hat etwas seltsam Unwirkliches bekommen. Pollocks Schlusskapitel »Die Gewerkschaften und die Automation« ist für einen Autor, der eigentlich nach argumentativer Munition für die Linke sucht, auffallend kurz und zurückhaltend[37] – zumindest aus der Retrospektive von 1968 und danach, als man aus der Frankfurter Schule revolutionären Elan zu beziehen suchte.

Wie Norbert Wiener in seinen Memoiren berichtet, wollten britische Gewerkschaftsleute, zu denen er um 1945 Kontakt aufnahm, damals von dem Zukunftsthema »automatische Fabrik« gar nichts wissen; das hatte sich ein Jahrzehnt darauf radikal gewandelt.[38] Dabei besaß die Automation gerade aus gewerkschaftlicher Sicht eine dramatische Ambivalenz, und diese bestimmt die gewerkschaftsnahe Publizistik bis heute, je nach Wirtschaftskonjunktur mit moderatem oder aufgeregtem Grundton: Die Automation bot zumindest theoretisch historisch einmalige Chancen auf Arbeitszeitverkürzung und zugleich Lohnerhöhung, aber zugleich enthielt die Aussicht auf *Fabriken ohne Menschen* – so der Titel eines wirtschaftsnaher Buches von 1957[39] – eine ebenfalls historisch einmalige Gefahr, dass Arbeiter kaum mehr gebraucht und die Gewerkschaften durch Massenarbeitslosigkeit mattgesetzt würden. Pollock zitiert aus der Zeitschrift *Control Engineering* von 1954: »Automatische Steuerungsgeräte (controls) waren die Helden des jüngsten Streikes in den Atomwerken von Paducah und Oak Ridge. Als das Bedienungs- und Instandhaltungspersonal auf drei Tage in den Streik getreten war, konnte eine Handvoll von Überwachungsangestellten (supervisory workers) die Produktion von Uranium-235 in vollem Umfang weiterführen.«[40] Aus gewerkschaftlicher Sicht eine fragwürdige Heldentat, noch dazu in einer Fabrik zur Produktion von waffenfähigem Spaltstoff!

Aber weiter: Automatisierungsprozesse boten – wie auch Pollock hervorhebt[41] – die Aussicht, dass stumpfsinnige repetitive Fließbandverrichtungen zugunsten intelligenter, gutbezahlter Steuerungsjobs eliminiert würden; die totale Kybernetik lief jedoch darauf hinaus, gerade auch derartige Steuerungsvorgänge zu automatisieren. Bei Peter Drucker gehört die Zukunft den Ingenieuren und den Managern[42]: den am besten von ihm selbst geschulten Experten. Aber die industrielle Realität sieht von Betrieb zu Betrieb und von Branche zu Branche unterschiedlich aus, und sie wandelt sich nicht selten in unerwarteter Weise: Darin besteht das Grunddilemma all jener Automatisierungsliteratur, die zu Pauschalurteilen hinstrebt.

Bereits Wiener wies darauf hin, dass schon rein technisch betrachtet »selbst die automatische Fabrik stets eine beträchtliche Gruppe von Entstörungsfachleuten« benötige.[43] Und abgesehen davon ist die Frage ja nicht nur die, welche Automatisierung technisch möglich ist, sondern mehr noch die, welche sich ökonomisch rentiert; und das entzog sich dem Blick der Nur-Technologen, ja war oft erst durch praktische Erfahrung zu ermitteln. So musste man in der deutschen Möbelbranche lernen, dass sich selbst das Glattschleifen von Möbelteilen, das jeder Mensch in kurzer Zeit erlernt, Robotern »nicht mit einem vernünftigen Aufwand« beibringen lässt, mag hier auch eine Automatisierung technisch durchaus möglich sein.[44] Da erlebt man selbst heute Überraschungen; schon gar in den 1950er Jahren war noch gar nicht zu übersehen, wo und in welchem Maße sich eine Automatisierung lohnt. Der Roboter entstammt in Reinkultur nicht der Welt der industriellen Technik, sondern der der Spielereien und der Science-Fiction; ein britisches Buch von 1983, das im Jahr darauf unter dem Titel *Die Roboter kommen* auf Deutsch erschien und diese phantastischen Ursprünge augenzwinkernd Revue passieren lässt, weist darauf hin, dass der Roboter erst Ende der 1960er Jahre begann, Realität zu werden.[45] Damals hatte das Thema »Roboter« als Tummelfeld von Science-Fiction-Phantasten etwas Unseriöses bekommen.

1951 gab es auf einer ersten Elektronik-Messe in Westberlin ein Happening, das für die Medien ein gefundenes Fressen war: Ludwig Erhard trat zum Brettspiel gegen einen britischen Spielcomputer an und verlor gleich dreimal hintereinander![46] Signal für den Anbruch einer neuen Ära? Manchen mochte es damals so erscheinen; für andere bekräftigte es die alte Assoziation von Automat und Spielerei. Heute klingt es unglaublich: 1943 zeigte sich ausgerechnet der Vorstandsvorsitzende von IBM davon überzeugt, der

*Bundeswirtschaftsminister Ludwig Erhard 1951 beim Brettspiel gegen einen Spiel-
computer; hinter ihm Adenauer, der ihn amüsiert beobachtet, während die anderen
wie gebannt auf den Computer starren. Dass eine Maschine den »Vater des Wirtschaftswunders« schlagen konnte, weckte Erwartungen auf eine bevorstehende Ersetzung von Menschen durch Automaten, die beim damaligen Stand der Computertechnik weit übertrieben waren.*

Weltmarkt werde lediglich Raum für fünf Computer bieten![47] Das volle Ausmaß der Unübersehbarkeit der automatisierten Zukunft war den einschlägigen Autoren der ersten Nachkriegsjahrzehnte nicht bewusst; sonst hätten
sie über Automation wohl keine Bücher geschrieben. Aber auch Pollock gelangt sehr im Unterschied zu Drucker zu dem realistischen Resümee, »dass
die bisherigen Erfahrungen nicht erlauben, eine Bilanz über die qualitativen
Auswirkungen der Automation auf die Gesamtheit der Arbeitsplätze zu ziehen oder auch nur ein Urteil darüber abzugeben, ob die Arbeiter und Ange-
stellten, die in eine der neu geschaffenen Tätigkeiten avancieren, in der Regel
ein positives Verhältnis dazu gewinnen«.[48] Aber dann gelangt er eben doch
zu einem Urteil über das von der Automation zu erwartende Gesamtsystem,
wenn auch am Schluss im Potentialis:

»Wie spärlich auch die Nachrichten über die personellen Auswirkungen der automatischen Produktionsweise sein mögen, die uns zu Gesicht gekommen sind, so fügen sie sich doch widerspruchslos in das skizzierte Bild einer Automation-Hierarchie, die von der Spitze bis zu ihren letzten Unteroffizieren von dem Bewusstsein durchdrungen ist, eine Elite darzustellen, und unter deren Mitgliedern ein erheblicher Teil mehr Affinität zu einer totalitären als zu einer demokratischen Ordnung haben mag.«[49]

Da bleibt die Automation letztlich eben doch durch ihren militärischen Ursprung geprägt. Diesen hierarchischen, ja totalitären Grundzug erkennt man zwischen den Zeilen auch bei Drucker. Und genau dies war gerade in der Zeit des Kalten Krieges der heikelste Punkt: die verdächtige Affinität der bis zur letzten Konsequenz getriebenen Automation zu totalitären Systemen. Wie Pollock berichtet, ergab 1955 eine Umfrage in der rationalisierungserfahrenen Ford-Stadt Detroit, dass »in der Reihe der am meisten gefürchteten Gefahren Automation an der zweiten Stelle stand, unmittelbar hinter der Furcht vor Sowjetrussland«.[50] Mehr noch: In damaligen Zukunftssorgen konnten die Angstszenarien »Die Russen kommen« und »Die Roboter kommen« miteinander verschmelzen. Pollock verweist, wenn auch mit Vorsicht, auf die »bedeutsame Rolle, welche die automatische Produktionsweise neuerdings in Sowjetrussland zu spielen scheint«, wo gerade die Bildung eines neuen Ministeriums für Automatisierung verkündet wurde[51]; und kommentarlos stellt er einen Bericht über einen Vortrag des »Stalin-Preisträgers A. E. Prokopowitsch« über den in der Sowjetunion errichteten »ersten vollautomatischen Betrieb der ganzen Welt« in den Anhang.[52]

Da wird es delikat. Auch ohne einen direkten Angriff auf das Privatunternehmertum zu führen, gibt Pollock doch zu erkennen, dass dieses aller Voraussicht nach den durch die Automation hervorgerufenen Problemen der Zukunft nicht gewachsen ist. Es ist irreführend, das Sowjetsystem als negativen Kontrast zum Westen aufzubauen. Und noch eine weitere Warnung an die herrschenden Wirtschaftsmächte mag man zwischen den Zeilen erkennen: Eine durch Automation ausgelöste Massenarbeitslosigkeit treibt die verzweifelten Menschen dem Kommunismus in die Arme. Was seit der Wendezeit um 1990 nahezu in Vergessenheit geraten ist: Diese Angst war in der Zeit des Kalten Krieges präsent. Und ebendaraus ergab sich für die Linke eine große Hoffnung: Die etablierten Mächte würden eine derartige Eskalation auf keinen Fall riskieren; sie würden vielmehr zur Selbsterhaltung die Chancen wahrnehmen, die die Automation für Arbeitszeitverkürzung, Humanisierung der Arbeit und Lohnerhöhungen bietet.

Pollock gehörte zu jenen, die davon ausgingen, dass der Kapitalismus aus der Weltwirtschaftskrise gelernt habe und sich nicht mehr rettungslos der Anarchie des Marktes ausliefere, sondern wenn es drauf ankomme, mit dem Staat zu kooperativ vorausschauender Planung fähig sei. Das Gleiche besagte in zugespitzter Form die Theorie des Staatsmonopolistischen Kapitalismus (Stamokap), die in den 1960er Jahren bei Marxisten in Ost und West in Mode kam, zum Teil mit Systemzwängen der Automation argumentierte[33] und erklären sollte, wieso die finale Krise des Kapitalismus so lange ausblieb. Diese Theorie besaß ein Doppelgesicht: Sie präsentierte einen neuen, zu kluger Selbststeuerung fähigen Kapitalismus, aber mehr denn je auch einen kompakten, aus Wirtschaft und Staat zusammengeballten Gegner, so wie ihn die Rebellen von 1968 wahrnahmen.

DAS KIPPEN DER AUTOMATISIERTEN ZUKUNFT BEI HANS MATTHÖFER. Zu den Nachwuchsleuten, die Pollock um 1955 in Frankfurt um sich sammelte, gehörte auch Hans Matthöfer (1925–2009), damals aufsteigender Stern im »Braintrust« des charismatischen IG-Metall-Chefs Otto Brenner[54], der dann in den 1970er Jahren als Bundesforschungsminister vor allem durch sein Programm zur Humanisierung der Arbeit (HdA) Popularität und politisches Profil erlangte und eine Zeitlang als »Zukunftsminister« galt.[55] Damals, um 1955, profilierte er sich ganz auf der Linie seines Mentors Pollock als Automationsexperte der IG Metall, ja wurde nach der Aussage seines Biographen Werner Abelshauser geradezu zum »Automationsfreak«. Zugleich verstand er sich als Revolutionär, der in der IG Metall Revolutionäre heranbildete; gegen Ende seines Lebens bekannte er seinem Biographen, der größte Irrtum seines Lebens sei der Glaube gewesen, die Automation werde die soziale Revolution bringen.[56]

Aber merkwürdig: Während andere sich zu jener Zeit gerade unter Berufung auf Erfahrungen in den USA als Protagonisten der Automation profilierten, wirkten auf Matthöfer, dessen scharfer Blick nicht durch Theoriekonstrukte getrübt wurde, gerade amerikanische Eindrücke tief ernüchternd; diese Ernüchterung äußerte sich 1956 sogar in einer »ernsthaften psychosomatischen Erkrankung«.[57] Für einen damaligen deutschen Gewerkschaftler überquerte er relativ oft den Atlantik; aber je mehr er ein differenziertes Bild von der Arbeitswelt in den USA gewann, desto mehr gelangte er zu der Überzeugung, es gebe keine zwingende ökonomische Logik, die zu einer immer weiter fortschreitenden Automation führe, und ebenso sei es fraglich, ob man in den USA, und zwar in den am höchsten automatisierten Werken, die deutsche Zukunft vor sich habe und die Erfolgsbedingungen vieler deutscher

Unternehmen nicht gerade in den von der fordistischen Massenproduktion gelassenen großen Lücken lägen, die sich als automatisierungsresistent erwiesen.[58] Schon Ende der 1950er Jahre wurden ihm die Automationsveranstaltungen zuwider, obwohl diese gerade jetzt in der IG Metall mehr denn je in Mode kamen. Seine auffallend frühe Abkehr von dem Thema nahm eine sich um 1970 generell verbreitende Ermüdung am Automationspalaver vorweg.

In der sozialdemokratischen Tradition war beides angelegt und stand in Spannung zueinander: der typischerweise mit futuristischen technischen Phantasien verknüpfte Glaube an den »Neuen Menschen« der Zukunft, aber auch die Überzeugung, dass gerade das unveränderliche Element in der menschlichen Natur zu gesellschaftlichen Reformen herausfordere. August Bebel hatte einst in seinem Bestseller *Die Frau und der Sozialismus* »märchenhafte Aussichten«, die der französische Chemiker Marcelin Berthelot 1894 auf einem Bankett des Syndikats der Chemikalienfabrikanten verkündet hatte, für bare Münze genommen: In einer besseren Zukunft würden die Nahrungsmittel auf chemischem Wege erzeugt werden. »Was die *Pflanzen* bisher taten, werde die *Industrie* tun, und *vollkommener* als die Natur. Es werde die Zeit kommen, wo jedermann eine Dose mit Chemikalien in der Tasche trage, aus der er sein Nahrungsbedürfnis … befriedige«, unabhängig von allen Wechselfällen der Natur. Dann würden womöglich »die Wüsten der Lieblingsaufenthalt der Menschen«, wo es gesünder sei als auf den »sumpfigen angefaulten Ebenen, wo jetzt der Ackerbau betrieben werde«.[59]

In einem Sammelband von 1910 jedoch über *Die Welt in hundert Jahren*, wo eine Autorin von der erlösenden Revolution der Liebe durch die Röntgentechnik schwärmte (»Man wird die Radioaktivität der Seele und ihre Wechselwirkung aufeinander sehen und messen können«), lieferte Eduard Bernstein, das Oberhaupt des revisionistischen Flügels der SPD und ein Kritiker nicht nur der politischen, sondern auch der technologischen Utopie, nahezu den einzigen noch heute vernünftig erscheinenden Beitrag: Wohl werde der Mensch durch seine Begabungen »anpassungsfähiger, als es selbst die anpassungsfähigsten Tiere sind, aber sie können seinen Organismus nicht grundsätzlich verändern. Dies pflegen aber unsere von der Technologie ausgehenden Zukunftsschilderer bei ihren Spekulationen leicht zu übersehen.« Und dann mit einem versteckten Seitenhieb auf den damals noch lebenden Bebel: »Es klingt z.B. wunderschön, was sie uns von dem Reichtum an Nahrungsmitteln erzählen, mit denen die Chemie uns einst beschenken werde. Aber der menschliche Körper ist keine Retorte, bei der es nur darauf ankommt, dass man ihr eine Anzahl chemischer Grundstoffe in einem gewissen Mengenverhältnis zuführt, um ein bestimmtes Resultat zu erzielen.« Abschließend ein Memento, das man auch als Motto über den von der Kybernetik inspirierten Futurismus der Nachkriegsdekaden setzen möchte: »Unsere technologischen Zukunftskünder verstehen sich vortrefflich auf die Mathematik, mit der *Ökonomie* dagegen pflegen sie sich nicht gern abzugeben. Sie interessieren sich für alle möglichen Punkte, nur den *Kostenpunkt* behandeln sie gern *en bagatelle.*«[60]

Wenn man auf die auftrumpfende, abwechselnd lockende und drohende Großspurigkeit damaliger Populärliteratur zur Automation zurückblickt, deren Verfasser ihre Informationen in der Regel doch nur aus zweiter oder dritter Hand hatten, kann man nachvollziehen, dass einen sensiblen Geist wie Matthöfer dabei über kurz oder lang ein intellektueller Brechreiz überkam. Man lese in dem Buch *Fabriken ohne Menschen – Unsere Zukunft im Zeichen der Automation* (1957) eines heute obskuren Louis Emrich, der – obwohl er im Juli 1939 den raschen Zusammenbruch des »Dritten Reiches« prophezeit hatte – 1945 von einem Verehrer als »Prophet unseres Jahrhunderts« und »Reinkarnation von Nostradamus« gefeiert worden war[61] und in seinem Buch *Der Dritte Weltkrieg* von 1948 den Untergang der Menschheit vorhergesagt hatte:

> »Im Zeitalter der Automation tritt eine völlig andere Welt in die Schranken und verschafft sich Geltung. Sie wird in den entscheidenden Fragen grundverschieden sein von der von gestern und heute. Wer in diesen Jahren eines neuen großen Stirb und Werde den Anschluss an die neue Zeit verpasst, wird kaum zu den Gewinnenden der Ära der Automation zählen. … Wer das Wagnis unternimmt, sich ihr entgegenzustemmen, wird zur Seite geschoben; wer dem Rad der Entwicklung in die Speichen greift, wird zu Boden gerissen und überfahren. Die Automation ist eine Macht, die an Energie, Größe und Vorwärtsstürmen nicht ihresgleichen hat. Sie greift auf allerbreitester Basis weit in die Zukunft vor. Sie ist selbst Zukunft!«[62]

Ist das nur Schaumschlägerei eines notorisch publicitygeilen Möchtegernpropheten, der im Futurismusboom der 1960er Jahre sich mit Trompetenstößen geradezu überschlägt (»Wissen ist Macht, Wissen um die Zukunft ist Supermacht!«)?[63] Aber selbst Leo Brandt, der technologiepolitische Vordenker der SPD, glaubte damals warnen zu müssen: »Die drückende Sorge für Deutschland ist, dass infolge mangelnder Einsicht verantwortlicher Wirtschaftspolitiker bei uns zu wenig und zu spät automatisiert wird …«[64] Umso mehr weiß man nicht nur bei Matthöfer, sondern auch bei vielen bundesdeutschen Unternehmern jener Zeit zu schätzen, dass sie ihren kühlen Kopf behielten und sich durch die Alarmmache nicht bluffen ließen – schon gar mit Blick darauf, dass sich in der damaligen Publizistik die Herausforderung durch die Roboter mit der durch die Russen verband.

RUSSEN UND ROBOTER; DER SPUTNIK ALS VERMEINTLICHER ZUKUNFTSSTART. »Die Russen kommen«: Diese Angst saß bei vielen Deutschen in den ersten Nachkriegsdekaden tief. Aus den frühen 1950er Jahren wird berichtet, dass es gängig war, bei Neubauten zu fragen, wo der »Hohlraum« sei, in dem man seine Wertsachen verstecken könne, »wenn der Iwan kommt«.[65] 1969 dagegen erschien ein öffentlichkeitswirksames Buch, auf dessen Cover sechsmal hintereinander *Die Russen kommen* flimmerte, darunter jedoch mit einem roten und dick unterstrichenen *nicht*; es war von Anfang bis Ende eine vernichtende Attacke auf die Bonner Rüstungspolitik, der laut Klappentext »geradezu groteske Fehlleistungen und fast kriminelle Fahrlässigkeiten« vorgeworfen wurden. Der Verfasser war Helmut Wolfgang Kahn (1922–2005). Jüdischer Herkunft, war er 1939 mit einem Kindertransport nach England gerettet worden; als er in den frühen 1950er Jahren nach Deutschland zurückkehrte, begann er in der Presseabteilung der Bonner US-Botschaft. Die Botschaft des Buches lautet: Wenn die Sowjets wirklich gewollt hätten, wären sie längst nach Westen marschiert; die bloße Tatsache, dass sie dies nicht getan haben, beweist ihren Friedenswillen.[66]

In der Konsequenz dieser These brauchte man eigentlich gar keine Bundeswehr; aber Kahns wichtigster deutscher Gewährsmann ist laut Vorbemerkung ein alter Haudegen, Bogislaw von Bonin, Oberst im Generalstab a. D.; und im Einklang mit ihm plädiert er für eine Berufsarmee[67]: Die allgemeine Wehrpflicht habe unter den modernen, erst recht den deutschen Bedingungen ihren Sinn verloren. Allerdings – »Die Russen kommen nicht« war eine Weisheit aus der Retrospektive, aus jenem Stimmungswandel, der damals zur »neuen Ostpolitik« führte. Bis Mitte der 1960er Jahre hatte auch Kahn zu den Kalten Kriegern gehört, ebenso wie einst Bonins entschiedenes Plädoyer für eine hochprofessionelle Freiwilligen-Wehrmacht, das 1955 seine Militärkarriere beendet hatte, seiner damaligen Sorge entsprang, dass ein sowjetischer Angriff tatsächlich kommen könne. Bonin damals: »Die Wiederaufrüstung darf … nicht unter dem Vorzeichen einer Resignation gegenüber der zahlenmäßig hohen Überlegenheit der Roten Armee stehen. Wir sehen den Sinn jener Wiederbewaffnung darin, die Heimat im Ernstfalle unmittelbar an der Grenze zu verteidigen … Nur dann kann den deutschen Truppen die für jeden Soldaten selbstverständliche Aufgabe, Haus und Hof vor dem Feinde zu schützen, gestellt werden.«[68] Gerade ein gestandener

Soldat wie er hatte Grund zu dem Verdacht, dass die Bundesregierung mit ihrem Verlass auf amerikanische Atomwaffen und der dann folgenden atomaren Bewaffnung der Bundeswehr gar kein klares Kriegsszenario vor Augen hatte, sondern nur einen Grund suchte, um den Aufbau einer exzellent professionellen Bundeswehr zu vernachlässigen.

Einiges deutet darauf hin, dass sich die militärpolitischen Kontroversen nur aus einem solchen Durcheinander der Zukünfte erklären und es darauf ankommt, auch unausgesprochene Erwartungen zu entdecken. So paradox es klingt: Gegen Ende von Kahns Buch könnte man vor dem Ostblock tatsächlich Angst bekommen; da heißt es in gesperrtem Druck: »Für weniger Geld produziert der Osten mindestens genauso viel, wahrscheinlich aber beträchtlich mehr Waffen als der Westen.«[69] Woher will Kahn das wissen; und wenn dem so wäre: Wozu tut »der Osten« das? Und: Hat damals nicht gerade der sowjetische Einmarsch in die Tschechoslowakei, hat nicht 1956 der ungarische Aufstand ein grelles Licht darauf geworfen, wie wenig sich die Sowjetunion auf ihre osteuropäischen Verbündeten verlassen konnte? Könnte es sich nicht auch daraus erklären, dass sie bislang keinen Versuch einer weiteren Expansion nach Westen unternommen hat?

Was die vermutlichen Zukunftsgedanken Adenauers über eine künftige Bedrohung durch den Ostblock anbelangt, so deuten, wie wir schon sahen, nicht wenige Indizien auf ein heftiges Schwanken hin, das dem Kanzler-Image der Starrheit widerspricht. Die Konrad-Adenauer-Stiftung hat auf einem Internetportal eine Fülle von Adenauer-Äußerungen zu »Sowjetrussland« gesammelt. Sie zeigen, dass Adenauer realistischer als mancher damalige Osteuropa-Experte erkannte, dass die Sowjetunion trotz ihres riesigen Territoriums mit der Ernährung ihrer Bevölkerung anhaltende Schwierigkeiten hat; von daher kann sie sich eigentlich einen Rüstungswettlauf mit den reichen USA gar nicht leisten.[70] 1948 erklärte er auf einer Bonner CDU-Veranstaltung nach Beginn der Blockade Berlins: »Russland ist wegen seiner wirtschaftlichen Struktur und wegen seiner ungeheuren Größe und der damit verbundenen ganz außerordentlichen Transportschwierigkeiten nicht in der Lage, einen Offensivkrieg zu führen. Russland kann wegen seiner ungeheuren Größe wohl einen Defensivkrieg führen, aber keinen Offensivkrieg.«

In der Tat, so konnte man die »Lehre der Geschichte« verstehen. Doch ein Jahrzehnt darauf der Kanzler vor dem Spitzengremium der CDU: »Wir in Deutschland … tun manchmal so, als ob wir Deutschen für die Russen ein gefürchteter Gegner seien. Das ist barer Unsinn. Die Russen sind uns militarisch in jeder Beziehung turmhoch überlegen.«[71] Im gleichen Jahr dagegen zu einem Redakteur des *Figaro*: »Die Russen haben vor uns Furcht, und sie trauen uns nicht.«[72] Und zwischendurch immer mal wieder: Es komme darauf an, den Sowjets die Furcht zu nehmen, dass sie vom Westen angegriffen würden. 1957 bei der Eröffnung der Grünen Woche in Berlin sehr ambivalent: »Es besteht für mich kein Zweifel, dass der sowjetrussische Kommunismus von Anfang an Welteroberungspläne gehabt hat und sie auch heute noch hegt. Aber es besteht für mich auch kein Zweifel, dass diejenigen, die die Macht in Sowjetrussland haben, immer mehr zu der Erkenntnis gelangen …, dass derartige Pläne über die Kräfte Sowjetrusslands bei weitem hinausgehen.« Der 86-jährige Kanzler erklärte in einer internen Rede, ein Krieg um Berlin müsse »vom ersten Augenblick an mit nuklearen Waffen ausgefochten werden«, gibt jedoch zu, dass Chruschtschows Auftrumpfer, er könne Deutschland »in einer Stunde wegputzen«, der Wahrheit entspreche![73] Vermutlich war bei vielen Aussagen zum Thema »Sowjets« Taktik mit im Spiel, aber wohl nicht nur; Adenauer war beim Blick nach Osten hin- und hergerissen. Kurz vor Silvester bekam der Kanzler Jahr für Jahr einen BND-Bericht zur Frage der sowjetischen Gefahr. Dieser kam immer wieder zu dem Schluss, dass der Ostblock gegenwärtig zu einem Angriff auf den Westen militärisch unfähig sei, wohl aber potentielle Zukunftsentwicklungen Anlass zur Besorgnis gäben.[74] Auch auf damaligen bundesdeutschen Militärschulen liefen Vorlesungen mit dem Tenor »Die Russen kommen« und »Die Russen kommen nicht« nebeneinanderher.[75]

Ebendies ist wohl der springende Punkt: Die sowjetische Gefahr gab der Bundesregierung keine klare Orientierung. Auch wenn in der Eifel ein Atombunker für die Bundesregierung gebaut wurde, war die Eventualität eines Atomkrieges im Grunde unausdenkbar; damit konfrontierte sich nur die damalige Anti-Atomtod-Bewegung. Und wie wir spätestens seit dem 1975 an die Öffentlichkeit gelangten US-Strategiepapier »NCS-68« aus dem Jahr 1950 wissen, gehörte ein atomarer Präventivschlag gegen die Sowjetunion sogar schon vor Ausbruch des Koreakrieges zu den in Washington erwogenen Optionen[76]: Die Furcht vor einem Atomkrieg, und zwar auch vor einem vom Westen begonnenen, war zumindest aus der Rückschau wohlbegründet. Im Suezkrieg vom November 1956 zwangen die USA allerdings im Verein mit der Sowjetunion die Angreifer England und Frankreich zum Rückzug und weckten ebendadurch in Adenauer die Sorge, dass auf die amerikanische Abschreckung kein Verlass mehr sei. Für ihn war die atomare Bewaffnung der Bundeswehr allem Anschein nach vor allem ein Mittel, um für die Bundesrepublik die Gleichberechtigung innerhalb des westlichen Bündnisses zu erlangen. Der Einsatz von Atomwaffen hätte für die Deutschen im Ernstfall den nationalen Selbstmord bedeutet; die atomare Bewaffnung bekam nur dann einen Sinn, wenn man an einen solchen Ernstfall nicht wirklich glaubte. Und doch hatte Adenauer wohl auch Phasen, wo er allen Ernstes glaubte, neueste Entwicklungen »taktischer« Atomwaffen seien tatsächlich »nichts anderes als eine Weiterentwicklung der Artillerie«, wie er der SPD am 5. April 1957 in einer Presseerklärung entgegenhielt[77]; da traf das eine Woche darauf veröffentlichte Göttinger Manifest der Atomphysiker, das diesen gefährlichen Glauben anprangerte, durchaus ins Schwarze![78]

Die Angst vor dem Ostblock wurde in den 1950er Jahren gerade durch das globale Denken jener Zeit immer neu angestachelt: Mochte auch an der deutsch-deutschen Grenze der Eindruck eines stabilen Status quo entstehen, so biete sich bei einem weltweiten Überblick ein völlig anderes Bild: Schon China habe der Kommunismus in einem Zug überrollt; durch die Dekolonisation entstünden überall in Afrika und Asien neue Staaten, voller Ressentiment gegen die früheren Kolonialmächte, die schon durch ihre Armut eine leichte Beute des Kommunismus würden. Ein typisches Dokument jener Zeit ist der zuerst 1951 erschienene Bestseller des vielerfahrenen britischen Schriftstellers Robert Payne *Roter Sturm über Asien* mit dem Untertitel *Das Ende des Kolonialzeitalters – Asien schlägt zurück*. Payne hatte am laufenden Band Biographien publiziert, von Hitler, Stalin, Mao und Iwan dem Schrecklichen bis zu Shakespeare, Gandhi, Albert Schweitzer und Greta Garbo er hatte sich persönlich mit Hitler und Mao getroffen und war im Krieg leitender Offizier des britischen Geheimdienstes in Singapur gewesen – wer wollte unter den Nachkriegsdeutschen mit solcher Welterfahrung mithalten?

In Paynes Alarmbuch zeichnet sich ein gigantisches Einkreisungsmanöver des Weltkommunismus ab. Man lese schon den Klappentext: »Dem diplomatisch geführten kalten Krieg stand mit brutaler Gewalt die Revolution eines ganzen Erdteils gegenüber. ... Ein Weltkrieg von unvorstellbaren Ausmaßen kann durch das Versagen Amerikas und der Westmächte heraufbeschworen werden, wenn die Völker Asiens weiter ... dem Kommunismus in die Arme getrieben werden.«[79] Allerdings: Nicht mit Waffengewalt, sondern nur mit Maßnahmen gegen die Armut könne der roten Flut Einhalt geboten werden. Und am Ende der 1950er Jahre, mit Ausbruch des sowjetisch-chinesischen Konflikts, stellte sich die Situation überraschend in neuem Licht dar: Es wurde denkbar, dass das maoistische China der Sowjetmacht in den Rücken fiel!

Aber China blieb noch lange eine große Unbekannte in den Zukunftsperspektiven; diese neue Weltmacht bot den Deutschen einstweilen keine Orientierung – noch der studentische Maoismus der 1968er-Zeit und danach lebte im Kern von Projektionen, nicht von authentischer Kenntnis der chinesischen Realität. Das Bonner Standard-Argument für die Anlehnung an den amerikanischen Atomschirm, dann für die eigene Atomrüstung war während der 1950er Jahre stets dies: Bei den konventionellen Militäreinheiten ist der Ostblock innerhalb Europas hoffnungslos überlegen; nur die westliche Nuklearmacht kann ihn abschrecken. Aber genau besehen war die konventionelle Überlegenheit des Ostens nicht so sicher; zugleich jedoch wurde es im Verlauf der 1950er Jahre immer fraglicher, ob die westliche Übermacht bei Atombomben und Trägerraketen so sicher war und blieb: ob nicht gerade bei militärisch relevanten neuen Technologien die Zeit für die zentralen Planwirtschaften arbeitete.

Ein Standard-Argument wurde die zahlenmäßige Überlegenheit der Sowjetunion bei der Ausbildung von Ingenieuren; gerade Experten, die auf ihre eigene Ausbildung pochten, pflegten die Bedeutung derartiger Größen zu überschätzen. Warnend referierte Leo Brandt aus dem Report eines texanischen Abgeordneten über die Automation: In Russland würden in kommender Zeit 32-mal so viele Techniker ihre Ausbildung beenden wie in den USA![80] Auf dem Automationskongress der IG Metall von 1965 erwähnte der CDU-Abgeordnete Fritz Burgbacher, der keinen politischen Grund zum Lob der Sowjets hatte, wie eine bekannte Tatsache, dass »die Russen« viel besser als die Deutschen »Spezialisten erziehen« könnten.[81] Da klingt der »Bildungsnotstand«-Alarm an, den Burgbacher direkt darauf für seine eigene Person dokumentiert, als er einen Schiller-Vers unabsichtlich verballhornt und obendrein Goethe zuschreibt. In solchen Zusammenhängen kommen wieder die Themen »Automation«, »Kybernetik« und »Roboter« ins Spiel; in der öffentlichen Wahrnehmung hing das vielfach mit Atomwaffen und Raketen zusammen. Der keineswegs sowjetfreundliche bundesdeutsche Soziologiepapst Helmut Schelsky bezeichnete es 1957 als »offensichtliche Tatsache, dass die Automatisierung bisher am erfolgreichsten und weitesten sowohl in den USA als auch in der UdSSR … durchgeführt worden sei«.[82] Westliche Reisende bekamen in der Sowjetunion ja nur die Vorzeigebetriebe zu sehen!

Und im gleichen Jahr, am 4. Oktober 1957, startete der Sputnik! Er war ein Produkt der sowjetischen Rüstungstechnologie und weckte im Westen Alarmstimmung über Fortschritte der sowjetischen Raumfahrt und Raketentechnik; von einer förmlichen »Sputnik-Hysterie« war die Rede.[83] Der sowjetische Regierungschef Chruschtschow bramarbasierte 1961: »Wir können eine Fliege im Weltall treffen«[84] (als ob es dort Fliegen gäbe!), die Zielsicherheit sowjetischer Fernraketen himmelhoch übertreibend. Aus heutiger Sicht wirkt der Sputnik-Start wie das womöglich größte Pseudo-Ereignis des 20. Jahrhunderts, von dem viele sehr zu Unrecht den Anbruch einer neuen Epoche, der Eroberung des Weltraums erwarteten. Wenn Adenauer und Heuss manchmal den »russischen Mond« herunterspielten, war das für Jüngere ein Zeichen, wie beschränkt die Oberhäupter der Bundesrepublik waren. Als krasses Beispiel dafür, welch »trübe Zeit« die Ära Adenauer war, erinnert Ulrike Meinhof noch 1964 daran, wie »der deutsche Bundeskanzler mit bewährter Banalität« dieses »epochale wissenschaftliche Ereignis« mit den Worten abgetan habe: »Hoch ist nicht flach.«[85] Aber das war keineswegs die einzige Reaktion des alten Kanzlers auf den sowjetischen Coup; in gewissem Sinne zeigte er sich davon geradezu begeistert: »Ich beurteile diesen Sputnik fast wie eine Art Himmelsgeschenk, weil ohne ihn die freie Welt in ihrem Dämmerschlaf weiter verharrt hätte.«[86] Der Sputnik als Signal zum verstärkten Zusammenhalt gegen den Osten!

Was im Westen ein »Sputnik-Schock« war, weckte bei Meinungsmachern der DDR eine neue Euphorie, dass bei allen Mängeln der Gegenwart der technische Fortschritt auf lange Sicht doch für den Sozialismus arbeite. Gerade die besorgten Hinweise westlicher Zukunftsgrübler auf totalitäre Tendenzen der Kybernetik waren geeignet, DDR-Exponenten mit Ulbricht an der Spitze auftrumpfen zu lassen und hier die Zukunftschance für die staatliche Planwirtschaft zu erkennen. Spätestens im Verlaufe der 1980er Jahre dagegen wurde es zumindest der wissenschaftlichen Öffentlichkeit bewusst, dass die »Kybernetik«, diese Wienersche Kopfgeburt, als konsistentes technologisches System gar nicht existiert.[87]

Davon war um 1960 noch keine Rede; aber die Weltraum-Visionen konnten die Kluft zwischen Zukunft und Gegenwart deutlicher denn je hervortreten lassen; und gerade hier öffnete sich damals eine Bruchlinie zwischen typisch östlicher und westlicher Sichtweise. In Christa Wolfs Roman *Der geteilte Himmel* entsteht ein erster tiefer Riss in der Beziehung zwischen der Heldin Rita und ihrem Freund Manfred, der dann in den Westen geht, durch die Nachricht über den ersten bemannten sowjetischen Raumflug; und darauf spielt der Romantitel an: Während Rita von einer rauschhaften Euphorie überkommen wird, dass »die Russen einen Mann im Kosmos« haben, zeigt sich Manfred ganz unberührt und verweist spöttisch auf die Erbärmlichkeiten des ostdeutschen Alltags: »Und unsere ausgediente Lokomotive, dieses Vehikel des vorigen Jahrhunderts, lässt uns wie zum Hohn schon heute im Stich.« Da empfindet Rita nur »Scham und Zorn«. »Was suchst du in dieser Krämermaske?«[88]

STATT SPUTNIK LIEBER DIE WALNUSSKNACKMASCHINE: DIE GREIFBARE ZU-KUNFT DER »WIRTSCHAFTSWUNDER«-DEUTSCHEN. Manfred war im Westen ganz richtig am Platz: Er verkörperte die ernüchterte Rationalität der frühen Bundesrepublik; und diese hat man nach so manchem gescheiterten Zukunftsprojekt, das der Planungseuphorie der 1960er Jahre entsprang, neu schätzengelernt. In dem Standardwerk des einflussreichen, einer Berliner Bankiersfamilie entstammenden Yale-Ökonomen Henry C. Wallich (1914–1988), *Mainsprings of the German Revival* (1955), originell besonders durch die Verbindung von deutschem Hintergrund und amerikanischer Außensicht, spielen technische Innovationen als Triebkraft des deutschen Wiederaufstiegs keine große Rolle; Wallich bemerkt vielmehr eine dem deutschen Ordnungssinn entspringende »Zurückhaltung gegenüber Neuerungen« und ein Widerstreben deutscher Unternehmer, veraltete Produktionsanlagen zu verschrotten.[89]

Aber diese Zögerlichkeit bekam ihnen offenbar nicht schlecht und tat der ökonomischen Dynamik keinen Abbruch. Es beeinflusste auch ihre Aneignung amerikanischer Technik. Paul Erker, der Historiker der Firma Bosch, die in der Anpassung amerikanischer Innovationen an deutsche Verhältnisse alterfahren war[90], kritisiert frühere übertriebene Vorstellungen von der »Amerikanisierung« westdeutscher Unternehmen in der »Wirtschaftswunder«-Zeit: In Wahrheit war die damalige US-amerikanische *Hightech* – die vor allem im Umkreis der Militärapparate gedieh – aus gutem Grund für das Gros deutscher Unternehmer *nicht* die konkrete Utopie, mochte es auch in der Publizistik manchmal den Anschein haben. Hier setzte man – so Erker – »eben nicht auf das damals vorherrschende amerikanische Modell der auf Grundlagenforschung orientierten ›big science‹, sondern auf die (äußerst erfolgreiche) anwendungsorientierte Entwicklung bewährter Technologien«.[91]

1950 empfahl ein Ingenieur unter dem Thema »Zukunftsgedanken zum deutschen Dampfkraftwerkbau«, man möge sich bei Studienreisen durch die USA »auch mit der Vielzahl der mittleren und kleineren Dampfkraftanlagen beschäftigen und nicht nur Spitzenleistungen den Fachleuten offenkundig werden lassen«. Und dann das Kernwort, das über den bundesdeutschen Gründerjahren stehen könnte: »Es sei gestattet, zu sagen: Kleinvieh macht auch Mist.«[92] Die 1950er-Jahre-Version von *Small is beautiful*! Man wird an Matthöfers ernüchternde USA-Erfahrungen erinnert. Der erfahrene Rationalisierungsexperte Kurt Pentzlin, der deutsche Unternehmer mit neuester amerikanischer Technik bekanntmachte, nannte als Musterbeispiel einer nützlichen amerikanischen Rationalisierungsidee, die den Wert technischer »Einfälle« vor Augen führe, die im Auftrag einer Pralinenfirma getätigte Erfindung einer Walnussknackmaschine, die die Nussschale durch eine kleine Gasexplosion von innen aufsprengt und dadurch die Unversehrtheit der zur Verzierung bestimmten Nusskerne garantiert.[93]

Ende der 1950er Jahre machte die in den USA entwickelte N(umerical) C(ontrolled)-Maschine eine Zeitlang Furore; als sie 1960 auf der Hannover Messe erstmals den Deutschen vorgestellt wurde, verhießen ihre Fürsprecher wahre Wunder. Es war jedoch praktische Erfahrung und nicht bundesdeutsche Gemütlichkeit, wenn die deutschen Werkzeugmaschinenbauer gegenüber dieser neuen Verheißung rasch skeptisch wurden. Das »Rationalisierungsdilemma« des Werkzeugmaschinenbaus, der Kleinserien für spezifische Anwendungen produziert und kein »fordistisches« Erfolgsrezept kennt, wurde auch durch die NC-Maschinen nicht gelöst; entsprechende Erwartungen wurden »bitter enttäuscht« (Horst Kern/Michael Schumann). Und doch wurden die deutschen Maschinenbauer in den 1960er Jahren zu den führenden Werkzeugmaschinen-Produzenten der Welt.[94]

EINE FEHLANZEIGE: DIE ENTDECKUNG DES STRESSES, DIESMAL OHNE ZUKUNFTSALARM. Seitenblick auf eine benachbarte Psychoszene: 1956 wurde an der Göttinger Medizinischen Fakultät die erste deutsche Dissertation zum Thema Stress vorgelegt; im Jahr darauf erschien die deutsche Ausgabe des Stress-Klassikers von Hans Selye (1907–1982), *The Stress of Life* (1956), unter dem Titel *Stress beherrscht unser Leben*.[95] Selye, ein Mediziner österreichisch-ungarischer Herkunft, der 1934 nach Kanada ausgewandert war, wurde durch seinen »Stress«-Begriff weltweit ähnlich legendär wie Wiener durch »Kybernetik«, obwohl sich weder bei dem einen noch bei dem anderen Begriff jemals definieren ließ, was er nun genau bedeutete. Was jedoch aus heutiger Sicht am allermeisten verblüfft: In der damaligen Bundesrepublik, auf der Höhe des »Wirtschaftswunders«, war keine Rede davon, Stress als ein durch die wachsende Hetze und technisch bedingte Beschleunigung alarmierend zunehmendes Leiden wahrzunehmen[96], so wie das seit den 1990er Jahren geläufig ist und seit den 1880er Jahren bei der Zeitkrankheit Neurasthenie der Fall gewesen war.[97] Ausgerechnet der Stress erschien damals eher als ein zeitloses, nicht als Zukunftsthema, obwohl er besonders früh bei

Bomberpiloten beobachtet worden war und sich die Karriere des Stress-Konzepts im Zuge des Krieges vollzog.[98]

Selye widmet sein Buch »all jenen, die sich nicht fürchten, den Stress eines ausgefüllten Lebens in vollen Zügen zu genießen und nicht so naiv sind, anzunehmen, dass dies ohne geistige Bemühung geschehen könne«. *Stress – mein Leben* betitelt er seine sehr selbstbewussten Memoiren. Als die typische Berufskrankheit des bundesdeutschen »Wirtschaftswunders« galt dagegen die »Managerkrankheit«, ein seit den frühen 1950er Jahren vor allem von Michael Bauer, dem Präsidenten des Deutschen Bäderverbandes, in Umlauf gebrachter Begriff.[99] Ob tatsächlich die Manager zu jener Zeit mehr unter Überforderung litten als Beschäftigte der unteren Ränge, ist schon von damaligen Befunden her fraglich; klar ist nur dies, dass die Kurbäder bei den Managern eine lukrativere Klientel fanden. Es war wohl auch so, dass damals viele Beschäftigte vor dem Hintergrund der Kriegs- und Nachkriegsnot nervöse Beschwerden nicht so wichtig nahmen. Schon nach dem Ersten Weltkrieg war die »Neurasthenie« aus der Mode gekommen.[100] Und die futuristischen technologischen Prognosen schlugen zu jener Zeit, soweit zu erkennen, nicht auf breiter Front in den deutschen Arbeitsalltag durch.

Im April 1954 brachte *Der Spiegel* unter dem Titel »Manager-Krankheit – Wen die Götter lieben« einen Artikel, der dieses neu entdeckte Leiden bei allem *Spiegel*-Spott über das »Modewort« als Bedrohung ernst nahm. Das Magazin zitierte den Arbeitsphysiologen Otto Graf, der im Vorjahr auf höchst anfechtbarer[101] statistischer Basis eine Studie »Die Krankheit der Verantwortlichen – Manager-Krankheit« publiziert und damit auf einer Tagung der Werkärzte Alarm geschlagen hatte: »Die Sterblichkeit der führenden Männer der Wirtschaft, der freien Berufe und der Politik zwischen 50 und 65 ist um das acht- bis neunfache höher als bei anderen Berufsgruppen.« Einen derartigen Aderlass an einem der »wichtigsten Leistungsträger« könne sich auf die Dauer kein Volk erlauben.[102]

Im gleichen Jahr jedoch machte sich Heinrich Böll, sonst für Nöte der Zeit sensibel, in seiner Satire *Es muß etwas geschehen* über die Managerkrankheit lustig: Da erwischt diese den Unternehmer Alfred Wunsiedel, der in seinem Betrieb einen hektischen, immerzu sprücheklopfenden Scheinaktivismus verbreitet, der von sinnvoller Arbeit eher ablenkt. Besaß nicht die deutsche Wirtschaft zu jener Zeit ein klares, ebenso simples wie sinnvolles Ziel, das die innere Energie konzentrierte: den Wiederaufbau? Oder war der konkrete Weg eben doch nicht so klar vorgezeichnet, und konnte ein Verantwortlicher in ein quälendes Hin und Her geraten und in eine Sorge, den Anschluss an internationale Trends zu verpassen? Merkwürdig: Ausgerechnet der Bundespräsident Theodor Heuss, der für seine Person lebenslang die unerschütterliche Ruhe kultivierte, nahm schon im Mai 1952 in einem Vortrag vor dem Bundesverband der Deutschen Industrie (BDI) die damals brandneue »Managerkrankheit« sehr ernst.[103] Zwei Monate davor war der mit ihm befreundete Eberhard Wildermuth, damals Bundesminister für Wiederaufbau, mit 62 Jahren an Herzinfarkt gestorben; sein Schicksal galt in der Folge als Musterbeispiel der Managerkrankheit.[104] Die aus heutiger Sicht so naheliegende Frage, ob sich nicht dieser zunächst in den Chefetagen diagnostizierte Stress ähnlich wie die Neurasthenie des späten 19. Jahrhunderts im Zuge der Zeit auch in unteren Etagen ausbreiten würde, stand damals in der deutschen Publizistik merkwürdig wenig im Raum.

Dabei griff vor allem seit Mitte der 1950er Jahre die internationale Atom-und-Automation-Konjunktur auch auf die Deutschen über; aber Alexander Rüstow, ein Vordenker der sozialen Marktwirtschaft, wetterte im Sputnik-Jahr 1957, die »entfesselte Begeisterung für den technischen Fortschritt, und zwar für den Fortschritt rein als solchen, abgesehen von jeder Zweckmäßigkeit und jeder Nützlichkeit«, nehme »geradezu den Charakter einer dämonisch-unseligen Erlösungsreligion an, des unheimlich-ziellosen Kreuzzuges einer rekordwütigen Höchstleistungsbegeisterung um jeden Preis«.[105] Vom Pragmatismus der bundesdeutschen »Wirtschaftswunder«-Zeit her, wo man sich im Hier und Jetzt einzurichten verstand, konnte man dem Wettlauf der Supermächte in den Weltraum gelassen zuschauen, mochten sich auch damalige Zukunftsdenker über diese Gelassenheit ärgern.

Zwar strapazierte ein Leo Brandt das bis heute offenbar unausrottbare Klischee von der behäbigen Biedermeierlichkeit der Bundesdeutschen in den 1950er Jahren: »Plötzlich durchlöchert das Wort von der zweiten industriellen Revolution die Tapeten der guten Stube der deutschen Innenpolitik; der Blick wird frei auf eine gefahrenbewegte, stürmische See ... Ganz neue Entscheidungen stehen vor uns, Geister scheiden sich, Erschreckte hier und Vorwärtsblickende dort.«[106] Aber in Wirklichkeit stürmten ja die Macher jener Zeit durchaus nach vorne, wogegen Leo Brandts gutgläubige Elogen auf die nukleare Zukunft heute eine Fundgrube für Stilblüten sind.

Noch ein ganz anderer politischer Publizist wetterte damals wortgewaltig gegen die angebliche Selbstzufriedenheit der »Wirtschaftswunder«-Deutschen: William S. Schlamm (1904–1978), einst Willi Schlamm, einer galizisch-jüdischen Kaufmannsfamilie entstammend, schon mit 18 Jahren im Zentralkomitee der Kommunistischen Partei Österreichs (KPÖ), dann ebenso leidenschaftlich antisowjetischer Trotzkist, seit 1938 in den USA, wo ihm über Jahre eine steile publizistische Karriere gelang, bis er sich mit der Aggressivität seines Antikommunismus selbst unter amerikanischen Konservativen isolierte.[107] Gegen Ende der 1950er Jahre verlagerte er seine Aktivität in die Bundesrepublik, wo sein Buch *Die Grenzen des Wunders* (1959) eine Zeitlang Furore machte und er als Vortragsredner mit seiner Hemmungslosigkeit nicht zuletzt auch ein studentisches Publikum mitriss – es war noch vor der Linkswende im tonangebenden Studentenmilieu.

Schlamm gehörte zu den exzentrischsten Gestalten in der politischen Publizistik. Eine derart offen aggressive und obendrein nationalistisch getönte antisowjetische Agitation konnte sich zu jener Zeit wohl nur ein ehemaliger Emigrant leisten, ohne in der Bundesrepublik seine Gesellschaftsfähigkeit zu verlieren. Unverhüllt propagierte er ein neuartiges offensives Bündnis zwischen Bonn und Washington, das »die Sowjet-Nerven strapazieren« solle – was nur durch Kriegsdrohung möglich wäre –, bis Moskau die DDR freigebe.[108] Schlamms Agitation setzt voraus, dass der Ostblock dem Westen militärisch unterlegen ist und die Sowjetführung den Krieg fürchtet. Da ist er zuversichtlich; die alternative Zukunft ist für ihn dagegen düster. »Wenn der deutsche Prosperitätsrausch eines Tages endet – und eines Tages muß er es –, wird es einen furchtbaren Katzenjammer geben. Dann wird keine andere nationale Trunkenheit möglich sein als die der ›Wiedervereinigung‹.«[109] Das sind die »Grenzen des Wunders«. Schlamm, der die Kriegs- und Nachkriegsjahre nicht in Deutschland verbrachte, hat offenbar nicht begriffen, in welchem Maße der Großteil der Deutschen, mochte er auch manches am Nationalsozialismus entschuldigen, von der Sucht nach nationalen Rauschzuständen kuriert war. In dieser Hinsicht besteht eine bizarre Analogie zwischen diesem kommunistischen Renegaten und der Neuen Linken der 1960er Jahre, die ein Wiederaufleben des Faschismus zu wittern glaubte.

WIE DER FRÜHE AUTOMATIONSFUTURISMUS GERÄUSCHVOLL VERPUFFT: DER INTERNATIONALE KONGRESS VON 1965 »AUTOMATION – RISIKO UND CHANCE«. Vom 16. bis zum 19. März 1965 tagte in Oberhausen der internationale Kongress der IG Metall »über Rationalisierung, Automatisierung und technischen Fortschritt«, dessen Referate und Diskussionen noch im gleichen Jahr unter dem Titel *Automation – Risiko und Chance* in zwei Bänden von zusammen 1170 Seiten publiziert wurden. In der Fülle des einschlägigen Schrifttums sind diese beiden Folianten der größte Brocken. Sie wecken hohe Erwartungen, gerade wenn man an die dynamische Gestalt des damaligen

Spiegel-*Titel 14/1964:*
»Automation in Deutschland«.
Das menschenähnliche, jedoch viel-
armige Monster von Roboter feuert
mit einem Fußtritt das winzige
Menschlein hinaus. Eine für
Gewerkschaftler alarmierende
Aussicht; für Kenner der Materie
allerdings damals ein weit
übertriebenes Bangemachen.

Gewerkschaftsvorsitzenden Otto Brenner und die Spannungsgeladenheit damaliger Mitbestimmungsdiskussionen denkt; umso mehr kommt man bei der Lektüre aus dem Staunen nicht heraus. Obwohl die 1960er Jahre generell und schon gar international, wie noch zu zeigen sein wird, in der Geschichte der Zukunftsforschung das Boomjahrzehnt schlechthin sind, ist die Zukunft ausgerechnet auf dieser Automationstagung kein großes Thema; offenbar bildet man sich ein, die Automation sei längst sattsam bekannte Gegenwart. Als Zeitzeugnis sind die Tagungsbände überhaupt nicht uninteressant; aber gerade zum Thema »Automation« bieten sie durchweg nur abgestandene Allgemeinplätze – man versteht, wieso ein Mann vom Schlage Matthöfers die Lust an diesem Thema verlor und durch Schweigen glänzte.

Statt »Fluch oder Segen«, dem Sprachduktus der Technikdebatten der 1950er Jahre, jetzt das zukunftsträchtige Duo »Risiko und Chance«; aber im Vergleich zu den »Risiko-und-Chance«-Diskussionen der 1970er und 1980er Jahre über die Kern- und Gentechnik vermisst man hier den Biss, die große Kontroverse, obwohl auch Sprecher der CDU und Arbeitgeberseite dabei waren – aber bei der Lektüre der Passagen zur Automation kann man oft vergessen, wer zu welcher Seite gehört; nur bei der Bildungspolitik wird der Ton schärfer. Sporadisch taucht das damals neue Thema »Gastarbeiter« auf[10], doch es trägt dazu bei, das Thema »Automation« zu entdramatisieren; denn damals wurden ganz überwiegend ungelernte Arbeitskräfte im Ausland angeworben: Infolgedessen stand zu erwarten, dass die damals vor

Augen stehende Form von Automation, die repetitive Tätigkeiten wegrationalisierte, die Anwerbung billiger Gastarbeiter, von denen man Lohndruck befürchten konnte, zurückgehen ließ – von der Eigendynamik der Zuwanderung hat man noch keine Vorstellung. Salopp gesprochen: Aus dem Automationsthema ist zu jener Zeit die »Luft raus«, obwohl dieses Thema damals, wie wir heute wissen, noch sehr viel Zukunft hat! Mehr noch: Gerade Sprecher der IG Metall profilierten sich in den 1960er Jahren im vermeintlich eigenen Interesse als Vorkämpfer der Rationalisierung: »Durch die Peitsche hoher Lohnforderungen zwingen wir die Unternehmen zur Rationalisierung, die die Zukunft sichert.«[111]

Der Ministerialdirektor im Bundeswirtschaftsministerium Rolf Gocht zeigte sich ebenso beeindruckt und wie überrascht davon, dass auf der Tagung »kein Wort gegen die Automation und gegen den technischen Fortschritt gefallen ist«; er sprach den Gewerkschaften dafür seinen Dank aus.[112] Noch auf der Essener Automationstagung des DGB 1958 war man besorgter gewesen und hatte eine Entwertung bisheriger Berufsqualifikationen befürchtet.[113] Besonders verblüffend: In dem ausführlichen Sachregister fehlt das Stichwort »Roboter«, ebenso wie das Stichwort »Stress«! Selbst Henry Ford kommt nur ein einziges Mal vor, häufiger allerdings die Fließbandarbeit. Eigentlich ein altes Thema; aber es hat seine Aktualität auch in der Bundesrepublik von 1965 nicht verloren.

Mit Blick auf damalige Gewerkschaftsbestrebungen nach mehr Mitbestimmung[114] sollte man eigentlich erwarten, dass hier systematisch konkrete Erfahrungen aus dem Alltag der Betriebe zusammengestellt würden, die den Nutzen einer Mitsprache betroffener Arbeitnehmer bei Automatisierungsprozessen demonstrierten; aber davon findet man kaum etwas, obwohl sich gerade in der Automobilbranche, die bei der Automation an der Spitze lag, in der Folge zeigte, dass Rationalisierungsprozesse den Betriebsräten eine gute Chance zur Mitsprache boten.[115] Dieses Tagungsdefizit verweist auf ein Grundproblem der politisch engagierten Arbeitswissenschaft und zugleich auf ein Grundproblem aller Futurologie: Der Drang zur Generalisierung, zu großen Thesen und Pauschalurteilen blockiert eine präzise und differenzierte Beobachtung der Wirklichkeit in ihren konstanten und ihren fließenden Momenten. Konkret in den Blick geraten nicht so sehr neue Industrien, sondern neben der Automobilbranche vor allem das Hüttenwesen, obwohl ein Redner zustimmend Chruschtschow zitiert, der jene Funktionäre zurechtgestutzt habe, »die immer nur ›Stahl! Stahl!‹ schrien und die Kunststoffe vergäßen«.[116]

Am allermeisten erkennt man auf dem Oberhausener Kongress einen Ehrgeiz der IG Metall, ihre internationalen Verbindungen zu demonstrieren und ausländische Prominenz zu präsentieren; aber diese Internationalität wirkt etwas erzwungen – in Fragen der Mitbestimmung bieten die USA, das vermeintliche Zukunftsland der Automation, nicht gerade ein brauchbares Vorbild. Besonders irritierend wirken auf heutige Leser die wiederholten Seitenhiebe auf das Handwerk und auf die handwerkliche Tradition der Lehre. Tatsächlich ist in den späten 1960er Jahren selbst in Kreisen der Bundesregierung allen Ernstes die Abschaffung der Lehre im Gespräch.[117] Da wird das beliebte Argument der Pädagogen gegen die Fachwissenschaft vorgebracht: In einer Welt des Wandels habe es keinen Sinn, dass die Schüler ein bestimmtes Wissen lernen; stattdessen müssten sie das Lernen lernen. In diesem Kontext kann man sogar mit der Unvorhersehbarkeit der Zukunft auftrumpfen.[118] Aber wer sich nie konkretes Wissen, konkrete Fähigkeiten angeeignet hat, lernt auch das Lernen nicht so leicht!

Die bildungsreformerische Zögerlichkeit der Politiker wird zu jener Zeit, als Pichts »Bildungsnotstand« Furore macht, unablässig attackiert, auch auf dieser Tagung; aus der Rückschau kann man jedoch von Glück reden, dass man sich damals in Bonn bei der Abschaffung der Lehre abwartend verhält. Die Statistik widerlegt die seit Generationen verkündete Prognose vom unaufhaltsamen Niedergang des Handwerks. 1970 stellt sich heraus, dass der Anteil des Handwerks am sekundären Sektor fast ebenso hoch ist wie 1950: Die Omnipräsenz der Handwerker war eben nicht bloß Übergangserscheinung des Wiederaufbaus. 1973 bemerkt eine Berufsberatungsbroschüre mit Seitenhieb auf die Futurologen von gestern:

>»Die manchmal geäußerte Meinung, es würde eine große Zahl neuer Berufe mit fortschreitender technischer Entwicklung entstehen, hat sich bisher nicht bestätigt ... Vom zahlenmäßigen Bedarf zu urteilen, sind nicht Elektroniker, Mess- und Regeltechniker, Atomphysiker und Systemanalytiker Berufe der Zukunft, sondern weiterhin beispielsweise Schlosser, Mechaniker, Betonbauer und Maurer.«[119]

Nun, das war nicht das Ende der Geschichte, wie wir heute wissen; der rasante Aufstieg der Mikroelektronik war damals allenfalls im Ansatz erkennbar. In den zehn Bänden der Oberhausener Tagung der IG Metall von 1972 *Qualität des Lebens* kommt das Thema »Automation« nur ganz nebenbei vor, häufiger dagegen das abstraktere Schlagwort »Wissenschaftlich-technische Revolution«. Immerhin, mit der Prophezeiung einer Humanisierung der Arbeit per Automation ist man zurückhaltend geworden. Fourastié begegnet dort ebenso wie in den Tagungsbänden von 1965 nur ganz sporadisch; seine »große Hoffnung des 20. Jahrhunderts« wird von den Gewerkschaften nicht geteilt, zumal es sehr fraglich ist, wieweit die neuen Sparten des »tertiären« Sektors die Gewerkschaften für die Verluste in ihren angestammten Branchen entschädigen.

Am 17. April 1978 ist es wieder so weit, dass *Der Spiegel* mit einer Titelgeschichte »Die Computer-Revolution – Fortschritt macht arbeitslos – ›Uns steht eine Katastrophe bevor‹« Alarm schlägt und sich dabei sogar auf Karl-Heinz Janzen, den Geschäftsführer der IG Metall, berufen kann: »Uns steht eine soziale Katastrophe bevor – sofern wir keine Lösung finden.«[120] Das ist ein völlig anderer Ton als 1965, in einer Zeit der Vollbeschäftigung, und wirft ein Licht auf die Zickzack-Bewegung auch der Automatisierungs-Zukünfte, schon gar unter dem Einfluss der rasanten Entwicklung der Elektronik. Im Lauf der 1970er Jahre veränderte sich besonders die Druckereibranche durch Einführung von Computern in dramatischer Weise: Ein Lichtsatzcomputer schaffte damals das Hundertfache einer herkömmlichen Bleisetzmaschine, der selbstbewusste Berufsstand der Schriftsetzer fand sich vom Abstieg bedroht, und im März 1978 sah sich die IG Druck und Papier zum Streik veranlasst.[121]

Ein weiteres Jahrzehnt darauf jedoch, 1988, urteilt ein EDV-Experte, dass bis dahin die meisten Unternehmen bei der Einführung einer EDV-gestützten Fertigung gescheitert seien: »Luftschlösser von automatisierter Fabrik zerfallen in trostlose Ruinen.« Hightech fungiere vielfach als bloßes Statussymbol: »Ein Blick in renommierte deutsche Industrieunternehmen zeigt, dass vielerorts hochwertige technische Produkte nie über die Spielphase hinausgekommen sind und seit Jahren die Konstruktionslandschaft lediglich optisch bereichern.«[122] Wie einst im 18. Jahrhundert sind die Automaten im Grunde noch Spielzeuge, auch wenn ein ganz anderer Anschein erweckt wird. Der Spruch ging um, die Computerrevolution habe sich lediglich im Bundeskriminalamt vollzogen, wo unter dem Eindruck der RAF-Attentate die computergestützte Auswertung sämtlicher Kriminalakten eingeführt und auf diese Weise die Zahl der Verdächtigen drastisch erhöht wurde.[123] Damit haben wir zeitlich weit vorgegriffen – und auch das war, wie wir heute wissen, nicht das Ende der Geschichte.

Der Rückblick auf die automatisierten Zukünfte führt in ein Lachkabinett von Fehlprognosen; aber letzten Endes handelt es sich um eine sehr ernsthafte Geschichte, die einstigen Prognosen hatten ihre Argumente, und in der Tat haben sich durch Prozesse der Automatisierung umwälzende Entwicklungen vollzogen. Aus der Rückschau mag man sich darüber wundern, wie wenig die Technik-Autoren einst darüber nachdachten, dass mit der wachsenden Komplexität der Technik auch die Störanfälligkeit zunimmt und, mehr noch, potentielle Störungsquellen unübersichtlicher werden. Die Kybernetik verhieß zunehmende Selbstregulierung; aber die neuen Dimensionen von Störanfälligkeit erforderten neue Typen von Fachleuten, sofern es überhaupt möglich war, Reparaturen mit einem ökonomisch noch sinnvollen Aufwand vorzunehmen. Erst das wachsende Umweltbewusstsein hat zu einem schärferen Blick auf den dramatisch zunehmenden Trend zur Verschrottung geführt; Reparaturfreundlichkeit und Wiederverwertbarkeit wurden als neue Werte entdeckt.

»DIE HAUPTSACHE KOMMT ERST«, UND DOCH: SPOTT ÜBER DEN »GROSSEN ZUG AUS DER PULLE ZUKUNFT«: DIE AUFEINANDERFOLGENDEN RATIONALISIERUNGSKLASSIKER VON HORST KERN UND MICHAEL SCHUMANN. Zum Abschluss dieses Rückblicks auf die einstige »Zukunft der Arbeit« ein Blick voraus, der seinerseits zu mancher Retrospektive verführt: ein Ausblick auf die beiden Werke der Arbeitssoziologen Horst Kern und Michael Schumann, *Industriearbeit und Arbeiterbewusstsein* (1970)[124] und *Das Ende der Arbeitsteilung?* (1984)[125]; beide wurden zu Klassikern der sozialwissenschaftlichen Rationalisierungsdiskussion. Beide begannen ihre empirischen Studien in den frühen 1960er Jahren als Mitarbeiter Matthöfers. Schumann war 1960 zum Vorsitzenden des SDS, des Sozialistischen Deutschen Studentenbundes, gewählt worden, der am Marxismus festhielt und sich darüber mit der SPD zerstritt.[126] Obwohl das Kern/Schumann-Opus von 1970 vom Rationalisierungskuratorium der Deutschen Wirtschaft (RKW) herausgegeben wurde, besaßen beide Autoren damals ein sozialistisches Profil; das musste ihnen selbst ein »linker« Kritiker wie Hartwig Berger zugestehen[127], der ihnen im Übrigen den in der damaligen Boomzeit der Theorie unter vielen Linksintellektuellen tödlichen »Positivismüs«-Vorwurf machte: dass sie nur Zustände festhielten, nicht gesellschaftsverändernde Aktionspotentiale zur Artikulation brächten. Aber ebendies entsprang dem sozialistischen Interesse am »Arbeiterbewusstsein«; hätten die Autoren stattdessen die Erwartungen der Technologen untersucht, hätten sie sich von dem alten Selbstgefühl des Arbeiters noch weiter entfernt, als sie dies unter dem Eindruck der empirischen Befunde ohnehin taten. Einstweilen mussten sie mit spürbarem Seufzer feststellen: »Die Vorstellungen von den neuen, mit Hochmechanisierung und Automatisierung auftretenden Belastungsformen sind äußerst unpräzise und inkohärent, so dass die meisten Arbeiter bereits an deren sprachlichbegrifflicher Fixierung scheitern.«[128] Klar heraus kommt immerhin, dass ein Großteil der Arbeiter die Aussicht auf fortschreitende Eliminierung körperlicher Arbeit nicht fürchtet, sondern begrüßt und das Arbeiterbewusstsein alter Art auf dem Rückzug war:

> »Der Stolz, ›produktive‹ Arbeit zu leisten, ist heute weit weniger ausgeprägt als die Hoffnung, möglichst bald vom ›Makel‹ körperlicher Arbeit befreit zu werden. Die Körperlichkeit der Arbeit scheint nur solange gleichsam idealisiert worden zu sein, wie deren Verrichtung unabwendbares Arbeiterschicksal war und nur ihre selbstbewusste Überhöhung eine positive Abgrenzung gegenüber den nicht-manuell Arbeitenden zuließ.«[129]

In einer Zukunftsgeschichte ist es von speziellem Reiz, die Kern/Schumann-Werke von 1970 und 1984 nebeneinanderzustellen: das erste aus einer Zeit, als das Thema »Automation« eher ausgeleiert wirkte, das zweite dagegen nach einer Phase neuer Alarmrufe, mit denen die mittlerweile durch den Wechsel der Zukunftskonjunkturen gewitzten Autoren kritisch-distanziert umgehen, wobei sie im Rückblick auf die einstigen Rationalisierungsdiskussionen an die dann folgende Erfahrung erinnern: »Die Hauptsache kommt erst.«[130] Im Vergleich zu den aufgeblähten Oberhausen-Bänden weiß man den bahnbrechenden Charakter des Buches von 1970 zu würdigen: Es enthält ungleich mehr empirische Feldforschung, nach unterschiedlichen Arbeitswelten differenzierend; obwohl der damaligen Modernität abstrahierender Sozialforschung entsprechend, lässt es doch noch immer wieder nach alter Art die Befragten – um im heutigen Jargon zu reden – »im O-Ton« zu Worte kommen; es ist nicht jener Typ von »Forschung«, der vorwiegend nach Bestätigung vorgefasster Thesen sucht.

Zwischen dem RKW und der linken Soziologenszene gehen die Verfasser ihren Weg; da die fortschreitende Rationalisierung auch aus marxistischer Sicht unvermeidlich erschien, war das nicht allzu schwer. Sie bemühen sich um den Nachweis, dass Einstellungen zur Rationalisierung wesentlich der eigenen Arbeitserfahrung entspringen und dadurch Eigensubstanz bekommen, nicht lediglich Reflexe der von den Medien verbreiteten Bilder sind. Was nicht überrascht: Sie entdecken dabei eine Einheitlichkeit des Arbeiterbewusstseins nur in einem gemeinsamen Gefühl der Unsicherheit des Arbeitsplatzes[131]; im übrigen sind die Einstellungen und Erwartungen nach Gewinnern und Verlierern von Rationalisierungsprozessen mitunter geradezu polarisiert.[132] »Bei den qualifizierten Automationsarbeitern und Messwartenleuten« falle die »Zukunftsperspektive« – die gibt es hier! –

»durchweg besonders positiv aus«.[133] Das RKW konnte über das Endergebnis beruhigt sein: »Alles in allem lässt unsere Untersuchung den Schluss zu, dass der aktuelle technische Wandel im Bereich der Industriearbeit im Regelfall mit keinen harten Qualifizierungsproblemen verbunden ist.« Von daher also eigentlich keine Forderung nach drastischer Bildungsreform: was die Autoren in der allgemeinen Reform-Euphorie jener Zeit dann aber doch nicht wahrhaben wollen.[134]

Der Band von 1984 entstand in einer Zeit, als beide Forscher bereits arriviert und renommiert waren und es sich leisten konnten, auf lockere Art Klartext zu schreiben, ohne sich mit einem Seminarjargon zu quälen, der das Buch für akademische Laien ungenießbar macht. Bei dem Titel *Das Ende der Arbeitsteilung?* liegt wohl der Akzent auf dem Fragezeichen: Natürlich gibt es nach wie vor Arbeitsteilung, in hohem Maße sogar; noch anschaulicher als das Buch von 1970 stellt das neue Opus ausführlich dar, dass sich die Automobilbranche, der Werkzeugmaschinenbau und die Chemie als Arbeitswelten grundlegend unterscheiden. Ohne dass dies explizit gesagt wird, ist der Titel eine ironische Anspielung auf die Utopie des allseitigen Menschen, der seine Fähigkeiten nach vielen Seiten frei zu entfalten vermag.

In der Widmung des Buches steht: »wider falsche Propheten«. Wer ist gemeint? Das wird dem Leser die längste Zeit nicht deutlich. Sicherlich solche Prognostiker, die vorgeben, die Zukunft der Arbeit mit Sicherheit zu kennen, und die sich einbilden, als Folge fortschreitender Automatisierung das Ende der Arbeitsteilung oder überhaupt das Ende der Arbeit vorhersagen zu können. Da lässt sich mit ziemlicher Sicherheit nur die negative Prognose stellen: dass das nicht der Fall sein wird. Sie stellen fest, »dass durch technologische Entwicklungen der vergangenen zehn Jahre der Widerspruch zwischen ›Automation‹ und ›Flexibilität‹ seine Unversöhnlichkeit eingebüßt hat«, so dass die Automatisierung auch in die Klein- und Mittelserienfertigung, die besondere Stärke der deutschen Industrie, vordringen kann[135]; ob sich diese Expansion der Automatisierungsprozesse unbegrenzt fortsetzen kann, diese Frage bleibt offen. Immerhin glauben die Autoren hier einmal *eine* sichere Prognose riskieren zu können: »Wir befinden uns im Werkzeugmaschinenbau am Anfang eines Umbruchs, der in seiner Wucht und Dimensionierung gar nicht überschätzt werden kann.«[136] Verbliebene »Wege in die Zukunft« klingen nicht gerade verlockend, sondern haben bereits per definitionem einen ironischen Unterton: Da stellen die Autoren, in erklärter Distanz zur »Hexenküche der Rationalisierungsexperten«[137], in Anführungszeichen das

»technokratisch-bornierte« dem »empirisch-unideologischen« Produktionskonzept gegenüber.[138]

Gegen Schluss schießen sie scharf, und da ahnt der Leser, wer mit den
»falschen Propheten« im Motto nicht zuletzt gemeint ist. Es beginnt mit dem
Satz: »Visionen sind wieder gefragt.« Also doch?, fragt sich der Leser, der bei
diesem Satz einen ermunternden Unterton heraushört. Dann jedoch nehmen die Autoren die »Theoretiker des ›Postindustrialismus‹« aufs Korn, allen voran André Gorz, den 1924 in Wien geborenen Vordenker der französischen Linken, der gerade 1983 ein Büchlein *Les chemins du paradis, Wege ins
Paradies*, publiziert hat, wo er die Abschaffung der Lohnarbeit als Ziel setzt,
da diese durch die Automation überflüssig gemacht werde.[139] Gorz bekennt
sich emphatisch zur Orientierung auf die Zukunft; Realismus werde in der
»mikroelektronischen Revolution« der Gegenwart zerstörerisch. Kern und
Schumann dagegen machen aus ihm per »Postindustrialismus« einen ganz
aus dem Horror vor der Vergangenheit, nicht aus einem durchdachten Konzept von der Zukunft räsonierenden Ideologen.

»Post«-Begriffskomposita kommen zu jener Zeit groß in Mode, gerade
auch unter dem Einfluss der Pariser *nouvelles philosophes*: »Postmoderne«,
»Postfordismus«, »Posthistoire«, sogar »Posthumanismus«. Die neuen Zu-
kunftsbegriffe definieren sich nicht durch ein *vor*, sondern durch ein *nach*.
Dem setzen Kern und Schumann ihren Begriff der »Neoindustrialisierung«
entgegen. Kein Zweifel: Die Industrialisierung ist nicht zu Ende; was allerdings die Essenz des neuen »Neuen« ist, bleibt in der Schwebe. Kern und
Schumann werfen Gorz vor, bei ihm werde die »Banalisierung von Arbeit« – tatsächlich ein Gorzscher Begriff[140] – »geradezu zum politischen
Programm«: als ob in Zukunft der qualifizierte Facharbeiter nicht mehr gefragt sei. Aus einer Analyse der aktuellen Arbeitswelt lasse sich das nicht im
mindesten begründen: »Hier hilft offenbar nur der große Zug aus der Pulle
Zukunft.«[141] Ein flapsiger Seitenhieb, wie geschaffen zum Motto einer kritischen Zukunftsgeschichte! In der Tat hat das Dauerpalaver über die »Zukunft der Arbeit« – als ob es »die« Zukunft »der« Arbeit gebe! – nicht selten von einem Blick auf die *Gegenwart* der Arbeit abgehalten. Wobei freilich
das Problem bleibt, dass die pure Gegenwart als solche oft wenig zu denken
gibt – und dass das Nachdenken darüber, ob sich nicht viele Menschen in
der Arbeitswelt unnötig quälen müssen, seine Aktualität nicht verloren hat.

4

Das ambivalente »Atomzeitalter«: »Wir werden durch Atome leben« – oder den Atomtod sterben? Der Zickzack atomarer Zukünfte: Ein Prototyp der Dialektik von Furcht und Hoffnung

DIE FRÜHE EUPHORIE IN ERWARTUNG DES »FRIEDLICHEN ATOMS« – ALLEN VORAN DER PHILOSOPH DER HOFFNUNG. Die wachsende Angst vor einem atomaren dritten Weltkrieg, vor allem seit auch die Sowjetunion über Atomwaffen verfügte, später die euphorischen Hoffnungen auf das »friedliche Atom« – und schließlich in den 1970er Jahren der Umschlag der Stimmung auch gegen die zivile Kerntechnik: Schon allein dies wirft, in der historischen Aufeinanderfolge betrachtet, ein Licht darauf, in welchem Maße die aus der Rückschau eher undramatische Geschichte der Bundesrepublik in ihren Zukunftserwartungen höchst dramatische Seiten erkennen lässt. Auf spätere Kritiker der Atomkraft wirken die Auswüchse der atomaren Euphorie in den 1950er Jahren derart irrsinnig, dass die Verlockung der retrospektiven Besserwisserei übermächtig zu werden droht; für die Fürsprecher dieser Energietechnik dagegen besaß der Stimmungsumschwung lange Zeit etwas Rätselhaftes, das den Verdacht weckte, da könne etwas nicht mit rechten Dingen zugegangen und müsse eine irrationale Angstpsychose ausgeheckt worden sein.

Zuerst zur Atomeuphorie der 1950er und frühen 1960er Jahre, die zur Angst vor einem kommenden Atomkrieg zeitlich parallel läuft und in besonders exzessiver Weise Gegenwart und Zukunft mischt. Ein großer Teil der damaligen Zukunfts-Literatur wies den Verdacht des Utopismus weit vor sich; manchem arglosen Leser der Publizistik jener Zeit ist es daher wohl verborgen geblieben, dass das »friedliche Atom« realiter noch gar nicht existierte, sondern bestehende Kernkraftanlagen lediglich Beiwerk der Militärkomplexe waren! Beginnen wir da gleich mit einem besonders krassen Beispiel, das einiges zu grübeln gibt: dem *Prinzip Hoffnung*, dem dreibändigen Hauptwerk des Philosophen Ernst Bloch (1885–1977), das im Suhrkamp Verlag, von früheren Elogen auf Stalin gereinigt, zuerst 1959 erschien und im Westen laut *Spiegel* eine »überraschend starke Resonanz« fand[1], zu einer Zeit, als Bloch, wenn auch an der Universität Leipzig wegen seiner Kritik an der Niederschlagung des ungarischen Aufstands mit 72 Jahren zwangsemeritiert, noch in der DDR lebte; erst 1961, in der Zeit des Mauerbaus, ging er nach Tübingen. Nach seiner eigenen Angabe entstand das Werk von 1938 bis 1947 im Exil in den USA, wo er wenig glücklich war, dafür umso mehr von der Hoffnung lebte; 1953 und 1959 hat er es nochmals durchgesehen: Das ist für die Passagen zum »friedlichen Atom« wichtig, die sich im zweiten Band finden, der in der DDR zuerst 1955 erschien, im Jahr der ersten Genfer Atomkonferenz.

Im Unterschied zu den meisten Zeitgenossen bekennt sich Bloch offen zur Utopie. Er bietet das Musterbeispiel einer Begeisterung für eine vermeintliche Zukunftstechnik auf der Basis einer Weltanschauung, in der alles Gute aus der Hoffnung, aus dem Blick auf eine ideale bessere Zukunft heraus entsteht. Er proklamiert geradezu eine Pflicht zum »militanten Optimismus«, unbekümmert darum, dass dieser ihn einst dazu verleitet hatte, die Stalinschen Schauprozesse, die Auftakt zum Massenmord waren, als Kampf gegen üble »Schädlinge« zu rechtfertigen, die mit dem »faschistischen Teufel« im Bund standen.[2] Früher, als der junge Bloch ebenso wie Georg Lukács zum Kreis um Max Weber gehörte, ging dort das Bonmot um: »Wer sind die vier Evangelisten?« Antwort: »Matthäus, Markus, Lukács, Bloch.«[3] Auch später behielt Bloch die Neigung, mit Blick auf das künftige Paradies die Welt nach Gott und Teufel, nach Gut und Böse zu sortieren; und als Stalin nicht mehr das Gute verkörperte, hatte dies umso mehr im »friedlichen Atom« Gestalt angenommen. Bei kaum einem anderen Thema[4] gerät er im *Prinzip Hoffnung* derart ins Schwärmen:

> »Wie die Kettenreaktionen auf der Sonne uns Wärme, Licht und Leben bringen, so schafft die Atomenergie, in anderer Maschinerie als der der Bombe, in der blauen Atmosphäre des Friedens, aus Wüste Fruchtland, aus Eis Frühling. Einige hundert Pfund Uranium und Thorium würden ausreichen, die Sahara und die Wüste Gobi verschwinden zu lassen, Sibirien und Nordkanada, Grönland und die Antarktis zur Riviera zu verwandeln. Sie würden ausreichen, um der Menschheit die Energie, die sonst in Millionen von Arbeitsstunden gewonnen werden musste, in schmalen Büchsen, höchstkonzentriert, zum Gebrauch fertig darzubieten.«[5]

All das gewinnt nur seine Logik aus dem eschatologischen Glauben heraus: Irgendwie muss das Paradies kommen! Oder ist es ahistorisch und bloße rückblickende Besserwisserei, den berühmten Philosophen als ideologisch verblendeten Wirrkopf hinzustellen? War das einfach der damalige Zeitgeist, den Bloch mit vielen anderen gemein hatte? Diese Frage müssen wir noch eine Zeitlang festhalten: Gewiss enthält sein Hohelied auf das Atom manches Zeittypische[6], und doch wirft es ein Licht in Abgründe eines Denkens, das voraussetzt, dass die Kraft zum Guten der utopischen Hoffnung entspringt. Allein schon der hier zitierte letzte Satz! Die Erwartung, »dass wir bald in der Lage sein werden, einen Teelöffel Atomenergie in unser Auto zu tun und damit Jahre zu fahren, ohne nachzufüllen«, erwähnt selbst das Buch von 1956 *Wir werden durch Atome leben*, das uns noch beschäftigen wird, als »unbegründete Hoffnung«, mehr noch: als Typ der ignoranten Illusion ohne Ahnung von der Strahlengefahr.[7]

Oder ist das aus Blochs Sicht spätkapitalistischer Kleinmut? Denn kurz davor bringt er ein ganzes Kapitel über die »spätbürgerliche Drosselung der Technik, abgesehen von der militärischen«, und erklärt es für hochbedeutsam, dass die Sowjetunion das erste Atomkraftwerk errichtet habe, wogegen die Kernkraft in den USA als »the next century's power« bezeichnet werde. Der »latente Maschinensturm des Spätkapitals« halte davon ab, »die neue, die riesige Entdeckung unserer Zeit: die Atomenergie« zielstrebig zu nutzen.[8] Sätze solcher Art wirken heute nicht nur absolut ahnungslos, sondern, ärger noch, schlichtweg idiotisch – wie konnte Bloch damals auf derartige Ideen kommen? Oder waren solche Gesten der Verachtung gegenüber dem Kapitalismus bloße Anbiederung an das SED-Regime? Historisch erklären lassen sich solche Passagen daraus, dass sich ab 1958 in der atomaren »Community« des Westens vorübergehend Pessimismus verbreitete, als sich bei dem ersten zivilen, 1957 in Betrieb genommenen Kernkraftwerk Shippingport herausstellte, dass die Stromkosten weit höher waren als erwartet.[9]

Bloch schätzte nicht nur Karl Marx, sondern auch Karl May; und in seinem Philosophieren spürt man eine Verliebtheit in das große Kind, das in ihm selbst steckte. Und doch war seine nukleare Hoffnung selbst in ihrer exzessiven Dimension nicht nur seine persönliche Marotte, geschweige denn ein deutscher Sonderweg von DDR-Provenienz. Das beste Parallelbeispiel sogar von internationalem Format bietet Blochs Generationsgenosse Julian Huxley (1887–1975), Biologe und Eugeniker, der erste Generaldirektor der UNESCO und Gründervater auch der IUCN, der International Union for the Conservation of Nature, zu seiner Zeit der prominenteste Netzwerker des internationalen Naturschutzes und ein vielseitiger Wissenschaftler mit visionärer Leidenschaft. Noch um 1970 erinnert er sich in seinen Memoiren, die auf Deutsch unter dem Titel *Ein Leben für die Zukunft* erschienen, ganz unbekümmert an eine »riesige Versammlung im New Yorker Madison Square Garden« im Herbst 1945, die unter dem frischen Eindruck von Hiroshima eigentlich Aufklärung über die Zukunft einer Welt mit atomaren Waffen erwartete, wie er im Einklang mit dem befreundeten Wissenschaftshistoriker Desmond Bernal dem Publikum künftige Wunderwerke des »friedlichen Atoms« – und zwar auch zivil eingesetzter Atomwaffen! – vor Augen führte, wobei er nach anfänglicher Nervosität bald spürte, »wie das Publikum mitging«: »Sprengungen für Dammbauten, Erdarbeiten zur Schaffung neuer Bewässerungsanlagen; Abschmelzen der Polareisdecken, um neues Land freizulegen und das Klima zu mildern (obwohl das den Nachteil hätte, dass sich der Meeresspiegel über dreißig Meter höbe und Gebiete wie Nordostindien oder Holland überschwemmt und zahlreiche Küstenstriche weggespült würden); und vor allem die Elektrizitätserzeugung …«[10] *Global warming* als Verheißung! Jene *Schöne neue Welt*, die sein Bruder Aldous Huxley geschildert hatte – aus der Sicht Blochs »idiotisch«[11] –, war ätzender Sarkasmus; Julian Huxley dagegen hegte ganz ernsthaft die Vision einer schönen neuen Welt, wenn er auch im Unterschied zu Bloch zumindest in Klammern bedachte, dass weite Weltregionen durch Abschmelzen des Polareises überflutet würden. Aber für einen leidenschaftlichen Visionär war es kleinkariert, von derartigen Kehrseiten einer lockenden Zukunft allzu viel Wesens zu machen!

DAS VIELZWECK-ATOM ALS WAHRZEICHEN DES KOMMENDEN »ATOMZEITALTERS«. Ein charakteristischer Zug jener frühen Atomeuphorie besteht darin, dass die Erzeugung von Elektrizität per Kernspaltung nur *ein* Aspekt und oft gar nicht einmal der am meisten faszinierende des kommenden »Atomzeitalters« ist. Die Zeitschrift *Atomwirtschaft* mahnte 1959, man dürfe die »volkswirtschaftliche Bedeutung der Kernenergie« nicht »mit Scheuklappen, d. h. allein unter dem Gesichtspunkt der Energieversorgung« betrachten; das entsprach ganz der Überzeugung des damaligen Bundesatomministers Siegfried Balke, der – von Haus aus Chemiker – prophezeite, Kernanlagen würden »im Hauptberuf die Rolle von Chemiewerken und nur im Nebenberuf diejenigen von Elektrizitätswerken« spielen.[12] Der energetische Aspekt erschien damals zumindest für die nähere Zukunft geradezu kontraproduktiv; denn ab 1957 war die Überproduktionskrise der Kohle das heikelste Problem der Bonner Wirtschaftspolitik. Und ausgerechnet in jenem Jahr wurde intern im Gästehaus der Farbwerke Hoechst in Eltville mit seinen legendären Weinen das erste bundesdeutsche Atomprogramm beschlossen, das sogenannte »Eltviller Programm«![13] Es blieb reine Zukunftsmusik; für den faktischen Gang der Kernenergie-Entwicklung war es ohne Bedeutung.

Das Buch *Wir werden durch Atome leben*, entstanden »aus der faszinierenden Begegnung mit den fähigsten Atomwissenschaftlern aus 72 Nationen« auf der Genfer Atomkonferenz vom August 1955 und mitverfasst von Gerhard Löwenthal, der später als ZDF-Moderator und Gegner der neuen Ostpolitik zu umstrittenem Ruhm kommen sollte, verspricht im Einsteckschild Aufklärung über »die friedliche Verwendung der Atomenergie in Medizin und Biologie, Industrie und Technik, Land- und Forstwirtschaft«; die banale Stromerzeugung wird keiner Erwähnung gewürdigt. Zum Thema »Landwirtschaft« enthält es ein Kapitel »Radioaktive Kühe und Hühner«[14]: Was später selbst Anhänger der Kernenergie hätte zusammenzucken lassen, lässt damals offenbar manche Herzen höher schlagen – es geht darum, »radioaktiv markiertes« Futter in seinem Weg durch den Körper zu verfolgen. Es folgt ein Kapitel »Radioaktive Düngemittel«. Radioaktive Substanzen kommen nicht als Krebsursache, sondern nur als Mittel zur Diagnose und Behandlung von Krebserkrankungen vor.[15] Nicht genug damit, trägt ein Kapitel die Überschrift: »Atomcocktail gegen Schilddrüsenerkrankungen«.[16] Dabei ist der Gesamtstil keineswegs reklamehaft, sondern sachlich bis zur Trockenheit; der Leser musste den Eindruck von Objektivität gewinnen. Zwischendurch wird auch über das Risiko, »wenn der Reaktor durchgeht«, in seiner Neuartigkeit bemerkenswert offen gesprochen; da lohnt sich ein längeres zukunftsträchtiges Zitat, das man sich zwei Jahrzehnte darauf fast nur noch in Anti-Kernkraft-Pamphleten vorstellen kann:

»In diesem Punkte unterscheiden sich Kernenergie-Reaktoren grundlegend von allen bisherigen Energiequellen. Sie haben die einzigartige Eigenschaft, dass die von ihnen entbundene Energiemenge in Sekunden-Bruchteilen auf das vieltausendfache anwachsen kann. Wenn das geschieht, wenn zum Beispiel die Kontrolle über den Reaktionsablauf verloren ist, ›geht der Reaktor durch‹. Aber es kommt noch eine zweite Eigenart hinzu, die man ebenfalls nur bei Reaktoren findet. Wenn man einen Ofen erlöschen lässt, hört seine Energielieferung auf. Setzt man die Kettenreaktion in einem Reaktor still, so hört damit die Wärmeentwicklung nicht auf, im Gegenteil, sie geht weiter … (Dies kann) zu Wärmestauungen führen, welche die Brennstoffelemente oder auch ganze Teile des Reaktors zum Schmelzen und Verdampfen bringen. Natürlich können bei ›Durchgängern‹ auch noch chemische Reaktionen hinzukommen, die weitere Energie entbinden.«[17]

»Natürlich«! Wir sehen, der »Super-GAU« ist nicht erst eine Entdeckung der Atomgegner der 1970er und 1980er Jahre. Aber dann wird ein amerikanisches Experiment vom Juli 1954 berichtet, wo man einen Versuchsreaktor durch Herausziehen des Regelstabes zur Explosion brachte, aber »schon in einer Entfernung von hundert Meter … keine nennenswerte Radioaktivität mehr« feststellte. Fazit: Obwohl die Explosion den Reaktor zerstört hatte, war sie »relativ harmlos verlaufen«.[18] Damit ist die Sicherheitsfrage zur Zufriedenheit erledigt. Kein Wort darüber, dass ein Laborexperiment mit einem winzigen Forschungsreaktor keine Rückschlüsse auf unerwartete Explosionen in Großkraftwerken gestattet!

Allerdings, ein wunder Punkt der Atomkraft bleibt schon damals bestehen: die Entsorgung der radioaktiven Abfälle. Ist das nicht die Aufgabe der Betreiber von Atomkraftwerken? Aber selbst wenn diese nur einen »nennenswerten« Teil davon bestreiten müssten, könnte es, von den Sicherheitsrisiken abgesehen, ökonomisch fatal werden: »Es würde der Ausbreitung der Atomenergie-Gewinnung schwere Fesseln anlegen, wenn jede Kilowattstunde Atomenergie nicht nur mit Kapitaldienst, Brennstoff- und Betriebskosten, sondern obendrein auch noch mit einem nennenswerten Kostenanteil für die Beseitigung der Atomasche belastet werden müsste. Bislang sind wirtschaftliche Beseitigungsverfahren für diese Rückstände nicht gefunden.«[19]

Besonders eindringlich wies in den Jahren darauf der Journalist Robert Gerwin, der später zum Herold des »friedlichen Atoms« mutierte, auf die fatale Zukunftsdimension des Atommüllproblems hin: »Würde der gesamte Energiebedarf der USA durch Atomkraftwerke gedeckt«, diese schockierende Rechnung machte er 1959 auf, »dann würde wöchentlich so viel Radioaktivität entstehen, wie 4500 Atombomben erzeugen. … Bei dem großen Aufwand, der heute bei der Beseitigung von nur einigen Kilogramm radioaktiver Spaltprodukte erforderlich ist, kann man sich kaum vorstellen, wie unsere Enkel und Urenkel mit diesen gewaltigen Mengen fertig werden wollen, ohne dass die Strahlenbelastung der Menschheit bedrohliche Formen annimmt.« Noch 1963, als man mit dem Gelegenheitskauf des stillgelegten Salzbergwerks Asse das Müllproblem erst einmal für den Augenblick ohne große Sorge für eine ferne Zukunft erledigte, warnte Gerwin, es gehöre »schon einige Unverfrorenheit dazu, seinen Nachfahren eine Last aufzubürden, an der diese noch nach zehn Generationen zu tragen haben werden«. Mittlerweile war er von der Raumfahrteuphorie gepackt und rühmte als den »zweifellos zuverlässigsten Weg« den Vorschlag eines sowjetischen Atomphysikers, den Atommüll mit Raketen in den Weltraum zu befördern.[20]

Dem Buch *Wir werden durch Atome leben* ist ein Vorwort des damaligen Bundesatomministers Franz Josef Strauß vorangestellt. Wer von dessen späterer Rolle her erwartet: »Jetzt kommt's!«, sieht sich enttäuscht: Für damalige Verhältnisse schreibt ausgerechnet der Atomminister über das »friedliche Atom« auffallend verhalten. Auf einer USA-Reise im Mai 1956 hat er begriffen, dass eine zivile Atomstromproduktion auf der Basis ökonomischer Rentabilität noch nirgends existiert und die Deutschen gut daran tun, amerikanische Erfahrungen erst einmal abzuwarten. »Verlorene Zeit – gewonnenes Geld«, verrät er der neu gegründeten Deutschen Atomkommission und spricht sogar vom »Zeitalter der umgekehrten Demontage«.[21] Der Reiz vieler Dokumente aus den bundesdeutschen Gründerjahren besteht nicht zuletzt darin, dass dort oft ungeschminkterer Klartext gesprochen wird als zu mancher späteren Zeit. Hätte Ernst Bloch dieses Strauß-Referat gekannt, hätte er ohne Zweifel aufgetrumpft: Da ist es ja, dieses kleinmütige spätbürgerliche Zurückzucken vor der Zukunftstechnik!

Dem Strauß-Vorwort ist ein Geleitwort von Otto Hahn vorangeschickt, dem Nobelpreisträger und Entdecker der Kernspaltung. Der verkündet das genaue Gegenteil: Nur mit einem »Gefühl tiefen Bedauerns« müsse er sehen, »wie hoffnungslos Deutschland auf diesem Gebiete gegenüber anderen Ländern zurückgefallen ist«. »Dabei sind die Aussichten, die sich jetzt eröffnen, so gewaltig, dass man kaum mit wenigen Worten sagen kann, wie vielfältig sich die friedlich genutzte Atomenergie verwenden lassen wird.«[22] Fortan wurde es ein Topos der Atomkraft-Apologetik: Diese neue Technologie sei unter der Obhut großer Geister wie Otto Hahn und Werner Heisenberg entwickelt worden, deren überlegene Kompetenz und hohes Verantwortungsbewusstsein über alle Zweifel erhaben seien. Daher zeuge es von purer Ignoranz, an der Verantwortbarkeit dieser Technik zu zweifeln.

In Wahrheit besaßen weder Hahn noch Heisenberg bei der Reaktorentwicklung eine leitende Funktion, und keiner von beiden hatte von den Sicherheitsproblemen eine Ahnung, ja hatte es überhaupt jemals für nötig gehalten, sich in die damit verbundenen technischen Details einzuarbeiten. Heisenberg verkündete 1953 vor dem Hamburger Übersee-Club allen Ernstes, in den USA sei das »Brutproblem« gelöst. Obwohl die Schnellen Brüter »sozusagen gesteuerte Atombomben« seien, sei seines Wissens »mit diesen schnellen Reaktoren niemals ein Unfall erfolgt«. Dabei gab es zu jener Zeit nur den winzigen Versuchsbrüter EBR I, und dieser wurde im November 1955 durch eine Explosion zerstört.[23] Selbst nach damaligen Experten-Maßstäben ist das Ausmaß der Ignoranz dieses großen Atomphysikers geradezu grotesk und erklärt sich nur daraus, dass ihn allein die physikalische Theorie interessierte. Diese hatte das Brutproblem in der Tat gelöst – im Prinzip zumindest. Was Otto Hahn anbelangt, dem Hiroshima in seinem Gewissen zu schaffen machte, so besaß er von der Reaktortechnik noch weniger Ahnung als Heisenberg. Er brauchte das »friedliche Atom« zur Entlastung seines Gewissens. Am liebsten hätte er es gehabt, wenn es keine Reaktorsicherheitskommission gegeben hätte, damit der Gedanke an Sicherheitsrisiken der zivilen Kerntechnik in der Öffentlichkeit gar nicht erst aufkam![24]

DIE SPEZIELLE ATTRAKTIVITÄT DER ATOMTECHNIK FÜR »KRITISCHE« INTELLEKTUELLE. Vor allem seit dem Göttinger Manifest der Atomphysiker gegen die atomare Bewaffnung der Bundeswehr verkörperten Hahn und Heisenberg gerade auch in den Augen »kritischer« Intellektueller die verantwortungsbewusste Wissenschaft in Reinkultur. Da hatten sie nach der Weigerung, »sich an der Herstellung, der Erprobung oder dem Einsatz von Atomwaffen in irgendeiner Weise zu beteiligen«, umso nachdrücklicher dafür plädiert, »die friedliche Verwendung der Atomenergie« »mit allen Mitteln« zu fördern.[25] Das trug dazu bei, dass sich auch bei solchen Intellektuellen, die durch die Ausbreitung der atomaren Waffen alarmiert waren, die fixe Idee festsetzte, selbst physikalisch-technisch sei das »friedliche Atom« eine andere Welt als die Bombe. Dabei hätte man, wenn man nur wollte, über die Affinität zwischen diesen Technologien Bescheid wissen können. Kein anderer als Robert Oppenheimer, der legendäre »Vater der Atombombe«, hatte bereits im November 1945 auf einem ersten »Symposium on Atomic Energy« warnend darauf hingewiesen, dass zwischen Reaktoren und Bomben eine technische Nachbarschaft bestehe, schon dadurch, dass jeder Reaktor bombenfähigen Spaltstoff produziere.[26] Nicht umsonst entstammten die Reaktoren ja dem Militärkomplex. Aber vielen Gegnern der Atomrüstung waren solche Hinweise suspekt, da sich damit argumentieren ließ, im Gedanken an die zivile Kerntechnik habe es gar keinen Sinn, auf die Abschaffung der atomaren Waffen zu drängen!

Was sich spätere Generationen kaum mehr vorstellen konnten, aber schon durch Ernst Bloch bezeugt wird: In den 1950er Jahren hatte es in typischen Fällen einen »kritischen« »progressiven«, wenn nicht gar sozialistischen Zug, sich emphatisch für eine forcierte Kernenergie-Entwicklung zu erklären und den zögerlichen staatlichen Instanzen Trägheit und Rückständigkeit vorzuwerfen. Das Bekenntnis zum »friedlichen Atom« konnte sich nicht nur mit einer Spitze gegen die atomare Rüstung verbinden, sondern auch mit der Proklamation einer »zweiten industriellen Revolution«[27], die ein grundlegendes Umdenken erfordere, und mit dem Ruf nach mehr staatlicher Planung und Steuerung der Wirtschaft und der Wissenschaft, gegen die Dominanz des privaten Profitinteresses in der Ökonomie wie auch der alten professoralen Eigenbrötelei an den Universitäten.

Prototyp einer »linken« Atomeuphorie in der damaligen Bundesrepublik ist Leo Brandt (1908–1971), Staatssekretär in Düsseldorf, Gründervater der Kernforschungsanlage (KFA) Jülich und technologiepolitischer Vordenker der SPD. Von Hause aus war er Hochfrequenztechniker, im Krieg als Radarexperte sehr gefragt und vor diesem seinem Technologie-Hintergrund tief besorgt über einen deutschen Rückstand gegenüber den Briten; genau besehen besaß also sein Engagement für das Atom keineswegs nur »linke« Wurzeln. 1956 schwärmte er auf dem Münchener Parteitag der SPD ganz ähnlich wie im anderen Deutschland Ernst Bloch, wie die Kerntechnik zur Bewässerung der Wüsten, zur Kultivierung der Urwälder und zur Erschließung der arktischen Eiswüsten dienen werde. Gutgläubig hatte er sich von einem amerikanischen Firmenvertreter weismachen lassen, schon »für die ungewöhnlich geringe Summe von 1 Million Dollar« seien Kleinreaktoren zu haben, die in ein paar Kisten hineinpassten. Diese Kisten müssten nur einen halben Meter tief vergraben werden, »am Ende kommt ein Kabel raus«, und dies könne eine Stadt von 10 000 Einwohnern mit Strom versorgen. Als ob das Hauptproblem der Kerntechnik darin bestünde, dass man nicht versehentlich das Kabel zuschüttet! Auch das »Atomtriebwerk für Flugzeuge« – eine Anwendung, die dem Kernbrennstoff »geradezu auf den Leib geschrieben«[28] sei – stehe schon »vor der Tür«. »Ein vielleicht noch nicht ganz gelöstes Problem ist die Sicherung der Bewohner in den Dörfern oder Städten bei einem eventuellen Absturz.«[29] »Noch nicht ganz« – also wohl fast?

Zu alledem der Weheruf, der ebenfalls zum Propheten gehört: »Wehe aber der Nation unter den bisher führenden, die jetzt den technisch-wissenschaftlichen Anschluss verpasst! ... Ihr Lebensstandard wird zurückbleiben, ihre politische und wirtschaftliche Unabhängigkeit kann bis zu einer neuen Art kolonialer Abhängigkeit gefährdet werden.«[30] All diese Märchen, die damals von den versammelten Sozialdemokraten anscheinend kritiklos hingenommen wurden, hinterließen noch ihre Spuren in dem Godesberger Programm von 1959, wo die nach der Abkehr vom Marxismus entstandene Zukunftslücke anderweitig zu füllen war und die Hoffnung auf das »friedliche Atom« als Kontrapunkt zur Furcht vor dem Atomkrieg fungiert.[31] Dabei hatte damals der Höhenflug der Atomeuphorie unter Insidern bereits eine erste kalte Dusche erfahren!

»Mensch, die nehmen jetzt die Pille!« sagen die Kohleschipper neidisch zueinander.
Karikatur aus dem Industriekurier *1969, als der erste bundesdeutsche Bestellboom*
für Kernkraftwerke anlief, die meisten Deutschen von diesen jedoch noch keine
konkrete Vorstellung besaßen.

Ein bemerkenswerter Parallelfall zu Leo Brandt ist unter damaligen deutschen Vordenkern der Ökonom Edgar Salin (1892–1974), der Gründer der
Basler Prognos AG (1959) und zugleich letzter markanter Kopf der historischen Schule der deutschen Nationalökonomie, die seit dem 19. Jahrhundert die lenkende Rolle des Staates gegen den »Manchester-Liberalismus«
verfochten hatte. Einst über Platon habilitiert, besitzt er die Aura des weiten Blicks, und sein Ansehen reicht vom Atomministerium bis in die Opposition.[32] In der Prognos AG wird er mit der aufsteigenden mathematischen Ökonomie kooperieren, die gerade in der Prognostik einen Trumpf
erkennt[33]; aber geschichtsbewusst betont er auch den Wandel, die neuartige Qualität einer neuen Zeit; und dafür bietet ihm die Kerntechnik das Paradebeispiel. Die Lehre von den Konjunkturzyklen mit ihrem kreislauf-
artigen Bild der Wirtschaftsgeschichte hält er für überholt.[34] Wie Brandt
proklamiert auch er eine »neue industrielle Revolution« auf der Basis der
Atomkraft. Etwas doppelbödig schildert Marion Gräfin Dönhoff später ihren
einstigen Doktorvater, den »Weltgeist zu Basel« (Ulrich Raulff)[35] und füh-

renden Geist des verbliebenen George-Kreises, als »großen Zauberer« mit einem Hang zu einer »gewissen prophetischen Attitüde«.[36] Die lebt er auch an der Kerntechnik aus, nicht mit der kindlichen Begeisterung eines Ernst Bloch, sondern mit einem Zwielicht von Paradies und Apokalypse.

In seiner *Ökonomik der Atomkraft* von 1955, die ganz den Geist der damaligen Genfer Atomkonferenz atmet, übernimmt Salin eine amerikanische Berechnung, der zufolge die Stromkosten beim Brüter 0,0056 Pfennig pro kWh betragen würden[37], und das zu einer Zeit, in der kommerzielle Brüter noch in unbestimmter Zukunft liegen: ein Memento, dass Politiker die Zusicherungen selbst prominenter »Experten« mit großer Vorsicht genießen sollten! Die Anlagekosten des Brüters (die in Zukunft ins Gigantische wachsen sollen) lässt Salin bei der Rechnung allerdings wohlweislich außer Betracht, obwohl für wirkliche Fachleute schon zu jener Zeit klar ist, dass diese für die Wirtschaftlichkeit des Atomstroms entscheidend sind. Der »Weltgeist von Basel« begnügt sich gleichwohl nicht mit Hypothesen und Wenn-dann-Aussagen, sondern verkündet, »mit Sicherheit« werde die Atomenergie »schon in wenigen Jahren« zu weltwirtschaftlicher Bedeutung aufsteigen.[38] Er geht sogar so weit zu erklären, mit Blick darauf solle es sich von selbst verstehen, von nun an keine thermischen Kraftwerke zu errichten, die nicht durch ihre Lage außerhalb der Städte den Anbau von Reaktoren gestatten[39]; immerhin, den noch bis Ende der 1960er Jahre herumgeisternden Plänen großstadtnaher Kernkraftwerke erteilt er implizit eine Abfuhr!

Denn, auch das verschweigt er nicht: In dieser »neuen Epoche«, in der »die Technik das Amt des Schöpfers usurpiert« – für bibelfeste Bildungsbürger jener Zeit eine unheimliche Aussicht! –, »drohen apokalyptische Greuel – niemand darf sich das verhehlen«.[40] Und zwar denkt er dabei nicht nur an die Bombe, sondern auch an die zivile Kerntechnik: Da drohe »die Gefahr einer Technokratie von solcher Machtfülle, dass alle Diktaturen der Vergangenheit daneben als bloße Stümperei erscheinen«.[41] Wie man sieht, wurzelt Robert Jungks *Atomstaat* von 1977 bereits in der Apokalyptik der 1950er Jahre. Wäre unter solchen Umständen denn nichts naheliegender als der dringende Rat, von dieser Technologie die Hände zu lassen?

Aber anders als in den 1970er Jahren ist dieser technische Fortschritt für die Vordenker jener Zeit noch kein freies Entscheidungsfeld, sondern Schicksal. Da kann man nur zusehen, das Beste daraus zu machen. In seinem Hang zu weiten Horizonten glaubt Salin, gerade in den Entwicklungsländern »das gegebene Anwendungsgebiet für die neue Energie« zu erkennen, obwohl die Sorge naheliegt, dass dort die geringste Kompetenz für den Umgang mit den Risiken besteht. Wie so viele »Entwickler« denkt er auch nicht wirklich von Interessen der Dritten Welt her, sondern von der Aussicht, durch dortige Segnungen der Kerntechnik den alten Industriestaaten »ein neues Absatzgebiet von fast unbegrenzter Aufnahmefähigkeit« zu erschließen.[42]

DIE GRÖSSTEN SKEPTIKER GEGENÜBER DER »ATOMHYSTERIE«: INGENIEURE UND ÖKONOMEN. Wenn man den Atom-Enthusiasten den gedankenlosen Umgang mit den Risiken vorwirft, ist das keine billige Besserwisserei aus der Rückschau: Die meisten Grundrisiken auch der zivilen Kerntechnik konnte man schon damals erkennen, wenn man denn erkennen wollte: die Verbindungen mit der Bombentechnik, das Atommüllproblem, die Gefahren radioaktiver Strahlung, mögliche explosive Kettenreaktionen beim »Durchgehen« eines Reaktors. Ein Reiz der Literatur der atomaren Frühzeit besteht darin, dass über diese Risiken auch von Befürwortern der Atomkraft noch relativ offen geredet wurde; erst in den späten 1960er Jahren, als Milliarden in Kernkraftwerke investiert wurden, setzten sich andere Sprachregelungen durch.

Ein aus späterer Sicht geradezu atemberaubendes Dokument dieser Klartext-Sprache der nuklearen Gründerzeit ist das Standardwerk der 1950er Jahre über Kernreaktoren: die *Atomkraft* von Friedrich Münzinger (1884–1962), einem einstigen Großkraftwerksbauer der AEG, der mit schweren Kesselexplosionen bei Kraftwerken seine Erfahrungen hatte.[43] 1941 hatte er *Gedanken über Technik und Ingenieure* publiziert, wo er ungeachtet mancher Konzessionen an die risikofreudige NS-Ideologie hervorhebt, dass das Risikobewusstsein den erfahrenen Ingenieur über den Spieler erhebe: »In der Art, wie er ein Wagnis anpackt und durchführt, unterscheidet sich der ernsthafte Ingenieur vom Spekulanten und Hasardeur.«[44] Diesen Vorsatz nahm er in seinem Umgang mit der Kerntechnik sehr ernst. Vermutlich kam ihm dabei zu Hilfe, dass er von seinem Naturell her kein Optimist war. Selbst 1955, auf dem Höhepunkt der Atomeuphorie, schrieb der damals Siebzigjährige in seinen Memoiren, einer Fundgrube alter Ingenieursweisheit: »Grau und ungewiss liegt die Zukunft vor uns, und nicht einmal für die nächste Zeit lässt sich der Gang der Dinge einigermaßen zuverlässig voraussagen.«[45] Er beklagt die »Managerkrankheit« und direkt darauf »die bewusste oder unbewusste Vergewaltigung der Natur«; im Blick darauf möge die Öffentlichkeit »alle mit noch so verlockenden Verheißungen angepriesenen, in die Natur wesentlich eingreifenden Projekte sehr kritisch« prüfen.[46] »Darüber kann aber kaum ein Zweifel bestehen, dass viel Überflüssiges erfunden und hergestellt wird, und dass das unablässige überhastete Vorantreiben des technischen Fortschrittes weder einem allgemeinen Bedürfnis entspricht, noch der Gesundheit der damit befassten Menschen zuträglich ist.«[47]

Auch in seinem Handbuch zur Reaktortechnik erkennt man auf und noch mehr zwischen den Zeilen tiefe Zweifel daran, ob diese Technologie wirklich zu den erstrebenswerten Fortschritten gehört. Noch heute lesenswert ist das Kapitel »Unfallgefahr bei Reaktoren«, das mit dem Hinweis beginnt, »schwere Unfälle« könnten sich »beim Abstellen von Reaktoren ereignen«: schon dies eine neue Risikodimension gegenüber bisherigen Kraftwerken. Und zu beachten sei nicht nur das direkte Explosionsrisiko; selbst wenn ein Reaktorschaden »nur einen kleinen sichtbaren Effekt« habe, könne er sich »auf ein sehr großes Gebiet unheilvoll auswirken«. Denn »radioaktive Gifte« seien »1 bis 1000 Millionen mal so gefährlich wie chemische«.[48] Gerade weil das »friedliche Atom« damals gerne mit Automation und Kybernetik zusammen gesehen und als perfekt steuerbar gedacht wurde, zeugt die folgende Warnung, die auf ein Grunddilemma verweist und ihre Aktualität bis heute nicht verloren hat, in besonderem Maße vom Detailwissen des erfahrenen Ingenieurs:

> »An Mess- und Kontrollinstrumenten und automatischen Sicherheitsvorkehrungen sollte man nicht sparen. Andererseits vermindert eine überflüssig reiche Ausstattung die Betriebssicherheit oft mehr als sie sie erhöht, weil besonders diejenigen Vorrichtungen, die nur selten in Tätigkeit treten, im Bedarfsfall erfahrungsgemäß leicht versagen. Auch verlässt sich die Bedienung dann allzu sehr auf Instrumente und Automatik und weiß sich deshalb bei Störungen oft nicht zu helfen. Manche Besucher, die sich durch eine sehr weitgehende Automatisierung und Instrumentation imponieren lassen, sollten bedenken, dass dieser übergroße Aufwand nicht immer als ein Zeichen besonderer Fortschrittlichkeit angesehen werden darf.«[49]

Der folgende Hinweis Münzingers erinnert daran, wie scharf man in manchen Fällen zwischen öffentlicher und veröffentlichter Meinung, zwischen futuristischer Publizistik und tatsächlichen Zukunftserwartungen breiter Bevölkerungsteile unterscheiden muss: »Viele unserer Landsleute stehen, wie ihre Reaktion auf die Erstellung einiger atomarer Forschungsinstitute zeigte, nuklearen Anlagen argwöhnischer gegenüber als beispielsweise die Amerikaner.«[50] In der Tat ergab Anfang 1959 eine Umfrage des Allensbach-Instituts, dass nur ganze acht Prozent der Bevölkerung vorbehaltlos für die Kernenergie waren, wogegen 17 Prozent befürchteten, diese Technik werde eines Tages zum Atomkrieg führen. 1958 kam bei einer Emnid-Umfrage heraus, dass »positive Vorstellungen« von »friedlicher Kerntechnik« in den oberen Bildungsschichten »sehr viel stärker« verbreitet waren als in den unteren.[51] Gegen die Errichtung der beiden Kernforschungszentren Karlsruhe und Jülich hatte es lokale Widerstände gegeben. Weit entfernt davon, hier auf eine *German Angst* einzuschlagen, lässt Münzinger im Gegenteil erkennen, dass er in dieser Skepsis eher einen Ausdruck von Realismus erkennt: ein Anzeichen dafür, dass anders als in den USA »der Einfluss der Ingenieure größer (ist) als der der Geschäftemacher«.[52] (Die Propheten als nützliche Idioten der Spekulanten!) Und mit Seitenhieb auf die euphorische Publizistik: »Wir sollten daher nicht die Illusion aufkommen lassen, dass der Bau von Atomkraftwerken eine Art technischer Sonntagnachmittags-Spaziergang sei … Auch sollte man sich vor Prophezeiungen hüten wie der, dass die Atomkraft das Los des kleinen Mannes bald in unerhörter Weise erleichtern werde, weil sie durch Sachkenntnis nicht getrübte Flunkereien sind.«[53] Ganz gewiss galt das aus seiner Sicht für die zur gleichen Zeit publizierte Atomschwärmerei eines Ernst Bloch.

Gegen Schluss des Buches wird der Ton immer schärfer; da spricht Münzinger davon, es sei ein Zeichen von »geistiger Verwirrung«, dass »die Welt« »eine Zeitlang« von einer »Art Atomkraft-Psychose« erfasst worden sei.[54] »Atomhysterie« war damals ein stehender Begriff selbst im Atomministerium[55] und an der Spitze des RWE[56], und zwar nicht etwa, wie man später meinen würde, für eine panische Angst vor der Kerntechnik, sondern im Gegenteil für eine überdrehte Begeisterung dafür! Und am Ende ein Frontalangriff auf die Zukunftsrhetorik, der aus heutiger Sicht nun doch über das Ziel hinausschießt: auf die aus seiner Sicht Vernebelung des Blicks, die dahin führt, »dass manche sonst klugen Menschen sich den Kopf darüber zerbrechen, was unsere Generation tun sollte, damit in ein paar hundert Jahren kein Energiemangel auf der Welt herrscht, statt ihre ganze Tatkraft auf die schnelle Linderung der gegenwärtigen Not zu konzentrieren«. Und er vergleicht den Wettlauf in der Atomkraft mit dem einstigen »Kampf um das ›Blaue Band‹« bei den Atlantik-Dampfern, der zu der *Titanic*-Katastrophe führte.[57] Was umso mehr verblüfft: dass er den Atomantrieb bei Kriegsschiffen für sicherer hält als bei Kraftwerken, da bei der Marine eher »mit einer sachverständigen Bedienung zu rechnen« sei![58]

Ähnlich wie Münzinger schreibt Kurt Jaroschek (1898–1989), Ordinarius für Wärmetechnik an der TH Darmstadt und Berater des RWE, aus der Sicht des erfahrenen Ingenieurs und Energiewirtschaftlers 1962 in ironischem Rückblick auf bisher aufeinanderfolgende Atomperspektiven in einer Schrift, die sogar vom Atomministerium herausgebracht wurde:

»In der noch kurzen Entwicklungszeit des Atomkraftwerksbaues kann man folgende Phasen in der Beurteilung der Erfolgsaussichten der Kernenergie feststellen: Die journalistische Phase, drastisch gekennzeichnet durch eine Notiz in zwei angesehenen deutschen Zeitungen in der ersten Nachkriegszeit, in der gemeldet wurde, dass es erstmalig gelungen sei, zehn Uranatome zu spalten und mit der gewonnenen Energie einen Elektromotor zu betreiben.
Die naiv-physikalische Phase, in der die Maschinenbauer noch nicht mitreden konnten und schon gar nicht die Energiewirtschaftler unter ihnen: Durch Spaltung des gesamten Urans mit Hilfe des Brütens werde soviel Energie frei, dass die Energieerzeugung praktisch nichts koste, wie teuer das Uran auch sein möge und wie niedrig auch der Wirkungsgrad des Atomkraftwerkes sei. Aus dieser Einschätzung heraus wurde häufig von einem Atomzeitalter gesprochen.«[59]

In weniger als einer Dekade immer neue Phasen: Es folgen »die Phase der wirtschaftlichen Fehlkalkulationen« und »eine vierte Phase der Ernüchterung und Besinnung«, und auch die ist noch nicht nüchtern genug. »In der jetzigen fünften Phase ist die beherrschende Bedeutung des Kapitalaufwandes deutlicher geworden; sie wird von denen sozusagen erlebt, die vor der Frage des hohen Kapitalrisikos stehen« – so von dem RWE-Berater Jaroschek.[60] Der seufzte damals, als »Wiederaufarbeitung« für Außenstehende noch freundlich klang, die bei der Wiederaufarbeitung zu bewältigenden Schwierigkeiten gemahnten an das Bibelwort, »dass wir im Schweiße unseres Angesichts unser Brot essen müssen«[61] – eines der nun wirklich prophetischen Zeugnisse jener Zeit! Bezeichnend ist der Seitenhieb des Ingenieurs auf die Physiker (die in Wahrheit auch manche Naivität der »journalistischen Phase« verschuldet hatten); »Physikerreaktor« war unter Kraftwerksbauern ein abfälliger Begriff – was von der »Neutronenökonomie« der Spaltprozesse her optimal war, konnte von der Ökonomie her dubios sein und überdies technische Tücken mit sich bringen, von denen die Physiker keine Ahnung hatten.

Ein anderer RWE-Berater, Oskar Löbl, der das Unternehmen zur NS-Zeit vor gigantischen Windkraftprojekten gewarnt hatte, spezialisierte sich zu jener Zeit darauf, optimistische Kostenprognosen der Atomlobby auseinanderzunehmen, und bemerkte spöttisch, wie großspurige Anbieter von Atomreaktoren stets kleinlaut würden, sobald das RWE sie darauf festzunageln suchte, die verheißenen niedrigen Stromkosten vertraglich zu garantieren. Und im Stil des Anfangs der *Asterix*-Hefte, die das freie Gallierdorf als eine Insel im Römerreich präsentieren, schildert er die großen Stromerzeuger als eine Insel der Nüchternheit mitten im nuklearen Rausch: »Alles war hoffnungsvoll gestimmt, das Atomzeitalter war angebrochen, die Zukunft hatte begonnen. Nur eine Gruppe machte Vorbehalte. Es waren dies die großen Stromversorgungsunternehmen, darunter das größte von ihnen, das RWE. Sie wollten an das Goldene Zeitalter nicht glauben.«[62] Ironie der Geschichte: Sucht man für jene Zeit nach skeptischen Stimmen zur Zukunft der Kernkraft, findet man sie am ehesten im Umkreis des RWE, das sich ein Jahrzehnt darauf an die Spitze der Atomlobby stellte!

Löbl gehörte zu den Gewährsleuten von Fritz Baade[63] (1893–1974), dem damaligen Leiter des Kieler Weltwirtschaftsinstituts. Wie wir sahen, glaubte er damals an die vorerst unbegrenzte Steigerbarkeit des Agrarprodukts der Welt; umso mehr fällt auf, dass er sich vom damaligen nuklearen Optimismus *nicht* mitreißen ließ. Sein 1958 publiziertes Büchlein *Weltenergiewirtschaft* lässt vom globalen Höhenflug des Obertitels eine Eloge auf die Kernkraft erwarten; der Untertitel stellt jedoch die Frage: *Atomenergie – Sofortprogramm oder Zukunftsplanung?* Eine für die damalige Atom-Literatur bemerkenswerte Unterscheidung zwischen Diagnose und Prognose! Dazu schickte er das Manuskript vor der Veröffentlichung an Otto Hahn, der sich an die Lektüre zunächst nur widerwillig begab, »aber wie angenehm war ich überrascht«. Und zwar davon, dass Baade mit der »Angstvorstellung« aufräumte, »als stünden wir wegen des zu erwartenden Energiemangels unter einem Zeitdruck«. Damit habe Baade ihm aus der Seele gesprochen; auch er selbst halte »die Überstürzung der Nutzanwendung unserer Forschungen« für »verfehlt«.[64] Zu jener Zeit drohte sein Lieblingskind, die Kernforschungsanlage Jülich, durch die forcierte Großforschung des Karlsruher Rivalen an die Seite gedrängt zu werden. Hahn bekannte sich zwar zum »friedlichen Atom«, das der von ihm entdeckten Kernspaltung einen guten Sinn versprach, glaubte jedoch, erst »später« würden »Atommaschinen« Verwendung finden, und auch dann wohl vorwiegend in »Polarländern, Wüsten usw.«.[65] Zwischen den Zeilen erkennt man, dass er das Risiko auch der zivilen Kerntechnik zumindest ahnte, auch wenn er keine öffentliche Aufmerksamkeit darauf lenken wollte.

Während andere Atomtouristen im Anblick der britischen Reaktoren von Calder Hall, dem 1956 in Betrieb genommenen »ersten Atomkraftwerk der Welt«, geradezu ein nukleares Erweckungserlebnis hatten[66], sah Baade schärfer: »In den meisten Presseberichten wird Calder Hall als Atomkraftwerk vorgestellt. Das entspricht nicht den Tatsachen. Calder Hall ist eine auf Verlangen des englischen Generalstabs gebaute Fabrik zur Produktion von Plutonium für Atombomben. Diese Bombenfabrik ist mit einem Kraftwerk umkleidet.« Die erzeugte Energie sei nur ein Abfallprodukt der

Bombenproduktion.[67] Die Forcierung der Kernkraft war ihm tief suspekt: »Unser Denken über Weltenergiewirtschaft« sei »durch Jahrtausende alter Schutt in unseren Herzen und Hirnen sehr belastet. Die Ungeduld und die hektische Übereile, mit denen Fragen der Atomenergie vielerorts betrachtet werden, sind nicht zuletzt auch von dieser Seite her zu erklären« – von der jahrtausendelangen Jagd darauf, sich immer mehr Kräfte von Sklaven zu unterwerfen.[68] Und augenzwinkernd präsentiert er seinen Wunschtraum, »auf der Welt eine Anzahl von Atomforschungsparadiesen zu schaffen«, am besten »in Westindien oder in der Südsee«; dann würde es dort keine Atomtests mehr geben, und die Menschheit hätte die Atomforscher in einem friedensstiftenden Umfeld auf Distanz![69] Und er zitiert die Bergpredigt: »Selig sind die Sanftmütigen, denn sie werden das Erdreich besitzen.«[70]

ENERGIE NACH DEM VORBILD DER SONNE: DIE SCHEINBAR REGENERATIVE ATOMKRAFT VERNEBELT DIE ERNEUERBAREN ENERGIEQUELLEN. Es gab auch unter den prominenten Physikern einen erklärten Kernenergie-Skeptiker: den Österreicher Hans Thirring (1888–1976), der nicht nur über nukleare Kompetenz verfügte, sondern auch eine Fotozelle erfunden hatte und seit dem Ersten Weltkrieg engagierter Pazifist war. Er warnte 1952, eine Nutzung der Kernenergie sei erst dann zu verantworten, wenn die Möglichkeiten der Solar- und Wasserenergie gänzlich ausgeschöpft seien: aus heutiger Sicht ein Musterbeispiel verantwortungsbewusster Zukunftsphilosophie. Dass er jedoch an eine derart überlegte Planungsfähigkeit der Entscheidungsträger schon damals, vor Genf 1955, nicht wirklich glaubte, verrät sein Nachsatz *Dixi et salvavi animam meam* – »Ich habe gesprochen und meine Seele gerettet«.[71] Ein sprichwörtliches Gewissens-Alibi aus dem Buch Hesekiel: Auch wenn die Gottlosen der Verdammnis verfallen, rettet man seine eigene Seele, indem man sie warnt – wohl wissend, dass sie auf die Warnung nicht hören.

Oder hatte Thirrings Plädoyer für eine Priorität der Solarenergie zu jener Zeit doch eine Chance? 1952 war noch Homi Bhabha, der spätere Vorsitzende der Genfer Atomkonferenz, im sonnenreichen Indien als Protagonist der Solarkraft hervorgetreten.[72] Projekte solarthermischer Kraftwerke reichen bis in die 1860er Jahre zurück; um 1900 hatte Friedrich Kohlrausch Präsident der Physikalisch-technischen Reichsanstalt, in der Vision geschwelgt, künftig würden »einige Quadratmeilen in Nordafrika« für die Energieversorgung des Deutschen Reiches genügen, und selbst August Bebel hatte sich in seinem Bestseller *Die Frau und der Sozialismus* von dieser Begeisterung anstecken lassen.[73] 1931 hatte es in der deutschen Presse über neue Perspektiven der Photovoltaik einen »Begeisterungssturm« gegeben; diese wurde sogar in der US-amerikanischen Publizistik »periodisch wiederkehrend zur Zukunftslösung der Energiewirtschaft hochgejubelt« (Gerhard Mener).[74]

Aber diese Euphorie blieb vorerst folgenlos; da gab es nicht diese gigantische Synergie mit den Militärapparaten wie bei der Kerntechnik. Und noch etwas anderes kam damals hinzu: Das »friedliche Atom« absorbierte die solare Vision. Denn die eigentliche Strahlungsquelle in Genf 1955 waren nicht so sehr die Kernspaltreaktoren; eher die Brüter, die das Atom zur regenerativen Energiequelle weiterzuentwickeln versprachen, vor allem jedoch leuchtend am Horizont der *Fusionsreaktor*, der Energie nach der Art der Sonne (und der Wasserstoffbombe) durch Verschmelzung von Heliumkernen erzeugen sollte. Er wurde von Bhabha auf gut Glück in zwanzig Jahren prophezeit; als diese herum waren, wurden es wieder zwanzig Jahre, und so ähnlich ging es weiter bis heute.[75] Münzinger, der nüchterne Realist, handelt vom Fusionsreaktor im Kapitel »Zukunftsträume«.[76]

Nicht zuletzt dies ist der springende Punkt: dass ebenjene Hoffnungen, die sich seit den 1970er Jahren auf die erneuerbaren Energien richten und schon vor den 1950er Jahren auf diese gerichtet hatten, ab 1955 von vielen auf das »friedliche Atom« projiziert wurden. Auch dies gehört zu einer kritischen Zukunftsgeschichte: wie luftige Zukunftsprojekte im Zuge ihrer Konkretisierung von anderen Entwicklungen unterlaufen werden, die bereits eine massive Interessenbasis besitzen. Nur in der Raumfahrt, wo ursprünglich ein nuklearer Antrieb geplant war – sogar in der Kernforschungsanlage Jülich arbeitete man bis in die frühen 1970er Jahre an einem weltraumfähigen Reaktor![77] –, schlugen frühzeitig die Solarzellen die Reaktoren aus dem Feld![78]

1957 veröffentlichte Hans Walter Flemming, von 1940 bis 1945 Geschäftsführer des Reichsverbandes der Deutschen Wasserwirtschaft und nach 1945 Mitbegründer des Westdeutschen Wasserwirtschaftsverbandes, eine zukunftsorientierte Weltgeschichte des Wasserbaus, ein »großes Buch von Wasser und Völkerschicksal« mit einer für einen Hydrauliker charakteristischen Mixtur von technokratischen Träumen und ökologischen Bedenken. Da begegnet am Anfang das Atom als Rivale seiner Leidenschaft, des Wassers:

> »Wir sind viel abhängiger vom Wasser als frühere Zeiten. Die Menschen lieben es, sich falsche Götterbilder zu schaffen, um über sie ihre wirkliche Abhängigkeit zu vergessen. Die größte Gefahr besteht vielleicht in der Überschätzung der Technik. Gewiss, auch die Atomenergie wird dazu beitragen, dass die Menschen besser leben. … Aber leben werden wir auch in aller Zukunft nicht durch Atomenergie, sondern durch das Wasser!«[79]

Eine Anspielung auf *Wir werden durch Atome leben!* Wie aber, wenn nicht mehr die Atomkraft mit der Wasserkraft konkurriert, sondern sich das Atom mit dem Wasser verbündet? Genauer gesagt mit dem Schweren Wasser? Vom Atomwaffenprojekt des Zweiten Weltkriegs her wurde der Schwerwasserreaktor in der Frühzeit der bundesdeutschen Atompolitik favorisiert[80], mehr noch: Der Fusionsreaktor, der Weiße Elefant am atomaren Horizont, sollte – so hieß es – mit Schwerem Wasser arbeiten. Da wandelt sich Flemming am Schluss doch noch arglos zum Atom-Enthusiasten: In Verbindung mit dem Fusionsreaktor sei »das Schwere Wasser einer der interessantesten und aktuellsten Stoffe geworden. Es erschließt so ungeheure Möglichkeiten zur Energiegewinnung, dass die Menschheit hoffen darf, damit in einigen Jahrzehnten alle Energiesorgen für immer los zu werden.«[81] Seltsam, wie sich selbst ein derart erfahrener Technologe an diesem Punkt von seinen Wunschträumen einen Streich spielen lässt!

Nicht anders ergeht es seinem damaligen ostdeutschen Gesinnungsgenossen Reimar Gilsenbach (1925–2001), der 1961 eine ähnliche Weltgeschichte des Wasserbaus (*Die Erde dürstet – 6000 Jahre Kampf um Wasser*) veröffentlichte, die dazu führte, dass an ihm der Spitzname »Wassermann« noch viel später haften blieb, als er zu einem phantasievollen <u>DDR</u>-Grünen geworden war. Auch seine Mega-Geschichte schließt mit einer Allianz von Wasser und Atom: »Wasser im Atomzeitalter – Unentbehrlich in Atomkraftwerken«. Dabei steht er schon damals in enger Verbindung zum Naturschutz; seit 1952 ist er Redakteur der Zeitschrift *Natur und Heimat*. Aber er beruhigt seine Gesinnungsgenossen im Blick auf den Bau des Kernkraftwerks am Stechlin- und Nehmitzsee, mit dem die DDR gegenüber den Westdeutschen vorübergehend einen nuklearen Vorsprung erlangte:

> »Naturfreunde haben den Bau des Kernkraftwerkes ungern gesehen, weil sie meinten, es beeinträchtige die reizvolle Landschaft rings um den Stechlinsee. Das ist kaum der Fall. Das Werk wird weder Lärm noch Qualm erzeugen. Für Sicherheit ist in jeder Beziehung gesorgt. Ja, die Anwesenheit des Kernkraftwerkes schützt das Gebiet der beiden Seen gegen jede weitere Inanspruchnahme.«[82]

Dabei gibt er sogar in schockierender Weise zu, dass die Wasserabhängigkeit der Atomkraft-Erzeugung ihre Tücken hat: »Die jährliche Primäraktivität der Abfälle eines 100-Kilowatt(wohl gemeint: Megawatt)-Reaktors würde ... ausreichen, um zehntausendmal soviel Wasser radioaktiv zu verseuchen, wie die Bevölkerung der ganzen Deutschen Demokratischen Republik im Jahr benötigt.«[83] Damals jedoch sind die Risiken der Kerntechnik für ihn das schlagende Argument, dass diese nur von einem sozialistischen Staat genutzt werden darf. »Segen und Gefahr ruhen in der geheimnisvoll strahlenden Materie untrennbar beieinander. Mit Hilfe der Atomenergie können die Völker einen Wohlstand und eine Höhe der Kultur erreichen, wie wir es uns heute gar nicht zu träumen wagen.«[84]

Um noch einen letzten Zukunftsschreiber der nuklearen Frühzeit vorzustellen, der zugleich einen merkwürdigen Kontrast zu Gilsenbach bietet: Walter Greiling (1900–1986) war in der NS-Zeit Schriftleiter der Zeitschrift *Chemische Industrie* gewesen, dem Organ der gleichnamigen Wirtschaftsgruppe, und hatte 1938 ganz im Geiste der IG-Farben-Ambitionen den Bestseller *Chemie erobert die Welt* veröffentlicht, der immer neue Auflagen erlebte, nach 1945 in entnazifizierter Form. Aber damit hatte er offenbar seinen technokratischen Utopismus ausgetobt; sein Buch von 1954 *Wie werden wir leben?* besitzt einen Grundton der Ernüchterung, gerade auch im Blick auf die Chancen der Atomkraft. Das ist umso bemerkenswerter, als zu jener Zeit der alte IG-Farben-Mann Karl Winnacker, nunmehr Chef der Farbwerke Hoechst, zum stärksten industriellen Rückhalt der bundesdeutschen atomaren »Community« wurde; speziell beim Schweren Wasser witterte er da ein großes Geschäft für sein Unternehmen.[85] Greiling selbst wirkte laut Wikipedia 1958 an der Gestaltung des Atomiums mit, des Wahrzeichens der Brüsseler Weltausstellung. Und doch richtet sich sein Zukunftsbuch von 1954 im Grundton von Anfang an gegen den technokratischen Utopismus. Reichlich pessimistisch glaubt er sogar (bei gleichzeitigem Optimismus in der Methode der Prognostik), nach all den rasanten Fortschritten der Technik sei »eine weitere Steigerung des Wirkungsgrades … kaum mehr möglich«. »Heute neigen die Wissenschaftler zwar zu dem Bekenntnis, weit weniger zu wissen als sie noch vor 30 Jahren glaubten« – auch dies eine Beobachtung, die festgehalten zu werden verdient!; »sie vermögen aber rein statistisch weit mehr zu zählen und zu errechnen und können dadurch auch weit mehr technische Erfolge erzielen«.[86] Und doch glaubt er arg verfrüht, mittlerweile würden bereits »die Grenzen der Elektronengehirne sichtbar«. Und auch die Grenzen der Atomkraft:

> »Schon 5 Jahre nach Entdeckung des Prinzips der Uranspaltung wurde die Atomenergie in technischen Riesenanlagen genutzt. Sie steht aber schon 20 Jahre später vor einer Schranke ihrer weiteren Anwendung wegen der vorerst wirtschaftlich unlösbaren Aufgabe, eine stete Zunahme der Verseuchung der irdischen Lufthülle mit radioaktiven Stoffen zu vermeiden.«[87]

Diese pessimistische Prognose bekräftigt er noch an späterer Stelle: »Dabei dürfte keine noch so raffinierte Ummantelung eine sichere Gewähr bieten gegen durchdringende Strahlung und gegen fortgesetzte radioaktive Vergiftung der Apparateteile.« Dass die Kernkraft die Energie der Zukunft sei und dem Erdöl auch nur ernsthafte Konkurrenz machen werde, sei daher »unwahrscheinlich«.[88]

Ähnlich wie in dem Opus Münzingers spiegelt sich auch in den Ausführungen Greilings eine langjährige Ingenieurserfahrung – und die Ernüchterung nach so mancher Technikeuphorie der Vergangenheit. Der Rationalisierungsrausch der Zwischenkriegszeit war jener Technologengeneration noch in Erinnerung – und er hatte den Deutschen kein Glück gebracht, sondern ab 1929 die Krise verschärft. Sarkastisch schildert Greiling die »mit einseitiger Phantasie« entworfene Welt einer totalen Automatisierung, in der die meisten Menschen kaum mehr etwas zu tun haben, sondern gelangweilt herumhängen. »Die am längsten leben, verharren in einem Zustand mumifizierten Greisentums. ... Da müsste dann der Weltdiktator wieder auftauchen, der einer unbeschränkten Menschenvermehrung Einhalt gebietet; nicht genug damit, bestimmt er, welche Arten von Menschen leben sollen und welche gar nicht erst geboren werden dürfen. ... Es scheint nur eine Alternative übrigzubleiben, die von manchen vielleicht als Trost empfunden wird: So weit kommt es doch nicht. Denn ein dritter Weltkrieg oder gar ein Atomkrieg begräbt die ganze Technik.«[89]

EINE SINGULÄRE GENERALATTACKE VON EINEM SALZBURGER FORSTMANN. Es gab in jenen Jahren bereits *einen* Frontalangriff auf das »friedliche Atom«, der durch keinerlei Vorbehalte gedämpft war: in dem zuerst 1958 erschienenen Buch des Salzburger Forstmanns Günther Schwab (1904–2006), der im gleichen Jahr den Weltbund zum Schutze (ursprünglich: »zur Rettung«) des Lebens (WSL) gründete. Dieser gewann im Laufe der Jahre über eine Million Anhänger in der Bundesrepublik und fasste in über dreißig Ländern Fuß, auch wenn er vorwiegend im deutschen Sprachraum verankert blieb. Wie Raymund Dominick, der amerikanische Historiker der deutschen Umweltbewegung, anerkennt, spielte Schwabs »Weltbund« in den 1960er Jahren eine singuläre Pionierrolle[90], nicht nur was die Risiken der zivilen Kernkraft betraf: Bereits die Tücken des Pestizids DDT machte er publik, vier Jahre bevor Rachel Carson diese zur Hauptzielscheibe ihres *Silent Spring* machte, der zur Bibel des amerikanischen *environmentalism* wurde. »Mein Lieblingsgiftchen aber ist und bleibt das herrliche, wunderbare und unausrottbare DDT«, triumphiert bei Schwab der Spray-Teufel.[91]

Denn Schwabs Buch schildert ein Interview mit grinsenden Teufeln, die ein ganzes Arsenal neuer Mittel präsentieren, um die Menschheit zu verderben. Der Stinkteufel, der für die Luftverschmutzung zuständig ist, heizt zu diesem Zweck kräftig das »Wirtschaftswunder« an[92]; der Atomteufel, auf der Erde durch ahnungslose Experten vertreten, reibt sich schon die Hände im Blick auf die Verderbnisse, die die Kerntechnik für die Menschen parat hält. Gerade am 8. Oktober 1957 war im britischen Windscale ein schwerer Reaktorunfall geschehen, dessen Ausmaße und krebserzeugende Wirkungen damals vertuscht und erst über zwei Jahrzehnte darauf publik wurden[93]; Schwab, unermüdlich in seinem Spürsinn und seiner Lektüre auch der ausländischen Presse, zeigt sich bereits damals wohlinformiert.[94] Dafür, dass er in seinem Salzburger Forsthaus weitab von allen Expertenzirkeln lebte, besaß er über die neuen Umweltrisiken ein phänomenales Wissen; in einer für jene Zeit nahezu einzigartigen Weise nimmt er zahlreiche Motive der späteren Öko-Bewegung vorweg. Sein *Tanz mit dem Teufel* erlebte immer neue Auflagen und wurde angeblich in sieben Sprachen übersetzt – aber für kritische Intellektuelle war dieser Teufels-Thriller einfach nicht zitierfähig![95]

Denn dieser Forstmann präsentierte eine für seine Zeit einzigartige ökologische Aufklärung in dämonologischem Gewand. Der Teufel wurde sein Markenzeichen; er begegnet auch in seinen dann folgenden Büchern. Eine NS-Vergangenheit hatte er mit vielen Zeitgenossen gemein; aber selbst ein Salzburger Landsmann, der ihn als Pionier der Umweltbewegung schätzt, kommt nicht um die Feststellung herum, dass Schwabs Sprachstil noch lange nach 1945 »geprägt von nationalsozialistischer Rhetorik« ist.[96] Im Unterschied zu vielen Exnazis war es ihm offenbar nicht der Mühe wert, diese seine Vergangenheit zu verleugnen; stattdessen hielt er wohl manches von diesem Erbe für bewahrenswert. In der Tat war die NS-Sorge um Erhaltung der Gesundheit der Rasse dazu angetan, manche Gesundheitsrisiken schärfer zu beleuchten, als dies eine ganz auf die individuelle Krankheits-Ätiologie gerichtete Medizin zu tun pflegt; so wurden der karzinogenen Wirkung der Röntgenstrahlung, die bis dahin in der Medizin als Mittel der Therapie hoch gerühmt wurde, und der möglichen Schädigung der Erbmasse durch Bestrahlung in NS-Deutschland verstärkte Aufmerksamkeit gewidmet.[97] Als der »Weltbund« jedoch Anfang der 1980er Jahre wegen rechtsradikaler Verbindungen unter Beschuss geriet, wurde er sogar von Robert Jungk in Schutz genommen, der mittlerweile seine Heimat in Salzburg gefunden hatte und dort 1986 die Internationale Bibliothek für Zukunftsfragen gründete.[98]

Schwab, der gegen alle apokalyptischen Befürchtungen ein Alter von fast 102 Jahren erreichte, wurde zu seinem 95. Geburtstag von Verehrern in eine Reihe mit Albert Schweitzer, ja noch über diesen gestellt als derjenige, der »mit geradezu prophetischer Gabe das allgemeine Bewusstsein wachrüttelte«.[99] Er verstand sich als Kämpfer »für das Leben«; aber anders als für Schweitzer, den Urwaldarzt, bedeutete »Ehrfurcht vor dem Leben« für ihn, das Leben sich selbst zu überlassen, statt an ihm herumzudoktern. Auch die Mediziner sind bei ihm ahnungslose Helfershelfer des Teufels, die nicht das volle Leben, sondern das Sich-Dahinquälen mit Leiden verlängern.[100]

Versuchen wir eine Bilanz: Die Atomeuphorie der 1950er Jahre kritisch zu zerpflücken ist keine bloße Besserwisserei aus späterer Rückschau: Schon damals konnte man, wenn man wollte, über die Hauptrisiken mehr oder weniger Bescheid wissen. Dazu kommt, dass – wie sich immer wieder zeigte – die 1950er Jahre in Deutschland generell überhaupt keine Ära der utopischen Träume waren; eher im Gegenteil. Die Mehrheit der Bevölkerung war und blieb auch gegenüber der Kerntechnik skeptisch: Die Begeisterung war mehr eine veröffentlichte als eine öffentliche Meinung. Selbst ein humoriger Versband *Das lustige Atom*, der zu jener Zeit in der Atomszene gerne verschenkt wurde, kann sich den Reim nicht verkneifen:

»Schon jetzt erscheint uns manchmal hart,
was sich an Chromosomen paart,
was durch Bestrahlung werden kann,
da denkt man lieber gar nicht dran.«[101]

DIE ERKLÄRUNGSBEDÜRFTIGKEIT DER FRÜHEN ATOMEUPHORIE; GEDANKEN ZUR LÖSUNG DES RÄTSELS. Und doch war die Hoffnung auf die Atomenergie eine nachhaltig wirksame Kraft. Wie erklärt sich diese Merkwürdigkeit? Allem Anschein nach nicht aus einer einzigen Ursache, sondern aus einem Zusammenwirken mehrerer Faktoren. Zuerst und vor allem: Spätestens seit der Genfer Atomkonferenz von 1955 war die Erwartung des »Atomzeitalters« ein weltweiter Trend; wer sich diesem gegenüber in deutschen Landen unbeeindruckt verhielt, setzte sich dem Verdacht des Provinzialismus aus. Dieser Vorwurf konnte als besonders schwerwiegend empfunden werden zu einer Zeit, als die westdeutsche Wirtschaft in einem Maße wie kaum je zuvor auf den Export in alle Welt orientiert war und darauf bedacht sein musste, internationale Trends vorausschauend zu verfolgen. In der damaligen Publizistik war viel von einem weltweiten Wettlauf in der Kernkraft die Rede, selbst bei Brütern und Hochtemperaturreaktoren, die nie irgendwo über das Demon-

Im Lustigen Atom *findet sich diese*
Karikatur zu folgenden Versen:
»Man schenkt uns einiges Vertrauen. /
Zwar, Bomben dürfen wir nicht bauen, /
doch immerhin mit heitren Mienen /
atom-zivilen Zwecken dienen / und unser
Geld zu denen rollen, / die ihre eignen
Bomben wollen.« Da wird als bekannte
Tatsache vorausgesetzt, dass Euratom
dazu dient, die französische Atomrüstung
mit deutschem Geld mitzufinanzieren.

Es gibt ein neues Völker-Jus
in rebus naturalibus.

strationsstadium wesentlich hinausgelangten, und wurde über deutsches
Zurückbleiben Alarm geschlagen[102]; was bei alledem bloße Sensationsmache
und Wichtigtuerei war, ließ sich für viele Zeitgenossen nur schwer durchschauen.

Die Atomphysiker hätten es eigentlich besser wissen können, wenn ihnen daran wirklich gelegen gewesen wäre; aber gerade sie brauchten das
»friedliche Atom« am allermeisten zur Selbstentlastung und taten sich besonders hervor in dem »Drang, die Entfesselung der Atomenergie durch
deren zivile Nutzung zu legitimieren« (Friedrich Wagner).[103] Die Idee, die
schrecklichste Waffe in den größten Segen für die Menschheit zu verwandeln, besaß ja etwas unglaublich Faszinierendes und gemahnte an das Wort
des Propheten Micha von der Verwandlung der »Schwerter zu Pflugscharen«
am Ende der Zeit: eine Verheißung, die zur Devise der Pazifisten werden
sollte. 1955 in Genf war auch die Sowjetunion vertreten: War das nicht ein
Zeichen, dass das »friedliche Atom« jene Mächte vereinte, von denen der
Atomkrieg drohte, so wie es auch das Göttinger Manifest der Atomphysiker
suggerierte?

Es war nicht zuletzt die Angst vor dem Bomben-Atom, die bei solchen
Menschen, die nach einem weltpolitischen Lichtblick verlangten, die Hoffnung auf das friedensstiftende Atom hervorbrachte, das künftige Kriege
um knappe Energieressourcen verhinderte. Wie Friedrich Wagner in den
1960er Jahren in seiner *Wissenschaftssoziologie der Atomphysik* darlegte,

vollzog sich die »Zeitdeutung« der Forscher, zumal der Atomwissenschaftler, »im wesentlichen im eschatologischen Rahmen der biblischen Doppelsicht auf Paradies und Apokalypse, Verheißung und Untergang«[104]: So gesehen brauchte man gar nicht die abgründigen Risiken der Atomkraft zu verleugnen. Zu einer Zeit, in der vermeintliche Experten die Segnungen des »friedlichen Atoms« als geradezu ungeheuerlich schilderten, vertrug diese Aussicht auch manche Schattenseite, zumal wenn diese positiv als Herausforderung an den schöpferischen Geist der Forscher verstanden wurde. Und noch etwas Weiteres kam hinzu: Die Menschen jener Zeit waren noch mit den rauchenden Schloten des Kohlezeitalters konfrontiert. Da besaß die Kernkraft den Charme der umweltfreundlichen Alternative, zumal wenn sie nur als erster Schritt auf dem Weg zum Fusionsreaktor verstanden wurde, der Energie nach der Art der Sonne produzierte.

Für den Atomphysiker Wolf Häfele (1927–2013), seit dem 1. April 1960 Leiter des Karlsruher Schnellbrüterprojekts und suggestivster Redner der atomaren »Community«, war es überhaupt kein Schade, wenn die Kerntechnik noch große Probleme aufwies, die nach großen Lösungen verlangten, und wenn ihr Endziel ein ganzes Stück in die Zukunft rückte; denn genau dies war zur Begründung von *Big Science* und zur Beantragung hoher Förderungsmittel nötig: Für einen Forscher wie ihn war die Kernkraft gar nicht so sehr als Gegenwart, sondern vor allem als Zukunft von Interesse, und die größte Gefahr bestand eben in dem, was in der Folge geschah, dass nämlich die Zukunfts- von den Gegenwartsreaktoren an die Seite gedrängt wurden. Und für seine Brüter-Zukunftsvision mobilisierte Häfele ferne Vergangenheiten in einer Art, wie es sonst nicht zum Stil der bundesdeutschen Atomszene gehörte; auf diese Weise suchte er noch in den 1960er Jahren die alte Atomeuphorie neu zu beleben und Kosten-Nutzen-Kalkulationen als kleinkariert abzutun. In einem vielzitierten Vortrag in der Evangelischen Akademie Loccum stellte er 1963 »Atomstädte und Raketenstationen« in eine Reihe mit den Pyramiden des alten Ägyptens und den Kathedralen des Mittelalters, jenen »rational nicht begründbaren Akten der Vergegenständlichung einer Zeit«: eine im Blick auf die behauptete Rationalität der Atomkraft verräterische Offenherzigkeit!

Häfele kam ursprünglich aus der Astrophysik; der SPD-Politiker Reinhard Ueberhorst, der später als Leiter der Enquete-Kommission Zukünftige Kernenergiepolitik viel mit Häfele zu tun hat, bemerkte bei Gelegenheit[105], bei diesem Mann reiche es nicht, global zu denken; da müsse man interstellar denken. Und auch über die Pyramiden hinaus: Später verglich Häfele den

Brüterbau gar mit der Dienstbarmachung des Feuers durch den Menschen der Urzeit, womit er ihn vollends jeglicher Diskussion entzog; der Vergleich mit der Tat des Prometheus pflegte bis dahin für den Fusionsreaktor reserviert zu bleiben. Aber die imaginäre Fusions-Zukunft lenkte für einen Brüter-Futuristen nur ab. Im futurologischen Klima der 1960er Jahre redete Häfele in einer Art, wie es im Jahrzehnt davor nicht einmal Leo Brandt gewagt hätte, der auf den sozialpolitischen Auftrag der SPD Rücksicht nehmen musste: Ein Großprojekt wie die Brüterentwicklung, so Häfele im Kloster Loccum, gehöre »zum Sichbehaupten eines Volkes« selbst dann, »wenn der dafür zu bezahlende Preis phantastisch wird und andere wichtige Dinge deswegen vernachlässigt werden müssen«. In der Tat sei »der Preis, der für das Fortschreiten jetzt verlangt« werde, »so hoch, dass man vom Quantitativen her erschrickt und etwas Neues zu ahnen scheint«.[106] Allein schon die gewaltigen Kosten als Zeichen dafür, dass hier die Zukunft an die Tür klopft!

Aber Häfeles Hemmungslosigkeit aus Begeisterung schuf mitunter Klarheit. Als er 1979 in der Enquete-Kommission seinen Zukunftsträumen freien Lauf ließ und auf einer Kartenskizze Deutschland und die Welt mit Brütern zupflasterte, fingen selbst Fürsprecher der Kernkraft an zu lachen.[107] In der Folge spielte er mit der Vision gewaltiger Brüterbatterien auf den Kerguelen, fernab menschlicher Ballungsgebiete. Und doch seufzte er aus seiner Karlsruher Erfahrung in bemerkenswerter Offenherzigkeit 1977 auf dem vom Bundesforschungsministerium veranstalteten Hearing »Schneller Brüter Pro und Contra«, »dass Physiker – und auch ich bin von Hause aus theoretischer Physiker – im allgemeinen unterschätzen, wie schwer es ingenieursmäßig ist, auch nur einen einzigen Reaktortyp auf die Beine zu bringen«.»Die Physik ist schnell zu machen, aber das engineering und die commercial implications sind nur sehr schwer und mit viel Zeitaufwand und Geld zu bewältigen.«[108] Dieser Stoßseufzer könnte als Motto über der gesamten Geschichte nuklearer Zukunftspläne stehen!

DIE UNFÄHIGKEIT ZUR KONKRETEN REAKTORVISION. Nun, mit purem Pragmatismus allein konnte man den Einstieg in diese neuartige Technologie nicht betreiben; kein Zweifel, die Kerntechnik benötigte Zukunftsentwürfe. An der Atombegeisterung kann man nicht nur das Übermaß an Utopie, sondern auch den Mangel an konkreten Visionen kritisch betrachten. Jeder echte Experte wusste frühzeitig, dass diese Technik mit hohen Risiken behaftet war. Es war ebenfalls bekannt, dass zumindest theoretisch eine Vielzahl unterschiedlicher Reaktortypen denkbar war; Münzinger lässt eine lange Reihe von ihnen Revue passieren. Da muss man fragen: Wieso gab es keine große

Diskussion darüber, welche Typen unter Aspekten der Sicherheit Vorteile versprachen?

Ein Hauptproblem bestand wohl darin, dass sich dieses Typen-Panorama für den Laien vollkommen unübersichtlich darstellte; ein anderes darin, dass ein *Trial-and-error*-Vorgehen bei Kernreaktoren viel zu kostspielig war. Bloße Laborversuche waren für erfahrene Kraftwerksbauer von geringer Relevanz; wie sich Reaktortypen in Großkraftwerken bewährten, war nur durch Milliarden-Investitionen und durch jahrelange Erfahrung zu ermitteln. Eine Ironie der Geschichte besteht darin, dass sich gerade in diesem damaligen Inbegriff von »neuer Technologie« das pure Trägheitsgesetz durchsetzte: Der Siegeszug der Leichtwasserreaktoren erwies sich als unaufhaltsam ganz einfach deshalb, weil diese am frühesten dagewesen waren und mit ihnen die meisten Erfahrungen gesammelt worden waren.

Ein besonderer Fall ist der von Rudolf Schulten (1923–1996) entworfene und nach ihm benannte Kugelhaufen-Hochtemperatur-Reaktor, der zur Spezialität der Kernforschungsanlage (KFA) Jülich wurde. Unter Insidern galt er vielfach als Geheimtipp: nicht nur wegen des durch die höhere Temperatur gesteigerten Wirkungsgrades, sondern auch, weil der Spaltstoff fortwährend, in Graphitkugeln eingeschweißt, durch den Reaktorkern durchlief und dieser nicht für lange Zeit mit einem Spaltstoffarsenal versehen werden musste. So gesehen wurde das Risiko im Falle eines »Durchgehens« minimiert; ob dieser Durchlauf tatsächlich zuverlässig funktionierte und nicht mit der Gefahr eines Graphitbrands (der Ursache der Tschernobyl-Katastrophe!) ein anderes Risiko eingehandelt wurde, blieb die offene Frage. Zwischen den Kernforschungszentren Jülich und Karlsruhe wurde es jedoch Usus, über die Risiken des jeweils anderen Reaktorprojekts zu schweigen, man wusste ja, dass man auch selber im Glashaus saß. Nur Leo Brandt äußerte 1969 offen seinen Unmut über die Sprachregelung, »das Problem der Sicherheit sei immer das gleiche und alle Reaktoren seien immer gleich sicher«, und pries die höhere Sicherheit des Kugelhaufen-Reaktors.[109] Aber er war damals nur noch ein Politiker von gestern und dazu einer, der sich in der Kerntechnik nicht gerade durch Scharfsicht hervorgetan hatte.

Wie es scheint, wurde es diesem Reaktortyp zum Verderb, dass er (nicht zuletzt unter Beihilfe falscher Freunde) von einem ursprünglichen Nahziel gar zu sehr zu einem ambitiösen Zukunftsreaktor gemacht und mit diversen Zukünften verknüpft wurde, von der Heliumturbine bis zur Kohlevergasung.[110] Demgegenüber setzten die Großen der Energiewirtschaft, denen es mit der Kernkraft ursprünglich gar nicht eilig gewesen war, auf den

Leichtwasserreaktor ganz einfach deshalb, weil er am längsten erprobt war und am wenigsten kostete, obwohl dies die bundesdeutschen Reaktorpläne der Frühzeit durchkreuzte. In der tiefen nuklearen Ernüchterung nach Tschernobyl stieß Schulten öffentlich den Stoßseufzer aus, man könne den Gang der Dinge in der Kerntechnik nur dann begreifen, wenn man sich klarmache, da sei »alles geworden gegen den Willen aller«.[111]

Hinter alledem steckt ein tieferes Problem: die Unübersichtlichkeit dieser hochkomplexen neuen Technologie, die umso beängstigender wurde, je mehr man sich mit der Vielfalt theoretisch möglicher Reaktortypen konfrontierte. Schulten hatte die Idee zu seinem Patentreaktor ursprünglich aus dem amerikanischen Kernforschungszentrum Oak Ridge, das damals unter der Leitung des vor Ideen sprühenden Alvin M. Weinberg (1915–2006) stand. Weinberg lieferte auch der Anti-AKW-Szene ein geflügeltes Wort, als er am 27. Dezember 1971 den Ausspruch tat: *We nuclear people have made a Faustian bargain with society,* und dann noch daraufsetzte, die in der Industriegeschichte nie dagewesene Langzeitdimension der aus der Kerntechnik folgenden Probleme erfordere zur Bewältigung eine »nukleare Priesterschaft«.[112] Wegen seiner zunehmenden Skepsis gegenüber der bestehenden Kerntechnik wurde er 1973 aus der Leitung von Oak Ridge verdrängt.[113] In den 1980er Jahren verkündete er die Zukunftsvision einer *Second Nuclear Era,* die einen qualitativen Sprung in der Reaktorsicherheit bescheren sollte.

Aber wie, und auf welche Weise wollte er den Laien überzeugen? Er selbst präferierte den Salzschmelzbrüter (*molten-salt breeder reactor*)[114]; aber nicht nur für Außenstehende bleibt undurchsichtig, wieweit auf dessen behauptete Vorzüge Verlass ist: Selbst für Schulten war dieser Reaktortyp ein »Greuel«, und er war geradezu stolz darauf, ihn von Jülich ferngehalten zu haben![115] Das wirft ein grelles Licht darauf, wie verschwommen die nukleare Verheißung gerade in dem Moment wurde, wo man versuchte, sie auf kompetente Art technisch-konkret zu machen. Selbst innerhalb der KFA Jülich verfolgte man zeitweise mehrere exotische Reaktorprojekte: Nicht einmal dort bestand ein klarer Konsens über den Reaktor der Zukunft! Aus der Ferne mochte man sich in der Vorstellung ergehen, eine Vielzahl vergleichender Experimente, verbunden mit einer großen öffentlichen Diskussion, möchte zum idealen inhärent sicheren Reaktor führen: Aber bei einer derart komplexen, aufwendigen, riskanten und selbst für viele Fachleute kaum durchsichtigen Technologie blieb eine derartige Vorstellung Utopie.[116]

EIN ADENAUERSCHER AUSBRUCH ÜBER »DAS VERDAMMTE ATOM«; ABER DANN DER QUERSCHUSS: DIE FRONTENBILDUNG UM DEN »ATOMSPERRVERTRAG«.

Noch einmal zurück in die atomare Gründerzeit: Es hat seine komische Seite, wenn dem 84-jährigen Adenauer 1960 bei dem Atom-Thema der Kragen platzte. Es war eine Zeit, als die Atomphysiker durch ihre Erklärung gegen die atomare Bewaffnung der Bundesrepublik zu Lieblingen der »kritischen‹ Intellektuellen geworden waren, als der Geheimplan einer französisch-deutschen Kernwaffenproduktion an dem Veto de Gaulles gescheitert war, als sich die SPD als »Partei des Geistes«[117] und gerade auch der forcierten Atomforschung neu zu profilieren suchte[118] und als in der Ferne bereits der »Bildungsnotstand«-Alarm zu grollen begann. In dieser Situation, auf der Sitzung des CDU-Parteivorstandes am 23. Mai 1960, entfuhr dem Bundeskanzler der ärgerliche Seitenhieb auf »die ganze verdammte Atomgeschichte«, wobei er die Kerntechnik jetzt nur noch als Methode zur Energieerzeugung ansprach (die für seinen Atomminister Balke bloße Nebensache war):

> »Wir haben immer nur geredet von der Wissenschaft und noch einmal von der Wissenschaft. Die ganze verdammte Atomgeschichte hat uns dazu verleitet; verdammt nach allen Richtungen des Wortes hin. Das sage ich ganz offen. Noch niemals ist von einer Entdeckung – es war keine Erfindung – mehr Buhei gemacht worden als davon. Und das sagt Ihnen jeder, der wirklich ehrlich ist. Mir hat es zuerst Herr Malenkow in Russland gesagt, und zwar: Es wird noch sehr lange dauern, bis wir durch Atomzerfall tatsächlich eine preiswürdige elektrische Kraft finden können. Dazu ist das Öl viel zu billig, als dass man mit der Atomgeschichte dagegen ankommen könnte. Ich sage das nur, damit Sie sehen, wie wir uns den Kopf haben vernebeln lassen.«[119]

Ein denkwürdiger Adenauer-Ausbruch, der seiner Parole »*Keine Experimente!*« sogar einen konkreten Sinn gibt, der sich sehen lässt! Und ausgerechnet der sowjetische Ministerpräsident Malenkow, 1955–1957 Minister für Energieversorgung, als einer, der »wirklich ehrlich« ist, gewiss im Gegensatz zu den deutschen Atomphysikern: Wer das übliche Adenauer-Bild im Kopf hat, kann es nicht fassen! Selbst in hohem Alter war Adenauer nicht der Mann mit starren Positionen, als der er gemeinhin gilt, auch nicht in Sachen Kerntechnik. Und auch die »verdammte Atomgeschichte« war nicht sein letztes Wort. Wenn er im Frühjahr 1967 den »Atomsperrvertrag« – den Vertrag zur Nichtverbreitung (Nonproliferation) von Kernwaffen – mit einer Schrille, die bei einem greisen Staatsmann ein Stilbruch war, als »Morgenthau-Plan im Quadrat«, ja als »Todesurteil« für Deutschland attackierte, hatte er offenbar tatsächlich die Überzeugung gewonnen, dass die Kernenergie-Entwicklung für die Bundesrepublik lebenswichtig sei und durch den »Atomsperrvertrag« blockiert werde. In diesem Sinne schrieb er damals an William

S. Schlamm[120]; wäre es ihm in Wahrheit um die Offenhaltung der Option einer bundesdeutschen Atomwaffenproduktion gegangen, wie viele (auch der Verfasser) damals argwöhnten, hätte er das einem Schlamm gegenüber offen aussprechen können und wäre sich dessen Beifalls sicher gewesen.

Zwei Wochen davor glaubte selbst die *Frankfurter Allgemeine,* deren Wissenschaftsredakteur Kurt Rudzinski damals – zu jener Zeit singulär in der deutschen Presselandschaft! – einen siebenjährigen Kampf gegen das Karlsruher Brüterprojekt führte[121], berichten zu können: »Man nimmt an, dass in den nächsten zwanzig Jahren das Auftragsvolumen für Brutreaktoren einige hundert Milliarden Mark wert sein wird.«[122] Allein für die Brüter, die es realiter noch gar nicht gab: Was versprachen da erst die »konventionellen« Reaktoren! Dabei kein Wort über den hochgradig spekulativen Charakter dieser Perspektive! Eine Ironie der Geschichte besteht jedoch darin, dass gerade die neuen Männer der Atomlobby zu jener Zeit mit Nachdruck auf eine Befürwortung des Nichtverbreitungs-Vertrags umschwenkten, allen voran Heinrich Mandel (RWE), der Vorkämpfer der damals relativ preiswerten Leichtwasserreaktoren, die das angereicherte Uran der USA benötigten und deren Spaltstoffzufuhr durch Nichtunterzeichnung des Vertrages bedroht war.[123] Hätten die Atommächte konsequent mit jeglicher Art von Proliferationsverhütung ernst gemacht, wäre die Nutzung der Kernenergie in der Tat weltweit blockiert gewesen; aber wer die Atomszene jener Zeit kannte, wusste nur zu gut, dass ihr eine derartige Konsequenz fernlag. Unter der Regie Häfeles wurde zur Verhütung von Industriespionage die »instrumentierte Spaltstoffflusskontrolle« zum Bestandteil des Vertrages gemacht, obwohl diese damals realiter gar nicht existierte, sondern nur ein vages Zukunftsprojekt war, das von den damaligen Hoffnungen auf Automation und Kybernetik lebte.[124]

Mit alledem ist eine weitere Ironie dieser Geschichte verbunden: Es waren die *Gegner* des Vertrages – mit Adenauer und Franz Josef Strauß an der Spitze –, die in dieser Situation daran erinnerten, dass das zivile Atom von dem militärischen nicht strikt zu trennen war, wogegen die Befürworter, darunter die endlich zur Regierungsbeteiligung gelangte SPD, noch einmal mit aller Emphase die Distanz zwischen dem guten und dem bösen Atom unterstrichen! Das wirkte bis in die Anti-AKW-Bewegung der 1970er Jahre hinein: Unter den Protestlern wurde das Thema »Atombombe« zunächst teilweise als Ablenkung empfunden, wogegen die Anhänger der Atomkraft darauf insistierten, die wahre Gefahr drohe von der Bombe, und es sei irrational, die Angst vor dem Atomkrieg auch auf die zivile Kerntechnik zu projizieren und diese ersatzweise zum Prügelknaben zu machen. Das von Hans Michaelis herausgegebene *Handbuch der Kernenergie* zitiert beifällig den Hinweis des prominenten amerikanischen Atomphysikers Victor F. Weisskopf auf die »mehr als 50 000 Atombomben« in der ganzen Welt: »Angesichts dieser ungeheuren und allgegenwärtigen Bedrohung wird die Kontroverse über die (friedlich genutzte) Kernenergie zur Lappalie.«[125]

DAS ÜBERRASCHUNGSMOMENT IN DER ESKALATION DER ANTI-AKW-BEWE-GUNG: EIN ANTINUKLEARER SYNERGIEEFFEKT. Gerade vor dem Hintergrund der Parteiungen bei der Kontroverse um den »Atomsperrvertrag« bekommt die große Eskalation des Konflikts um die zivile Kerntechnik nur wenige Jahre darauf etwas Überraschendes. Für Anti-AKW-Aktivisten verstand sich in der Folgezeit die Ablehnung der Atomkraft von selbst; und man kann, wenn man will, die Wurzeln der Kritik bis in die 1950er Jahre zurückverfolgen; aber gerade deshalb, weil Hinweise auf die Risiken der Kerntechnik in den 1970er Jahren überhaupt nicht neu waren, diese Technologie vielmehr von Anfang an von einem Hell-Dunkel umgeben war, besaß die ab 1975 sichtbare Sprengkraft der Besorgnisse etwas Plötzliches und Unerwartetes.[126] Kein Störfall in einem Kernkraftwerk hatte damals den Anstoß gegeben. Bis dahin war vielen, schon gar »progressiven« Intellektuellen eher die Langsamkeit der bundesdeutschen Kernenergie-Entwicklung erklärungsbedürftig erschienen[127] und wurde es erst recht unter dem Eindruck der Ölkrise vom Herbst 1973, die den Bedarf nach einer sofort verfügbaren großen Energie-Alternative dringlicher erscheinen ließ als jemals seit der Überproduktionskrise der Kohle von 1957. Damals wurde das weitaus ehrgeizigste aller Atomprogramme beschlossen. In der Folge plädierte eine im Auftrag des Bundesforschungsministeriums erstellte Dornier-Studie dafür, wegen der optimalen Kühlmöglichkeiten Kernkraftwerke reihenweise im Wattenmeer und noch weiter draußen zu bauen, auf dass die Bundesrepublik um die Jahrtausendwende großenteils mit Atomstrom aus der Nordsee versorgt werden könnte! Aber genau auf der Klimax der atomaren Zukunftsprojekte begann die Stimmung zu kippen.

Es waren die Zusammenstöße zwischen Polizei und Kernkraftgegnern auf dem Bauplatz des geplanten Kernkraftwerks bei Wyhl am Kaiserstuhl im Februar 1975, durch der Anti-AKW-Protest unversehens in die Hauptschlagzeilen der Medien avancierte. Am 18. Februar besetzten mehrere hundert Mitglieder einer seit 1972 bestehenden Bürgerinitiative das Gelände. Die Sensation war da, als zwei Tage darauf 650 Polizisten mit Wasserwerfern den Bauplatz stürmten und nach weiteren drei Tagen an die

28 000 Atomkraftgegner, zum Teil aus Frankreich und der Schweiz, dort zusammenströmten und den Bauplatz erneut besetzten. Nun, Demonstrationen waren seit der 1968er-Zeit für die Öffentlichkeit nichts Neues; sie waren schon fast zur Freizeitbeschäftigung vieler junger Leute geworden und hatten mit den Spruchbändern etwas von einer Prozession erlangt. Hier jedoch demonstrierten in vorderster Front nicht Studenten, sondern biedere Bauern und Winzer, darunter auffallend viele Frauen; dass solche Leute es auf Zusammenstöße mit der Polizei und auf Gerichtsprozesse ankommen ließen, war überraschend; da wurde es für so manchen Alt-Achtundsechziger Ehrensache, diese mutigen Aktivisten nicht allein zu lassen. Und da kam heraus, dass es eine Fülle guter Argumente *gegen* die Kerntechnik gab. Zunächst wurde der Aufruhr von Wyhl teilweise in Traditionen des bäuerlichen Widerstandes gestellt, die bis zum Bauernkrieg von 1525 zurückreichten – bis sich dann doch zeigte, dass es sich hier nicht nur um den letzten Nachhall der Vergangenheit, sondern um einen zukunftsträchtigen Auftakt handelte.

Rein vom Aktionsstil her schien Wyhl in der Tradition von 1968 zu stehen; aber der Protest gegen die Atomkraft hatte in der Revolte von 1968 gar keine Rolle gespielt, ganz im Gegenteil: Der Atom-Enthusiast Ernst Bloch war der Mentor des Studentenführers Rudi Dutschke gewesen, und in der damaligen Denkweise des Neomarxismus war die Kerntechnik ein Pionier in jener Verwissenschaftlichung der Technik, die eine neue »Revolution der Produktivkräfte« und der Gesellschaft versprach.[128] Schon der Sprachstil der Schriften des Weltbundes zum Schutze des Lebens, der bis dahin die prononcierteste Kraft im Protest gegen die Atomkraft war, konnte einen typischen Achtundsechziger nur abstoßen. Als Dutschke schließlich doch einen Schwenk gegen die Kerntechnik vollzog und nach Wyhl fuhr, besaß sein dortiger Auftritt für einen gestandenen Anti-AKW-Kämpen wie Walter Mossmann eine ungewollte Komik.[129]

Hat der neue Geist der »linken« Ära unter dem Bundeskanzler Willy Brandt mit der Parole »Mehr Demokratie wagen!« dem Protest gegen Kernkraftwerke Auftrieb gegeben? Aber allein aus sich selbst heraus ganz gewiss nicht: Brandt hätte als Regierender Bürgermeister von Westberlin am liebsten ein Kernkraftwerk auf der Wannseeeinsel errichtet, wo im Drei-Kilometer-Umkreis überwiegend DDR-Bürger lebten, und musste sich von Atomminister Balke belehren lassen, dass bei einem schweren Unfall womöglich Massen von Westberlinern in die DDR zu evakuieren wären – und das kurz nach dem Mauerbau![130] Das war ein Vorgang, der sich hinter verschlossenen Türen abspielte und von dem die linken Willy-Fans der 1970er Jahre nichts ahnten.

Eskalierte die Kernkraftkontroverse durch die Alarmmache sensationshungriger Medien, wie die Atom-Apologeten in der Zeit darauf gerne behaupteten? Eine 1975 im ministeriellen Auftrag vorgelegte Untersuchung des Battelle-Instituts wies jedoch nach, dass unter den etwa 20 000 ermittelten Presseartikeln zum Thema »Kernenergie« von 1970 bis 1974 nur ganze 123 eine kritische Haltung vertraten![131] Dabei hatte sich besonders die konservative *Frankfurter Allgemeine* mit Rudzinskis Kampagne gegen das Karlsruher Brüterprojekt hervorgetan. Wieder und wieder zeigt sich das Neuartige und Überraschende jener Konstellation, die ab 1975 dazu führte, dass der Anti-AKW-Protest zur Volksbewegung wurde. Da verknoteten sich Aktionslinien und Handlungspotentiale, die bis dahin ein voneinander getrenntes Dasein geführt hatten; und daraus entstand eine Wechselwirkung, die – wie es scheint – die entscheidende Ursache dafür ist, dass die Anti-AKW-Bewegung in der Bundesrepublik stärker als in den meisten anderen Ländern der Welt wurde: eine Wechselwirkung, die von vielen Beteiligten nicht überschaut wurde und die auch der in Disziplinen aufgespaltenen Forschung nur zu leicht entgeht, wo die Soziologen nur auf die Bewegungen, die Politologen auf die politischen Instanzen, die Philosophen auf die Ideen und die Juristen auf die Institutionen schauen und die Geschichtenerzähler auf die Demonstrationen und die Zusammenstöße mit der Polizei.

Vor allem diese Kampfszenen sind zu Erinnerungsbildern geworden; aber sie allein können nicht eine derartig nachhaltige Wirkung ausgeübt haben. Was später in Vergessenheit geriet: Nicht in Deutschland, sondern in Frankreich fand die erste Großdemonstration gegen ein geplantes Kernkraftwerk statt, am 12. April 1971 im elsässischen Fessenheim und im Juli des gleichen Jahres mit etwa 15 000 Beteiligten bei Bugey an der Rhone, wo voreilig-siegessicher ein großes »antinukleares Fest« gefeiert wurde.[132] Aber in Frankreich schlug die Staatsmacht in der Folge viel härter und geschlossener zurück als in der Bundesrepublik; eine Wechselwirkung wie dort kam in viel geringerem Maße zustande.

Welche Faktoren wirkten zusammen?[133] Zum einen sicherlich ein latentes Misstrauen gegenüber der Kerntechnik, das in der Bevölkerung von Anfang an verbreitet war, und zwar nicht nur unter Laien, sondern – wie wir sahen – auch unter Ingenieuren und Ökonomen. Dieses Potential wurde aktiviert, als die Kernkraft von der Zukunft zur massiven Gegenwart wurde und man in diese nicht mehr so leicht Visionen projizieren konnte, sondern Betonklötze emporwachsen sah, ohne dass die Energieerzeugung hier eine neuartige Qualität bekommen hätte wie in den einst verheißenen Fusionsreaktoren. Jetzt wurde die Frage nach der Sicherheit bohrender als zuvor gestellt, besonders dann, als mit dem Projekt der BASF bei Mannheim-Ludwigshafen ein nukleares Großkraftwerk in unmittelbarer Nähe eines Ballungsraumes geplant wurde, wovor man mittlerweile selbst in den USA zurückschreckte. Da gab selbst Heinrich Mandel, der Protagonist der Atomkraft im RWE, der eine Konkurrenz für das nicht weit davon bei Biblis vom RWE geplante größte Kernkraftwerk der Welt befürchtete, dem Bonner Forschungsministerium einen warnenden Hinweis; auf diese Weise wurde das nukleare »Restrisiko« zum Begriff. Ironie der Geschichte: In gewissem Sinne steht am Anfang der Anti-AKW-Bewegung kein anderer als der kommende »Atompapst«![134]

Auch das in Reaktion auf die Ölkrise 1973 von der Bundesregierung beschlossene *vierte Atomprogramm*, weitaus ehrgeiziger als all seine Vorgänger, gab dem Thema eine neuartige Brisanz. 1974 brachte das Forschungsministerium über die öffentliche Diskussion dieses Programms eine 770-Seiten-Dokumentation heraus, die eine Fülle besorgter Zuschriften enthielt und aus der Rückschau einen einzigartigen Überblick gibt, wie sich der große Proteststurm zusammenbraute.[135] Am 2. und 3. Dezember 1974 hielt der Bundestags-Innenausschuss ein öffentliches Hearing »Das Risiko Kernenergie« ab, das die Pro-und-Kontra-Diskussion bereits in voller Blüte zeigt; das Protokoll dieser dramatischen Veranstaltung war auch für Lehrer und Schüler unschwer zu bekommen. Gewiss war der damals in Bonn inszenierte »Bürgerdialog Kernenergie« dazu gedacht, Vertrauen einzuwerben, und wurde von militanten Gegnern als fauler Zauber verachtet; und doch war er im Lichte der dann folgenden Wechselwirkungen keine bloße Farce.

Intern war man selbst in Regierungskreisen unsicherer, als man nach außen zeigte; Gerhart Baum, damals Parlamentarischer Staatssekretär und später Bundesinnenminister, gab 1974 selbst in der dezenten Atmosphäre eines Atomrechts-Symposiums zu bedenken, »eine Plutoniumkugel in der Größe einer Pampelmuse würde genügen, um alle heute auf der Erde lebenden Menschen zu töten«.[136] Weitaus mehr, als die Sensationsberichte der Medien und die dramatischen Erinnerungen der Aktivisten erkennen lassen, stand am Anfang der Protestbewegung nicht die Demonstration, sondern die *Information*, am allermeisten die Fülle an kritischen Insiderinformationen aus den USA, die Holger Strohm, der Gründer der deutschen Sektion der *Friends of the Earth*[137], in seinem von 475 Seiten in der Erstausgabe von 1973[138] bis zur Auflage von 1981 auf 1292 Seiten anschwellenden Anti-AKW-Kompendium in die Bundesrepublik vermittelte. Als Rückversicherung vor Gericht, wenn auch in der Öffentlichkeit kaum beachtet, war für Anti-AKW-Aktivisten das »Würgassen-Urteil« des Bundesverwaltungsgerichts von 1972 nicht unwichtig, das das Atomgesetz von 1959 im Sinne eines Vorrangs der Sicherheit vor der Wirtschaftlichkeit auslegte; das war ein Erfolg des Karlshafener Rechtsanwalts Horst Möller, der eine Bürgerinitiative gegen das an der Oberweser geplante Kernkraftwerk leitete.

DIE BESONDERE CHANCE DER DEUTSCHEN: DER FEHLENDE »ATOMSTAAT«; ROBERT JUNGK ALS DIE VERKÖRPERTE DIALEKTIK VON FURCHT UND HOFFNUNG. Bei alledem ist eine fundamentale Rahmenbedingung nicht zu vergessen, die die Bundesrepublik scharf von den Atommächten unterschied: Hier gab es keinen großen militärisch-industriellen Atomkomplex, der – mit Milliarden gefördert und von Geheimhaltung umgeben – hinter den Kulissen vielerlei Fäden zog, ob in der Wirtschaft, der Wissenschaft oder in Politik und Öffentlichkeit. Hier stand eine Wiederaufarbeitungsanlage (WAA) nicht bereits zur Plutoniumproduktion für den Bombenbau zur Verfügung, sondern bedurfte der ökonomischen Begründung und überzeugender Vorkehrungen gegen hohe Risiken; das eine wie das andere erwies sich als unmöglich. Selbst unter den Karlsruher Atomforschern war die im dortigen Kernforschungszentrum errichtete Versuchs-WAA das »bestgehasste Projekt«![139] Im Protest gegen die beim niedersächsischen Gorleben geplante WAA weitete sich die Anti-AKW-Bewegung, die sich hier mit Waldschützern verbündete, die bedrohte Bäume umarmten, zu einer Umweltbewegung im vollen Sinne; und das internationale WAA-Hearing in Hannover Ende März 1979, das mit dem Störfall von Harrisburg (Three Mile Island) zeitlich zusammenfiel und zum Rückzieher der niedersächsischen Landesregierung in Sachen WAA führte, erscheint aus der Rückschau als der Höhe- und Wendepunkt der deutschen Kernkraftkontroverse, sieben Jahre vor Tschernobyl. In Wirtschaftskreisen kursierte das Bonmot, wenn man ehrlich sei, müsse man der Protestbewegung gegen die WAA eigentlich dankbar sein; denn sie habe die Energiewirtschaft vor der größten Fehlinvestition ihrer Geschichte bewahrt.

1977 erschien Robert Jungks *Atomstaat,* der aufreizendste Bestseller des Anti-AKW-Protests, der das Horrorbild einer verschworenen Atommafia entwarf, die in Staat, Wirtschaft und Wissenschaft die Fäden zog. Die spezielle Erfolgschance der bundesdeutschen Anti-AKW-Bewegung bestand jedoch ebendarin, dass hierzulande *kein* monolithischer »Atomstaat« existierte und es tiefe innere Spannungen selbst innerhalb der atomaren

»Community« gab. In der Situation von 1977 war der *Atomstaat* eigentlich ganz dazu angetan, die Militanz der K-Gruppen anzuheizen, obwohl Jungk für seine Person kein Freund der Gewalt war und die »Gewaltfrage« die Anti-AKW-Bewegung fortwährend belastete, ja zeitweise zu spalten drohte.

Keiner der deutschen Zukunftsautoren hat im Lauf der Jahrzehnte auf so erregende Art den Zickzack der Zukünfte verkörpert wie Robert Jungk: die Dialektik zwischen Furcht und Hoffnung, die einander wechselweise erzeugen. Sein futuristischer Erstling *Die Zukunft hat schon begonnen* war von Furcht erfüllt; damals, 1952, existierte die Kerntechnik nur als Bestandteil von Militärkomplexen und stand der Ausbruch der auf das »friedliche Atom« gerichteten Euphorie erst kurz bevor. Sein Buch von 1956 *Heller als tausend Sonnen*, das um den Bau der Atombombe kreist, lässt dagegen bereits einen Widerschein der neuen Begeisterung erkennen. Da glaubt er aus dem Umstand, dass das NS-deutsche »Uran-Projekt« nicht zum Bombenbau führte, und aus Untertönen der von ihm interviewten deutschen Atomforscher folgern zu können, dass diese im Innern den Bau der Bombe gar nicht gewollt, sondern mit der Kerntechnik friedliche Ziele erstrebt hätten. Diese Darstellung war für Insider ganz unglaubwürdig; kein anderer als Heisenberg selbst hatte sich nach 1945 gegen das Bestreben des einst befreundeten amerikanischen Atomphysikers Samuel A. Goudsmit verwahrt, ihn selbst zum geheimen Widerständler zu machen; Jungks Buch erregte unter amerikanischen Atomforschern, die sich zum negativen Gegenbild ihrer deutschen Fachkollegen stilisiert fanden, geradezu Empörung, und Heisenberg wurde von ihnen zeitweise geschnitten![140]

Zu jener Zeit war Jungk sich noch nicht sicher, ob nicht auch die zivile Kerntechnik ein Unheil für die Menschen werden würde.[141] In den 1960er Jahren ließ er sich jedoch von dem allgemeinen futuristischen Boom jener Zeit mitreißen, der auch seinen eigenen Ruhm förderte. 1966 brachte er eine Reportage über das internationale Genfer Kernforschungszentrum CERN heraus, dessen Kern ein gigantischer »Großbeschleuniger« ist, eine »atomare Superschleuder«, die mit gewaltigem Energieaufwand zu den kleinsten Teilchen der Materie vordringen sollte, in größtem Kontrast zu dem im Deutschen Museum aufbewahrten Labor Otto Hahns, in dem dieser die Kernspaltung entdeckte und das noch ganz handwerklich wirkt. Jungks Buch trägt den Titel *Die große Maschine – Auf dem Wege in eine andere Welt*, und es ist unverkennbar von Faszination getragen: »Groß« klingt noch großartig, und da präsentiert er die Atomforscher als Zukunftsmenschen, und zwar als Herolde einer verheißungsvollen Zukunft, wenn auch nicht ohne diese und jene bedenkliche Seite.»Interessant erscheint mir ein solches Groß-Laboratorium vor allem als Versuchsterrain einer Gesellschaft, die, durch Erfindungen und Erneuerungen zu ständiger Veränderung gezwungen, ganz neue Beziehungen sowohl zwischen Mensch und Mensch als auch zwischen der Menschen und ihren Maschinen erproben muss.«[142] Schon 1962, bevor er seine CERN-Interviews für das Buch machte, hatte Jungk eine sechsteilige Sendefolge für das NDR-Fernsehen *Europa – Richtung 2000* in einem verheißungsvollen Blick auf das Genfer Kernforschungszentrum kulminieren lassen, der manche Schattenseiten des Fortschritts überblenden sollte, ganz im Geiste von Kooperation, Internationalität und Offenheit für Neues. O-Ton:»Wir wollen das Spielerische daran zeigen, das Unkonventionelle, die Debatten in der Freiheit der Natur, an den Tischen der Cafeteria ...«[143] Das Kernforschungszentrum als Zukunftswerkstatt, wo ein freier, beschwingter und kreativer Lebensstil entsteht!

Was war das konkrete Ziel der in dieser Forschungsfabrik betriebenen *Big Science*? Darüber wird der Leser im Unklaren gelassen; er kann diese Frage geradezu vergessen über all den Reportagen über spannende Begegnungen und über den durch eine Schafherde verursachten Verkehrsstau auf dem Weg zum CERN. Jungk schließt mit einem Kapitel »Der Sinn«; aber der Sinn bleibt unklar. In einer späteren Auflage folgt dann noch ein Kapitel »Die Zukunft«; aber diese bleibt ebenfalls dunkel. An einer Stelle referiert Jungk nebenbei das Wort eines Spötters, in dem Großbeschleuniger würden *nuclear physics* zu »unclear physics«[144]; aber dieser Witz wirkt in der Gesamtdarstellung als Ausdruck von Beschränktheit. Liegt es nicht gerade im Wesen der Grundlagenforschung, dass das Ziel offenbleibt? Aber ist das, was mit einer derart »großen Maschine« betrieben wird, noch Grundforschung im echten Sinne? Selbst Heisenberg, zu jener Zeit bereits in Distanz zur *Big Science*, frotzelte damals intern, es reiche aus, sich die kleinsten Bestandteile der Materie einfach als einen Punkt vorzustellen.[145]

Aber diese extrem aufwendige Hochenergiephysik war wohl von der Erwartung getragen, dass – wie schon Hahns Kernspaltung den Weg zu gewaltigen Energien geöffnet habe – die Isolation noch kleinerer Bestandteile der Materie noch größere Energien entfesseln würde. Zwei Jahrzehnte später muss Jungk beklommen eingestehen, dass im Gegensatz zu dem, was er einst von dieser »Zukunftswerkstatt« geglaubt hatte, eben doch eine Verbindung zur Militärforschung bestand.[146] Eigentlich hätte der Verdacht stets nahegelegen bei einer Forschung, die mit derart kolossalem Aufwand betrieben wird, ohne ökonomisches Interesse und abseits der Universitäten. Noch viel später, 2010, ging die Sorge durch die Medien, dass CERN-Experimente die Erde vernichten könnten[147]: was ja bei dem Ziel der Entfesselung immer größerer Kräfte durch immer feinere Spaltung der Materie nicht jeglicher Logik entbehrt. Die bislang einzige in der Tat hochbedeutsame Errungenschaft von CERN, die jedoch dort obskur blieb, war ein unbeabsichtigtes Nebenprodukt: das 1989 von einem Mitarbeiter erdachte *world wide web*!

1973 publizierte Jungk einen 438-Seiten-Band mit dem verheißungsvollen Zukunftstitel *Der Jahrtausendmensch – Bericht aus den Werkstätten der neuen Gesellschaft.* Wer den Autor von früher und von später kennt, traut seinen Augen nicht: Da ist die Kerntechnik überhaupt kein großes Thema; CERN ist vergessen! Aber auch vom Umweltschutz handelt nur ein Zwanzigstel des dicken Buches, das in seinem Grundton beschwingt und voller Hoffnung ist; von der »ökologischen Revolution« um 1970 erscheint Jungk noch wenig berührt, noch weniger von dem sich damals sammelnden Protest gegen die Kernkraft. Man muss in einem solchen Buch blättern, um des Überraschungseffekts der kurz darauf eskalierenden Kernkraftkontroverse gewahr zu werden. Und dann stellt sich der gleiche Jungk mit zündender Rhetorik an die Spitze der Protestbewegung und spricht und schreibt in einer Art, als sei das Verderbliche der Kerntechnik dem Wissenden eh und je klar gewesen! Sein *Atomstaat* trägt den Untertitel *Vom Fortschritt in die Unmenschlichkeit.* Dieses Mal also ein apokalyptischer Grundton; aber der menschenfreundliche Jungk hat den Untertitel vermutlich bloß als Provokation gemeint. Doch der hoffnungsvolle Utopismus ist ihm vorerst vergangen.

DIE SCHWIERIGKEIT MIT DER ANTINUKLEAREN UTOPIE. Ein verheißungsvoller Zukunftsentwurf kommt dagegen von einem prominenten französischen Gesinnungsgenossen, dem Soziologen Alain Touraine (geb. 1925), mit dessen Buch *La prophétie anti-nucléaire* (1980), obwohl gerade in Frankreich der Niedergang der Anti-AKW-Bewegung in jenen Jahren wenig Grund zu Optimismus gab. Aber im Vergleich zu jener Utopie, die einst mit dem »friedlichen Atom« verbunden wurde, bleibt die antinukleare Vision verschwommen und kreist um Allgemeinheiten wie den »Reichtum an sozialen Beziehungen«. Touraine, der bereits die Revolte von 1968 noch im gleichen Jahr als utopistische Bewegung charakterisiert (*Le mouvement de Mai ou le communisme utopique*, 1968), im Jahr darauf den Begriff »postindustrielle Gesellschaft« kreiert (*La société post-industrielle*, 1969) und um 1980 mit Pierre Bourdieu um die Führung in der »kritischen« Intelligenz konkurriert, benutzt die »Anti-Atom-Explosion«[148] – so eine Kapitelüberschrift –, die er als Erbe von 1968 betrachtet, vorwiegend dazu, um dieser Zukunftsgesellschaft eine soziale Bewegung zuzuordnen; als sie sich dazu als untauglich erweist, verliert er das Interesse an ihr.

»Postindustriell«, »antitechnokratisch«: Diese Post- und Anti-Zukunft ist eine Utopie ohne markante positive Eigensubstanz. Sie besteht vorwiegend aus sozialen Beziehungen, fällt also in die Zuständigkeit des Soziologen; die Einarbeitung in technische Details, die den Anti-AKW-Aktivisten von Nutzen war, um sich in öffentlichen Diskussionen mit Sprechern der Atomlobby zu schlagen, und die dieser Bewegung eine neuartige intellektuelle Qualität gegeben hat, ist für Touraine ein Zeichen politischer Rückständigkeit und eine bloße Ablenkung im Kampf gegen die »technokratische Macht«.[149] Schon gar die erneuerbaren Energien sind für ihn gar kein Thema. Kein Wunder: Sie passen nicht in die »postindustrielle Gesellschaft«, versprechen sie doch einen neuen Aufschwung des Handwerks und sehr handfester Industrien. Die »postindustrielle Gesellschaft« war eine neue Variante von Fourastiés »großer Hoffnung«: die Hoffnung auf einen animierenden »tertiären« Sektor, nachdem per Automation und Kybernetik das Gros der produktiven Arbeit wegrationalisiert worden ist. Wenn jedoch Energiesparen zum Gebot der Zeit wird, ist es mit dem Fortschritt zu grenzenloser Mechanisierung vorbei.

Das wohl berühmteste zukunftsweisende Opus der Umweltbewegung, das laut *Spiegel* 1989 »in der Uni-Szene schon zum Kult-Buch avanciert(e)«[150], veröffentlichte der 1933 aus Deutschland emigrierte Philosoph Hans Jonas (1903–1993) 1979 mit dem *Prinzip Verantwortung*. Lange schweigt er über Ernst Bloch; aber in seinem letzten Teil »Kritik der Utopie und die Ethik der Verantwortung« wird deutlich, dass es sich um ein Gegen-Buch gegen das *Prinzip Hoffnung* seines 1977 verstorbenen Mitemigranten handelt. Es wird uns noch an späterer Stelle beschäftigen; Aufmerksamkeit verdient hier nur die gewisse Hemmung, die sich daraus ergibt, dass Jonas dem Utopisten Bloch eben *keine* Gegen-Utopie entgegenstellen will. »Das Dauergebot sparsamer Energiewirtschaft und sein Veto gegen die Utopie« lautet eine Überschrift.[151] Zwischen den Zeilen erkennt man: Für ihn ist die Nutzung der Solarenergie zu schön, um wahr zu sein – sie fällt unter Utopie-Verdacht. Hier glaubt er prognostizieren zu können: Sie werde »immer nur einen Bruchteil der Energiegefräßigkeit moderner Zivilisationen befriedigen können«.

Da erscheint ihm – man staune! – eine Gewinnung von Fusionsenergie im großen Stil immer noch realer; bei diesem Thema trifft er sich mit seinem

Antipoden Bloch! Hier – so Jonas – scheine sich »ein Energieparadies zu eröffnen«; leider nur beschleunigt man den Wärmetod der Erde, wenn man in dieser Energie zu üppig schwelgt. »Trotzdem natürlich – man missverstehe uns darin bitte nicht! – wäre die Erschließung der Kernfusionsenergie zu friedlichem Gebrauch ein hochwillkommenes Geschenk und es liegt nur bei uns, dass es nicht ein Danaergeschenk werde.«[152] Da erkennt man, in welchem Maße der Preissturz der Solarzellen in den beiden letzten Jahrzehnten eine Überraschung bedeutet, selbst für Vordenker der Umweltbewegung – und wie sorgfältig man sich davor hüten sollte, Zukunftsentwürfe vorschnell unter Utopieverdacht zu stellen!

5

Zwischen Heimat und Ferne:
Reale und virtuelle Räume der Zukunft

VON DER MÜHE, BEIM THEMA »TOURISMUS« SERIÖS ZU BLEIBEN. Das ist ein Thema, dem sich der Historiker, der nach solidem Fundament sucht, mit mulmigen Gefühlen nähert, und dies umso mehr, je tiefer er sich in einschlägige Literatur einarbeitet und je gründlicher er darüber grübelt. Kein Zweifel: Das Reisen ist von eminenter Bedeutung für Weltbilder wie für Wunschträume. Die längste Zeit ein Distinktionsmerkmal der Eliten wie der Vaganten, ist es in der Bundesrepublik seit den 1950er Jahren zu einem Motor im Wandel der Lebensstile wachsender Bevölkerungsteile geworden. Die Reisefreiheit war jene Freiheit, um die viele Ostdeutsche ihre westlichen Landsleute am meisten beneideten; nicht umsonst wurde der Mauerfall zum Symbol der Wende. Für mehr und mehr Deutsche waren Wunschträume ganz besonders mit Reisen verbunden; nicht wenige suchen heute ihren Lebenssinn am meisten dort. Und doch ist die Wirkung des Reisens auf Weltsicht und Zukunftserwartungen so schwer zu greifen! Ohne Zweifel ist die Bewusstseinsbildung auf Reisen, durch Reisen ein sehr ernsthaftes Thema; und doch ist es so schwer, dabei ernst zu bleiben!

Wie Christoph Hennig – »Reiseleiter und Reiseschriftsteller zwischen Deutschland und Italien« – in der Einleitung zu seiner *Reiselust* (1997) ironisch bemerkt, gibt es eine ganze Tradition der »Touristenbeschimpfung«, ja geradezu »Anti-Tourismus als Denkblockade«[1]; aber da sich wohl jeder Tourist, Tourismusforscher inbegriffen, zuweilen über andere Touristen ärgert und mokiert, ist diese Tradition verführerisch: Auch er selbst entgeht ihr nicht immer.[2] Hans Magnus Enzensberger beginnt seine »Theorie des Tourismus« von 1958, die in der Tourismus-Literatur Schule machte, mit einer Kritik an der Tourismuskritik: Es gebe »in unserer Zivilisation wenig Erscheinungen, die so ausgiebig mit Hohn überschüttet ... werden. Aber diese

Kritik ist blind.«[3] Wenn er jedoch bei der Schlusspointe landet, »die Flut des Tourismus« sei »eine einzige Fluchtbewegung aus der Wirklichkeit«[4], verfällt er selber in die von ihm kritisierte Kritiktradition. Ist »die Wirklichkeit« so eindeutig; ist er sich dessen so sicher, dass viele Touristen in der Welt nicht doch Wirklichkeiten wahrnehmen – oder künftige Möglichkeiten für die eigene Welt? Gleichwohl bleibt die Frage bestehen: Wo und wie kristallisieren sich im Reisen Wunschbilder heraus, die mehr sind als individuelle Stimmungen? Bei all der Fülle der Tourismus-Literatur findet man gerade zu diesem Thema nur spärliche Hinweise.

REISE UND UTOPIE, REISE UND NEURASTHENIE: ALTE ASSOZIATIONEN. In der bisherigen Literatur finden sich viel markantere Verbindungen von Reisen und Zukunftsvisionen im 18. und 19. Jahrhundert: jener Zeit, als Reiseberichte noch ein exquisites Literaturgenre waren. Für die Spätaufklärung liegt der Sammelband *Reise und Utopie* vor, der allerdings schon laut Vorwort den »historische(n) Prozess eines Scheiterns« darstellen will.[5] Scheitern wieso? Erst einmal ist der Leser entzückt von jenen enthusiastischen Berichten, wo visionäre europäische Reisende auf Südseeinseln wie Tahiti den unverdorbenen Naturmenschen wiederzuentdecken glauben und der alte Tahitianer dem französischen Weltumsegler Bougainville (sofern man diesem glauben darf) versichert und zugleich alle europäische Beglückung abwehrt: »Wir sind unschuldig, wir sind glücklich, und du kannst unserem Glück nur schaden. Wir folgen dem reinen Trieb der Natur; du aber hast versucht, seine Eigenschaften in unseren Gemütern auszulöschen. Hier gehört alles allen; du aber hast uns irgendeinen Unterschied von Mein und Dein – ich weiß nicht welchen – gepredigt etc.«[6]

Dieses vermeintliche Paradies auf Tahiti: Haben wir da die konkrete Utopie der späten Aufklärer am Vorabend der Französischen Revolution? Nur: Diese Aufklärer wollten ja gar nicht im Ernst zurück in einen primitiven, rein vegetativen Naturzustand, in einen besitzlosen Urkommunismus; sie propagierten einen Fortschritt zu höherer Zivilisation durch Vernunft und Wissenschaft! Das gilt selbst für Rousseau; nur durch ein verbreitetes Missverständnis wurde seine Botschaft auf ein »Zurück zur Natur« reduziert.[7] Gewiss wurde »Natur« zum Zauberwort der Aufklärung; aber diese Natur blieb schillernd und mehrdeutig. Auch wenn man zwischendurch der Faszination der wilden Natur unterlag, hatte die als Ziel erstrebte Natur doch etwas sinnvoll Geordnetes: »Natur« konnte auch als Synonym von »Wesen« gemeint sein. Und die Natur war auf den Nutzen des Menschen gerichtet. Als Georg Forster vor Neuseeland in der Not Hundefleisch aß und es überraschend wohlschmeckend fand, bemerkte er: »In Betracht seiner schneller und häufigen Vermehrung scheint die Natur den Hund ausdrücklich dazu geschaffen zu haben, dass er uns zur Speise dienen sollte.«[8]

Und doch gab es in der Südsee Naturparadiese, die der Europäer besser nicht antastete. »Ich habe gelernt, die Natur über alles zu schätzen«, schrieb Forster, »seitdem ich sie in Tahiti kennengelernt und in Europa an so manchen Orten vergeblich gesucht habe.«[9] Immanuel Kant, der mit Vorliebe Reiseberichte las, obwohl (oder gerade weil) er sich selber nie weit von Königsberg entfernte, lehrte, man könne »die Geschichte der Menschengattung im großen als die Vollziehung eines verborgenen Plans der Natur ansehen«; diese »Natur«, die »nicht mehr das Anfängliche, sondern das Zukünftige« ist (Uwe Japp), kommt dem Hegelschen Weltgeist nahe.[10] Im Blick auf die Natur ist zu erkennen, dass die Umweltbewegung, diese Aufklärung unserer Zeit, an einem blinden Fleck der alten Aufklärung ansetzte[11], auch diesmal freilich, ohne in ihren Zukunftsentwürfen zu voller Klarheit zu gelangen.

Im 19. Jahrhundert dann Eisenbahn und Dampfschiff, der rasante Aufstieg von Naturwissenschaft und Technik, die koloniale Expansion: alles zusammen ein neuer Antrieb, um Reisen mit Phantasien zu überhöhen! Der Klassiker zur Reisegeschichte, der ihr eine epochale Bedeutsamkeit verleiht, ist die *Geschichte der Eisenbahnreise* von Wolfgang Schivelbusch (1977). Mit dem Aufkommen der Eisenbahn hat die Geschichte des Reisens ihr großes Ereignis, das schon von den Zeitgenossen als Anbruch einer neuen Zeit wahrgenommen wurde: aber was für einer? Schivelbusch gab seinem Buch den Untertitel: *Zur Industrialisierung von Raum und Zeit im 19. Jahrhundert*; und eine Überschrift lautet: »Das industrialisierte Bewusstsein«; und doch bemerkt er gegen Schluss: »Die Vorstellung, dass Kommunikation, Austausch, Bewegung den Fortschritt und die Aufklärung der Menschheit bedeuten und dass Isolierung und Abgeschlossenheit die zu überwindenden Hindernisse auf diesem Weg seien, ist so alt wie die bürgerliche Neuzeit« und reicht vor die Eisenbahn zurück. Schon im 18. Jahrhundert bedeutete »Bildung« im Kern die Kenntnis anderer Länder, anderer Kulturen, fremder Sprachen.[12]

Es gibt einen visionären Jubelschrei Heinrich Heines, der sich auch in Paris zuweilen nach dem heimischen Deutschland sehnte, als 1843 die Eisenbahnlinien von Paris nach Rouen und Orléans eröffnet wurden und sich absehen ließ, dass dies erst der Anfang war: »Mir ist, als kämen die Berge und Wälder aller Länder auf Paris angerückt. Ich rieche schon den Duft der deutschen Linden; vor meiner Tür brandet die Nordsee.« Sehnsucht in die

Ferne zusammen mit Sehnsucht nach der Heimat; Synthese von bislang widerstreitenden Trieben im Menschen durch die Bahn! Und doch spricht Heine zugleich vom »unheimlichen Grauen, wie wir es immer empfinden, wenn das Ungeheuerste, das Unerhörteste geschieht, dessen Folgen unabsehbar und unberechenbar sind«.[13] Die Eisenbahn vermag die Völker zu verbinden; aber mit ihr kann man auch in nie dagewesenem Tempo Truppenmassen in den Krieg schicken: Dieses Doppelgesicht hat die Verkehrstechnik von Anfang bis heute. Und die Entgrenzung kann zur Entfesselung werden.

Eine der packendsten Szenen in den fünf Bänden von Treitschkes *Deutscher Geschichte im 19. Jahrhundert* ist seine Schilderung der »Neujahrsnacht des Jahres 1834, die auch den Massen das Nahen einer besseren Zeit verkündete«. Da trat der Zollverein in Kraft; überall warteten Schlangen von Fuhrwerken vor den Zollschranken auf die Mitternacht, »umringt von fröhlich lärmenden Volkshaufen. Mit dem letzten Glockenschlage des alten Jahres hoben sich die Schlagbäume; die Rosse zogen an, unter Jubelruf und Peitschenknall ging es vorwärts durch das befreite Land.« Und dann ein Musterbeispiel der Konstruktion von Zukunft aus der Retrospektive: »und aus weiter Ferne erklang schon der Schlachtendonner von Königgrätz.«[14] Dazu die erste Eisenbahn, die im Jahr darauf »unter Kanonendonner« von Nürnberg nach Fürth fuhr! »Erst die Eisenbahnen rissen die Nation aus ihrem wirtschaftlichen Stillleben«, sie vollendeten, was der Zollverein begonnen hatte, sie verbreiteten schlagartig in Deutschland neues Leben und Nationalgefühl[15]: Selten ließ sich Treitschke zu derartiger Begeisterung hinreißen.

Und der Rest des 19. Jahrhunderts brachte in dieser Reise-Wahrnehmung ein Crescendo. Seit den 1880er Jahren galt die »Neurasthenie«, die »Nervenschwäche«, als die Krankheit der Zeit, hervorgerufen durch das »Hetzen und Jagen« der Hochindustrialisierung und durch verborgene sexuelle Sehnsüchte; für den, der es sich leisten konnte, war das Reisen die beste Therapie, obwohl es oft neue Nervenvibrationen erzeugte.[16] Der nervöse Wilhelm II., der »Reise-Kaiser«[17], schwelgte auf seiner ewigen Reiserei abwechselnd im Zauber des Orients und im Schauer nordischer Edda-Welten. Als er am 8. Dezember 1898 nach Damaskus kam – so erinnerte sich sein Reichskanzler Bernhard von Bülow –, »begrüßte ihn die Bevölkerung mit dem langgezogenen, in Gutturaltönen hervorgestoßenen Zuruf: ›Lululu, Lululu, Lululu.‹ Dieser monotone Zuruf wirkte auf ihn wie Haschisch.« »Der Enthusiasmus des Kaisers für den Islam erreichte hier seinen Höhepunkt.«[18] In seinem Rausch ließ sich Wilhelm II. zu der unsinnigen Verheißung an die »dreihundert Millionen Mohammedaner« hinreißen, »dass der Deutsche Kaiser zu allen Zeiten ihr Freund sein wird«. Mit seiner Reiseleidenschaft und den damit verbundenen politischen Phantasien war dieser Kaiser ein Prototyp seiner Zeit; manches erinnert in merkwürdiger Weise an den Multikulturalismus und Streit um die deutsche Beziehung zum Islam ein Jahrhundert darauf. Und solch eine Geste von einem Kaiser, der je nach Stimmung auch in die Rüstung des Kreuzritters schlüpfen konnte!

Wie heute Wortverbindungen mit »global«, grassierten damals »Welt«-Komposita: »Weltverkehr«, »Welthandel«, »Weltausstellung« – aber dann eben auch »Weltmacht« und »Weltkrieg«. Zwischen Kosmopolitismus und Imperialismus waren die Übergänge mitunter fließend; davon zeugen Vordenker des wilhelminischen Weltmachtstrebens wie Ernst Jäckh und Paul Rohrbach, die nichts lieber taten als reisen.[19] Ein Warnzeichen für heute: Wenn man »globale Verantwortung« ernst nimmt, braucht man globale Macht und läuft Gefahr, sich in uferlose Konflikte zu verstricken.

Nicht automatisch fördern Reisen und Horizonterweiterung, fördert transnationale Kommunikation die Völkerverständigung. Vorurteile gegen spätere Feindstaaten und bornierten Nationalismus gab es bei den wilhelminischen Eliten vor 1914 weniger, als heute oft angenommen wird, und auf der anderen Seite mehr Bemühen um Verständnis der Welt, als man dem damaligen Deutschland heute gewöhnlich zutraut.[20] Es wäre verfehlt, die Pathologie des Krieges in die Zeit davor zurückzuprojizieren, so wie es oft geschieht. Der jüngere Moltke, in der Julikrise 1914 nächst Kanzler und Kaiser der Hauptverantwortliche für die Entfesselung des Krieges, fand das deutsche Volk »in seiner Gesamtheit eine erbärmliche Gesellschaft«, wogegen er Frankreich als »wundervolles Land« erlebte und ihn auch Russland kolossal faszinierte.[21]

NACH BOMBENKRIEG UND VERTREIBUNG: GRÜN IST DIE HEIMAT. Machen wir von dort einen Sprung über die Weltkriege hinweg: Wie stellen sich vor diesem Hintergrund die bundesdeutschen 1950er Jahre dar? Durch den Massentourismus hat das Reisen wie noch nie etwas Banales und Beliebiges bekommen; mühelos bucht man am PC, wenn man will, Reisen nach Bali wie nach Baltrum. Aber in der bundesdeutschen Frühzeit ist der Horizont zunächst erst einmal geschrumpft; das darf man über dem dann folgenden spektakulären Tourismusboom nicht übersehen. Schon bald darauf kaum mehr vorstellbar: Für Italien, ja selbst für Österreich bestand Anfang der 1950er Jahre Visumzwang; ohnehin konnten sich damals nur wenige Deutsche eine Italienreise leisten und riskierten obendrein, im Ausland als

Das 1966 von der gewerkschaftseigenen »Neuen Heimat« präsentierte Projekt des »Alsterzentrums«, für das der gesamte Hamburger Stadtteil St. Georg – mit seinen niedrigen Mieten Heimat vieler Arbeiter! – hätte abgerissen werden müssen. Dieses »Hochhausgebirge« (Peter Kramper) mit vorgesehenen 6000 Wohnungen wurde als Inbegriff des Fortschritts und »angewandte Gesellschaftspolitik im Raum« gefeiert. Kritiker erblickten darin jedoch schon damals »Exzesse der Betonphilosophen«.

»Nazischweine« beschimpft zu werden.[22] Schon gar an exotische Reisen war für die allermeisten Deutschen gar kein Gedanke.

Charakteristisch für jene Zeit ist weit eher ein Ideal von *Heimat*. Für die Millionen Vertriebenen, die Kriegsgefangenen und Ausgebombten war eben Heimat nicht mehr Realität, sondern ein Objekt der Sehnsucht. »Nie war so häufig von ›Heimat‹ die Rede wie in der deutschen Nachkriegszeit, und nie schillerte dabei die Bedeutungsvielfalt derart.« (Dirk van Laak)[23] Sie schillerte zwischen Erinnerung und Zukunftstraum, zwischen friedlichem Idyll und wütendem Verlangen. »Neue Heimat« wurde der Name des 1954 gegründeten gewerkschaftseigenen Wohnungsbaukonzerns, der zum größten Bauunternehmen der westlichen Welt wurde und dessen skandalöses Ende 1986 – als er zum symbolischen Preis von einer Mark an einen obskuren Bäcker abgestoßen wurde – zugleich das Ende der alten Idee von Gemeinwirtschaft markiert.[24] Es hatte seinen aktuellen Grund und war kein bloßes Nachwirken der NS-Zeit, wenn der Heimatfilm in den 1950er Jahren florierte. Und er war in typischen Fällen zugleich ein Naturfilm: Zu einer Zeit, da das Gesicht vieler Städte noch durch Ruinen entstellt war, gab es die heile

Welt am ehesten in der Natur. Es gibt eine spezifische Natur-Sehnsucht der Nachkriegszeit.

Grün ist die Heide, Frank Deppes Film von 1951, wurde zum »größten deutschen Kinoerfolg der fünfziger Jahre«, in der Folge »bis zum Überdruss nachgeahmt« und später »zum Inbegriff für Film-Kitsch« (Gerhard Bliersbach).[25] Aber für viele Zeitgenossen war der Inhalt eben gar nicht lächerlich: Der Film handelt davon, wie Ostflüchtlinge, anfangs unter Seelenqualen, dann doch eine neue Heimat in der Lüneburger Heide finden. Trotz *happy end* spürt man die Not der Zeit; um wieder Gerhard Bliersbach zu zitieren: »›Grün ist die Heide‹ verbreitet eine merkwürdige Schwermut; der Film hat etwas Bleiernes, Lähmendes. ... Bedürftige, gebrochene, entwertete, hilflose Väter, die Verlierer des zweiten Weltkrieges, die Beteiligten an der Nazi-Katastrophe: sie sind das wiederkehrende Thema westdeutscher Nachkriegsfilme.«[26] Viele, die ihr Heim behalten hatten, wollten von den per Zwang einquartierten Flüchtlingen am liebsten gar nichts wissen und deren Leidensgeschichten nicht hören. Wer sich im ersten Nachkriegsjahrzehnt dem Flüchtlingsproblem ohne Scheuklappen stellte, konnte über die deutsche Zukunft in Verzweiflung geraten.

Dass daraus kein politischer Sprengstoff entstand, ist eine der besten Überraschungen der deutschen Geschichte jener Zeit. Da ließ sich verdrängen, dass die Beziehungen zwischen Vertriebenen und denjenigen, bei denen sie zwangseinquartiert wurden, nicht selten qualvoll waren, bei aller nationalen Solidarität. Wie gründlich diese Verdrängung geschah, selbst in der Geschichtsschreibung, lässt sich daran ermessen, dass in der »Multikulti«-Szene der jüngsten Zeit immer wieder zu hören war, schon damals habe die Bundesrepublik mit Erfolg über zehn Millionen Flüchtlinge integriert; wieso solle das nicht auch heute möglich sein? Andreas Kossert, der seiner Geschichte der deutschen Ostflüchtlinge den Titel *Kalte Heimat* (2008) gab, geht gegenüber diesem schöngefärbten bundesdeutschen Geschichtsbild bis zu dem Gesamturteil, »dass die Gesellschaft sich dem seelischen Schmerz, dem Leid der Vertriebenen, ihrer Traumatisierung durch Flucht, Vertreibung von Haus und Hof, Vergewaltigungen, Massenerschießungen und Verschleppungen verschloss«.[27]

Die Sehnsucht nach der alten Heimat bekam bei den Vertriebenen leicht einen aggressiven Zug durch den Ruf nach Rückgewinnung der deutschen Ostgebiete, was nach Lage der Dinge auf friedlichem Wege kaum vorstellbar war. Suchte man dagegen das Wesen der Heimat in der Natur, dann wurde auch eine neue Heimat im Westen vorstellbar; die Lüneburger Heide erinnerte an manche Landschaften des deutschen Ostens. Theodor Heuss, der es als Bundespräsident möglichst vermied, auf Kundgebungen der Vertriebenenverbände zu sprechen, bemühte sich stattdessen um eine Wiederbelebung der traditionsreichen Verbindung von Heimat- und Naturschutz. »Die Jugend muss in der Natur, der Landschaft, in der Geschichte ungestörter Kleinstädte etwas von dem aufnehmen, was oft die engere Heimat nicht mehr geben kann«, erklärte er 1950 bei der Verkündung des Bundesjugendplanes.[28] Viele, die ihre Heimat nicht verloren hatten, reagierten auf den Zusammenbruch des Deutschen Reiches mit einer Wiederbelebung von Regionalbewusstsein. Obwohl Heuss viele Jahre in Berlin gelebt hatte, gab er sich als Bundespräsident weniger denn je Mühe, sein Schwäbeln abzulegen, ähnlich wie Adenauer gerne in sein Kölsch verfiel.

Für nachfolgende Generationen, die in die Ferne strebten, war das alles muffiger Provinzialismus. Aber, was nur selten gewürdigt wurde: Gerade in der Sehnsucht nach Heimat trafen sich viele Deutsche mit Emigranten der NS-Zeit. Diese hatten Deutschland ja nicht aus freien Stücken verlassen; ein Großteil von ihnen fühlte sich nicht weniger deutsch als die neuen Herren, die sie als undeutsch gebrandmarkt hatten. Und man erlebt das fremde Land sehr anders, wenn man dort nicht als Tourist, sondern als Flüchtling anlangt und nicht mehr zurückkann; viele Emigranten litten unter Heimweh. Ausgerechnet Ernst Bloch, der Philosoph der Hoffnung, der im amerikanischen Exil kein Zuhause fand, hat sich mit besonderer Emphase zur Heimat bekannt: zur Heimat als politischer Vision, zu einem erst noch zu schaffenden, nie ganz zu erreichenden Fernziel; das mag der Grund sein, weshalb Günther Anders ihm »in Freundschaft und Bewunderung« seine Streitschrift gegen die Weltraumflüge widmete. Man lese das volltönende Finale vom *Prinzip Hoffnung*:

»Glück, Freiheit, Nicht-Entfremdung, Goldenes Zeitalter, Land, wo Milch und Honig fließt, das Ewig-Weibliche, Trompetensignal im Fidelio und das Christförmige des Auferstehungstages danach: es sind so viele und verschiedenwertige Zeugen und Bilder, doch alle um das her aufgestellt, was für sich selber spricht, indem es noch schweigt. ... Die Wurzel der Geschichte aber ist der arbeitende, schaffende, die Gegebenheiten umbildende und überholende Mensch. Hat er sich erfasst und das Seine ohne Entäußerung und Entfremdung in realer Demokratie begründet, so entsteht in der Welt etwas, das allen in die Kindheit scheint und worin noch niemand war: Heimat.«[29]

Und auch Adorno, der in den USA nie innerlich ankam, lässt in seinem *Versuch über Wagner*, den er 1937/38 in London und New York schrieb, eigene schmerzende Emigranten-Erfahrung durchblicken, wenn er einen Brief des aus Deutschland geflohenen Richard Wagner von 1849 als »Zeugnis der Erschütterung der ersten Emigrationswochen« zitiert (und dabei war Wagner nur in Zürich, nicht in New York!): »Wie ein recht verzogenes Kind der Heimath rufe ich aus: ach säße ich daheim in einem kleinen Hause am Walde und dürfte dem Teufel seine große Welt lassen ... oft blöke ich wie ein Kalb nach dem Stalle und nach dem Euter der nährenden Mutter ...«[30] Für nicht wenige Emigranten erinnerten Wagner-Klänge an jenes Deutschland, nach dem sie sich zurücksehnten; für Bloch war es ein beschränktes Spießertum, wenn man ohne Gespür für den Zauber dieser Musik, bei der Wunschwelten aufsteigen, Wagner an seinen bösen Ausfällen gegen die Juden festnagelte.[31]

Ein Seitenblick auf die internationale Ebene: Auf dem Londoner Ciba-Symposium von 1962 »Man and his Future«, das uns noch begegnen wird, hielt Julian Huxley einen Vortrag über die »Zukunft des Menschen«. Da handelt er betrübt von der »Zerstörung der Heimat«, mit dem Musterbeispiel der Themse bei London, die »einmal reich an Lachsen« war, betrachtet dies jedoch offenbar als einen irreversiblen Prozess; den Bezugsrahmen des eigenen Daseins könne unter solchen Bedingungen nur die ganze Welt bieten. »Die Welt ist *de facto* eine Einheit geworden; besser früher als später, muss sie es auch *de jure* werden, indem sie sich einem einheitlichen System der Selbstregierung unterwirft.«[32] Für Huxley, der mit den Spitzen der Gesellschaft verkehrte, viel in der Welt herumflog und dabei über die globale Durchsetzbarkeit des Naturschutzes allzu optimistische Vorstellungen gewann[33], war diese Zukunft schon in der Gegenwart angelegt.

DIE ALTE UND DIE NEUE DEUTSCHE SEHNSUCHT NACH DEM SÜDEN UND DER BANALISIERENDE BADEURLAUB. Der frühen Bundesrepublik, wo man noch nicht ganz leicht über die Grenzen hinauskam, waren derart weltumfassende ebenso wie wagnerianische Phantasiewelten eher fremd; Heuss weigerte sich beharrlich, nach Bayreuth zu fahren, und er reiste nach heutigen Präsidenten-Maßstäben lächerlich wenig in der Welt herum. Dagegen besteht in der Sehnsucht nach Italien eine deutsche Kontinuität von der Goethe-Zeit bis hin zur Ära Adenauer, keineswegs unterbrochen durch die NS-Zeit mit ihrer »Achse Berlin–Rom«; und unternahm die große Mehrheit der Deutschen zunächst nur Phantasiereisen in den sonnigen Süden, so mehrten sich doch in den 1950er und 1960er Jahren die realen Reisen. Italien war traditionell mit intensiven Wunschträumen aufgeladen, die der, der heute von Norden den Brenner überquert, kaum mehr nachvollziehen kann: für die Bildungsbürger mit klassischer Antike, für sie wie für alle Nordländer mit Sonne und tiefblauem Meer, dazu mit erotischen Phantasien. Wer sich durch den nordischen Arbeitsalltag strapaziert fühlte, genoss hier das *dolce far niente*. Wer mehr als Schulbildung besaß, kannte die anzüglichen Verse aus Goethes *Römischen Elegien*, in denen der Dichter auf seine römische Geliebte anspielt: »Oft hab' ich auch schon in ihren Armen gedichtet/Und des Hexameters Maß leise mit fingernder Hand/Ihr auf den Rücken gezählt.« Was bei Goethe wohl echte Erfahrung war, blieb beim jungen Ranke in Venedig Phantasie: Von den venezianischen Gesandtenberichten, die er durchackerte, sprach er als von seiner »schönen Italienerin«, mit der er täglich »prächtige und süße Schäferstunden« abhalte, bis er sich »ganz erschöpft erhebe«.[34] In seinem Erstlingswerk, den *Geschichten der germanischen und romanischen Völker*, schlug er ein Leitmotiv seines Lebens an: das Wechselspiel zwischen germanischer und romanischer Welt. Allerdings sei es – so Ranke – bei all der immer neuen Verschmelzung »das Leben und das Glück der germanisch-romanischen Völker, dass sie nie zur Einheit gelangen«[35]: Die erotische Vereinigung setzt ja die Bewahrung der Zweiheit voraus.

In der Zeit der Euro-Währung mag man dieser Einsicht eine neue Aktualität zugestehen. Aber gerade der Tourismus hat offenbar sein Teil dazu beigetragen, dass das Vorantreiben der europäischen Einigung trotz der Bedenken mancher Ökonomen lange Zeit populär war. Noch in den 1990er Jahren wurde der, der die bevorstehende Euro-Währung kritisierte, mit Vorliebe daran erinnert, wie lästig der Währungsumtausch bei der Grenzüberschreitung sei. Dabei bedeutete diese Währung im Falle Deutschlands faktisch eine Begünstigung der Exportindustrie auf Kosten der Touristen, die andernfalls vom sinkenden Kurs der weniger exportstarken Länder profitiert hätten. Aber im Urlaub gehört es zum Stil, nicht so genau aufs Geld zu schauen.

Badestrände mussten an vielen Küsten erst künstlich geschaffen werden; das Herumliegen am Strand begegnet noch nicht im klassischen Italien-Erlebnis; seit den 1950er Jahren wird es für immer mehr Menschen der Hauptinhalt des Urlaubs im Süden. Besaßen solche Reisen einst den Reiz der sozialen Distinktion, wirken sie nunmehr uniformierend: Am Strand fallen die gesellschaftlichen Unterscheidungsmerkmale fort, da gelten nur noch die Körper. Optisch präsentiert sich der Eindruck einer immer breiteren Mittelschicht, die überkommene Vorstellungen von Klassengrenzen obsolet macht, so wie es auch unter Soziologen, Helmut Schelsky voran, zur herrschenden Meinung über die bundesdeutsche Gesellschaft wurde. Erst in jüngster Zeit kursieren kritische Reflexionen, wieweit es sich dabei um

Realität oder um Wunschprojektion handelte. Im übrigen entstehen zu der Zeit, in der sich die soziale Schichtung in der Arbeitswelt zumindest partiell verwischt, durch Reiseziele und Reisestile neue Distinktionen, die Anhaltspunkte für eine neue Bestimmung gesellschaftlicher Strukturen (»Erlebnisgesellschaft«) bieten. Nach Nepal reisen gewöhnlich andere Menschentyper mit anderen Wunschträumen als nach Mallorca oder nach Mexiko. Aber das ist eine Art von Differenzierung, die sich erst seit den 1970er Jahren deutlicher abzeichnet.

Von den Reiseprospekten abgesehen, spiegeln sich die Wunschwelten, die sich mit dem Süden verbinden, in den 1950er Jahren wohl am besten in den Schlagern. Man nehme etwa die ersten beiden Strophen von Fred Bertelmanns Super-Hit »Der lachende Vagabund« (1957, im Jahr darauf Filmtitel), dessen »Markenzeichen« laut Wikipedia in dem »herzhaften Lachen« des Sängers besteht, das den Refrain abgibt:

>»Was ich erlebt hab' das konnt' nur ich erleben
>Ich bin ein Vagabund
>Selbst für die Fürsten soll's den grauen Alltag geben
>Meine Welt ist bunt
>Meine Welt ist bunt
>Tja da da da da da da da da da ha ha ha ho ho
>Denk' ich an Capri dann denk' ich auch an Tina
>Sie liebte einen Lord
>Aber als sie mich sah die schöne Signorina
>Lief sie ihm gleich fort – Tja da da da …«

Das war das verlockende Gegenbild zur alltäglichen Plackerei des Wiederaufbaus: dieses Glückskind von Land- oder gar Weltstreicher, ohne Alltag, mit Sonne und Sex. Erleben als Basis des Selbstbewusstseins: Da ist schon jene »Erlebnisgesellschaft« in Reinkultur, die um 1990 zu soziologischen Ehren kam, und auch die damit innerlich verbundene, wenn auch nie so recht soziologisch definierte »multikulturelle Gesellschaft« mit ihrem Wunschbild der »bunten« Welt und der Migration als der vitaleren Lebensweise. Aber da wurde dieses einst lustbetonte Ideal moralisch drapiert. Und so lustvoll ist das wirkliche Vagabundendasein in Wahrheit denn doch nicht. Dieser Schlagertyp gedieh am besten zu einer Zeit, als die meisten Deutschen noch nicht viel Auslandserfahrung hatten, wenn überhaupt, und man umso ungehemmter Wunschträume in Ferienländer projizieren konnte. Auch Paris galt einst als die Stadt der freien Liebe; aber der einstige Ohrwurm »Gaaanz Paris träumt von der Liebe« ist längst in der Versenkung verschwunden:

Jeder Paris-Kenner fände ihn lächerlich. Klaus Harpprecht (1927–2016), der seit 1982 in Frankreich lebte, beginnt sein Bekenntnisbuch *Mein Frankreich – Eine schwierige Liebe* (1999) mit dem Satz: »Für mich ist es nicht schwer, Frankreich zu lieben: Ich lebe nicht in Paris.«

Aber wie er nicht verschweigt, fällt es auch manchmal in der Provinz schwer, die westlichen Nachbarn zu lieben, insbesondere dann, wenn unter den Männern das Jagdfieber ausbricht und diese die freie Jagd als Erbe der Großen Revolution auch dann wütend verteidigen, »wenn es um ihr Recht geht, die hübschesten Vögelchen abzuknallen«.[36] Eine naiv-vorbehaltlose Liebe für ein fremdes Land ist nur dem möglich, der es lediglich in oberflächlicher, touristenhafter Weise kennt. Harpprecht spottet über Günter Grass, der in altlinker Manier das Adenauer-Deutschland als unerträglich spießig verdammt und die »Multikulti«-Szene im Kult des Fremden noch übertrumpft hatte: Grass habe »die Hälfte der Fünfzigerjahre in Paris gelebt, ohne das französische Leben nur im geringsten zur Kenntnis zu nehmen. Das ist auch eine Leistung.«[37]

Einst wurde der »Orient«, von den Männern zumindest, mit »Harem« assoziiert[38]; heute ist daraus der »Nahe Osten« geworden, der Assoziationen von Gewalt weckt. Je lockerer die Sexualmoral daheim wird, desto geringer wird das Bedürfnis, sexuelle Wünsche in fremde Länder zu projizieren. Birgit Mandel zufolge ging die Zeit, wo Italien von den Deutschen mit Amore (»Amore ist heißer als Liebe«), »Mandolinen und Mondenschein« assoziiert wurde, Mitte der 1960er Jahre zu Ende.[39] Die Zeiten, wo das Gegenüber von Deutschland und Italien, Deutschland und Frankreich, Deutschland und England zu einem mit hochbedeutsamer Symbolik aufgeladenen Kontrast stilisiert wurde, gehören der Vergangenheit an. Schon eher blieb ein beliebter Bestandteil deutscher Reiseerzählungen vor allem unromantischer Gemüter der geringschätzige Bericht über dies und das, was im Ausland nicht so gut funktioniert wie daheim. Dabei verfallen Reiseerzähler mit Vorliebe ins Monologisieren. Noch Mitte der 1960er Jahre stand »eine Schiffsreise auf dem Mittelmeer machen« unter den Urlaubsehnsüchten mit Abstand an der Spitze; die Italiener dagegen wurden überwiegend mit nicht gerade schmeichelhaften Assoziationen verbunden.[40] Längst nicht immer befördert die Reiserei die »Völkerverständigung«. Und doch: Im Kontrast zu den Horrornachrichten, die die Medien mit Vorliebe aus aller Welt präsentieren, tendiert der Tourismus insgesamt dahin, von der weiten Welt ein schönes, zumindest harmloses Bild zu vermitteln und Hoffnungen auf internationale Verständigung zu wecken.

Es heißt zwar von den Bundesdeutschen, sie seien »Reiseweltmeister« geworden; aber bei all dem, was hier beschrieben wurde, wie überhaupt bei den Zukunftserwartungen handelt es sich doch nur eingeschränkt um einen deutschen Sonderweg. Traditionell galten die Briten als die Globetrotter par excellence; aber auch ein Frankreich-Buch von 1968 stellt fest, »Frankreichs Nationalleidenschaft Nummer eins« habe sich von der Küche auf die Ferienreise verlagert; darüber die Überschrift: »Die Ferienmanie: Glück – das ist Tahiti auf Sizilien«.[41] Tahiti war französische Kolonie; die Gemälde des 1903 auf einer Südseeinsel verstorbenen Paul Gauguin waren zu Ikonen geworden. John Ardagh stellt 1968 fest, der Club Méditerranée sei »wahrscheinlich das bemerkenswerteste organisierte Ferienunternehmen, das die Welt je gesehen hat, und sein Erfolg enthüllt sehr viel vom französischen Geist unserer Tage«.[42] Obwohl Frankreich im Unterschied zu Deutschland bis ans Mittelmeer reicht, ist die mediterrane Welt auch dort ein Traumreich. Immer wieder zitiert Ardagh das Lied des Club-Dorfs beim sizilianischen Cefalù, das sich in seinem Sound in eine Art von Trance hineinsteigert: »Il y a la mer et le soleil à Cefalù-uu-uuu-uu-uuu!«[43] Die EWG, gegen die es in Wirtschaftskreisen zunächst viele Bedenken gab, bekam durch den Tourismus eine emotionale Basis. Gerade diese neue Nähe wirkte freilich auf die Dauer ernüchternd.

POLITISCHE REISEN IM KALTEN KRIEG: ADENAUER, WILLY BRANDT UND KLAUS MEHNERT. Und Adenauer, Jahrgang 1876, auf deutscher Seite die stärkste Kraft hinter der EWG? Von jung auf stand er ganz in der Tradition der deutschen Sehnsucht nach dem Süden. Wie sein Biograph Hans-Peter Schwarz in einer Betrachtung über *Die Welt des Bundeskanzlers* schreibt, hatte er sich schon als Student in Italien »zusammen mit einem Freund wochenlang herumgetrieben. Ihn beflügelte dabei die deutsche Italiensehnsucht, und so fand er, was er dort suchte: römische Altertümer, mittelalterliche Kastelle, Palladio-Villen und Gemälde der Renaissance, das barocke Italien.«[44] Adenauers Europa war das Abendland; es reichte nicht wie das Europa de Gaulles »vom Atlantik bis zum Ural«. Ursprünglich besaß er, wie in seiner Generation normal, ein eurozentrisches Weltbild; als Kanzler sorgte er sich jedoch in einer Weise, die heute übertrieben wirkt, doch die Erfahrung zweier Weltkriege spiegelt, über den Machtverfall Europas in der Welt.[45]

Nach Maßstäben seiner Zeit unternahm Adenauer gerne Auslandsreisen, nicht nur in altvertraute Regionen des deutschen Bildungsbürgertums, sondern mit wachsender Vorliebe auch in die USA, und behielt auch dann die Ruhe, wenn das Flugzeug in eine Turbulenz geriet. Als er auch noch nach Lateinamerika fliegen wollte – woraus dann doch nichts wurde –, fand Heuss, der Kanzler habe daheim Besseres zu tun. Für den reisefreudigen Erhard dagegen, der die Zukunft der deutschen Exportwirtschaft mehr in den Schwellenländern der Dritten Welt als in den EWG-Ländern sah, war Lateinamerika ein verheißungsvolles Ziel. Aber Afrika, das Eldorado der Naturschützer und nach ihnen der Entwicklungshelfer? Am 10. November 1955 bekam Adenauer Besuch von Albert Schweitzer, der zwei Jahre darauf in der Kampagne gegen die atomare Bewaffnung der Bundeswehr zur greisen Gegenautorität gegen den greisen Kanzler werden sollte. Der berühmte Urwaldarzt machte Adenauer deutlich, dass Afrika entgegen dem, was reisende Publizisten damals gerne verkündeten, *kein* Kontinent der Zukunft sei: Schwarzafrikaner seien nach seiner Erfahrung nicht in der Lage, »führende Stellen im modernen Wirtschaftsleben einzunehmen«. Mit erstaunlicher Hellsicht erkannte er bereits im Vordringen Chinas auf dem »schwarzen Kontinent« einen zukunftsträchtigen Trend; aber was ging das die damalige Bundesrepublik an?

Fortan verwies Adenauer immer wieder auf die Expertise Schweitzers, um zu bekräftigen, dass Afrika den Deutschen keine Perspektive bot.[46] Damit stand er in der Folge in größtem Kontrast zu Heinrich Lübke, der auf sein Betreiben Heuss als Bundespräsident folgte, sich als erster Bonner Staatsmann in der Entwicklungshilfe engagierte und Afrika zum bevorzugten Ziel machte[47], wobei Heuss kolportiert wurde, dass dahinter nicht nur Philanthropie, sondern mehr noch die Reiselust seiner Ehefrau Wilhelmine stünde.[48] Von globalen Institutionen erwartete Adenauer nicht viel; wie Hans-Peter Schwarz bemerkt, lag dem Kanzler die Idee ganz fern, »die UN zum Zentralinstitut kontrollierten Wandels zu machen«.[49] Auf junge Intellektuelle wirkte eine solche Einstellung damals altmodisch-borniert; aus heutiger Sicht besaß sie jedoch ihren Realismus.

Bei Willy Brandt lässt sich besonders gut beobachten, wie er nach seinem frustrierten Abgang als Kanzler als Vorsitzender der Nord-Süd-Kommission wieder auflebte, wo es nach dem Wort eines Insiders darum ging, »die Umweltlobby des Nordens und die Entwicklungslobby des Südens zusammenzubringen«[50], und wie der neue politische Schwung nicht zuletzt der Reiselust entsprang. Wie sein Biograph Peter Merseburger bemerkt: Wie immer, wenn er dem »provinziellen, dumpfen Bonn« in die Ferne entrinnen konnte, »bessert sich seine Laune sofort«. »Kaum hat Brandt den Sitzgurt im Flugzeug geschlossen, das ihn in ein anderes, möglichst fernes Land bringen soll, hellt sich seine Miene auf.«[51] Damit war er ohne Zweifel ein Typ seiner Zeit.

Und das Herumfliegen in der Welt besaß ja in diesem Fall einen politischen Sinn. Ob allerdings an den Zielorten der Horizont weiter war als in Bonn, mag man bezweifeln. Zudem hat man aus der Rückschau der heutigen »Berliner Republik« die dichte Face-to-face-Kommunikation im »provinzieller Bonn« schätzengelernt.

Zu Adenauers weltpolitischen Beratern gehörte der politisch prominenteste und populärste Weltreisende der damaligen Bundesrepublik: Klaus Mehnert (1906–1984). Schon von seinem Lebenslauf, noch mehr von seiner Reisepublizistik her ist er in jener Vor-Globalisierungszeit in einem Nicht-Kolonialland ein Phänomen: In Moskau geboren und mit so perfektem Russisch, dass er in der Sowjetunion oft für einen Einheimischen gehalten wurde, 1936/37 Gastprofessor in Berkeley, mit der Tochter eines dortigen Rechtsanwalts verheiratet, von 1937 bis 1941 gar noch Professor in Honolulu: Die meisten deutschen Zeitgenossen konnten gegenüber derartiger Weltläufigkeit nur vor Neid erblassen. Für ihn weitete sich mit dem räumlichen auch der zeitliche Horizont: In seinen Reiseberichten, so farbig sie voll Gegenwart waren, suchte er doch zwischendurch immer wieder den Blick auf die Zukunft, speziell die deutsche. Als Heuss 1961 nach Indien reiste, war ihm Mehnert, dessen Nähe er schon früher gesucht hatte[52], bei der Vorbereitung nützlicher als der berühmte Indologe Helmuth von Glasenapp, der lieber über die Bhagavadgita sinnierte als über die indische Zukunft, die Heuss unter anderem in dem von Krupp errichteten indischen Stahlwerk Rourkela vor Augen zu haben glaubte.[53]

Wohl gerade deshalb, weil Mehnert die unendliche Vielfalt der Welt viel genauer kannte als die meisten Touristen und Tagungsreisenden, glaubte er bei all seinem Plädoyer für transnationale Verständigung *nicht* an eine kommende *Eine Welt*, zumindest nicht in absehbarer Zeit. Vielmehr ging es ihm politisch letztlich darum, auf überlegte Art einen *Deutschen Standort* – so der Titel seines Erfolgsbuches von 1967 – in einer sich stürmisch wandelnden Welt zu umreißen. »Wir Deutschen und die Zukunft« lautet das erste Kapitel. Diese Zukunft sieht nicht unbedingt rosig aus: Gerade aus weltweiter Perspektive falle Deutschland zurück. Zu der wünschenswerten Zukunft gehörte für ihn als unerlässliche Vorbedingung die westeuropäische Einigung, die gerade aus globaler Sicht als ein zwingendes Gebot der Zeit erschien. Eine Weltregierung, auf die damals selbst ein Carl Friedrich von Weizsäcker hoffte und die der Physiker-Philosoph sogar als reale Möglichkeit bezeichnete[54], hielt er dagegen für eine Utopie, und zwar eine gefährlicher Art:

»Wie aber sollte eine effektive Weltregierung anders zustande kommen als durch die Vorherrschaft einer einzelnen Großmacht über die Völker der Erde, und diese wieder ohne Gewaltanwendung? Ohne den großen Krieg, und das heißt eben, ohne Atomkrieg werden sich weder die Chinesen den Russen, noch die Russen den Amerikanern, noch die Amerikaner den einen oder den anderen fügen.«[55]

Für Adenauer, den er auf der Moskau-Reise von 1955 begleitete, war er wohl besonders als intimer Russland-Kenner von Nutzen. Sein Buch *Der Sowjetmensch* (1958) wurde ein Bestseller, der alle Rekorde brach; die Pointe bestand jedoch darin, dass es einen Sowjetmenschen als neue Spezies gar nicht gab und sich hinter den Sowjetuniformen Menschen verbargen, mit denen man menschlich umgehen konnte.[56] Da war nichts von dem Schreckbild des »bösen Russen«, zumal Mehnert von der finsteren Welt des Gulags, der sowjetischen Zwangsarbeitslager, nur wenig wusste.[57] Trotz seiner Nähe zu Adenauer wirkte Mehnert auf wirkungsvolle Art den Auswüchsen der Kalten-Kriegs-Stimmung entgegen.

1967 glaubte er sogar zu erkennen, in der »totalitären« Sowjetunion fänden schärfere geistige Kämpfe statt als in der allzu konformistisch gewordenen Bundesrepublik; das war kurz vor 1968! Und er bekannte sich zu der Zukunftsvision: 1990 werde es »Europa« geben, nicht bis zum Ural, aber bis zu den Grenzen der Sowjetunion, also unter Einschluss der damaligen sowjetischen Satellitenstaaten.[58] Das war prophetisch! Auch wenn der Zerfall der Sowjetunion – kein Wunder! – über sein damaliges Vorstellungsvermögen ging. Seine Zukunftsausblicke waren mit einer Überfülle von Gegenwart unterfüttert. Gerade aus seiner Weltkenntnis heraus bestand er entschieden darauf, am Ziel der deutschen Einheit festzuhalten: Aus der Ferne wirkte die deutsche Teilung mitunter vergänglicher als im Anblick der Berliner Mauer! Nicht in jeder Hinsicht war er ein guter Prophet; so schilderte er 1969 die Welt von 1990: »Mit der Eroberung des *Weltraums* sind wir aus den Kinderschuhen endlich heraus. Der Landung auf dem Mars werden in Kürze Landungen auf den äußeren Planeten folgen.«[59]

AKADEMISCHE CALLGIRLS: AM URSPRUNG DER »WELTGESELLSCHAFT«. Seit den 1950er Jahren verbreitete sich international ein Typ des Reisens, der für die intellektuellen Horizonte allem Anschein nach von eminenter Bedeutung geworden ist: die Tagungsreise, die Reise zu wissenschaftlichen Konferenzen, wobei die internationalen eine besondere Attraktivität besitzen. Ganz neu war dieser Reisetyp nicht. Schon für Max Weber hatte die Fahrt zum internationalen Congress of Arts and Science, einer Begleitveranstaltung zur Weltausstellung in St. Louis von 1904, ein Erlebnis fürs Leben bedeutet, wo er nach Jahren der Depression wieder lachen lernte und keineswegs nur nach Bestätigungen für seine *Protestantische Ethik* Ausschau hielt, an der er damals schrieb.[60]

In der Zeit der Weltkriege war die Zugehörigkeit der Deutschen zur internationalen Gemeinschaft der Wissenschaftler in Frage geraten; umso begieriger nahmen viele deutsche Akademiker seit den 1950er Jahren Chancen zu Auslandsreisen wahr. Da war der Staatsrechtler Ernst Forsthoff eine große Ausnahme, der Anfang 1950 gefragt wurde, ob er an einer Reise nach USA interessiert sei. »Meine sofortige und dezidierte Ablehnung mit der Begründung, mein Platz sei das Katheder und der Schreibtisch, erregte doch wohl einige Verwunderung.«[61] (Wie er dagegen von 1960 bis 1963 als Präsident des Verfassungsgerichtes des innerlich zerspaltenen Zypern bewies, besaß er, wenn es drauf ankam, den Mut zu einer riskanten transnationalen Aktivität!) Der sparsame Theodor Heuss, der an sich selbst erlebte, dass die geistige Kreativität nicht nur an einem Mangel, sondern auch an einem Übermaß von Kommunikation ersticken kann, empfahl der Max-Planck-Gesellschaft 1955 Einsparungen an Wissenschaftlerkongressen, »denn die Kongresswut der Deutschen ist etwas Ungeheuerliches«. Dabei war das, was Heuss damals erlebte, aus heutiger Sicht doch erst der bescheidene Anfang. »Fast entsteht eine Psychose bei den Gelehrten« – so Heuss –, »dass sie durch die kontinuierliche Teilnahme an Kongressen den Ausweis ihrer Gelehrtheit vor sich selber erbringen.«[62]

Die Genfer Atomkonferenz von 1955, die geradezu schlagartig eine Begeisterung für das »friedliche Atom« über die ganze Welt verbreitete, war zwar der Form nach ein Treffen von Wissenschaftlern, tatsächlich jedoch ein Politikum ersten Ranges, zumal auch sowjetische Atomforscher kamen. In der Folge blieben auf internationalen Konferenzen die für Vertreter des Ostblocks vorgesehenen Stühle immer seltener leer. Die Hoffnung war nicht ganz unbegründet, über die Wissenschaft die Fronten des Kalten Krieges zu überbrücken. Auch wer sich eher aus Reiselust auf solche Konferenzen begab, konnte dabei doch das gute Gefühl hegen, ein wenig zur Rettung der Welt beizutragen.

All das war kein deutscher Sonderweg; eher hinkten deutsche Wissenschaftler, durch die Weltkriege bedingt, dabei hinterdrein. Die 1960er und 1970er Jahre, als der internationale Flugverkehr rasant zunahm, brachten einen weiteren Schub. 1971 veröffentlichte Arthur Koestler (1905–1983), der 1931 als Redakteur der *Vossischen Zeitung* am Nordpolflug des *Zeppelin* teilgenommen hatte, 1933 emigriert und in England zum Erfolgsautor aufgestiegen war, seinen satirischen Roman *The Call-Girls* (deutsch: *Die Herren Call-Girls*), der von Wissenschaftlern handelt, die auf bloßen Anruf zu jedem Kongress in der Welt fahren. Als ein Ehrlicher unter ihnen einen Kollegen vertraulich fragt: »Halten Sie diese Tagung hier nicht für eine Schnapsidee?«, wird er zurechtgewiesen: »Die große Stunde der akademischen Callgirls hat geschlagen: Sie werden die Menschheit retten ... oder zumindest ein paar Tage fruchtbar diskutieren ... auf alle Fälle diskutieren ...«[63] Aber auch der kritische Frager war nicht unempfänglich für das gewisse kosmische Hochgefühl von Unendlichkeit, das sich auf internationalen Kongressen einstellt.[64]

An einer Stelle erteilt der Roman der damals weltweit um sich greifenden Umweltbewegung einen Seitenhieb: »schließlich wurden drei interdisziplinäre Symposien angekündigt, die allesamt die Wörter ›Umwelt‹, ›Verschmutzung‹ und ›Zukunft‹ im Titel führten, natürlich in leicht abgewandelter Reihenfolge.«[65] Die internationale Stockholmer Umweltkonferenz von 1972[66], der es um die globale Zukunft ging, stand kurz bevor. Koestler hatte offensichtlich nicht erkannt, dass es sich bei vielen Wissenschaftlern, die sich damals von Umweltthemen mobilisieren ließen, gerade nicht um akademische Callgirls, sondern um zielbewusste Überzeugungstäter handelte, bei denen »Zukunft« keine Phrase war, sondern die eine ebenso zukunftsbewusste wie zukunftsträchtige Bewegung in Gang brachten. Wie Anna-Katharina Wöbse in ihrem Buch *Weltnaturschutz*[67] zeigt, sammelte sich um Belange des Natur- und Umweltschutzes schon seit der frühen Nachkriegszeit eine transatlantische Quasi-Weltgesellschaft, wobei sich in diesem Fall »Gesellschaft« freilich im Sinne einer High Society, nicht einer alle Menschen umfassenden Struktur versteht. Die Internationalität des Naturschutzes wurde durch die Vögel beflügelt, die keine Grenzen kennen; Vogelschützer bildeten typischerweise die Avantgarde des Naturschutzes.

Der spezielle Reiz internationaler Konferenzen – und den hatten sie mit dem organisierten Gruppentourismus gemein – besteht darin, dass sie zwar in der Tendenz die Welt umfassen, aber innerhalb dieser unendlichen Weite doch einen kleinen geschützten und exklusiven Raum schaffen, wo man einander versteht und freundlich miteinander umgeht. In dieser Sphäre gedieh das Konzept der »Weltgesellschaft«[68], das zuerst 1972, im Jahr von Stockholm, von John W. Burton in seinem Buch *World Society* zum Begriff gemacht wurde. Denn die Essenz dieser Gesellschaft besteht in Kommunikation. Der Historiker könnte einwenden, dass auch Wilhelm II., der britische König und der russische Zar, wenn sie wollten, mühelos miteinander kommunizierten, und sie dennoch Europa in den Weltkrieg manövrierten. Heute wird mit Vorliebe das Internet als Basis der »Weltgesellschaft« bezeichnet; aber auch Hitler, Stalin und Churchill waren durch ein Telefon- und Telegraphennetz miteinander verbunden: Rein technisch konnten sie ohne Problem zueinander in Kontakt treten, und auf gewisse Art kommunizierten sie ja auch miteinander. Offenbar reicht die bloße Kommunikation nicht aus, damit man von »Gesellschaft« im Sinne eines zur Regelung fähigen Systems reden kann; es muss auch eine gemeinsame Verständigungsbasis dazukommen.

Da sind wir bei dem Problem der Beziehung von »Gesellschaft« und »Gemeinschaft«, die bereits das Denken Max Webers durchzieht: Für ihn stehen Prozesse sinnenhafter »Vergemeinschaftung«, die Vertrauen bilden, an der Basis der »Vergesellschaftung«.[69] Und genau dies vollzieht sich auf internationalen Wissenschaftlerkonferenzen: Da gibt es eine Form von »Weltgesellschaft«, die zugleich Geselligkeit und Gemeinschaft ist, wo man die gleichen Themen hat und sich auf gemeinsamer Basis mehr oder weniger verständigen kann. Auf die Politik übertragen ist die »Weltgesellschaft« freilich mehr ein Zukunftsprojekt als gegenwärtige Realität[70], sofern man sie nach enttäuschenden Erfahrungen mit internationaler Solidarität nicht unter die *vergangenen* Zukünfte einreiht. Der schwedische Friedensforscher Gunnar Myrdal, der mehr als viele andere Zeitgenossen einen globalen Horizont besaß, wetterte vermutlich gerade deshalb 1973: »Das ganze Geschwätz über planetarische und globale Lösungen ist einfach Humbug.«[71]

In der Bundesrepublik gehörte der Soziologe Niklas Luhmann zu den frühen Vordenkern der »Weltgesellschaft«.[72] Er pflegte sich darüber zu mokieren, dass sich viele unter »Gesellschaft« ein in die üblichen Staatsgrenzen eingehegtes Gebilde vorstellten, hielt sich jedoch mehr als manche Nachfolger davon zurück, die »Weltgesellschaft« vorschnell mit einem handlungsfähigen Weltstaat gleichzusetzen; denn wirksame Akteure sind bei ihm lediglich die »Subsysteme«. Diese können freilich nationale Grenzen überschreiten. In den Abhandlungen des Bielefelder Luhmann-Nachfolgers Rudolf Stichweh zur »Weltgesellschaft« stehen die Kommunikationsnetze der Wissenschaft ganz im Zentrum; Staat und Politik treten nur marginal in Erscheinung. Man kann sich nicht des Eindrucks erwehren, dass das Konzept der »Weltgesellschaft« nicht so sehr der Erkenntnis der Welt, sondern weit mehr der Schaffung eines volltönenden »Gesellschaft«-Kompositums dient.[73] Die wolkige »Weltgesellschaft« kann ablenken von dem Gebot der

Zeit, weltweit beim Umgang mit Problemen von globaler Relevanz einfache und allgemein einsichtige Regeln durchzusetzen.

Lässt man gelten, dass »Gesellschaft« durch Kommunikation entsteht, muss es sich doch um eine solche handeln, die nicht aus bloßem Geplauder besteht, sondern um dauerhafte Themen von politischer Tragweite kreist. Derartige Themen von globaler Dimension gab es im letzten halben Jahrhundert am allermeisten im Umkreis der »Umwelt«.[74] Die weltweite Kommunikation über Umweltprobleme mit der Fülle einschlägiger Tagungen ist vor dem Hintergrund der Vergangenheit ein historisches Novum, das Hoffnungen weckt; ob dadurch jedoch so etwas wie eine globale »Gesellschaft« entstand, bleibt bislang zweifelhaft, »denn gerade unter Umwelt-Aspekten treten nationale und regionale Unterschiede hervor. Das gilt nicht zuletzt für die Perspektiven des Klimawandels, die sich in Norwegen sehr anders darstellen als in Nigeria.«[75] Am erfolgreichsten gelang bislang die Globalisierung im Falle der »Weltwirtschaft«; diese kam jedoch als Schlagwort und bis zu einem gewissen Grade Realität bereits im 19. Jahrhundert auf und hat die Weltkriege nicht verhindert. Gegenwärtig ist die Einsicht zum Gemeingut geworden, dass die Globalisierung der Wirtschaft auf gesellschaftliche Beziehungen destruktiv wirken kann.

AUFGEPUSTET BIS ZUM PLATZEN: GALAKTISCHE ZUKUNFTSBLASEN. Himmelhoch über den realen Reisen schweben die Phantasiereisen; auch sie, manchmal sie sogar vor allem vermögen Zukunftserwartungen zu prägen. Besonders charakteristisch für die 1950er und 1960er Jahre, heute bei den meisten nahezu vergessen, waren Raumfahrtphantasien. Sie waren ein internationales Phänomen, das insbesondere in den USA in der Zeit des Wettlaufs zum Mond selbst der sonst eher dezenten *New York Times* zufolge Züge einer »Paranoia« annahm[76]; typisch für die Bundesdeutschen war demgegenüber, wie wir schon beim Thema »Sputnik« sahen, eher eine skeptische Zurückhaltung, die in den Augen der Weltraumfreaks natürlich borniert Provinzialismus war. Das Allensbach-Jahrbuch 1965–1967 schließt mit kurzen Kapiteln »Zukunft« und »Weltraum«; das letzte enthält die im Mai 1964 gestellte Frage: »Möchten Sie gern eine Weltraumreise mitmachen?« 73 Prozent der Befragten antworteten mit »Nein«; immerhin ein Viertel mit »Ja«; nur zwei Prozent reagierten unentschieden.[77] Dabei fällt auf, dass fast alle Interviewten glaubten, zu dieser Frage mit ja oder nein Stellung beziehen zu müssen.

Immerhin, die damaligen Deutschen besaßen einen Raumfahrt-Heros, dem geglückt war, was Karl May alias Old Shatterhand nur in der Phantasie erreicht hatte: zum amerikanischen Helden zu werden. Das war Wernher von Braun (1912–1977), der vor 1945 für NS-Deutschland in Peenemünde Raketen zur Zerstörung Londons entwickelt hatte und nunmehr zum Leiter des J. F. Kennedy Space Center aufstieg. Damalige Deutsche ergingen sich gern in der Vorstellung, die amerikanischen Mondraketen seien deutscher Provenienz. Von Brauns Bestseller *Das Mars-Projekt*, der zuerst 1952 erschien und doch schon damals ausdrücklich nicht als Science-Fiction gemeint war, fand begeisterte Leser, die an diese Zukunftsaussicht glaubten: Das Buch handelte von einer Großexpedition zum Mars, die dort weit über ein Jahr verbringt, mithin die Phantasie zur Besiedelung dieses Planeten beflügelte.

Der bundesdeutsche Raumfahrtpapst der 1950er und frühen 1960er Jahre war der aus Böhmen stammende Eugen Sänger (1905–1964), der sich schon als Dreizehnjähriger durch den Science-Fiction-Roman von Kurd Laßwitz *Auf zwei Planeten* für die Raumfahrt hatte begeistern lassen und sein ganzes Leben wie besessen das Ziel verfolgte, die Utopie zur Realität zu machen. In der NS-Zeit hatte er die Raketentechnische Forschungsstelle Trauen in der Lüneburger Heide gegründet und geleitet; von 1951 bis 1953 war er Vorsitzender der Internationalen Astronautischen Föderation: Obwohl es mit der bundesdeutschen Raumfahrt nicht weit her war, fand er auch im Ausland Anerkennung. In seinen letzten Lebensjahren baute er als Professor in Stuttgart das Raketenversuchsgelände Lampoldshausen aus; noch im Jahr vor seinem frühen Tod bewirkte er an der Technischen Universität Berlin die Einrichtung eines Lehrstuhls für Raumfahrt.

Laut Wikipedia gab er sich davon überzeugt, dass Sterne selbst in der Entfernung von Milliarden Lichtjahren innerhalb der Lebenszeit eines Menschen erreicht werden könnten, da die Zeit relativ sei und der Mensch im Raumschiff unendlich viel langsamer altere. Aber gesetzt den Fall, das träfe zu: Auf welche Welt würde er zurückkehren? Es ist keine retrospektive Besserwisserei, über den Bluff und die Unaufrichtigkeit damaliger galaktischer Phantasmen herzuziehen: Wenn man wollte, konnte man das auch damals sehr wohl erkennen und durchschauen, dass es vielen Schaumschlägern nicht wirklich um die Zukunft der Menschheit, sondern hier und jetzt um die eigenen Fördergelder ging. Fritz Baade mahnte in seinem *Wettlauf zum Jahre 2000* von 1960:»Unsere Aufgabe besteht nicht darin, andere Weltenkörper zu erobern, sondern unseren eigenen Weltenkörper in Ordnung zu bringen.«[78]

Aus heutiger Sicht betrachtet, jagt in Sängers Publikationen eine Stilblüte die nächste; umso mehr verblüfft, wie ernst er zu seiner Zeit von einflussreicher Seite genommen wurde. Selbst in der konservativ-seriösen Zeitschrift *Außenpolitik* konnte er im Jahr nach dem Sputnik-Start den »interplanetarischen Touristenverkehr« als Tatsache der Zukunft präsentieren; mit Rücksicht auf die enge Bundesrepublik propagierte er den flugplatzunabhängigen Senkrechtstarter. Zu jener Zeit verlegte sich der Bremer Unternehmer Borgward, bis dahin durch den Kleinwagen *Lloyd* (genannt »Leukoplastbomber«) populär, auf die Produktion von Hubschraubern als vermeintliches Volks-Verkehrsmittel der Zukunft und ging unter anderem daran bankrott.[79]

Unter dem frischen Eindruck des Sputnik verkündete Sänger in einem Buch *Raumfahrt – eine technische Überwindung des Krieges*, der »Beginn der Raumfahrt« sei der »gewaltigste historische Vorgang in der halbmillionenjährigen Menschheitsgeschichte«; dabei war der Zusammenhang der Raumfahrt mit den Militärapparaten in Ost und West offenkundig, und Sänger, der einst für die NS-Luftwaffe gearbeitet hatte, biederte sich denn auch je nach Gelegenheit den Militärs an. Die Pioniere der Raumfahrt, »Heroen und Halbgötter«, erhob er in den »Rang von Übermenschen« und stellte Widerstände dagegen in eine Reihe mit dem »Hexenglauben des Mittelalters«.[80] Die Raumfahrt sei dabei, eine »schlafende Welt voll persönlicher und nationaler Egoismen« aufzuwecken. 1957 prophezeite er sogar mit genauer Jahresangabe: »Mit dem Beginn der ersten, interplanetarischen Phase bemannter Raumfahrt – wahrscheinlich also um 1970 – wird die Menschheit in ihr kosmisches Weltalter treten.«[81] In Wirklichkeit geschah in jenem Jahr, und zwar nicht zuletzt als Folge der Raumfahrt, das genaue Gegenteil: eine Rückwendung gerade zukunftsorientierter Menschen zur Erde! Und das war zugleich eine Rückwendung des Menschen zu sich selbst.

Um eine Vorstellung von den Exzessen des Weltraumrausches der 1960er Jahre zu bekommen, bei dem das Gros der Bundesdeutschen vergleichsweise Nüchternheit bewahrte, lese man den Vortrag des prominenten britischen Genetikers J. B. S. Haldane auf dem schon genannten Londoner Ciba-Symposium »Man and his Future« von 1962, kurz nach dem Thalidomit-(Contergan-)Skandal, als Frauen, die dieses Medikament während der Schwangerschaft genommen hatten, Kinder mit verkürzten Gliedmaßen zur Welt brachten. War es lediglich schwarzer Humor, wenn Haldane selbst daraus eine Chance für die Zukunft, nämlich für Langstrecken-Raumfahrt, zu machen suchte? Denn er sinnierte öffentlich:

»Menschen, die ihre Beine durch Unfall oder Mutation verloren haben, wären als Astronauten besonders geeignet, denn die Beine des Menschen und ein großer Teil des Beckens sind in diesem Fall nicht nötig. Wenn man ein Medikament entdeckte, ähnlich dem Thalidomit, aber nur auf die Beine und nicht auf die Arme wirkend, könnte man die Mannschaft des ersten Raumschiffes zum *Alpha Centauri* damit behandeln.«[82]

Er schloss sein Referat mit den Worten: »Ich habe mein eigenes Utopia gezeichnet oder, wie manche Leser vielleicht annehmen, meine eigene private Hölle. Ich rechtfertige mich damit, dass immerhin auch utopische Entwürfe den Lauf der Geschichte beeinflusst haben.«[83] Der Kybernetiker Norbert Wiener charakterisiert Haldane als einen Menschentyp, »der bewusst Gefahren, Unannehmlichkeiten oder Unbeliebtheit auf sich nimmt, wenn eine Arbeit zu tun ist, die er für wichtig hält«.[84]

Einer der erfolgreichsten britischen Science-Fiction-Autoren, der sich in seiner Phantasie mit Vorliebe im Weltraum tummelte, war Arthur C. Clarke (1917–2008), der im Krieg als Radar-Experte tätig gewesen war. Zwischen all den fiktiven Storys jedoch, 1968, publizierte er ein Opus mit Sachbuch-Anspruch, das nicht als Spiel der Phantasie gemeint, sondern mit wütendem Ernst geschrieben war: *The Promise of Space*, das zwei Jahre darauf auf Deutsch unter dem Titel *Unsere Zukunft im Weltall* herauskam. Im gleichen Jahr 1968 wirkte er mit bei Stanley Kubricks Film *2001: Odyssee im Weltraum*, der gerade in Aussteigerszenen zum Kultfilm wurde und zu dessen galaktischen Klängen sich Hasch- und Marihuana-Dunst im Kinoraum auszubreiten pflegte. Im Buch jedoch wird immer öfter ein gereizter Unterton spürbar. »Manchmal wird von Leuten, die nur sehr wenig von Naturwissenschaften oder Science-Fiction verstehen können, behauptet, dass die tatsächliche Verwirklichung der Raumfahrt das Ende aller Geschichten über dieses Thema bedeuten wird.«[85] Genau dies oder doch etwas sehr Ähnliches geschah schon bald nach der ersten Mondlandung am 21. Juli 1969, die weit mehr ein Ende als ein Anfang war; dies zeichnete sich bereits ab, als das Buch auf Deutsch erschien. Und Clarkes Seitenhieb verrät, dass er etwas Derartiges ahnte.

Clarke schließt mit einem »Epilog: Warum und wozu?«. Die Gretchenfrage der Raumfahrt. Er gibt zu, dass die Schwärmer mitunter über das Ziel hinausgeschossen waren: »Man hat gelegentlich vorgeschlagen, dass ein wachsender Bevölkerungsdruck zur Eroberung der Planeten zwingen könnte. Das Argument hätte etwas für sich, wenn es möglich wäre, die Planeten so, wie sie sind, zu kolonisieren. Wie wir sahen, ist alles andere der Fall.«[86]

In der Tat, gerade die Fortschritte der Weltraumforschung machten jedem, der es wissen wollte, so deutlich wie möglich, dass die Vorstellung einer menschlichen Besiedlung der Planeten für alle irgendwie absehbare Zeit absurd war und nur noch naive Laien von künftigen »Ferien auf dem Mars« träumen konnten. Aber diese hatten ihre Ignoranz nicht unbedingt selber verschuldet; denn auch Clarke verfällt zwischendurch in die habituelle Unaufrichtigkeit der Raumfahrt-Apostel:

> »Und in vielleicht schon fünfzig Jahren dürfte es für jedermann wenigstens einmal in seinem Leben erschwinglich sein, den Mond zu besuchen – und sei es auch nur, um die Enkel zu sehen, die, im lunaren Schwerefeld geboren, niemals zur Erde reisen können und die auch nicht das geringste Bedürfnis danach verspüren. Ihnen möchte unser Planet nämlich als eine sehr unschöne, geräuschvolle, überfüllte und vor allem *schmutzige* Welt erscheinen.«[87]

Mit der Schwärmerei für ferne Planeten also zugleich eine Geringschätzung der Erde! Aber seit 1972 ist kein Mensch mehr auf dem Mond gelandet; und aus dem als Fortsetzung geplanten Marsreise-Programm wurde nichts. Lohnt es sich überhaupt, all die abstrusen Raumfahrtphantasmen wieder in Erinnerung zu rufen? Haben sie irgendetwas zu suchen in einer Geschichtsdarstellung, der es um *real wirksame* Zukunftserwartungen geht, nicht um pure Seifenblasen der Phantasie? Den euphorischen Weltraum-Utopien standen in zunehmendem Maße Horrorvisionen eines künftigen Krieges im Weltraum gegenüber, vor allem seit dem 1967 von der US-Regierung beschlossenen ABM(Anti-Ballistic Missile)-Programm; und diese erschreckenden Zukunftsperspektiven erwiesen sich als weit dauerhafter.[88] Der massivste realhistorische Zusammenhang der Raumfahrt bestand damals mit den Militärapparaten; ein soziokultureller Konnex überdies mit jenen ausgeflippten Drogenszenen, die die Atmosphäre der 1960er Jahre charakterisieren, in der angloamerikanischen Welt noch weit mehr als in Mitteleuropa.

Aber die wahrhaft zukunftsträchtige Bedeutung liegt ganz woanders. In seiner im Jahr nach der Mondlandung herausgebrachten Philippika gegen all die mit der Raumfahrt verbundene Schaumschlägerei polemisiert Günther Anders auch gegen den damals beliebten Topos, erst durch den »Blick vom Mond« habe man unsere Erde so recht zu Gesicht bekommen; ebendies sei das große Erlebnis der Mondfahrt.[89] Er konnte wohl um 1970 nicht erkennen, dass genau dadurch die Raumfahrt in eine neue Zukunft führte: durch die Einsicht, wie leblos und menschenfeindlich der Weltraum ist und dass wir nur diese eine Erde haben und fortan sorgsamer mit ihr umgehen müssen.[90] Eine neue Ironie im Zickzack der Zukunftsgeschichte: Ausgerechnet nach der Mondlandung wurde eine »allgemeine Weltraummüdigkeit« registriert, und zwar zusammen mit einem generellen Überdruss am Futurismus der 1960er Jahre.[91] Wie Wolfgang Sachs bemerkt, »wurde die Neuentdeckung der Erde zur eigentlichen Offenbarung der Raumfahrt«.[92]

Mehr noch: Beim Antrieb von Raumschiffen setzte sich die Photovoltaik gegen die Kerntechnik durch; davon sollte Jahrzehnte darauf die Solartechnik auch auf der Erde profitieren. In der Bundesrepublik machte Ludwig Bölkow (1912–2003), ein Gründervater des mächtigen, auch in der Raumfahrt engagierten Rüstungskonzerns Messerschmidt-Bölkow-Blohm (MBB), auf der Suche nach einem neuen Lebenssinn in seinen alten Tagen den Bau einer mit Solarzellen betriebenen Anlage zur Wasserstoffproduktion im oberpfälzischen Neunburg vorm Wald zu seinem Ruhestandshobby.[93] Diese Anlage, die jahrelang Besucher aus aller Welt anzog, hat den alten Mann allerdings nicht überlebt. Der mächtigen US-Raumfahrtbehörde NASA boten seit dem Niedergang der Raumfahrt der Klima-Alarm und die beunruhigenden Befunde über die Ozonschicht eine glänzende Gelegenheit, den eigenen Nutzen für die Menschheit auf zeitgemäße Art zu demonstrieren und neue Verbündete zu gewinnen.[94] Ob das ein *happy end* bedeutet, wird erst die Zukunft zeigen.

DIE INTROVERSION EINER VIELDEUTIGEN FERNE: VON DER »DRITTEN WELT« ZUR »MULTIKULTURELLEN GESELLSCHAFT«. »Die Welt retten« wurde seit den 1960er Jahren gewöhnlich mit der Dritten Welt verbunden, ab 1970 mit der Umwelt, oft mit beiden Welten zusammen. In den 1950er Jahren war der Begriff »Entwicklungsländer« noch kein Euphemismus für »unterentwickelte Länder«, sondern gerade bei jüngeren Intellektuellen war die Erwartung verbreitet, vor allem dort öffne sich eine neue Zukunft, nicht im alten, von den Weltkriegen zermürbten Europa. »Wenn ich so weit bin, gehe ich in die Dritte Welt«, pflegten unternehmungslustige Jugendliche bedeutsam anzukündigen.

Der Begriff, *Tiers Monde*, wurde laut Wikipedia 1952 von dem französischen Demographen Alfred Sauvy geprägt, und zwar analog zum *Tiers Etat*, dem Dritten Stand, dem Urheber der Großen Revolution. Mithin ein verheißungsvoller Begriff! Die Konferenz im indonesischen Bandung im April 1955, auf der 29 Staaten aus Asien und Afrika vertreten waren und sich ein neues friedensstiftendes Weltbündnis als Gegenkraft gegen den bedrohlichen Ost-West-Konflikt abzuzeichnen schien, machte sich den Begriff

»Dritte Welt« zu eigen. Heute ist fast vergessen, in welchem Maße zu einer Zeit, in der die Angst vor einem dritten Weltkrieg grassierte, »Dritte Welt« ein Zauberwort der Hoffnung war. Sauvy allerdings widerrief am 14. Februar 1989 in *Le Monde* seine einst so erfolgreiche Begriffskreation: Es ergebe keinen Sinn, die »kleinen Tiger« des Fernen Ostens mit Schwarzafrika unter einen Begriff zu subsumieren. Durch den Zerfall der »Zweiten Welt«, der des Ostblocks, verlor die magische Zahl Drei in der »Welt«-Bedeutung ohnehin ihren Sinn!

Vor allem in den Kirchen hatte dieser Blick in die Ferne schon eine alte Tradition, lange bevor es den Begriff »Dritte Welt« gab: durch die Mission. Die Bekehrung der »armen Heiden« zum Christentum war zwar von der Idee her ein Ausdruck westlicher Arroganz; aber unterschwellig spielte doch die Vorstellung hinein, die »primitiven« Völker seien noch unverdorben von der modernen Zivilisation, und daher gebe es bei ihnen noch ähnlich wie im Urchristentum die Chance einer frischen Erweckung zum Glauben.[95] Ebendarin bestand der besondere Reiz der Mission; sie war nicht ganz unberührt von der Vorstellung des »edlen Wilden«, den die Weltumsegler des 18. Jahrhunderts auf den Südseeinseln fanden.

Durch die Gestalt Albert Schweitzers, der vielen Nachkriegsdeutschen – um den Weihnachts-*Spiegel* von 1960 zu zitieren – »wie ein naher Verwandter des lieben Gottes« erschien, wurde diese spirituelle Anziehungskraft speziell Afrikas in die neue Moderne transportiert, auch wenn Schweitzer für seine Person die Afrikaner zwar für hilfsbedürftig, jedoch für keiner »Entwicklungshilfe« bedürftig hielt und Lübke als Bundespräsident nicht zuletzt durch seine Afrika-Reiserei zur Witzfigur wurde. Bis heute blicken einen aus den Schaukästen vieler Kirchen und Gemeindehäuser mit großen Augen dunkelhäutige Kinder an: als Objekte christlicher Hilfe, aber auch Verkörperung einer Transzendenz jenseits des alltäglichen Hier und Jetzt[96] zu einer Zeit, da der Weltraum leer geworden ist und viele Menschen an ein Jenseits »im Himmel« nicht mehr zu glauben vermögen.

In der großen Zeit der Mission war Afrika jedoch kein Ziel für lustbetonte Reisende. Der alte Bodelschwingh, dessen Herz an der Afrika-Mission hing, mahnte gleichwohl, Missionare müssten sterben lernen. Max Weber, dessen Sehnsucht nach dem Süden nicht über Italien hinausging, verspottete junge Männer als »Kannibalenfutter«, die als Krankenpfleger nach Ostafrika gehen wollten.[97] Seit den 1950er Jahren wurden jedoch exotische Länder mehr und mehr auch für Vergnügungsreisende erreichbar. Und doch ist nicht sicher, wieweit die Karriere der »Dritten Welt« als zukunftsträchtiger

Welt mit dem wachsenden Tourismus innerlich zusammenhängt. Nur ein kleiner Bruchteil der Touristen fuhr ja dorthin; und wer diese Länder aus der Nähe erlebte, merkte oft wenig von »Entwicklung« und pflegte die Vorzeige-Anlagen der Modernisierer eher zu meiden. Die »Dritte Welt«, die von Brasilien bis Bangladesch reicht, ist eine Abstraktion, die der konkreten Anschauung spottet. Durch Reisen und persönliche Verbindungen zu Drittweltländern entstanden ganz unterschiedliche Milieus, die durch sehr verschiedene Emotionen und Ambitionen geprägt waren: Man vergleiche nur die Tibet- mit der Vietnam-, der Nicaragua- oder der Kurden-Szene! Mit der gern beschworenen »globalen Verantwortung« der Deutschen verband jede dieser Szenen sehr andere konkrete Vorstellungen.

Und je länger das Ende des Kolonialismus zurücklag und je besser viele Deutsche die unter der Rubrik »Dritte Welt« geführten Länder kennenlernten, desto mehr zerbröckelte die Vorstellung, die »Dritte Welt« sei die Welt der Zukunft. Vor fünfzig, sechzig Jahren hätten Sprecher der Linken derartigen Flüchtlingsströmen, wie wir sie heute erleben, vermutlich zugerufen: »Bleibt in eurem Land und kämpft für eure Rechte; wie soll es dort jemals besser werden, wenn ihr alle davongeht?« Ein solcher Aufruf ist heute ganz aus der Welt: ein Indiz dafür, in welchem Maße weite Teile der Dritten Welt jegliche Zukunftsverheißungen verloren haben. Die einst aus der Ferne gefeierten antikolonialen Befreiungsbewegungen hatten vielen Ländern keineswegs eine größere Freiheit beschert.

Die erste Welle verzweifelter Flüchtlinge, die die Welt erschütterte, waren in den 1970er Jahren die »boat people« aus dem angeblich befreiten Vietnam. Rupert Neudeck (1939–2016), der als Kind die Flucht aus Danzig erlebt hatte, wurde durch die Rettung von mehr als zehntausend dieser Menschen weltbekannt; er gründete 1982 die Flüchtlingshilfsorganisation Cap Anamur, mit dem Namen seines Rettungsschiffes. Für all diejenigen jedoch, die noch einige Zeit davor auf Partys »Ho-Ho-Ho-Chi-Minh« skandiert hatten, war diese Fluchtbewegung eine Peinlichkeit, von der man lieber wegschaute. Der Schriftsteller Peter Schneider, 1968 in vorderster Front der Rebellen, registriert aus späterer Rückschau bestürzt, wie vollständig die Berliner Vietcong-Fans ignorierten, dass die Vietcong im gleichen Jahr 1968 in der eroberten Stadt Hué »in einer offenbar vorbereiteten Mordaktion« die gesamte Intelligenz der Stadt umbrachten.[98] Die verzweifelte Flucht über das Meer nach dem Sieg der Vietcong hatte ihren Grund. Aber, heute vergessen: »Flüchtling« besaß für viele Deutsche, die keine Heimat verloren hatten, noch lange nach 1945 einen unangenehmen Klang, besonders für Angehörige der Linken, die dabei an die Vertriebenenverbände mit deren Forderung zur Rückgewinnung der Ostgebiete dachten. Auch von den Flüchtlingen aus dem kommunistischen Machtbereich war zu erwarten, dass sie die Stimmung des Kalten Krieges verstärkten.

Auch das war eine überraschende Wende im Verlauf der 1980er Jahre: »Offene Grenzen für alle Flüchtlinge« wurde zur »linken« Parole, obwohl zu jener Zeit kein bestimmtes Regime vor Augen stand, bei dem die Annahme überzeugend war, dass es sich bei dem Gros der Zuwanderer von dort um politische Flüchtlinge handelte. Am schlimmsten erschien damals die 1979 im Iran zur Macht gekommene islamistische Diktatur unter Ayatollah Khomeini mit ihren Massenhinrichtungen, die in ihrem finsteren Atavismus sogar die Steinigung von Ehebrecherinnen wieder einführte, wogegen das damals gestürzte Schah-Regime die Gleichberechtigung der Frau gegen heftigen Widerstand der Geistlichkeit vorangetrieben hatte.[99] Aber in Erinnerung an die Anti-Schah-Demonstrationen von 1967, als der feministische Blick auf die Welt noch fehlte, war dieser Umsturz in Kreisen der westlichen Linken voreilig bejubelt worden; und auch als sich Entsetzen über den Terror der Mullahs verbreitete, wurde der Islamismus nicht als Feindbild aufgebaut: Die Zuwanderer, um die es seit den 1980er Jahren konkret ging, waren ja überwiegend Moslems!

Auch hier muss man sich vor einer besserwisserischen Retrospektive hüten und sich daran zurückerinnern, dass die islamische Welt bis vor einigen Jahrzehnten keineswegs mit Fanatismus und Gewalt, sondern eher mit Trägheit und Wasserpfeife (und Harem) assoziiert wurde. Die bekannteste deutsche Islamforscherin Annemarie Schimmel fühlte sich besonders der mittelalterlichen islamischen Mystik verbunden, deren Poesie »aus allen Blumen das stumme Lob Gottes« vernahm.[100] Gefahr drohte aus damaliger Sicht vor allem vom arabischen Nationalismus, der in Spannung zur traditionellen Geistlichkeit stand; im Suezkrieg von 1956 wurde Nasser, später in der Zeit der Irakkriege Saddam Hussein mit Hitler verglichen. Besonders eindrucksvoll schilderte der Exiliraner Bahman Nirumand (geb. 1936), der 1967 die Anti-Schah-Demonstrationen inspirierte, die böse Überraschung, als Ayatollah Khomeini, den er bis dahin für einen nützlichen Idioten einer linken Revolution gegen den Schah gehalten hatte, eine blutige Terrorherrschaft errichtete.[101] Selbst für Hans-Ulrich Wehler, der den Prozess der Säkularisierung im Zuge der Moderne für irreversibel gehalten hatte, wurde die Wiederkehr der Religion zur größten Überraschung der jüngsten Zeit[102]: zu einer nicht durchweg angenehmen Überraschung!

Man muss sich das Umkippen einstiger Vorstellungen von der »Dritten Welt« vor Augen führen: Wurden noch in der Zeit um 1968 alle antikolonialen Bewegungen auf der Linken unbesehen als »Befreiungsbewegungen« gefeiert, ging man nun generell davon aus, dass in den einst »befreiten« Ländern menschenunwürdige Bedingungen herrschten und man Zuwanderern von dort unbesehen glauben konnte, dass sie politische Flüchtlinge seien Die Frage, wieweit das zutraf oder nicht, war ohnehin nicht mehr wichtig. wenn man aus der »multikulturellen Gesellschaft« das Ideal für die deutsche Zukunft machte.

»MULTIKULTI«: REIZTHEMA UND RÄTSEL. Damit sind wir bei einem der merkwürdigsten Themen in der Geschichte der deutschen Zukunftskonzepte: einem Reizthema, das bis in die Gegenwart reicht und wieder und wieder Emotionen aufwühlt. Seit 1990, als Claus Leggewie den Begriff nach Deutschland brachte, ist »Multikulti« omnipräsent: in den Medien, in alltäglichen Gesprächen, in politischen Diskussionen, im Schulunterricht. Das Schlagwort kam auf als Reaktion auf eine wachsende Gegenstimmung gegen eine Zuwanderung, die in jener Zeit auf Hunderttausende im Jahr angewachsen war. Anfang 1985 unternahm Allensbach eine Umfrage: »Sind Sie alles in allem dafür oder dagegen, dass mehrere Millionen Ausländer bei uns leben?« 21 Prozent der Befragten waren dafür, 45 Prozent dagegen; die gleiche Umfrage erbrachte im September 1989 ähnliche Resultate.[103] Die Grünen, seit 1983 neu im Bundestag, stellten sich an die Spitze derer, die hier im Zeichen der »multikulturellen Gesellschaft« Kontra gaben und eine fortgesetzte Massenzuwanderung pauschal für eine Bereicherung Deutschlands erklärten.

Damit geraten wir an eine ganze Reihe offener, bis heute unbeantworteter Fragen. Im Blick auf unsere Thematik zuallererst: War mit der »multikulturellen Gesellschaft« die Bejahung der Gegenwart gemeint oder ein Ideal für die Zukunft? Als Bahman Nirumand, 1979 in den Iran heimgekehrt, aber drei Jahre darauf voller Entsetzen erneut geflüchtet war, nach Berlin zurückkehrte, fand er die Stadt nach wenigen Jahren »sehr verändert«:

»Fast in jedem Stadtbezirk waren türkische Gemüse- und Lebensmittelläden eröffnet worden, die ihre Waren auch draußen vor der Tür anboten. Italienische, chinesische, vietnamesische Lokale und Imbissbuden, alternative Brot- und Gemüseläden, Straßenfeste und Wochenmärkte waren weithin sichtbare Zeichen dafür, dass die Deutschen offener, geselliger geworden waren. Ich gewann auch den Eindruck, als sei das Verhältnis der Deutschen zu ihrem Staat, zu Gesetzen und Bestimmungen ein anderes geworden. ... Die einstige Strenge war einer gewissen Lässigkeit gewichen – und das gefiel mir.«[104]

In einem gewissen Sinne war die »multikulturelle Gesellschaft« also Gegenwart, am frühesten in den großen Städten. Aber als eine solche muntere Gegenwart war sie banal und kaum kontrovers; wer wollte schon im Ernst die italienischen, türkischen, chinesischen Wirte aus Deutschland vertreiben? Kritisch wurde es erst bei der Frage, ob man diese Erfahrung, dass Deutschland durch Zuwanderer bunter wurde und gleichsam Urlaubsatmosphäre gewann, in die Zukunft extrapolieren und die deutschen Grenzen für eine fortgesetzte Massenzuwanderung öffnen sollte. Laut Wikipedia (Juni 2015) bezeichnet »multikulturelle Gesellschaft« eine »Vision«[105], wenn auch diese Deutung nicht unumstritten ist. Aber was für eine Vision?

Der wohl bekannteste Zukunftsentwurf aus der Zeit der Asyl-Kontroverse der späten 1980er und frühen 1990er Jahre ist der von Daniel Cohn-Bendit mitverfasste überaus materialreiche Band *Heimat Babylon – Das Wagnis der multikulturellen Demokratie* (1992); Cohn-Bendit, lebende Legende von Paris 1968, war damals Frankfurter Dezernent für multikulturelle Angelegenheiten. Schon der Titel ist ein Widerspruch in sich. »Babylon« spielt wohl nicht so sehr auf das historische, sondern auf das biblische Babylon an, über das der Gott des Alten Testament als Strafe für den Turmbau eine Sprachverwirrung verhängt (1. Mose 11, 7–9). Aber kann ein solcher Ort, in dem man sich nicht mehr verständigen kann, zur Heimat werden? Und wie verträgt sich das Sprachengewirr mit der Demokratie, die doch auf der Fähigkeit zur Verständigung zwischen verschiedenen Bevölkerungsgruppen beruht? Und wo bleibt die Demokratie, wenn die Zuwanderung gegen den Willen der Mehrheit der Staatsbürger verfügt wird? Der Band enthält eine Fülle von Fakten, die das Widerstreben der Einheimischen verständlich machen; eine klare, durchdachte, realistische und gründlich fundierte Vision der multikulturellen Gesellschaft, die zur Richtschnur für einen demokratischen Konsens über die künftige Zuwanderungspolitik werden könnte, liefert er nicht. Cohn-Bendit, der zwischen Frankreich und Deutschland pendelte, konnte sich als frischgebackener Frankfurter Dezernent für multikulturelle Angelegenheiten im Mai 1989 in einem *Spiegel*-Interview den Seitenhieb auf die Parteifreunde nicht verkneifen: »Auch die Grünen müssen kapieren, dass die Ausländer nicht die besseren Menschen sind.«[106]

Während man in einem Sektor wie der Raumfahrt der Zukunftsvisionen überdrüssig werden kann, ist hier der *Mangel* an sorgfältig durchdachten Zukunftsszenarien geradezu phänomenal. Es blieb Thilo Sarrazin überlassen, sein Anti-Multikulti-Pamphlet *Deutschland schafft sich ab* (2010) mit Zukunftsszenarien nach dem Muster »Wunschbild – Schreckbild« abzuschließen: »Ein Traum und ein Alptraum – Deutschland in 100 Jahren«. In all der Literaturflut über Gesellschafts-Komposita findet man gegenwärtig (2016) bei Amazon keinen einzigen Titel zum Thema »Multikulturelle Gesellschaft«, auch wenn dieser Begriff in einer ganzen Reihe von Titeln vorkommt: Aber es fehlt dazu eine Monographie von Format.

Das ist, aus der Distanz betrachtet, sehr merkwürdig; denn Vertrautheit mit anderen Kulturen – freilich nur mit ganz bestimmten – ist in Deutschland seit Jahrhunderten der Ausweis höherer Bildung. Zudem kam »Multikulturalismus« zeitgleich mit dem *culturalist turn* in den Sozialwissenschaften auf; von dort ist der Begriff »Kultur« offenbar übergesprungen. Aber was heißt in diesem Fall »Kultur«? Das bleibt verschwommen. Offenbar nicht nur »Hochkultur«; und doch gibt es »Multikulti«-Anhänger, die sich zugleich über moslemische Frauen mit Kopftuch ärgern. Wie Seyran Ateş, die als Berliner Rechtsanwältin durch ihr Engagement für die Rechte moslemischer Frauen von Attentätern bedroht wurde, in der »Multikulti«-Szene jedoch auf Desinteresse stieß, in ihrer Streitschrift *Der Multikulti-Irrtum* klagt:

> »Der Multikulti kaufte sein Gemüse beim ›Türken‹, seinen Kebap an der Dönerbude und war mächtig stolz auf seine gelebte Multikulturalität und sein Anti-Deutschtum. Dabei interessierte er sich nicht im Geringsten für die Kultur des Gemüsehändlers oder des Dönerbudenbesitzers. Der konnte ein fundamentalistischer Patriarch voller Verachtung für den Urdeutschen und seine Lebensweise sein, und der verblendete Multikulti merkte es nicht einmal.«[107]

Da bedeutet »Multikulti« in Wahrheit »Nullkulti«. Folgt man Navid Kermani, hat es einen tieferen Grund, dass den »Multikulti«-Bekenntnissen ein Kulturbegriff, der Substanz besitzt, so häufig abgeht. Denn im heutigen Deutschland bedeutet »Multikulti« ja de facto an erster Stelle Öffnung zur islamischen Kultur. In seiner Rede zur Verleihung des Friedenspreises des Deutschen Buchhandels im Oktober 2015 verwirrte Kermani jedoch viele Anwesende mit der Feststellung: »Es gibt keine islamische Kultur mehr.«[108] So gesehen gibt es weder *die* islamische Gefahr noch die Chance, Deutschland durch Aufnahme der islamischen Kultur zu bereichern. Folgt man seiner Schrift über *Deutschland und seine Muslime*, entspringt die Vorstellung von einer überaus reizvollen muslimischen Kultur in typischen Fällen einer touristischen Illusion: Im Anblick der architektonischen Wunderwerke aus dem Mittelalter in einer Stadt wie Isfahan nehme der Außenstehende nicht wahr, dass diese Kunstwerke mit dem aktuellen Bewusstsein des Großteils der dortigen Bevölkerung nichts zu tun hätten.[109]

Ein ebenso prominentes wie aufreizendes Beispiel für unüberlegten Multikulturalismus bietet Günter Grass: 1981, als sich unter den Deutschen Unbehagen über die wachsende Zuwanderung aus außerwestlichen Ländern auszubreiten begann, plädierte er – nicht zuletzt mit Blick auf das überalterte Westberlin – vehement für eine noch liberalere Immigrationspolitik, und dies, obwohl er prophezeite, in Zukunft werde sich eine wahre »Völkerwanderung« »in alle Industriestaaten hinein ergießen«.[110] Das klang nicht gerade verlockend; denn eine Völkerwanderung hatte einst – zumindest im gängigen Geschichtsbild – den Untergang der antiken Kultur herbeigeführt. War Grass bereit, zu den voraussichtlichen Folgen einer Politik der offenen Grenzen zu stehen? 1995 reihte er sich der Galerie illustrer Geister ein, die gegen die Verleihung des Friedenspreises des deutschen Buchhandels an Annemarie Schimmel Einspruch erhoben[111]: Die 73-jährige hochangesehene Islamwissenschaftlerin hatte Verständnis für die Empörung frommer Moslems über Salman Rushdies *Satanische Verse* bekundet, deren Spott auf Mohammed ihn islamischen Morddrohungen ausgesetzt hatte. Aber wenn man Millionen moslemischer Zuwanderer ins Land ließ: War es nicht dann ein Gebot der Klugheit, auf deren religiöse Gefühle Rücksicht zu nehmen?

Unter der Hand ist »Multikulti« für immer mehr Leute zum Spottnamen geworden, gleichsam zur Kombination von »Multivitamin« und »Tuttifrutti«; und wenn in den 1980er und 1990er Jahren von Verfechtern des Multikulturalismus häufig in einer Art geredet wurde, als könne Deutschland gar nicht genug Zuwanderer bekommen, ganz egal von woher, wird heute kaum mehr ein ernst zu nehmender Mensch diese Position vertreten. Und doch fehlt nach wie vor eine große öffentliche Diskussion darüber, nach welchen Kriterien Zuwanderer aufzunehmen sind und nach welchen nicht. Diese Diskussion wäre seit einem halben Jahrhundert fällig. Paul Scheffer, der mit seinem Artikel »Das multikulturelle Drama« im Jahr 2000 die Diskussion über die Immigrationspolitik in den Niederlanden anstieß und unter dem Titel *Die Eingewanderten* ein ungewöhnlich kenntnisreiches und ausgewogenes Werk zum Thema verfasste, kommt in dem Kapitel »Die Immigranten von morgen« zu dem wohlbegründeten Schluss, für die »Zulassung von Immigranten« seien »klare Richtlinien« erforderlich. »Und die selektive Zulassung von Migranten ist entscheidend für eine erfolgreiche Einbürgerung.«[112]

Aber wieso gibt es solche »klaren Richtlinien« in der Bundesrepublik nicht längst? War nicht deren Notwendigkeit seit Jahrzehnten abzusehen? An diesem Punkt zeigt sich besonders deutlich, in welchem Maße es bei vielem »Zukunfts«-Gerede an einem scharfen und realistischen Blick auf mögliche Zukünfte fehlt. Denn die Praxis der Immigrationspolitik war in ihrem Ursprung gerade *nicht* zukunftsorientiert: Da diente sie wesentlich dazu, den im Niedergang befindlichen Industrien ungelernte Billiglohnarbeiter zu beschaffen, jedoch ohne diesen Niedergang aufhalten zu können.[113] Gerade im Blick darauf wäre es geboten gewesen, deren Aufenthaltsgenehmigung vorerst zu begrenzen. Stattdessen gestattete man es ihnen, ihre Familienangehörigen nachzuholen. Durch diese Synergie erlangte eine Immigration, die zunehmend den deutschen Sozialstaat belastete, eine Eigendynamik, die auch durch einen Anwerbestopp nur schwer zu bremsen war. Das wurde im Laufe der 1980er Jahre zusätzlich dadurch erschwert, dass unter deutschen Intellektuellen »Multikulti« in Mode kam und Kritiker befürchten mussten, sich dem »Rassismus«-Vorwurf auszusetzen.

Die »Multikulti«-Grundhaltung mitsamt dem abstrakten Gerede über »die« Ausländer vernebelte oft den Blick für solche Gruppen von Zuwanderern, deren großzügige Aufnahme Ehrensache wäre und die für das eigene Land eine Bereicherung wären. Aber während es zu »pro und kontra Kernenergie« ganze Stapel von Büchern gibt, die bei aller Polemik doch eine Fülle von Sachargumenten enthalten und wo bei aller Schärfe doch beide Seiten auf Argumente der anderen eingehen, gibt es nur spärlich Diskussionsliteratur zur Zukunft der Zuwanderung[114]: eine im Blick auf die ständig wachsende Tragweite des Themas paradoxe Situation. Vermutlich trägt zu dem Manko bei, dass die Migrationsströme zum Großteil unübersichtlich, ihre Motive in vielen Fällen für den Außenstehenden undurchsichtig und die Wirkung von Immigranten auf das eigene Land oft schwer vorhersehbar ist; das mag ein Grund dafür sein, dass im populären Schrifttum in penetranter Weise die simplifizierende Tendenzliteratur überwiegt. Und doch bleibt ein Rätsel bestehen.

Noch rätselhafter ist das Faktum, dass die Forderung nach offenen Grenzen seit den 1980er Jahren vielfach als »links« gilt. Jürgen Kocka hat daran erinnert, dass nach neueren Befunden der sozialhistorischen Forschung »gerade die permanent wandernden Individuen nicht den Zusammenhalt untereinander und nicht die Solidarität mit anderen entwickeln konnten, die gegeben sein müssen, wenn organisierte kollektive Proteste entstehen und wirksam sein sollen«.[115] Es ist nicht unbedingt Rassismus, wenn sich Arbeiter über Zuwanderer sorgen, die für geringen Lohn zu jeder Arbeit bereit sind. Ausländische Schüler machen am meisten den Grund-, Haupt- und Gesamtschulen, am wenigsten den Gymnasien zu schaffen.

Nicht weniger paradox als die fixe Idee, eine liberale Immigrationspolitik sei etwas »Linkes«, erscheint die Tatsache, dass ausgerechnet die Grünen bei dem Ruf nach »offenen Grenzen« vorneweg waren; denn nichts gibt Grund zu der Annahme, dass eine verstärkte Zuwanderung die Durchsetzungskraft des Umweltschutzes erhöht: Fast alles spricht für das Gegenteil. Wie keine andere Partei ist die der Grünen ein Produkt der modernen deutschen Kultur, wogegen in einer Weltkarte der Umweltbewegungen der islamische Raum von Marokko bis Pakistan den größten weißen Fleck ausmacht. Und gerade Zuwanderer besitzen ein besonderes Interesse an Wirtschaftswachstum um jeden Preis.

Die in der linken Öko-Szene verbreitete Manier, von »den« Ausländern pauschal als einer Bereicherung zu reden, von der die Deutschen gar nicht genug haben könnten, musste zwangsläufig über kurz oder lang in Enttäuschung umschlagen und ist wohl ein Grund für die lähmende Polarisierung, die seit langem die öffentliche Diskussion über die Zuwanderung kennzeichnet. Sobald die Diskussion konkret würde, drohte eine Kollision zwischen jenen »Multikulti«-Szenen, deren »Offene-Grenzen«-Rhetorik de facto auf eine unbeschränkte moslemische Zuwanderung hinausläuft, und den anderen, die in Erinnerung an den Holocaust vor allem um die Juden besorgt und von deren Furcht vor dem vordringenden Islamismus bestimmt sind. Das Einwanderungsrecht ist ein Dschungel[116]; was in der Praxis der Immigrationspolitik vor sich geht, ist für die Öffentlichkeit undurchsichtig, und es wimmelt von widersprüchlichen Informationen; von demokratischer Kontrolle der Zuwanderung ist keine Rede.[117] Wieso ließ man es dahin kommen?

Die Lösung des Rätsels ist vermutlich in einem Synergieeffekt zu suchen, der zu einem Gutteil spezifisch deutsch ist. Viele ließen sich den klaren Blick auf die Zukunft durch die Last der Vergangenheit trüben: Die Angst vor dem »Rassismus«-Vorwurf blockierte eine freimütige öffentliche Diskussion darüber, welche Ethnien sich erfahrungsgemäß relativ gut in Deutschland integrieren lassen und welche nicht.[118] Das immer neue Beschwören der bösen Vergangenheit blockiert in diesem Fall eine überlegte Vorsorge für die Zukunft. Wer für »offene Grenzen« eintrat, konnte sich zugleich als »Antirassist« inszenieren und sich je nach Temperament in eine Wut gegen Andersdenkende hineinsteigern.[119] Und man konnte sich in dem stolzen Selbstgefühl ergehen, die eigene Weltoffenheit zu demonstrieren umgeben von lauter (vermeintlich) engherzigen Spießern, obwohl methodisch umsichtige Meinungsumfragen darauf hindeuten, dass es sich bei der angeblich zunehmenden deutschen »Ausländerfeindlichkeit« um ein Phantom handelt.[120]

Wie eine *Sociologie de Paris* feststellt, charakterisiert ein »Antirassismus«

die neue global vernetzte »Bohème-Bourgeoisie« des elektronischen Zeitalters, die heute in der Metropole dominiert, wogegen sich Angehörige der unteren Schichten durch die Zuwanderung unter Druck sehen.[121] Die große Reportage *La misère du monde* Pierre Bourdieus, die von neuartigen sozialen Leidenserfahrungen handelt und zum französischen Bestseller wurde, dokumentiert nicht zuletzt das Unbehagen Alteingesessener in Pariser Vorstädten angesichts des Zustroms nordafrikanischer Zuwanderer.[122] Da ist die alte räumlich gebundene Gesellschaft durch keine »Weltgesellschaft« ersetzt. Aber das ist Frankreich!

Wie es scheint, kamen beim deutschen Multikulturalismus noch weitere Motive hinzu. Die Dritte-Welt-Szene war, solange es um ein Engagement in der »Dritten Welt« ging, in ganz unterschiedliche Grüppchen zersplittert; aber im Zeichen der »multikulturellen Gesellschaft« fand sie sich vereint in dem Bestreben, die Dritte Welt ins eigene Land hineinzuholen. Parolen wie »Für ein buntes Deutschland!« deuten darauf hin, dass die »Multikulturalisten« ihr eigenes Land gleichsam mit den Augen des Touristen und Erlebniskonsumenten sehen und Ausländer nicht als Persönlichkeiten, sondern als Farbtupfer wahrnehmen, im Einklang mit dem neuen Lifestyle, der in buntem Durcheinander Samba und Afro-Rock, Chili con Carne und Tandoori Chicken genießt. Wie Frank Böckelmann in seinem Panorama des Multikulturalismus sarkastisch bemerkt: »Ohne etwas davon zu wissen, sind Türken, Pakistani, Vietnamesen, Nigerianer und Indios als Entwicklungshelfer der europäischen Lebensfreude tätig.«[123] Für Hermann Scheer, den Vorkämpfer der Solarenergie, war die Steuerfreiheit des Flugbenzins der größte Skandal; auch in der Öko-Multikulti-Szene wurde dies kein großes Thema: Dazu flog man viel zu gerne in der Welt herum!

Nun, mit einem solchen Lebensstil allein konnte man sich nicht als besserer Mensch fühlen; aber mit »Antirassismus« bekam diese lustbetonte Einstellung ein moralisches Gewand. Der merkwürdige Mangel an fundierter Literatur zum Thema »Multikulturelle Gesellschaft« erklärt sich daraus, dass »Multikulti« typischerweise ein *Habitus* im Sinne von Pierre Bourdieu ist, kein in seinen künftigen Konsequenzen durchdachtes Konzept. Eine emotionale Verbindung von Öko-Engagement und Multikulturalismus erkennt man in der Reiseerfahrung: »Multikulti« bedeutet, die Reize der Fernreisen in den eigenen Alltag zu holen; zugleich besitzen Reisen vom 18. Jahrhundert bis heute[124] eine eminente Bedeutung für die Herausbildung von Natur-Wunschbildern und Sorgen um bedrohte Natur. »Multikulturelle Gesellschaft« wirkt wie ein soziales Pendant zur *Biodiversity*, dem Zauberwort der weltweiten Öko-Szene seit dem Umwelt-Gipfel von Rio 1992. Aktuelle Wahrnehmung und Zukunftsvision verschwimmen dabei ineinander: So gesehen bietet der Multikulturalismus geradezu ein Musterbeispiel für Verwirrspiele mit der Zukunft.

Muss das so sein? Daran, dass die Zuwanderung nicht nur Risiken, sondern auch Chancen für die deutsche Zukunft bietet, ist nicht zu zweifeln; der bei der Kern- und Gentechnik so eifrig exerzierte Typ der »Risiko-oder-Chance«-Diskussion fände hier ein weites Feld. Der alternden deutschen Gesellschaft bietet sich hier ja in der Tat eine Chance zur Verjüngung; und auch für Industrie und Handwerk, die in dem deutschen Akademisierungstrend nach Facharbeitern suchen, die noch zupacken können, lässt sich eine Fülle potentieller Chancen ausdenken. In der Geschichte fehlt es nicht an Beispielen dafür, dass Flüchtlinge das Land, das ihnen Zuflucht bietet, weit mehr zu schätzen wissen als viele Alteingesessene. Aber derartige Chancen lassen sich nur dann überzeugend darlegen, wenn die Diskussion *konkret* geführt wird, zwischen unterschiedlichen Zuwanderertypen differenziert wird, intensiv und unvoreingenommen bisherige Erfahrungen aufgearbeitet werden und bei allen Kontroversen die eine Seite doch auf die Argumente der anderen eingeht, statt dieser von vornherein ein falsches Bewusstsein zu unterstellen.

Ist eine Diskussion solcher Art eine Utopie, zumal im Blick auf die neuesten Flüchtlingsströme und die Polarisierung der Positionen? Beim Abfassen dieses Textes erscheint die Prognostik gerade im Blick auf die Zuwanderung wie gelähmt und von den sich überstürzenden Ereignissen überfordert. Aber gerade die heutige Situation mag eine Chance enthalten. Denn die Flüchtlinge aus Syrien haben für viele ein *Gesicht* bekommen, weit mehr als dies bei den Asylbewerbern vor zwei, drei Jahrzehnten der Fall war. Wer noch jene Zeit in Erinnerung hat, erkennt das Neuartige der gegenwärtigen Situation. Allenthalben werden bewegende Geschichten über Erfahrungen aus der Flüchtlingshilfe erzählt, aber auch Erfahrungen mit militanten Konflikten zwischen verschiedenen Flüchtlingsgruppen.

Die Geschichte der aktuellen Flüchtlingskrise ist eine Geschichte der Überraschungen. Nach dem, was bislang bekannt ist, war es die Entscheidung von Angela Merkel in der Nacht vom 4. zum 5. September 2015, jene in Ungarn in Fünferreihen auf die österreichische Grenze zumarschierenden Flüchtlinge nach Deutschland zu lassen, die einen Zustrom von Hunderttausenden auslöste und zugleich das Image der Kanzlerin ins Gegenteil verkehrte. Bis dahin war sie in Sachen Migration für ihren Ausspruch vom Oktober 2010 auf dem Deutschlandtag der Jungen Union zitiert worden, »Multikulti« sei »absolut gescheitert«; von nun an wurde ihre Erklärung zum Flüchtlingsproblem vor der Bundespressekonferenz am 31. August 2015 zum geflügelten Wort: »Wir schaffen das.« Diese Versicherung, die sich anfangs auf die Bewältigung eines aktuellen Notstands bezog, bekam durch ihre mehrfache Wiederholung den Charakter einer Prognose – und für mehr und mehr Zeitgenossen den einer fatalen Fehlprognose. Eine sechs Seiten lange Reportage der *Zeit* vom 18. August 2016 trug die Schlagzeile: »Die Nacht, in der Deutschland die Kontrolle verlor«.

Am 19. September 2016 überraschte die Kanzlerin die Öffentlichkeit mit einem Eingeständnis, wie man es noch nie von einem bundesdeutschen Staatschef vernommen hatte: »Wenn ich könnte, würde ich die Zeit um viele, viele Jahre zurückspulen, um mich … besser vorbereiten zu können auf die Situation, die uns im Spätsommer 2015 eher unvorbereitet traf.«[125] Doch war die Wirkung jener nächtlichen Entscheidung vorhersehbar? Und auf welche Weise hätte sich das, was dann folgte, vorhersehen lassen? Hätte man die syrischen Verhältnisse, die soziopolitischen Folgen des Klimawandels oder den potentiellen Effekt der durch das Internet bescherten neuen Medien genauer studieren müssen: jener Medien, die es ermöglichten, dass sich Informationen, wo und wie Migranten durchkamen, in Windeseile durch die Welt verbreiteten?[126] Es ist seltsam, dass es über eine derartige Schicksalsfrage bislang keine große öffentliche Diskussion gibt.

VON »SAMOA – PERLE DER SÜDSEE« ZU »WARUM SAMOA?«: ZWEIFEL AN DER ZUKUNFT DES REISE-FUTURISMUS. Um 1900 galt vielen Zeitgenossen der Erwerb der beiden größten Samoa-Inseln durch das Reich als verheißungsvoller Erfolg deutscher »Weltpolitik«, obwohl (oder gerade weil) es da nicht viel zu kolonisieren gab und nur die allerwenigsten Deutschen dorthin reisen konnten. Zur Jahrhundertwende erschien in Berlin Otto E. Ehlers' Buch *Samoa, die Perle der Südsee*. Der 1933 in die USA emigrierte Historiker Alfred Vagts, der die deutsche Samoa-Politik besonders sensibel beschrieb, erklärt die fast süchtige Samoa-Euphorie als Phänomen einer Zeit, die glaubte, durch Arbeitshetze und verklemmte Sexualität erkrankt zu sein: Dem »Zivilisationsmenschen und Neurotiker« sei der Samoaner als »unverdorbener, auch sexuell ungehemmter, dem Arbeitszwang überhobener Revenant« erschienen. Mit der »Perle der Südsee« wurden die »Tagesprobleme der deutschen Politik bestrichen wie mit einem magisch nationalen Reinigungsstein«.[127] Noch einmal »Reise und Utopie« in Reinkultur, genauer gesagt: die Phantasiereise in die exotische Welt!

Die Samoa-Begeisterung war ansteckend und reichte weit über Deutschland hinaus; *Coming of Age in Samoa* (1929; dt. *Kindheit und Jugend in Samoa*, 1981), durch das die amerikanische Anthropologin Margaret Mead weltberühmt würde, stand ganz in dieser Tradition. Aber gerade hier kam ein halbes Jahrhundert darauf die kalte Dusche besonders eisig: mit dem Buch von Derek Friedman *Margaret Mead and Samoa – The Making and Unmaking of an Anthropological Myth*. Friedman enthüllte, dass Mead ohne eigene breit angelegte Recherchen vor Ort und allzu leichtgläubig auf Berichte von wenigen Einheimischen hereingefallen war, die ihr erzählten, was sie hören wollte. Es kam heraus, dass Samoa eine der höchsten Selbstmordraten der Welt aufweist, Vergewaltigungen dort doppelt so häufig sind wie in den USA und auch die Mordrate und die Rate der Magengeschwüre über dem amerikanischen Niveau liegen.[128] Der Samoa-Tourismus geht weiter, jedoch ohne eine ernst zu nehmende gesellschaftliche Utopie. In seinem Buch *Warum Samoa?* kommt der Ethnologe Hans Fischer zu dem Schluss:

> »›Südsee‹ als Paradies ist in erster Linie das Gegenbild zu den negativen Seiten der eigenen, der bekannten Lebensweise. Es wird deshalb nicht durch die Wirklichkeit bestimmt, sondern durch Negation des Bekannten. Es ist Freiheit von etwas, ›weg von‹ etwas, nicht Bereitschaft, Hinwendung zu etwas.«[129]

Als die Filmemacherin Doris Dörrie, die sich als »typisch deutsch« bezeichnet, 1998 von einem *Spiegel*-Interviewer gefragt wurde, ob sie schon einmal ans Auswandern gedacht habe, erwiderte sie prompt und heftig:

> »Immer, immer, immer. Ich bin ja dauernd unterwegs, und die Versuchung besteht immer, anderswo zu bleiben … In meiner Familie träumen immer alle von woanders … Es scheint unsere Nationalkrankheit zu sein, uns woandershin zu träumen. Wir sind ja auch die absoluten Cracks der Tourismusindustrie. Keiner verreist soviel wie die Deutschen. Spanier verstehen überhaupt nicht, warum wir dauernd wegwollen.«[130]

Man spürt die deutsche Selbstironie: Der ewige Nichts-wie-weg-Drang verrät eine mangelnde Kunst des Da-Seins. Es scheint, dass bei heutigen jüngeren Generationen, gerade weil sie mehr reisen als alle früheren, die Vorstellung im Schwinden ist, ganz woanders zu leben bedeute etwas ganz Besonderes. Einiges spricht für die Vermutung, dass die große Zeit der visionären Reisen vorbei ist. Selbst der Anthropologe Claude Lévi-Strauss (1908–2009), der seine Initiationserlebnisse im Tropenwald Brasiliens hatte, dort aber eben doch kein Paradies fand, begann seine berühmten *Trau-*

rigen Tropen (1955) mit dem Bekenntnis: »Ich verabscheue Reisen und Forschungsreisende«, und verweilte fortan mit Vorliebe im Pariser Quartier Latin. Die Ferne beflügelt die Phantasie; aber sobald man dort ist, wird sie zur Nähe, und je länger man bleibt, desto mehr bemerkt man den Alltag. Die »Dritte Welt« ist keine verheißungsvolle Zukunftswelt mehr. Heute erkennt man klarer als früher: Es gibt kein Zurück zu einem guten Leben, und ebenso wenig lässt sich dieses aus einer exotischen Welt importieren; da gibt es nur ein Vorwärts auf der Grundlage jener Bedürfnisse, die der eigenen Kultur entspringen.

In einem Maße, wie das den Reisenden früherer Zeiten unmöglich war, kann sich der heutige Tourist in abgeschotteten Tourismuswelten tummeln. Durch die »Globalisierung«, was auch immer das sei, werden sich weite Teile der Welt zumindest oberflächlich immer ähnlicher. Besonders die Freizeitgesellschaft gleicht sich in weit voneinander entfernten Regionen oft in verblüffender Weise. Für die Arbeitswelt allerdings gilt das keineswegs. Da kann die Globalisierung im Gegenteil Differenzen verstärken!

Das intensive nicht-touristische Erleben anderer Länder bleibt eine Quelle unendlicher Reflexionen über die Zukunft auch des eigenen Landes. Die »Weltgesellschaft« ist ein Produkt der Panoramaperspektive aus großer Höhe. Das wirkliche Leben vollzieht sich in kleinen Welten, auch wenn diese zumal im Internet-Zeitalter nicht notwendig räumlich begrenzt sein müssen, sondern auf neue Art entstehen. Schon im Tourismus erfreuten sich bezeichnenderweise die Inseln seit der Tahiti-Begeisterung des 18. Jahrhunderts einer besonderen Beliebtheit. Und es gibt auch Inseln ganz anderer Art. Man denke nur an die kleinen Welten des Bildungswesens, wo der Blick über die Grenzen oft besonders mühsam ist! Da sind wir beim Thema des folgenden Kapitels.

6

Drohende deutsche Bildungskatastrophen – von Picht bis PISA

DER PICHT-ALARM, ODER: BILDUNG MUTIERT VOM TRADITIONS- ZUM ZU-KUNFTSBEGRIFF. Die Assoziation von »Jugend« und »Zukunft« versteht sich von selbst, auch wenn es weder »die« Jugend noch »die« Zukunft gibt. Die Kombination von Jugend und Zukunft kann einen verheißungsvollen, aber auch besorgten Ton haben: »Der Jugend gehört die Zukunft«, sie erlebt sie und kann sie gestalten, doch sie kann auch einer düsteren Zukunft ausgeliefert sein. Daraus ergibt sich der Auftrag, sie entsprechend vorzubereiten; so gesehen ist Bildungspolitik der Inbegriff von Zukunftspolitik. *Bildung entscheidet über die Zukunft der Menschheit* lautet der Untertitel eines jüngst erschienenen Buches, das die Bildung zur Überlebensfrage macht, ganz im Geiste vieler Proklamationen der Entwicklungshilfe.[1]

Aber mit Zukunft kann man keine Lehrpläne füllen, weit eher dagegen mit *Traditionen,* in die die Jugendlichen eingeführt werden sollen; daher besteht eine enge Verbindung von Bildung und Tradition. Das galt in spezieller Weise für die frühe Bundesrepublik, die sich nach dem tiefen Absturz von 1945 um einen geistigen Halt in Vor-NS-Traditionen bemühte. Heute besitzt »Bildung« für viele einen ähnlich sachlichen Klang wie *education* im englischen und französischen Sprachraum; aber früher besaß sie genuin deutsche, bedeutungsschwere Untertöne: eine Beschwörung großer geistiger Traditionen der Vergangenheit. Für viele, die auf Fortschritt und Zukunft drängten, klang »Bildung« restaurativ; der deutsche »Bildungsbürger« war ein Traditionstyp. Doch seit den 1960er Jahren wurde es auch in der Bundesrepublik zum Gemeingut, dass Bildungspolitik Zukunftspolitik sei. Eine Schlüsselrolle bei dieser großen Wende spielte der Philosoph und Pädagoge Georg Picht (1913–1982), der seit 1958 die Heidelberger Forschungsstätte der Evangelischen Studiengemeinschaft (FEST) leitete.

Diese Wende ging mit einer radikalen Wende in Pichts eigener geistiger Entwicklung einher: einer Umkehr, die auf den ersten Blick rätselhaft wirkt. Denn gerade er, der über die stoische »Ethik des Panaitios« promovierte, hatte ursprünglich bis hin zur Esoterik die alte elitäre, in der klassischen Antike und spirituellen Vergangenheiten lebende Bildungstradition verkörpert. Noch als Leiter des Internatsgymnasiums Birklehof im Schwarzwalddorf Hinterzarten baute er dort ein Platon-Archiv auf. In scharfem Kontrast zu zielstrebigen Projekten von Bildung konnte er damals schreiben: »Eine Pädagogik, die sich vermisst, nach dem Gleichnis Gottes die Menschen auf ein Entwicklungsziel hin bilden zu wollen, verfängt sich in einem Selbstbetrug, der die unheilvollsten Folgen haben kann.«[2] Es ging ihm nicht um Ziele, aber um Formen, ja um Rituale: Bei Trauerfällen im Birklehof verfügte er einen schweigenden Gang zum nahe gelegenen Sonnenwendhügel.[3] Bei Klassenarbeiten führten die Lehrer meist keine Aufsicht; aber wenn herauskam, dass ein Schüler abgeschrieben hatte, wurde ein regelrechtes Klassengericht einberufen.[4] Der einstige Birklehof-Zögling Karl Heinz Bohrer blickte später auf jene Zeit mit sehr gemischten Gefühlen zurück: »Nie wieder im späteren Leben … habe ich ein ähnlich intensives, von Ritual, Theater und intellektuellem Terror geprägtes Milieu erlebt wie in den Birklehof-Jahren.«[5]

Pichts Wende zum großen Warner, der die Forderung nach einer drastischen Expansion des Bildungswesens aus Erfordernissen der Zukunft, gerade auch der ökonomischen, herleitet, zeichnet sich zuerst bei seiner Mitarbeit am »Tübinger Memorandum« von 1962 ab: einer an den Bundestag gerichteten Denkschrift, deren prominenteste Unterzeichner Werner Heisenberg und Carl Friedrich von Weizsäcker waren und die mit ihren ersten Punkten – Warnung vor nuklearer Aufrüstung und Plädoyer für Anerkennung der Oder-Neiße-Grenze – in der Nachfolge des Göttinger Manifests von 1957 gegen die atomare Bewaffnung der Bundeswehr stand. Picht hingegen unterstrich in einem Artikel in der *Zeit* mit der Überschrift »Kulturpolitik ist große Politik« vor allem den letzten Punkt des Memorandums, der ihm zufolge »überall Zustimmung gefunden« habe und der die – zu dieser allgemeinen Zustimmung eigentlich im Widerspruch stehende – Behauptung enthielt: »Das öffentliche Bewusstsein hat noch nicht begriffen, dass in der Welt des 20. Jahrhunderts das wirtschaftliche Potential und die politische Selbstbehauptung eines Staates vom Stand seines Bildungswesens abhängig sind.« Da schlüpft er in die Rolle der Kassandra: »Damit ist nichts Geringeres behauptet, als dass die Bundesrepublik wirtschaftlich und politisch zugrunde gehen wird, wenn es ihr nicht gelingt, ihr Bildungswesen auf einen Stand zu bringen, der den Anforderungen der heutigen Zeit genügt.« Hier werde »ein nationaler Notstand erster Ordnung, um nicht zu sagen eine nationale Katastrophe aufgedeckt«. Der dabei genannte »entscheidende Grund« hat allerdings nur wenig mit der geistigen Grundverfassung der Deutschen zu tun: Es ist die Kulturhoheit der Länder, die eine zentral gesteuerte Bildungspolitik hemmt.[6] Aber enthält ebendieser Kulturföderalismus nicht auch Freiräume, die gerade der ehemalige Leiter des Birklehofs zu schätzen wissen sollte?

Zwei Jahre darauf, im Februar 1964, folgte dann Pichts großer Paukenschlag, der bundesdeutsche Bildungsgeschichte machen sollte: mit seiner Artikelserie *Die deutsche Bildungskatastrophe* in der protestantischen Wochenzeitung *Christ und Welt*, die bald auch in Buchform weite Kreise zog. Da stellte er die pauschale These auf, »unser Bildungswesen« sei »funktionsunfähig geworden«, und die Bundesrepublik werde »in naher Zukunft wegen der Rückständigkeit ihres Bildungswesens auch wirtschaftlich und politisch nur noch eine untergeordnete Rolle spielen können«. »Der Ruin der Schule« müsse – »das ist unausweichlich – zu einem Ruin der Wirtschaft führen«.[7] Wenige Jahre vor den heftigen Kämpfen gegen die Notstandsgesetze verkündet Picht: »Keine der Maßnahmen, die erforderlich sind, ist möglich, wenn nicht zuvor der nationale Notstand auf dem Felde des Bildungswesens erklärt wird.«[8]

Aber was ist für ihn in diesem Katastrophenszenario der entscheidende Punkt? Die pure Zahl bundesdeutscher Abiturienten im Vergleich mit anderen europäischen Staaten, Jugoslawien inbegriffen. »Wir brauchen eine riesige Vermehrung auf den höheren Ausbildungsstufen.«[9] Die Verbesserung der Volks-, Real- und Berufsschulbildung schien ihn wenig zu interessieren; die Gesamtschule ist für ihn noch kein Thema; Picht ist ganz auf die Abiturienten fixiert, und zwar auf die bloße Quantität, nicht auf die Qualität der Gymnasialbildung. »Kardinalproblem: Vermehrung der Abiturientenzahl« lautet eine Kapitelüberschrift.[10] In Sachen Qualität folgt er unbesehen der damals üblichen konservativen Klage, »dass das durchschnittliche Leistungsniveau der höheren Schule und der Studenten weit hinter den Maßstäben zurückgeblieben ist, die noch vor vierzig Jahren als selbstverständlich galten«[11]: Droht unter solchen Umständen von der »riesigen Vermehrung« nicht ein noch weiterer Absturz des Niveaus?

Zu jener Zeit suchte sich die SPD als Partei der Bildungsreform zu profilieren; aber gerade sie bekommt von ihm einen Hieb versetzt: Die SPD sei »wohl die einzige Partei, die sich, wie wir desillusioniert zur Kenntnis nehmen müssen«, von den Einsichten in den wachsenden »Bildungsnotstand«

nicht habe »belehren lassen«, vielmehr »politisch weiterwirtschaften« wolle »wie bisher«.[12] Respekt bekundet er dagegen dem bayerischen Kultusministerium und der katholischen Kulturpolitik.[13] Bei einem derartigen Generalangriff auf bundesdeutsche Zustände, der bei deren Fortbestand eine »Revolution« ankündigt[14], würde man von dessen späterer Wirkungsgeschichte her eine »linke« Grundlinie erwarten; auf dem Automationskongress der IG Metall von 1965 erklärte der Gewerkschaftsvorsitzende Otto Brenner, dass »wir« mit Blick auf den Zustand des Schulwesens »eigentlich die Dinge gar nicht schwarz genug zeichnen können, um den Notstand, der auch ein Bildungsnotstand ist, deutlich zu machen«.[15] Mit umso größerer Verblüffung stößt der spätere Leser darauf, wie geradezu verächtlich Picht die Bonner Sozialpolitik abtut: als eine »fortgesetzte Berieselung mit Spenden der sozialen Fürsorge jeglicher Art«.[16] Man erkennt: Die »riesige Vermehrung« des höheren Bildungswesens hatte er sich nicht zuletzt auf Kosten des Sozialstaats gedacht – eines Sozialstaats, der nach späteren Maßstäben durchaus noch einen sparsamen Grundzug aufwies! In diesem Zusammenhang lobt er – man staune! – in aller Ausführlichkeit keinen anderen als Franz Josef Strauß, für die damalige Linke der Schreckensmann schlechthin: Der habe mit Recht der SPD vorgerechnet, »dass ihre kulturpolitischen Forderungen mit dem Katalog ihrer sonstigen Forderungen auf nahezu sämtlichen Gebieten im Bereich der Finanzierung hoffnungslos kollidieren«.[17]

Bei alledem ist zu bedenken, dass die Pichtsche *Bildungskatastrophe* alles andere als ein publizistischer Schnellschuss war. Seine damalige Mitarbeiterin Constanze Eisenbart erinnert sich[18], diese Streitschrift sei in einer äußerst peniblen Formulierungsarbeit entstanden; manche Textpassagen seien achtmal überarbeitet worden, zumal Picht sich von manchen seiner Aussagen nicht ohne Mühe habe selber überzeugen müssen! Nach 1968 verlor er sein Interesse an der Bildungspolitik; aber noch sein 1969 herausgebrachtes Buch *Mut zur Utopie* gipfelt in der These: »Die Bildungspolitik der Gegenwart determiniert die Weltpolitik der Zukunft.«[19]

In jenen Jahren suchte er den Kontakt zu den Futurologen, die damals ihre Hochkonjunktur erlebten, auch wenn er zugleich die berechtigte Frage stellte: »Kann die zur Mode gewordene Futurologie etwas anderes sein als pervertierte Wissenschaft, das heißt als eine Wissenschaft, die nur als Tarnung für missratenes Dichten, zweifelnde Prophetie und heimtückischen Herrschaftswillen dient?«[20] Und am Schluss die Pointe: »Nicht nur die Prognose, auch die Planung, die wir brauchen, ist heute eine Utopie.«[21] Schärfer konnte man nicht auf dubiose Seiten der Zukunftsforschung hinweisen! Sein

Freund Hellmut Becker schreibt 1984 im Nachruf auf Picht, »eine sorgfältige Lektüre dieses Buches hätte unseren großen Parteien die spätere Überraschung durch die Grünen erspart«.[22] Aber 1967 zitiert Picht zustimmend die Forderung nach »Bereitstellung weit größerer Mengen von anorganischen Düngemitteln und dringend erforderlichen Schädlingsbekämpfungsmitteln« für die Landwirtschaft der Welt.[23] Wie bei so vielen einstigen Zukunfts-Vordenkern ist auch im Falle Pichts die Versuchung groß, sich aus der Rückschau über seinen Alarmismus zu mokieren.

Das Staunen steigert sich noch beim letzten Akt des Pichtschen Zukunftsdramas. Hatte er eben noch an einem – bald vergessenen – Sammelband *Zukunft aus Kreativität* (1971) mitgearbeitet, veröffentlichte er im März 1973 im *Merkur* einen Aufsatz »Die Bedingungen des Überlebens – Von den Grenzen der Meadow-Studie«: den vom Club of Rome herausgegebenen *Grenzen des Wachstums*, die weltweit Furore machten. Noch merkwürdiger: Robert Jungk, der noch immer als Vordenker der Zukunftsforschung hervortrat, zitiert diesen Picht-Artikel im gleichen Jahr in seinem 430-Seiten-Opus mit dem ambitiösen Titel *Der Jahrtausendmensch*: Picht als respektabler Kritiker einer technokratischen Futurologie, mit der Jungk in Streit geraten war, aber eben auch der *Grenzen des Wachstums*, von Picht nach ihrem Entstehungsort »MIT-Studie« genannt. Weder Jungk noch Picht scheinen damals erkannt zu haben, dass dieser Kassandraruf überaus zukunftsträchtig war, indem er der entstehenden Umweltbewegung einen kräftigen Anschub gab! Dabei warnte Picht 1971: »Wir rasen ohne Scheinwerfer mit infernalischer Geschwindigkeit einer planetarischen Katastrophe entgegen«[24]; und Jungk stellte sich wenige Jahre darauf an die Spitze der Anti-Atomkraft-Bewegung! Es lohnt sich, die von ihm zitierte Picht-Passage in voller Länge zu bringen, da sie ein Licht auf Spannungen innerhalb der Zukunftsszene wirft, aber zugleich wie ein Abgesang auf Pichts eigenen Zukunfts-Alarmismus klingt:

> »Warum sind in dem Modell der MIT-Studie alle jene Parameter ausgeklammert worden, die sich auf menschliches Denken oder Bewusstsein und auf die inneren Veränderungen der Gesellschaften beziehen? Die Antwort ist einfach: sie lassen sich – trotz aller Versuche einer angeblich empirischen Sozialwissenschaft, uns vom Gegenteil zu überzeugen – nicht quantifizieren. Die zukünftige Entwicklung von Wissenschaft und Technologie ist ebenso unkalkulierbar wie die Entwicklung des politischen Bewusstseins in den Industrienationen und in der Dritten Welt. Selbst ein Minimum an historischer Bildung kann uns schon darüber belehren, dass der reale Gang der Geschichte stets von Faktoren abhängt, die sich nicht berechnen lassen.«[25]

Ein Jahrzehnt davor hatte Picht von derartigen Bedenken nichts wissen wollen. Bei seiner damaligen Kehrtwende vom Bildungs-Esoteriker zum politischen Alarmisten, der eine breite Öffentlichkeit wachrütteln will, spielte offenbar sein Freund Hellmut Becker eine Schlüsselrolle, als »Menschenfischer, Seelenfänger«[26] eine Zentralgestalt in dem von Ulrich Raulff geschilderten weiten Netzwerk des George-Kreises, der sich noch lange nach dem Tod des Meisters fortpflanzte, ja, erst jetzt zu bildungspolitischem Einfluss gelangte. Becker gehörte dem (wenig einflussreichen) Deutschen Bildungsrat an; aber seine Bedeutung ist nicht an einer bestimmten Position festzumachen; vielmehr gab es um 1960, wie Raulff darstellt, »so gut wie keine bedeutende bildungspolitische Einrichtung der Bundesrepublik, die Becker nicht beraten, keinen kulturpolitisch wichtigen Beirat, dem er nicht angehört hätte«. Sein Freund Carl Friedrich von Weizsäcker machte ihm 1973 das Kompliment, eine Zeitlang habe er »eine Art inoffizielles Bundeskultusministerium aufgezogen«.[27] An einer offiziellen Position war er nicht interessiert; mit seinem zumindest zeitweise »scheinbar unaufhaltsamen Aufstieg«[28] – um noch einmal Raulff zu zitieren – gehört er als besonders schillernde Gestalt in die noch wenig erforschte Geschichte vom Aufstieg der Berater und Netzwerker.

Manches, was Becker schrieb, passte schlecht zu der Forderung nach einer Zentralisierung der Bildungspolitik beim Bund; so klagte er 1956: »Das Bildungsergebnis der modernen Schule wird langsam der konformistische, einfallslose, mühelos gleichschaltbare Mensch, dessen Kenntnisse zwar zum Teil vielseitig, aber qualitativ nicht hochwertig, dafür leicht nachprüfbar sind.« Es gelte, »den Lehrer aus seiner Funktionärsexistenz zu befreien«.[29] Also weniger Richtlinien von oben; und dabei sollte die große Richtlinienflut erst noch anrollen. Aber in der Konsequenz des Pichtschen Katastrophenalarms lag doch eine ganz massive, mit viel Druck betriebene Forcierung der Bildungsreform von ganz oben, und zwar nicht zuletzt im Blick auf Erfordernisse der wirtschaftlichen Zukunft! In der Tat warnte Becker Anfang 1965 seinen Freund Picht davor, diese Art von Alarmismus fortzusetzen, und der zog sich in der Folge aus der Bildungspolitik zurück. Rein quantitativ erzielte sein Katastrophenalarm durchschlagenden Erfolg: Von 1963 bis 1973 wuchs die Zahl der Abiturienten von 61 000 auf 148 300.[30] Aber es ist fraglich, ob Picht an diesem Erfolg noch Freude empfand.

Die Resonanz auf Pichts *Bildungskatastrophe* bewies, dass er kein einsamer Rufer in der Wüste war, sondern in einem Trend lag[31]; fragt sich nur, in welcher Weise. Offenbar spielten für den Erfolg seines Warnrufs ganz unterschiedliche Motive eine Rolle. Besonders verbreitet war der Ärger über den

Bildungsföderalismus: Je mehr die Mobilität zunahm, desto unangenehmer bekamen es viele zu spüren, dass ihre schulpflichtigen Kinder in anderen Bundesländern mit anderen Lehrplänen konfrontiert wurden und dadurch zurückgeworfen zu werden drohten. Hildegard Hamm-Brücher, damals aufsteigender Stern eines nach Veränderung rufenden Liberalismus, die Picht kräftig Schützenhilfe leistete und mit Material belieferte[32], stellte in ihrem 1967 unter dem Titel *Aufbruch ins Jahr 2000* erschienenen Bericht über eine Bildungsreise von den USA bis zur UdSSR, wo sie selbst die DDR als Vorbild vorführte, einzig das Kapitel über die Bundesrepublik unter eine abfällige Überschrift: »Mit elf Provinzen ist kein Staat zu machen«, obwohl sie einräumte, dass der »Kulturföderalismus« »wettbewerbsfördernd« wirke.[33] In der Tat profitierten die Reformer in der Folgezeit davon, dass Hessen eine ganz andere Bildungspolitik betreiben konnte als Rheinland-Pfalz. Auch ein anderer prominenter Vordenker der Liberalen, Ralf Dahrendorf, dessen Buchtitel *Bildung ist Bürgerrecht* (1965) zur Parole wurde, trug dazu bei, die Schubkraft von Pichts Aufruf zu verstärken.

Aber es gab auch Motive ganz anderer Art: Viele Gebildete grollten, dass im Konsumrausch des »Wirtschaftswunders« die Welt des Geistes ins Abseits zu geraten drohte und Intellektuelle im Bonner Politikbetrieb weniger galten als in einer Metropole wie Paris. Frankreich gehörte damals zu Pichts Vorbildern.[34] Andere blickten beunruhigt auf die USA; sogar für einen selbstbewussten Deutschen wie Klaus Mehnert – und nicht nur für ihn – war in den 1960er Jahren die »Massenabwanderung deutscher Wissenschaftler nach Amerika« ein Beweis, dass sich die Bundesrepublik »weiter auf dem Abstieg« befinde. Mehnert stimmte Pichts Warnungen ganz und gar zu.[35] Teilweise in die gleiche Richtung wirkte der Sputnik-Schock von 1957. Während Heuss der »Sputnik-Hysterie« eine Abfuhr erteilte, hielt seine nach New York emigrierte Altersliebe Toni Stolper diesen Schock für heilsam, um den Missstand zu bekämpfen, dass die Schulen ihr zufolge halbe Analphabeten an die Universitäten entsandten: »Das alles muss jetzt der Sputnik austreiben.« Vielen galten die sowjetischen Erfolge in der Raumfahrt ja als Alarmzeichen, dass der Osten drauf und dran sei, den Westen in der wissenschaftlich basierten Zukunftstechnik zu überflügeln, wogegen das US-amerikanische Bildungswesen abseits der Elite-Universitäten aus der Nähe, wie bei Toni Stolper zu erkennen, nicht gerade vorbildlich wirkte.

Auch Picht ging in seinem Alarm-Buch wie selbstverständlich davon aus, dass eine stürmische Expansion des höheren Schul- und Hochschulwesens eine Existenzfrage für die politische und wirtschaftliche Zukunft sei; offenbar hielt er eine ausführliche Begründung dieser Annahme für überflüssig, und man kann auch nicht erkennen, dass er sich mit dieser Frage je intensiv befasst hätte. 1965 erhielt er als erster den Theodor-Heuss-Preis; aber es ist sehr fraglich, ob der 1963 verstorbene Heuss von der *Bildungskatastrophe* begeistert gewesen wäre. Vielen galt zwar der vielseitig belesene erste Bundespräsident als der Bildungsbürger par excellence; aber Heuss war auch der Biograph von Robert Bosch und stand von daher einer Akademisierung der technischen Ausbildung skeptisch gegenüber. Noch 1960 bekannte er sich zu der »Grundthese«, dass selbst industrielle Spitzenbetriebe »mehr Facharbeiter als Vollingenieure« brauchten, »denn die ›Akademiker‹ wollen ihre Hände ›nicht beschmutzen‹«. Er fand sich darin vom Daimler-Benz-Chef bestätigt und wollte diese These auf seiner bevorstehenden Indienreise als Geheimnis des deutschen »Wirtschaftswunders« vortragen.[36] Später erinnerte der Heuss-Intimus Hans Bott daran, dass Heuss »immer vor einem akademischen Proletariat gewarnt und tief bedauert« habe, »dass der Nachwuchsmangel im Handwerk und im Kaufmannsstande stets größer wurde«.[37] So gesehen verkörperte er geradezu die Gegenposition von Picht; und diese wirkt heute nicht mehr so altmodisch, wie sie damals vielen erscheinen mochte.

Gewiss, die These, dass »Wesen und Welterfolg« der »deutschen Technik« auf »ihrer wissenschaftlichen Grundhaltung beruhte« (Franz Schnabel)[38], hatte in Deutschland bereits eine lange Tradition, aus der man erklären mag, dass Picht diese Erfolgsbedingung als bekannt voraussetzte. Zumal aus den Reihen der Technischen Hochschulen wurde diese These im Eigeninteresse verkündet. Doch mit Recht haben Begründer der modernen deutschen Technikgeschichte wie Karin Hausen und Reinhard Rürup hervorgehoben, dass die gängige und »lange Zeit überhaupt nicht problematisierte Definition der Technik als angewandte Wissenschaft eine Belastung für die Entwicklung der Technikgeschichte« sei.[39] Jene Wissenschaft, die bei Erfolgen der industriellen Technik mitwirkte, war gewiss etwas sehr anderes als jene Bildung, in der Picht verwurzelt war. Die praktische Erfahrung, das *Know-how* spielte in der technischen Entwicklung nicht nur der Frühzeit, sondern auch der zweiten Hälfte des 20. Jahrhunderts eine eminente Rolle, selbst bei den damaligen »neuen Technologien«, die als »wissenschaftsbasiert« galten.[40] Allen theoretischen Bedenken und attraktiven Alternativkonzepten zum Trotz setzten sich in der Atomwirtschaft die Leichtwasserreaktoren ganz einfach deshalb durch, weil mit ihnen bereits die meisten Erfahrungen vorlagen.[41] Bezeichnenderweise wurde der Branchenzeitschrift *atomwirtschaft* schon

1959, Jahre vor dem Pichtschen Katastrophenalarm, die Betonung von »Forschung, Ausbildung usw.« manchmal zu viel, und eher misstrauisch reagierte sie auf die Ende 1962 erfolgte Ausweitung des Atomministeriums zum Bundesministerium für wissenschaftliche Forschung, die die Kulturhoheit der Länder ankratzte.[42]

Eben zu jener Zeit, als Picht sich anschickte, eine *Bildungskatastrophe* wegen viel zu niedriger Abiturientenzahlen zu proklamieren, erkannte Adenauer eine als Folge von mangelhafter Bildung heraufziehende Katastrophe ganz anderer Art. Am 23. Mai 1960 klagte er vor dem Bundesvorstand der CDU, allem Gerede vom »Wirtschaftswunder« zum Trotz: Deutschland sei »ein armes Land«; sein größter natürlicher Reichtum, die Kohle, habe ihren alten Wert verloren. »Daneben hatte unser Volk gute Kenntnisse und einen starken Arbeitswillen. Mit den Kenntnissen sieht es schlecht aus, und mit dem Arbeitswillen sieht es noch schlechter aus heute. … Wenn wir auf diesem Gebiete nichts tun, werden wir in zehn oder zwanzig Jahren ein armes Volk sein.« Zwischenruf des CDU-Schatzmeisters Fritz Burgbacher: »So lange dauert es nicht mehr!« Der Kanzler fährt fort: »Daher ist der Gedanke gekommen, dass man anfangen sollte zuerst bei der Volksschule, dann bei der Berufsschule, bei der Mittelschule; dazu kommen dann die Ingenieurschulen, die Technischen Hochschulen und die Universitäten.« Die Universitäten am Schluss; von den Gymnasien keine Rede! Denn er bekennt sich zu der »Auffassung, dass es gar nicht nötig ist, dass alle diejenigen, die sich jetzt Ingenieur nennen, eine Technische Hochschule besuchen, sondern die sollen auf den mittleren Schulen herangebildet werden«. Und als sich Gerhard Stoltenberg, der künftige Wissenschaftsminister, für den Ausbau der Universitäten starkmacht und zu dessen »geistiger Vorbereitung« einen Kreis innerhalb der CDU sammeln möchte, fährt ihm der Kanzler über den Mund:

> »Sehen Sie, Herr Stoltenberg, das schwebt mir genau nicht vor! Was Sie sagen, existiert doch schon; das sind all die Gremien, die sich damit beschäftigen. Aber mir schwebt vor die Zukunft der kleinen Leute. Das schwebt mir vor. Die Leute lernen nichts mehr! Das Handwerk kann die Lehrlinge nicht mehr halten! Sie lernen immer weniger. Ich gäbe viel darum – ich sage das mit allem Freimut –, wenn wir ein sehr gutes Berufsschulwesen hätten, als sich nun weiß Gott den Kopf darüber zu zerbrechen, wie wir die Universitäten noch höher heben können.«[43]

Man mag seine Klage über die Unbildung der Jugend als typisches Lamento eines alten Mannes abtun; und doch erscheint heute, wo der »Akademisierungswahn« zum Begriff geworden ist, die Position des 84-jährigen Kanzlers nicht so antiquiert wie damals bei denen, die Picht applaudierten. Prognosen vom unaufhaltsamen Niedergang des Handwerks, die seit über einem Jahrhundert im Raum stehen, sind durch den tatsächlichen Gang der Entwicklung gründlich widerlegt worden. Nach wie vor ist das qualifizierte Handwerk ein deutsches Plus in der internationalen Konkurrenz. Pichts *Bildungskatastrophe* erweckt den Eindruck, als herrsche auf der Gegenseite nur Trägheit und Gedankenlosigkeit; wie wir jedoch sahen, gab es auch dort begründete Sorgen um die Bildung, nur eben sehr anderer Art.

DIE WAHRE DEUTSCHE BILDUNGSKATASTROPHE: EINE WIRKUNG DES PICHTSCHEN KATASTROPHENALARMS? Gut zwei Jahrzehnte nach Pichts *Bildungskatastrophe*, vier Jahre nach Pichts Tod, erschien eine neue Streitschrift mit dem gleichen Titel *Die deutsche Bildungskatastrophe* (1986), verfasst von Günther Schnuer, Professor für Technik und ihre Didaktik an der Pädagogischen Hochschule Rheinland in Aachen und Leiter des dortigen hochschuldidaktischen Zentrums. Seine These geht dahin, dass die wahre deutsche Bildungskatastrophe nicht zuletzt durch Pichts Alarmschrift verursacht worden sei. Sein Vorwort ist ein Aufschrei, der persönliche Motive erkennen lässt – die spezielle Empörung eines Technikdidaktikers an einer Pädagogischen Hochschule –, mit dem er jedoch vermutlich vielen Kollegen aus der Seele sprach:

> »Seit Anfang der 70er Jahre versaß ich als Hochschullehrer in vielen Gremien unsinnige Zeit und musste mich nach dem Willen bildungspolitischer Eiferer mit gemachten und ureigenen Problemen einer Hochschulpolitik herumschlagen. Gegenwärtig erlebe ich die Folgen der Bildungspolitik einer ohnmächtigen Kultusbürokratie, der die Lehrerausbildung über den Kopf gewachsen und die Kostenexplosion als Folgen der Pichtschen Vision aus den Händen geglitten ist Die Kultusbürokratie des Landes legte die Ausbildungskapazität des von mir vertretenen Studienfaches für eine Lehrerausbildung zur gleichen Zeit still, als in dem betreffenden Land etwa 7000 Lehrer zur ordnungsgemäßen Durchführung des allseits geforderten Technikunterrichts an Hauptschulen, Gesamtschulen, Realschulen und Gymnasien fehlen. In vielen anderen Unterrichtsfächern erleben wir bundesweit das gleiche Bild: Unterricht fällt aus, Wahlfächer in der gymnasialen Oberstufe werden nicht angeboten, Lehrer stehen arbeitslos auf der Straße.«

Schnuer schrieb eben zu jener Zeit, als die gewaltige Expansion der Lehrerstellen einen jähen Absturz erlebt hatte.[44] An späterer Stelle polemisiert er, mit Seitenhieb auch auf die Expansion der Universitäten, teilweise auf Kosten der Pädagogischen Hochschulen, gegen die »Bildungs-Reformitis« schlechthin:

»Ein Bedarf nach – überflüssigen – Schulreformen für die Gewinnung von mehr Abiturienten bestand bis Mitte der sechziger Jahre überhaupt nicht. … Die Befürworter und Betreiber aller sogenannten Bildungsreformen sollten einmal sachlich nachweisen, an welcher Stelle und für wen die durchgesetzten Veränderungen im deutschen Bildungswesen der letzten zwei Dekaden wirklich einen Nutzen gebracht haben. Die unaufhörliche Steigerung der Abiturientenzahl bei ständig fallender Qualität und die immer höheren finanziellen Lasten für die Ausbildung derselben mit ihren Folgekosten reichen allein nicht aus, um die jetzt schon über zwei Jahrzehnte andauernden Bildungsreformquerelen zu rechtfertigen. … Wie würde Herr Picht heute seine damaligen Voraussagen deuten, wenn er erleben könnte, dass aus seinen Bedarfsvoraussagungen mittlerweile eine Armee von ca. 50 000 Junglehrern und -lehrerinnen arbeitslos auf der Straße steht und in der Zwischenzeit eine Anzahl Hochschulen und Hochschuleinrichtungen, die hauptsächlich Lehrerbildung betreiben, geschlossen wurden!«

Bildungsreformer redeten unaufhörlich von Chancengleichheit, »Erschließung von Begabungsreserven auf dem Lande« und in der Arbeiterschaft; aber: »In Wirklichkeit drehte sich seit Beginn der Bildungs-Reformitis in der Bundesrepublik alles nur noch um das Abitur.« Schon gar das »duale System« der Berufsbildung – die Kombination von Berufsschule und innerbetrieblicher Lehre –, das Deutschland allen anderen Ländern voraushabe, werde keiner Erwähnung gewürdigt.[45] Kein Wunder; denn Picht sei »ein Philologe aus dem stockkonservativen Lager, dazu noch Leiter eines privilegierten Internatsgymnasiums«.[46] Aber eben daher habe sein Alarmismus weit mehr Gewicht gehabt, als wenn er von einem notorischen Sprecher der Linken gekommen wäre, der schon aus seiner Grundeinstellung heraus stets herrschende Zustände kritisierte.

Die Argumente dieses Großangriffs auf Picht waren nicht aus der Luft gegriffen.[47] Schon von 1954 bis 1963 hatte sich die Zahl der Abiturienten nahezu verdoppelt.[48] Wie konnte es zu derart ernüchternden Fernwirkungen der *Bildungskatastrophe* von 1964 kommen? Ein Grund liegt gewiss darin, dass Picht, der sich wohl durch die weiten Netzwerke seines Freundes Hellmut Becker über deutsche Bildungszustände bestens informiert glaubte, nicht erkannt hatte, dass sowohl die Qualität des Bildungswesens wie auch dessen Bedeutung für die deutsche Wirtschaft und Politik gründlicher Erforschung bedurft hätte. Die hätte einigen Aufwand erfordert und wäre von einem Einzelnen nicht zu leisten gewesen; und selbst dann, wenn man aus allen Schulen ganze Stöße von Berichten anfordert, blickt man noch längst nicht durch, was im Schulalltag tatsächlich abläuft.

Ein im Jahr nach der *Bildungskatastrophe* erschienener nüchterner, auf

Fakten und Statistiken gestützter Überblick über das bundesdeutsche Schulwesen stellt zwar fest, die Bundesrepublik sei »eines der wenigen industrialisierten Länder Europas, die (sic!) nach dem Kriege bisher keine durchgrei-
fende organisatorische Form ihres Schulwesens vorgenommen hat«, lässt
jedoch – ohne Picht zu erwähnen – keinen sonderlichen Reformbedarf erkennen: »Die Demokratisierung des Schulwesens in seiner inneren Struktur
hat große Fortschritte gemacht. Das Verhältnis von Lehrern und Schülern
hat sich grundsätzlich gewandelt. ... Das Verhältnis von Lehrern und Schul-
leitung hat stark kollegiale Züge.«[49]

Aber nicht nur ein Mangel an Informationen über den Status quo des
bundesdeutschen Bildungswesens erklärt die fragwürdigen Fernwirkungen
des Picht-Alarms. Mehr noch haben allem Anschein nach, wie so oft bei den
Überraschungen in der Geschichte, unerwartete Synergieeffekte eine Schlüsselrolle gespielt: Synergien, die die Steuerungskapazität der Bildungspolitik
überstiegen. Da steht wohl an erster Stelle die linke Ära, die mit der Studentenrevolte von 1967/68 und dem Regierungsantritt von Willy Brandt 1969
einsetzte. Picht selbst stand den Achtundsechzigern fern[50]; aber Andreas
Wirsching, der Historiker der Ära Kohl, hat wohl recht mit seiner Behauptung, »niemand« habe von der »säkularen Expansion des Bildungswesens«
stärker profitiert als die Alterskohorte der rebellierenden Studenten.[51] Die
Studierenden lehramtsrelevanter Fächer, die unter ihnen, wie es scheint, am
stärksten vertreten waren (auch wenn sie zu jener Zeit noch gar nicht vor-
hatten, Lehrer zu werden), brauchten sich um ihre berufliche Zukunft keine
Sorgen zu machen, solange sie bei ihren Protestaktionen nicht gar zu heftig
mit den Gesetzen in Konflikt kamen: Das haben jene Achtundsechziger vergessen, die sich verächtlich über den mangelnden Mut zum Protest nachfolgender, von Arbeitslosigkeit bedrohter Jahrgänge ausließen. Für jene Studenten, die gegen die Notstandsgesetze demonstrierten, war gleichwohl der
ausgerufene »Bildungsnotstand« ein verheißungsvoller Alarm!

Aber die Expansion des Bildungswesens auf Kosten des Sozialstaates zu
fördern, so wie es sich Picht gedacht hatte, hätte in der linken Ära einen
Aufschrei der Empörung hervorgerufen. Die Expansion war daher auf höhere Steuereinnahmen angewiesen; aber wie die Ölkrise von 1973 auch denen, die die *Grenzen des Wachstums* von 1972 nicht ernst genommen hatten,
drastisch vor Augen führte, war auf fortgesetztes Wirtschaftswachstum kein
Verlass. Daher schlug der Bildungsboom zwangsläufig nach einiger Zeit in
jene einschneidenden Sparmaßnahmen um, die Günther Schnuer anklag-
te. Ironie der Geschichte: Der mit Zukunftsrhetorik betriebene Expansions-

schub des Bildungswesens ging auf Kosten der Zukunft der nachfolgenden Generation.

Selbst die einst mit Picht befreundete Hildegard Hamm-Brücher erkannte später eine »zweite Bildungskatastrophe«, und zwar eine Katastrophe neuer Art: »Die Hauptschule ist heute ›ausgepowert‹, die weiterführenden Schulen sind überfüllt. Unsere Studienzeiten sind die längsten der Welt, die meisten Studienpläne sind veraltet und überfrachtet. Die Lehre wird vernachlässigt, und die Nutzung der Räume über das Jahr ist ungenügend.«[52] Aber das lag nicht nur an einem Mangel der Finanzen. Denn nach 1970 kam der »Pillenknick« hinzu: Die sinkende Geburtenzahl warf Pichts Berechnungen über den künftigen Lehrerbedarf über den Haufen. Eine weitere Ironie der Geschichte: Wenn unter dem forcierten Wachstum des Bildungssektors das Niveau der Ausbildung litt, waren im Endeffekt diejenigen Schüler im Vorteil, die aus einem gebildeten Elternhaus kamen. Und je tiefer der Marktwert des Abiturs und der Hochschulprüfungen sank, desto stärker wurden die Berufschancen durch Beziehungen bestimmt. Der wachsende Unmut darüber, dass Schulen und Hochschulen an Niveau verlören, führte am Ende zu jenen Evaluierungsprozessen, unter denen heute viele Lehrende stöhnen.

Eine derart drastische quantitative Expansion des höheren Bildungswesens, wie sie sich im Gefolge des Picht-Alarms vollzog, hätte eigentlich auch nach neuen *Qualitäten*, neuen Zielen verlangt. Aber gerade seit den späten 1960er Jahren war die pädagogische Szenerie durch ein Sich-Überkreuzen konträrer Trends charakterisiert, das auf viele Lehrende desorientierend und frustrierend wirkte. Eine prompte Folge der *Bildungskatastrophe* war die »nahezu beispiellose Expansion der Bildungsforschung« (Peter Lundgreen).[53] Aber das war eine Art von Forschung, wo sich Empirie mit Ideologie mischte und die keineswegs einhellige und fundierte Resultate darüber erbrachte, wie Lehrer in Zukunft lehren sollten, vielmehr die Verwirrung erhöhte. Jeder Lehrer weiß, dass von oben verordnete neue Bildungskonzepte für die Schulen erst einmal zeitraubende Konferenzen bedeuten, die von der Unterrichtsvorbereitung abhalten. Fast von selber erzeugen die Nöte des Schulalltags Gegenreaktionen auf schulferne Bildungskonzepte.

Vor allem zwei Trends kreuzten sich in der Nach-1968-Zeit: zum einen all jene Bestrebungen, die unter dem Schlagwort »antiautoritäre Erziehung« liefen und im Einklang mit den »Sponti«-Szenen der Achtundsechziger standen. Da war die Grundforderung, den Unterricht an den Schülerinteressen zu orientieren und der Kreativität der Schüler freie Bahn zu lassen. Zum anderen jedoch die aus den USA herübergekommenen Bestrebungen, die sich unter dem Begriff »Curriculum« sammelten und – wohl nicht zuletzt als Reaktion auf das von einer konsequent »antiautoritären« Pädagogik drohende Chaos – in kurzer Zeit in der Bildungspolitik eine derartige Durchschlagskraft erlangten, dass manche von einer »curricularen Revolution« sprachen. Auch die Anhänger dieser »Revolution« nahmen für sich in Anspruch, an der Spitze des Fortschritts zu stehen. Da ging es darum, die Ziele des Unterrichts auf eine so klare Art zu beschreiben, dass sich überprüfen ließ, ob sie erreicht worden waren: Fort mit der unscharfen Begrifflichkeit des überkommenen Bildungsjargons, wo es darum ging, dass die Schüler »verstehen« oder »begreifen« sollten! Im Blick auf dieses Ziel sollten die großen übergreifenden Unterrichtsziele, die »Grobziele«, in »Feinziele« »operationalisiert« werden. Von den Vorstellungen eines Picht war der eine wie der andere Trend weit entfernt.

Nun, Pädagogen der Neuen Linken vermochten zumindest verbal beide konträren Trends des bildungspolitischen Fortschritts zu verkoppeln. Wer lebendige Schüler vor Augen hatte, lernte rasch, dass es unmöglich ist, den Unterricht konsequent auf Schülerinteressen zu gründen: »Die« Schüler gibt es nicht; der eine Schüler interessiert sich für dies, der andere für das und am Tag darauf womöglich für noch etwas anderes. Der Ausweg aus dem Dilemma bestand darin, den Unterricht nicht an subjektiven, sondern an objektiven Schülerinteressen zu orientieren; und diese liefen für einen aus marxistischer Tradition kommenden Pädagogen auf eine neue Gesellschaft hinaus, eine klassenlose Gesellschaft, die die durch den Kapitalismus erzeugten Ungleichheiten ebenso wie die Zwänge der bürgerlichen Gesellschaft überwand und zuvorderst die Interessen der bislang benachteiligten Schichten zur Geltung brachte. Auf diese Weise gab es im Unterricht wieder eine klare Linie mit einem scharf umrissenen »Grobziel«, so wie es die »curriculare Revolution« forderte. Annette Kuhn, damals der führende Kopf des linken Flügels der Geschichtsdidaktik, entschied kurzerhand, das objektive Interesse der Schüler bestehe in der Emanzipation, von diesem obersten Lernziel, der »Realutopie einer emanzipierten Gesellschaft«[54], seien »Feinziele« und Stoffe zu deduzieren und sei daher vorrangig die Geschichte der Revolutionen durchzunehmen.[55]

1977 erschien die *Schwarze Pädagogik* von Katharina Rutschky: eine 600 Seiten starke, zugegeben »tendenziöse«[56] (tendenziell maliziöse) Auswahl pädagogischer Texte mit Oberkapiteln wie »Erziehung als Rationalisierung des Sadismus« und »Die Zerstörung der Welt durch Unterricht«. Diese Anthologie – die nur Texte aus der Zeit vor 1914 enthielt! – war geeignet, eine wilde Wut auf das traditionelle Erziehungswesen und den Ruf nach etwas revolutionär Neuem aufkommen zu lassen. Solche Art von »linker« Pädagogik, die in den 1970ern freilich mehr »in der Luft« lag und sich mehr in Redeweisen äußerte, als dass sie konsequent in einem autoritativen Opus ausformuliert worden wäre[57], provozierte eine weit beachtete Gegenoffensive: mit dem Manifest *Mut zur Erziehung* – »Erziehung«, nicht »Bildung«! –, das im Januar 1978 im Wissenschaftszentrum in Bad Godesberg vorgestellt und diskutiert wurde. Der Zeitpunkt war günstig: Im »deutschen Herbst« von 1977 hatte die allgemeine Erregung über den RAF-Terrorismus den Gipfel erreicht; auch viele Anhänger der Linken waren tief verunsichert; die »Nacht von Stammheim« vom 17. zum 18. Oktober 1977 mit dem Selbstmord inhaftierter RAF-Führer wurde von vielen als Ende einer Ära empfunden. Das Manifest *Mut zur Erziehung* fand weiten Widerhall; das Vorwort zu dem Godesberger Diskussionsband beginnt mit dem Satz: »Die bohrende Frage bewegt heute alle: Was ist in Bildung und Erziehung der jüngsten Vergangenheit falsch gemacht worden?« Und weiter heißt es:

> »Während in der breiten Öffentlichkeit, insbesondere bei Eltern, aber auch Lehrern die Zustimmung überwiegt, ja die Thesen als befreiender Durchbruch empfunden wurden, sind die Stimmen vieler Erziehungswissenschaftler kritisch, wenn nicht ablehnend. … Eine sich selbst zu genügen scheinende Erziehungswissenschaft, die ihre Auswirkungen nicht selbstkritisch überdenkt, wurde … gefragt, ob ihre Theorien dem Wesen einer am wirklichen Menschen orientierten Erziehung gerecht werden. Tatsache ist, dass nie die Unsicherheit bei allen, die zur Erziehung berufen sind, größer war als heute.«[58]

Gleich die erste These der Erklärung schlug das Motiv »Zukunft« an, und dies in schärfstem apodiktischen Ton:

> »Wir wenden uns gegen den Irrtum, die Mündigkeit, zu der die Schule erziehen soll, läge im Ideal einer Zukunftsgesellschaft vollkommener Befreiung aus allen herkunftsbedingten Lebensverhältnissen. – In Wahrheit ist die Mündigkeit, die die Schule unter jeweils gegebenen Herkunftsverhältnissen einzig fördern kann, die Mündigkeit derer, die der Autorität des Lehrers schließlich entwachsen sind. Denn wenn die Schule die Mündigkeit einer Zukunftsmenschheit zum pädagogischen Ideal erhöbe, erklärte sie uns über unsere ganze Lebenszeit bis in die Zukunft hinein zu Unmündigen.«[59]

In seinem Eröffnungsvortrag zu dem Godesberger Forum erklärte Nikolaus Lobkowicz, Professor für politische Theorie in München, die Gegenseite gehe von der Annahme aus, die »bürgerliche Gesellschaft« (in Anführungszeichen) sei »das Symbol und der Quell alles Bösen, weil sie den Menschen daran hindert, ehrlich, frei und damit er selbst zu sein«, und diese so gebrandmarkte Gesellschaft sei »dem Tode geweiht«. Kurz darauf bemerkt er gleichwohl: »Blickt man genauer hin, so stellt man allerdings fest, dass niemand so recht an den Untergang dieser ›bürgerlichen Gesellschaft‹ glaubt.«[60] Damit traf er wohl den Nagel auf den Kopf: In der Tat dürfte es nicht leicht sein, von irgendeinem namhaften Pädagogen, der der Neuen Linken nahestand, eine pauschale Verdammung der bürgerlichen Gesellschaft mitsamt der Prophezeiung ihres Unterganges zu finden. Die englische und die Französische Revolution, deren ausführliche Würdigung Annette Kuhn für den Geschichtsunterricht obligatorisch machen wollte, waren bürgerliche Revolutionen!

An diesem Punkt ist das Godesberger Referat von Hermann Lübbe, einem der Unterzeichner der Erklärung, besonders aufschlussreich. Lübbe war nicht nur Philosophieprofessor, sondern gerade in der turbulenten 1968er-Zeit auch Staatssekretär im Kultusministerium von Nordrhein-Westfalen gewesen und hatte in dieser Position verletzende Angriffe rebellierender Studenten erfahren; und doch ist sein Referat frei von spürbarem Ressentiment. Vielmehr stellt er diese These auf, die er dann eingehend begründet: »die an elementaren Sacherfordernissen und Gerechtigkeitsanforderungen pragmatisch orientierte Bildungspolitik einerseits und die bei uns vor zehn Jahren aufgebrochene Jugendbewegung andererseits verhalten sich kontingent zueinander; sie sind unabhängig voneinander entstanden.«[61] Wer die Pädagogenszene kannte und wessen politische Erinnerung vor 1968 zurückreichte, wusste ja genau, dass die Pichtsche *Bildungskatastrophe* nichts mit jenem revolutionären Radikalismus zu tun hatte, den Lobkowicz der Gegenseite unterstellte. Mit Grund weist Lübbe darauf hin, dass das Bündnis der Bildungsreformer mit der Neuen Linken von 1968 durch einen historischen Zufall entstanden sei. Und auch die revolutionäre Rhetorik dieser Linken nimmt er nicht ganz ernst: »Dass diese Revolte ihrerseits primär gar keinem politischen Impuls folgte, erkennt man nicht zuletzt an ihren pseudopolitischen Äußerungsformen.«[62] In der Tat: Wer wirklich die Massen mobilisieren wollte, musste anders reden, als das viele Achtundsechziger taten, die in einem für andere unverständlichen oder zumindest ungenießbaren Jargon schrieben. Und wer viele von ihnen persönlich kannte, durfte erleben, wie sich viele einstige Rebellen ein Jahrzehnt nach 1968 zu Pragmatikern entwickelt hatten.

Noch im gleichen Jahr 1978 erschien eine Streitschrift mit Entgegnungen zu dem Manifest *Mut zur Erziehung*. Da besteht nun eine spezielle Pikanterie darin, dass Hartmut von Hentig in beiden Bänden vertreten ist: Auch er hatte an dem Godesberger Forum teilgenommen – er, wissenschaftlicher Leiter und geistiges Oberhaupt der an der Reformuniversität Bielefeld gegründeten Laborschule, die vielen als Flaggschiff der Bildungsreform galt. Sein Godesberger Diskussionsbeitrag, der den Umfang eines Referates hat, ist in hier und da abgewandelter Form auch in dem Gegen-Pamphlet enthalten. Hentig tritt mit dem Selbstbewusstsein dessen auf, der mitten im Schulalltag steht und pädagogische Konzepte nicht aus der Ferne formuliert, wogegen er bei den Unterzeichnern des Manifests eine solche Praxisnähe vermisst.

Und doch gibt er offen zu, dass er bei der Kontroverse innerlich gespalten ist. Er war überhaupt kein »Linker« im marxistischen Sinne; der Glaube, dass sich mit dem Fortschritt der Produktivkräfte auch ein Fortschritt im menschlichen Bewusstsein vollziehe, lag ihm so fern wie nur irgendetwas. In seinem Godesberger Diskussionsbeitrag zeigte er vielmehr Entsetzen über die »teuflischen Wirkungen, die das Fernsehen auf die Kindererziehung und auf die Familie hat«, da er ihm eine uniformierende Wirkung unterstellte.[63] Aber übt nicht auch die Schule mit ihren Lehrplänen eine uniformierende Wirkung aus? Doch Hentig, unbekümmert um jegliche pädagogische *correctness*, platzte heraus: »Lehrpläne sind eine besondere Form von Ulk, das wissen wir doch.« Ein Schlag ins Gesicht der curricularen Eiferer, der Lernziel-Pyramidenbauer! Und dann: »Weniger Schule wäre besser, jedenfalls, wenn man dann mehr Erfahrungsraum draußen gewönne.«[64]

Hentig macht in Bad Godesberg keinen Hehl daraus: »Ich habe Herrn Lübbe beneidet: so wie er redet, rede ich selber gern. So Kritisches aus dem Zentrum der Reform heraus zu reden, macht sogar mehr Spaß als von außen«, von wo aus Lübbe seine Kritik übe. Bei den ersten Referaten sei er verdrossen gewesen; aber durch Lübbes Vortrag sei er »viel vergnügter« geworden.[65] Auch er selbst war ja überhaupt kein radikaler Neomarxist; die Zufälligkeit der Verbindung von Bildungsreform und politischer Revolution hatte er an sich selber erfahren, und zwar gerade zu jener Zeit auf eine für ihn überaus schmerzliche Art. »Ich habe auch meine Feinde; meine ›Nattern‹ sitzen mir auf der Brust, und es sind z. T. die gleichen wie die, von denen Sie geredet haben.«[66]

Gerade im Monat vor dem Godesberger Forum hatte nämlich eine Fronde innerhalb der Laborschule gegen Hentig auf eine Art rebelliert, die von Insidern als »Vatermord« empfunden worden war und Hentig tief verletzte[67];

er bot darauf seinen Rücktritt als Leiter der Laborschule an.[68] Die aus zehn Lehrern der Schule bestehende Gruppe hatte im Dezember 1977 ohne vorherige Abstimmung mit Hentig eine über 400 Seiten starke kritische »Zwischenbilanz« veröffentlicht: *laborschule bielefeld: modell im praxistest*. Die Resultate dieses »Praxistests« werden teilweise als geradezu vernichtend beschrieben; ein Mitarbeiter, bei dem man Verzweiflung spürt, spricht von dem »laborschulüblichen Teufelskreis«: der Produktion von »unendlichen Begründungspapieren«, während die Frage »Was machen wir mit den Kindern?« »unbeantwortet im Raum« stehenbleibe.[69]

Insgesamt jedoch bleibt die in diesem Band geübte Kritik diffus; so gesehen dokumentiert auch sie wie Hentig selbst den von Lübbe hervorgehobenen zufälligen Charakter der Verbindung von Bildungsreform und Neuer Linker. Einer der Kritiker vermisst in der Schulpraxis die »politische Parteilichkeit für Arbeiterkinder«[70]; aber in anderen Beiträgen spürt man auch ein Bedürfnis nach mehr Ruhe und Ordnung; die Klage einer späteren Schulleiterin gilt dem auf die Dauer unerträglichen Geräuschpegel, dem ein Lehrer die Schuld an seinem Tinnitus gab, in dem für die Schule charakteristischen Großraum, in dem – Demonstration der Offenheit und der Kommunikation ohne Grenzen – der Unterricht mehrerer Klassen stattfindet.[71] Die Sehnsucht nach strafferer Disziplin konnte sich sogar mit der Forderung nach »Parteilichkeit für Arbeiterkinder« verbinden: Einer der Kritiker hob hervor, der freie, auf Impulse von den Schülern bauende Unterrichtsstil bevorzuge im Endeffekt Kinder der Mittelschicht, die »eher ›innengesteuert‹ erzogen wurden«. »Die eher ›Außengesteuerten‹ (Unterschichtkinder) waren durch solch relativ abrupte Offenheit und ungezwungenen Lernsituationen überfordert.«[72] Man kann verstehen, dass Hentig über diese geballte Kritik, die hinter seinem Rücken in Buchform gebracht wurde, außer sich war; denn über die meisten dort vorgebrachten Kritikpunkte hätte man wohl mit ihm reden können – an seiner Schule wurde ja ständig diskutiert. Aber aus der Sicht der Kritikergruppe brachten die Dauerdiskussionen keinen praktischen Nutzen, zudem war Hentig durch seinen Fanklub abgeschottet: Trotz Großraum zerfiel die Lehrerschaft der Laborschule in einander misstrauisch gegenüberstehende Gruppen.

An dieser Stelle lohnt sich ein Seitenblick auf Hentigs Beziehung zu Georg Picht: Da schließt sich ein Kreis. Denn Hentig war von 1953 bis 1955 Lateinlehrer an Pichts Birklehof gewesen; und noch ein halbes Jahrhundert danach bekannte er, er sei »mehr durch den Birklehof als durch die deutsche Universität« geprägt worden, obwohl dieser Episode notwendigerweise eine gewisse »Entpichtung« gefolgt sei.[73] Sein Rückblick auf Picht und dessen dezidiert »individualistischen« Führungsstil ist doppelbödig: »Er stand spät auf, verachtete Sport und Abhärtung, weigerte sich, Vokabeln abzuhören und sich für das Lernen der Primaner – nur die unterrichtete er – verantwortlich zu fühlen, zog sich nach seinem Unterricht in seinen ›Olymp‹ ... zurück«[74]: seine Dachstube, wo er am liebsten Platon las. »Theorie ist die heute wirksamste gesellschaftliche Praxis«: Auf dieses Pichtsche Diktum ist Hentig nach eigener Aussage immer wieder zurückgekommen[75]; und auf dieser abstrakten Ebene bestand eine Konvergenz zwischen Picht/Hentig und vielen Achtundsechzigern. Aber Hentig erinnerte auch an Pichts Mahnung: »Wer ein guter Lehrer sein will, muss erst ein guter Erzieher gewesen sein.«[76] Die Parole »Mut zur Erziehung« hätte auch von Picht stammen können – und von Hentig!

Aber wie passte Pichts Art von Pädagogik zur *Bildungskatastrophe?* Aus der späteren Sicht Hentigs war dieses Sich-Hineinstürzen in den Strudel der Bildungspolitik »der Abstieg des Philosophen in die Höhle«.[77] Das war eine Anspielung auf Platons »Höhlengleichnis«: Die meisten Menschen seien in eine dunkle Höhle gefesselt, wo sie nur die Schatten der Dinge wahrnähmen; der Philosoph dagegen steige in das Sonnenlicht der klaren und unvergänglichen Ideen auf. Kein Wunder, dass Picht der Bildungspolitik nach verwirrenden Erfahrungen wieder den Rücken kehrte. Vier Jahrzehnte nach der *Bildungskatastrophe* bemerkt Hentig über seinen einstigen Mentor: »Der Philosoph wird zum Pädagogen wider Willen.«[78]

BILDUNGSBOOM UND TECHNOLOGIE: EINE NICHT-KONVERGENZ. DIE WUT-AUSBRÜCHE DES TECHNOKRATEN KARL STEINBUCH. Wenn man die Forderung nach einer gewaltigen Expansion des Bildungswesens mit Erfordernissen von Deutschlands wirtschaftlicher Zukunft begründete, hätte man logischerweise erwarten können, dass es dabei vorrangig um naturwissenschaftlich-technische Bildung gegangen wäre. Doch davon war keine Rede; da bestand keine Konvergenz. »Bildung« weckte traditionell eher geisteswissenschaftliche Assoziationen. Schon um 1900 wetterte Wilhelm Ostwald, Chemie-Nobelpreisträger von 1909, gegen die Herrschaft der Philologen auf den höheren Schulen: Er könne nicht finden, »dass Philologen für die allgemeine Gestaltung der menschlichen Schicksale eine große positive Bedeutung gehabt« hätten; nicht zufällig seien die großen Mathematiker und Naturforscher in ihrer Mehrzahl »ungewöhnlich schlechte Schüler« gewesen.[79]

Wieso konnte unter solchen Umständen eine forcierte Vervielfachung der Abiturienten und Lehrer eine Existenzfrage der industriellen Zukunft sein? Sicherlich entstand die Vorherrschaft der Philologen teilweise ungeplant: Das Gros der Natur- und Technikwissenschaftler fand abseits der Schule weit bessere Berufschancen. Aber die Konvergenz zwischen dem Bildungsboom und der Neuen Linken, die sich typischerweise aus den Humanwissenschaften rekrutierte und in der »Technokratie« eine aufziehende Gefahr sah, verstärkte diesen Trend: Daher fand der Technikdidaktiker Günther Schnuer die wahre »deutsche Bildungskatastrophe« durch Pichts Katastrophenalarm mitverursacht.

Schon frühzeitig äußerte der Kybernetiker Karl Steinbuch (1917–2005), der Erfinder des Begriffs »Informatik«, seine Empörung darüber auf geradezu explosive Art. Der beginnende Bildungsboom fiel in die Zeit, in der sich Steinbuch zum Oberhaupt der deutschen Zukunftsforschung aufzuschwingen suchte, wobei er allerdings den Kontakt zur Forschung verlor.[80] Zwar propagierte er ab 1966 die Zukunftsforschung als neue Wissenschaft; aber seine dann folgenden Publikationen, die immer wieder in einen rüden Hetzstil verfallen und über weite Strecken bloße Zitaten-Kompilationen sind, atmen alles andere als einen wissenschaftlichen Geist. Um 1968 fühlte er sich mit seinen hemmungslosen Attacken auf Traditionen der deutschen Bildung zunächst von der linken Welle getragen; 1969 war er unter der neuen Regierung Brandt vorübergehend sogar als Staatssekretär für Bildung und Wissenschaft im Gespräch.[81]

Aus dieser Zeit stammt seine damals vielbeachtete Streitschrift *Falsch programmiert*, in der *Spiegel*-Sachbuchliste auf Platz zwei, deren Titel die Gesellschaft als großen Computer voraussetzt und die den Untertitel trägt: *Über das Versagen unserer Gesellschaft in der Gegenwart und vor der Zukunft und was eigentlich geschehen müßte.* Da zollt er sogar dem philosophischen Star der Achtundsechziger, Herbert Marcuse, hohes Lob, wenn auch mit Vorbehalt: »Mit H. Marcuses ›eindimensionalem Menschen‹ wird eine große gegenwärtige und zukünftige Gefahr treffsicher markiert. Aber: Diese ist nicht durch technik-immanente Gesetzlichkeiten begründet, sondern durch technik-fremde Machtstrukturen.«[82] In diesem Punkt hätte ihm Marcuse vermutlich sogar zugestimmt. An vielen Stellen des Buches lässt Steinbuch erkennen, dass er die Sowjetunion für vorbildlich und der Bundesrepublik weit überlegen hält:

»Mit dem Wort ›Fortschritt‹ verbinden wir hier ganz andere Gefühle, als man beispielsweise im Osten damit verbindet. Während es im Osten mit ›Zukunft, Hoffnung, Sieg‹ in Verbindung gebracht wird, denkt man bei uns etwa an ›Niedergang,

Verderbnis, Schrecken‹. Dies bewirkt verschiedene Verhalten: Im Osten wird, was dem Fortschritt dient, akzeptiert und gefördert. Bei uns wird der Fortschritt mit Misstrauen beobachtet, zwar zugestanden, dass man ihn nicht gänzlich vermeiden kann, aber eine Mauer der Ablehnung um ihn herum errichtet.«[83]

Und wer trägt die Schuld an dieser deutschen Misere? Die Antwort auf diese Frage fasst Steinbuch »in Anlehnung an Nietzsche«[84] in einem einzigen Schimpfwort zusammen: die »Hinterwelt«! Wen meint er damit? Im Grunde zielt er auf das gesamte deutsche Gebildetenwesen seit über einem Jahrhundert. Er vermeidet jedoch eine direkte Definition; man könne diese »Hinterwelt« »kaum mit bestimmten Personen oder Personengruppen identifizieren«; sein »kurzer Steckbrief dieser Hinterwelt« ist historisch-genetischer Art und sichtlich von dem Ehrgeiz erfüllt, dieses sein Feindbild der Neuen Linken attraktiv zu machen:

> »Entstanden aus der Romantik und der politischen Reaktion. Lange Zeit Dienerin von Thron und Altar. Erfreute sich im vorigen Jahrhundert weltweiten Ansehens, kann sich jedoch gegenwärtig außerhalb unserer Grenzen kaum mehr irgendwo sehen lassen, besonders seitdem ihre Komplizenschaft mit den Nazis offenkundig wurde.«[85]

Er ignoriert ganz und gar, dass auch viele Anhänger des technischen Fortschritts dem Nationalsozialismus zuströmten und dort ein Aktionsfeld fanden. Stattdessen wettert er dann los, die »antifaschistischen« Proklamationen vieler Achtundsechziger an Demagogie übertrumpfend und mit Kybernetik-Jargon ausstaffierend:

> »Heute wird soviel von den Schreibtischmördern geredet. Aber deren Programmierer, die Kathedermörder, bleiben außer Betracht. Bei uns wurde beinahe alles entnazifiziert, nur nicht die Verantwortlichen. Ich meine damit die Vertreter jener spezifisch deutschen Art zu philosophieren, die vielfach keine Resistenz gegenüber den Nazis entwickelten und Denkformen vertraten, die fugenlos zum krönenden Abschluss im Nationalsozialismus führten. … und so nehmen wir es unkritisch hin, dass dieselben Kathedermörder, dieselben Hinterwelten weiterhin in unserem Lande ihr Unwesen treiben. Und wir dulden weiterhin ihr Zerstörungswerk an unserer Gesellschaft, loyal, diszipliniert und stumpfsinnig. Die Hinterwelt ist ein Trick, sich der Erfahrung zu entledigen und nicht lernen zu müssen.«[86]

Die Pointe seiner Schimpfkanonade ist am Ende eine wortreiche Propaganda für seine Zukunftsforschung, die er sogar für noch wichtiger erklärt als die Technikwissenschaften: »Die Konkurrenzunfähigkeit unserer Gesellschaft

Robert Jungk auf einer Kundgebung gegen Atomkraftwerke;
links unten Rudi Dutschke.

ist viel weniger durch mangelnde Anstrengungen in Wissenschaft und Technik begründet, als meist angenommen wird. Sie ist viel mehr begründet durch mangelndes Nachdenken über die Zukunft. ... Das ›Technological Gap‹ ist bei genauerer Betrachtung ein ›Forecasting Gap‹.«[87] Anscheinend zustimmend zitiert er Pichts Prognose, nach damaliger Lage der Dinge »müssten sämtliche Hochschulabsolventen Lehrer werden, wenn unsere Schulen ausreichend mit Lehrern versorgt werden sollen«[88], obwohl dies nach dem, was er über die deutsche Bildungstradition sagt, eigentlich das Horrorszenario schlechthin sein müsste!

Ende 1967 hatte Steinbuch zusammen mit Robert Jungk die Gesellschaft für Zukunftsfragen (GfZ) gegründet; aber schon zwei Jahre darauf kam es zwischen beiden zum Knall. Steinbuch ging es trotz seiner Anbiederung an den »antifaschistischen« Jargon der Achtundsechziger vorrangig darum, Industriegelder für die Zukunftsforschung zu mobilisieren; Jungk dagegen war um die Unabhängigkeit der GfZ besorgt. Bei einen von Steinbuch im November 1969 in München veranstalteten Futurologenkongress ermunterte Jungk eine Gruppe Berliner Studenten, den Kongress mit kritischen Fragen zur gesellschaftspolitischen Funktion der Futurologie zu stören; daraufhin

*Karl Steinbuch,
10. Mai 1975 in
Ludwigshafen*

drängte Steinbuch darauf, Jungk von der GfZ zu »amputieren«, und der zog sich im März 1970 freiwillig aus der Gesellschaft zurück.[89]

»Lieber kein Buch als Steinbuch«, skandierten linke Studenten.[90] Der Bruch zwischen Zukunftsforschung à la Steinbuch und der Neuen Linken war offenkundig; aber auch für Bildungspolitiker hatte sich der Kybernetiker mit seinem Geschimpfe unmöglich gemacht. Seine darauf folgenden Verlautbarungen zeugen von einer zunehmenden Verbiesterung; schon im Laufe des Jahres 1970 erschien er kaum mehr zu GfZ-Sitzungen.[91] Hatte er gerade noch die Sowjetunion zum leuchtenden Vorbild erhoben und in einem Rundfunkinterview erklärt, die Fortentwicklung der Informatik erfordere eine »Form des Sozialismus«[92], wandelte er sich jetzt zum wilden Antikommunisten und rückte immer weiter nach rechts. 1973 bezeichnete Marion Gräfin Dönhoff, die Chefredakteurin der *Zeit*, den Kybernetiker mit seinem Hang zur Diffamierung als »Professor, der verfälscht«.[93]

Noch 1970 hatte ein aus Interviews mit Radio Bremen bestehender Sammelband unter dem Titel *Zukunft im Kreuzverhör* Jungk und Steinbuch ebenso wie Picht und Hentig vereint. Aus dem Rückblick verblüfft, dass ausgerechnet Steinbuch, kurz vor der mikroelektronischen Revolution, die Vermutung äußert, dass die Veränderungen in der Informationstechnik von den sechziger zu den siebziger Jahren unseres Jahrhunderts »nicht so groß sein werden, wie oft gesagt wird«.[94] Robert Jungk dagegen, der in der Folge von Steinbuch als Technikfeind attackiert wurde, aber auf seine Art in seinem Zukunftsdenken vom technischen Fortschritt beflügelt wurde, prophezeite schon damals das Auto mit »elektronischer Fernsteuerung«.[95] Picht sprang auf das Stichwort »Bildungskatastrophe« nicht mehr an![96]

Während sich Robert Jungk, vordem von der Kernforschung fasziniert, im

Laufe der 1970er Jahre an die Spitze der Anti-Atomkraft-Bewegung stellte, machte Steinbuch jetzt nicht mehr die »Hinterwelt«, sondern die Umweltbewegung zu seinem Feindbild und unterstellte ihr in seiner Streitschrift von 1980 *Diese verdammte Technik* pauschal Technikfeindschaft, ohne zu würdigen, dass gerade die Alternativen zur bisherigen Energietechnik seiner Kybernetik neue Chancen boten und die *Grenzen des Wachstums* ihre Weltwirkung nicht zuletzt den dabei eingesetzten Großcomputern verdankten. Gegen die vermeintlichen Technikfeinde berief Steinbuch sich sogar auf den einstigen Hitler-Intimus Albert Speer[97], wogegen er seinen einstigen futurologischen Mitstreiter Robert Jungk seitenlang mit Schmähungen überschüttete, wenn auch seine Bemerkung, Jungks *Atomstaat* habe »kein einziges neues Argument in die notwendige kritische Diskussion der Kerntechnik« eingebracht, mehr oder weniger zutraf.[98]

Doch auch Picht bekommt von ihm jetzt einen Seitenhieb versetzt: Dessen *Bildungskatastrophe* sei »wohl die folgenschwerste Fehlprognose« gewesen, indem sie dazu geführt habe, »dass wir nicht nur insgesamt zuviel Akademiker ausgebildet haben, sondern auch zu viele Lehrer«; dabei begann die massenhafte Lehrerarbeitslosigkeit erst nach 1980, war jedoch schon damals abzusehen. »Seine falsche Voraussage hat viel Unglück über unser Land gebracht.«[99] Man erkennt, wie Steinbuch, der einst als kommender Führer der Futurologie aufgetreten war, mehr und mehr auch den letzten Rest von Lust an seiner früheren Leidenschaft verliert.

In seiner *Zukunftsbewältigung* von 1995 lautet seine erste These: »Das Projekt der ›Futurologie‹ oder ›Zukunftsforschung‹ ist gescheitert.«[100] Offenbar lässt sich die Zukunft nicht bewältigen – jedenfalls nicht durch eine Wissenschaft, die mit einem bestimmten Methodenapparat operiert. Man kann nicht erkennen, dass Steinbuch mit seiner Kybernetik jemals erfolgreich Prognosen produziert hätte. Wenn er 1967 in Oslo auf der ersten internationalen Konferenz der Zukunftsforscher prophezeite, »dass das Fernsehen in Zukunft in Farbe ausgestrahlt werde und Telefone kabellos, mit besserer Akustik und Video-Verbindung versehen werden könnten« – eine der wenigen konkreten Prognosen in Elke Seefrieds umfangreicher Darstellung der Geschichte der Zukunftsforschung[101] –, bedurfte man zu solcher Voraussicht keiner Kybernetik: Der Farbfernseher war damals in Einzelexemplaren bereits Gegenwart, und nach Jahrzehnten des drahtlosen Funks war eine solche Prognose für das Telefon nicht schwer, ja bereits der Sammelband von 1910 *Die Welt in 100 Jahren* prophezeit das »drahtlose Jahrhundert«![102] Innerhalb spezieller Technikbereiche sind Prognosen ohnehin unvergleichlich viel leichter als dort, wo es um Fernwirkungen bildungspolitischer Schubkräfte geht: Dieses Problem hat in jüngster Zeit eine internationale Brisanz erlangt.

EIN SPRUNG IN DIE TRANSNATIONALE BILDUNGSPOLITIK DER GEGENWART: PISA UND »BOLOGNA« BEKOMMEN EINEN ALARMIERENDEN KLANG. Seit der Jahrtausendwende beherrscht der »PISA-Schock« die schulpolitische und der »Bologna-Prozess« die hochschulpolitische Diskussion, in diesem Fall nicht nur in Deutschland, sondern bis in die USA hinein. Hier ist die Zukunft offen und die Gegenwart höchst unübersichtlich; die Distanz des Historikers fällt schwer. Das Thema kann hier nur angerissen werden, vor allem mit Rückblick auf den früheren Bildungsalarm: Dadurch gewinnt schärfere Kontur, was an gegenwärtigen Zukunftsprojekten sowie den Klagen und Kontroversen neu und was eine »alte Leier« ist – die Klage derjenigen, die Bildungsreformen grundsätzlich lästig finden. Im Kontext einer Geschichte der Zukunftserwartungen sind die durch PISA und »Bologna« angestoßenen Prozeduren nicht zuletzt deshalb von Interesse, weil sie exemplarisch zeigen, wie Reformimpulse durch ihre Umsetzung in den Bildungsbürokratien und auch durch Konvergenzen mit anderen Zeittrends zu Ergebnissen führten, die mit ihrer ursprünglichen Intention nichts zu tun hatten.

Wie wir sahen, wies die von Picht ausgerufene Bildungsoffensive zwei fundamentale Mängel auf. Der erste bestand in ihrer Fixierung auf die Zahl der Abiturienten: Das Abitur ist kein eindeutiges Gütesiegel, nicht einmal innerhalb eines Landes und schon gar nicht international; es kann einen höchst unterschiedlichen Stand der Bildung abdecken. Der andere bestand darin, dass Picht zwar mit Erfordernissen der wirtschaftlichen Zukunft operierte, der durch ihn mit ausgelöste Bildungsboom jedoch nicht dazu angetan war, den Schülern nützliche Kenntnisse für die Wirtschaft zu vermitteln. In beiden Punkten brachten die PISA-Studien seit der Jahrtausendwende einen großen Sprung, der vor dem Hintergrund der Vergangenheit im Prinzip Anerkennung verdient.

Anders als »Bologna« hat PISA, obwohl oft schon »Pisa« geschrieben, nichts mit der italienischen Stadt zu tun, sondern ist eine Abkürzung für »Programme for International Student Assessment«, wobei »Student« hier »Schüler« meint. Die PISA-Studien, eine Initiative der OECD, werden seit dem Jahr 2000 von einer Arbeitsgruppe beim Hauptsitz der OECD in Paris unter der Leitung des Deutschen Andreas Schleicher »in dreijährlichem Turnus in den meisten Mitgliedstaaten der OECD und einer zunehmenden Anzahl von Partnerstaaten« bis hin zu den USA durchgeführt mit dem Ziel,

»alltags- und berufsrelevante Kenntnisse und Fähigkeiten Fünfzehnjähriger zu messen«. Dabei konzentriert sich PISA auf die drei Bereiche Lesekompetenz, mathematische Kompetenz und naturwissenschaftliche Grundbildung, und zwar mit dem hohen Anspruch, »über die Messung von Schulwissen hinauszugehen und die Fähigkeit zu erfassen, bereichsspezifisches Wissen und bereichsspezifische Fertigkeiten zur Bewältigung von authentischen Prozessen einzusetzen«. Man erkennt, wie das PISA-Projekt den naheliegenden Vorwurf abwehrt, mit der quantifizierenden Messung der puren Faktenhuberei an den Schulen Vorschub zu leisten; ob allerdings die PISA-Tests derartige Fertigkeiten ermitteln konnten, bleibt die Frage.

In Deutschland wirkte das erste Ergebnis wie eine kalte Dusche, und der »PISA-Schock« wurde zum stehenden Begriff. Erneut wurde ein »Bildungsnotstand« ausgerufen. Denn, wie die Einführung zu einem Sammelband über den »PISA-Schock« feststellt, die Untersuchung brachte im internationalen Vergleich »bei deutschen Schülerinnen und Schülern in Kernkompetenzen wie Lesen, Schreiben und Rechnen eklatante Defizite ans Licht«. Zugleich kam PISA 2000 zu dem Resultat, dass der Zusammenhang zwischen Testergebnis und Beruf der Eltern in Deutschland so stark ist wie nirgends sonst. Das war nach dem steilen Wachstum der Abiturientenzahlen im Gefolge des Picht-Alarms auf den ersten Blick paradox; aber wenn zugleich die Anforderungen sanken – »Einser-Abis wie am Fließband« lautete eine Presse-Schlagzeile[103] –, waren Schüler aus gebildetem Elternhaus im Vorteil. Eine im Vergleich zu anderen Reaktionen noch moderate Schlagzeile der *Zeit* lautete: »Das deutsche Bildungssystem hat versagt: Es ist ungerecht und produziert Mittelmaß.«[104] Man erkennt zugleich, wie unterschiedliche Impulse von dem ersten PISA-Befund ausgingen: Man konnte die verstärkte Förderung von Unterschichtenkindern fordern; aber Angela Merkel erblickte in dem »PISA-Schock« einen Anstoß zur verstärkten Elitebildung und erteilte bei der Gelegenheit der »68er-Revolution« einen Seitenhieb, »die ja nicht zuletzt ein Aufstand gegen das Bildungsbürgertum und die Bildungseliten gewesen« sei.[105]

So oder so wurde prophezeit: Wie die Deutschen den »PISA-Schock« verarbeiteten, werde »über die Zukunftsfähigkeit Deutschlands mit entscheiden«.[106] Das fällt bei deutschen Reaktionen auf PISA ganz besonders auf: Während sich im angloamerikanischen Raum Empörung zusammenbraute und offene Briefe mit scharfer Kritik und vielen prominenten Unterzeichnern, darunter Noam Chomsky, an Schleicher gerichtet wurden, überwog in Deutschland die Betroffenheit: Man nahm die für das eigene Land ernüchternden PISA-Resultate mehr oder weniger ernst. Dabei lag eine grundsätzliche Kritik daran sehr nahe: Die PISA-Studien enthielten nur solche Befunde, die sich mit quantitativ auswertbaren Tests für einen eng begrenzten Kreis von Schüler-Kompetenzen ermitteln ließen; die musischen Fächer, ein Großteil des Bildungsguts und erst recht die Charakterbildung blieben unbeachtet. Finnland schnitt am besten ab und wurde von vielen bewundert; maliziöse Stimmen wiesen jedoch laut Wikipedia darauf hin, »dass Alkoholismus unter finnischen Schülern weit verbreitet und die Selbstmordrate alarmierend hoch sei«.

Wenn gleichwohl die deutschen Reaktionen vielfach besorgt waren und in dem »PISA-Schock« einen Anstoß zu energischen Anstrengungen erblickten, erkennt man eine Konvergenz mit der in den 1990er Jahren über die deutsche Öffentlichkeit hereinbrechenden Welle pessimistischer Prognosen, Deutschland drohe zum »kranken Mann Europas« zu werden. Ein Jahrzehnt darauf war dieser Pessimismus nahezu in Vergessenheit geraten: Spätere PISA-Befunde wirkten nicht in gleichem Maße alarmierend, und Deutschland stand als wirtschaftliche Führungsmacht Europas da. Es ist nicht auszuschließen, dass der »PISA-Schock«, wiewohl so unterschiedlich verarbeitet, in der Schulpraxis doch manchen positiven Impetus gegeben hat. Selbst der in New York lehrende Deutschamerikaner Heinz-Dieter Meyer, der einen der weit beachteten Protestbriefe an Schleicher verfasste, räumte ein, in Deutschland habe PISA »auf besondere Probleme hingewiesen und einen zuvor nicht gekannten Handlungsdruck erzeugt«.[107]

Sigmar Gabriel, damals Ministerpräsident von Niedersachsen und Mitherausgeber des Bandes *Nach dem Pisa-Schock*, zog aus »Pisa« in unausgesprochener Absage an frühere Klagen aus der antiautoritären Szene über den »Leistungsterror« im Bildungswesen beifällig die forsche Quintessenz: »Schule muss *Leistungsraum* sein. Soll heißen: Schule muss wieder mehr Leistung und Anstrengung einfordern.«[108] Der *Guardian* dagegen veröffentlichte 2014 einen langen offenen Brief mit einer noch längeren Liste pädagogisch kompetenter Unterzeichner aus aller Welt unter dem Titel: »OECD and Pisa tests are damaging education worldwide«. Sie wurde begierig von Regierungen, Bildungsbürokraten und Presseleuten aufgegriffen. Die Kritik gipfelt in dem Vorwurf:

»Das neue Pisa-Regime, mit seinem kontinuierlichen Zyklus von globalen Tests, schadet (harms) unseren Kindern und lässt unsere Klassenräume verarmen, da es unweigerlich zunehmende und längere Batterien von multiple-choice-Testen mit sich bringt, mehr ›verkäufliche‹ (›vendor‹-made) Lektionen und weniger Autonomie für Lehrer. Auf diese Weise hat Pisa das ohnehin schon hohe Stress-Niveau auf den Schulen weiter erhöht und damit das Wohlbefinden von Schülern und Lehrern gefährdet.«[109]

Andreas Schleicher wies solche Kritik scharf zurück: An Folgewirkungen trügen nicht die PISA-Studien die Schuld.[110] In der Tat haben wir es hier wohl wesentlich mit einem Synergieeffekt zu tun: PISA traf sich mit Zeittrends, dem allgemeinen Vordringen der Tests, dem Blick auf quantitativ Messbares statt auf qualitative Werte, dem Wettlauf der Schulen um Schüler und Fördermittel, der zunehmenden Orientierung an Interessen der Wirtschaft, der zum Teil dadurch motivierten Zunahme der *rankings* und Evaluationen mitsamt ihrem Papier-Krieg, der Einschränkung der Entscheidungsfreiheit der Lehrer.[111] Unabhängig von all diesen Zeittrends hätte man die PISA-Befunde mit leichter Hand als ein Orientierungsmittel unter anderen nehmen können. Der Grundgedanke von PISA, dass die Bildungsforschung nicht so sehr auf formale Strukturen der Schulsysteme schauen sollte, vielmehr auf das, was im Unterricht tatsächlich gelernt wird, war als solcher vernünftig.

Im Bologna-Prozess dagegen ging es um Strukturen des Hochschulwesens. Dieser Grundzug drohte weit eher davon abzulenken, was die Studierenden im Endeffekt lernen; und da spielte die Vielzahl der Bildungsbürokratien entscheidend in die Umsetzung hinein. Der Prozess bekam seinen Namen von der am 19. Juni 1999 in der Aula Magna der Universität Bologna von 29 europäischen Bildungsministern unterzeichneten *Bologna-Erklärung*, in der das Ziel gesetzt wurde: »Wir müssen sicherstellen, dass die europäischen Hochschulen weltweit ebenso attraktiv werden wie unsere außergewöhnlichen kulturellen und wissenschaftlichen Traditionen.« Die Erklärung lag in dem Europäisierungstrend jener Zeit, der durch den Vertrag von Maastricht und die bevorstehende Euro-Währung einen neuen Schub bekommen hatte. Das Ziel war, die Studienordnungen europaweit anzugleichen, so durch die Untergliederung in Studien-Module, ebenso die Bewertung der Studienleistungen durch Leistungspunkte europaweit vergleichbar zu machen, auf diese Weise das Hochschulwesen übersichtlicher zu gestalten und die Mobilität der Studierenden national und transnational zu erleichtern. Zudem sollte das neu eingeführte Bachelor-Studium nicht lediglich das bisherige Grundstudium ersetzen, sondern einen Studienabschluss bieten für solche Studierende, die rascher ins Berufsleben drängten, und damit zugleich den Bedürfnissen jener Unternehmen entgegenkommen, die keine hochgelehrten Leute brauchten.

Aber die bisherige Geschichte des Bologna-Prozesses ist eine Geschichte unbeabsichtigter Folgewirkungen, die dazu führten, dass sich über »Bologna« Hohn und Spott ergoss. Das europäische Bildungswesen wurde keineswegs transparenter; vielmehr entstand laut Wikipedia eine »neue Unübersichtlichkeit«: »Der Bologna-Prozess hat binnen weniger Jahre eine ungeahnte Vielzahl an Bachelor- und Masterstudiengängen hervorgebracht: mehr als 13 000 allein im Zeitraum vom Jahrhundertbeginn bis 2012.« Studentenvertreter klagten, dass von der versprochenen Mobilität nicht viel zu spüren sei und die straff getakteten Bachelor-Programme kaum Luft ließen für ein Semester oder Praktikum im Ausland: »Selbst ein einfacher Standortwechsel in Deutschland wird, auch auf Grund des Bildungsföderalismus, oft durch die engen Modulpläne der einzelnen Universitäten oder Hochschulen verhindert.«[112] Die im Ausland erbrachten Studienleistungen wurden in vielen Fällen nicht anerkannt: ein Zeichen, dass es an einer europaweiten Vertrauensbasis zwischen den Hochschulen fehlte. Und nicht nur wurden mit den Leistungstests überkommene Bildungstraditionen an den Rand gedrängt; in vielen Fällen wurde nicht einmal eine verstärkte Berufsorientierung erreicht. Der Bachelor galt in weiten Teilen der Wirtschaft nicht als vollwertiger Studienabschluss.

Dieter Lenzen, Präsident der Universität Hamburg und Vizepräsident der Hochschulrektorenkonferenz, erkennt in seiner Streitschrift *Bildung statt Bologna!* (2014) in den 15 Jahren seit 1999 »eine beispiellose und desaströse Umformung der deutschen Universitätslandschaft«: nicht nur »Entwertung der klassischen akademischen Abschlüsse«, sondern obendrein »die Einschränkung der Mobilität und die Verdrängung des Reflektierens aus der Universität«.[113] Einst habe »die Zeit des Studiums unter der Überschrift des freien Studentenlebens« gestanden. »Diese Phase ist abgeschafft worden«; stattdessen habe »ein einzigartiger Verschulungsprozess stattgefunden«.[114]

Die Kritik an »Bologna« kam keineswegs nur von Bildungsbürgern. Selbst Jörg Hofmann, Erster Vorsitzender der IG Metall, wetterte 2016 in einem Interview gegen die im Gefolge der Bologna-Reform vorangetriebene Spezialisierung in der Ausbildung von Ingenieuren: »Die Spezialisierung ist der Wahnsinn. Wir haben heute 1400 Technikabschlüsse an Hochschulen. Absurd! Bologna ist katastrophal für Transparenz, Vergleichbarkeit und Einsatzbreite von Ingenieuren.«[115]

Akkreditierungsagenturen zur Genehmigung der Studiengänge verstärkten bei vielen Lehrenden das Gefühl, bürokratischen Apparaten ausgeliefert zu sein. Die Schuld sieht Lenzen nicht so sehr bei der Bologna-Erklärung selbst: Vielmehr habe eine »verengte Interpretation« dieser Erklärung »zu einer bestimmten Sorte von messbaren Lernzielen geführt, die mit dem Leitbild einer ›Bildung durch Wissenschaft‹ in vielen Fächern nichts mehr zu tun haben«.[116] Der Begriff der »Kompetenz«, der in jüngster Zeit in der Schuldidaktik derart zu Tode geritten wird, dass viele ihn nicht mehr hören können, durchdringt auch die Hochschuldidaktik.[117] Damit entfernt sich die Bologna-Praxis weit von der feierlichen Bologna-Erklärung von 1999 mit ihrem Stolz auf Europas »außergewöhnliche kulturelle und wissenschaftliche Traditionen«.

Oder dient »Bologna« bloß als Buhmann, der von der Schuld der Universitäten ablenkt? Denn der Bologna-Prozess fiel in eine Zeit erhöhter universitärer Autonomie.[118] In der Tat deutet einiges darauf hin, dass »Bologna« als Katalysator für Regulierungsambitionen vieler Universitätsverwaltungen fungierte und Kettenreaktionen auslöste, bei denen Schuldige gewöhnlich schwer zu identifizieren sind.[119] Um die Groteske perfekt zu machen: In der Praxis nicht weniger Universitäten mischt sich mittlerweile Überbürokratisierung à la »Bologna« mit Gegenreaktionen der Betroffenen. Mit *Credit Points* für bestimmte Leistungen wird viel formaler Aufwand betrieben; doch diese Leistungen werden nicht effektiv kontrolliert.[120] Nun, aller Voraussicht nach ist das nicht das Ende der Universitätsgeschichte.

QUERDENKER: »AKADEMISIERUNGSWAHN« UND »ALLOTRIA«. Hubertus Schmidt, Vorsitzender der IG Bergbau, Chemie und Energie, steuerte zu dem Sammelband *Nach dem Pisa-Schock* einen Artikel »Ist das duale System am Ende?« bei, wobei er die PISA-Studie keiner Erwähnung würdigte; denn in dieser wie schon früher in Pichts *Bildungskatastrophe* blieb das duale System der Berufsbildung unbeachtet: eine deutsche Spezialität, eine Kombination von Berufsschule und innerbetrieblicher Ausbildung. Das duale System entzog sich groß angelegten Bildungsplanungen; selbst viele Pädagogen kannten es kaum und wussten seine Leistungen nicht zu würdigen, zumal diese wesentlich von den einzelnen Betrieben abhingen. Daher bot das duale System insgesamt ein höchst unübersichtliches Bild; und doch spricht vieles dafür, dass diese praxisnahe Facharbeiterausbildung wesentliche Verdienste an der Stellung der deutschen Industrie im internationalen Wettbewerb besitzt.[121] Mit Grund hob Hubertus Schmidt hervor, das duale System bleibe »ein solides, ja unverzichtbares Element für die Zukunftsfähigkeit unserer

Wirtschaft«; es trage »entscheidend zum hohen Qualifizierungsstandard der deutschen Wirtschaft bei«. Daher beklagte er die »rückläufige Ausbildungsbereitschaft vieler Betriebe«, die dieses System in jüngster Zeit in eine Krise geführt habe.[122] Die Fixierung der großen Bildungsdebatten auf Abitur und akademische Ausbildung ließ das duale System links liegen, statt ihm in dieser Krise einen neuen Schub zu geben.

Eine Streitschrift fällt aus diesem Gesamtbild heraus: Der *Akademisierungswahn* (2015) von Julian Nida-Rümelin, der – von Hause aus Philosoph – Kulturstaatssekretär im ersten Kabinett Schröder wurde und, da er die Vielfalt der deutschen Bildungslandschaft zu schätzen wusste, am Ende seiner Amtszeit die zufriedene Bilanz zog: »Die Angst der Länder vor einem Kulturzentralismus ist gebannt ...«[123] In seiner Streitschrift, die eine regelrechte Akademisierungswahn-Debatte anstieß[124], erklärte er den Bologna-Prozess für gescheitert. Selbst wenn eine europaweite Angleichung der Studiengänge gelungen wäre, war es aus seiner Sicht höchst fraglich, ob diese überhaupt wünschenswert sei; denn er plädierte für ein Bildungssystem, das sich konsequent an der Vielfalt von Begabungen, Interessen, Berufs- und Lebenswegen orientiert. Er verblüffte seine Leser mit dem Hinweis, dass ausgerechnet die drei Länder mit der niedrigsten Akademisierungsquote und dem höchsten Anteil an nichtakademischer Berufsbildung – Deutschland, Österreich und die Schweiz – zugleich die geringste Jugendarbeitslosigkeit aufwiesen, im Kontrast zu dem gerne als Vorbild hingestellten Großbritannien.[125]

Ganz im gleiche Sinne antwortete Nassim Taleb, laut *Zeit* ein »weltweit erfolgreicher Zufallsforscher« (Zufalls-, nicht Zukunftsforscher, was jedoch auf das Gleiche hinausläuft!), einem Interviewer auf die Frage, ob Deutschland »wirklich alles richtig« mache:

> »Das größte Risiko Deutschlands ist, dass das Niveau der Ausbildung steigt. Deutschland hat sich von einem Land der Handwerker und Macher in ein Land von Pseudointellektuellen verwandelt. Jeder schickt seine Kinder an die Hochschulen. Dort lernen sie Kant, Derrida, BWL, Finanzmathematik und ähnlichen Quatsch. Statt zu lernen, wie man Maschinen baut. Wer vor dreißig Jahren studierte, war wirklich smart. Heute aber sind die meisten Hochschulabsolventen Scharlatane, die besser eine Lehre abgeschlossen hätten. ... Wenn man intelligente Menschen bis zum Alter von 25 Jahren in einer Ausbildung gefangen hält, sind die besten Jahre verpufft. Wenn Steve Jobs das Studium nicht abgebrochen hätte, gäbe es keine Firma Apple. ... Schauen Sie sich die industrielle Revolution an. Sie ging von privaten Bastlern aus, die nach dem Versuch-und-Irrtum-Prinzip vorgingen.«[126]

Da hätte Theodor Heuss ihm von seinen Erfahrungen mit der Geschichte der Firma Bosch her vermutlich zugestimmt.[127] Aber noch in anderer Hinsicht lag der hochgebildete Heuss quer zu dem Eifer der Bildungspolitiker. Als württembergischer »Kultminister« 1946 schuf er auf einer Münchener Ministerkonferenz zu Fragen der Reorganisation des Schulwesens Verwirrung durch – wie er sich noch später mit Vergnügen erinnerte – »mein rundes Bekenntnis zum ›Allotria‹, zum Spieltrieb der Jugend, zu den unnützen Dingen und zur Resignation gegenüber dem in allen Umbruchzeiten stark gemeldeten Anspruch der Schule, *alles* machen zu wollen, alles machen zu können«.[128] Das entsprach der Erfahrung seines eigenen Lebens, das sich in einem ungeplanten Zickzack zwischen Politik, Journalistik, Biographik und Wissenschaft abgespielt hatte. Und heutige Jugendliche können ihren Lebensweg noch weit weniger planen, als es vielen noch zu Heuss' Zeiten möglich war. Selbst Hildegard Hamm-Brücher, in den 1960er Jahren an vorderster Front der Bildungsreformer, aber auch eine Heuss-Verehrerin, bekannte sich zwischendurch zum »Allotria« als »wichtigstem Bestandteil aller Schulreformen«.[129] Unbeschadet der Notwendigkeit, den Schülern elementare Kompetenzen beizubringen, wird doch nur ein vielfältiges Bildungswesen mit Freiräumen für Lehrer und Schüler dem unvorhersehbaren Element der Zukunft gerecht.

7

Von den Technokraten
bis zu den Achtundsechzigern:
Der diffuse Zukunftsboom der 1960er Jahre
und seine Krise nach 1970

VORAUSBLICKE AUF DIE JAHRTAUSENDWENDE; DAS DOPPELGESICHT DES COM-
PUTERS. Hermann Lübbe bemerkte 1969 in einem Artikel »Ernst und Unernst der Zukunftsforschung«: Die Steigerung des Tempos auf allen Ebenen –
Wissenschaft, Technik, Wirtschaft und Gesellschaft – habe zur Folge, »dass
wir zu keiner Vergangenheit über unsere gesellschaftliche Zukunft weniger
wussten als heute«. Daher verfalle die Futurologie in die Utopie; ihre Verlässlichkeit werde derzeit »fatal überschätzt«. Immerhin glaubt er das eine prophezeien zu können: »Wir alle werden künftig rascher von gestern sein.«[1]

Zum Jahresende 1966 brachte *Der Spiegel* einen Titel: »Die Zukunft des
Menschen wird geplant«. Natürlich fehlt es der Titelgeschichte – einem Panorama der Zukunftsforschung jener Zeit – nicht an *Spiegel*-Ironie; und
doch zeigt sich das Nachrichtenmagazin fasziniert. Auf den ersten Blick erscheint es paradox: Ausgerechnet zu einer Zeit, da sie rascher als in früheren
Zeiten veralten, kommen Langzeitprognosen mehr denn je in Mode. Zum
Teil sind diese sogar ausdrücklich auf die Zuversicht gegründet, der weite
Vorausblick sei mit höherer Sicherheit möglich als die Kurzzeitprognose, da
die Geschehnisse kurzfristig stärker den Zufällen unterworfen seien, wogegen auf die Länge der Zeit Gesetzmäßigkeiten durchschlügen.

Vor allem jedoch enthielt der gerade für die 1960er Jahre charakteristische Verbund von Prognose und Planung die Versuchung, sich aus potentiellen Zukünften das herauszupicken, was Anhaltspunkte für Planer bot. Da
fällt es dem heutigen Historiker besonders schwer, sich das billige Vergnügen zu verkneifen, aus der Rückschau über einstige Fehlprognosen zu spot-
ten, zumal wenn diese mit prophetischer Selbstsicherheit verkündet wurden.

Spiegel-*Titel 53/1966 (26.12.1966)*:
»Futurologie – Die Zukunft des
Menschen wird geplant«. Oben die
antike Marmorgruppe von Laokoon, der
mit den Schlangen ringt. Der Sage nach
hatte dieser trojanische Priester seine
Landsleute vor dem hölzernen Pferd
der Griechen gewarnt und wurde bald
darauf – Strafe der Götter – von zwei
Schlangen erwürgt. Hinweis auf eine
Gefährdung der Unheilspropheten?

Aber man vergesse nicht: Planung ist in irgendeiner Form unerlässlich, ob in der Politik, der Wirtschaft und dem Bildungswesen, und Planung bedarf der Prognosen – das wurde auch von Hermann Lübbe anerkannt. Und gerade weil Prognosen voller Probleme sind, ließ sich daraus die Notwendigkeit einer Wissenschaft eigener Art ableiten.

Dabei war damals wie heute im Prinzip stets klar, dass sich mehrere potentielle Zukünfte vorstellen lassen: Ebendarin bestand ja die Chance der Planung, unter diversen Zukunftsszenarien dasjenige zu befördern, das als wünschenswert erschien. Der Entwurf verschiedener Szenarien, der aus den Thinktanks des US-amerikanischen Militärs stammte – und gerade Deutschland hatte ja im Ersten Weltkrieg mit der Fixierung auf den Schlieffen-Plan besonders böse Erfahrungen gemacht! –, wurde »die wohl bekannteste Methodik der Zukunftsforschung« (Alexander Schmidt-Gernig)[2] und ein wirkungsvolles Aktionsfeld für die aufsteigende Spezies der Computerexperten, auch wenn selbstbewusste Prognostiker dann doch immer wieder der Versuchung erlagen, bei entsprechender Planung die gewünschte Zukunft als mehr oder weniger gesichert hinzustellen.

Der Wirtschaftshistoriker Knut Borchardt, der die Prognostik in der Ökonomie von Anfang an aus der Nähe verfolgte, erklärte 1978 angesichts der offenkundigen Krise der Futurologie in einem Vortrag vor der Deutschen Statistischen Gesellschaft, die »Anmaßung des Wissens« sei »die Berufskrankheit des Prognostikers«.[3] Aus heutiger Sicht könnte man dennoch fragen: War es tatsächlich von Grund auf absurd, Langzeitprognosen für verlässlicher zu halten als die kurzfristige Vorausschau? Nach den Ernüchterungen, die in den frühen 1970er Jahren auf den vorausgegangenen futurologischen Boom folgten, möchte man dem zustimmen; aber eben zu jener Zeit begann der bis heute anhaltende Strom warnender Voraussagen über die Zukunft der Umwelt unter der Einwirkung des Menschen; und da kamen in der Tat Naturgesetze ins Spiel, auch wenn die Natur immer neue Überraschungen beschert.[4]

Bei der Zukunftskonjunktur der 1960er Jahre kamen in der Bundesrepublik die entscheidenden Anstöße von außen. Es waren Impulse höchst widersprüchlicher Art, und gerade international betrachtet bietet die Prognostik ein bizarres Bild: In ihrem massiven Kern entstand sie als US-amerikanische »Cold War Science« (Elke Seefried); aber gerade in ihrem öffentlich wirksamen Teil war sie frühzeitig mit der Friedensforschung verwoben![5] Auf der einen Seite ein Typ wie Herman Kahn, der in seinem Buch *On Thermonuclear War* (1960) räsonierte, »es sei besser, man verliere 40 Millionen Amerikaner in einem Nuklearkrieg und der Rest könne in Freiheit leben«[6] (1965 allerdings bemerkte er, die Russen seien »im allgemeinen vorsichtig«, und daher sei vorerst kein Atomkrieg zu erwarten[7]), und dessen kugelrunder Dreizentnerkörper von Karikaturisten als menschliche Atombombe gezeichnet wurde; auf der anderen Seite ein Vordenker der Friedensforschung wie Carl Friedrich von Weizsäcker, der sich vom Atomphysiker zum Philosophen und erklärten Gegner der Nuklearrüstung wandelte; und in Frankreich der aristokratisch-feingliedrige Bertrand de Jouvenel, der – so Robert Jungk – »mit leiser Stimme, aber sehr temperamentvoll« über den Umgang mit der Zukunft sprach.[8]

Sehr im Unterschied zur Bundesrepublik war in Frankreich, dem Land der *planification* und des *Commissariat Général du Plan*, die Prognostik schon von Staats wegen gefördert und gefordert. Das französische Beispiel bot sich in der Bundesrepublik als Vorbild an, um der Planung das Odium des Kommunismus zu nehmen und aus ihr stattdessen ein Potential europäischer Einigung zu machen.[9] Bertrand de Jouvenel gründete 1960 die *Association Futuribles Internationale* mit der Zeitschrift *Futuribles*. Da wollte man »mit der Zukunftsforschung die Welt, die mit ihrer technischen und sozialen Beschleunigung aus den Fugen geraten schien, im normativen Sinne ordnen« (Elke Seefried)[10]: Zukunftsforschung also mit Seitenblick auf Chancen der Intervention.

Als mit dem Ende der 1950er Jahre die Jahrhundertmitte überschritten war, wurde es nicht nur bei professionellen Zukunftsdenkern Mode, den Blick auf die kommende Jahrtausendwende zu richten.[11] Um nur einige prominente Beispiele herauszugreifen: Schon 1960 erschien von Fritz Baade *Der Wettlauf zum Jahre 2000*, in der Folge in sieben Sprachen übersetzt, 1964 in den von Robert Jungk mit herausgegebenen *Modellen für eine neue Welt* der Sammelband *Wege ins neue Jahrtausend – Wettkampf der Planungen in Ost und West* – wieder der weltweite Wettlauf als Anhaltspunkt! –, 1967 *Aufbruch ins Jahr 2000 oder Erziehung im technischen Zeitalter* von Hildegard Hamm-Brücher. All diese Bücher verknüpften Prognose mit Planung; sie alle besaßen einen globalen Horizont, wobei mit Vorliebe andere Länder den allzu der Gegenwart verhafteten Bundesdeutschen als Vorbild vorgehalten wurden. Dem Buch Fritz Baades stellte der Verlag ein Vorwort voran, wie man es nicht oft finden dürfte: Dieses Buch werde »für die meisten Menschen die atemberaubendste Lektüre sein, die sie im letzten Jahrzehnt gelesen haben«. Dabei habe Baades Bild, »wie die Welt im Jahr 2000 aussehen wird«, »nichts mit Phantasie oder utopischer Wahrsagerei zu tun«, sondern sei »auf das unwiderlegliche Beweismaterial des kritischen Wirtschaftswissenschaftlers gegründet«. Nichts von einer Pluralität potentieller Zukünfte und auch nichts von der Problematik aller Prognosen, so als ob eine diskussionsoffene Zukunftsforschung gar nicht nötig sei! All das ist umso merkwürdiger, als sich Baade überhaupt nicht an den damals gängigen Zukunftsphantasien berauschte, vielmehr der Atom- wie auch der Raumfahrteuphorie sehr kritisch begegnete!

Noch merkwürdiger: Baades Buch trägt den Untertitel *Paradies oder Selbstvernichtung*. Daher trifft hier genau die Attacke des Soziologen Helmut Schelsky auf die mit »Zukunftsbeschwörung« operierenden Planer zu, die damals, 1966, eher auf Futurologen vom Schlage eines Robert Jungk zielte:

> »Kerngedanke dieses Planungsdenkens (ist) das Aufstellen sogenannter ›Entscheidungs-Alternativen‹. Bei genauerem Hinsehen erweist sich allerdings die angesonnene Entscheidung wie in vielen anderen Fällen des Planungsdenkens als Pseudo-Entscheidung oder unechte Alternative. … Die Alternative ›Weltplanung oder Weltvernichtung‹ ist aber gar keine Alternative, denn: Wer würde die Vernichtung ›wählen‹? … Hier wird das Planungsdenken offen zur Heilslehre mit chiliastischen Zügen, der als apokalyptische Katastrophe die Selbstvernichtung der Welt gegenübergestellt wird. Wie alle Utopien borgt sich auch die Planungs-Utopie die wirksamsten Mittel der religiösen Zukunftsbeschwörung.«[12]

Schon seit Mitte der 1950er Jahre war ja in der Publizistik die Vorstellung verbreitet, man befinde sich im Anbruch des »Atomzeitalters«; und dieses

war durch die Dualität von Atombombe und »friedlichem Atom« gekennzeichnet, die man sich als Gegenwelten vorstellte: Das war die Urform der
von Schelsky verworfenen Himmel-Hölle-Alternative – wobei man nicht
vergessen sollte, dass die Angst vor einem kommenden Atomkrieg zu jener
Zeit nicht unbegründet war! Aus der Geschichte konnte man die Lehre ziehen, dass ein kalter Krieg über kurz oder lang zu einem heißen Krieg wird
und dabei alle verfügbaren Waffen eingesetzt werden.

Nun, Baade, der an den Segen des »friedlichen Atoms« nicht glaubte,
war für seine Person trotz des Untertitels seines Buches kein Apokalyptiker. Eine Ironie liegt darin, dass zu jener Zeit Schelsky selbst dieser dualisti-
schen Prognostik Nahrung gegeben hatte, und zwar in einer eher beiläufigen
kleinen Schrift von 1961: *Der Mensch in der wissenschaftlichen Zivilisation*
(die jedoch sehr im Gegensatz zu den *Wegen ins neue Jahrtausend* heute
antiquarisch zu auffallend hohem Preis gehandelt wird!). Da glaubt er die
Tendenz zu erkennen, dass demokratische Entscheidungen durch technologische Sachzwänge ersetzt würden, wobei er die neuen Technologien für
angewandte Wissenschaft hält; damit löste er eine jahrelange »Technokra-
tie-Debatte« aus und wurde zur Zielscheibe von Vordenkern der Neuen Linken, Jürgen Habermas und Herbert Marcuse voran.

In der Bundesrepublik von 1961 war »Technokratie« eine Zukunftsvision;
man konnte der Regierung Adenauer vieles vorwerfen, aber nicht, dass sie
sich von technologischen Sachzwängen habe leiten lassen. In den Attacken
auf Schelsky präsentierte sich jener Zukunftsdualismus, den Schelsky damals selber anprangerte: die Alternative zwischen Technokratie und Demokratie. Aber war die Technokratie wirklich Schelskys Ideal? Dann hätte ja
sein eigenes Fach, die Soziologie, mit dem er hohe Ambitionen verband, seine Zukunft verloren![13] Und in der Tat trat Schelsky eben zu jener Zeit in
seinem schon zitierten Aufsatz über die »Planung der Zukunft« als Warner
vor Bestrebungen hervor, im Namen der Rationalität die ohnehin mächtige
Tendenz zur Technokratie noch zu überhöhen.[14]

Die *Wege ins neue Jahrtausend* werden mit einem Beitrag von Nicolaus
Sombart »Planung und Planetarisierung« eröffnet – welch ein Wortspiel! –,
der geradezu trunken ist von dem Schwelgen in der Synopse von Prognose
und globaler Planung, obwohl es für ihn, der damals eine Beraterstelle beim
Europarat in Straßburg hatte, eigentlich näher gelegen hätte, seine Phantasie
erst einmal innerhalb Europas schweifen zu lassen. Die Freisetzung »un-
geheurer geistiger und materieller Energien« – so Sombart mit einem Unterton von Nostalgie – habe »aus der guten alten, von bodenständigen Völ-

kern bewohnten Erde den hochexplosiven, befremdlichen Himmelskörper« gemacht, »auf dem wir jetzt wie die Mannschaft eines Raumschiffes zusammengepfercht durch das All kreisen«. Es war die Zeit, in der das »Raumschiff Erde« zum geflügelten Wort wurde. Die »Ambivalenz von Vernichtung und Erfüllung macht die Radikalität unserer Lage aus«: Wieder der Hölle-Paradies-Dualismus des *Atomzeitalters*. Und dann bestätigt er mit seiner Assoziation von »Planung« und »Planetarisierung« so krass wie nur möglich den Argwohn damaliger Liberaler, dass die Prognose eine Planung großen Stils nach sich ziehe: »Das Wort ›Plan‹ taucht hier wohl zum ersten Mal in einer neuen, bis dahin unbekannten Dignität und Dimension auf« – als »totaler Plan« für den gesamten Planeten![15]

Zu den *Wegen ins neue Jahrtausend* schrieb Robert Jungk das Schlusswort »Die Zukunft gestalten« – wieder Prognostik als Herausforderung zur Planung! –, und dieses gipfelt in dem Ausblick, ein »internationales Planinstitut« könne sich »zu einer Art ›Weltgehirn‹ entwickeln« – die Welt wie ein menschlicher Organismus! Und weiter:

> »Das Entstehen eines solchen (besser noch mehrerer!) technisch heute bereits zu verwirklichenden ›Weltgehirns‹ entspräche durchaus einem neuen Entwicklungstrend, der besonders seit zehn bis fünfzehn Jahren immer deutlicher hervortritt. Es beginnen nämlich die Mittel der Einsicht und Übersicht – also des mit neuen Instrumenten und Methoden arbeitenden Logos – endlich die von der Naturwissenschaft freigesetzten materiellen Gewalten einzuholen, ja einzufangen.«[16]

Hermann Lübbe argumentierte in der Folge: Gerade *wegen* der wachsenden Bedeutung der Wissenschaft sei die Zukunft immer schwerer vorherzusagen.[17] Das folgt der Logik: Weil es zum Wesen der Wissenschaft gehört, neue Wege zu beschreiten, ist ihr Fortgang unvorhersehbar; auch die Wissenschaft vermag ihre eigene Zukunft nicht zu erkennen. Diese Logik ist auch in dem Jungk-Finale enthalten; und dennoch glaubt er, nunmehr sei eine neue Wissenschaft im Entstehen – und zwar entscheidend auf der Basis neuer Technik –, die die bis dahin von ihr verursachte Unberechenbarkeit einzufangen vermöchte: mit einem »Weltgehirn«! Lübbes Utopie-Vorwurf war zu jener Zeit wohlbegründet.

Wie man immer wieder erkennt, besaß der Computer, der vor der Ära der Mikroelektronik zu immer größeren Dimensionen wuchs, ein charakteristisches Doppelgesicht: Auf der einen Seite war er der Motor des beschleunigten Wandels, auf der anderen Seite jedoch schien er eine nie dagewesene Chance zu bieten, diesen Wandel im Voraus zu erkennen. In diesem Sinne spricht Frank Bösch vom Computer als »Mittel der Zukunftsgenerierung«.[18] Diese Zuversicht gründete sich zum einen auf die Rechenkünste der Computer, zum anderen jedoch – ob ausdrücklich oder implizit – auch darauf, dass die immer gigantischeren Top-Computer als neue Herrschaftstechnologie erschienen. Da konnte man glauben, die Computer würden die kommende Entwicklung zunehmend steuern.

Aus der Rückschau erscheint es rätselhaft, wie wenig die nach 1970 anbrechende Ära der Mikroelektronik vorhergesehen wurde, selbst von Futurologen. Noch 1970 erwiderte Karl Steinbuch in einem Interview mit Radio Bremen auf die Frage, welche Veränderungen in der Informationstechnik zu erwarten seien: »Im Gegensatz zu vielen pathetischen Ankündigungen vermute ich, dass die Veränderungen von den sechziger zu den siebziger Jahren unseres Jahrhunderts nicht so groß sein werden, wie oft gesagt wird.«[19] Und noch zu einer Zeit, als der Siegeszug der miniaturisierten Computer schon im vollen Gange war, wurden »gerade die heute dominanten Anwendungen von Computern so gut wie gar nicht vorhergesagt …: E-Mails, Blogs oder Netzwerke wie YouTube, Facebook und Twitter waren außerhalb der Vorstellungskraft der Experten. Sie setzten sich eher aus der Nachfrage und durch Basteleien von unten durch.« (Frank Bösch)[20]

Die Logik, dass die zunehmende Rolle der Technik die Zukunft mehr als früher vorhersehbar mache, war also trügerisch. Und doch folgte zu jener Zeit ebendieser Logik selbst Carl Friedrich von Weizsäcker, der sich von der Physik zur Philosophie bewegt hatte. Zwar spürt man ein Unbehagen, wenn er in seinem Essay »Über die Kunst der Prognose« (1968) vom »reißende(n) Tempo der technischen Entwicklung« spricht; und doch hält er damals die Vorhersehbarkeit der Zukunft für das Kennzeichen der neuen Zeit, denn »die Technik von heute ist das Brot von morgen; die Wissenschaft von heute aber ist die Technik von morgen.«[21] So konnte man argumentieren, wenn man die Zukunftstechnik für angewandte Wissenschaft hielt; und für einen Wissenschaftler wie Weizsäcker, der aus der Atomphysik kam und damals noch nicht zu überschauen vermochte, dass die Kernkraftwerke keineswegs nur angewandte Wissenschaft waren, mochte dies damals evident erscheinen.

Wenn zu jener Zeit noch der Ost-West-Konflikt die Weltsicht bestimmte, so zeigte der Computer ähnlich wie die Atomtechnik auch hier ein Doppelgesicht: Auf der einen Seite heizte er den Wettlauf zwischen Ost und West an – nicht nur im Osten schien die zentrale Planwirtschaft für Riesencomputer wie geschaffen; auf der anderen Seite trug er jedoch auch zur *Konver-*

genz zwischen Ost und West bei und nährte dadurch Hoffnungen auf einen dauerhaften Frieden. Diesen verheißungsvollen Horizont erkennt man bei Robert Jungk. Auch der Mitherausgeber der *Wege ins neue Jahrtausend*, der Verlagslektor Hans Josef Mundt, erkennt in der Computer-Entwicklung das »Bild einer Versöhnung auf neuer Ebene«, verfällt dann jedoch in tiefen Pessimismus, auch wenn er die Innovationen im Prinzip für »menschenfreundlich« hält:

> »So finden wir uns in einer Welt, in der die Menschen die Entdeckungen der Gelehrten mit Schrecken studieren, und neue Entdeckungen rufen neue Todesängste bei ihnen hervor. Dabei scheint die Hoffnung gering, dass die Menschen bald lernen könnten, auf diesem klein gewordenen Stern miteinander zu leben, und gering ist die Hoffnung, dass sich ihr Leben eines nicht fernen Tages auf die neuen menschenfreundlichen Entdeckungen gründen werde.«[22]

Gerade die technologische Konvergenz konnte ja sehr wohl den Wettlauf und damit die Spannungsgeladenheit des Ost-West-Konflikts verschärfen. Auch hier zeichnet sich in Reinform der von Schelsky aufs Korn genommene chiliastische Dualismus zwischen Paradies und Apokalypse ab, ohne dass dieses Hell-Dunkel in den *Wegen ins neue Jahrtausend* ausdiskutiert würde. Es war auch schwer zu diskutieren.

DAS BUNDESDEUTSCHE NACHHINKEN IN DER FUTUROLOGIE: ZUR FRAGE DES DEUTSCHEN SONDERWEGS IN DER BEZIEHUNG ZUR ZUKUNFT. Technologische und technokratische Phantasien tobten sich am allermeisten außerhalb der Bundesrepublik aus. Voran ging die US-amerikanische RAND Corporation, die aus der Militärforschung hervorgegangen war und zu deren Vordenkern Herman Kahn gehörte. Sie entwickelte neben der Szenarien-Methode die Delphi-Technik: wiederholte Befragung von Experten verkoppelt mit einem regelmäßigen »opinion feedback«[23] zu einer langen Reihe spezieller Prognosen, wobei diese die zu erwartende Zukunft über ein halbes Jahrhundert und mehr in etwa zeitlich datieren sollten. Eine neue Qualität der Voraussicht wurde also von der Masse der Befragten, der Wiederholung der Befragung über einen gewissen Zeitraum und Methoden der »Rückkopplung« im Geiste der Kybernetik erwartet, wobei sich freilich das in Zukunft Erwartete mit dem Wünschenswerten mischte: eine dubiose Mixtur! 1964 wurden bei einer groß angelegten Studie (»Long-Range Forecasting Study«) über achtzig Experten zu Entwicklungen über die Jahrtausendwende hinaus befragt. Dabei kamen, wie Elke Seefried resümiert, »zum Teil geradezu technikeuphorische Projektionen« heraus:

»Die Experten rechneten im Mittel damit, dass im Jahr 2000 die automatisierte Kommunikation als ›internationale Computer-Verständigung‹ etabliert sei, Bergwerke auf dem Mond genutzt und Menschen zum Mars fliegen würden. Symbiosen zwischen Mensch und Maschine erwartete man im Mittel für das Jahr 2010, die Entwicklung chemischer Stoffe zur Anhebung des Intelligenzniveaus für etwa das Jahr 2012, die chemische Kontrolle des Alterns bis spätestens Anfang der 2020er Jahre.«[24]

Wer mit Prognosen populär werden wollte, musste sie so anlegen, dass sie die Leser erst einmal verblüfften, ihnen hernach aber doch einleuchteten. Man betrachte jedoch die vom Allensbach-Institut in den 1960er Jahren ermittelten Zukunftserwartungen der Mehrheit der bundesdeutschen Bevölkerung. 1963 glaubten 46, 1966 48 Prozent der Befragten, dass das Leben für die Menschen in Zukunft »immer schwerer« würde; nicht einmal halb so viele hegten die Zuversicht, dass das Leben »immer leichter« würde. 1967 hielten 59 Prozent für unwahrscheinlich, »dass im Jahr 2000 die Menschen einen großen Teil ihrer Nahrung in Tablettenform zu sich nehmen« würden; nur 22 Prozent hielten eine solche Zukunft für wahrscheinlich. Zur gleichen Zeit wollten 61 Prozent nicht glauben, dass um die Jahrtausendwende die Kinder »nur noch ganz wenige Stunden zur Schule gehen und hauptsächlich zu Hause am Fernsehapparat unterrichtet werden«; wiederum nur 22 Prozent erwarteten einen radikalen Umbruch des Bildungswesens. 59 Prozent glaubten, dass es auch dann noch Handarbeit geben werde; nur 27 Prozent erwarteten, dass dann »alles von Maschinen gemacht« würde.

Weit mehr als ambitiöse Futurologen jener Zeit glaubte das Gros der bundesdeutschen Bevölkerung offenbar doch an unveränderliche Elemente in der menschlichen Natur; und noch aus heutiger Sicht hat dieser Glaube einiges für sich. Dazu passt, dass die Science-Fiction-Literatur in der Bundesrepublik kein literarisches Niveau erreichte, sondern nur in Groschenheften, allen voran *Perry Rhodan*, ihr Dasein fristete.[25] Die mangelnde Begeisterung der Mehrheit der Bundesdeutschen für ferne Zukünfte wirkte sich auch auf die Bewertung der Zukunftsforschung aus. Alexander Schmidt-Gernig erkennt bei der bundesdeutschen Gesellschaft im internationalen Vergleich eine »spezifische Utopie-Resistenz« und zugleich Skepsis gegenüber der Futurologie.[26] Gewiss spielte bei dieser Abwehrhaltung vieler damaliger Deutscher die traumatische Erfahrung mit dem »Tausendjährigen Reich« hinein; das NS-Regime war ja auf seine Art durchaus zukunftsfreudig gewesen und nicht so rückwärtsgewandt, wie spätere Anhänger des Fortschritts oft behaupteten. Nicht jeder »deutsche Sonderweg« ist von Übel; vielmehr besaß diese Art, aus der NS-Erfahrung zu lernen, aus heutiger Sicht ihre Vernunft und muss nicht – wie dies immer wieder geschah – als bornierte Selbstzufriedenheit und mentale Enge gegenüber den geistigen Höhenflügen inspirierter Intellektueller gedeutet werden.[27]

Zwar besaß Planung großen Stils für viele damalige Deutsche einen Beigeschmack von kommunistischer Planwirtschaft; aber man sollte sich den damaligen bundesdeutschen Horror vor Planung auch nicht bis ins Irrationale übersteigert vorstellen. Wie Michael Ruck bemerkt, hat es »auf einzelnen Politikfeldern« schon in den 1950er Jahren nicht an Plänen gefehlt, die auch als solche bezeichnet wurden: »Bundesjugendplan (1950), Grüner Plan (1955), Bundesfernstraßenplan (1957) ... ›Lücke-Plan‹ zum Abbau der Wohnungszwangswirtschaft, Goldener Plan für Gesundheit, Spiel und Erholung« – die Liste ließe sich verlängern.[28] Wolfgang Burhenne erinnert in einem Sammelband von 1964 *Deutschland ohne Konzeption? Am Beginn einer neuen Epoche*, der wie die *Wege ins neue Jahrtausend* in den von Robert Jungk herausgegebenen *Modellen für eine neue Welt* erschien, an die unauffällige Aktivität der von ihm geleiteten »Interparlamentarischen Arbeitsgemeinschaft«, in der die Wasser- und Luftreinhaltegesetzgebung geplant wurde: »So bietet das 1957 verabschiedete Wasserhaushaltsgesetz erstmals die Rechtsgrundlage für die Aufstellung wasserwirtschaftlicher Rahmenpläne.«[29] »Rahmenplan« statt »Plan«!

Burhenne erinnert auch daran, dass sich gerade der »Mann auf der Straße« darüber ärgere, wenn die gleiche Straße immer wieder neu aufgerissen und für den Verkehr gesperrt würde, »wo Post, Gas- und Elektrizitätswerke nicht Hand in Hand arbeiten«.[30] Ein Ärger, der heute kaum weniger aktuell ist wie damals und ein Licht darauf wirft, wie schwer sich selbst die simpelste planende Koordination nicht nur in globalem, sondern selbst in kommunalem Rahmen realisieren lässt! Und dies eine ließ sich mit Sicherheit prophezeien: dass mit dem Wachstum der Bürokratie die Koordination staatlicher Aktivitäten immer aufwendiger und schwieriger werden würde. Burhenne weist darauf hin, dass Planung und Prognose geradezu notwendig seien, um aktuellen Ängsten und Ärgernissen entgegenzuwirken:

»Akute Probleme, wie die Verschmutzung der Luft und der Gewässer, die zum Teil überlaufenen Erholungsräume, die Verkehrsmisere, der Wohnungsmarkt und die Konzentration der Liegenschaften in wenigen Händen fördern diese Entwicklung (hin zu mehr Planung; J.R.). Die Bekanntgabe neuer Schätzungen löst jedes Mal Schrecken aus, z.B. die prognostizierte Verdoppelung der Personenkraftwagen zwischen 1960 und 1970.«[31]

Wieder: Man darf sich den bundesdeutschen Horror vor Planung nicht zu abgrundtief vorstellen. Nicht zu vergessen: Für die Kernenergie, neben dem Computer damals die große Zukunftstechnik schlechthin und daher für Planung prädestiniert, gab es das Eltviller Programm von 1957, dem in den 1960er Jahren weitere Atomprogramme folgten. Allerdings – das erste Atomprogramm entstand intern im Gästehaus der Farbwerke Hoechst, und ebenso wie die dann folgenden Programme hat es die tatsächliche Entwicklung der Kerntechnik nicht zu steuern vermocht.[32] Siegfried Balke, von 1956 bis 1962 Bundesatomminister, bezeichnete dem Verfasser gegenüber diese Programme als bloße Papiere, um das Finanzministerium zufriedenzustellen, und war geradezu stolz darauf, sich nie an der Ausarbeitung dieser Programme beteiligt zu haben! Nach 1960 wurden die ambitiösesten Reaktortypen, der Schnelle Brüter und der Hochtemperaturreaktor, zunächst in Kreisen der nuklearen »Community« eher Nahziele, in Zukunftsprojekte großen Stils verwandelt[33]; aber diese Zeitverschiebung, die zunächst hohe Forschungsfördergelder einbrachte, ist ihnen am Ende nicht gut bekommen: In der Zukunft haben sie sich verflüchtigt und bloße Bauruinen hinterlassen.

Die Kernenergie-Entwicklung liegt teilweise quer zu der bislang in der Zukunftsgeschichte üblichen Vorstellung, wonach die 1960er Jahre eine Hochkonjunktur optimistischer Prognostik bescherten: Der Höhepunkt der Atomeuphorie lag Mitte der 1950er Jahre, als das »friedliche Atom« noch pure Zukunft war, in die man vieles hineinprojizieren konnte. Ab 1958 dagegen, nach Fertigstellung des ersten zivilen Kernkraftwerks bei Shippingport (USA), als sich herausstellte, dass die Atomkraft von der Wirtschaftlichkeit noch weit entfernt war, folgte ein Jahrzehnt der Ernüchterung.[34] Dagegen führte gerade die Ölkrise von 1973, die der voraufgegangenen optimistischen Prognostik einen Stoß versetzte, zu dem hektisch aufgesetzten und alle bisherigen Programme übertreffenden *vierten Atomprogramm*: wobei ebendies dazu beitrug, jene Protestbewegung zu provozieren, durch die am Ende die nuklearen Zukunftsträume zerstoben!

Eine seinerzeit vielbeachtete Kontroverse über das Duo Prognose und Planung in der Wirtschaftspolitik im europäischen Rahmen spielte sich 1962/63 zwischen Bonn und Brüssel ab; später galt ihr Ausgang als Markstein für den Durchbruch der Planungsidee in Bonn. Am 24. Oktober 1962 veröffentlichte die EWG-Kommission ein *Memorandum über das Aktionsprogramm für die zweite Stufe* des Integrationsprozesses. Hier ging es nicht um Prognose und Planung bis zur Jahrtausendwende, sondern lediglich für die nächsten Jahre; und dennoch reagierte Bundeswirtschaftsminister

Erhard mit einem scharfen Nein und fand die Brüsseler »Hinneigung zu planwirtschaftlichen Ideen« »fast etwas gespenstisch« »nach allem, was wir in Deutschland erlebt und geschaffen haben«.[35] Er hatte ja sein Profil als »Vater des Wirtschaftswunders« seinerzeit in erfolgreichem Kampf gegen die Zwangswirtschaft der Nachkriegszeit gewonnen, und die EWG und die französische *planification* waren ihm tief suspekt; nicht ohne Grund erkannte er hinter der Brüsseler Initiative den Einfluss französischer Planer. Dabei war von konkreten Direktiven im Memorandum der EWG-Kommission keine Rede; aber Erhard machte eine Grundsatzfrage daraus und fand dabei zunächst weiten Widerhall. Diether Stolze, damals Leiter der Wirtschaftsredaktion der *Zeit*, stellt in seinem Beitrag zu den *Wegen ins neue Jahrtausend* fest: »In keinem anderen Land der Gemeinschaft haben die – übrigens ursprünglich recht vagen – Pläne der Brüsseler Kommission eine solche Welle der Ablehnung, ja teilweise geradezu der Entrüstung und des Abscheus hervorgerufen wie in der Bundesrepublik Deutschland.«[36]

Aber dann – Ironie der Geschichte! – waren es ausgerechnet die eigene Partei und führende Wirtschaftskreise, auf deren Drängen Erhard seinen Widerstand murrend aufgab. Denn in der Wirtschaft wurde damals längst geplant. Die Zeit des Wiederaufbaus, wo für das Gros der Unternehmen die Aufgaben der absehbaren Zukunft evident erschienen[37], war vorbei; ob sich der Boom der Wiederaufbauzeit immer weiter fortsetzen würde, war nicht sicher, und aufwendige, auf lange Sicht getätigte Investitionen erforderten eine entsprechende Prognose und Planung. Und obendrein: Staatliche Einflussnahmen auf die Wirtschaft gab es ohnehin vielfacher Art, von der Steuer- bis zur Verkehrspolitik; hier lag eine planende Koordination innerhalb gewisser Grenzen gerade auch im Interesse der Wirtschaft. Um noch einmal Diether Stolze zu zitieren: »Auch überzeugten Anhängern der Marktwirtschaft schien es sinnvoll, dass der Staat – unter dessen unmittelbarem Einfluss viel mehr als ein Drittel des Sozialprodukts steht – zu einer Planung seiner Grundsatzentscheidungen und seiner Investitionen kommen müsse wie ein großes Privatunternehmen.«[38] Und bis zu einem gewissen Grade bestand auch ein Bedarf nach Planung in europäischem Rahmen. So hob der Deutsche Industrie- und Handelstag (DIHT) 1964 in einer Denkschrift die Notwendigkeit einer gemeinsamen europäischen Verkehrspolitik hervor.[39]

Einige Jahre darauf wirkte Erhards heftiger Widerstand gegen die Brüsseler Initiative hoffnungslos altmodisch, zumal der einstige »Vater des Wirtschaftswunders« als Kanzler eine blamable Figur machte. Hatte Erhard – so Michael Ruck in seiner Studie zur westdeutschen Planungsgeschichte – nur gegen einen »Popanz« polemisiert?[40] Als Erhard jede Vorausschau für über ein Jahr als »völlig sinnlos« bezeichnete, hatte er sogar den Wissenschaftlichen Beirat beim Wirtschaftsministerium gegen sich.[41] Und doch zeigte gerade Burhenne, der frühe Anwalt einer zentralen Planung innerhalb bestimmter Sektoren, für Erhards Horror ein gewisses Verständnis: Sein Argwohn, dass der EWG-Vorstoß im Endeffekt in Richtung französischer *planification* und damit auf einen korporativen Staat (Erhard: »Ständestaat«) hintendiere, sei nicht grundlos gewesen; denn: »Das reine Ideal einer Planifikation verlangt eine besondere Ordnungsform, ein bestimmtes Verhalten der Bevölkerung und wird damit zu einer Zwangsjacke für die Gesellschaft!«[42]

Nicht zu vergessen: Bereits seit 1957 gab es ja eine europäische Organisation, die sehr konkret plante – die Europäische Atomgemeinschaft (Euratom), aus Pariser Sicht anfangs sogar noch wichtiger als die zugleich gegründete EWG, wogegen sie in einschlägigen bundesdeutschen Wirtschaftskreisen von Anfang an mit Misstrauen betrachtet wurde. Aus der Distanz betrachtet, mochte es so erscheinen, als sei die Kernenergie-Entwicklung zu einem Projekt europäischer Kooperation wie geschaffen; und ein Brüsseler Gutachten[43] schilderte 1956 den nuklearen Rückstand der Europäer gegenüber den USA derart alarmierend, dass er ohne gemeinsame europäische Anstrengungen als unüberwindlich erschien. Aber die Geschichte dieser heute nahezu in Vergessenheit geratenen Gemeinschaft trägt Züge einer Groteske. Nicht nur erwies sich die Atomgemeinschaft als unfähig, trotz offizieller Kooperation einen unsinnigen deutsch-französischen Schnellbrüter-Wettlauf zu verhindern; sie förderte darüber hinaus in einem Großprojekt den Reaktortyp ORGEL (*organique eau lourde*), einen angeblichen Zukunftsreaktor, der aber im Verlauf der 1960er Jahre mehr und mehr nur noch vom Trägheitsgesetz lebte: in diesem Fall von der Schwierigkeit, ein auf europäischer Ebene initiiertes Projekt zu stoppen. Die Zeitschrift *atomwirtschaft* nannte ORGEL 1962 das »verwöhnte Lieblingskind Euratoms«; wie jedoch deren Chefredakteur später zu dem Verfasser bemerkte, war ORGEL von Frankreich zu Euratom abgeschoben worden, weil sich dieser Reaktortyp als chancenlos erwiesen hatte. In den folgenden Jahren wurde dieser Reaktor von bundesdeutschen Experten mit Schimpf und Spott bedacht: statt »Lieblingskind« nun »Schmerzenskind«, ja als »Skandal« und »deutsche Reparation an Frankreich«.[44] Aus dem Euratom-Forschungszentrum Ispra am Alpenrand, wo das ORGEL-Projekt fortvegetierte, war zu hören, Deutsche litten dort häufiger als Franzosen an »Magenerkrankungen und Depressionen«.[45] Nicht nur vom Standpunkt eines doktrinären Wirtschaftsliberalismus aus gab es gute Gründe, bei europäischen Zukunftsprojekten genau hinzuschauen. Das französische Commissariat Général du Plan verlor in den 1970er Jahren im Zuge der allgemeinen Krise der Futurologie, mehr noch jedoch wegen seiner teilweise »horrenden Fehlprognosen« (Alexander Schmidt-Gernig) zunehmend an Bedeutung und sank zum bloßen Beratergremium ab.[46]

ZWISCHEN PROFESSIONALISIERUNG, PLANUNG UND PUBLICITY: DIE ZUKUNFTSFORSCHUNG AUF DER SUCHE NACH SYSTEMATIK UND SERIOSITÄT.

Es war bezeichnend, dass Erhard bei seinem Affront gegen die Brüsseler Prognostik auf den Einspruch seines Wissenschaftlichen Beirats stieß: Prognose und Planung wurden zu jener Zeit zum verheißungsvollen Tummelfeld für das aufsteigende Experten- und Beraterwesen in Politik und Wirtschaft. Um wissenschaftlich seriös zu werden, mussten jedoch die professionellen Prognostiker ihre Methoden und theoretischen Grundlagen reflektieren; und wenn man damit Ernst machte, wurde man so bald nicht fertig. Davon zeugt die wegweisende Arbeitstagung des Vereins für Socialpolitik in Garmisch-Partenkirchen vom 25. bis zum 28. September 1961 über »Diagnose und Prognose als wirtschaftswissenschaftliche Methodenprobleme«. Der im Jahr darauf publizierte Band mit den Referaten und Diskussionen umfasst an die 600 Seiten; und doch sucht man nahezu vergeblich nach konkreten Anhaltspunkten darüber, wie man sich die wirtschaftliche Zukunft der Bundesrepublik vorzustellen habe, von Visionen ganz zu schweigen.

Ein Teilnehmer der Abschlussdiskussion entgegnete denen, die das Methodenproblem der Prognostik gar zu kompliziert machten, »die Prognosen des gesamten Energieverbrauchs hätten sich doch als erstaunlich richtig erwiesen«.[47] Die Energie: Da schien man eine ebenso simple wie massive Basis für Vorhersagen zu haben. War nicht die gesamte bisherige Geschichte der Moderne durch Steigerung der Kraft, durch höheren Energieverbrauch gekennzeichnet? *Citius, altius, fortius*, »schneller, höher, stärker«: So stellte sich, technisch-ökonomisch betrachtet, die moderne Entwicklung dar. Und je mehr man an fortgesetztes wirtschaftliches Wachstum glaubte, desto verführerischer wurde es für Prognostiker, bisherige Kurven des Energieverbrauchs ganz einfach in die Zukunft zu extrapolieren: Ebendies geschah bis in die 1970er Jahre hinein und war von eminenter Bedeutung für die Politik.

Wenn Reinhart Koselleck meinte, das Zeitbewusstsein der Moderne durch den Auseinanderfall von Erfahrungs- und Erwartungshorizont bestimmen zu können, geschah hier das genaue Gegenteil: Zukunft als Fortsetzung der Vergangenheit! Im RWE, dem größten bundesdeutschen Stromerzeuger, gab es über viele Jahre keine Vorstandssitzungen: Das

Stromgeschäft lief von selbst und schien keine strategischen Entscheidungen zu erfordern.[48] Was man in den 1960er Jahren überhaupt nicht vorhersah und in lineare Modelle nicht einzufangen vermochte, waren die sich seit den 1970er Jahren eröffnenden Energiesparmöglichkeiten. Die Forderung, die Energie möglichst effizient zu nutzen, war im Prinzip alles andere als neu, gerade in Deutschland, das in Kriegs- und Nachkriegszeiten unter Kohlennot gelitten hatte; von daher konnte man glauben, die Energiesparpotentiale seien längst ausgereizt.

Knut Borchardt, der Mitherausgeber des Tagungsbandes von 1961, hat auf den Zusammenhang zwischen dem Aufstieg der ökonomischen Prognostik und dem Glauben an fortgesetztes wirtschaftliches Wachstum nach 1960 hingewiesen.[49] Die ökonomische Zukunft der Bundesrepublik stellte sich Ende der 1950er Jahre zwiespältig dar: Auf der einen Seite gab es Grund zu der Befürchtung, dass nach dem Ende des Wiederaufbaus das »Wirtschaftswunder« einen Einbruch erfahren würde; als davon jedoch vorerst keine Rede war, verbreitete sich die Zuversicht, die alten Theorien vom Auf und Ab der Konjunkturzyklen seien mittlerweile überholt, und das Wachstum werde zum Dauerzustand – oder doch zu einem potentiellen Zukunftsszenario bei einer wachstumsfördernden Wirtschaftspolitik. Die ökonomischen Klassiker hatten, ob pessimistisch oder gelassen, am fernen Horizont nur Stagnation erkennen können[50]; und auch ohne Großcomputer hätte man sich eigentlich leicht ausrechnen können, dass man bei permanentem Wachstum in einer gar nicht so fernen Zukunft in absurde Größenordnungen gelangte: Es ist merkwürdig, in welchem Maße derartige Einsichten in den 1960er Jahren verdrängt wurden!

Bis in die späten 1950er Jahre gehörte Wachstum nicht zu den Bonner Regierungszielen; eher nährte forciertes Wachstum alte deutsche Inflationsängste. Das wurde nach 1960 in kurzer Zeit anders[51]; und das war die große Chance für Prognostiker in der Ökonomie. Als theoretische Basis war dabei der Keynesianismus von Bedeutung, der zu jener Zeit auch in der Bundesrepublik vordrang. Das ist merkwürdig; denn eigentlich stand Keynes noch in der Tradition der klassischen Gleichgewichtsökonomie. Auf der anderen Seite konnte man Keynes die Zuversicht entnehmen, dass sich Rezessionen durch eine antizyklische Politik des Staates auffangen ließen: durch staatliche Projekte, die ein neues Wachstumsklima verbreiten. Zwischen den Zeilen dieses Keynesianismus erkennt man eine Doppelmoral: Auch wenn es ein dauerhaftes Wachstum nicht gibt, muss die Wirtschaftspolitik es irgendwie hinkriegen, der Wirtschaft eine Aussicht auf Wachstum vorzuspiegeln.[52]

Aber können derartige Vorspiegelungen auf die Dauer von Erfolg sein? Diese Frage bleibt bei Keynes offen; dieser Ökonom war, wenn man ihn genau liest, »zentral ein Unsicherheitstheoretiker« (Knut Borchardt).[53] In seiner *General Theory* schreibt Keynes, langfristige Investitionen von Unternehmen gründeten sich wesentlich auf den »Zustand des Vertrauens«, da alle Kalkulationen über den Ertrag von Investitionen schon nach einigen Jahren »äußerst fragwürdig« seien. Dieser Zustand des Vertrauens sei somit von entscheidender Bedeutung für das Wirtschaftsleben, und doch könne a priori über ihn nicht viel gesagt werden.[54] Der ökonomische Prognostiker der 1960er Jahre konnte darin eine Aufforderung erkennen, durch optimistische Prognosen Vertrauen zu verbreiten. »In überraschend kurzer Zeit wurde die Wachstumstheorie ein Hauptzweig der Nationalökonomie«, mehr noch: Unter Keynesianern setzte sich die Auffassung durch, dass »die *Erwartung eines zukünftigen Wachstums* und damit die der Austeilung eines zunehmenden Sozialprodukts über die Massen schlechthin zur Bedingung der gegenwärtigen Stabilität der Gesellschaft« gehöre (Knut Borchardt).[55]

1969 brachte der Linzer Ökonom Kurt W. Rothschild ein Buch über Methoden und Probleme der Wirtschaftsprognose heraus, das durch seine vielen Zahlenreihen, Kurven und mathematischen Formeln auf den ersten Blick den Eindruck erweckt, als ob man mit ökonometrischen Methoden den Problemen der Prognose beikommen könne. Zwischendurch gibt er freilich zu erkennen, dass am ehesten noch »Wenn-dann«-Prognosen möglich seien; aber: »Problematischer wird die Vorliebe für bedingte Prognosen, wenn sie dazu dienen, unbequeme oder schwierige Elemente der Prognose auszuklammern.« Das gelte besonders für außerökonomische, nicht zu quantifizierende Faktoren.[56] Und schon gar »Projektionen und Extrapolationen« unterlägen »einer wichtigen Gefahr: dass sie nämlich Brüche oder Umschwünge in der bisherigen Entwicklung« übersähen. »Diese Schwäche wird besonders zum Problem, wo die Entwicklung öfters einen Knick aufweist ...«[57]

Doch noch eine weitere Tücke tut sich auf: »die Rückwirkung der Prognose auf das zu prognostizierende Geschehen«. Wenn ein renommierter Wirtschaftsexperte steigende Aktienkurse ankündigt, kann er ebendadurch einen Aktienboom auslösen; auf der anderen Seite kann ein eindrucksvoller Warner bewirken, dass gegen die von ihm prophezeite Gefahr wirksame Vorkehrungen getroffen werden. Daher müsse man sich eigentlich – so Rothschild – auf »Schubladenprognosen« beschränken: »Indem man die Prognose der Öffentlichkeit vorenthält, verhindert man eine Beeinflussung und damit eine ›Störung‹ der Prognoseergebnisse.«[58] Diese Überlegung ist von unfreiwilliger (oder beabsichtigter?) Komik; denn die Prognostiker, die ja kein meditatives Dasein abseits der Geschehnisse führten, sondern Erfolg haben und Geld verdienen wollten, brauchten und suchten ja die Öffentlichkeit oder die Unternehmen, bei denen ein Bedarf nach längerfristiger Vorausschau bestand. Prognose ging damals eng zusammen mit Planung; optimistische Prognostiker wollten eben durch ihre Prognosen dazu beitragen, dass diese in Erfüllung gingen. Aber auch spätere umweltbewegte Warner hofften, das Ihrige dazu beizutragen, dass das prophezeite Desaster *nicht* eintrat.

Am Anfang der organisierten Prognostik stand im deutschsprachigen Raum eine von Wirtschaftswissenschaftlern gegründete Aktiengesellschaft: die im Oktober 1959 in Basel ins Leben gerufene Prognos AG, deren damals prominentester Mitbegründer Edgar Salin war, der für seine Bewunderer ein Charisma besaß und uns bereits als Hell-Dunkel-Prophet des kommenden »Atomzeitalters« begegnete. Auch von Auffassungen der historischen Schule der Nationalökonomie, aus der Salin kam, konnte man zur Prognostik gelangen. Auf der schon erwähnten Tagung des Vereins für Socialpolitik von 1961 wurde an ein Wort von Ernst Wagemann erinnert, von 1923 bis 1933 Präsident des Statistischen Reichsamtes: »jede Wirtschaftsgemeinschaft, jede Volkswirtschaft hat einen ihr eigentümlichen, alle Wirtschaftsgebarung bestimmenden Charakter, der in den natürlichen, psychologischen, politischen, technischen Gegebenheiten begründet ist, die eine bestimmte Zeit und ein bestimmtes Land kennzeichnen.«[59] Vor diesem Hintergrund konnte man die Prognostik als »Entwicklungstheorie« begreifen, die auf einer Erkenntnis des spezifischen Wesens einer Volkswirtschaft aufbaute.[60] Das war ein dezidiert qualitativer Ansatz der Vorausschau.

Den Vorsitz im Wissenschaftlichen Beirat übernahm Gottfried Bombach, ein deutscher Pionier der Ökonometrik, der zugleich das Vordringen des von Erhard missachteten Keynesianismus beförderte.[61] Während Salin es mehr auf Öffentlichkeitswirksamkeit anlegte, zielte Bombach auf Führungskräfte in Politik und Wirtschaft, »denen Arkanwissen zur Entscheidungsvorbereitung geliefert werden sollte« (Elke Seefried).[62] Da Unternehmen durch die von ihnen in Auftrag gegebenen Prognosen Wettbewerbsvorteile erlangen wollten, durfte die Konkurrenz davon nichts erfahren.

In der Prognos AG gab man sich Mühe, trotz der quantifizierenden Methode der Ökonometrik von der reinen Trend-Extrapolation fortzukommen, dem Kardinalproblem der professionellen Prognose; so suchte man Rückkopplungseffekte, Variablen und Querverbindungen zwischen verschiedenen Faktoren einzubeziehen.[63] Und doch entkam die Prognos AG bis zum Schock der Ölkrise von 1973 nicht ganz der Falle der Extrapolation bisheriger Trends in die Zukunft, sondern ging davon aus, dass sich das starke Wachstum der 1950er Jahre, wenn auch abgemildert, in Zukunft fortsetzen werde.[64] Und selbst das Bevölkerungswachstum: Noch 1965, als bereits die »Anti-Baby-Pille« zunehmend in Gebrauch kam, sagte Prognos ein leichtes Ansteigen der Fruchtbarkeit voraus.[65] Daher belieferte die Basler AG Georg Pichts Aufruf zur Vervielfachung der Lehrerzahl mit scheinbar harten Fakten: Nicht nur sprach sie sich für einen starken Ausbau der Atomenergie und für Kernkraftwerke im Wattenmeer (wegen der dortigen Kühlmöglichkeiten[66]) aus, sondern auch für nichts weniger als eine Verzehnfachung der Ausgaben für Bildung, Wissenschaft und Kultur![67] Der Prognos-Report von 1979 dagegen erklärte die »zunehmende Prognosegläubigkeit« der sechziger Jahre, zu der gerade diese AG selber nicht wenig beigetragen hatte, schlichtweg für »naiv«![68]

In den späten 1960er Jahren wurden in der Bundesrepublik mehrere Organisationen zur Zukunftsforschung ins Leben gerufen, überwiegend zeitgleich mit der Bonner Großen Koalition, bei der die SPD erstmals in die Bundesregierung gelangte – und mit der Studentenrevolte. Die Frage, welcher Zusammenhang zwischen diesen Geschehnissen und der Hochkonjunktur der Prognostik bestand, wird uns noch beschäftigen. Hermann Lübbe bemerkte 1969 mit spürbarer Ironie: »Zukunftsforschung ist aktuell. Die sogenannte Futurologie etabliert sich als neue, wissenschaftliche Disziplin. Ihre Publizität ist groß und wächst an. … Futurologische Tagungen finden statt; Nachtprogramme sind ihr gewidmet. Institute für Zukunftsforschung arbeiten; die Einrichtung futurologischer Lehrstühle wird angeregt, ja gefordert.«[69]

Bereits 1964 gründete der Physiker Lothar Schulze zusammen mit sechs Mitarbeitern die Gesellschaft zur Förderung von Zukunfts- und Friedensforschung (GFZFF); die Verbindung mit der Friedensforschung blieb eine der Leitlinien in der Entwicklung der Futurologie, auch wenn der Frieden zu jener Zeit in Europa kein Fernziel, vielmehr etwas *zu Erhaltendes* war. Oder war der Kalte Krieg eben *kein* Frieden? Aber wurde er nicht in den 1960er Jahren von anderen Konstellationen verdeckt: dem sowjetisch-chinesischen Konflikt und dem herausfordernden Kontrast zwischen Erster und Dritter Welt? Bei der GFZFF blieb in der Schwebe, »ob sie sich der Friedens- *als* Zukunftsforschung oder der Friedens- *und* Zukunftsforschung … widmen wollte« (Elke Seefried); ihre konkreten Aufgaben blieben unklar und ebenso die Methoden, mit denen sie vorgehen wollte.[70] Am Ende fusionierte sie mit der Gesellschaft für Zukunftsfragen und dem Zentrum Berlin für Zukunftsforschung (ZBZ). Gegenüber der wirtschaftsnahen Prognos AG nahm hier ein »linker« Flügel der Zukunftsforschung Gestalt an.

Im Zeichen der Verbindung von Zukunfts- und Friedensforschung entstand das von Carl Friedrich von Weizsäcker ab 1967 geplante, 1970 gegründete Max-Planck-Institut (MPI) »zur Erforschung der Lebensbedingungen der wissenschaftlich-technischen Welt« in Starnberg. In der Presse wurde dieses Projekt zunächst als »Institut für Zukunftsforschung« wahrgenommen, obwohl bei Weizsäcker ähnlich wie schon bei der GFZFF undeutlich blieb, ob er den Schwerpunkt mehr auf die Friedens- oder auf die Zukunftsforschung legen wollte oder, wenn er beides als Einheit verstand, wie er sich diesen Verbund konkret vorstellte.[71] Als im Herbst 1971 der jüngere Jürgen Habermas, der führende Kopf einer gesellschaftskritischen Sozialwissenschaft, neben Weizsäcker zum zweiten Direktor des Starnberger MPI wurde, entfernte sich das Institut sowohl von der Friedens- wie von der Zukunftsforschung.[72] 1980 wurde es in ein Institut »für Sozialwissenschaften« umbenannt, aber schon 1981 aufgelöst, nachdem Habermas von der Leitung zurückgetreten war.

Sowohl in Verbindung zur Industrie wie zu den Gewerkschaften stand die am 8. Dezember 1967 in Duisburg gegründete Gesellschaft für Zukunftsfragen, bei der auch die späteren Feinde Robert Jungk und Karl Steinbuch mitwirkten. Die erste Initiative kam von einem Vorstandsmitglied der Duisburger DEMAG (Deutsche Maschinenbau-AG), Werner Holste; in der Folge stand die Gesellschaft jedoch auch in enger Verbindung zu Günter Friedrichs, dem Vorsitzenden der Abteilung »Automation und Kernenergie« der IG Metall. Schon bald setzte jedoch innerhalb der Gesellschaft eine Rechts-links-Polarisierung ein, als unter Mitwirkung von Holste 1969 ein industrienahes Institut zur Erforschung technologischer Entwicklungslinien gegründet wurde und die Gesellschaft überdies zur Arena des schon im vorigen Kapitel angesprochenen Konfliktes zwischen Jungk und Steinbuch wurde, die sich dann kurz nacheinander beide grollend aus der Gesellschaft zurückzogen und ihre eigenen Wege gingen.[73]

Im Februar 1968 gründeten in Berlin, dem Zentrum der damaligen Studentenrevolte, der Soziologe und Schelsky-Schüler Helmut Klages und der Weltraumforscher Heinz Hermann Koelle, der in den 1950er Jahren mit Wernher von Braun in die USA gegangen war, das Zentrum Berlin für Zukunftsforschung (ZBZ). Da dominierten die Hochschullehrer; von diesen kamen jedoch nur fünf Prozent aus den Sozialwissenschaften, dafür ein Drittel aus den Ingenieur- und je etwa 15 Prozent aus den Natur- und den Wirtschaftswissenschaften. Wie Elke Seefried feststellt, wird im Gründungsaufruf des ZBZ »evident«, dass diese Gründung »einem auf die technische Entwicklung ausgerichteten Fortschrittsverständnis, einem ausgeprägten Machbarkeitsdenken und einem Vertrauen in die Systemanalyse als Methode der Prognostik und Gestaltung von Zukunft entsprang«.[74]

Der Gründungsaufruf spiegelt ungeachtet seines forschen Tons eine Ambivalenz zwischen der Vorhersehbarkeit und Unvorhersehbarkeit der Zukunft: »Die fatalistische Auffassung, dass die Zukunft unvorhersehbar und unvermeidlich sei, wird nach und nach aufgegeben. Man beginnt einzusehen, dass es eine Fülle möglicher Zukünfte gibt und diese Möglichkeiten durch entsprechende Interventionen verschieden gestaltet werden können.«[75] War das der Geist von 1968 oder eher eine Gegenreaktion auf die vor den Augen des ZBZ eskalierende Studentenrevolte? Auch Robert Jungk, der die Verbindung zu den Achtundsechzigern suchte, aber damals seine Hoffnung auf Gestaltbarkeit der Zukunft nicht zuletzt auf den technischen Fortschritt baute, stand mit dem ZBZ in dessen Gründungsphase in Verbindung.[76] Dieses suchte in der Folgezeit, durch die Planungseuphorie der beginnenden Ära Brandt ermutigt, vor allem Aufträge aus der Politik.

In der einschlägigen Literatur wird verschiedentlich die Frage aufgeworfen, ob es *die* Zukunftsforschung gab: als eine Wissenschaft eigener Art mit einem neuartigen »Paradigma« im Sinne von Thomas S. Kuhns *Struktur wissenschaftlicher Revolutionen*, also einer innovatorischen, unter den einschlägigen Forschern weithin anerkannten, in sich stimmigen und über längere Zeit stabilen Kombination theoretischer Vorannahmen und Methoden des Vorgehens. Elke Seefried, die die Zukunftsforschung jener Zeit besonders gründlich studierte und von der Frage nach dem Paradigma ausgeht[77], glaubt zwischendurch, diese Frage bejahen zu können[78]; und doch erkennt man auch bei ihr die Schwierigkeit, dieses Paradigma zu definieren. Die bundesdeutsche Zukunftsforschung der 1960er Jahre war ja insgesamt etwas sehr anderes als der Szenarien-Entwurf US-amerikanischer Thinktanks, die für das Militär arbeiteten. Selbst Seefried gelangt am Ende zu dem Resultat, diese Zukunftsforschung sei »keine eigenständige Wissenschaft mit einem festen Gegenstandsbereich und Methodenkanon« geworden.[79]

Alexander Schmidt-Gernig, der ebenfalls die Frage nach dem Paradigma aufwirft, findet bei den diversen Zukunftsforschern nicht weniger als sieben Paradigmen: das technologische, ökonomische, kapitalismuskritische, biologische bzw. systemtheoretische, philosophische bzw. theologische, kulturphilosophisch-historische und schließlich das politisch-militärische Paradigma.[80] Das ist jedoch der beste Beweis, dass die Zukunftsforschung nicht im mindesten ein Paradigma im Sinne Kuhns besaß. Der aus der DDR stammende Science-Fiction-Autor Karlheinz Steinmüller, Direktor der Gesellschaft für Zukunftsgestaltung Z_GmbH, der anders als Seefried und Schmidt-Gernig noch in den 1970er Jahren und danach in der deutschen Zukunftsforschung eine Aufwärtsentwicklung erkennt – so mehrdeutig präsentiert sich diese Geschichte! –, schließt seinen bis in die jüngste Zeit durchgezogenen Überblick mit der Anmerkung: »Die deutsche Zukunftsforschung hat sich m. W. nie ernstlich – etwa in einem Szenarioprojekt – mit ihrer eigenen Zukunft befasst. Misstraut sie also den eigenen Methoden?«[81] Er und seine Ehefrau entwarfen, von Science-Fiction-Phantasie inspiriert, eine sich in einer aufregenden Vielfalt möglicher Szenarien ergehende Prognostik, die das Hereinplatzen von Unerwartetem, der »*Wild Cards*« (wörtlich: Joker), durchspielt. Wild Cards seien »die Joker, die die Zukunft aus dem Ärmel zieht, um unsere Spielstrategien durcheinanderzubringen«.[82]

In diesem buntscheckigen Bild spiegelt sich das Grundproblem aller Bemühungen, die Futurologie zu einer Spezialwissenschaft zu machen: Die Systematik wird fast zwangsläufig mit einer Einengung des Blickes erkauft; dagegen ist ein vagabundierender Blick nötig, um von möglichen Überraschungen und Synergieeffekten der Zukunft eine Ahnung zu bekommen. Gerade die bekanntesten deutschen Zukunftsforscher jener Zeit, Robert Jungk und Karl Steinbuch, bezeugen besonders deutlich das Fehlen eines wissenschaftsfähigen Paradigmas. Jungk war und blieb Journalist, der von seinen Büchern leben musste; Steinbuch, ein Pionier der Kybernetik, verlor jegliche wissenschaftliche Seriosität, als er sich auf die Zukunft verlegte.

Fast vergessen kann man im Getriebe Ossip K. Flechtheim, der als Emigrant in den USA um 1945 den Begriff »Futurologie« als Bezeichnung einer künftigen Wissenschaft erfand.[83] Aber ausgerechnet er blieb lange Zeit ohne Resonanz, auch als er 1952 nach Berlin zurückgekehrt war und an der FU lehrte. Erst durch die Verbindung mit dem einstigen Mitemigranten Robert Jungk um 1963/64 wurde er in der Zukunftsszene präsent[84], blieb aber dort eher eine Randfigur, zumal er sich dessen nicht mehr sicher war, ob die Futurologie tatsächlich den Charakter einer Wissenschaft besaß, und auch selber zu dieser Wissenschaftsfähigkeit nicht eben beitrug.[85] 1968 brachte er dann doch ein Buch *Futurologie – Möglichkeiten und Grenzen* heraus, lässt aber dort vor allem die Grenzen erkennen. Schmidt-Gernig bemerkt sarkastisch, dies Buch enthalte »auf über 400 Seiten fast nur Grundsatzdebatten und kaum konkrete Prognosen oder Zukunftsentwürfe – ein Werk, das in den USA und Frankreich in dieser Form kaum denkbar gewesen wäre«.[86] Der Begriff »Futurologie« setzte sich als Bezeichnung einer seriösen Wissenschaft nicht durch, sondern wurde mehr und mehr mit ironischem Unterton gebraucht. Manche Futurologen traten sogar als Wortführer der Kritik an ihrem Metier hervor; Flechtheim und Jungk nahmen 1972 an einem internationalen Symposium »Kritik der Zukunftsforschung« in Loccum teil.[87] 1987 publizierte der 79-jährige Flechtheim das Buch *Ist die Zukunft noch zu retten?* In den 1980er Jahren, als Spekulationen über die Zukunft aus der Mode gekommen waren, wurde es originell, schon im Blick auf die drohende Umweltkrise über Gestaltungsmöglichkeiten einer besseren Zukunft nachzudenken.

Aber damit haben wir zeitlich vorgegriffen. Ende der 1960er Jahre stieß die Futurologie nicht nur bei Wissenschaftlern wie Lübbe oder Schelsky, die für Achtundsechziger als »rechts« galten[88], auf tiefe Skepsis, sondern auch bei dem 1940 geborenen Dieter Senghaas, der eine Friedensforschung im Geist von 1968 begründen half. Er übte 1968 an der »Futurologie« eine aus der Sicht eines Achtundsechzigers vernichtende Kritik: »... es gibt keine größere futurologische Studie, die die Herrschaftsproblematik in den Mittelpunkt ihrer Analyse gerückt hätte. ... Dies ist der wirkliche Grund der oft grenzlosen Naivität, die der Futurologie bis heute anhaftet. ... *Futurologen entwickeln Zukunftsprogramme meist unter den Vorzeichen des gegenwärtigen Status quo.* Ihr Appell an die Phantasie geht meist einher mit Phantasielosigkeit. Die Vermutungen über das Jahr 2000 verraten nicht selten die existierenden Präferenzen der sechziger Jahre. *Solche Phantasielosigkeit hat ihren Grund.* In ihr drückt die verdrängte Herrschaftsproblematik an die Oberfläche.«[89]

DIE ACHTUNDSECHZIGER: ZWISCHEN LAST DER VERGANGENHEIT UND LUST ZUR ZUKUNFT – ABER ZU WAS FÜR EINER? Das ist ein besonders vertracktes Kapitel. Je mehr man mit Blick auf das Thema »Zukunft« in der Fülle der Literatur über »1968« herumliest, desto mehr wird man hin- und hergerissen – und wundert sich am Ende nicht mehr, dass es über ein derart spannendes Thema nicht längst Dissertationen oder gar ein Standardwerk gibt!

Hermann Lübbe bemerkt 1969, die »neue Jugendbewegung« – so nennt er die Achtundsechziger – finde die Sympathie der Futurologen (wobei er vermutlich zuoberst an Jungk und Flechtheim dachte). Diese Sympathie bleibe jedoch unerwidert: »Für Marxisten ist die Futurologie eine Sache im

Geruch der Technokratie.«[90] Und doch erkennt er in der Folge bei den Achtundsechzigern eine »Flucht in die Zukunft«![91] Bauten nicht gerade auch Marxisten auf den Fortschritt der »Produktivkräfte«? Götz Aly, der später wohl öffentlichkeitswirksamste Achtundsechziger-Renegat, der mit dem Titel *Unser Kampf* den angeblichen »Antifaschisten« faschistoide Züge zuschreibt, bemerkt mit schneidendem Sarkasmus: »Beide, die Regierenden und die linksradikalen Studenten, sprachen unentwegt von der Zukunft. Letztere ›träumten‹ … von einem Paradies namens ›realer Utopie‹, während die anderen das Land zubetonierten und den Eindruck erweckten, als führten ihre Autobahnen, und nur sie, schnurgerade ins ewige Glück«[92]: eine Anspielung auf den »Leber-Plan« des damaligen sozialdemokratischen Verkehrsministers, einen besonders konkreten Großen Plan jener Zeit. Aber sprachen die rebellierenden Studenten tatsächlich *explizit* »unentwegt von der Zukunft«? Wo ist die Fülle authentischer Zitate?

Ein guter Marxist kannte ja die Marxsche Polemik gegen die »utopischen Sozialisten« – was nicht ausschloss, dass August Bebels Bestseller *Die Frau und der Sozialismus* seine Anziehungskraft besonders jenem Schlussteil verdankte, der die sozialistische Gesellschaft der Zukunft sehr konkret beschrieb. Und auch bei der Achtundsechziger-Bewegung spricht vieles dafür, dass sie ihre Anziehungskraft in nicht geringem Maße ihren Zukunftsperspektiven verdankte – und doch muss man diese oft erst aufspüren, im damaligen neomarxistischen Jargon dechiffrieren. Daniel Cohn-Bendit, einer der berühmtesten Achtundsechziger, erklärte 1978 in einem Interview mit Wolfgang Kraushaar: Am Ende der Achtundsechziger-Bewegung sei »überall« die Parole aufgekommen: »Nicht Politik für die Zukunft machen, sondern für heute.« Und weiter: »Die Kritik an der klassischen Revolutionstheorie war doch die, dass man sagte: dabei werden wir auf dem Altar der Geschichte geopfert. Unser Kampf ist in dem Fall nur ein Vehikel für eine rosige Zukunft, völlig ungeachtet dessen, was mit uns passiert.«[93] Bitterer noch formulierte es der Exiliraner Bahman Nirumand, der die Anti-Schah-Demonstrationen von 1967 inspirierte, in seinen 44 Jahre später publizierten Erinnerungen:

> »Die Utopie von einem Leben ohne Zwänge, einem Leben in grenzloser Freiheit hatte uns in einen Trancezustand versetzt. Wie sonst konnten wir das, was wir zum Beispiel von Mao Zedong zu lesen bekamen, für die größte politische Weisheit halten? Wie sonst konnte uns die chinesische Kulturrevolution, bei der Millionen Menschen ihr Leben verloren, so sehr begeistern?«[94]

Nun, diese Kulturrevolution war damals Gegenwart, aber aus Berliner Sicht eine sehr ferne, deren düstere Realität man mit Zukunftsvisionen verdecken konnte. Der französische Anthropologe und Exmaoist Emmanuel Terray führt die Anziehungskraft dieser Kulturrevolution auf solche Aspekte zurück, »wo die Bilder aus China sich mit Vorstellungen westlicher Utopien überschneiden«.[95] Selbst ein so freier Geist wie Enzensberger, dem die dogmatische Enge der K-Gruppen fernlag und der früh die Verbindung zur Umweltbewegung suchte, schreibt 1973 in dem von ihm herausgegebenen *Kursbuch*-Band *Ökologie und Politik oder die Zukunft der Industrialisierung*, »die besten Chancen für das ökologische Überleben der Menschen« biete »sicherlich die chinesische Gesellschaft. Der sparsame Umgang mit den Ressourcen der Natur ist ein wesentlicher Bestandteil der chinesischen Kultur.« Die chinesische Regierung habe »als einzige Regierung der Welt« »konsequente Strategien zur Verhinderung der Katastrophe entwickelt«.[96] Nirumand, zwischen dem und Enzensberger sich eine dauerhafte Freundschaft entwickelte, beklagt aus der Rückschau:

> »Unser Verständnis von Politik war so abstrakt und so global geworden, dass wir uns kaum noch um das Leben selbst kümmerten, um das Leid und die Freuden der Menschen. Vor allem das Glück, der Genuss, die kleinen Freuden im Alltag waren uns verpönt. Sie galten als bürgerliche Allüren … Es war ein Masochismus, der jedem Linken auf die Stirn geschrieben stand. Man redete von Freiheit und war in Wirklichkeit nur der Knecht eines abstrakten Begriffs, der Revolution.«[97]

Nun, für alle Achtundsechziger galt diese Lustfeindlichkeit gewiss nicht. Man konnte vielmehr argumentieren: Gerade weil die sozialistische Revolution unter bundesdeutschen Bedingungen ein Fernziel ist und der Weg dorthin einer aufwendigen Analyse bedarf, ist es vorerst an der Zeit, ganz viel revolutionäre Theorie durchzuackern. Das ist die These von Philipp Felsch in seinem *Langen Sommer der Theorie*.[98] Und bei diesem Schmökern und nicht endenden »Ausdiskutieren« – auch dies für Felsch eine »Utopie«[99] – konnte man einstweilen ganz genussvoll leben. Die demonstrative Militanz der späteren Roten Armee Fraktion (RAF) mit ihrer »Propaganda der Tat« erklärt sich nicht zuletzt aus einer Erbitterung darüber, dass sehr viele Achtundsechziger bei allem revolutionären Gehabe in Wahrheit nur *reden*, nicht kämpfen wollten.

Unter den Rebellen von 1968 gab es offenbar Zukünfte verschiedener Art; zur Dynamik der Achtundsechziger-Bewegung gehören auch Gegenreaktionen auf bestimmte Einseitigkeiten. Die Popularität der knallroten »Mao-

Bibel«, der *Worte des Vorsitzenden Mao Tse-tung,* eine Kollage von Mao-Zitaten in betont simpler Sprache ohne viel theoretische Einbindung, verrät einen Überdruss an der oftmals verquasten deutschen neomarxistischen Literatur, die nicht nur für »Proletarier« unverständlich war. Aber auch dieses Kippen der Zukünfte schon während des Jahres 1968, besonders nach dem Attentat auf Dutschke am 11. April jenes Jahres, besitzt aus der Rückschau Nirumands einen fatalen Zug – als Wende von der »Utopie« zu einer »unbestimmten Zukunft«:

> »Jedenfalls hat das Attentat auf Dutschke jener Phase der erfrischenden, humor- und phantasievollen Äußerungen der Bewegung ein Ende gesetzt und eine andere Phase der Verhärtung, der Zersplitterung und der Gewalt eingeleitet. Die Utopie einer Gesellschaft mit freien, autonomen Individuen fiel Theorien und Ideologien zum Opfer, die die Menschen in Parteien, Gruppen und Organisationen zwangen, von ihnen Opfer, Hingabe, wohl auch Disziplin und Gehorsam verlangten, um nicht hier und jetzt und nicht nur für den Einzelnen, sondern in einer unbestimmten Zukunft und gleich für die ganze Menschheit Heil und Segen zu bringen.«[100]

Dieser Zickzack der Zukünfte, der für Außenstehende schwer zu durchschauen ist, mag dazu beigetragen haben, dass jene Deutung der Achtundsechziger-Revolte besonders verbreitet ist, die diese aus dem Leiden unter der unbewältigten NS-Vergangenheit und der Furcht vor einer »Refaschisierung« der Bundesrepublik herleitet. Diese Deutung besaß den Vorzug, auch fern der damaligen Linken politisch korrekt zu sein. »Wie ein Paukenschlag« – so die spätere Verlagswerbung – hatte die Publikation der Warnschrift des 83-jährigen Philosophen Karl Jaspers *Wohin treibt die Bundesrepublik?* von 1966 gewirkt, und aus der Ferne erscheint sie wie ein Auftakt zu »1968«, da Jaspers eine Beziehung zwischen dem – aus seiner Sicht – Mangel an einer entschiedenen deutschen Umkehr nach 1945 und den geplanten Notstandsgesetzen herstellt. Doch eine geistige Autorität der Achtundsechziger war er nicht, sofern diese ihn überhaupt lasen. Dieser Asket und erklärte Feind Sigmund Freuds[101], der ein Jahrzehnt früher die westliche Atomrüstung mit dem Argument gerechtfertigt hatte, die Freiheit sei ein höherer Wert als das Leben, stand den revoltierenden Studenten so fern wie nur möglich.

Noch heute trifft man vielfach auf die Vorstellung, bis zu der Zeit um 1968 herum seien die NS-Verbrechen in der Bundesrepublik weithin verdrängt worden, und ein vom Nazismus geprägter autoritärer Erziehungsstil hätte bei Vätern und Lehrern über 1945 hinweg nahezu ungebrochen fortgelebt;

daraus erkläre sich die Heftigkeit der Revolte. Viele Argumente sprechen jedoch dafür, dass es sich bei diesem Geschichtsbild um eine Legende handelt. Schon am Totensonntag 1945 hatte Theodor Heuss, der selber Freunde durch NS-Morde verloren hatte, in seiner Stuttgarter Rede gegen das Vergessen und Verdrängen aufgerufen.[102] Mochte auch der Geschichtsunterricht an vielen Schulen noch über lange Zeit vor 1933 haltmachen: Bereits in den 1950er Jahren konnte jeder, *der es wissen wollte*, sich mühelos über die NS-Verbrechen informieren. Die Behauptung, damals sei darüber allgemein geschwiegen worden, verschleiert eher ein einstiges Desinteresse des Sprechers.

1950 erschien *Das Tagebuch der Anne Frank*; es war das meistverkaufte Taschenbuch jener Zeit, und seine Wirkung wurde ab 1956 durch das gleichnamige Theaterstück verstärkt. Um 1960 bewegten die Auschwitz-Prozesse und der Eichmann-Prozess in Jerusalem weite Teile der deutschen Öffentlichkeit, so dass Hannah Arendt in ihrem Bestseller *Eichmann in Jerusalem* (1964) in Klammern nicht ohne Sarkasmus bemerkte: »wenn diese Jugend von Zeit zu Zeit – bei Gelegenheit des Anne-Frank-Rummels oder anlässlich des Eichmann-Prozesses – in eine Hysterie von Schuldgefühlen ausbricht, so nicht, weil sie unter der Last der Vergangenheit, der Schuld der Väter, zusammenbricht, sondern weil sie sich dem Druck sehr gegenwärtiger und wirklicher Probleme durch Flucht in Gefühle, also durch Sentimentalität entzieht.«[103] Aber welcher Art war dieser Druck; war es ein Leiden an der »bleiernen Zeit«, dem Konformismus, der (vermeintlichen) Kritik- und Lustfeindlichkeit der bundesdeutschen Gesellschaft vor 1968?

Wolfgang Kraushaars dreibändige *Protest-Chronik 1949 bis 1959* entwirft jedoch von jener Dekade ein höchst turbulentes Bild; und Detlef Siegfrieds großes Werk über die »westdeutsche Jugendkultur der 60er Jahre«[104] führt in breiter und farbiger Anschaulichkeit vor Augen, dass eine lustbetonte Liberalisierung der bundesdeutschen Gesellschaft 1968 längst im Gange war. Siegfrieds Obertitel *Time Is on My Side* lässt erkennen, dass die Rebellen gegen überkommene Einengungen oft in dem Bewusstsein lebten, nicht *gegen* ihre Zeit zu kämpfen, vielmehr vom Strom ihrer Zeit getragen zu werden.[105] Das gilt nicht nur für den neuen ungezwungenen Lebensstil. Mit einigem Recht weist Hans-Ulrich Wehler darauf hin: »Alle wichtigen Reformen laufen vor 1968 … an; die Achtundsechziger waren ein Symptom, nicht Ursache des Wandels …«[106]

Weder Ulrike Meinhof noch Gudrun Ensslin hatten unter Nazi-Vätern gelitten; vielmehr hatten beide ein »verständnisvolles, warmherziges Zuhause« gehabt (Martin Greiffenhagen).[107] Horst Mahler, der in der Folge vom Links- zum Rechtsradikalen mutierte, bekannte als Strafgefangener dem damaligen Bundesinnenminister Gerhart Baum, obwohl dieses Geständnis nicht zu seiner eigenen Entlastung beitrug: »Ich halte die überzeugten Nazis nicht für Unmenschen. Mein Vater zum Beispiel war nach meinen Begriffen das, was man einen guten Menschen nennt, gleichwohl war er ein überzeugter Nazi.«[108] Peter Schneider, einst ein Wortführer von 1968, erklärt es vierzig Jahre darauf zur »Legende«, »das Schweigen über den Krieg habe jenes Urmisstrauen erzeugt, das in den Jahren der Revolte zum Ausdruck kam«.[109] Jürgen Habermas, der zum philosophischen Leitstern vieler Achtundsechziger aufstieg, erteilte schon 1968 einem etwaigen Selbstmitleid der Rebellen eine Abfuhr:

»Die wenigen Daten, die vorliegen, bestätigen die Vermutung, dass sich der Protest der Jugendlichen aus bürgerlichen Elternhäusern mit dem Muster des seit Generationen üblichen Autoritätskonflikts überhaupt nicht mehr deckt. Die aktiven Studenten haben eher Eltern, die ihre kritischen Einstellungen teilen; sie sind relativ oft mit mehr psychologischem Verständnis und nach liberaleren Erziehungsgrundsätzen aufgewachsen als die nicht aktiven Vergleichsgruppen.«[110]

»WIE EIN BLITZ AUS HEITEREM HIMMEL«: DER ÜBERRASCHUNGSEFFEKT VON 1968. Die Achtundsechziger profitierten obendrein von dem durch Picht angestoßenen Bildungsboom; der Großteil von ihnen brauchte sich um seine berufliche Zukunft nicht viel Sorgen zu machen. Wenn nicht das Leiden unter der Last der Vergangenheit der stärkste Antrieb gewesen war, muss man die Hauptmotive eher in Chancen der Gegenwart suchen – und in Perspektiven der Zukunft. Zunächst die sich damals im Hier und Jetzt öffnenden Freiräume: Nicht unbedingt auf dem Level der tonangebenden Theoretiker, wohl aber drum herum gab es fließende Übergänge zu den Subkulturen der 1960er Jahre, die vom Sound der neuen Popmusik[111], manchmal auch durch Drogen high wurden. Wer nur die Texte der Achtundsechziger kennt, die für viele Jüngere unlesbar sind, und nicht auch die Musik jener Zeit, kann den Reiz jener Bewegung nicht verstehen.

In den Achtundsechziger-Szenen war die Vorstellung beliebt, es komme darauf an, die Gesellschaft der Zukunft durch Experimente des Zusammenlebens hier und jetzt vorzubereiten.[112] Dutschke und andere tonangebende Achtundsechziger lebten allerdings in keiner Kommune. Die Journalisten flogen damals ganz besonders auf die von Gruppensex-Phantasien prickelnde Kommune I, der auf diese Weise in den Medien eine weit größere Bedeutung zukam, als sie für die Studentenrevolte besaß; ihre Mitglieder wurden aus dem Sozialistischen Deutschen Studentenbund (SDS) ausgeschlossen. Der Bekannteste von ihnen, Fritz Teufel, schwärmte noch dreißig Jahre danach: »Für mich war die Zeit um '68 ein großes Fest und ein ständiges Highsein ...«[113]

Enzensberger erinnerte sich ein Jahrzehnt nach 1968 an die »sonderbar leichten Tage der Euphorie« jener Zeit.[114] Aber die Euphorie ist kein stabiler Seelenzustand. Ein 1970 erschienener Sammelband über die *Hedonistische Linke* suchte die »vorzeitig und unüberlegt abgebrochene Debatte« über das »Verhältnis von antikapitalistischem Kampf und unbürgerlicher Lebensweise« »neu zu beleben«[115]; aber das ist den Autoren nicht gelungen: Über diese Beziehung war eben schwer zu diskutieren. Wer sich an ekstatischer Popmusik berauschte und schon gar, wer Drogen nahm, lebte eben in solchen Momenten ganz und gar im Augenblick; die Brücke von dort zu den politischen Horizonten war theoretisch nicht zu fassen – eher psychologisch daraus zu erklären, dass derartigen Hochstimmungen leicht der Katzenjammer folgt. 1968 erschien in den USA das Buch des Drogenpropheten Timothy Leary *The Politics of Ecstasy*, das noch heute in manchen Universitätsbibliotheken im Giftschrank steht. Da wird Leary in einem Interview mit dem *Playboy* gefragt:

> »Laut einem Sprecher der studentischen Linken sind viele Universitäts-Aktivisten, die auf den LSD-Trip gingen, ›mehr daran interessiert, was in ihren Köpfen vorgeht, als was in der Welt geschieht‹. Kommentar?
> Leary: »Darin liegt eine gewisse Wahrheit. Die durch LSD gewonnene Einsicht bringt einen dazu, sich mehr mit inneren oder spirituellen Werten auseinanderzusetzen. Man erkennt, dass es bedeutungslos ist, was man nach außen tut, solange man sich nicht innerlich ändert. Wenn alle Neger und linke Studenten der Welt Cadillacs und unumschränkte Macht über die Gesellschaft hätten, wären sie immer noch einem Ameisenhaufen von sozialem System verhaftet, wenn sie sich nicht zuerst selbst entdeckt hätten.«[116]

Nun, das war auch das Credo vieler deutscher Achtundsechziger: Zuallererst komme es darauf an, das Bewusstsein zu verändern. »Bewusstsein« wurde ein programmatischer Begriff; Kontrahenten pflegte ein »falsches Bewusstsein« unterstellt zu werden. Wenn man somit feststellen kann, dass die Achtundsechziger nicht ganz und gar Kämpfer *gegen* ihre Zeit waren, sondern in mehrfacher Hinsicht im Trend der Zeit lagen, so wäre es doch ganz verkehrt, über dem eifrigen Buddeln nach historischen Wurzeln das *Überraschende* dieser Revolte zu übersehen und zu verkennen, dass die Achtundsechziger ihre enorme Resonanz nicht zuletzt diesem Überraschungseffekt verdankten: Den hatten sie späteren Protestbewegungen voraus, mit Ausnahme der Anti-AKW-Bewegung, deren Initialzündung – die Bauplatzbesetzung von Wyhl – ebenfalls vom Überraschungsmoment profitierte.[117] Die Studentenrevolte »kam wie ein Blitz aus heiterem Himmel«, erinnert sich Walter Laqueur, der Historiker der deutschen Jugendbewegung. »Die Überraschung war umso größer, als zu dieser Zeit ein Protest unwahrscheinlich zu sein schien.«[118]

Das Überraschende betont zuallererst auch Alain Touraine unter dem unmittelbaren Eindruck der Pariser Studentenrevolte vom Mai 1968: »Die Überraschung ist so groß, weil viele, ob Anhänger oder Gegner der Bewegung, diese als ein unerwartetes Ereignis betrachteten, fast als einen Fremdkörper im normalen Gang einer Entwicklung, die seit vielen Jahren vorgezeichnet erschien.«[119] Allein von den damaligen Subkulturen her, den Rock-, Pop- und Drogenszenen, war ein derartiger politischer Aufbruch nicht zu erwarten. Schon um 1957 hatten die »Halbstarken« große Aufregung hervorgerufen, die bei Rockkonzerten Mobiliar zerschlugen; aber diese Tumulte waren folgenlos verpufft.

Bis weit in die 1960er Jahre hinein war eher die *Skeptische Generation* ein stehender Begriff, der Titel der 1957 von Schelsky publizierten *Soziologie der deutschen Jugend*. Dieses Buch hatte mit einem Ausblick geschlossen: »*Wohin geht diese Generation? – Was kommt danach?*« Und da versucht sich der Soziologe als Prophet, wenn auch mit vorausgeschickter Reflexion der Prognosenproblematik; diese denkwürdige Passage lohnt, ausführlich zitiert zu werden:

> »Was ist von einer solchen Generation an sozialen Handlungen zu erwarten? Hier scheint mir das Auszuschließende, Nichtzuerwartende leichter bestimmbar zu sein als das Geschehende, das ja nicht nur von den Verhaltensdispositionen, sondern von den Ereignissen abhängt. Aber was sich auch ereignen mag, diese Generation wird nie revolutionär, in flammender kollektiver Leidenschaft auf die Dinge reagieren. ... Sie wird alles Kollektive ablehnen, ohne daraus ein Gegenprogramm zu machen ... Man wird sich auf keine Abenteuer einlassen, sondern immer auf die Karte der Sicherheit setzen, des minimalen Risikos, damit das mühselig und glücklich wieder Erreichte, der Wohlstand und das gute Gewissen, die gebilligte Demokratie und die private Zurückgezogenheit, nicht wieder aufs Spiel gesetzt wird. In allem, was man so gern weltgeschichtliches Geschehen nennt, wird diese Jugend eine stille Generation werden ...«[120]

Nun, Schelskys »skeptische Generation« war nicht die Generation der Achtundsechziger, sondern waren die etwas Älteren: die, deren bewusste Jugend in das Jahrzehnt von 1945 bis 1955 fiel.[121] Aber Schelsky glaubt vor dieser auf die nachfolgende Jugend zumindest in dem, was auszuschließen ist, extrapolieren zu können. Demgegenüber bietet die Revolte von 1968 ein Musterbeispiel dafür, dass das Neue auch als *Gegenreaktion* auf das Voraufgegangene aufkommen kann. Längerfristig allerdings haben auch viele Achtundsechziger Wohlstand, Sicherheit und ungestörtes Privatleben schätzen gelernt.

Zurück zu der Leitfrage, wieweit Zukunftsvisionen zu diesem großen Aufbruch beigetragen haben. Oder waren es nicht so sehr damalige Zukunftserwartungen wie vielmehr die Abwehr einer damals *drohenden* Zukunft? Da bietet sich eine griffige Quelle an: das mitten in der Turbulenz, im August 1968 von Hans Magnus Enzensberger herausgebrachte *Kursbuch* mit dem Titel *Kritik der Zukunft*! Voller Spannung fängt der Zukunftshistoriker an zu lesen – um am Ende irritiert zu sein. Am Anfang steht ein Artikel »Kritik der Futurologie« von Claus Koch, damals Herausgeber der aus der Anti-Atomtod-Bewegung hervorgegangenen Zeitschrift *atomzeitalter*. Obwohl der Begriff »Futurologie« von Flechtheim stammt, der sich der Neuen Linken näherte, erkennt Koch darin vor allem die aus den militärischen Thinktanks hervorgegangene technokratische, nicht die mit der Friedensforschung verbundene und von humanen Bedürfnissen ausgehende Futurologie. Jene Friedensforschung, die »sich ihrerseits der Zukunftsforschung bemächtigt«, tut er als »nur eine sentimentale Variante« der von ihm attackierten Futurologie ab. So unübersichtlich präsentierte sich um 1968 die Zukunftsforschung! Wenn diese die Sicherung des Friedens für sich reklamiert, sieht Koch darin eine spezielle »Bösartigkeit dieses hemmungslosen Technizismus«.[122]

Koch erkennt in der Futurologie nur Uniformität: »Die Aussagen der heutigen Futurologie jedenfalls beweisen eine Phantasielosigkeit, die in ihren ständigen Wiederholungen die projizierte Zukunft zu einem Alptraum macht. ... In der Gleichförmigkeit ihrer Erwartungen ist die Futurologie nur eine große Apologetik der Gegenwart.«[123] Ganz besonders nimmt er Jean Fourastié und Alvin M. Weinberg aufs Korn. Fourastié hatte mit seiner *Großen Hoffnung des zwanzigsten Jahrhunderts* (1949) als Folge der fortschreitenden Automation die zunehmende Dominanz des »tertiären« Dienstleistungssektors in Wirtschaft und Gesellschaft prophezeit und als verheißungsvoll dargestellt. Koch zitiert daraus erbittert den Satz: »In der tertiären Zivilisation werden einige Hunderte von Spezialisten die Herren über das Schicksal von Millionen von Menschen sein.«[124]

Aber man konnte Fourastié auch auf ganz andere Art weiterdenken: Auf ihm fußt auch Touraine, der erklärte Gegner der Technokratie – der aus seiner Sicht neuen herrschenden Klasse –, der mit seinem Buchtitel von 1969 den zukunftsträchtigen Begriff der »postindustriellen Gesellschaft« aufbrachte. Die fortschreitende Automation enthielt auch die Chance, Zwänge abzubauen und die Mühsal des Daseins zu vermindern. Und auch Alvin M. Weinberg, ein führender US-amerikanischer Atomphysiker, war in seinen Ausblicken in die Zukunft viel ambivalenter, als Koch damals begriff. Als er 1971 erklärte: »We nuclear people have made a Faustian bargain with society«, lieferte er der Anti-Atomkraft-Bewegung eines ihrer besten Zitate.[125] Denn Faust hatte einen Pakt mit dem Teufel geschlossen!

»Die Zukunft der Revolution« verkündet in diesem *Kursbuch* mit prophetischer Sicherheit wie mit apodiktischer Härte vor allem Bahman Nirumand in einem mit Eckhard Siepmann[126] verfassten Beitrag, wobei er seinen außerwestlichen Erfahrungshintergrund ausspielt: Den hatte er den anderen Autoren voraus. Bei ihm gibt es ein Unterkapitel »Der neue Mensch«, in dem es heißt: »Diesen Menschen wird nicht Europa hervorbringen; Europa blieb es vorbehalten, den zerrissenen Menschen einer zerrissenen Gesellschaft zu seiner letzten und vollsten Erfahrung zu bringen ...« Der neue Mensch entstehe vielmehr im Partisanenkampf in der Dritten Welt.

> »Warum kann der Partisanenkampf zur Schule des neuen Menschen werden? ...
> Der Partisanenkampf erfordert die weitgehende Selbsttätigkeit der Revolutionäre, nicht das blinde Ausführen von Befehlen ...; die Durchbrechung der Isolation, das Vertrauen und die Unterstützung der Guerilleros untereinander; schließlich als vielleicht wichtigstes die Aufhebung der Arbeitsteilung, da jeder Einzelne zugleich Soldat, Theoretiker, Jäger, Lehrer etc. sein muss. Die Notwendigkeiten des Partisanenlebens nehmen so vorweg, was die Aufhebung der traditionellen Zwänge erst ermöglichen soll: die allseitige Entfaltung der Fähigkeiten und Möglichkeiten der Menschen.«[127]

Zu dieser Idealisierung des Partisanen gelangte Nirumand nicht aus eigener Partisanen-Erfahrung. Sein Text enthält überdies zwischen den Zeilen eine Abwertung seiner deutschen Kombattanten; auch dies macht die Schärfe seiner späteren Selbstkritik verständlich.

Das *Kursbuch* schließt mit einem »Gespräch über die Zukunft« zwischen Enzensberger, Dutschke, Bernd Rabehl und Christian Semler, das im Oktober 1967 geführt wurde. Rabehl behauptete später, diese Unterhaltung habe unter hohem Alkoholpegel stattgefunden, sei von Enzensberger insgeheim auf Tonband aufgenommen und ohne Absprache mit den Beteiligten publiziert worden.[128] Es ist schwer, aus diesem Gespräch eine Bilanz zu ziehen. So etwa zum Thema »Technik«; da stellt Enzensberger die Frage: »Bedeutet der Umsturz politischer Verhältnisse nicht auch, wenn man ihn zu Ende denkt, einen Umsturz der technologischen Verhältnisse? Kann die Technologie so bleiben wie sie ist, in einer befreiten Gesellschaft?« Dutschke: »Sicherlich nicht.«[129] Aber dann springt er gleich zu Hegel und Marx; die Zeit des Entwurfes technischer Alternativen war noch nicht gekommen. All die dann folgenden Erörterungen zum Thema »Technologie« bleiben abstrakt, obwohl dieses Thema bei Zukunftsentwürfen zentral ist. An späterer Stelle bekennt Dutschke sich zur »Entwicklung der Technologie in Richtung Automation«, damit die Fabrik der Zukunft eine »Assoziation freier Individuen« würde.[130] So gespalten war das Verhältnis führender Achtundsechziger zu »technokratischen« Zukunftsentwürfen!

An einer Stelle versucht Enzensberger, das Gespräch über die Hippies auf die konkrete Zukunft zu bringen: »Bei den Hippies scheint mir eines interessant: Ich glaube an die Sprengkraft der Wünsche. Man kann über die Hippies sagen, was man will, aber eines muss man ihnen zubilligen, sie haben den Mut zu ihren Wünschen. Man könnte sich fragen, ob *wir* den Mut zu unseren Wünschen haben. Wir entdecken unsere Wünsche nicht. Das lassen wir uns besorgen von einem Siebzigjährigen. Ein Siebzigjähriger erklärt uns unsere Wünsche.« Eine Anspielung auf Herbert Marcuse. Dutschke gab zu, die Versuche der Hippies, die »Bedürfnisse des Körpers« auszuleben, seien »ein wichtiges Moment, das vielleicht in die Zukunft weist«.[131] Vielleicht! Im übrigen wollten die Gesprächspartner auf dieses Thema jedoch nicht so recht anbeißen.

Schließlich fordert der unzufriedene Enzensberger sie heraus: »Es hat sich gezeigt, dass keiner von euch in der Lage oder Willens ist, wahrscheinlich weder das eine noch das andere, einen reinen Zukunftsentwurf auszubreiten.«[132] Da kommt Semler mit der Idee, die gesamte arbeitende Westberliner Bevölkerung in Kollektiven um die jeweilige Fabrik herum zu organisieren, in denen »Räteschulen« entstünden. »Jeder würde dort die Fähigkeit erwerben, andere Funktionen zu übernehmen und den Betrieb zu leiten.« Und Dutschke setzt hinzu: »Das heißt, ganz Berlin wäre eine Universität, es gäbe keine Fakultäten mehr, wir hätten eine lernende Gesellschaft.«[133] Ein kolossales Vertrauen in die Fähigkeit der Gesellschaft zur Selbstorganisation, sobald sie nur von bisherigen Zwängen befreit ist! Aber dann stellt Dutschke die Frage: »Wie kann die Kommune ihre Probleme mit bestimmten Menschen lösen? Ohne eine Erziehungsdiktatur à la Marcuse, und ohne Gefängnisse?«

In der Tat hatte sich Marcuse kurz davor von einem *Spiegel*-Interviewer zu der Äußerung provozieren lassen: »Ich glaube, dass die Revolution zu einer Erziehungsdiktatur tendiert, die sich in ihrer Erfüllung aufheben würde.«[134] Nur begrenzt vertraute er auf die Demokratie, hielt es vielmehr für möglich, dass die USA das erste Land sein könnten, »das durch demokratische Wahlen faschistisch wird«.[135] In seinem Essay »Repressive Toleranz« (1965) hatte er die uneingeschränkte Toleranz gegenüber reaktionären Bewegungen abgelehnt, aber gewalttätigen Revolutionären auch ein gefährliches Schlagwort geliefert. Für nicht wenige war es riskant, über eigene Zukunftserwartungen konkret zu werden. Das Schweigen darüber ist auffällig: Da drohten Konflikte innerhalb der Studentenbewegung aufzubrechen![136] Das erkennt man auch bei der *Kursbuch*-Diskussion, denn Rabehl, der jetzt mit seinen revolutionären Plänen so richtig loslegt, ergänzt zu den geplanten Kollektiven, und das ist die wohl peinlichste Passage des gesamten Zukunftsgesprächs: »Wo es ganz klar ist, dass eine Umerziehung unmöglich ist, etwa bei älteren Leuten und bei bestimmten Verbrechen, da sollte man den Betreffenden die Möglichkeit geben, auszuwandern.«[137] Im Klartext: Alte und Widerspenstige sind auszuweisen! Das allerdings ging Dutschke zu weit.

Peter Schneider, wie Enzensberger und Nirumand ein Wortführer der Achtundsechziger und später der Renegaten von 1968, bemerkt vierzig Jahre danach über das *Kursbuch*-Gespräch: »In diesem Gespräch liegen Witz und Irrwitz der Ideengeber der 68er Bewegung in verblüffender Eintracht nebeneinander: die Bereitschaft, sich für jedes große und kleine gesellschaftliche Problem auf der Welt zuständig zu erklären, und der fatale Mut, sich ohne Fallschirm in den Abgrund absurder, nur durch eine Erziehungsdiktatur erreichbarer Lösungen zu stürzen ...« Immerhin: »Viele der Fragen haben eine prophetische Qualität und bestimmen die politische Debatte bis heute ...« Nur: »Leider konnten die damals gegebenen ›revolutionären‹ Antworten nicht im mindesten mit der Intelligenz der (meist von Enzensberger; J.R.) aufgeworfenen Fragen mithalten.«[138]

REVOLUTIONÄRE UND PANEROTISCHE PERSPEKTIVEN DER AUTOMATION. Kurios wird das *Kursbuch* in dem Abschnitt »Konkrete Utopie«, der über die »Kritik der Zukunft« hinausgeht. Er entsprang aus einem von der *Kursbuch*-Redaktion veranstalteten Preisausschreiben. »Prämiert wird der beste Gedanke für die Zukunft.« Der Preis betrug 1000 DM. Insgesamt war die Redaktion mit den 72 Eingängen, bei denen »Einsender mit Oberschul- und Hochschulbildung extrem überrepräsentiert« waren, sichtlich unzufrieden; aber gerade in ihrer Mängelliste bietet sie ein aufschlussreiches Zeitdokument, ein Zeugnis für das Zukunftsdenken unterhalb der führenden Theoretiker von 1968:

>»Fast alle Entwürfe sind sozialistisch geprägt, doch bleibt ihr Sozialismus oft blass: er mischt sich mit liberalen, technokratischen und anarchistischen Elementen. ... Die auffälligste Leerstelle im utopischen Material ist die Dritte Welt. ... Ein weiterer blinder Fleck scheint ... die reale Emanzipation der Frau zu sein. ... Blinde Wissenschaftsgläubigkeit zeichnet viele solcher Utopien aus; ihr Begriff von Wissenschaft ist gemeinhin unkritisch und technokratisch; der ›Qualifikationstest‹ gilt ihnen als Orakel, der Computer als Stein der Weisen. Der Spezialist tritt das Erbe des Kapitalisten an. ... Eine detaillierte Diskussion dieser deprimierenden, zuweilen paranoid anmutenden Systeme, deren manche von äußerster Gründlichkeit und erheblichem Scharfsinn zeugen, die jedoch allesamt von tödlichem Ernst erfüllt sind, ist schon aus räumlichen Gründen nicht möglich.«[139]

Man erkennt: Die in Proklamationen um 1968 beschworene Solidarität mit Befreiungsbewegungen der Dritten Welt blieb zu einer Zeit, als sich nur wenige Studenten Fernreisen leisten konnten, in der Regel imaginär. Aber wer bekam dann doch den Preis von 1000 DM? Ein Zukunftsentwurf von Géza Kirchknopf: »Vom elastischen Familienverband zur Kommune«. Da heißt es etwa:

>»Die herkömmliche Familie ist wegen ihres feudalen Charakters immer weniger in der Lage, den Erfordernissen der technischen Revolution und der gesellschaftlichen Evolution gerecht zu werden. ... Durch Arbeitsteilung und gegenseitige Hilfe im Haushalt können die Hausfrauen ihre Produktivkräfte entfalten. ... Im Laufe des Entwicklungsprozesses bleibt es nicht aus, dass zwischen den einzelnen Familien innerhalb des Hauses sexuelle Querverbindungen entstehen. ... (... Dies ist insofern kein Nachteil, als auch der Ehepartnertausch zum Moment der Bewusstwerdung werden kann; dann nämlich, wenn sich diese Ehepartner über die gemeinsamen Sexparties hinaus unversehens zu Familienverbänden ... formieren.)«[140]

Der Preisträger publizierte im Jahr darauf ein Buch *Liebe zu viert. Ehepartnertausch in der Bundesrepublik*. Dass ausgerechnet *diese* konkrete Utopie den Preis bekam, mag ein Licht darauf werfen, dass sexuelle Wunschträume, die durch Wilhelm Reichs Philosophie des Orgasmus sogar eine theoretische Basis besaßen[141], in den Zukunftsphantasien vieler Achtundsechziger keine geringe Rolle spielten, auf der anderen Seite die Hemmung, eine so geartete Lust auf Zukunft zu dokumentieren, zu dem vielfach gewundenen Charakter des schriftlich überlieferten Zukunftsdenkens von 1968 beitrug. Das Bedürfnis nach einem kraftvoll-vitalen Leben, erfüllt von Liebe und kämpferischer Gemeinschaft, ist als emotionaler Untergrund der Revolte von 1968 für jene, die diese Zeit miterlebten, unschwer zu erkennen. Diese gleichsam »existenzialistische«, mit Marx oft nur verklausulierte[142] Basis kommt bei der französischen Bewegung, die den Existenzialisten Sartre als philosophische Autorität anerkannte, deutlicher zum Ausdruck als bei der deutschen, die den Exnazi Heidegger, den einstigen Lehrer Herbert Marcuses, eher im Verborgenen las.[143] Gretchen Dutschke veröffentlichte die Biographie ihres Mannes unter dem Titel *Wir hatten ein barbarisch schönes Leben.* Vermutlich traf das die Wünsche nicht weniger Achtundsechziger; bei den einen war es pralle Gegenwart, bei den anderen blieb es ein Zukunftstraum.

Zu den seltsamsten Passagen des *Kursbuch*-Gesprächs gehören Erklärungen zum Thema Computer, einem der größten Themen der Zukunftsdiskurse jener Zeit. Rabehl erläutert, auf welche Weise die Fabrik-Kommunen künftig über wirtschaftliche Strategien entscheiden: »Man nimmt Computer zu Hilfe, um zu berechnen, was gebaut werden muss, wie die Pläne aussehen müssen, welche Gefahren auftauchen.« Enzensberger wendet ein: »Der Computer kann nicht entscheiden, er kann nur verschiedene Optionen ausarbeiten, die dann politisch entschieden werden müssen. Es gibt keinen Sachzwang derart, dass uns ein Computer sagen könnte, was das Beste ist. Was das Beste ist, darüber müssen die Menschen selbst urteilen.« Semler greift diesen Einwand nicht auf, sondern legt stattdessen los: »Wenn es die Computer nicht gäbe, müssten sie förmlich erfunden werden für die Räteverfassung. Nur sie ermöglichen es, Informationen zu sammeln, die die Sachentscheidungen der bisherigen Bürokratie ersetzen, und zwar dergestalt, dass es überhaupt keine bürokratische Position mehr gäbe, die nicht innerhalb von vierzehn Tagen umbesetzbar wäre.«[144]

Der Horror vor den Bürokraten durchzieht das Gespräch: In diesem Punkt treffen sich die Wortführer von 1968 mit den Liberalen. Umso paradoxer, dass sie ausgerechnet den Computer – den *damaligen* Computer! – für eine Gegenmacht gegen die Bürokratie halten! Denn jene großen, extrem teuren Apparaturen fungierten durchweg als Herrschaftstechnik. Und es waren noch, dem Wortsinn entsprechend, Rechenmaschinen, nicht wie in der Ära des Internets Kommunikationsmittel; mit Computern zu entscheiden bedeutete damals, Entscheidungs-Alternativen *quantitativ* zu definieren.

Und doch sollte man Rabehl und Semler nicht vorschnell als ahnungslose Naivlinge abtun: Besonders an dieser Stelle treffen sie sich mit der Zukunftsforschung jener Zeit. Die Computer befanden sich ja in stürmischer Entwicklung, und auch Helmut Krauch (1927–2010), ein besonders ideenreicher und interdisziplinär orientierter Zukunftsforscher jener Zeit, der frühe Erfahrungen als Chemiker in Kernforschungszentren gesammelt hatte, sich jedoch 1968 über »experimentelle Soziologie« habilitierte und dessen Studiengruppe für Systemforschung anfangs von der Regierung Brandt als Planungshilfe herangezogen wurde, wollte die Computer als Instrument der Demokratisierung von Planung einsetzen.[145] 1972 publizierte er sein Buch, *Computer-Demokratie*, dem Robert Jungk in der *Süddeutschen Zeitung* eine begeisterte Rezension widmete.[146] Da heißt es im Vorspann, der Autor zeige auf, »dass durch die heutige Technik – vor allem durch Fernsehen und EDV – die parlamentarische Demokratie durch die direkte Demokratie abgelöst werden könnte. Der Computer dient als Werkzeug, sammelt Daten, ordnet und speichert Informationen. Jeder einzelne kann somit am Entscheidungs- und Planungsprozess mitwirken.« Vorausgesetzt, er bekommt Zugang zu diesen teuren Apparaturen und weiß mit ihnen umzugehen!

Stärkten die Computer nicht die Macht der Technokraten? Krauch jedoch behauptet:»Der Computer hat mit unserem politischen System zwar viel zu tun, aber er nützt ihm nichts, ja, er befindet sich sogar in Konkurrenz zu ihm.«[147] Er schrieb dies Buch unter der frischen Erfahrung, dass sein Versuch, bei der Planung im Kanzleramt mitzuwirken, rasch mit einem Fiasko geendet hatte[148]; vermutlich ist seine *Computer-Demokratie* nicht zuletzt vor diesem Hintergrund zu verstehen, so in ihrer Klage über die Schwierigkeit der Kooperation zwischen Ministerialbürokratie und wissenschaftlichen Beratern.[149] Der Kern des Buches ist ein ausführlicher Bericht über »ORAKEL«: ein 1967 an der Universität von Kalifornien in Berkeley durchgeführtes Experiment, das »ein Staatswesen der Zukunft, eine Direkt-Demokratie« simulierte.»ORAKEL« – man beachte die Anspielung auf den antiken Begriff für Weissagung! – war eine Abkürzung für: *Organisierter* Konflikt einer *Repräsentativen* Auswahl von Bürgern, die sich um die *Artikulation Kritischer Entwicklungs-Lücken* bemühen. Wobei Krauch bemerkt, »ORAKEL« könne »auch ohne Computer und Fernsehen in einer Bürgerversammlung eingesetzt werden«.[150] Ab 1971 trat er im Fernsehen auf, und Tausende von Zuschauern beteiligten sich an seinen »ORAKEL«-Experimenten.

Es ging Krauch wohl nicht nur um die Demokratie, sondern auch darum, ungeahnte Möglichkeiten des Computers vorzuführen; aber dabei entfaltet er viel Phantasie, besonders zur Reform des Bildungswesens. Seine *Computer-Demokratie* ist eine der seltenen konkret und fachmännisch ausgeführten Visionen jener Zeit. Es scheint allerdings, dass die Zukunftsträume Rudi Dutschkes von der Computerwelt weit entfernt waren. 1967 richtete ein *Spiegel*-Interviewer, zu dem Dutschke über die revolutionäre Zukunft relativ offen geredet hatte (*Spiegel*-Schlagzeile: »Wir fordern die Enteignung Axel Springers!«), an ihn die Frage: »Was Sie da ausmalen – ist das nicht der alte, biblische Garten Eden?« Da gab Dutschke einen Einblick in eine religiöse Wurzel seines Zukunftsdenkens: »Ja, der biblische Garten Eden ist die phantastische Erfüllung eines uralten Traums der Menschheit. Aber noch nie in der Geschichte war die Möglichkeit der Realisierung so groß.«[151] Da traf er sich mit der »messianischen Philosophie« (Jürgen Miermeister)[152] Ernst Blochs, zu dem er später ein vertrautes Verhältnis gewann, nachdem er ihn anfangs durch sein Schweigen über Utopien enttäuschte. Bei ihm wie bei Bloch kommt bei aller Aversion gegen »Technokratie« doch die moderne Technik ins Spiel; denn an anderer Stelle verweist Dutschke auf die »ungeheure Entfaltung der Produktivkräfte« als entscheidende Chance zur Realisierung des revolutionären Ziels[153]: hier jedoch als ein Mittel zur Verwirklichung eines »uralten Traums«. Doch so konnte man im marxistischen Milieu nicht reden!

Das mag erklären, warum Dutschke sich mit öffentlichen Aussagen über die zu erkämpfende Zukunft im allgemeinen spröde gab[154] und mit maoistischer Metapher vor allem den »langen Marsch« dorthin betonte. Jürgen Miermeister bekennt in seiner Doppelbiographie von Bloch und Dutschke, selbst »nach wiederholter Lektüre seiner Reden und Schriften und Tagebücher« gewinne er den Eindruck, dass Dutschke »selbst nicht so genau« gewusst habe, mit welchem Ziel er »unbedingt eine Revolution machen wollte«. »Gewiss ist, dass sich da vieles zur Unruhe mischt: christliche Welterlösungswünsche, sexuelle Askese, halbstarkes Aufbegehren, wohl auch Filmidole« sowie ein aus der DDR mitgebrachtes »schlichtes Weltbild«: Sozialismus = gut, Kapitalismus = böse.[155] Aber eine derart zusammengestückelte Zukunftsvision konnte man unmöglich offen verkünden!

Im Februar 1968 führte Dutschke in der Evangelischen Akademie Bad Boll im Beisein des Futurologen Flechtheim sein erstes Gespräch mit Ernst Bloch. Es war – so Gretchen Dutschke – »eine außergewöhnliche Begegnung, eine Inspiration, die nachwirkte bei Rudi und bei Ernst«[156]; daraus entstand in den Folgejahren ein vertrautes Verhältnis zwischen dem Studentenführer und dem 55 Jahre älteren Philosophen der Hoffnung. Der bekundete in Bad Boll erst einmal sein Bedauern: »Was am meisten auffällt und was eine Schwäche hinsichtlich der studentischen Bewegung notwendig in sich permanent darstellt, das ist etwas sehr Merkwürdiges: nämlich die geringe Klarheit und Sichtbarkeit oder gar Plastik dessen, wofür und wozu man

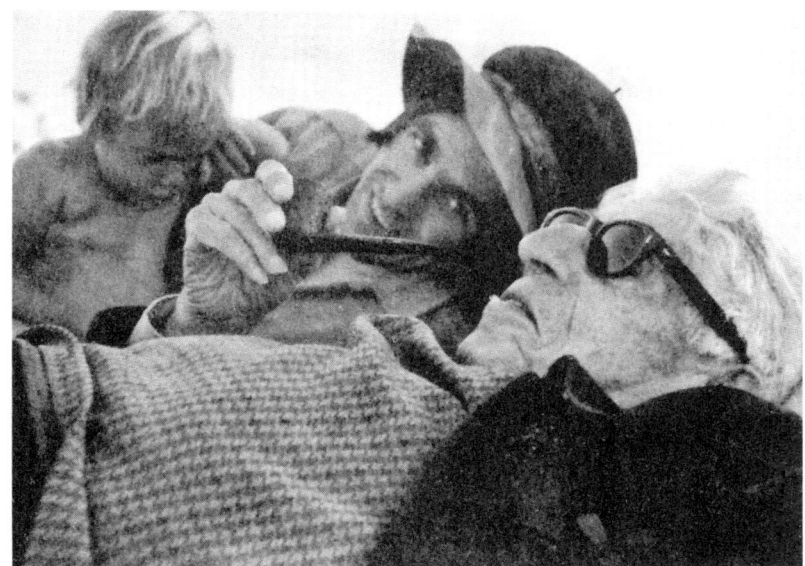

*Rudi Dutschke und Ernst Bloch, in Dänemark beieinander auf einer Wiese liegend.
Auf ihnen krabbelt Dutschkes kleiner Sohn Hosea Ché, dessen Name die Sympathie
des Vaters nicht nur für den lateinamerikanischen Revolutionär, sondern auch für
den alttestamentlichen Propheten bezeugt. Auch da traf er sich mit Bloch!*

kämpft.« Anders als im Jahr davor gegenüber dem *Spiegel*-Interviewer tat
Dutschke damals dem Philosophen nicht den Gefallen, seinen Zukunftsträumen plastische Gestalt zu geben.[157]

Alles in allem: Während man beim Studium der Zukunftsforschung jener
Zeit irgendwann das Wort »Zukunft« nicht mehr hören kann, kann einen
bei der Suche nach den Fernzielen der Achtundsechziger eher eine Sehnsucht nach klar umrissenen Zukunftsentwürfen überkommen. Wie reizvoll
und inspirierend hätte eine offene Diskussion solcher Entwürfe mitsamt ihren Vorbedingungen, dem Weg dorthin sein können! Aber je länger man
in den Dokumenten von 1968 stöbert, desto abwegiger erscheint einem die
Idee, eine derartige Diskussion hätte es in aller Offenheit und Öffentlichkeit
geben können.

In Frankreich scheint es nicht sehr anders gewesen zu sein. Alain Touraine nannte die Bewegung vom Mai 1968 im Titel seines noch im selben Jahr
veröffentlichten Buches einen »utopischen Kommunismus«; aber vergeblich
sucht man in seinem Buch nach Zitaten, die diese Utopie greifbar machen,

ähnlich wie später in seiner *Antinuklearen Prophetie.* An einer Stelle erläutert er, die Utopie sei »der Ausdruck einer politischen Aktion, die es noch nicht vermocht hat, ihren Plan (projet) in Kampf zu transformieren«[158]; da erkennt man – so Ingrid Gilcher-Holtey in ihrer Kritik Touraines – seine Grundauffassung, »nicht der subjektiv gemeinte Sinn der Akteure« mache das Wesen sozialen Handelns aus; dieses Wesen lasse sich vielmehr – so Touraine – nur »aus den Konflikten und Widersprüchen der Gesellschaft« erklären.[159] So betrachtet richte sich die Revolte vom Mai 1968, ihrer subjektiven Beweggründe ungeachtet, gegen die »technokratische Utopie«.[160] Auf diese Weise verkörpert sie in Touraines Sicht eine Gegen-Utopie, was auch immer die rebellierenden Studenten als Ziel angeben mochten. Auch Touraines eigene Lehrveranstaltungen wurden damals von Studenten gestört, worauf er nicht diskussionsoffen, sondern mit scharfer Zurechtweisung reagierte.[161] Man versteht, dass er nicht sich selbst als eine der Zielscheiben dieser Revolte akzeptieren wollte!

Touraines Deutung des objektiven Sinns dieser Protestbewegung passt jedoch schlecht auf die große Hoffnung, die führende deutsche Achtundsechziger auf den »Fortschritt der Produktivkräfte«, gerade auch auf die Automation setzten. Daniel Cohn-Bendit, der berühmteste Rebell vom Pariser Mai 1968, verweist noch zwei Jahrzehnte darauf, als er sich längst der Öko-Bewegung angeschlossen hatte, auf Dutschkes Äußerung im Streitgespräch mit Habermas: »Die Entwicklung der Produktivkräfte hat einen Prozesspunkt erreicht, wo die Abschaffung von Hunger, Krieg und Herrschaft materiell möglich geworden ist.«[162] Zumindest in der Negation war die Utopie eindeutig. Es gab unter den deutschen Rebellen zwar auch die Frontstellung gegen die »technokratische Hochschulreform«, die studentische Freiheiten beschnitt[163]; aber die damalige Schimpfkanonade des Technokraten Karl Steinbuch lässt daran zweifeln, ob damalige Hochschulreformen viel mit Technokratie zu tun hatten. Zudem kamen gerade aus den Reihen der Achtundsechziger, wie wir sahen, nicht wenige, die im Zeichen des »Curriculums« eine straffere Orientierung der Bildung an Lernzielen forderten: »Gesellschaftliche Relevanz« gegen »Hobbys der Professoren«!

Zum Schluss nun zu jenem Siebzigjährigen, der – in den Worten Enzensbergers – den Achtundsechzigern ihre Wünsche erklärte: dem 1933 über die Schweiz in die USA emigrierten Philosophen Herbert Marcuse, der es nicht nötig hatte, sich an den Sprachduktus marxistischer Szenen zu halten. Vor allem unter denjenigen Achtundsechzigern, die ihre erotischen Wünsche theoretisch untermauern wollten, kursierte seine Essaysammlung *Psycho-*

analyse und Politik. Diese schloss mit einem Text »Das Ende der Utopie«. Das könnte diejenigen überraschen, die Marcuse für den großen Utopisten von 1968 halten; in Wahrheit legt Marcuse jedoch dar, dass das, was einst als Utopie gegolten hatte, nunmehr eine reale Chance geworden ist. »Utopie ist ein historischer Begriff; er bezieht sich auf Projekte gesellschaftlicher Umgestaltung, die für unmöglich gehalten wurden.« Mit dem »Ende der Utopie« meint er »die Widerlegung jener Ideen und Theorien, denen der Begriff der Utopie zur Denunziation von geschichtlich-gesellschaftlichen Möglichkeiten gedient hat.«[164]

Der entscheidende Faktor, der die einstigen Utopien in potentielle Realität verwandelt hat, ist nichts anderes als die Automation! »Marx hat in den ›Grundrissen‹ dargelegt, dass vollendete Automation der gesellschaftlich notwendigen Arbeit mit der Erhaltung des Kapitalismus unvereinbar ist.« Die Automation eröffne daher »›utopische‹ Möglichkeiten«, die jetzt eben keine Utopie mehr seien: die Chance zu einem »Spiel mit den Möglichkeiten der menschlichen und außermenschlichen Natur«. Da würde »die produktive Einbildungskraft zur geformten Produktivkraft«[165]: Das passt zu der Parole »Die Phantasie an die Macht« des Pariser Mai 1968.[166]

Und da denkt der siebzigjährige Philosoph – und hier sprach er gewiss vielen jungen Achtundsechzigern aus der Seele – ganz besonders an die erotische Phantasie, warnt jedoch zugleich die Jüngeren davor, Eros auf Sexualität zu reduzieren. »Eros ist ursprünglich mehr als Sexualität in dem Sinne, dass er kein Partialtrieb ist, sondern eine den ganzen Organismus beherrschende Kraft, die erst nachträglich in den Dienst der Reproduktion gestellt und als Sexualität lokalisiert wird.«[167] »Pansexualismus« sei »nur vorstellbar als Explosion repressiver Triebenergie«. »In dem Maße, in dem erotische Energie wirklich frei würde, hörte sie auf, bloße Sexualität zu sein, und würde zu einer den Organismus in allen seinen Verhaltensweisen, Dimensionen und Zielen bestimmenden Kraft.«[168] »Damit würde die repressive Triebstruktur ebenfalls aufgesprengt: die nicht mehr in unbefriedigender Arbeit aufgefangene Triebenergie würde frei werden und als Eros auf die Verallgemeinerung libidinöser Beziehungen und die Entfaltung einer libidinösen Kultur drängen.«[169]

Die Zukunft der Automation, die der menschlichen Mühsal ein Ende setzt, macht die Möglichkeit einer panerotischen Lebensweise real! Aber wird Marcuse da nicht doch zum Utopisten? In einem 1968 von Habermas herausgegebenen Band *Antworten auf Herbert Marcuse* mit Beiträgen aus dem theoretischen Umfeld der Achtundsechziger kommt die schärfste Kritik von dem damaligen Philosophie-Assistenten Wolfgang Fritz Haug: Marcuses Denken bedeute nichts anderes als einen »radikalen Bruch mit dem Marxismus«. Marcuse habe ja in einem seiner Berliner Vorträge von 1967 selber gesagt, »der von Engels bezeichnete Weg des Sozialismus von der Utopie zur Wissenschaft« müsse »zurückgegangen werden von der Wissenschaft zur Utopie«.[170] »Positive Zielwörter sind Friede, Ruhe, Alleinsein, Glück. Ihren Stellenwert kennzeichnet, dass sie häufig den Index des ›Zurück-zu‹ tragen. Zu reduzieren sei die Übervölkerung und, ganz allgemein, die ›Überentwicklung‹.« Marcuse also im Grunde seines Herzens ein »Reaktionär«; auch in der von ihm erschauten »Wiederherstellung der Natur« erkennt Haug nur das »Zurück-zu«.[171]

Haugs Kritik wirft einmal mehr ein Licht auf tiefe Hemmungen, die die Vordenker der Neuen Linken daran hinderten, ihre Wunschträume ganz konkret und ohne Verklausulierung zu offenbaren und zur Diskussion zu stellen. Es ist allzu billig, sich darüber aus der Retrospektive zu mokieren; eher kann einen die in dieser Hemmung liegende Tragik nachdenklich machen. Denn gerade aus heutiger Sicht ist die Suche nach Alternativen zum Kapitalismus, die die Irrwege des Kommunismus vermeiden, alles andere als lächerlich.

»WER VISIONEN HAT, DER SOLL ZUM ARZT GEHEN« (HELMUT SCHMIDT) – ABER WER HAT VISIONEN? DIE ZUKUNFTSFORSCHER UND DER KURZLEBIGE PLANUNGSBOOM UNTER WILLY BRANDT. Mit dem Regierungsantritt der Großen Koalition Ende 1966 wurde Planung zur Parole der Zeit, in erklärter Abkehr von der Erhardschen Anti-Planungs-Allergie, die längst unzeitgemäß erschien, schon gar zu jener Zeit, als dem »Wirtschaftswunder« eine Rezession folgte. Doch das Verhältnis der Planung zur Prognose blieb gespannt. Nachdenkliche Zukunftsforscher waren sich dessen bewusst, dass die Zukunft voller Unbekannten war und dass es eine Mehrzahl möglicher Zukunftsszenarien gab; ehrgeizige Planer dagegen wollten am liebsten glauben, sie könnten die Zukunft selber gestalten.

Vorerst jedoch ging es denen, die nach politischem Einfluss strebten, nicht so sehr um die Zukunft, sondern um die Gegenwart: um die *Koordination* der bislang diffusen, vom Ressortegoismus bestimmten staatlichen Aktivitäten. Vor allem dies erschien als vordringlichste Aufgabe. In diesem Zeichen stand die »MifriFi«, die 1967 von der Großen Koalition beschlossene »Mittelfristige Finanzplanung«. Mehr noch wurde jedoch die »Konzertierte Aktion« ab 1967 unter der Ägide des neuen sozialdemokratischen Wirtschaftsministers Karl Schiller zum Schlagwort, das einen Neuanfang markieren sollte. Es bedeutete konkret, dass in Gesprächsrunden zwischen Regierung, Gebietskörperschaften, Gewerkschaften, Arbeitgeberverbänden und der Bundesbank eine Abstimmung (»Konzertierung«) des für die wirtschaftliche Gesamtentwicklung relevanten Verhaltens bewirkt wurde unter dem Leitziel, einen hohen Beschäftigungsstand, das dazu notwendige Wirtschaftswachstum und zugleich Preisstabilität zu erreichen.

Das war im Kern keine Zukunftsvision, sondern nichts anderes als eine Rückkehr zu dem Zustand, den man bis vor wenigen Jahren gehabt hatte, nunmehr allerdings durch eine aktive Konjunkturpolitik des Staates: eine »antizyklische« Wirtschaftspolitik im Sinne von Keynes. Diese funktionierte allerdings am ehesten dann, wenn es galt, die Staatsausgaben zur Wiederankurbelung der Konjunktur zu erhöhen; und selbst beim Ende der Rezession von 1966/67 ist zweifelhaft, ob dies – wie damals oft angenommen – der »Globalsteuerung« des sozialdemokratischen Wirtschaftsministers zu verdanken war.[172] Die mit hohen Erwartungen gestartete »Konzertierte Aktion« verlief in den 1970er Jahren unauffällig im Sande. Anfang 1967 legte sich der neue Kanzler Kiesinger einen Planungsstab zu, der wissenschaftliche Unterlagen für Entscheidungen vorbereiten, nicht zuletzt aber auch die Richtlinienkompetenz des Kanzlers stärken sollte: Wie so oft stößt man auf den Zusammenhang von Planung und Herrschaft. Die Zentralisierung der Entscheidungen durch diesen Stab gelang jedoch nicht; und Kiesinger verlor sein Interesse an diesem Experiment.[173]

Einen Großen Plan, der eine Zukunft antizipierte, gab es zu jener Zeit vor allem in *einem* Ressort: in der Verkehrspolitik, wo der rasant anwachsende Straßenverkehr zu prognostischen Bemühungen zwang. Das war der »Leber-Plan«, ein verkehrspolitisches Programm für die Jahre 1968 bis 1972, der am 22. September 1967 von dem Bundesverkehrsminister Georg Leber, dem bisherigen Vorsitzenden der IG Bau, verkündet wurde. Bis 1972: Das war eine für Futurologen sehr bescheidene Zukunftsperspektive; von einer Zusammenarbeit mit Zukunftsforschern war damals keine Rede, und man gewinnt auch nicht den Eindruck, dass diese sich für die Verkehrspolitik sonderlich interessierten: Die wurde erst nach der sich ab 1970 vollziehenden »ökologischen Revolution« zur großen Herausforderung für weitsichtige Politik. Auch als die Zukunftsforschung boomte und Verbindung zur Politik suchte, kamen diejenigen Erwartungen, die die Politik bestimmten, überwiegend nicht aus der um Professionalisierung bemühten Futurologie. Es sieht so aus, als ob vor der Wende zum Umweltbewusstsein in Verkehrsfragen futuristische Anstrengungen unnötig erschienen: Das permanente Anwachsen des Autoverkehrs vollzog sich ja vor aller Augen und schien immer so weiterzugehen.[174] Oder schreckte man davor zurück, sich jene Zukunft auszumalen, zu der dieser Prozess am Ende führen würde? Das Jahr 1970 bescherte mit 19 193 Verkehrstoten und knapp 532 000 Verletzten »die Rekordmarke der deutschen Unfallstatistik« (Dietmar Klenke).[175]

Leber verfolgte in seiner Verkehrspolitik einen seltsamen Schlingerkurs. Er stellte fest, in keinem anderen Land, ausgenommen den USA, seien um 1967 mehr Straßen gebaut worden als in der Bundesrepublik; demnach erforderte der Straßenbau eigentlich keinen zusätzlichen Anschub. Ein Ziel des »Leber-Plans« ging denn auch dahin, das Wachstum des Straßenverkehrs zu dämpfen und die Auslastung der Bundesbahn vor allem im Güterverkehr zu verbessern. Das war bereits ein Ziel der Ära Adenauer gewesen; Hans-Christoph Seebohm, Bundesverkehrsminister von 1949 bis 1966 und damit der längste Bonner Ressortchef, hatte darüber von 1953 bis 1957 einen regelrechten »Schiene-Straße-Konflikt« ausgefochten, war dabei jedoch auf Widerstand in der eigenen Partei gestoßen.[176] Die dem »Leber-Plan« folgende Verkehrspolitik stellte jedoch nur einen »schwachen Nachklang« (Dietmar Klenke) des Konfliktes der 1950er Jahre dar.[177] Leber, das Oberhaupt des rechten SPD-Flügels (der sog. »Kanalarbeiter«), war anders als Seebohm nicht der Mann, um sich mit der mächtigen Lkw-Lobby anzulegen; er selbst musste zugeben, dass allein zwischen Bekanntgabe und Beschluss des Programms mehr unrentabel gewordene Eisenbahnstrecken stillgelegt worden seien als in all den Jahren davor.[178] Wie sich zeigte, galt die Leidenschaft des aus der Baugewerkschaft gekommenen Verkehrsministers in erster Linie dem Straßenbau.

Im Widerspruch zu seinem Plan kam er in einer Rede mit seiner »Vision« (Helmut Holzapfel), dass jeder Bundesdeutsche innerhalb von zwanzig Kilometern eine Autobahnauffahrt erhalten sollte[179]: ein Zukunftsentwurf, der schon bald darauf, als sich im Zuge des zunehmenden Umweltbewusstseins das urbane Ideal von der »autogerechten« zur verkehrsberuhigten Stadt verkehrte, als schlimmster Auswuchs der vorangegangenen Verblendung zitiert wurde.[180] Der Spiegel brachte am 20. September 1971 eine Leber-Titelgeschichte, außen mit dem Titel »Mit Tempo aufs Abstellgleis« und innen mit der Überschrift: »Er war unser strahlendster Held«. Da heißt es im Vorspann: »Noch gilt der Straßenbau-Fanatiker in seiner Partei als unverzichtbares Aushängeschild für rechte Wähler. Doch in der längerfristigen SPD-Strategie spielt er eine immer geringere Rolle.« Und dann: »Hektisch und ohne Konzept ist seine gesamte Verkehrspolitik.« So wenig war von dem

»Leber-Plan« übriggeblieben! Lebers Politik basierte auf der Prämisse, dass die Deutschen auch in Zukunft unverbesserliche Autonarren bleiben würden und demgegenüber der einschneidende Verlust an Lebensqualität kaum ins Gewicht fiel, der für die Anwohner entstand, wenn durch bislang ruhige Wohnlagen Fernstraßen gelegt wurden. Das Ideal »Lebensqualität« wurde die große Innovation ab 1970.

Zu jener Zeit hatte das sozialdemokratische Zukunftsplanen längst weitere Kreise gezogen. Anfang 1968 beschloss der SPD-Vorstand einen ersten Entwurf von »Sozialdemokratischen Perspektiven im Übergang zu den siebziger Jahren«. Schon die Resonanz auf diesen Entwurf übertraf »an Umfang und Intensität alle Erwartungen«: so jedenfalls Horst Ehmke, der kommende Chefplaner der Regierung Brandt.[181] Eine überarbeitete Fassung wurde im April 1969 im Blick auf den kommenden Wahlkampf herausgebracht. Da ist das Kapitel »Zukunftsaspekte« von keinem Geringeren als Helmut Schmidt verfasst, der bald darauf Ehmkes Planungsstab lächerlich machte. Von Schmidt stammt auch die Einleitung zu dem Kapitel »Die Zukunft unserer Gesellschaft«, wogegen Ehmke zwar den Band herausgab, aber für keinen einzigen Beitrag zeichnete. Im Zentrum von Schmidts »Zukunftsaspekten« steht die Automation. Da entwirft er ein Hell-Dunkel: Die elektronischen Kommunikationsmittel könnten die Teilhabe der Bürger an der Politik verbessern, könnten jedoch auch »dazu missbraucht werden, jeden Bürger einer totalen politischen Überwachung auszuliefern«. Aber dann erteilt er dieser Himmel-Hölle-Polarität eine Abfuhr: »Der Politiker macht sich schuldig, der sich von diesen beiden Extremen faszinieren ließe.«[182]

Aus der Rückschau fällt auf, dass Schmidt hier kein Wort zum Thema »Umwelt« sagt, obwohl selbst Ehmke zwei Jahre darauf die Umweltpolitik als verheißungsvolles Feld für Zukunftsplanung entdeckte, wo die Bundesrepublik »erst in letzter Stunde« aufgewacht sei.[183] So abrupt platzte »Umwelt« 1970 als Leitthema in die politischen Diskurse, obwohl dieses Problemfeld, wie wir noch sehen werden, damals mehr »von oben« als »von unten« kam! Auch in der deutschen Studentenbewegung war anders als in der amerikanischen die Umweltzerstörung noch kein großes Thema.[184] Zur »Zukunft unserer Gesellschaft« blieb Schmidt 1969 eher wortkarg. Er erinnert daran, dass die SPD 1959 mit dem Godesberger Programm »die unreflektierte quasi-naive Wissenschaftsgläubigkeit, die siebzig Jahre hindurch unsere Programmatik bestimmt hatte«, überwunden und in ihren Regierungsprogrammen von 1961 und 1965 »Utopie und Ideologie als Ausgangsgrundlagen der politischen Programmatik durch ethisch bestimmte Grundlagen« ersetzt habe.[185] Für ihn war also mitnichten eine auf wissenschaftlich fundierte Zukunftsentwürfe gerichtete Politik das Gebot der Zeit.

Willy Brandts Regierungserklärung vom 28. Oktober 1969 ist besonders berühmt durch das Versprechen: »Wir wollen mehr Demokratie wagen.« Aber was bedeutete das konkret? Da verdient auch der Folgesatz Beachtung: »Wir werden unsere Arbeitsweise öffnen und dem kritischen Bedürfnis nach Information Genüge tun.« Die Initiative bei der angekündigten Demokratisierung bleibt also bei der Regierung; die zu jener Zeit aufkommenden Bürgerinitiativen hatte Brandt, wie es scheint, noch nicht im Blick.

In der Folge rückte Helmut Krauch mit seiner Heidelberger Studiengruppe für Systemforschung eine Zeitlang in eine Beraterrolle bei der von Ehmke betriebenen Reorganisation des Kanzleramtes. Unter der Überschrift »System Orakel« wusste *Der Spiegel* im Oktober 1970 zu berichten, dass Krauch dort als »KIS« = »Kanzler-Informations-System« »eine elektronisch gesteuerte Mixed-Media-Anlage für Bild und Ton« vorgeschlagen habe, »die dem Kanzler ausgewählt und kurzgefaßt Informationen liefern soll«. »Die Leinwand-Lautsprecher-Show soll mit fiktiven Streitgesprächen gewürzt werden, in denen mehrere Sprecher ein Problem dialektisch auseinandernehmen.« Und im Sinne von »ORAKEL«: »Durch gezielte Fragen sollen Trends aufgespürt werden, die es dem Politiker gestatten, heute unpopuläre Maßnahmen zu treffen, die morgen von der Bevölkerung honoriert werden.« Dieses »Zeitraffer-Experiment« solle – so Krauch – vorweg messen können, was die Bevölkerung erst in einigen Jahren nachvollzieht. Dabei wollte er auch das Presseamt umfunktionieren, wo aus seiner Sicht bislang an die 700 Leute mehr oder weniger unnütz herumsäßen: Diese sollten künftig »Video-Input für KIS« liefern.

Rüdiger von Wechmar, der stellvertretende Presseamtsleiter, fuhr auf: »Das ist doch alles Quatsch. Das geht doch viel zu weit.« Und Reimut Jochimsen (1933–1999), der Leiter der Planungsabteilung, gab zu bedenken: »Einer muss eben 100 Filme als relevant aussuchen, um nur einen zu zeigen. Einer muss sie so aufarbeiten, dass der Kanzler auch den richtigen zu sehen bekommt.«[186] KIS als System zur Vorprogrammierung des Kanzlers! Auf Betreiben Jochimsens wurde schon Ende 1970 die Zusammenarbeit mit Krauchs Systemforschern wieder zurückgefahren.[187]

Dabei waren Jochimsen und Ehmke (Jahrgang 1927), der neue vor Aktivität strotzende Chef des Kanzleramtes, an und für sich für innovatorische Ideen zur Optimierung der Planung sehr empfänglich. Der frisch aus der Wissenschaft kommende Jochimsen brachte »ein geradezu euphorisches Verständnis von Planung mit ins Kanzleramt« (Elke Seefried).[188] Der sonst oft scharfzüngige Brandt-Intimus Klaus Harpprecht kommt noch 1973 bei Jochimsen, der in einschlägiger Literatur sonst oft eine blasse Randfigur bleibt, geradezu ins Schwärmen: Er sei im Kanzleramt »der überragende Geist«. »Ich bin selten einem so wohlorganisierten Kopf begegnet.«[189] Ehmke, Jochimsen und Krauch waren – zumindest aus der Distanz betrachtet – mehr oder wenig darin eines Sinnes, dass sich ihre Energie vorerst auf die Organisation und technische Optimierung von Planung richtete und sie nicht primär von angestrebten Zukunftsentwürfen her dachten. Bei ihnen allen war die Planungseuphorie »untrennbar mit der Etablierung des Computers in der Sphäre der Politik verbunden«, resümiert Benjamin Seifert.[190]

Und doch wurde die Kooperation der Heidelberger Systemforscher mit dem Kanzleramt für Krauch schon rasch zur Quälerei. Im Januar 1971 gestand er dem befreundeten Robert Jungk: Ihm sei »ein Mühlstein von der Seele gerollt«, als er zum Jahreswechsel die Verbindung zum Kanzleramt gelöst habe. »Die beiden letzten Jahre waren für mich bedrückend und aufreibend. Trotz wahnsinniger Anstrengung ist kaum was herausgekommen.«[191] Dabei war seine Studiengruppe für Systemforschung (SfS), als ihr Prestige durch die Verbindung zum Kanzleramt steil gestiegen war, durch Aufträge aus Ministerien binnen kurzer Zeit auf über siebzig Mitarbeiter gewachsen: ein Ausbau, der nach dem Bruch mit Ehmke »wohl voll abgewürgt« wurde (Kai Hünemörder).[192] Krauch muss sehr gelitten haben, wenn er trotz solcher nunmehr verscherzter Chancen zur personellen Expansion nach dem Bruch einen tiefen Seufzer der Erleichterung ausstieß!

Lag es daran, dass Ehmkes Aktivismus ihm wie anderen auf die Nerven fiel und dazu führte, dass man aneinander vorbeidachte und -handelte? Der Ehmke zugeschriebene Ausspruch »Politik ist Elektronik plus Management, der Rest lässt sich auf kleinen Zetteln erledigen«[193] war ein sehr anderer Stil der Beschwörung vermeintlicher Computer-Chancen als der der Krauchschen *Computer-Demokratie*. Über die ebenso ambitiöse wie diffuse Vielgeschäftigkeit des Kanzleramtchefs kursierten Witze, so besonders der, dass Ehmke auf die Frage seines Chauffeurs, wo er ihn hinfahren sollte, geantwortet habe: »Irgendwohin, ich werde überall gebraucht.«[194] Oder, dass er mit der Maschinenpistole durchs Palais Schaumburg gegangen sei: »Ra-ta-ta-ta-ta – und schon stimmt die Chose.«[195]

Vermutlich spiegelt sich in solchen Witzen nicht zuletzt der Ärger solcher Ministerialbeamten, die sich in ihrer Kompetenz von Ehmke überfahren sahen. Aber selbst Bundespräsident Scheel konnte sich die Bemerkung nicht verkneifen, »der Kollege Ehmke löse fast alle die Probleme, die er zuvor selbst geschaffen habe«[196]; und schon gar Helmut Schmidt nannte Jochimsens Planungsabteilung, wie *Der Spiegel* 1972 unmittelbar nach dem Ende dieser Planungsära publik machte, »Ehmkes Kinder-Dampfmaschine«[197]: ein gefundenes Fressen für alle Spötter! Der selbstbewusste Ehmke schob die Schuld an dem Fiasko auf die Wissenschaftler, die »zu leicht der Versuchung« erlägen, »ihre Wissenschaftlichkeit durch eine dem ›Normalbeamten‹ nur partiell verständliche Sprache unter Beweis zu stellen und ihre vermeintlich höheren Einsichten dem ›Fußvolk‹ der Beamten etwas von oben herab beizubringen. Das führt u. U. dazu, dass sie bald nur noch für sich selbst planen.«[198] In der Tat sparte Krauch nicht mit geringschätzigen Seitenhieben auf die Ministerialbeamten. Mit denen geriet jedoch auch Ehmke oft genug aneinander.

»Wer Visionen hat, der soll zum Arzt gehen«: Diese Frotzelei von »Schmidt-Schnauze« avancierte später zum geflügelten Wort. Schmidt bemerkte 2010 zu Giovanni di Lorenzo, dem Chefredakteur der *Zeit*: »Diesen Satz habe ich ein einziges Mal gesagt, er ist aber tausendfach zitiert worden. Einmal hätte genügt.«[199] Laut *Spiegel* zielte Schmidt dabei auf Visionen Willy Brandts im Bundestagswahlkampf von 1980[200]; gegenüber dem *Zeit*-Chef dagegen behauptete Schmidt, nicht mehr zu wissen, worauf er das gesagt habe: »Das muss mindestens 35 Jahre her sein, vielleicht 40.« Das wäre die Zeit der »Kinder-Dampfmaschine«. Aber wer hatte da eine realitätsferne Vision? Krauch, Jochimsen, Ehmke? Benjamin Seifert berichtet aus diesem Planungsboom in seiner Studie, die er *Träume vom modernen Deutschland* betitelt, nur einen einzigen »Traum« Ehmkes mit visionärem Zug: Ehmkes Wunsch, »den geplanten Neubau des Bundeskanzleramtes so anzulegen, dass die einzelnen Abteilungen um den gläsernen Rundbau des Kanzlerbüros rotieren und automatisch zur Chefbesprechung herangerollt werden können«.[201]

Kein anderer als Helmut Schmidt war erster Vorsitzender der im September 1970 von der SPD eingesetzten »Langzeit-Kommission« gewesen, die 1972 den *Orientierungsrahmen '85* im Entwurf vorlegte. Dieser löste heftige innerparteiliche Diskussionen aus, wurde erst in einer Neufassung Anfang 1975 vom Parteivorstand gebilligt, auf dem Mannheimer Parteitag im November 1975 beschlossen und als Buch von über 200 Seiten publiziert.[202] Doch schon auf dem SPD-Parteitag von 1977 war von dem »OR '85« nur noch am Rande die Rede. Kritiker erblickten darin eine Abkehr vom Godesberger Programm und einen Rückfall in den alten Marxismus, indem die

Gesellschaft nicht mehr pluralistisch gedacht, sondern wieder als Klassengesellschaft begriffen werde (was bei der sich damals immer deutlicher abzeichnenden »Scherenentwicklung« zwischen Arm und Reich nicht einmal so unrealistisch war!), mit dem Auftrag an die SPD, Bewusstsein und Gesellschaft zu verändern; aber auch die Parteilinke war mit dem »OR '85« unzufrieden, obwohl dieser am Ende vor allem der Vermittlung zwischen den Parteiflügeln dienen sollte. Helmut Schmidt hatte von Anfang an vor hohen Erwartungen gewarnt und bekannt, dass er sich bei dem zunächst gewählten Terminus »Langzeitprogramm« nicht wohlfühle.[203] Nun war er längst Bundeskanzler, und Alexander Schwan fragte in der *Zeit* zu diesem auf eine ungewohnt weite Zukunft gerichteten »Orientierungsrahmen« (Begriffe wie »Plan« und »Programm« wurden vermieden!): »Kümmert er die in der Regierung tätigen Sozialdemokraten einen Deut?« Mit Grund habe Ehmke, stellvertretender Vorsitzender der Langzeit-Kommission, »bitter beklagt«, dass diese »so zeitraubende Arbeit« »zwecklos« gewesen sei.[204]

Karl Steinbuch, der wütend-frustrierte Futurologe, behauptete 1980, mit Alexander Mitscherlichs »Pamphlet« *Die Unwirtlichkeit unserer Städte* habe »eine zeitweilige Machtübernahme der Visionäre« begonnen. »Was wurde uns da alles versprochen: Mehr ›Lebensqualität‹, mehr Emanzipation, mehr Demokratie. ... Vor allem unserer Jugend wurde übel mitgespielt: Das Scheitern der Visionen trieb viele in Frustration und Verzweiflung.«[205] Aber jugendliche Verzweiflung um 1980 hatte mehr mit der damals erneut aufkommenden Kriegsangst und der daraus folgenden eigenen Zukunftslosigkeit als mit unerfüllten Visionen der späten 1960er Jahre zu tun. Gerade Mitscherlich hatte mit seinem Aufruf zur Umkehr von der »autogerechten« zur wohnlich-menschengerechten Stadt ganz ohne Zukunftsforschung einen der produktivsten Anstöße jener Zeit zum ganz konkreten Umdenken und Umplanen gegeben. Dagegen bei den damaligen professionellen Planern und Prognostikern sucht man ähnlich wie bei den Achtundsechzigern vergebens nach detailliert durchdachten Zukunftskonzepten großen Stils und nach Reflexionen darüber, ob diese durch unerwartete Szenarien durchkreuzt werden könnten. Allzu oft wurde das Zukunftsdenken von organisatorischen Geschäftigkeiten der Planer absorbiert.

Im Jahr 1970 machte in den USA der *Zukunftsschock* (*Future Shock*) von Alvin Toffler (1928–2016) Furore; die Bewunderer dieses Bestsellers reichten von dem Drogenpropheten Marshall McLuhan bis zu Präsident Nixon. Es erschien im gleichen Jahr auf Deutsch[206] und wurde von Robert Jungk im *Spiegel* hoch gelobt: »Noch nie ist mit einer solchen Überfülle an Fakten gezeigt worden, wie technischer Fortschritt, der über den Produkten die Produzenten vernachlässigt, zu einer kollektiven Erkrankung führte, für die der Autor den Terminus ›Zukunftsschock‹ fand.« Aus der Rückschau verwundert, dass im Jahr der »ökologischen Revolution« weder das amerikanische Zukunftsbuch noch der Futurologe Jungk die Zerstörung der Umwelt als Kehrseite des technischen Fortschritts ins Zentrum stellt. Jungk schließt seinen Essay mit trüben Gedanken über die Zukunft der Zukunftsforschung: »Die Zukunftsforschung hat überraschend schnell das Schicksal der Religionen erfahren. Sie dient zur Erbauung, sie verpufft als Predigt, sie erweckt Hoffnung, wo Entschlossenheit zur Änderung vordringlicher wäre.«[207] Aber er verschweigt den entscheidenden Punkt: Die Zukunftsforschung jener Zeit hatte, insgesamt gesehen, ebenso wenig wie Tofflers Buch eine klare und überzeugend fundierte Orientierung für politisches Handeln zu bieten.

ÖKOLOGISCHE REVOLUTION UND ÖLKRISE: ZUR DIALEKTIK UND NEUARTIGEN DYNAMIK DES ZUKUNFTSDENKENS. Wenn in der einschlägigen Literatur nach 1970 oft ein scharfer Knick, ein Abbruch des prognostischen wie des planerischen Optimismus registriert wird, lassen sich mehrere Ursachen dieser Wende erkennen. Wie wir sahen, waren die Zukunftsforscher von vermeintlichen großen Chancen in der Politik beflügelt; aber diese Aussichten wichen rasch der Enttäuschung: Die Kooperation mit Kanzleramt und Ministerien erwies sich als unerwartet schwierig. Aber nicht nur externe Ursachen, sondern auch innere Strukturen der Zukunftsforschung trugen wesentlich zu dem Umbruch bei, nicht zuletzt die Unmöglichkeit, aus der Prognostik – von speziellen Sektoren abgesehen – eine professionelle Wissenschaft eigener Art zu machen. Je ambitiöser die Prognosen wurden, desto mehr kam die ganze Komplexität der Weltgeschehnisse ins Visier, die mit keinem auf bestimmte Methodiken festgelegten Spezialistentum zu fassen war. Obendrein gingen Zukunftsforscher wie Planer jener Zeit allzu oft von der – ob ausdrücklichen oder unausgesprochenen – Prämisse aus, das wirtschaftliche Wachstum sei ein Dauerzustand. Diese Euphorie erwies sich als höchst instabil; so gesehen bietet die Wende nach 1970 ein Musterbeispiel für die Dialektik zwischen Hoffnung und Furcht.

Als äußerer Anstoß der Wende gilt vielfach die durch den Nahostkrieg ausgelöste Ölkrise vom Herbst 1973; Andreas Rödder geht in seiner *Kurzen Geschichte der Gegenwart* sogar so weit, diese als »Kulturschock« zu bezeichnen.[208] Demgegenüber hat Rüdiger Graf gezeigt, dass diese Krise für Insider des Ölgeschäfts keineswegs überraschend kam.[209] Und gerade die großen Erwartungen, die auf die Kernenergie gesetzt wurden, gründeten sich auf das

Bewusstsein der Begrenztheit der Ölressourcen und der Unsicherheit der Ölversorgung. Helmut Meysenburg, im RWE-Vorstand die längste Zeit ein Mann der Braunkohle und Gegenspieler des Atom-Protagonisten Heinrich Mandel, schwenkte 1969 abrupt um, als das RWE sich als Großaktionär bei Gelsenberg eingekauft hatte und dort Einblicke in die Unsicherheit des Öl-geschäfts bekam.[210] Im übrigen sind Krisen der Ölversorgung bis heute nur vorübergehend geblieben.

Die Ölkrise von 1973 wurde freilich von vielen vor dem Hintergrund des im Jahr davor erschienenen Welt-Bestsellers *Die Grenzen des Wachstums* wahrgenommen: dem Bericht des 1968 gegründeten Club of Rome, der bis dahin in der Öffentlichkeit kaum bekannt gewesen war. Daher erklärt sich die Weltwirkung wesentlich daraus, dass die Zeit für eine solche Botschaft reif war. Der Bericht, der in einem berühmten US-amerikanischen Think-tank, dem Massachusetts Institute of Technology (MIT), mit Hilfe von Com-putern erarbeitet worden war, ist das eindrucksvollste Scharnier zwischen der Zukunftsforschung der 1960er und den Zukunftssorgen der 1970er Jahre. Die Verfasser gelangten zu der seither unendlich oft zitierten Jahr-hundertprognose:

»Wenn die gegenwärtige Zunahme der Weltbevölkerung, der Industrialisierung, der Umweltverschmutzung, der Nahrungsmittelproduktion und der Ausbeutung von natürlichen Rohstoffen unverändert anhält, werden die absoluten Wachs-tumsgrenzen auf der Erde im Laufe der nächsten hundert Jahre erreicht. Mit gro-ßer Wahrscheinlichkeit führt dies zu einem ziemlich raschen und nicht aufhalt-baren Absinken der Bevölkerungszahl und der industriellen Kapazität.«[211]

Das war die dezente Umschreibung einer Menschheitskatastrophe. Kriti-ker des Berichts haben diese Prophezeiung in die irrationale Tradition der Apokalypsen gestellt; aber es war lediglich eine Wenn-dann-Prognose. Die Botschaft des Berichts geht gleich darauf dahin, dass diese Aussicht einen »Übergang vom Wachstum zum Gleichgewicht« erfordere. Das sei aller-dings eine »riesige Aufgabe«; und die Chancen, der Katastrophe zu ent-rinnen, seien umso größer, je rascher die Menschheit mit der Umkehr zur Strategie des Gleichgewichts beginne. Da erkennt man zwischen den Zei-len in der Tat Pessimismus. Kai Hünemörder, der die Entstehungsgeschichte des modernen Umweltbewusstseins erforschte, gewinnt den Eindruck, dass sich mit den *Grenzen des Wachstums* in der Bundesrepublik »Untergangs-stimmung« zu verbreiten begann, erst recht, als diese durch die Ölkrise vom Herbst 1973 bestätigt zu werden schienen.[212]

Dem Bericht ist eine »Kritische Würdigung durch den Club of Rome« angehängt, dessen Präsident der Fiat-Direktor Aurelio Peccei (1908–1984) war, also ein Mann, von dem man eine Anti-Wachstums-Botschaft am wenigsten erwartet hätte. Die »Kritische Würdigung« enthält denn auch das Eingeständnis: »Die pessimistischen Folgerungen, die sich ergeben, waren Ursache harter Streitgespräche und werden es zweifellos auch in Zukunft bleiben.«[213] »Es bleibt natürlich die Frage offen, ob die Situation auf unserer Erde tatsächlich so ernst ist, wie dieser Bericht und unser Kommentar sie bewerten.« »Natürlich«! »In jedem Fall ist unsere Lage sehr bedrohlich, aber nicht ohne Hoffnung.«[214]

Auf ebendieser Sichtweise basierte die gesamte Umweltbewegung: Die Gefahren für Mensch und Umwelt sind groß, aber wir können etwas dagegen tun. Zu Unrecht haben Kritiker ihr apokalyptischen Fatalismus unterstellt: Aus lähmender Angst geht keine über Jahrzehnte ungemein aktive Bewegung hervor. Sie entstand nicht unter dem unmittelbaren Eindruck einer großen Umweltkatastrophe, die Panikreaktionen hätte auslösen können; und sie kam auch keineswegs von Desperados am Rande der Gesellschaft, sondern zum Gutteil aus den Eliten.

Gewiss stellte sich im Laufe der Zeit heraus, dass nicht wenige Ressourcen der Erde größer waren als damals angenommen: Mit dem heutigen Blick auf die Gefahr für das Klima besteht der fatalste Umstand darin, dass die fossilen Energieressourcen größer sind als ehedem errechnet und von ihrer Verknappung vorerst kein massiver Druck zum Übergang auf alternative Energien ausgeht. Zudem ist der Abbau der Ressourcen mit wachsendem Aufwand, oft auch mit erhöhten Umweltschäden verbunden. Im übrigen machte die »Kritische Würdigung« aus dem »vorläufigen Charakter dieses Berichtes« und der »Unzulänglichkeit eines Teils des zugrunde liegenden Datenmaterials« keinen Hehl[215]: nichts von einem Prophetengestus der absoluten Sicherheit der Voraussage!

DAS ÜBERRASCHUNGSMOMENT DER ÖKOLOGISCHEN REVOLUTION. Ein 1973 zuerst in den Niederlanden erschienener Sammelband mit Stellungnahmen zu den *Grenzen des Wachstums* bietet ein einzigartiges weltweites Panorama intellektueller Prominenz und dokumentiert eine rasante Eskalation der Debatte in den geistigen Eliten der Welt, auch wenn die Beiträge teilweise am Thema vorbeireden. Von deutscher Seite sind Herbert Marcuse und Robert Jungk vertreten. Marcuse schreibt dem Bericht des Club of Rome »allergrößte Bedeutung« zu, weil er »die dem kapitalistischen System innewohnende Destruktivität und Aggressivität aus einem neuen Blickwinkel beleuchtet«.

Die Verfasser wollten allerdings nicht sehen, dass die von ihnen für notwendig erklärte Umsteuerung der Weltwirtschaft »nur durch und nach Abschaffung des Kapitalismus möglich« sei.[216] Anders Robert Jungk, der bei der Gelegenheit ankündigte, er wolle ein Buch mit dem Arbeitstitel *Mensch Plus: Für eine neue Richtung des Wachstums* herausbringen: »Ich bin der Ansicht, dass dem Wachstum keine Grenzen gesetzt sind. In humaner und sozialer Hinsicht sind wir unterentwickelt. Ich glaube, ein neues Feld des Fortschritts ist die Entwicklung der menschlichen Fähigkeiten.«[217] Die Idee eines »Green Growth«, eines umweltfreundlichen Wachstums durch erhöhte Effizienz und Nutzung regenerativer Ressourcen, ist noch nicht da. Dass ein Wachstum der Humanität und der Phantasie unbedenklich, ja zu begrüßen sei, hätten auch die Autoren der *Grenzen des Wachstums* nicht bestritten. Jungk bekundet jedoch die Sorge, »dass sich der Gedanke des Club of Rome zu einer technokratischen Ideologie auswächst«.[218]

In der von ihm und Helmut Krauch herausgegebenen Reihe *Innovation – Bücher für die Gegenwart von morgen* erschien im gleichen Jahr 1973 ein Sammelband mit ausschließlich kritischen Stimmen zum Bericht des Club of Rome; der deutsche Titel *Zukunft aus dem Computer?* spiegelte die Technokratie-Sorge, ungeachtet der Krauch-Vision der *Computer-Demokratie*. Der erste Beitrag, verfasst von dem Mitherausgeber Christopher Freeman, trägt den Titel »Computer-Malthusianismus«, und der Malthusianismus-Vorwurf wird an späterer Stelle wiederaufgenommen.[219] In der Tat hatte das Katastrophenszenario der *Grenzen des Wachstums* unter den Ursachen an erster Stelle »die gegenwärtige Zunahme der Weltbevölkerung« genannt.

Peccei publizierte 1981 ein persönliches Bekenntnisbuch, das ganz um das Thema »Zukunft« kreist. Da beginnt er mit der apokalyptischen Prophezeiung: »Die Menschheit befindet sich auf dem Weg in die Katastrophe.« Aber dann: »Die Zukunft liegt allein in unserer Hand«; das wurde zum Titel der deutschen Ausgabe. Doch was muss konkret geschehen? Der Bericht des Club of Rome von 1972 hatte die praktischen Folgerungen und Prioritäten offengelassen. Peccei jedoch beginnt sein Resümee mit der Forderung: »Obwohl sie der höchste Ausdruck des Seins ist, muss die Zeugung einer rigorosen sozialen Ethik unterliegen.« Und er setzt noch darauf: »Die Qualität der Bevölkerung ist wichtiger als ihre Quantität, und sie allein kann die Wirkungen der Bevölkerungsexplosion kompensieren.«[220] Aber was heißt »Qualität der Bevölkerung«? Obendrein konnte man dagegenhalten, dass eine derartige Priorität die vorrangige Verantwortung für die große Wende auf die Dritte Welt schiebt, obwohl der Pro-Kopf-Ressourcenverbrauch in der Ersten Welt ein Vielfaches beträgt. Im gleichen Jahr 1972, als der Bericht des Club of Rome erschien, tagte in Stockholm der erste globale Umweltgipfel. Da warfen Sprecher der Dritten Welt den führenden Industriestaaten vor, diese wollten, nachdem sie selbst an Wohlstand gewaltig gewachsen seien, den armen Ländern ein Wachstum verwehren.[221]

Der wichtigste Mittelsmann zwischen den Futurologen der 1960er und den Umweltbewegten der 1970er Jahre war in der Bundesrepublik Peter Menke-Glückert (1929–2016), ein vielseitiger Geist, der Ende 1969 den neuen Bundesinnenminister Genscher auf die frisch aus den USA importierte Umweltpolitik brachte und in dessen Ministerium Leiter der neuen Umwelt-Abteilung wurde; er entwarf für seinen Chef die Rede, die dieser 1972 auf der Stockholmer Umweltkonferenz hielt.[222] Menke-Glückert, seit 1966 mit Robert Jungk gut bekannt[223], war von der Zukunfts- und der Friedensforschung sowie dem Streben nach Verwissenschaftlichung der Politik mittels neuer Technik auf die Umweltproblematik gekommen. Noch in seinem 1969 veröffentlichten Rowohlt-Taschenbuch *Friedensstrategien – Wissenschaftliche Techniken beeinflussen die Politik* kommt die Umweltforschung nur ganz nebenbei vor. So plötzlich entdeckte er damals die Erfordernisse und politischen Chancen des Umweltschutzes, wie überhaupt die ökologische Wende 1970 – in der Bundesrepublik weit mehr als in den USA – selbst für künftige Umweltakteure bemerkenswert unerwartet kam. Man kann mehrere Wurzeln weit zurückverfolgen, ob im Naturschutz, der technischen Sicherheit oder dem, was man um 1900 »Stadthygiene« nannte; aber all das war die längste Zeit voneinander getrennt gelaufen und gewann erst durch die Synergie – und durch das Hinzukommen der neuen Parole »Lebensqualität« – eine Eigendynamik, die selbst viele Beteiligte überraschte.

Auch als Umweltpolitiker setzte Menke-Glückert sein Engagement in der Zukunftsforschung fort, nahm 1970 am Futurologen-Kongress in Kyoto teil[224], wurde auf der Nachfolge-Konferenz in Rom sogar als Nachfolger des prominenten Bertrand de Jouvenel zum Generalsekretär der World Future Studies Federation gewählt[225] und 1976 zum Vorstandsvorsitzenden des Zentrums Berlin für Zukunftsforschung (ZBZ). Dieser bewegliche und unruhige Geist war ein Typ, der innerhalb der Ministerialbürokratie ganz aus dem Rahmen fiel und unter seinen Kollegen bis hin zu den Ministern denn auch gehörig aneckte, weshalb ihm seine Widersacher (sehr zu Unrecht) den Spitznamen »Menke-Glücklos« anhängten.[226] Sogar den *Grenzen des Wachstums* erteilte er einen kräftigen Seitenhieb und nannte den Club of Rome einen »elitären Club von Möchtegern-Staatsmännern«, der der

Menschheit sein pessimistisches Weltbild »aufoktroyieren« wolle[227]; dessen Verdienste um die Umweltpolitik waren also keineswegs unangefochten!

Wenn Menke-Glückert öffentlich auftrat, wusste man nicht, ob er als Staatsbeamter oder als Autonomer sprach. Später wurde er Sprecher der mittelständischen Industrie und erlebte irritiert die Eigendynamik der vor ihm selbst angestoßenen, aber dann in die Hände der Bürokratie geratenen Umweltpolitik; denn die Fülle der Umweltauflagen machte vielen Kleinunternehmen weit mehr zu schaffen als den Großen, die sich ein eigenes Büro für Nachhaltigkeit leisten konnten, das sich mit der Bürokratie herumschlug. 1995 attackierte er in der Zeitschrift *liberal* »die sieben Todsünden der jetzigen Umweltdiskussion«; da waren die ersten drei Todsünden der »intolerante Fundamentalismus«, die »Sehnsucht nach dem starken Staat« und der »Verzicht auf Wettbewerb und Markt«.[228] Auch die Zukunftsforschung sah er »zum Alibi vieler Manager verkommen«, die die von ihnen behaupteten Zukünfte zur Werbung für neue Produkte benutzten.[229]

Die IG Metall, die bis dahin vorwiegend durch Konferenzen über Automation Kontakte zur Wissenschaft geknüpft hatte, veranstaltete im April 1972 in Oberhausen eine international hochkarätig besetzte »Arbeitstagung« unter dem Thema »Aufgabe Zukunft: Qualität des Lebens«, die manchen Beteiligten noch Jahrzehnte später als Sternstunde in Erinnerung blieb[230] und deren Referate und Diskussionen in zehn Bänden publiziert wurden. Der vierte Band trug den Titel *Umwelt* – davor kamen *Bildung* und *Verkehr* – und schloss mit einem Referat von Menke-Glückert. Da hatte er bereits die Stockholmer Konferenz zwei Monate darauf im Blick. Er stellt den Umweltschutz nicht nur als Gebot der Zukunft, sondern mehr noch als brennende Forderung der Gegenwart dar:

> »Die Zerstörung der Umwelt ist für viele Bürger im Lande ein Schlüsselerlebnis von gleicher Bedeutung wie der Vietnamkrieg für eine ganze Studentengeneration. Verschmutzte Flüsse, durch Autos verstopfte Städte, giftige Abfälle und Lebensmittelzusätze, gefährliche Schadstoffe in der Atemluft sind heute jedermann gegenwärtig. … Fast scheint es, unsere Städte werden nicht mehr für Menschen, sondern für Autos gebaut.«[231]

Dann jedoch auch kritisch: »Mancher Kassandraruf aus letzter Zeit spricht in grober Vereinfachung von unmittelbar bevorstehenden Ökokatastrophen, von einem bereits eingetretenen Zusammenbruch der jahrmillionenalten biologischen Kreisläufe und Systeme auf dieser Erde.«[232] Er will Umweltpolitik nicht als Panikreaktion auf unmittelbar bevorstehende Katastrophen, sondern als weitsichtige, wohlüberlegte Strategie. Kein Zweifel: Die Verbindung von »Umwelt« und »Zukunft« besaß eine große Zukunft, erst recht, als seit den späten 1980er Jahren Nachhaltigkeit zum neuen Zauberwort avancierte. Aber diese Zukunft war von keiner spezialisierten, auf bestimmte Prämissen und Methoden fixierten und oft im Schlepptau der Planung stehenden Zukunftsforschung in den Griff zu bekommen, sondern erforderte neue Typen von Denkern und Aktivisten, neuen Elan und auch neue Erfahrungen mit alternativen Pfaden, angefangen mit Möglichkeiten der Einsparung von Energie.

Band sieben der Oberhausener Tagung trug den Titel *Qualitatives Wachstum* – im gleichen Jahr, als *Die Grenzen des Wachstums* Furore machten!; da wird der Begriff von dem Ökonomen Gottfried Bombach, dem Mitbegründer der Prognos AG, recht mühsam und auf nicht sehr anziehende Art umkreist: Er schöpfte noch nicht aus der Fülle der Erfahrung der weltweiten Umweltbewegung. Will er wirklich zu einem Wachstum neuer Art? Er behauptet: »Die Umweltzerstörung ist ein Ergebnis des Produktionsniveaus, nicht aber der gegenwärtigen Wachstumsraten.«[233] Als jedoch die professionelle Zukunftsforschung einknickte, kam im Zeichen des Umweltschutzes produktives Zukunftsdenken in Schwung wie noch nie! Man vergleiche die eher missmutigen und wenig konkreten drei Seiten »Verkehrspolitik« in den SPD-»Perspektiven« von 1969 mit der überwältigenden Ideenfülle des 514-Seiten-Bandes von 1997/2008 *Raum für Zukunft – Zur Innovationsfähigkeit von Stadtentwicklungs- und Verkehrspolitik*[234], um zu ermessen, welch ungeheure Bereicherung die Umweltbewegung dem Zukunftsdenken gebracht hat.

Damit sind wir zeitlich vorausgeeilt. Immerhin: Schon 1974 erkor der aus Wien gebürtige Ivan Illich (1926–2002), der beim Vatikan in Ungnade gefallene Expriester, im mexikanischen Cuernavaca das Fahrrad zum sehr konkreten Symbol des ökologischen Zeitalters, dessen künftiger Sieg im Verkehrswesen im Vietnamkrieg bereits vorweggenommen worden sei: »Ein grausamer Wettkampf zwischen Fahrrad und Motor ging soeben zu Ende. In Vietnam versuchte eine hyperindustrialisierte Armee ein auf Grund der Fahrradgeschwindigkeit organisiertes Volk zu unterwerfen – doch sie konnte es nicht besiegen.«[235] Das war nach all den Demonstrationen gegen den Vietnamkrieg eine neuartige Deutung dieser Erfahrung!

8

DDR-Horizonte
von Ulbricht zu Honecker:
Die Zukünfte kollidieren
mit der Gegenwart

ZUKUNFTSMUSIK ALS DAUER-SOUND. Der Mauerbau vom 13. August 1961 versprach dem DDR-Regime eine Planungssicherheit, wie es diese bis dahin nicht gegeben hatte, weil man nie wissen konnte, ob sich nicht Fachleute, die man eingeplant hatte, über kurz oder lang nach dem Westen absetzten.[1] Das war die Voraussetzung für das 1963 verabschiedete »Neue Ökonomische System der Planung und Leitung der Volkswirtschaft«, »NÖSPl« oder einfach »NÖS« abgekürzt, von der Idee her eine Kombination von Markt- und Planwirtschaft.[2] In der Triologie Stefan Wolles zur Geschichte der DDR trägt der mittlere Band, der das Jahrzehnt von 1961 bis 1971 behandelt, den Obertitel *Aufbruch nach Utopia* (2011). Eine kürzere Darstellung der gleichen Dekade, die Wolle zuvor für die Bundeszentrale für politische Bildung verfasst hatte, ist dagegen betitelt: *Aufbruch in die Stagnation*. So zweideutig ist die DDR-Geschichte jener Zeit, als in West und Ost das Zukunftsdenken kulminierte!

Wolle, Jahrgang 1950 und in der DDR aufgewachsen, war 1972 aus politischen Gründen für ein Jahr von der Ostberliner Humboldt-Universität relegiert worden und hatte als Hilfsarbeiter arbeiten müssen. In der Zeit der Wende machte er durch vergebliche Querschüsse von sich reden, als etablierte und bis dahin linientreue DDR-Historiker flugs im bundesdeutschen Historikerverband unterzuschlüpfen suchten.[3] Nach dem Ende der DDR bekam er eine Stelle an der von Gauck geleiteten Behörde zur Aufarbeitung der Stasi-Akten, wurde jedoch schon bald von Gauck fristlos gefeuert, als er eigenmächtig öffentliche Kritik daran übte, dass das Ausmaß der Stasi-Verbindungen von Lothar de Maizière, nunmehr Minister im vereinten Deutschland, von Staats wegen vertuscht werde.[4]

In seinen drei großen Bänden zur DDR-Geschichte – dem bislang umfangreichsten Opus zu diesem Thema – ebenso wie in den konträren Titeln seiner Darstellungen der 1960er Jahre spürt man, wie Wolle hin- und hergerissen ist zwischen einerseits der Empörung über den repressiven Grundzug dieses Systems und die Verlogenheit der propagandistischen Seifenblasen, andererseits aber auch einer gewissen Faszination durch die von der SED propagierten Zukunftsvisionen, die zum Teil eben doch ernst gemeint waren und besonders auf die damalige junge Generation, zu der Wolle gehörte, ihren Reiz ausübten. Sogar in *Aufbruch in die Stagnation* bemerkt er, trotz aller Starrheit des Systems sei »die Periode von 1963 bis 1968 die reformreichste Zeit in der Geschichte der DDR« gewesen.[5] Die Visionen jener Zeit besaßen insofern eine reale Basis und waren keine bloße Schaumschlägerei. Mehr noch: Wolle findet es »im Rückblick erstaunlich, welche Lebenskraft dieser utopische Funke bewahrte. Er glimmte weiter unter dem Berg von Asche, der sich nach fünf Jahrzehnten Sowjetkommunismus angehäuft hatte.«[6] Der Titel der dann folgenden Darstellung der gleichen Dekade *Aufbruch nach Utopia* kündigt sich an! Bei alledem ist jedoch nicht zu vergessen: »Utopist« war im offiziellen DDR-Vokabular ein Schimpfwort; auch die kühnsten von oben proklamierten Zukunftsentwürfe sollten nicht als Utopien, sondern als angewandte Wissenschaft verstanden werden!

Da stoßen wir gleich auf das Grundproblem: Die SED-Proklamationen der ersten DDR-Jahrzehnte quellen derart über von Beschwörungen der Zukunft, dass es der Zukunftshistoriker hier besonders schwer hat, die Materialfülle zu strukturieren und zu akzentuieren. Man stößt erst einmal auf ein Durcheinander zwischen purer Utopie – so wenn Ulbricht die DDR allen Ernstes als *Faust III* bezeichnete, zu dem Goethe nicht mehr gekommen sei![7] – und jener Zukunft, die (angeblich) schon begonnen hat; zwischen ernst gemeinten Perspektiven und solchen, die eher als Ablenkung von den Nöten der Gegenwart zu verstehen sind; zwischen Visionen des vom Gemeinschaftsgeist erfüllten neuen Menschen der Zukunft – »Vom Ich zum Wir!« – und Verheißungen der Befriedigung von Bedürfnissen, die den Menschen hier und jetzt erfüllen; zwischen einer vom revolutionären Proletariat erkämpften und einer durch die »wissenschaftlich-technische Revolution« – oft als »WTR« abgekürzt – bescherten Zukunft, bei der die Wissenschaftler und Technologen in vorderster Front stehen. Das alte Revolutionspathos charakterisiert die 1950er, die WTR-Zukunft dagegen die 1960er Jahre; dagegen im Zeichen jener Zukunft, die vitale Bedürfnisse im Hier und Jetzt zu befriedigen verspricht, begann die Ära Honecker.

Ausschnitt aus dem Mosaik Max Lingners am »Haus der Ministerien« der DDR

Für solche Historiker, die in der Utopie den Höhepunkt des Zukunftsdenkens sehen, beginnt der Niedergang bereits in den 1960er Jahren[8]; wer dagegen vor allem denjenigen Zukunftskonzepten Bedeutung gibt, die einen realen Hintergrund haben, erkennt eben dort den Höhepunkt.[9] Die einen wie die anderen bemerken ähnlich wie im Westen nach 1970 einen definitiven Niedergang der Vorausschau; aber das kann man ebenso wie in Westdeutschland im Blick auf die neuen Perspektiven der Umweltpolitik auch anders sehen. Bei alledem bleibt die große Frage, welche Aussichten in breiten Bevölkerungsschichten tatsächlich ernst genommen wurden: eine Frage, die sich bei einem System ohne Freiheit der Meinungsäußerung nur schwer beantworten lässt. 1965 sah der Verfasser im Theater am Schiffbauerdamm Brechts *Dreigroschenoper.* Bei den berühmten Versen »Ja mach nur einen Plan / sei nur ein großes Licht / und mach dann noch 'nen zweiten Plan / gehen tun sie beide nicht« ging ein verhaltenes Lachen durch die Zuschauerreihen. Kein Wunder! *Too Much Future* ist der Titel eines 2006 gedrehten Dokumentarfilms über oppositionelle Punks in der späten DDR.

Und doch blieb stets nebulös, ob die verheißene »sozialistische Menschengemeinschaft« gegenüber der bürgerlichen Familie wirklich eine neuartige Qualität von Gesellschaft hervorbringen sollte. In der Anfangszeit der DDR wurde der aus dem französischen Exil heimgekehrte Künstler Max

Lingner (1888–1959) mit einem monumentalen Wandbild der künftigen sozialistischen Gesellschaft am Ostberliner »Haus der Ministerien« betraut. Er war überzeugt, auch die Gesellschaft der Zukunft werde eine Gesellschaft der Familien sein, und auf seinem ersten Entwurf aus dem Jahr 1950 »wird der Aufmarsch von frohgemuten Stahlarbeitern, FDJlern, Traktoristen ... noch von zwei Vater-Mutter-Kind-Gruppen flankiert«. Da wurde er jedoch von oben zurechtgewiesen; und auf der in Meißner Kacheln ausgeführten Fassung von 1952 »wird nicht mehr spaziert, sondern marschiert, die Gesichter tragen ein maskenhaftes, verordnetes Lächeln« – die Gesellschaft der Zukunft ist zum straff reglementierten Kollektiv geworden. Lingner jedoch hat dieses Bild »gehasst« und wollte es fortan nicht mehr sehen.[10] In der Anfangszeit der DDR taten kommunistische Eiferer die Familie als bürgerliches Relikt ab.[11] Und doch blieb die Familie auch in der DDR die Basis der Gesellschaft. Bei der Praxis der Wohnungsvergabe hatten Ehepaare die besseren Chancen.[12] Die westdeutsche Kommune-Bewegung von 1968 sprang nicht auf die DDR über. Ulbricht verkündete 1967, der Sozialismus, so wie er in der DDR bestehe, sei keine kurzfristige Übergangsperiode zum Kommunismus, sondern eine »relativ selbständige sozialökonomische Formation«.[13]

SCHON FRÜH VERBLASST: CHEMIE- UND ATOM-VISIONEN. Ein Großer Plan, mit visionärem Pathos proklamiert, war das auf sieben Jahre konzipierte Chemieprogramm, das auf der Chemiekonferenz des Zentralkomitees der SED und der Staatlichen Plankommission auf der Chemiekonferenz in Leuna im November 1958 verkündet wurde, ein Jahr nach dem Flug des Sputnik, der nicht nur im Osten die Überzeugung verbreitet hatte, im neuesten wissenschaftlich-technischen Fortschritt liege die besondere Chance der kommunistischen Planwirtschaft, die – zumindest in der Theorie – in großem Stil, auf lange Sicht und im Interesse des Gemeinwohls zu operieren vermag, im Gegensatz zu den von egoistischen und kurzsichtigen Interessen geleiteten Privatunternehmen. Mag dieser Glaube aus der Rückschau lächerlich erscheinen: Er hatte seine Logik, das sollte man nicht verkennen.

Die Chemiekonferenz begann mit einer Rede Ulbrichts, die im Tagungsband an die sechzig eng bedruckte Seiten umfasst.[14] Da wurde die Parole ausgegeben, die alsbald überall in der DDR widerhallte und die »schließlich jedes Schulkind kannte« (Stefan Wolle)[15]: »Chemie gibt Brot – Wohlstand – Schönheit«. »Chemie heißt das große Zauberwort im ganzen Ostblock«, berichtet 1964 ein Artikel der *Zeit*[16]; und die DDR konnte glauben, dabei eine führende Rolle zu spielen und zum ebenbürtigen Partner der Sowjets aufzurücken, da sie von der IG-Farben den Chemiekomplex um Leuna-Bitterfeld geerbt hatte. Die konkreten Ziele des Programms waren nüchterner als die poetisch angehauchte Parole[17] und primär quantitativer Art: Es ging um Verdoppelung der chemischen Produktion bis 1965, insbesondere um die Steigerung der Produktion chemischer Werkstoffe für die verarbeitende Industrie und der »Plaste« für den Hausgebrauch.

Anfang 1964 gab jedoch selbst Ulbricht öffentlich zu, dass die Produktion der Chemieindustrie hinter den Plankennziffern des Chemieprogramms zurückgeblieben sei.[18] Gerade 1958 war die Produktion von Chemiefasern, einer Konkretisierung von »Schönheit«, ins Stocken gekommen.[19] Schon 1961, im Jahr des Mauerbaus, der die Experten im Lande hielt und die personelle Basis der Planung stärkte, erwiesen sich die vom Programm vorgegebenen Ziele als ganz unrealistisch; die internen Zwischenberichte zum Stand der Planerfüllung waren Alarmberichte.[20] Und dass die Chemie ausgerechnet »Schönheit« bescheren werde, war in der DDR besonders schwer zu glauben. Selbst Christa Wolfs Roman *Der geteilte Himmel* (1973), wo sich – wie oben zitiert – die Heldin gegenüber ihrem sich nach Westen absetzenden Freund dadurch auszeichnet, dass sie durch Raumfahrtvisionen beschwingt wird, beginnt mit einer Schilderung des trüben Lebens der Leute im »Chemiedreieck« Bitterfeld – Halle – Merseburg: »Die Luft legte sich schwer auf sie, und das Wasser – dieses verfluchte Wasser, das nach Chemie stank, seit sie denken konnten – schmeckte ihnen bitter.«

»Bitterfeld« hatte vor allem für diejenigen, die dort nicht wohnten, über geraume Zeit verheißungsvoll geklungen: durch den 1959 von der SED-Führung für das literarische Schaffen verkündeten »Bitterfelder Weg«, einen neuen Realismus durch enge Kooperation von Schriftstellern und Arbeitern. Ulbricht hatte damals die Parole ausgegeben: »Greif zur Feder, Kumpel!«; aber der »Bitterfelder Weg« erwies sich als Sackgasse. Bei Christa Wolf ist Bitterfeld mit »bitter« assoziiert, wie dann 1988, im Vorfeld der Wende, in der illegal vom grün-ökologischen Netzwerk Arche gedrehten Reportage *Bitteres aus Bitterfeld* über das horrende Ausmaß der Umweltvergiftung im »Chemiedreieck«. Damals galt Bitterfeld als »schmutzigste Stadt Europas«.[21]

Auf der Chemiekonferenz forderte Erich Apel, damals Leiter der Wirtschaftskommission des Politbüros, der später nach seinem mysteriösen Tod (Selbstmord oder Mord?) am 3. Dezember 1965 als tragische Verkörperung verhinderter Alternativen galt[22], die allseitige Anwendung radioaktiver Isotope in der Chemie und kritisierte diejenigen Betriebe, die sich dagegen »hinter Sicherheitsvorschriften versteckt(en)«.[23] Die *Kerntechnik* galt in ihrer Frühzeit, als sie noch Sache der Atomphysiker und nicht der Kraftwerksingenieure war, als Prototyp einer auf Wissenschaft basierenden Technologie. Hier zeichnete sich ganz zu Anfang ein Vorsprung der DDR vor der Bundesrepublik ab: Schon 1956 wurde bei Rheinsberg am Großen Stechlinsee ein Kernkraftwerk von 80 Megawatt in Auftrag gegeben – das war mehr als das Fünffache der Kapazität des 1957 im Westen projektierten 15-Megawatt-Reaktors bei Kahl am Main. Aber erst 1966, mit sechsjähriger Verspätung, ging der Reaktor von Rheinsberg in Betrieb, und schon wenige Monate darauf wurde er von dem anlaufenden Kernkraftwerk Gundremmingen an der Donau mit 237 Megawatt in den Schatten gestellt.[24] Ganz im Geiste von Ernst Bloch, der damals im *Prinzip Hoffnung* den »latenten Maschinensturm des Spätkapitals« dafür verantwortlich machte, dass das »friedliche Atom« nicht recht vorankam, trug eine 1961 in der DDR abgeschlossene Dissertation eines Manfred Zipfel den Titel: *Die Entwicklung der Produktivkraft Kernenergie in den Fesseln des westdeutschen Monopolkapitals.* Anfang 1956 wurde in Rossendorf bei Dresden ein Zentralinstitut für Kernforschung gegründet, das sich in besonderem Maße aus Atomforschern rekrutierte, die aus der Sowjetunion zurückgekehrt waren.[25]

Zu jener Zeit hegte die DDR-Führung vor den Atomforschern hohen Respekt; diese genossen ungewöhnliche Freiheiten. Die SED richtete eine Kommission eigens für Atomfragen ein; diese war jedoch zu einer effektiven Steuerung der Kernenergie-Entwicklung ebenso wenig imstande wie ihr westliches Pendant, die Deutsche Atomkommission. Überhaupt sind hinter den Kulissen die Parallelen zwischen Ost und West frappant. Auch in der DDR hegten die Atomforscher den Ehrgeiz einer eigenen zukunftsträchtigen Reaktorentwicklung wie etwa des Breipasten- oder Salzschmelzreaktors, der noch heute manchen Technologen als Geheimtipp gilt; auch hier stießen sie mit der Energiewirtschaft zusammen, die den bereits erprobten Leichtwasserreaktor bevorzugte.

Ulbricht verfolgte in Sachen Kernenergie eine unstete Linie. Im November 1960 erklärte er, dass dank der reichlichen Braunkohle in der DDR keine Energielücke bestünde; in den Jahren darauf stoppte er eigene Wege der DDR in der Entwicklung von Kernkraftwerken, die nur auf Kosten anderer Pläne hätten realisiert werden können. Im 1963 verkündeten NÖSPl blieb die Atomkraft de facto bedeutungslos. Aber 1967, als sich im Westen der Durchbruch der Kernkraft abzeichnete, drängte Ulbricht gegenüber der Sowjetführung dann doch mit herausfordernder Schärfe auf eine Beteiligung der DDR an der Reaktorentwicklung; das mag dazu beigetragen haben, dass in Moskau sein Stern im Sinken war. Die DDR konnte sich in dem Hochgefühl ergehen, dass in ihrem Land die größten Uranvorkommen Europas lagen – aber auf diese hielt auch weiterhin die Sowjetregierung ihre Hand: Bei diesen militärisch hochwichtigen Ressourcen war und blieb Moskau unerbittlich.[26] Und doch lebte die schöne atomare Zukunft sogar zu einer Zeit, als der Atomkonflikt im Westen seinen Höhepunkt erreichte, in der DDR selbst in SED-fernen Jungmädchenträumen fort![27]

KYBERNETIK STATT MARX? 1960 veranstaltete die SED-Führung eine große »Kybernetik-Konferenz«, und in der Zeit darauf brach in der DDR ein von höchster Stelle inspirierter »kybernetischer Frühling« aus. Das verblüffte westliche Ost-Experten; denn vormals hatte die SED eine sowjetische Sprachregelung übernommen, wonach es sich bei der Kybernetik um eine »Pseudotheorie der Obskuranten« handele, die »ganz und gar von Feindschaft gegen das Volk und die Wissenschaft durchtränkt« sei.[28] Wie wir sahen, war die Kybernetik von Anfang an mindestens so sehr Vision wie technische Realität; sie trug Züge einer Weltanschauung, und insofern bestand eine latente Konkurrenz zum Marxismus. Bei dem Kybernetik-Boom in der DDR der 1960er Jahre handelt es sich vorwiegend um Diskurs-, nicht so sehr um Realgeschichte; er war mit der Person Ulbrichts verbunden und hörte mit dessen Abgang auf.[29] Von dem sowjetischen Kybernetiker Wiktor M. Gluschkow hatte Ulbricht seine neue Parole »Überholen ohne einzuholen«[30], die der dreidimensionalen Logik widersprach und manchen Stoff für Spott lieferte. *Der Spiegel* berichtete 1967 mit belustigtem Staunen:

»Walter Ulbricht, 74, bislang neben der Muttersprache nur des Russischen kundig, hat im hohen Alter eine zweite Fremdsprache erlernt. Der SED-Chef redet fließend kybernetisch. Begriffe der modernen Steuerungstechnik, etwa ›Verflechtungsmodell‹, ›optimale Variante‹, ›Informationsfluss‹ oder ›Netzwerk‹ gehen ihm so leicht von der Zunge wie sonst nur Vulgär-Marxismen vom Schlage ›Monopolkapitalismus‹ oder ›Klassenkampf‹. Und auf der letzten Vollversammlung des SED-Zentralkomitees Anfang Juli empfahl er in einer mit Vokabeln aus dem Computer-Idiom gespickten Rede seinen Genossen, es ihm gleichzutun. Denn ›die Erkenntnisse der Kybernetik‹, so Ulbricht, ›müssen bewusst zu einer der Grundmethoden der wissenschaftlichen Organisation staatlicher Führung gemacht werden.‹«[31]

Eines wird dabei deutlich: Ulbricht nahm die Kybernetik dem Wortsinne gemäß ganz als Methode der Steuerung wahr, im Dienste der von ihm damals vorangetriebenen Wirtschaftsreformen und eng verbunden mit den Computern, deren Superlative damals immer gigantischer wurden und nicht nur aus Ulbrichts Sicht eine Affinität zu zentraler Steuerung besaßen; die kommende mikroelektronische Revolution war noch nicht in Sicht. Das Trickreiche der computerisierten Kybernetik bestand jedoch in der Rückkopplung: der Umsteuerung je nach den Resultaten der durchgespielten Szenarien. Darauf spielt eine hinter vorgehaltener Hand erzählte Witzgeschichte an, sogar mit genauer Lokalisierung: Im Institut für sozialistische Wirtschaftsführung in Berlin-Rahnsdorf soll das ökonomische System mittels eines Rechenprogramms optimiert werden. Um Stefan Wolle zu zitieren: »Alle wesentlichen Daten der DDR-Wirtschaft wurden in einen Großrechner eingegeben, und die Funktionäre erwarteten gespannt das Ergebnis. Das Optimierungsprogramm machte schnell die zentrale Fehlerquelle des Systems ausfindig und empfahl die Absetzung des Politbüros der SED.«[32] Ulbrichts Kybernetik-Proklamationen blieben Seifenblasen. Einiges deutet darauf hin, dass ihm die Kybernetik mit ihrer Rückkopplung schon im Gefolge des »Prager Frühlings« von 1968 mulmig wurde. Hunderte von jungen Kybernetikern, die aus der DDR zur Fortbildung in die Sowjetunion entsandt wurden, kehrten von dort zurück »ohne die geringste Hoffnung, das erworbene Wissen einmal anwenden zu können«.»Niemals wurde die Kybernetik wirklich gelehrt, und ihr spürbarer Rückgang nach 1969 sollte das traurige Schicksal der kybernetischen Lehrlinge besiegeln.« (Jérôme Segal)[33]

Wie *Der Spiegel* in seinem Artikel über Ulbrichts neue Begeisterung für die Kybernetik zu berichten wusste, machte unter »jungen Technokraten« der DDR »derweil ein böses Bonmot die Runde«: Ihre Computer seien die »Funktionärs-Guillotine«. Was war damit gemeint? 1968 erschien in Köln die Habilitationsschrift des Soziologen Peter Christian Ludz (1931–1979) *Parteielite im Wandel,* die mit der These Aufsehen erregte, dass in der DDR die aufsteigende wissenschaftlich-technische Intelligenz dabei sei, die Dominanz von Altfunktionären der SED, die oft nur Volksschulbildung hatten, auf kaltem Wege zu unterlaufen.[34] Da der gleichen Intelligenz auch im Westen die Zukunft zu gehören schien, ergab sich daraus eine Konvergenz zwischen Ost und West: Das war ein neuer Blick auf die DDR, der auch von anderen bundesdeutschen Publikationen jener Zeit verbreitet wurde und dazu beitrug, die neue Ostpolitik der Regierung Brandt vorzubereiten. Ludz wurde zu jener Zeit ein einflussreicher deutschlandpolitischer Berater der Bundesregierung.[35]

Aber gerade die Publizität dieser Prognose trug dazu bei, dass sie nicht eintrat; denn sie alarmierte führende Kreise der SED. Für diese waren fortan die »Konvergenzler« im Westen gefährlicher als die Antikommunisten.[36] Nicht zuletzt dadurch, zusammen mit dem Verlust des Rückhalts in Moskau, kam Ulbricht zu Fall. Wie Egon Krenz, der letzte Regierungschef der DDR, in der Zeit der Wende verriet, war Anfang 1971 im Politbüro davon die Rede, Ulbricht vertrete »lebensfremde, pseudowissenschaftliche, teilweise technokratische Theorien«[37]: »Technokratie« als etwas zu Bekämpfendes, wie um 1968 im Westen! Horst Sindermann muckte auf: »Sollen wir gar nichts zur Produktion von Konsumgütern ... sagen, nur von Robotern sprechen?«[38] Eine berechtigte Frage! Im Zeichen ebendieser Kritik an der Technomanie des späten Ulbricht auf Kosten der Hebung des Lebensstandards der breiten Masse kam Honecker an die Macht. Auch manche Hoffnungsträger der Konvergenztheorie wurden hellhörig. Als führender Exponent jener technologisch orientierten »Gegenelite« galt um 1968 ausgerechnet jener Günter Mittag[39], der unter Honecker zum mächtigsten Wirtschaftslenker aufstieg und nach der Wende zum bösen Geist des alten Systems dämonisiert wurde.

Die reformerische Kraft des technologischen Denkens ist ein moderner Mythos; beim Überblick über die vier Jahrzehnte DDR-Geschichte fällt ganz im Gegenteil auf, dass die Phasen eines forcierten technischen Fortschritts ganz und gar nicht mit Innovationsschüben in Politik und Gesellschaft korrespondierten, sondern eher mit schweren Schüben jener progressiven Paralyse, die am Ende den Untergang der DDR herbeiführte.[40] Gunnar Decker hat in seinem Buch *1965 – Der kurze Sommer der DDR* (2015) eine Fülle von Zeitzeugnissen namhafter Intellektueller, Schriftsteller und Künstler der DDR zusammengestellt, die von einer damaligen Aufbruchstimmung künden, der das ZK der SED im Dezember 1965 brüsk ein Ende gesetzt habe; aber Ulbrichts Verkündung der Kybernetik als Weg in eine neue Zukunft erreichte gerade in der Zeit danach ihren Höhepunkt. In der engen Verbindung von professioneller Prognostik und politischer Planung in den Jahren von 1967 bis 1971[41] besteht eine frappante Gleichzeitigkeit zwischen Ost und West, und auch im Abbruch dieser Kombination Anfang der siebziger Jahre![42]

Doch damit wurden sich die beiden deutschen Staaten nicht ähnlicher.[43] Ludz bekam schon nach der Niederschlagung des »Prager Frühlings« Zweifel an seiner Konvergenzthese.[44] In seinem Buch von 1974 *Deutschlands doppelte Zukunft* stellt er resigniert fest, »der Mangel an Flexibilität des politischen und gesellschaftlichen Systems« der DDR sei »doch gravierend«. »Ständige Erneuerungen des Informations- und Kommunikationsnetzes sowie der Partizipationsstrukturen«, wie sie »für eine dynamische Industriegesellschaft notwendig« seien, kämen in der DDR einfach nicht zum Zuge.[45] Mehr und mehr galt die Konvergenztheorie als Ausgeburt eines trügerischen Optimismus.[46] Ludz, der über Jahre als aufsteigender Stern der Sozialwissenschaften gegolten hatte, wurde unter Kollegen zunehmend isoliert[47]; er nahm sich 1979 das Leben. Stefan Wolle erkennt gleichwohl in der von dem Brandt-Intimus Egon Bahr 1963 ausgegebenen Parole »Wandel durch Annäherung« in gewissem Sinne eine »prognostische Weitsicht«[48]; aber diese Annäherung entsprang keiner Affinität technologischer Eliten, sondern der durch die neue Ostpolitik trotz aller Einbrüche beförderten Atmosphäre der Entspannung zwischen Ost und West.

»ULBRICHTS TURMBAU-WAHN«. Wie im Westen, so spiegeln sich auch in der DDR Zukunftsträume typischerweise in der Architektur; aber hier wie dort handelt es sich dabei nicht unbedingt um die Wunschträume jener Menschen, die diese Bauwerke bewohnen sollen. Auch hier weist die DDR-Geschichte markante Kurswenden auf. In repräsentativen Bauten der Frühzeit, so der damaligen Ostberliner Stalinallee, findet man moderne Architektur mit historistisch angehauchten Ornamenten; im Westen sprach man spöttisch von »Zuckerbäckerstil«. Hier wie auch in der Kulturpolitik besaß die DDR ihre eigene Art von Traditionsbewusstsein.[49] Aber in den 1960er Jahren folgte auch hier eine demonstrative Wende zu jener Moderne, die bis dahin von führenden Architekten des Westens propagiert worden war. Nun kam zur Geltung, dass das Bauhaus von Dessau, eine weltberühmte Geburtsstätte der modernen Architektur, auf dem Boden der DDR lag.[50] Die vielgerühmte »Funktionalität« dieser architektonischen Moderne war jedoch teilweise mehr Ideologie als Realität; in dem miserabel isolierten Dessauer Bauhaus war es im strengen Winter und bei Hochsommerhitze kaum auszuhalten; und bis zum Ende der DDR regnete es durch das Flachdach.[51]

Schon gar die Bildzeichen-Architektur der späten Ära Ulbricht, die sich wie schon die Bauten der Stalinallee mit dem Namen des aus der klassischen Moderne gekommenen Hermann Henselmann (1905–1995) verbindet[52], opferte jegliche Funktionalität der Monumentalität. Das zeigt sich besonders krass in den zu jener Zeit errichteten Universitätstürmen von Leipzig und Jena. Stefan Wolle spricht von dem »Turmwahn Ulbrichts«, der »theologisch gebildete Beobachter« an den Turmbau zu Babel, »psychoanalytisch orientierte Betrachter« dagegen an »gewaltige Phallussymbole« erinnert habe.[53] Der runde Turmbau von Jena bekam im Volksmund den Spitznamen »Phallus Jenensis«. Ursprünglich war daneben ein Zwillingsturm geplant; beide zusammen sollten ein Fernrohr symbolisieren, und das Monstrum war für die dortigen Zeiss-Werke gedacht; diese konnten den Bau jedoch nicht gebrauchen. So wurde die Friedrich-Schiller-Universität in den Turmbau ge-

Der funktionswidrige und als
»Phallus Jenensis« verspottete
Universitätsturm von Jena

drängt, die ihn 1990 bei erster Gelegenheit geradezu »fluchtartig« räumte.[54] Der Universitätsturm von Leipzig, der heute der US-Investmentbank
Merrill Lynch gehört, sollte ein aufgeschlagenes Buch symbolisieren; er
war für Universitätszwecke ähnlich funktionswidrig wie sein Jenenser Pendant. Über diesen »fensterlosen Zylinder«, der die Universität in Verlegen-
heit setzte, platzte schon zu DDR-Zeiten dem Historiker des Städtebaus der
DDR Thomas Topfstedt der Kragen; in einer Anmerkung versteckte er einen
Wutausbruch, wie man ihn sonst in der DDR gegenüber einer ehemen offiziellen Politik sonst selten findet:

> »Allein die Vorstellung, dass sich täglich Tausende von Studenten innerhalb des
> Gebäudes auf und ab bewegen müssten, löst geradezu apokalyptische Beklem-
> mung aus, denn auch bei der jetzigen Nutzung – Arbeitsräume für die Verwaltung
> und für die Wissenschaftler der verschiedenen Sektionen – müssen in Spitzenzei-
> ten wegen der unzulänglichen Fahrstuhlkapazität Personenstau und Wartezeiten
> bis zu einer Viertelstunde in Kauf genommen werden! Der ›Turm des Lernens‹
> hätte zum funktionellen Kollaps geführt; der ›Turm der Forschung‹, der er eigent-
> lich sein soll, ist eine Illusion, da fast sämtliche Fachbereichs-Fakultäten wegen der
> Brandlast ausgelagert wurden …«[55]

Die Funktionswidrigkeit dieser Monumentalbauten, die damals auch innerhalb der Ostblockstaaten aus dem Rahmen fielen, wurde schon rasch offenkundig und trug zum Ende der Ära Ulbricht bei.[56] Unter Honecker lag der

Schwerpunkt auf einem nüchternen Massenwohnungsbau, dessen Monotonie heutige Betrachter anödet, der jedoch damals den Bedürfnissen vieler DDR-Bürger entsprach, die sich bis dahin in heruntergekommenen Altbauten hatten zusammendrängen müssen; die Wohnungsnot war eine besonders schmerzende Wunde der DDR. Der Wohnungsbau galt als Kernstück der von Honecker proklamierten »Einheit von Wirtschafts- und Sozialpolitik«.[57] Da fand der Plattenbau seine stärkste Verbreitung. War diese architektonische Öde das Gegenteil eines visionären Städtebaus? Alexander Amberger glaubt in seiner Dissertation über politische Utopien in der DDR zu erkennen: »Die Architektur im Realsozialismus wies Parallelen zur Utopiegeschichte auf und fußte ebenfalls auf dem Antiindividualismus.« »Symptomatisch dafür« seien neu errichtete Satellitenstädte wie Berlin-Marzahn oder Halle-Neustadt.[58] Aneinandergereihte, gleichförmige »Mietskasernen« findet man freilich auch im Westen. Diese Bauweise war am billigsten; man kann sie auch als Sieg einer von aktuellen Bedürfnissen bestimmten Rationalität über visionär angehauchte Zukünfte deuten!

Noch kurz vor der Wende erschienen die Memoiren von Gerhard Kosel, der ebenso wie Henselmann aus der klassischen Moderne der 1920er Jahre kam und unter Ulbricht in eine Schlüsselposition der Stadtplanung aufrückte.[59] Er predigte vom Anfang bis zum Ende der DDR geradezu besessen den Aufstieg der Wissenschaft nicht nur zu irgendeiner, vielmehr zur wichtigsten »Produktivkraft«, und das ausgerechnet im Bauwesen, das sich doch eigentlich – so sollte man meinen – an Bedürfnissen der Bewohner orientieren sollte! »Wissenschaft« bedeutet für ihn konkret die Beton-Gussplatten-Montagebauweise mit Methoden der Serien- und Fließbandproduktion. In den Stalinschen Neu-Stahlstädten Magnitogorsk und Nowokusnezk fand er seine urbanistischen Ideale realisiert; und trotz beiläufiger verbaler Konzessionen an die Schönheit alter DDR-Städte verhehlt er kaum, dass er auch diese am liebsten in ein Neo-Magnitogorsk verwandelt hätte.

Ein erster »Höhepunkt in der Industrialisierung des Bauens« war für ihn »die Inbetriebnahme des ersten Großplattenwerks der DDR in Hoyerswerda«, der »neuen sozialistischen Stadt«, die für die Beschäftigten der »Schwarzen Pumpe« errichtet wurde, des mit Abstand größten Braunkohleverarbeitungswerks der Welt, dessen Ursprung in die NS-Autarkiepolitik zurückreichte und das zeitweise über die Hälfte der gesamten Investitionsmittel der DDR absorbierte.[60] Thomas Topfstedt hebt zwar aus der Sicht von 1988 »Hoyerswerdas eminente Bedeutung in der Geschichte des DDR-Städtebaus« hervor, fährt jedoch fort: »Die Probleme, welche die neue, in einer derartigen Größenordnung bislang noch nicht angewendete Bautechnologie mit sich brachte, wurden um den Preis eines weitgehenden Verlustes an Raumbildung und Urbanität gelöst.« Nicht ohne Grund sei es »sehr still um Hoyerswerda geworden, wohl weil die städtebauliche Realität weit hinter den damaligen Zielvorstellungen zurückblieb«.[61]

Bei dem unbelehrbaren Kosel dagegen verbindet sich der Abscheu geger jegliche »Handwerkelei« – so sein Schimpfwort – mit Hass auf seinen Vater, den Klempner und Installateur.[62] Die herrlichste Technik sind für ihn die Raketen, da sie am rasantesten die Verschmelzung von Wissenschaft und Technik verkörpern. Als sich Ulbricht bei ihm mit Blick auf das 20. Jubiläum der DDR 1969 über die Neugestaltung des Berliner Zentrums beriet, sorgte Kosel dafür, dass sich bald alles um den Fernsehturm drehte, der der höchste deutsche Turm werden sollte. Jedoch: Schon im Jahr vor dem Jubiläum begann Kosels Position zu bröckeln, als sich herausstellte, dass seine angeblich »wissenschaftliche« Bauweise teurer wurde als die konventionelle Methode und seine Konstruktionen überdimensioniert waren.[63] Schon gar unter Honecker konnte Kosel darüber grollen, dass zwar Lippenbekenntnisse zur »wissenschaftlich-technischen Revolution« weiterhin zum offiziellen Ritual gehörten, die Realität jedoch diesen hochtönenden Proklamationen keineswegs entsprach.[64]

ZIRKULÄRE ZUKUNFT STATT WESTDEUTSCHER WEGWERFGESELLSCHAFT? »DER TRAUM VOM EWIGEN KREISLAUF«.[65] Paradox oder bezeichnend? Während die SED-Führung bis in die 1960er Jahre die Science-Fiction-Literatur als ideologische Verirrung scharf bekämpfte[66] – Zukunftsvisionen sollten eben nicht fiktiv sein! –, erlebte dieses Genre eine ostdeutsche Spätblüte ausgerechnet in den 1970er Jahren[67], als unter Honecker die Investitionen zugunsten einer Hebung des Lebensstandards der breiten Masse der Bevölkerung zusammengestrichen wurden, also in gewissem Sinne die Zukunft der Gegenwart geopfert wurde.

Eine ambivalente Rolle spielte bei dieser Wende Jürgen Kuczynski (1904–1997), der *grand old man* der Historikerschaft und auch der Konjunkturforschung der DDR, der ein enger Vertrauter Honeckers wurde; 1996 schrieb er gar über ihn ebenso selbstbewusst wie herablassend: »Er war mein Sprachrohr und mein Briefträger.«[68] Der Historiker müsste demnach eine treibende Kraft hinter Honeckers Abkehr von dem Futurismus des späten Ulbricht gewesen sein, ohne sich allerdings von dieser Zukunft definitiv zu verabschieden. 1975 publizierte er ein Buch *Vier Revolutionen der Produktivkräfte*. Da ist die »elektrotechnische Revolution« die »dritte industrielle Revolution« und die vierte die »wissenschaftlich-technische Revolution«. Diese »WTR« wurde seit den späten 1950er Jahren in der DDR mit dem Tenor verkündet: »Die Zukunft hat schon begonnen«; aber ebendiesem Zukunftsglauben erteilt der 71-jährige Historiker – der intern monierte, viele DDR-Bürger hätten nicht einmal ein Telefon! – eine scharfe Abfuhr: Wenn die Förderung der elektrotechnischen Revolution »vernachlässigt wurde – wie zeitweise in unserer Deutschen Demokratischen Republik, in der manche über oberflächlichem Geschwätz von der angeblichen Durchführung der Wissenschaftlich-technischen Revolution, die eine ungeheure Aufgabe für viele, viele Jahrzehnte sein wird, die Fortführung der dritten industriellen Revolution in den Hintergrund treten ließen – dann musste solch falscher Kurs korrigiert werden, wie es Genosse Honecker auf dem VIII. Parteitag der SED (1971) tat ...«[69]

Die Originalfassung seines zuerst 1983 veröffentlichten *Dialogs mit meinem Urenkel* enthielt noch die Spitze: »Natürlich sollten wir schon heute alles tun, um die Amerikaner in der Elektronik einzuholen. Aber das erreichen wir nicht, indem wir, wie in der DDR, von allen Journalisten und Historikern verlangen, dass sie Kurse in der elektronischen Datenverarbeitung absolvieren.« Diese Passage fiel jedoch der Zensur zum Opfer![70] Auf dem X. Parteitag der SED 1981 ertönte die Parole: »Die Mikroelektronik – das ist unsere Barrikade der Revolution in den 80er Jahren.«[71] In Wahrheit lag jedoch die Stärke der DDR-Industrie in den klassischen Produktionszweigen, nicht in den Zukunftstechnologien[72]; das musste ein Kuczynski nur zu gut wissen!

Der gleiche Kuczynski distanzierte sich jedoch 1979 in der Bundesrepublik vom Widerstand dortiger Gewerkschaftler gegen den Siegeszug der Mikroelektronik, und warum? Weil gerade diese die Überlegenheit des Sozialismus demonstriere. Denn im Kapitalismus habe die fortschreitende Automatisierung eine wachsende Arbeitslosigkeit zur Folge. Daher müssten »die Perspektiven des wissenschaftlich-technischen Fortschritts im Kapitalismus stets düster bleiben und immer düsterer werden, während sie im Sozialismus heiter sind und immer heiterer werden«.[73] Aber die westdeutschen Gewerkschaftler lebten nun einmal im Kapitalismus; wieso sollten sie dann die Automatisierung nicht zu bremsen suchen? Oder glaubte Kuczynski noch 1979 allen Ernstes, die durch die Automation hervorgerufene Massenarbeitslosigkeit werde quasi-automatisch zum Sieg des Sozialismus führen? In der Tat schloss er 1984 seinen autobiographischen Rückblick auf *60 Jahre Konjunkturforscher*, den er mit einer Einleitung über das »Problem der Prognose« begonnen hatte, mit dem Ausblick, es sei »offenbar, dass die achtziger Krisenjahre des Kapitals in aller Deutlichkeit den Menschen in den imperialistischen Ländern die wirtschaftliche, die gesellschaftliche Überlegenheit des sozialistischen Systems zeigen werden«.[74]

Ähnlich wie im Westen bedeutete auch in der DDR der Niedergang optimistischer Zukunftsprojektionen der 1960er Jahre kein definitives »Ende der Zukunft«. Und wenn nicht die »wissenschaftlich-technische Revolution«, so war es auch hier die ökologische Revolution, die zwar auf finstere Seiten des industriellen Fortschritts ein grelles Licht warf, aber auch neuartige Zukunftschancen eröffnete. Westliche Umweltaktivisten, die aus der Neuen Linken kamen, prangerten ja den Kapitalismus als Quelle der Umweltzerstörung an; von daher war es aus der Sicht jener Zeit eigentlich logisch, hier eine besondere Chance des Sozialismus zu erkennen. Wer freilich die Industrieregionen der DDR hautnah erlebte, hatte es mit einer derartigen Zuversicht nicht leicht. War es ursprünglich offiziöse Sprachregelung gewesen, Umweltschäden seien ein Erbe des Kapitalismus, meldeten sich doch bereits in den 1960er Jahren, noch vor dem weltweiten Durchbruch des Umweltschutzes, Zweifel an dieser Doktrin zu Wort.[75]

Zu jener Zeit, noch bevor der Begriff »Umwelt« in aller Munde war, gab es im DDR-Jargon den Begriff »Sozialistische Landeskultur«, der in die gleiche Richtung zielte. Dabei ging es nicht nur um Ästhetik und Artenschutz, sondern auch um vitale ökonomische Interessen, am allermeisten bei der Gewässerverschmutzung: »Die besondere geographische Lage der DDR, die in einer Zone relativer Niederschlagsarmut lag und deren Flüsse überwiegend nur geringe Abflussgeschwindigkeiten aufweisen und somit nur über schwache ›Selbstreinigungskräfte‹ verfügen, führte vor dem Hintergrund der intensiven wirtschaftlichen Nutzung zu einer Verknappung des Rohstoffes Wasser«, genauer: des sauberen Wassers (Christian Möller). 1967, in der ostdeutschen Blütezeit der Kybernetik und Prognostik, suchten die Wortführer der »Sozialistischen Landeskultur« die Verbindung zu den Fürsprechern der Kreislaufwirtschaft: Noch vor der weltweiten »ökologischen Revolution« von 1970 zeichnete sich in der DDR eine breite Allianz ab, die Ökologie mit Ökonomie verband und Aufbruchsstimmung verbreitete.

1966 rechneten Experten vor, dass die in der DDR jährlich ausgestoßenen knapp sechs Millionen Schwefeldioxyd eine Schwefelsäure-Produktion ermöglichen könnten, die ein Viertel der Weltproduktion abdeckte![75] 1961 gab sich der Naturschützer Reimar Gilsenbach in der von ihm redigierten Zeitschrift *Natur und Heimat* optimistisch: »Prognosen lassen sich schwer stellen. Aber ich sehe keinen Widerspruch darin zu behaupten, dass die Kulturlandschaft der Zukunft trotz dichterer Besiedlung und stärkerer Nutzung mehr natürliche Züge aufweisen wird als die der Gegenwart.«[77] Damals wies er darauf hin, dass ein Kernkraftwerk das Landschaftsbild weniger stört als ein Kohlekraftwerk. Aber schon Anfang der 1960er Jahre schlug ein Autorenkollektiv der Ostberliner Hochschule für Ökonomie Alarm: Die Wasserläufe in den industriellen Ballungsgebieten glichen »streckenweise fast schon Abwasserkanälen«. Ausgerechnet jenes Chemieprogramm, das »Schönheit« verheißen hatte, verschlimmerte noch die Wassermisere![78] Die sauberen Flüsse blieben in Industrieregionen bis zum Ende der DDR eine Utopie.

Besonders im Vorfeld der Stockholmer Umweltkonferenz von 1972 war die DDR um eine umweltpolitische Profilierung bemüht; schon im November 1971, 15 Jahre vor der Bundesrepublik, schuf sie ein Umweltministerium, und wenn sie auch in Stockholm nicht dabei war, gehörte sie doch in der darauf folgenden Zeit zum internationalen umweltpolitischen Netzwerk. Eine drastische Senkung industrieller Emissionen in Luft und Wasser hätte jedoch kostspielige Modernisierungsmaßnahmen erfordert; und gerade zu jener Zeit wurden die Investitionen zurückgefahren. 1974, nach der ersten Ölkrise, wurden die »Wochen der sozialistischen Landeskultur« ersatzlos gestrichen, 1976 obendrein der bei der Akademie der Wissenschaften geschaffene Umweltrat wieder aufgelöst.

Man vergesse nicht: Auch in der Bundesrepublik wäre die große Zeit des Umweltschutzes, der zu Anfang von Bonn angestoßen wurde, mit dem von Helmut Schmidt einberufenen Spitzengespräch mit Wirtschafts- und Gewerkschaftsführern auf Schloss Gymnich am 3. Juni 1975 beendet gewesen, hätte nicht gerade damals im Gefolge der Bauplatzbesetzung von Wyhl der Umweltschutz durch eine breite Bürgerbewegung einen neuen Schub bekommen.[79] Das fehlte in der DDR. Und doch sollte man den Kontrast zwischen Ost und West nicht überzeichnen: Auch in der DDR gingen die Impulse nicht nur von oben nach unten; davon zeugt die Fülle der Eingaben aus der Bevölkerung mit ihren zunehmenden Hinweisen auf Umweltschäden. Diese Eingaben landeten bei den staatlichen Stellen keineswegs allesamt im Papierkorb; in welchem Maße sie hier und da etwas bewirkten, ist noch weithin zu erforschen.[80] Aufschlussreich sind sie in jedem Fall als Seismograph für eine Unruhe in der Bevölkerung. Ähnlich wie im Fall der NS-Diktatur droht das Totalitarismus-Modell die Forschung zu blockieren.

Wie dem auch sei: Die von dem Umweltminister Hans Reichelt verheißene »Einheit von Ökonomie und Ökologie«[81] – eben zu jener Zeit, als Honecker die Einheit von Wirtschafts- und Sozialpolitik proklamierte – blieb in weiten Teilen Utopie. Am 16. November 1982 verabschiedete der Ministerrat der DDR, ohne dies der Öffentlichkeit bekanntzugeben – selbst die Geheimhaltung blieb geheim! –, die berüchtigte »Anordnung zur Sicherung des Geheimschutzes auf dem Gebiet der Umweltdaten«, die alle Daten, die auf Umweltschäden hinwiesen, zum Staatsgeheimnis erklärte[82]: Dieser Akt, der sich vermutlich nicht zuletzt aus der Sorge um das internationale Umwelt-Image der DDR erklärt, gilt gemeinhin als definitives Ende des Umweltschutzes in der DDR. Und doch erschien dort noch in den 1980er Jahren in vier Auflagen ein Schulbuch *Nutzung und Schutz der Umwelt*, das – man staune! – den Schülern konkrete Anleitungen gab, wie sie Umweltverschmutzung erkennen und sogar messen konnten. Nicht auf allen Ebenen war der Umweltschutz in der späten DDR verschwunden.[83]

Auch blieb die DDR auf einem bislang wenig beachteten[84] Sektor von hoher umweltpolitischer Relevanz weiterhin aktiv: der Abfallrezyklierung. Diese Aktivität reicht bis in die Anfänge der DDR zurück, in Fortsetzung der in der NS-Zeit propagierten Abfallverwertung, und erklärt sich zunächst aus Nachkriegsnot und Devisenmangel: So gesehen war es Gegenwarts-, keine Zukunftspolitik. Um die Kinder für das Sammeln von Abfällen zu mobilisieren, erfand der Comic-Zeichner Hannes Hegen 1954 das »Rumpelmännchen«; diese Kombination von Rumpelstilzchen und Gerümpel war »als Puppe, Abziehbild oder auf Losen im Alltag präsent« (Christian Möller). »Das Rumpelmännchen«, lobte das *Neue Deutschland*, »ist ein treuer Helfer unserer Wirtschaft. Ständig ist es auf der Jagd nach Altpapier, Alttextilien und Knochen.«[85]

Für die Industrie am allerwichtigsten war die Rezyklierung von Schrott; dafür stand mit dem Siemens-Martin-Verfahren die geeignete Technologie längst parat.[86] Stefan Wolle spricht vom »Teufelskreis der Mangelwirtschaft«[87]; aber gerade im Blick auf schonenden Umgang mit den natürlichen Ressourcen ist die Kreislaufwirtschaft eine Ökonomie der Zukunft. Im Zeichen des Umweltschutzes hätte die DDR durch konsequente Rezyklierung in wachsenden Bereichen die westdeutsche »Wegwerfgesellschaft« übertrumpfen können. Und in der Tat wurde der Schrottkreislauf in der DDR im Laufe der 1960er und 1970er Jahre als Modell für weitere Stoffe begriffen.[88] Der holprige Begriff »Sekundärrohstoff« wurde erfunden; 1981 wurde das »SERO«, das »Volkseigene Kombinat Sekundärrohstofferfassung« geschaffen.[89] In den 1980er Jahren sah man vor allen HO-Geschäften große Behälter zum Sammeln der »Plaste«, mit denen in der DDR-Publizistik ein »regelrechter Kult« getrieben wurde.[90]

Bei der Übertragung des Kreislauf-Modells vom Stahlschrott auf syn-

Ikarus *von Bernhard Heisig: Gemälde für den 1975 eingeweihten »Palast der Republik« der DDR. Im griechischen Mythos stürzt der fliegende Ikarus ab, als er der Sonne zu nahe kommt. In der Kunst der DDR dagegen wurde der siegreiche Sozialismus gerne mit dem glücklich voran fliegenden Ikarus symbolisiert. Auch Heisig liebte das Ikarus-Motiv, sein Gemälde von 1975 jedoch ist seltsam doppeldeutig: Da erinnerte Ikarus manche Betrachter an Christus am Kreuz. »Ikarus ist beim Fliegen am Himmel gleichsam festgefroren.« (Peter Pachnicke) So gesehen symbolisierte er auf versteckte Art die Erstarrung des Sozialismus.*

thetische Stoffe wurde es allerdings schwierig, wenn auch nicht aussichtslos. 1991 ergab eine Studie, dass ein Großteil der von »SERO« erfassten Abfälle gar nicht verwertet wurde, sondern auf Halden und in Lagern auf eine etwaige künftige Verwertung wartete oder gar auf Müllkippen landete.[91] Das Kreislauf-Ideal hatte im Endeffekt die Verschandelung der Umwelt verschlimmert! Gewiss war »SERO« keine pure Farce; und im Detail bedarf offenbar noch vieles der Klärung; aber der allumfassende Kreislauf blieb eine Utopie – nicht anders als bislang im Westen. Bei vielen Produkten hätte die Wiederverwertbarkeit schon bei der Produktion berücksichtigt werden müssen. Rein theoretisch wäre das in einer staatlich gelenkten Planwirtschaft eher möglich als unter den Bedingungen des privaten Unternehmertums, hätte jedoch einen engagierten und einfallsreichen Manager- und Technikertyp erfordert, wie er auch im Westen nicht gerade häufig war (und ist) und schon gar nicht in der späten DDR.

Wenn Kommunisten träumen *von Walter Womacka: ein ebenfalls 1975 für
den »Palast der Republik« geschaffenes Gemälde. Im Mittelpunkt der Proletarier,
der noch im Traum seine überdimensionierte Faust ballt. Aber wovon träumt
dieser Kommunist nun wirklich?*

Fatal wirkte sich vermutlich auch die Verstaatlichung eines Großteils der
verbliebenen Privatbetriebe 1972 aus[92], irregeleitet von der seit Jahrzehnten im Raum stehenden Fehlprognose vom unaufhaltsamen Niedergang des
Handwerks. Nicht nur für manche Bereiche des Recyclings, sondern auch
für Wärmedämmung in Altbauten und erneuerbare Energien wäre, wie wir
heute wissen, eine breite handwerkliche Basis unverzichtbar gewesen. Alles
in allem drängt sich der Eindruck auf, dass bei der Kreislaufwirtschaft, die
gerade im Zeichen der Ökologie so zukunftsträchtig wurde, jener visionäre
Elan fehlte, der anderswo wirkungslos verpuffte. So penetrant das Zukunftspathos der SED-Führung auf anderen Sektoren wirkt: Hier hätte es kräftiger
ertönen müssen! Am Ende hatte die DDR-Führung kaum noch andere Zukunftskonzepte zu bieten als der Westen; doch im Angebot von Konsumgütern war sie der Bundesrepublik immer hoffnungsloser unterlegen.[93]

DIE VISION EINER ZUKUNFTS-DDR KEHRT SICH GEGEN DEN »REAL EXISTIE-
RENDEN SOZIALISMUS«. Aus der Ferne betrachtet, hätte das SED-Regime die
Ökologie als Retterin begrüßen können; denn die neuen Ideale der Öko-
Ära – von »Lebensqualität« bis hin zur »Suffizienz« und Abkehr von der
Wachstumswirtschaft – waren wie geschaffen, um in der DDR aus der Not
eine Tugend zu machen und die dortige Gegenwart zukunftsträchtig erschei-
nen zu lassen. Da hätte die viel bespöttelte Ulbricht-Verheißung »Überholen
ohne einzuholen« lebensvolle Substanz bekommen: statt fortwährendem

Wachstum Einklang mit der Natur; statt Konkurrenzkampf freundlich-entspannte menschliche Beziehungen auf der Basis der Sicherheit des Arbeitsplatzes, der Wohnung, der elementaren Lebensnotwendigkeiten. Selbst ein Kuczynski besaß in der Spätzeit der DDR seine Privatphilosophie, die in solche Richtung ging[94]; aber in der Öffentlichkeit bekannte er sich marxistisch-korrekt zu den »Revolutionen der Produktivkräfte«. Wer sich wie Robert Havemann öffentlich zu einer auf solch alternative Art zukunftsfähigen DDR bekannte, geriet ins Abseits und lebte seine Sehnsucht in einer Öko-Utopie aus, die nur im Westen publiziert werden konnte![95]

In den 1980er Jahren waren es die oppositionellen Bürgerbewegungen, die sich noch in Vorstellungen einer neuartigen Zukunfts-DDR ergingen, wo das Fahrrad und nicht der motorisierte Verkehr dominierte.[96] Wie der Futurologe Karlheinz Steinmüller aus eigener Erfahrung resümiert: »das Zukunftsdenken verlagerte sich in die Dissidentenbewegung.«[97] Selbst in den offiziellen Proklamationen war von »Fortschritt« immer weniger die Rede; der Begriff war durch inflationären Gebrauch ausgeleiert und kontrastierte immer krasser zur Erstarrung des DDR-Systems, der gegenüber er nur noch mit ironischem Ton zu verwenden war.[98] Utopien waren für das SED-Regime gefährlich geworden; bereits die von der SED in den 1960er Jahren eingeführte Formel vom »real existierenden Sozialismus« verrät »eine permanente Verteidigungshaltung gegenüber der Utopie, dem Traum, der Illusion, letztlich auch gegenüber dem eigenen theoretischen Anspruch« (Stefan Wolle).[99] Schon 1969 nahm das DDR-*Magazin* die damals kunterbunt sprießenden Phantasien über das Jahr 2000 unter Beschuss.[100]

Ironie der Geschichte: In diesem Staat, in dem die Zukunft bis zum Überdruss beschworen worden war, fühlte sich am Ende noch am ehesten derjenige heimisch, der an keine neue Zukunft dachte, sondern einfach nur in Ruhe seine gewohnte Lebensweise fortsetzen wollte. Wütend-enttäuscht dagegen waren wohl am allermeisten diejenigen, die nicht von vornherein offizielle Verheißungen für Brimborium gehalten, sondern einst in die DDR hohe Erwartungen gesetzt hatten: Erwartungen, die vor allem vom Futurismus der 1960er Jahre inspiriert gewesen waren. Um noch einmal Stefan Wolle zu zitieren: »Das Lebensgefühl des Aufbruchs in den sechziger Jahren haben viele mit sich herumgetragen bis 1989. Man hat die Wende die Revolution der Vierzigjährigen genannt.«[101] Wolle ist Jahrgang 1950; er spricht aus eigener Erfahrung. Gewiss wurde die Wende nicht nur von Vierzigjährigen getragen; über welche Jahrgänge jene Generation reicht, bedarf noch der Erforschung.

9

Von »No Future«
zu »Our Common Future« –
von »Euroschima, mon futur« zum
»Zukunftsfähigen Deutschland«

DAUERARBEITSLOSIGKEIT UND »DEUTSCHER HERBST«: DUNKLE WOLKEN ÜBER DEM HORIZONT. Zurück in die alte Bundesrepublik: Da beginnt ähnlich wie in der DDR mit dem Abbruch der Prognose- und Planungseuphorie in den frühen 1970er Jahren eine Zeit, wo es relativ schwerfällt, in den Zukunftserwartungen klare Konturen und Dynamiken zu erkennen. Die Fragwürdigkeit großer Prognosen war zum Gemeingut geworden. Im Vergleich zur vorausgegangenen Zeit wird die explizite Zukunftsliteratur dürftiger – was nicht ausschließt, dass die Zeitzeugnisse eine Fülle an Zukunftserwartungen implizieren. Im großen und ganzen zeichnet sich zunächst ein lang anhaltendes Tief, eine Phase des verbreiteten Pessimismus ab, während in der zweiten Hälfte der achtziger Jahre die Kurve wieder nach oben geht; und doch sollte man sich davor hüten, die deutschen Zukunftserwartungen dekadenweise gleichzuschalten, so wie dies manchmal geschieht. Die durch die neue Ostpolitik bewirkte Entspannung der deutsch-deutschen Beziehungen gab zumindest eine Zeitlang Grund zu mancherlei Hoffnungen. Die Ölkrise bedeutete eine Chance für die Kernenergie; auf der Gegenseite eröffnete die sich ausbreitende Sorge über Umweltschäden der Umweltbewegung eine Zukunft. Die von dem SPD-Abgeordneten Reinhard Ueberhorst geleitete Bundestags-Enquetekommission »Zukünftige Kernenergiepolitik« (1979/80) wandte erstmals die Szenarien-Methode auf Zukunftsentwürfe an und erzielte auf dieser Basis einen Kompromiss zwischen Befürwortern und Kritikern der Kerntechnik: Diverse Zukunftspfade mit und ohne Kernenergie wurden allseits als möglich anerkannt.[1] In gewissem Sinne war das ein Höhepunkt angewandter Zukunftsforschung in der Politik. Seither stand »Energiewende« als politische Option im Raum, wenn auch damals ohne unmittelbare Wirkung und teilweise als bloße Rückwende zur Kohle.[2]

Der Ausblick auf die »Grenzen des Wachstums« inspirierte Ideen von einem »qualitativen Wachstum«. Doch fundamental und anhaltend war das allgemeine Bewusstsein, dass es sich beim wirtschaftlichen Wachstum entgegen dem vorherigen Optimismus doch um ein vergängliches, an bestimmte historische Bedingungen gebundenes Phänomen handelte und die Zeit des »Wirtschaftswunders« definitiv vorbei war: So gesehen begriff sich jene Zeit für viele Zeitgenossen durch den Blick zurück, nicht durch die Vorausschau. Das begann mit dem »Ölpreisschock« vom November 1973. Aus heutiger Sicht herrschten damals weit übertriebene Vorstellungen von der Abhängigkeit des Wohlergehens der deutschen Wirtschaft von niedrigen Energiepreisen; doch schon der *Glaube* an eine solche Abhängigkeit genügte, damit aus dem Pessimismus eine *self-fulfilling prophecy* wurde. Der Rezession von 1966/67 war rasch ein neues Aufwärts gefolgt; aber nach 1973 wurde es anders: Die Zuversicht schwand, dass staatliche Konjunkturspritzen die Vollbeschäftigung wiederherstellen könnten. Im Januar 1975 gab es zum ersten Mal seit 16 Jahren wieder über eine Million Arbeitslose. Ab 1976 ging es wieder einige Jahre aufwärts, doch »blieb das frühere Niveau der Vollbeschäftigung von nun an unerreichbar« (Werner Abelshauser).[3]

Eine Dauerarbeitslosigkeit hielt sich von nun an hartnäckig über neue Konjunkturaufschwünge[4]; mit Bitterkeit mussten sozial sensible Menschen zusehen, dass Arbeitslose selbst dann, wenn die Wirtschaft boomte, ohne Perspektive blieben. Die erste Ölkrise war bald vorbei; aber der Preissprung des Erdöls Anfang der 1980er Jahre – von einer »Ölpreisexplosion« war die Rede – galt gemeinhin als Grund dafür, dass das Wirtschaftswachstum unter null sank und die Zahl der Arbeitslosen auf über zwei Millionen hochschnellte. Die Allensbach-Chefin Renate Köcher gewinnt aus Meinungsumfragen jener Zeit den Gesamteindruck eines tiefgreifenden Stimmungswandels, wobei sie nebenbei den prognostischen Wert der Allensbach-Recherchen herausstrich:

> »Die Aufbruchsstimmung der späten sechziger Jahre mündete in Ernüchterung. Die Phase der Utopien und Hoffnungen auf eine neue Zeit führte in den siebziger Jahren zu einer tiefen Enttäuschung; das Vertrauen in die Zukunft verfiel, besonders in der jungen Generation, und damit auch das Vertrauen in die Bewältigung politischer und ökonomischer Probleme. Der wachsende Pessimismus und die zunehmende Beunruhigung der Bevölkerung in den siebziger Jahren ließen früh-

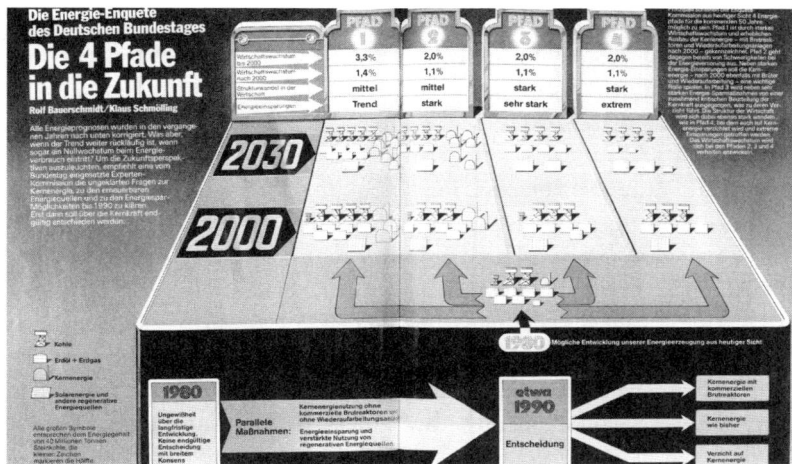

Die vier Zukunftsszenarien, auf die sich die Enquete-Kommission »Zukünftige Kernenergiepolitik« einigte, in Bild der Wissenschaft *wie ein Flippertisch dargestellt, auf dem die Politiker spielen könnten.*

zeitig das Bedürfnis nach erneuter Veränderung erkennen. Jeder Machtwechsel in der Bundesrepublik war in der Bevölkerungsmeinung vorgezeichnet, auch der Wechsel von 1982. Was mancher zunächst als Handstreich einer kleinen Gruppe von Politikern interpretierte, war nur der Vollzug einer Entwicklung, die in der Bevölkerung bereits abgeschlossen war.«[5]

In den fünfziger und sechziger Jahren war die Automation, wie wir sahen, nicht nur für Unternehmer, sondern auch für Gewerkschaftler ein verheißungsvolles Thema gewesen: als ein Prozess, der die Chance enthielt, stumpfsinnige Arbeit durch intelligentere und besser entlohnte zu ersetzen. Das änderte sich mit der mikroelektronischen Revolution der siebziger Jahre zusammen mit der fortgesetzten Dauerarbeitslosigkeit. Karl-Heinz Janzen, Vorstandsmitglied der IG Metall, warnte 1978: »Uns steht eine soziale Katastrophe bevor – sofern wir keine Lösung finden.« Damit inspirierte er einen *Spiegel*-Titel (16/1978) »Die Computer-Revolution – Fortschritt macht arbeitslos«. Das Titelbild zeigte wie schon der *Spiegel*-Titel 14/1964 (s.o.S. 123) einen menschenähnlichen Riesencomputer, der einen Arbeiter ins Abseits beförderte. Wenn Kuczynski damals prophezeite, die Automation werde zum Ende des Kapitalismus führen, brauchte er nur solche westlichen Quellen beim Wort zu nehmen.

André Gorz, der noch immer begeisterungsfähige Vordenker der französischen Linken, bekannte sich zu der Überzeugung, die »mikroelektronische Revolution« öffne *Wege ins Paradies* – so der Titel seines Buches von 1983 –, indem sie die soziale Revolution erzwinge und zugleich den Menschen Freizeit in Hülle und Fülle beschere: Ebendies sei das Paradies. Die gestandenen deutschen Betriebssoziologen Horst Kern und Michael Schumann hatten für einen derartigen Utopismus nur Hohn und Spott übrig: »Warum sollte es nun gerade den marginalisierten Randgruppen oder Nicht-Produzenten gelingen, gegen oder doch zumindest ohne die Betreiber der Industrieproduktion … die Gesellschaft zu befreien?« An »solchen nahe liegenden Zweifeln« »mogele« Gorz sich vorbei, indem er davon ausgehe, die durch die Automation freigesetzten »postindustriellen Schichten« würden zur großen Mehrheit der Bevölkerung anwachsen und daher unweigerlich die Macht übernehmen.[6]

Mit guten Gründen gingen Kern und Schumann davon aus, dass die Industriearbeit keineswegs der Vergangenheit angehöre, sosehr auch die »Post«-Begriffe, zumeist aus Paris importiert, in Mode kamen: vom »postindustriellen Zeitalter« und »Postfordismus« zur »Postmoderne«, die seit den frühen 1980er Jahren zu einer gängigen Epochenbestimmung der Gegenwart wurde. Ein Stück Realismus war gleichwohl in der These vom Anbruch einer »postindustriellen« Ära enthalten; 1998 rechnete das Deutsche Institut für Wirtschaftsforschung vor, dass schon über drei Viertel der Beschäftigten und ein ebenso hoher Anteil der Wertschöpfung aus immaterieller Tätigkeit hervorgingen: ein Faktum, das – wie Werner Abelshauser feststellt – zu jener Zeit noch nicht in das Bewusstsein der Deutschen eingegangen war.[7] Aber ein Büro ist nicht unbedingt ein »Paradies«!

Was wurde in den 1970er Jahren aus den linken Szenen? In Sven Reichardts 1000-Seiten-Opus über *Linksalternatives Leben in den siebziger und frühen achtziger Jahren*, dessen Literaturverzeichnis an die hundert Seiten umfasst, handelt nicht einmal ein Unterkapitel explizit von Zukunftsentwürfen, schon gar nicht von Utopien. Reichardt erkennt den Grundzug in seinem kunterbunten Panorama »alternativer« Szenen, deren »harter Kern am Ende der siebziger Jahre auf rund 300 000 bis 600 000 Aktivisten geschätzt und deren Sympathisantenkreis von Meinungsforschungsinstituten auf 5,6 Millionen Personen beziffert wurde«[8], in der Abkehr von den Theorie-Exerzitien der Achtundsechziger und deren Streben nach Revolutionierung der gesamten Gesellschaft. Stattdessen sei in dem neuen linksalternativen Milieu »Authentizität« angesagt gewesen, verbunden mit Aversion gegen ein Sich-Verschanzen hinter einem Theorie-Jargon; alles habe sich um die kleinen Welten gedreht, die Kollektive und Wohngemeinschaften, die unmittelbaren menschlichen Beziehungen. Nicht auf gesellschaftspolitische Fernziele sei man orientiert gewesen, sondern ganz auf das vitale Hier und Jetzt.

Nun, auch diese Gegenreaktion auf Theorie- und Zukunftsfixiertheit war bereits in dem bunten Spektrum von 1968 angelegt gewesen; bezeichnenderweise war »die eingekapselte Stadtinsel Westberlin« – so Reichardt – »zweifellos Hochburg und Vorbild der linksalternativen Kultur«[9] ebenso wie zuvor der Revolte von 1968: Da ist die Kontinuität unverkennbar. Und *implizit* erkennt man auch in diesen neuen Alternativszenen Ideale einer Zukunftsgesellschaft: einer Gesellschaft mit viel Spontaneität, freier Sexualität, aber auch »neuer Spiritualität«[10], Verbindung von nicht-institutionalisierter Gemeinschaft und freiem Ausleben der eigenen Individualität bis hin zum Drogenkonsum. Reichardts Spektrum bleibt insofern beschränkt, als er die Umweltbewegung nicht als zusammenhängendes Phänomen würdigt, sondern nur verstreut in diversen Kontexten anspricht.[11]

Im übrigen nicht zu vergessen: Schon seit den »Berufsverboten«, der Sperrung des öffentlichen Dienstes für »Verfassungsfeinde«, vollends jedoch ab den späten 1970er Jahren gab es gewichtige Gründe, die den linken Szenen die Lust am öffentlichen Zukunftsdenken verdarben.[12] Nur ganz sporadisch begegnen bei Reichardt Gefangenschaft und Tod von Ulrike Meinhof, Gudrun Ensslin und Andreas Baader.[13] Dabei wurde der »Deutsche Herbst« 1977 von vielen damaligen Linken als tiefe Zäsur empfunden in einem Maße, wie es Nachgeborene nur schwer nachempfinden können: der Selbstmord dieser drei RAF-Exponenten im Gefängnis von Stammheim und im gleichen Jahr jene Serie der RAF-Morde, die das ganze Land in größte Erregung versetzten und in einem Maße, das aus späterer Distanz kaum mehr verständlich ist, Bürgerkriegsstimmung verbreiteten. Selbst der einst so besonnene Historiker Golo Mann wütete in der *Welt*, man befinde sich in einer »grausamen und durchaus neuen Art von Bürgerkrieg«; als die Flugzeugentführer die Passagiere als Geiseln zu nehmen drohten, um die Gefangenen von Stammheim freizupressen, forderte Mann dazu auf, die Gefangenen von Stammheim ebenfalls als Geiseln zu benutzen und im Stundentakt zu exekutieren. Wie später publik wurde, plädierte Franz Josef Strauß darauf in dem vom Kanzler einberufenen Großen Krisenstab ebenfalls für Standrecht in Stammheim.[14]

Viele dachten in ihrer Wut damals ähnlich. Die Bundesregierung allerdings behielt die Nerven, leitete die erfolgreiche Geiselbefreiung auf dem Flughafen von Mogadischu ein und rettete sich dadurch womöglich über die kommenden Wahlen. Doch die herrschende Stimmung begünstigte ein *Rollback* gegen das Erbe von 1968; im Januar 1978 erschien das Manifest *Mut zur Erziehung,* jener Generalangriff auf die pädagogischen Folgen von 1968. Viele glaubten, jetzt sei offenkundig geworden, wohin der Ruf nach Revolution am Ende führe. Linksradikale Gruppen gerieten unter Terrorismusverdacht und bekamen es mit der Polizei zu tun. Auch von daher hatten alternative Szenen allen Grund, in Deckung zu gehen und sich mit revolutionären Aufrufen zurückzuhalten.

Und nach 1980 kam noch etwas ganz anderes hinzu, wenn auch die neue Studentengeneration den Gedanken an die Zukunft lieber verdrängte: die steil anwachsende Arbeitslosigkeit von Lehramtsanwärtern. Da bestand ein extremer Kontrast zur existenziellen Situation der Achtundsechziger! 1977 erschien die Single *God Save the Queen* der britischen Punk-Band Sex Pistols. Deren Refrain »No future« war nicht ernst gemeint; John Lydon, einer von ihnen, erläuterte: »Diese Textzeile ›no future‹, die ist prophetisch: Wenn du deine Zukunft nicht selbst in die Hand nimmst, dann wirst du auch keine haben – so einfach ist das.«[15] Aber viele junge Deutsche, besonders angehende Intellektuelle nahmen *No Future* damals wörtlich – und sie hatten ihre Gründe dafür. Zu allem Elend wurden die in den voraufgegangenen Jahrzehnten sprießenden sexuellen Wunschträume seit Ende 1981 durch die Angst vor AIDS getrübt: auch dies eine Wende von nicht zu unterschätzender vitaler Bedeutung!

DIE UNGEAHNTE WIEDERKEHR DER ANGST VOR DEM ATOMKRIEG. Der Hauptgrund für die Wende zum Pessimismus war bei vielen Menschen um 1980 der sich damals abzeichnende neue Schub im atomaren Wettrüsten zwischen West und Ost und die »zeitweise gewaltige Angst vor einem Atomkrieg«, die Thomas Petersen in Allensbach-Befunden erkennt[16], und von der keineswegs nur pazifistische Kreise gepackt wurden. Das war nach dem Ende des Vietnamkriegs, der neuen Ostpolitik und den ost-westlichen Verhandlungen zur Rüstungsbegrenzung ein jäher und von vielen Zeitgenossen unerwarteter Temperatursturz, der umso größere Erregung auslöste. Den Anstoß zu der neuen Friedensbewegung gab der NATO-Doppelbeschluss vom 12. Dezember 1979, der die Aufstellung neuer mit Atomsprengköpfen bestückter Raketen und Marschflugkörper in Westeuropa vorsah. Begründet wurde er mit einer vergleichbaren atomaren Aufrüstung der Sowjetunion, die zu einer Lücke im Abschreckungsarsenal des Westens geführt habe.

»Doppelbeschluss« bedeutete, dass zugleich Verhandlungen über die Begrenzung der atomaren Mittelstreckenraketen gefordert wurden. Diese Verhandlungen scheiterten jedoch; im November 1983 stimmte die Mehrheit des Bundestages für die Nachrüstung, und prompt begann ab Dezember 1983 die Stationierung der Raketen.

Das war bereits in der Ära Kohl. Am Anfang der Nachrüstung hatte jedoch der sozialdemokratische Bundeskanzler Helmut Schmidt gestanden, der am 28. Oktober 1977 in einer Rede vor dem International Institute for Strategic Services (IISS) in London warnend auf die neue Stationierung sowjetischer Mittelstreckenraketen in Osteuropa hingewiesen hatte, aus der Sorge heraus, dass die USA auf einen sowjetischen Atomangriff, der nur Europa betraf, nicht mit atomaren Interkontinentalraketen reagieren würden. Wenn jedoch Westeuropa mit Mittelstreckenraketen von neuartiger Zielgenauigkeit bestückt wurde und dazu in Washington ein angriffslustiger Präsident regierte – und ebendies war ab 1981 mit dem Regierungsantritt von Ronald Reagan der Fall –, konnte man sich auch ein ganz andersartiges Horrorszenario vorstellen: Wenn sich ein Atomkrieg auf Europa beschränken ließ, konnte die US-Regierung dieses Risiko für tragbar halten – und eine solche Bedrohung konnte die Sowjetunion zu einem Präventivschlag herausfordern. Dies war die Schreckensvision des *Spiegel*-Redakteurs Wilhelm Bittorf (1929–2002) in seinem Essay »Euroschima, mon futur«[17] – Anspielung auf den Film *Hiroshima, mon amour* (Alain Resnais, 1959) –, der vielen durch Mark und Bein ging.

Aus der Retrospektive von 2008 hält Hans-Ulrich Wehler im letzten Band seiner *Deutschen Gesellschaftsgeschichte* die Notwendigkeit der Nachrüstung für evident und spricht abfällig von den »hysterischen Angstbekundungen« der neuen Friedensbewegung, und dies mit einer Apodiktik, die jede Diskussion abschneidet.[18] Obwohl man von einer »Gesellschaftsgeschichte« erwarten sollte, dort eine ausführliche Würdigung der »wohl größte(n) politische(n) Massenbewegung in der bundesrepublikanischen Geschichte« (Andreas Wirsching) zu finden, sind die kurzen Bemerkungen Wehlers dazu in einem Kapitel über Europapolitik versteckt.[19]

Doch das erscheint als Musterbeispiel eines Urteils rein aus der Rückschau, das sich nicht in den Horizont jener Zeit hineinversetzt. Zum einen verdient festgehalten zu werden, dass es eine Angst nicht nur bei den Gegnern, sondern auch bei den Fürsprechern der »Nachrüstung« gab. Auch diese Angst erscheint aus der Rückschau als nicht sehr begründet; denn da stellt sich die Sowjetunion als ein im Grunde schwaches und im Zerfall befindliches Gebilde dar, das sich auf seine osteuropäischen Satelliten längst nicht mehr verlassen konnte und aus keinem Kraftbewusstsein heraus, sondern allenfalls aus einer Panik gegenüber einem befürchteten Angriff des Westens seine Zuflucht zu einem Präventivschlag genommen hätte. Die Vorstellung einer Überlegenheit des in Wahrheit bröckelnden »Ostblocks« wirkt für die Zeit um 1980 aus der Retrospektive lächerlich; die Sowjetregierung dagegen hatte allen Grund, die Überlegenheit des Westens zu fürchten. Selbst Andreas Wirsching, der Wehlers Umgang mit der Friedensbewegung nachvollziehbar findet, weist in seinem *opus magnum* über die erste Hälfte der Ära Kohl darauf hin: »Grundlegende Zweifel an der Ernsthaftigkeit des amerikanischen Verhandlungswillens ließen … immer wieder jene Meldungen aufkommen, in denen Äußerungen Reagans und seiner Berater kolportiert wurden, ein ›begrenzter Atomkrieg‹ mit ›taktischen‹ Nuklearwaffen sei im Prinzip führbar.«[20] »Euroschima, mon futur«! Das auf US-amerikanische Akten gestützte Opus von Georg Schild *1983 – Das gefährliche Jahr des Kalten Krieges* (2013) entwirft von der damals drohenden Gefahr eines Atomkriegs ein Bild, das noch aus der Rückschau mit Grausen erfüllt; der Herausforderer war Präsident Reagan.

Hatte sich im westlichen Abschreckungsarsenal tatsächlich durch die Stationierung neuer sowjetischer Raketen in Osteuropa eine klaffende Lücke aufgetan? Wer in der einschlägigen Publizistik jener Zeit stöbert – und zwar nicht nur in den Alarmschriften, sondern auch in der Fachliteratur[21] –, gewinnt überhaupt keinen einheitlichen Gesamteindruck: Es kam ja nicht nur auf die Zahl, sondern auch auf die Zielgenauigkeit der Raketen und auf die Zuverlässigkeit der Verbündeten an – und bei alledem das undurchsichtige Problem der Verlässlichkeit der angeblichen Fakten! Schon unmittelbar vor dem »Doppelbeschluss« erinnerte Theo Sommer, sonst ein notorischer USA-Freund, in der *Zeit* daran, die Debatte über die angebliche westliche Verwundbarkeit gegenüber einem atomaren Überraschungsangriff der Sowjets sei »nicht neu«, sondern »vor genau zwanzig Jahren schon einmal geführt« worden, als spitzfindige Rüstungskalkulationen und die »Hysterie« über die angebliche westliche »Raketenlücke« »das gewaltigste Wettrüsten der Geschichte« ausgelöst hätten[22]: »Hysterie« auf Seiten der Aufrüstungsanhänger! Doch gerade damalige jüngere Generationen, die derartige Alarmrufe noch nicht als alte Leier in Erinnerung hatten, waren – wie es scheint – durch die Alarmstimmung besonders schockiert. Noch heute wird man von denen, die damals die meiste Zukunft vor sich hatten, daran erinnert, dass sie zu jener Zeit überzeugt waren, keine Zukunft zu haben.

Gewichtige Gründe sprachen dafür, dass aus dem »Doppelbeschluss« in Wahrheit ein Aufrüstungsbeschluss übrigbleibt; denn zu jener Zeit war in Washington wenig Verständigungsbereitschaft gegenüber Moskau zu erkennen. Dass dagegen die Sowjetunion auf diese Herausforderung unter Gorbatschow mit einer bis dahin nie gesehenen Konzilianz reagieren würde, ließ sich noch wenige Jahre davor nicht im mindesten vorhersehen; am allerwenigsten geahnt wurde es von den Protagonisten der »Nachrüstung«. Noch im Oktober 1986, als Gorbatschow im Westen schon weithin zur Lichtgestalt geworden war, verglich Kohl ihn in einem *Newsweek*-Interview ausgerechnet mit Goebbels[23]: Das galt schon bald als der mit Abstand peinlichste Ausrutscher seines Lebens.

DER ALARM UM DAS »WALDSTERBEN« UND UM DIE RISIKEN DER ZIVILEN ATOMTECHNIK: ZUKUNFTSSZENARIEN ALS AKUTE KATASTROPHE. Die *No-Future*-Stimmung wurde in den frühen achtziger Jahren bei sensiblen Menschen durch den Ende 1981 losbrechenden Alarm über das »Waldsterben« perfekt: der Vers ging um: »Da drauß' vom Walde komm ich her / Ich muss euch sagen: Es gibt ihn nicht mehr«, dazu – schlimmer noch – der Spruch: »Erst stirbt der Wald – dann stirbt der Mensch«! Es ging los mit dem *Spiegel*-Titel vom 16. November 1981: »Der Wald stirbt – Saurer Regen über Deutschland«; und der Widerhall in den Medien war enorm und hielt über Jahre an. Von jetzt an erfasste die Sorge um die Umwelt auch solche Bevölkerungskreise, die dem Protest gegen die Atomkraft ferngestanden hatten[24]; ja gerade auch Parteigänger der Atomenergie stimmten triumphierend in die Alarmrufe ein, die die Kernkraftwerke aus der Schusslinie beförderten. Die Warnung, dass der deutsche Wald am schlimmsten durch Schwefeldioxyd-Emissionen bedroht sei, kam damals ganz überraschend. Zwar war schon 1979 ein großer Band *Rettet den Wald* erschienen, als dessen Herausgeber der Filmemacher Horst Stern zeichnete, der zu den Begründern der Umweltbewegung gehörte; doch da war der Wald am allermeisten durch das auf Betreiben der Jagdlobby überhegte Wild bedroht: Das war nichts Neues, vielmehr seit zwei Jahrhunderten die Klage der »holzgerechten« gegen die »hirschgerechten« Forstleute.[25] Das Stichwort »Saurer Regen« fehlt in dem Register; Schäden durch Schwefeldioxyd werden in dem umfangreichen Opus nur mit einem einzigen Satz erwähnt![26]

Vieles weist darauf hin, dass erst jetzt der Protest gegen Umweltschäden über Ein-Punkt-Initiativen hinaus, die an bestimmte Szenen gebunden waren, zu einer breiten Volksbewegung wurde, die den Deutschen in der Weltöffentlichkeit ein neuartiges Image verlieh.[27] Carl Amery schrieb 1985:

»Das Waldsterben war das erste gewaltige Schock-Erlebnis ökologischer Natur, welches die ganze Nation trifft und betrifft.«[28] Für die Regierung Kohl bot der Alarm die Gelegenheit, sich im Umweltschutz zu profilieren: durch die Großfeuerungsanlagenverordnung von 1983, die für Kohlekraftwerke aufwendige Entschwefelungsanlagen vorschrieb – eine Forderung, die längst im Raum gestanden hatte, aber von der Kohlelobby abgeblockt worden war.[29] Es war ein Milliardenprojekt: die bis dahin größte Maßnahme des deutschen Umweltschutzes. Kohl brauchte auf die Kohle weniger Rücksicht zu nehmen als die SPD mit ihrer Wählerschaft im Ruhrrevier.

Beim »Waldsterben« handelte es sich um einen Alarm, der wesentlich durch die Medien vermittelt war und weit weniger einer unmittelbaren Anschauung entsprang. Als »leidenschaftlicher Waldläufer« spottete später der Medienwissenschaftler Rudi Holzberger, auf eine derart monomanisch verfolgte fixe Idee hätten nur Journalisten kommen können, die kaum je in den Wald gehen, aber desto mehr die Sensation suchen.[30] Und doch hieß es 1984 selbst in der *Zeit*: »Am Ausmaß des Waldsterbens könnte heute nicht einmal der ungläubige Thomas zweifeln, allenfalls ein pathologischer Ignorant.«[31]

Der Überraschungseffekt dieses Alarms hat selbst etwas Überraschendes. Denn das Thema »Saurer Regen« hatte bereits am Anfang der »ökologischen Revolution« gestanden und Schweden dazu veranlasst, die epochemachende Welt-Umweltkonferenz von 1972 nach Stockholm zu holen. Damals hatten schwedische Sprecher jedoch vergeblich versucht, die Deutschen für dieses Thema zu erwärmen; denn sie verbanden es mit Schadenersatzansprüchen an Verursacherländer, und da machte ein Bonner Kabinettsbeschluss den Ferntransport von Schwefeldioxyd zu einem »Nichtthema«.[32] Nun jedoch, da der deutsche Wald bedroht schien, bekam der saure Regen schlagartig höchste Priorität. Seit den 1990er Jahren freilich ergoss sich über die Unkenrufer Hohn und Spott, als herauskam, dass die deutschen Wälder, anstatt zu sterben, stärker wuchsen denn je: ob durch Unternutzung oder den zunehmenden Kohlendioxyd-Gehalt der Atmosphäre.

Und doch versperrt es wesentliche Einsichten, wenn man den Alarm aus der Rückschau ins Lächerliche zieht. Denn das »Waldsterben« war ursprünglich keine Erfindung sensationshungriger Pressereporter gewesen, vielmehr war der erste Anstoß von Bernhard Ulrich gekommen, dem Direktor des Göttinger Instituts für Bodenkunde und Pionier der lange vernachlässigten Erforschung des Waldbodens. Der glaubte, um 1980 erkannt zu haben, dass sich die Wälder entgegen bisherigen Annahmen als Folge der durch Emissionen bewirkten Bodenversauerung in einer »Destabilisierungsphase« befänden. Auch aus heutiger Sicht war diese Sorge keineswegs unbegründet.[33] Der irreführende Effekt entstand dadurch, dass ein sehr wohl mögliches Zukunftsszenario als erwiesenes Faktum hingestellt oder, anders ausgedrückt, ein chronischer Prozess zu einer akuten Katastrophe dramatisiert wurde.

All das wirft ein Licht auf einen bis heute bestehenden blinden Fleck der Umweltdiskurse: die Frage, wie mit dem Element der Unsicherheit in Prognosen, der Mehrzahl möglicher Zukunftsszenarien umzugehen ist. Da die Umweltbewegung im Zeichen der Vorsorge wesentlich von Zukunftserwartungen bestimmt wird, ist dieses Problem für sie essenziell. Proteste gegen akute und eklatante, die Sinne aufreizende Umweltschäden hatte es bereits seit dem 19. Jahrhundert gegeben[34]; das war im Prinzip nichts Neues. Auch nach 1970 wimmelt es von Klagen solcher Art, und einiges spricht für die These, dass ein Gutteil der Vitalität der neuen Umweltbewegung auf derartige Herausforderungen der Gegenwart zurückgeht. Aber das Neuartige bestand in der Vorausschau, aus der sich ergab, dass auch solche Risiken ins Visier genommen wurden, die einstweilen mit den Sinnen nicht wahrnehmbar waren, ihre volle Brisanz erst auf längere Sicht gewannen und ein hypothetisches Element enthielten.[35]

Das Musterbeispiel dafür sind seit den 1980er Jahren die Initiativen zum Klimaschutz, aber bereits vorher hat sich die Protestbewegung gegen die Atomkraft formiert, die in den USA schon in den sechziger Jahren began und in der Bundesrepublik in den siebziger Jahren ihren Höhepunkt erreichte.[36] Heute trifft man bei Jüngeren manchmal auf die Vorstellung, diese Bewegung sei als Reaktion auf die Reaktorkatastrophe von Tschernobyl am 26. April 1986 entstanden, als in Bonn endlich ein Bundesumweltministerium geschaffen wurde; aber der Protest eskalierte schon über ein Jahrzehnt davor, mit der Bauplatzbesetzung von Wyhl am 18. Februar 1975, zu einer Zeit, als noch keine Reaktorkatastrophe vor Augen stand und der Atomstrom erst einen kleinen Bruchteil der bundesdeutschen Energieversorgung ausmachte, die Bundesregierung jedoch in Reaktion auf die Ölkrise ein ehrgeiziges Atomprogramm beschlossen hatte, das alle bisherigen Pläne weit übertraf. Auf dem Höhepunkt des Atomkonfliktes ging es weit mehr um die Zukunft als um die Gegenwart. Auch die erneuerbaren Energien, zu denen sich die AKW-Gegner bekannten, waren zu jener Zeit noch weithin Zukunftsmusik; selbst wenn man sich zu ihnen bekannte, war es doch bis in die neunziger Jahre nicht leicht, an sie zu glauben. Die einzige Ausnahme war die Wasserkraft; aber große Staudämme standen weltweit als Zielscheibe von Protestbewegungen gleichrangig neben den Kernkraftwerken.[37]

Oder stand letztlich doch das atomare Inferno von Hiroshima am Ursprung der Anti-AKW-Bewegung? Untergründig mag dies bei nicht wenigen Aktivisten der Fall gewesen sein; und doch empfanden viele von ihnen in den siebziger Jahren das Thema »Bombe« eher als Ablenkung. Diese tauchte damals nämlich in einem typischen Argumentationsmuster der Atomlobby auf: Die wirkliche Gefahr drohe nicht von der zivilen Kerntechnik, sondern von der Bombe, und es lenke nur ab und zeuge von Ignoranz, wenn man das »friedliche Atom« dafür zum Prügelknaben mache. Ein zentrales Thema der frühen Anti-AKW-Bewegung war nicht so sehr eine drohende Reaktorexplosion, sondern waren vielmehr die zu befürchtenden Spätschäden, die durch radioaktive Niedrigstrahlung im Normalbetrieb des Reaktors hervorgerufen wurden.

Weit mehr, als die Atomlobby wahrhaben wollte und nach den Reaktorkatastrophen von Tschernobyl und Fukushima noch gegenwärtig ist, stand am Anfang der Gegenbewegung nicht so sehr die *Emotion* wie vielmehr die *Information*. In dem frühesten und weitaus umfangreichsten deutschen Kompendium der Reaktorrisiken, *Friedlich in die Katastrophe* (zuerst 1973) von Holger Strohm, dem Direktor der deutschen Sektion der Friends of the Earth, der Insiderwissen kritischer US-amerikanischer Experten in der Bundesrepublik bekanntmachte, begegnet das Thema »Bombe« nur am Rande. Schon der Titel deutet darauf hin, dass diese neuartige Gefahr im *Frieden* besteht und nicht erst durch einen drohenden Krieg akut wird. Nicht zufällig eskalierte der Atomkonflikt in der Bundesrepublik in einer Zeit relativer Entspannung zwischen Ost und West und folgte auch der zweite weltweite Boom im Umweltschutz prompt auf das Ende des Kalten Krieges[38]: Erst die Aussicht auf einen dauerhaften Frieden öffnete den Blick für eine ferne Zukunft. Solange die Furcht grassierte, dass Deutschland über kurz oder lang in einem atomaren Inferno untergehen würde, konnte man es für naiven Optimismus halten, sich darüber Gedanken zu machen, in welcher Welt die noch ungeborenen Generationen leben würden. Sosehr man im populären Öko-Schrifttum apokalyptische Szenarien findet: In ihren elementaren Triebkräften war die Umweltbewegung ein Kontrapunkt zu der No-*Future*-Stimmung!

HANS JONAS, DIE FRAUEN UND DIE ATOMKRAFT: EINANDER ÜBERKREUZENDE ZUKÜNFTE. Es hat seinen Reiz, nachzuverfolgen, wie Hans Jonas (1903–1993) mit dem Thema »Zukunft« umgeht: er, der als 76-Jähriger mit dem *Prinzip Verantwortung* (1979), das laut *Spiegel* 1989 »in der Uni-Szene schon zum Kultbuch avanciert« sei[39], zum renommiertesten Philosophen der Umweltbewegung wurde. Ähnlich wie Blochs »Prinzip Hoffnung«, dem Jonas das »Prinzip Verantwortung« entgegenstellt – »Heuristik der Furcht« gegen Heuristik der Hoffnung! –, kreist auch er um die menschliche Beziehung zur Zukunft. »Die Zukunft der Menschheit ist die erste Pflicht menschlichen Kollektivverhaltens im Zeitalter der modo negativo ›allmächtig‹ gewordenen technischen Zivilisation«: So beginnt sein Oberkapitel »Zukunft der Menschheit und Zukunft der Natur«.[40] Die von ihm entworfene Zukunftsvorsorge im Zeichen der »Heuristik der Furcht« mündet am Ende in einen Generalangriff auf die Utopie – und auf Ernst Bloch.

Aber enthält nicht auch die von Jonas den Menschen abverlangte Zukunftsvorsorge ein utopisches Element; setzt er nicht einen neuen, idealen Menschen voraus; ist nicht der wirkliche Mensch erst einmal ganz im Hier und Jetzt verwurzelt? Jonas erteilt jenem »anthropologischen Irrtum der Utopie« eine Abfuhr, der den realen gegenwärtigen Menschen lediglich als »Larve, die erst zum Schmetterling werden soll«, begreift.[41] Aber auch sein »Prinzip Verantwortung« – und zwar Verantwortung für eine weite Zukunft – setzt einen Menschen voraus, der nicht ganz von gegenwärtigen Interessen im Bereich der eigenen Lebenswelt geleitet ist. Vertrackt wird es dadurch, dass Jonas nach einer biologischen Basis seiner Anthropologie strebt; 1966 hatte er in den USA ein programmatisches Buch *The Phenomenon of Life – Toward a Philosophical Biology* herausgebracht, noch vor dem Anbruch der ökologischen Ära. Damals wird ihm die Erkenntnis zum Aha-Erlebnis: »Es gibt ein Grundphänomen des Organischen, das jedes Lebendige vom Unlebendigen unterscheidet. Das Entscheidende, das Fundamentale ist der Stoffwechsel.«[42] Das Leben – das menschliche wie das tierische – vollzieht sich durch Ein- und Ausatmen, durch Nahrungsaufnahme und Ausscheidung: So gelangt Jonas' »philosophische Biologie« zu ihrer Generalthese, »dass die Natur des Lebens teleologisch oder finalistisch sei«.[43]

Aber wie gelangt man von dort zum »Prinzip Verantwortung«? Damit hat er in der Tat seine Mühe; jetzt gibt er zu, »dass es eine eindeutige ›Natur‹ des Menschen nicht gibt«. Und mit Spitze gegen Utopisten à la Bloch: »Also wird man auch der Idee von einem daseienden, schlummernd bereitliegenden ›Reichtum der menschlichen Natur‹ entsagen müssen, der nur aufgeschlossen (›entfesselt‹) zu werden braucht, um sich dann kraft jener Natur zu zeigen.«[44] Übrig bleibt nur ein weiterer, allerdings nicht permanent präsenter Finalismus der menschlichen Natur: das Zeugen, Empfangen, Gebären von Kindern. Und ebendazu nimmt Jonas im *Prinzip Verantwortung* seine philosophische Zuflucht: Die Verantwortung gegenüber den Kindern, »die man gezeugt hat, und die ohne die Fortsetzung der Zeugung in Vor- und

Fürsorge zugrunde gehen müssten«, sei »die einzige von der *Natur* gelieferte Klasse völlig selbstlosen Verhaltens«. »Hier ist der Archetyp alles verantwortlichen Handelns, der zum Glück keiner Deduktion aus einem Prinzip bedarf, sondern uns (oder wenigstens dem gebärenden Teil der Menschheit) von der Natur mächtig eingepflanzt ist.« Also an erster Stelle den Frauen, auch wenn der darauf folgende Satz – ebenfalls in Klammern – den Hinweis enthält: »Männer müssen vielleicht doch manchmal daran erinnert werden«: an die aus dem Kinderzeugen entspringende Pflicht.[45]

Aber auf diese biologische Basis eine globale Umweltpolitik zu gründen mit Vorsorge für ungeborene Generationen: Verfällt Jonas nicht da in ebenjenen Utopismus, den er bekämpft? Zumal Politik einstweilen fast überall auf der Welt ganz überwiegend von Männern gemacht wird? Verblüfft liest man unter der Überschrift »Fortschritt mit Vorsicht«, »natürlich … wäre die Erschließung der Kernfusionsenergie zu friedlichem Gebrauch ein hochwillkommenes Geschenk«.[46] »Natürlich«! Dabei war der Fusionsreaktor, der Temperaturen wie die im Innern der Sonne braucht, selbst aus der Sicht eines Großteils der Protagonisten der Kernenergie eine Utopie.[47]

Geht man davon aus, dass die meisten Menschen innerlich vor allem in der Gegenwart leben – und gerade in den alternativen Szenen der siebziger Jahre wurde das volle Leben im Hier und jetzt zur neuen Glücksbotschaft! –, dann erklärt sich die Neigung vieler Umwelt-Warner, künftige, chronische oder partiell hypothetische Risiken – ob radioaktive Emissionen, Waldsterben, Klimawandel oder Übervölkerung – zur akuten Katastrophe zu stilisieren. Noch etwas Weiteres kam hinzu, um die biologische Basis des »Prinzips Verantwortung« bröckeln zu lassen: Ausgerechnet in der Zeit der »ökologischen Revolution« um 1970 begann sich in Deutschland der »Pillenknick« abzuzeichnen, der Geburtenrückgang als Folge der »Anti-Baby-Pille«. Und obendrein die Neue Frauenbewegung jener Zeit, die sich im Zeichen des Kampfes gegen den § 218, das Abtreibungsverbot, formierte: Sie stand mit der Mutterrolle der Frau in Spannung. Ausgerechnet darauf eine neue Ethik des Umweltschutzes zu gründen wäre wohl vielen damaligen Feministinnen ganz anachronistisch erschienen. Stattdessen hörte man das Argument, im Blick auf die kommende Umweltkatastrophe sei es heutzutage verantwortungslos, noch Kinder in die Welt zu setzen.

In feministischen Szenen insbesondere der Grünen entbrannte zu jener Zeit der gereizte »Mütterkonflikt« alias »Schwesternstreit«: die Kontroverse darüber, ob die Definition der Frau durch ihre Fähigkeit zur Mutterschaft biologistisch, wenn nicht gar rassistisch sei.[48] In dieser Hinsicht bedeutete

Tschernobyl (in den USA bereits der Störfall von Harrisburg 1979[49]) eine scharfe Zäsur: Von jetzt an traten Frauen *als Mütter* in vorderster Front in Erscheinung (und nicht selten auch Väter als Väter) – jetzt, wo am allermeisten Kleinkinder und ungeborene Kinder durch die radioaktive Wolke bedroht waren. Das war damals eine sehr gegenwärtige Bedrohung, auch wenn sich – zumal in dem damaligen Informationschaos – unmöglich überschauen ließ, wie groß die Gefahr in deutschen Regionen tatsächlich war. In der ersten Panik glaubten manche, schwangeren Frauen die Abtreibung empfehlen zu müssen. Die streitbare Feministin Claudia von Werlhof, Mutter eines kleinen Sohnes, verkündete unter dem Eindruck von Tschernobyl und der neuen Mütterbewegung: »Ich denke, fühle, schreibe und bewege mich jetzt zum ersten Mal ausdrücklich als Mutter.«[50] Hans Jonas hätte es gewiss paradox gefunden, dass erst ein Reaktor explodieren musste, damit eine Mutter sich als Mutter fühlte. Eine Allensbach-Umfrage vom März 1987, als die Tschernobyl-Ängste vielfach bereits im Abnehmen waren, brachte das Resultat, dass 33 Prozent der Männer und 40 Prozent der Frauen sich »sehr bedroht« fühlten; bei »etwas bedroht« betrug der Anteil beider Geschlechter etwa je ein Drittel.[51]

Die Fotos von dem zerstörten Tschernobyl-Reaktor gaben von dem atomaren Risiko keinen Begriff; unter die Haut gingen erst Jahre danach Berichte über das Dahinsterben verstrahlter Menschen.[52] Je mehr andere Sensationen die Medien dominierten, desto mehr breitete sich in der Anti-AKW-Szene Frustration aus: der Eindruck, alles sei umsonst gewesen, der Betrieb der Kernkraftwerke laufe weiter. Aber dieser Eindruck täuschte; hier lohnen sich die Langzeitperspektive des Historikers und der Blick auf vergangene Zukünfte. Denn, in der Öffentlichkeit nach dem Abflauen des Atomkonflikts kaum bemerkt: Bereits seit 1982 wurde in der alten Bundesrepublik kein neues Reaktorprojekt mehr begonnen[53]; und Tschernobyl nahm der Kernenergie-Entwicklung den letzten Schwung. Immer stärker litt die Atombranche unter dem Mangel an qualifiziertem Nachwuchs: In Fachkreisen sprach sich herum, dass die Kernkraft keine Zukunft hatte. Das wurde besonders evident durch das Ende des Schnellen Brüters bei Kalkar, dessen Bau schon 1985 abgeschlossen war, dessen Inbetriebnahme jedoch von der Düsseldorfer Regierung verhindert wurde: Nach Tschernobyl kam das definitive Aus, ohne dass der Brüter je in Betrieb gegangen wäre – zum Superlativ wurde er als die teuerste Bauruine der Republik.

Während am 24. September 1977 in Kalkar an die 40 000 Menschen gegen den Brüter protestiert und das bis dahin größte Polizeiaufgebot in der

Ein Erinnerungsort untergegangener Zukunftsprojekte: Der in einen Freizeitpark umgewandelte Schnelle Brüter von Kalkar

bundesdeutschen Geschichte auf den Plan gerufen hatten, erregte das Ende ein Jahrzehnt darauf in der Öffentlichkeit nur noch geringes Aufsehen; und doch war es zukunftshistorisch hochbedeutsam: Denn der Brüter hatte ursprünglich als Ziel der Reaktorentwicklung gegolten; durch ihn wurde die Atomkraft zur quasi-erneuerbaren Energiequelle – wenn man nicht gar den Fusionsreaktor als Endziel im Blick hatte, der jedoch schon früh selbst aus der Sicht von Kerntechnikern »am anderen Ende der Welt« lag.[54] Die reale Alternative zur Atomkraft war in der Zeit von Tschernobyl nach wie vor die *Kohle*. Aber während die Kohlekraftwerke gerade durch die verordneten Entschwefelungsanlagen aus der Schusslinie der Umweltschützer geraten waren, verstärkten sich gerade in der Zeit von Tschernobyl die Warnungen vor einem *global warming*: Nun drohte nicht nur vom Schwefel-, sondern auch vom Kohlendioxyd der fossil gefeuerten Kraftwerke Gefahr.

Dieser Alarm kam damals überraschend. Zwar war *Der Spiegel* schon 1979 mit einer Schreckensvision über den drohenden Treibhauseffekt vorgeprescht (9/1979: »Tod im Treibhaus«); aber damals grassierten noch weit eher Prophezeiungen einer bevorstehenden neuen Eiszeit mit Hinweis auf den seit den 1940er Jahren weltweit beobachteten Abkühlungstrend. »Die nächste Eiszeit kommt bestimmt« war bei kaltem Wetter eine gängige Re-

Spiegel-Titel 33/1986 (11.8.1986): »Die Klima-Katastrophe –
Ozon-Loch, Pol-Schmelze, Treibhaus-Effekt: Foscher warnen«.
21 Jahre danach jedoch verulkte der Spiegel *»die große Klima-Hysterie«*
mit dem Titel vom 7.5.2007 (19/2007) »Hilfe … Die Erde schmilzt«:
Im Vordergrund eine Blondine à la Roy Lichtenstein, der der Angstschweiß
auf der Stirn perlt, und am Horizont der dahinschmelzende Globus!

densart. Obendrein verband sich die Angst vor einem Atomkrieg mit dem Horror vor einem »nuklearen Winter« als Folge der durch Atomexplosionen verursachten Emissionen. Aber all das geriet um die Mitte der 1980er Jahre bemerkenswert rasch in Vergessenheit, und in kurzer Zeit wurde das bevorstehende *global warming* – wenn auch keineswegs unangefochten – zur herrschenden Lehre.[55] Selbst dann, wenn man hoffte, dass die globale Erwärmung so arg nicht werden würde, ergab sich doch die Forderung, Zukunftsszenarien nicht nur ohne Kernkraft, sondern auch ohne fossil gefeuerte Kraftwerke zu entwerfen. So gesehen waren die erneuerbaren Energien die einzig verlässliche Basis der Zukunft, ob durch Emissionsfreiheit und geringes Katastrophenrisiko oder durch ihre Unerschöpflichkeit. Und doch war es in den 1980er Jahren nicht leicht, aus dieser Zukunftsperspektive praktische Konsequenzen zu ziehen.

»NACHHALTIGKEIT«: VOM ALTBACKENEN BEGRIFF ZUM ZUKUNFTSTRÄCHTI-GEN ZAUBERWORT. Hier ist der Ort für einen Sprung auf die internationale Ebene: zur Brundtland-Kommission, der »Weltkommission für Umwelt und Entwicklung«, die 1983 auf Beschluss der UN-Vollversammlung gebildet wurde und deren Arbeit in jene weltweite Konjunktur der Umweltpolitik hineingeriet, die in der Zeit von Tschernobyl einsetzte und bis zur Welt-Umweltkonferenz von Rio 1992 anhielt, der die Brundtland-Kommission vorgearbeitet hatte. 1987 publizierte sie ihren Abschlussbericht unter dem Titel *Our Common Future*. Berühmt wurde er vor allem durch den Begriff »*sustainable development*«, »nachhaltige Entwicklung«. Das war eine Patentformel, um »die Umweltlobby des Nordens und die Entwicklungslobby des Südens zusammenzubringen«.[56] Der wohl am häufigsten zitierte Satz, der Gegenwart und Zukunft kombiniert, ist der Anfang des Kapitels »Towards Sustainable Development«: »*Sustainable development is development that meets the needs of the present without compromising the ability of future generations to meet their own needs.*«[57] Diese Definition warf sogleich die Frage auf: Woher kennen wir die Bedürfnisse künftiger Generationen? Offenbar sind nur die ganz elementaren Lebensbedürfnisse vorhersehbar; und der Bericht erläutert denn auch sogleich »*needs*«: »*in particular the essential needs of the world's poor, to which overriding priority should be given*«.

Über weite Strecken ist der Bericht bemerkenswert konkret, besonders in den zahlreichen zwischengeschalteten Zitaten von befragten Experten. So enthält er eine Warnung des für die Katastrophe von Tschernobyl mitverantwortlichen Waleri A. Legassow, der sich im Jahr darauf erhängte: Die Reaktorkatastrophe werfe die Frage auf, ob die Kernenergie-Entwicklung »nicht unheilbringend für unsere Zivilisation, für das Ökosystem unseres Planeten sein« werde.[58] Aber der Bericht zitiert auch einen ungenannten »Sprecher aus der Zuhörerschaft« bei einem Hearing in Jakarta: »Bei der Wahl der zu nutzenden Ressourcen sollten wir uns nicht blindlings auf die erneuerbaren Energiequellen konzentrieren.« Doch kurz darauf der Hinweis: »Die Kosten photovoltaischer Ausrüstungen sind von etwa 500 bis 600 Dollar pro Peak-Watt auf 5 Dollar gesunken«; wenn sie weiter auf ein bis zwei Dollar sinken, könnten sie »mit der konventionellen Elektrizitätserzeugung konkurrieren«.[59] Anderswo dagegen der Ausblick: »Bei der gegenwärtigen Verbrauchsrate reichen die Vorräte ... an Kohle etwa 3000 Jahre.«[60]

Von der großen forstlichen Tradition des Nachhaltigkeitsbegriffes in Deutschland her würde man erwarten, das Gebot der Nachhaltigkeit zuallererst an den Wäldern erläutert zu finden; doch da bleibt der Report eher zurückhaltend, und das mit Grund: »Für den größten Teil der Landbevölkerung in den Entwicklungsländern sind Brennholz und Holzkohle die Hauptenergiequellen, und sie werden es auch bleiben.« Eine nachhaltige Forstwirtschaft wurde vielfach dadurch gehandicapt, »dass sich die Aufmerksamkeit auf die Bäume anstatt auf die Menschen richtet«.[61] Überhaupt vermisst man eine detaillierte Erläuterung des vieldeutigen Begriffs der Nachhaltigkeit. Auch die Energie-Zukunft bleibt vage, und vage bleibt die Art des künftigen Wachstums: »Irgendeine neue Ära wirtschaftlichen Wachstums muss ... weniger intensiv sein als dies in der Vergangenheit der Fall war.«[62]

Der »Treibhauseffekt« wird nur nebenbei angesprochen mit der Feststellung: »Es ist nicht möglich zu beweisen, dass sich etwas von dem ereignen wird, solange es nicht tatsächlich eintritt. Die Schlüsselfrage ist: Wie viel Gewissheit sollten Regierungen brauchen, bevor sie übereinkommen zu handeln?«[63] Die daran geknüpften Überlegungen sind noch heute lesenswert; nicht sehr oft ist der Umgang mit Zukunftsszenarien in solcher Offenheit erörtert worden. Alles in allem ist der Brundtland-Bericht ein Höhepunkt in der Geschichte des Zukunftsdenkens, auch wenn er wohlweislich eine Grundsatzdiskussion darüber vermeidet, wie sich »Nachhaltigkeit« und »Entwicklung« miteinander vertragen und ob es »Entwicklung« ohne höheren Ressourcenverbrauch gibt. Da wären die Erste und die Dritte Welt aneinandergeraten.

»*Sustainable*« wurde anfangs mit »stabil« verdeutscht; aber dann setzte sich der Begriff »nachhaltig« durch, der im deutschen Forstwesen eine 200-jährige Tradition besaß. Vor allem nach Rio 1992 erlebte er auch abseits der Forstwirtschaft in Deutschland eine gewaltige Karriere. Noch im Register der Fraktionsprotokolle der Grünen von 1983 bis 1987 kommt der Begriff nicht ein einziges Mal vor; ein Jahrzehnt darauf war er ein »terminologisches Passepartout« (Frank Uekötter)[64], selbst da, wo es gar nicht um den Umgang mit Ressourcen ging. Dabei handelte es sich bis dahin eher um einen altmodischen, außerhalb des Forstwesens kaum gebräuchlichen Begriff. Das Wuppertal Institut für Klima, Umwelt, Energie suchte ihn durch das zackiger klingende »zukunftsfähig« zu ersetzen, und die beiden Ausgaben von *Zukunftsfähiges Deutschland* – der 450-Seiten-Band von 1996[65] und der 650-Seiten-Band von 2008[66] – wurden zu einer Art grüner Bibeln, und doch hat sich »nachhaltig« bislang gehalten. Das mag bedeutungsvoll sein: »Nachhaltig« denkt von der Gegenwart her, von der Erhaltung der Ressourcen für künftige Generationen; »zukunftsfähig« suggeriert die Vorstellung, dass wir die Zukunft kennen und als Anhaltspunkt für gegenwärtiges Handeln nehmen können.

IN DER ENDZEIT DER ALTEN BUNDESREPUBLIK: »NEUE UNÜBERSICHTLICHKEIT« UND SORGE VOR EINEM VERLUST DER ZUKUNFT. In der alten Bundesrepublik setzte sich die »Explosion der Angst- und Untergangsliteratur«, die

Peter Härtling für die Dekade von 1975 bis 1985 erkennt[67], unter dem Schock von Tschernobyl zunächst fort, obwohl in weiten Teilen der Bevölkerung die Stimmung optimistischer wurde. Dazu wird der leichte Konjunkturaufschwung beigetragen haben – gleichwohl »der schwächste der Nachkriegszeit« (Martin Jänicke)[68] –, mindestens so sehr jedoch der Umstand, dass sich mit der sowjetischen Perestroika die Angst vor einem Atomkrieg verflüchtigte. Andreas Wirsching erkennt eine »geradezu dramatische« Wende in der allgemeinen Stimmung: »Nach einem Tiefpunkt im Jahre 1981 hatte sich bis 1985 die Zahl derer, die hoffnungsvoll in das neue Jahr gingen, bereits fast verdoppelt und erreichte 1989 mit 68 Prozent den höchsten Stand seit 1949«[69] – zu einer Zeit, als zumindest unter den Publizisten kaum einer die kommende Wiedervereinigung ahnte!

Zum Teil handelte es sich um einen internationalen Trend. 1989 erschien der Aufsatz von Francis Fukuyama »The end of history?«, 1992 ohne Fragezeichen sein Buch mit dem gleichen Titel, der zeitweise viel zitiert wurde und zur »Postmoderne« die »*Posthistoire*« gesellte. Anders als der Historiker erwarten würde, hatte das Ende der Geschichte bei ihm einen optimistischen Ton: Mit dem Niedergang der kommunistischen Diktaturen habe die Demokratie die Alleinherrschaft im Reich der Ideen erlangt, und damit gebe es keine weltpolitischen Widersprüche mehr, wenn man die Dialektik der Ideen als Essenz der Geschichte begreife. Diese zeitweise sehr populäre These gilt heute als eine der größten Fehlprognosen der jüngsten Geschichte.

Den Gegenpol dazu die Essaysammlung, die Jürgen Habermas 1985 unter dem Titel *Die Neue Unübersichtlichkeit* veröffentlichte; auch dieser Titel wurde zum stehenden Begriff. Die »Unübersichtlichkeit« bezieht sich nicht nur auf die Gegenwart, sondern mehr noch auf die Zukunft; Habermas geht aus von der Prämisse, dass Zukunftsentwürfe eine gewisse Übersichtlichkeit der Welt, positive Utopien eine hoffnungsvolle Gegenwart voraussetzen. Es überrascht, in welchem Maße er aus der Rückschau in der voraufgegangenen Zeit utopische Energien erkennt. Aber jetzt, ganz im Geist der pessimistischen Dekade:

> »Heute sieht es so aus, als seien die utopischen Energien aufgezehrt … Der Horizont der Zukunft hat sich zusammengezogen und den Zeitgeist wie die Politik gründlich verändert. Die Zukunft ist negativ besetzt; an der Schwelle zum 21. Jahrhundert zeichnet sich das Schreckenspanorama der weltweiten Gefährdung allgemeiner Lebensinteressen ab: die Spirale des Wettrüstens, die unkontrollierte Verbreitung von Kernwaffen, die strukturelle Verarmung der Entwicklungsländer, Arbeitslosigkeit und wachsende soziale Ungleichgewichte in den entwickelten

Ländern, Probleme der Umweltbelastung, katastrophennah operierende Groß-technologien geben die Stichworte, die über Massenmedien ins öffentliche Be-wusstsein eingedrungen sind.«[70]

Im Gegensatz zu der Botschaft von *Our Common Future* hat Habermas kei-nen Blick dafür, dass gerade die grenzüberschreitenden Umweltprobleme ein utopisches Potential und die Chance einer weltweiten Verständigung ent-halten. Eine Abfuhr erteilt er auch der »These vom Anbruch der Postmoder-ne«[71], die ähnlich wie die *Posthistoire* eine Übersichtlichkeit von Gegenwart und Zukunft impliziert; in der Architektur bedeutete die Postmoderne et-was durchaus Positives: eine neue Wertschätzung der Farbe und der schönen Form. Auch Habermas bestimmt die eigene Zeit aus einem *Post* heraus, je-doch ohne erkennbare positive Substanz. »An ein Ende gelangt ist vielmehr eine bestimmte Utopie, die sich in der Vergangenheit um das Potential der Arbeitsgesellschaft kristallisiert hat.«[72]

Aus der Rückschau ist die »Arbeitsgesellschaft« für Habermas nicht bloß eine harte alltägliche Realität, sondern sie ist zugleich mit utopischen Erwar-tungen geladen, von der Idee der Arbeiterselbstverwaltung bis hin zu dem erarbeiteten Sozialstaat. 1985 geht er offenbar davon aus, dass die Arbeits-losigkeit weiter zunehmen und der Abbau des Sozialstaates voranschreiten wird. In dieser negativen Hinsicht hält er die eigene Gegenwart und Zu-kunft doch für übersichtlich: »Die Sozialstaatsentwicklung ist in eine Sack-gasse geraten. Mit ihr erschöpfen sich die Energien der arbeitsgesellschaft-lichen Utopie.«[73] Eine verheißungsvolle Alternative zur Arbeitsgesellschaft erkennt er nicht. Eigentlich wäre es logisch gewesen, aus der beängstigend zunehmenden Unübersichtlichkeit die Forderung nach Stärkung der Natio-nen und Regionen abzuleiten, wo noch am ehesten eine Übersicht zu gewin-nen ist; aber diese Folgerung lag Habermas fern.

Sein düsterer Ausblick gipfelt in der Aussage: »Der utopische Gehalt der Kommunikationsgesellschaft schrumpft auf die formalen Aspekte einer unversehrten Intersubjektivität zusammen.«[74] Das bedeutet nichts weni-ger als die Zurücknahme jener Vision, die sich mit seinem Namen verband und die seinen Ruhm begründete: der »herrschaftsfreien Kommunikation«, deren unwiderstehliche Dynamik in politisches Handeln übergeht. Dabei war schon in den 1980er Jahren viel von der anbrechenden »Informations-und Kommunikationsgesellschaft« die Rede; deren Essenz war jedoch der freie Zugang zu den »IuK«-Techniken durch Aufhebung des Staatsmonopols. Gabriele Metzler erkennt allerdings bei ihrer Analyse des einschlägigen Schrifttums jener Zeit keine klare Vision einer neuen Gesellschaft.[75] Die Ära des Internets und der omnipräsenten Kleincomputer, die den »IuK«-Visionen einen ganz neuen Schub gaben, lag ja noch in der Ferne; sie überstieg die Vorstellungen der achtziger Jahre.

1983 veröffentlichte Bruce Nussbaum, Mitherausgeber der *Business Week*, ein Buch *The World after Oil – The Shifting Axes of Power and Wealth*; die deutsche Ausgabe erschien im Jahr darauf unter dem auf die *No-Future*-Stimmung spekulierenden Titel: *Das Ende unserer Zukunft. Revolutionäre Technologien drängen die europäische Wirtschaft ins Abseits.* Schon Ende 1983 löste das Buch einen alarmierenden *Spiegel*-Titel aus: »Deutsche Industrie – Verschlafen wir die Zukunft?« In einer Hinsicht war das Buch prophetisch: mit dem Kapitel »Der Zerfall des sowjetischen Imperiums«; ansonsten ist für Nussbaum Japan die Macht der Zukunft, und China wird kaum einer Erwähnung gewürdigt.

Die Hauptthese war nicht eben originell und ging dahin, dass der Mikroelektronik und der Biotechnik die Zukunft gehörten; von den Chancen und Risiken der Biotechnik war in den achtziger Jahren viel die Rede[76], wogegen es in der Folgezeit um diesen Technologiebereich wieder ruhiger wurde. Und auf diese These gründet Nussbaum sein Kapitel »Der Niedergang der Bundesrepublik und die Auflösung Europas«: Er hält es für evident, dass die Deutschen, allzu sehr in ihren großen technologischen Traditionen verwurzelt, auch diesen neuen Trend verpassen würden. Er spart nicht mit selbstbewussten Pauschalisierungen und Prognosen auf der Basis der Annahme, es gebe einen eingewurzelten deutschen Charakter. »Einer der maßgebenden Gründe für die Unfähigkeit der Bundesrepublik, in der Entwicklung voranzuschreiten, mag darin liegen, dass die deutsche Neigung zur Perfektion und Ordnung, die sich im mechanischen Zeitalter so hervorragend bewährte, im Zeitalter der Elektronik eine Belastung ist.«[77]

Aber hegten die jüngeren deutschen Generationen wirklich noch diesen Ordnungsfimmel – und waren die Imperative der Elektronik so eindeutig? Nussbaum schreibt, als sei die Elektronik ein Reich für sich; dabei führte der Weg zum Erfolg in typischen Fällen über die Kombination der Elektronik mit überkommener mechanischer Technik, und da stand die deutsche Industrie keineswegs zurück. Nussbaums Buch erinnert daran, dass bei dem gängigen Spott über die angebliche *German Angst* gerne die von außen betriebene Bangemache übersehen wird![78] Konrad Seitz, langjähriger Planungschef im Auswärtigen Amt, der 1990 in ähnlicher Richtung Alarm schlug, warf Nussbaum den grundlegenden Irrtum vor, dass er die neue Informationstechnik isoliert sehe und die »weiter geltende Bedeutung der Präzisionsmechanik unterschätzte«. Auf beider Kombination komme es an, und ebendarin liege die Stärke der deutschen Industrie.[79]

1985 publizierte Walter Laqueur, Direktor des Londoner Institute of Contemporary History, ein Buch mit dem schlichten Titel *Germany today*; Laqueur, 1921 in Breslau geboren und während der NS-Zeit emigriert, gehörte zu den renommiertesten Deutschland-Kennern der internationalen Historikerschaft. Die im gleichen Jahr erschienene deutsche Ausgabe trug den Titel *Was ist los mit den Deutschen?*, der offenbar auf die unter dem bundesdeutschen Lesepublikum anzutreffende Stimmung spekulierte, dass mit dem eigenen Land und Volk etwas nicht stimme. Dabei war das letztlich gar nicht die Botschaft des Buches. Zwar trägt sein erstes Kapitel die Überschrift »Angst«, und er schickt voraus, »neuerdings« sei die Angst »in Mode« gekommen[80] – insoweit hat die These von der *German Angst* in ihm einen prominenten Gewährsmann. Aber gerade wenn die Angst zur Mode geworden ist, gibt es Grund zu der Frage, wie ernst sie gemeint ist. Streckenweise erscheint die Angst in den Deutschen tief verwurzelt: »Gewiss, in der jüngsten Geschichte des Landes ist die Politik mit einer größeren Portion gesunden Menschenverstands betrieben worden als je zuvor. Aber tief darunter scheinen noch immer die gleichen alten Ängste vorhanden, die Furcht vor Fehlschlägen, die Unfähigkeit, sich gehen zu lassen, die Schwierigkeit, die Dinge in ihren wahren Proportionen zu sehen. In dieser Geistesverfassung werden Maulwurfshügel zu Hochgebirgen.«[81]

Im Verlaufe der Darstellung zeichnet sich jedoch ab, dass er in dieser Angst nicht so sehr eine Not des durchschnittlichen Bundesbürgers sieht, sondern vorwiegend ein Problem der Intellektuellen, denen er einen Einfluss zuschreibt wie noch nie in der deutschen Geschichte[82], obwohl diese selbst sich für ziemlich erfolglos hielten.[83] Man ahnt, dass er vor allem die Achtundsechziger im Blick hat und deren Einfluss nicht schätzt. Aber er anerkennt, »dass seit Mitte der siebziger Jahre bedeutende Veränderungen eingetreten sind. Der gesunde Menschenverstand ist schneller und an breiterer Front zurückgekehrt, als man erwarten konnte.«[84] Immer deutlicher kommt heraus, dass er das damalige Deutschland mit Zuversicht betrachtet, und zwar gerade auch den »wiederentdeckten Patriotismus«.[85] Er, dessen Eltern im Holocaust umkamen, erklärt den deutschen Neonazismus, das Objekt des Daueralarms vieler Intellektueller, zur *quantité négligeable*.[86]

Auf der Basis dieser Zuversicht gelangt er gegen Schluss zu einer Prophezeiung, die sich zumindest bislang als zutreffend erwiesen hat: »Ich bin sicher, dass das derzeitige Wiederaufleben des deutschen Patriotismus von Dauer sein wird, dass aber entweder ein gesunder Selbsterhaltungstrieb oder ein Schutzengel die Bundesdeutschen davor bewahren wird, noch einmal einen verhängnisvollen Irrtum in ihrer Geschichte zu begehen.«[87] Doch selbst er kann sich nach eingehender Abwägung der Gegebenheiten eine deutsche Wiedervereinigung in absehbarer Zeit nicht vorstellen[88]: woran sich ermessen lässt, wie nahezu unmöglich es war, die Wende von 1989/90 vorherzusehen, selbst dann, wenn man zu einer derartigen Zukunftsvision eigentlich disponiert war! »Die Teilung Deutschlands war unnatürlich und bleibt eine Wunde, die nicht heilen wird«, heißt es in dem Schlusskapitel »Was bringt die Zukunft?«.[89]

Das Buch *Ist die Zukunft noch zu retten?*, das Ossip K. Flechtheim, der einstige Erfinder des Begriffs »Futurologie«, 1987 als 78-Jähriger publiziert und das schon im Titel an die *No-Future*-Stimmung anknüpft, bestätigt über weite Strecken Laqueurs Seitenhiebe auf die (zumindest nach außenhin) angstvollen deutschen Intellektuellen. Er spricht von der »›Megakrise‹ unserer Tage« wie von einem allbekannten Faktum; noch in der Zeit der Perestroika glaubt er: »Heute fürchtet man den Dritten Weltkrieg wieder«, und ohne zu bemerken, dass die verbreitete Stimmung der Deutschen eine Wende zum Optimismus genommen hat, fährt er fort: »Manch einer erwartet noch etwas von der Zukunft, aber die Zahl derer, die sich fürchten, nimmt zu.«[90] Man vermisst bei dem Futurologen den scharfen Blick auf die Gegenwart.

Der Taschenbuch-Ausgabe von 1990 ist ein Text des damaligen sozialdemokratischen Kanzlerkandidaten Oskar Lafontaine vorangestellt, den dieser im Jahr davor Flechtheim zum 80. Geburtstag gewidmet hatte. Die Überschrift greift den bereits zum Schlagwort gewordenen Habermas-Titel auf: »Von der neuen Unübersichtlichkeit«. Aber was fängt Lafontaine damit an; muss ein handelnder Politiker nicht solche Bereiche ins Visier nehmen, die Anhaltspunkte zur Aktion bieten? Stattdessen will er die von Habermas festgestellte »Erschöpfung der utopischen Energien« nicht auf sich beruhen lassen: Diese mache »die Reaktivierung des utopischen Denkens zur drängenden Aufgabe«. Da mag man maliziös anmerken, dass die Utopie für den Politiker den Vorteil hat, dass sie zu nichts verpflichtet. Offenbar sieht er in Flechtheim einen Utopisten, und ebendies schätzt er an ihm. Beifällig bezieht er sich auf den Aufruf Flechtheims, »aus dem lähmenden Korsett einer ›Machbarkeitsideologie‹ auszubrechen«, als sei es ein Zeichen von Beschränktheit, solche Ziele zu setzen, die sich erreichen lassen. An oberster Stelle rangiert für ihn in Flechtheims Vision eine »Weltkonföderation«, »da sich die Nationalstaaten zunehmend als ungeeignet erweisen, den Herausforderungen unseres Zeitalters gerecht zu werden«.[91] Aber wird die »neue Unübersichtlichkeit« nicht dadurch auf die Spitze getrieben?

Flechtheim selbst handelt in seinem Panorama der Welt der Gegenwart nur von Bedrohungen, nicht von Chancen: von Wettrüsten, Kriegsgefahr, Bevölkerungsexplosion und Hunger, Umweltzerstörung, »Wirtschaftskrise und Überplanung«, Repression und zu alledem noch von der »Krise der Familie und Identitätsverlust des Individuums«. Diese höchst unterschiedlichen Gefahren geben eigentlich keine Handlungsimpulse, die in die gleiche Richtung führen. So kann die Rettung der Umwelt Freiheitsbeschränkungen erfordern, und die Krise der Familie lässt sich schwerlich durch eine Weltkonföderation beheben. Aber Flechtheims am Ende durchschlagender visionärer Zug ist einem problemorientierten Zugang zur Zukunft nicht günstig.

In seinen abschließenden Zukunftsgedanken hält er sich äußerlich an die Szenarien-Methode der Zukunftsforschung: Er stellt »drei mögliche Zukünfte« dar. Die Überschrift »Die Qual der Wahl« ist nicht ohne Komik; denn die Wahl ist so klar wie möglich. Die ersten beiden Zukünfte sind nämlich der pure Horror: »totaler Rückfall in die Barbarei«[92] und, sofern die technische Zivilisation doch erhalten bleibt, der »totale Überwachungsstaat« im Sinne von Orwells *1984*.[93] Das dritte Szenario dagegen, die Botschaft des Buches, hat etwas von einem Paradiestraum: Da werden alle Wunschvorstellungen hineingepackt ohne Überlegungen darüber, wie diese sich miteinander vertragen. »Ein neuer Mut zur Utopie ist spürbar, der aus christlich-pazifistischen, libertär-sozialistischen, ökologisch-humanistischen Quellen gespeist wird.«[94] Aber muss der, der es mit solchen Zielen ernst meint, nicht auch über erste Schritte in dieser Richtung nachdenken? Auch dieser Aufgabe entzieht sich der Autor nicht und beginnt sogar »ganz bescheiden«: »Könnte man nicht die Raubtiere aus den Wappen unserer Staaten entfernen«?[95] Da wäre in deutschen Landen nur das DDR-Emblem übriggeblieben: Hammer und Zirkel im Ährenkranz! Flechtheim jedoch, der eine Weltkonföderation für denkbar hält, kann sich eine Aufhebung der Insellage Westberlins in absehbarer Zeit nicht vorstellen.[96]

In eine ganz andere, utopieferne Welt gerät man mit dem 1985 publizierten Sammelband *Vor uns die goldenen neunziger Jahre? Langzeitprognosen auf dem Prüfstand*, der aus einer Tagung im Berliner Kongresszentrum 1984 hervorging und für das professionelle ökonomische Zukunftsdenken, soweit es das noch gab, als repräsentativ gelten kann. Der Herausgeber Martin Jänicke hatte bis 1981 den Vorsitz im Beirat des Instituts für Zukunftsforschung und war von 1974 bis 1976 Berater der Planungsabteilung des Bundeskanzlers gewesen. Die vom Obertitel gestellte Frage war schwerlich ernst gemeint; denn wer glaubte damals schon an ein bevorstehendes goldenes Zeitalter?

Jänickes Einleitung beginnt mit dem Satz: »Der Weg unserer wirtschaftlichen Entwicklung ist mit Fehlprognosen gepflastert«; und doch äußert er gegenüber der allgemeinen Ernüchterung in Sachen Zukunftsforschung die Zuversicht, es gebe »guten Grund, der Prognostik mehr zuzutrauen, als sie bisher zu leisten vermochte«.[97] Ein Grund für diesen neuen Optimismus scheint darin zu liegen, dass nach der Abkehr von dem Glauben an fortwährendes lineares Wachstum die Theorie der »langen Wellen«, der langfristigen Wachstumszyklen eine Renaissance erlebte und in einer langen Abwärtswelle Grund zu der Hoffnung gab, dass es in absehbarer Zeit mit gewisser Gesetzmäßigkeit nach oben gehen werde. Klaus-Dieter Schmidt vom Institut für Weltwirtschaft fängt damit an: »Hält man sich an das, was derzeit aus den ›Prognoseküchen‹ herausdringt, dann bahnt sich Erstaunliches an: Der überwiegende Teil der Langfristprognostiker korrigiert seine Vorausschätzungen nach oben.«[98] Die »Grenzen des Wachstums« sind unter Ökonomen passé.[99] Doch am Ende bekennt er, man solle sich »nichts vormachen«: »Es gilt freimütig einzuräumen, dass wir über die Zukunft nicht viel wissen.«[100]

Eine Erwartung »goldener neunziger Jahre« ließe sich am ehesten aus dem *Euro-Report 1983* der Prognos AG ableiten, der den westlichen Industrieländern für die kommenden Jahre einen Aufschwung ankündigte, der sich im Laufe der neunziger Jahre beschleunigen solle.[101] Dem stellt Jänicke jedoch eine mindestens so begründete skeptische Prognose von Interfutures entgegen. Und selbst der Vertreter der Prognos AG sieht speziell für die Bundesrepublik wenig Grund zur Hoffnung, wobei er allerdings auf dem Niveau von Allgemeinplätzen argumentiert: Bei den Deutschen würden noch immer neue Probleme mit alten Problemlösungsmethoden angegangen. »Es ist vielleicht kein Zufall, dass die langfristigen Wachstumszyklen à la Kondratieff eine Dauer von rund 50–60 Jahren aufweisen, eine Zeitspanne, die ziemlich genau zwei Generationen umfasst.«[102] So gesehen brauchten die Deutschen noch unendlich viel Geduld! Zu jener Zeit war die optimistische Prognos-Prognose von 1983 durch den Gang der Entwicklung schon wieder widerlegt worden.

DIE GRÖSSTE ALLER ÜBERRASCHUNGEN: DIE DEUTSCHE WIEDERVEREINIGUNG. In den letzten Jahren vor dem Mauerfall stieß das Thema »DDR« in der bundesdeutschen Publizistik generell auf Desinteresse.[103] Viel stärker im Zentrum stand das Thema »Europa«: Der perfektere Ausbau der (west)europäischen Einigung erschien als das Gebot der Stunde. In Wirtschaftskreisen war die Klage über die »Eurosklerose« allgemein: Dem Stocken des Einigungsprozesses wurde die Schuld an dem Schwächeln der Konjunktur gegeben.[104] Bei den Großbanken begann die Abkehr von der »Deutschland AG« Die hundertjährige Tradition der Beteiligung an Industrieunternehmen verlor an Attraktivität; verheißungsvoller erschien demgegenüber das Engagement im europäischen Kapitalmarkt.[105] Auch Helmut Kohl, der frühere Ministerpräsident von Rheinland-Pfalz, war als Bundeskanzler noch bis Anfang 1990 ganz nach Westen orientiert, wogegen noch Anfang 1988 einer Allensbach-Umfrage zufolge die EG-Mitgliedschaft für die Bundesrepublik lediglich für 15 Prozent der Bevölkerung mehr Vorteile, für 40 Prozent dagegen mehr Nachteile mit sich brachte.[106] Die Allensbach-Chefin Renate Köcher stellt zu jener Zeit fest: »Während die europäische Integration so rasch voranschreitet wie nie zuvor, ist die deutsche Bevölkerung heute weniger europabegeistert als in den letzten zwei Jahrzehnten.«[107]

Heißt das, dass man stattdessen »nationale« Hoffnungen gehegt habe? Da wird es kompliziert. Dirk van Laak glaubt diese Frage eindeutig verneinen zu können:

> »Aufgefordert, zu benennen, was sie für die wichtigste Frage hielten, mit der man sich heute in der Bundesrepublik allgemein beschäftigen sollte, hatten im Jahre 1965 45 Prozent mit ›Wiedervereinigung Deutschlands‹ geantwortet, 1968 waren es noch 23 Prozent, 1970 noch 12 Prozent, 1971 noch drei Prozent und seit 1972 nur noch ein einziges Prozent. Eine andere Umfrage bezifferte die reale Erwartung einer Wiedervereinigung für das Jahr 1956 mit 66 Prozent auf ihrem höchsten Stand, während im Jahr 1987 97 Prozent der Westdeutschen davon ausgingen, die Wiedervereinigung werde nicht mehr erfolgen.«[108]

Von daher entsteht der Eindruck, dass gerade Brandts neue Ostpolitik, die die Beziehungen zur DDR entspannte, in der Bevölkerung die Stimmung verbreitete, so lasse es sich mit der DDR leben und die Wiedervereinigung sei nicht mehr wichtig. Aber es kommt auf die Art an, wie man fragt. In Allensbach formulierte man 1981 die Frage: »Wünschen Sie sehr, dass die Wiedervereinigung kommt, oder ist Ihnen das nicht so wichtig?« Darauf versicherten 61 Prozent der Befragten, sie wünschten sich die Wiedervereinigung sehr; nur 32 Prozent erklärten, das sei ihnen nicht so wichtig. Von 1973 bis 1989 stellte das Allensbach-Institut sieben Mal die Frage, ob das Wiedervereinigungsgebot in der Präambel des Grundgesetzes beibehalten oder gestrichen werden sollte; jedes Mal sprachen sich drei Viertel für Beibehaltung aus. Thomas Petersen (Allensbach) sieht darin den schlagenden Beweis, dass Meinungsumfragen weit besser die fortbestehende Disposition zur Wiedervereinigung erkennen lassen als die »veröffentlichte Meinung« der Publizistik.[109] Schon gar bei weiten Teilen der DDR-Bevölkerung wird man vor 1989 eine schweigende Hoffnung auf Wiedervereinigung annehmen können.[110] Aber ebendieses Schweigen zusammen mit dem offiziellen westdeutschen Desinteresse ermöglichte die Überrumpelung des Machtapparates der SED durch die sich überstürzenden Ereignisse. Noch am 31. August 1989 wurde der Stasi-Chef Mielke auf seine Frage, ob »morgen der 17. Juni ausbricht«, von einem ihm untergebenen Oberst beruhigt: »Der ist morgen nicht, der wird nicht stattfinden, dafür sind wir ja auch da.«[111]

Der als »Tag der deutschen Einheit« begangene 17. Juni geriet nicht nur für kritische Intellektuelle mehr und mehr zum leeren Ritual. Selbst der Axel Springer Verlag entschloss sich noch im August 1989, in seinen Zeitungen die DDR nicht mehr in Anführungszeichen zu setzen![112] Eine überraschende Ausnahme dagegen bildete am 17. Juni 1989 Erhard Eppler, der Exponent des »grünen« Flügels der SPD, der von Hause aus weit mehr auf die Dritte Welt als auf die Nation orientiert war. Zudem hatte er als Vorsitzender der SPD-Grundwerte-Kommission von 1984 bis 1987 jene Gespräche mit führenden SED-Wissenschaftlern geleitet, die zu einem gemeinsamen Grundsatzpapier geführt hatten, dem nicht nur von rechts, sondern auch innerhalb der SPD[113] Anbiederung an die DDR vorgeworfen wurde, da es die Passage enthielt: »Keine Seite darf der anderen die Existenzberechtigung absprechen« (aber auch das Recht auf Diskussionsfreiheit anerkannte!).[114] Doch ebendadurch hatte er Insidereinblicke enthalten, die ihm zu denken gaben.[115] Er hielt an jenem 17. Juni eine Rede vor dem Deutschen Bundestag, in der er den »Tag der deutschen Einheit« ganz ernst nahm. Zwar lässt er alle Bedenken gegen die Idee der Wiedervereinigung Revue passieren, wie überhaupt die gesamte Rede ein Balanceakt ist; aber dazwischen kommen doch Kernsätze wie diese: »Zu unserer Nation gehört, wer sich dazugehörig fühlt. Und dieses Gefühl, zusammenzugehören, ist nach wie vor lebendig, in der DDR sogar stärker als in dieser Republik.« Und: Es sei offensichtlich, »dass sich die SED auf dünnem Eis bewegt. Aber es handelt sich nicht nur um dünnes, sondern um tauendes Eis, um das schmelzende Eis des Kalten Krieges.« Allerdings: »noch dürfte es in der DDR eine Mehrheit geben, deren Hoffnung sich nicht auf das Ende, sondern auf die Reform des Staates richtet.« Doch wenn die SED-Führung weitermache wie bisher, dann könnte in nur wenigen Jahren »aus dieser Mehrheit eine Minderheit geworden sein«.[116]

Kohl gehörte zu denen, die am Ende von Epplers Rede klatschten; aber die Grünen, bei denen Eppler bis dahin Sympathie genoss, waren irritiert. Noch im Oktober 1989 machte die grüne Bundestagsfraktion die Rede zum Gegenstand einer Diskussion, an deren Ende sie einmal mehr bekräftigte: »zwei Staaten und keine wie auch immer geartete Vereinigung«. In einem bis in die Nacht dauernden Streit wurden die, die die deutsche Frage offenhalten wollten, von Wortführern der Mehrheit (darunter auch Joschka Fischer) »als Träumer, Schwachköpfe und Revanchisten beschimpft« (so Milan Horáček, einer der Minderheit).[117] »›Nie wieder Deutschland‹ war die offizielle Parole des linksradikalen Flügels und die heimliche Parole fast der gesamten Partei«, schrieb Ralf Fücks, 1989/90 Sprecher des Bundesvorstands der Grünen, nach dem grünen Wahlfiasko von 1990.[118]

Den Grünen, die als Umweltpartei hätten zukunftsorientiert sein sollen, vernebelte die altlinke Fixierung auf die NS-Vergangenheit den Blick auf die Gegenwart. Aber selbst Egon Bahr, der durch den Gang der Dinge seine ein Vierteljahrhundert zurückliegende Prophezeiung »Wandel durch Annäherung« hätte bestätigt finden können, reagierte auf die Eppler-Rede verärgert: Eppler habe wie einer gewirkt, »der nicht mehr mit der DDR reden wolle«. Die Menschen dort brauchten Unterstützung, »aber kein Gerede über die deutsche Frage«.[119] Und dabei wirken aus der Rückschau Epplers Bemerkungen über die reale Möglichkeit einer deutschen Vereinigung noch überaus vorsichtig und von Vorbehalten abgefedert!

Noch vor der Bundestagswahl von 1987 hatte Bahr Honecker gegenüber im Auftrag des SPD-Kanzlerkandidaten Rau bekräftigt, »dass bei der Regierungsübernahme durch die SPD die Regierung der BRD voll die Staatsbürgerschaft der DDR respektieren wird und damit dieses Thema beerdigt wird«.[120] Oskar Lafontaine, der kommende Kanzlerkandidat der SPD, der sich gegenüber Flechtheim soeben zur Utopie bekannt hatte, forderte gerade nach dem Mauerfall, DDR-Bürger, die in den Westen strömten, nicht mehr gemäß dem Grundgesetz als Bundesbürger zu behandeln und ihnen die bundesdeutschen Sozialleistungen zukommen zu lassen.[121] Nach der Maueröffnung drohte ja die DDR auszubluten und schon dadurch zur radikalen Reform – oder zum Anschluss an die Bundesrepublik – gezwungen zu werden.

Willy Brandt jedoch sagte schon am Tag nach der Maueröffnung bei mehreren Auftritten in Berlin jenen Satz, der zum geflügelten Wort wurde und Begeisterungsstürme auslöste: »Jetzt wächst zusammen, was zusammengehört.«[122] Doch selbst er hatte Jahre davor die Wiedervereinigung als »Lebenslüge der zweiten deutschen Republik« angeprangert; dieser Satz findet sich sogar noch in seinen im September 1989 erschienenen *Erinnerungen!*[123] Schon wenige Monate darauf wirkte ein solches Momento peinlich. Dabei hatte »Lebenslüge« etwas Richtiges getroffen: Die aus der Adenauer-Ära überkommene Sprachregelung, ein starkes westliches Bündnis sei zugleich der Weg zur Wiedervereinigung, hatte oft genug ein Desinteresse an den Ostdeutschen verschleiert. Bis 1989 war eine Wiedervereinigung allenfalls um den Preis einer Neutralisierung Deutschlands denkbar.

Eine Abwehrhaltung gegen alle Gedanken an Wiedervereinigung gab es nicht nur bei den Linken, sondern sogar bei deren Antipoden Franz Josef Strauß[124], der der DDR noch in deren letztem Stadium einen Milliardenkredit verschaffte, und selbst bei dem kommenden »Kanzler der deutschen Einheit«. »Die deutsche Wiedervereinigung steht nicht auf der Tagesordnung der Weltpolitik« war bis 1989 geradezu eine »Standardformulierung« (Hans-Peter Schwarz) auch Helmut Kohls, da er in der bloßen Idee eine Gefahr für das gute Einvernehmen mit den europäischen Verbündeten erblickte.[125] Dazu kam, dass er der sowjetischen Perestroika nicht traute und weiter in der Geisteswelt der »Nachrüstung« dachte: Noch 1989 zeigte er sich tief besorgt über die sowjetischen Kurzstreckenraketen in Osteuropa und das westliche Zögern mit entsprechenden Gegenzügen in der Raketenrüstung.[126] Da musste es als ein Spiel mit dem Feuer erscheinen, die Sowjetunion obendrein mit Bestrebungen zur Vereinnahmung der DDR zu provozieren. Aus damaliger Sicht gab es auf westdeutscher Seite Grund, die Auflösung der DDR nicht mit Triumph, sondern mit tiefer Sorge zu verfolgen!

Aber auch parteipolitische Motive ließen Kohl vor der Wiedervereinigung zurückschrecken: Noch nach dem Mauerfall ging er davon aus, vier Jahrzehnte kommunistische Propaganda seien bei den Ostdeutschen doch nicht ohne Wirkung geblieben, und ein vereintes Deutschland werde eine linke Mehrheit haben. Wie sich Heiner Geißler später sarkastisch erinnerte, hatte er mit Kohl Anfang 1990 einen heftigen Zusammenstoß, als er den Kanzler darauf hingewiesen habe, die kommenden Bundestagswahlen müsse man womöglich schon auf gesamtdeutscher Ebene durchführen. »Ich habe gedacht, er explodiert«, erinnerte er sich: »Er fing an zu schreien und zu toben, als ob ich ihn jetzt endgültig vernichten wolle … Er war im Januar, also bis zu dieser Volkskammerwahl am 18. März, der felsenfesten Auffassung, in Sachsen, in Thüringen, in Brandenburg … gibt es eine absolute Mehrheit für Sozialdemokraten und Kommunisten. Und dann reicht es nicht mehr im Deutschen Bundestag für seine Wahl zum Bundeskanzler. Davon war er fest überzeugt.«[127]

1987 erschien ein Sammelband mit dem Titel *Die DDR auf dem Weg in das Jahr 2000*.[128] Vorausblicke auf die Jahrtausendwende verbreiteten, wie wir sahen, traditionell einen verheißungsvollen Ton. Das war hier nicht der Fall; denn die Verfasser waren drei prominente Dissidenten aus der ostdeutschen Wissenschaft, die verbittert in den Westen gegangen waren. Am gewichtigsten ist der Beitrag Hermann von Bergs über »Wirtschaftsprobleme der DDR«; der Autor hatte bei der Fortbildung von Führungskadern mitgewirkt und in mehreren DDR-Ministerien Funktionen innegehabt, bevor er als Systemkritiker in Ungnade fiel. Sein abschließender Ausblick in die Zukunft der DDR-Wirtschaft lässt im Grunde keine Hoffnung; selbst die »höchstrangigen Propagandisten der SED« hätten jüngst »das Desaster der Wirtschaftspolitik eingestehen« müssen. Die Investitionsrate der DDR sei schon seit den siebziger Jahren »auf die Quote eines Entwicklungslandes abgesackt«. Trotz der bundesdeutschen Milliarden-Anleihe drohe erneut der Staatsbankrott. »Der DDR-Bürger sieht am täglichen Leben, dass so ziemlich alles das Gegenteil der Propaganda ist.«[129]

Aber eben *weil* alles dies so evident war, auch für die SED-Führung, konnte man folgern, dass jetzt zwangsläufig eine grundlegende Reform kommen müsse – solange die Alternative: das Ende der DDR, undenkbar war. Und so schließt der Band mit einem »Programm für die demokratische Erneuerung der DDR«. Aber löst Demokratisierung die horrenden wirtschaftlichen Probleme? Gegen Schluss findet sich, wenn auch etwas versteckt, der Hinweis: »Große Möglichkeiten ergeben sich für die Bundesrepublik, wenn sie ihre manchmal etwas naive Haltung gegenüber der DDR überwindet und offensiv den friedlichen Wandel zu einem wiedervereinigten freien Deutschland vertritt.«[130]

Aus der Rückschau verblüfft, dass noch im April 1990 bei Rowohlt ein Sammelband mit über zwanzig Beiträgen teilweise prominenter Autoren erschien unter dem Titel *Die Zukunft der DDR-Wirtschaft*: ohne Fragezeichen! Zwei Westberliner Ökonomen sprechen offen aus, was andere im Klartext zu sagen scheuen: dass die Wirtschaft der DDR nur durch einen gewissen Protektionismus zu retten sei; die Auslieferung an den freien Handel zum Westen hin verurteile sie zum Untergang. »Allerdings impliziert eine solche ökonomisch effiziente Strategie eine nur langsame Annäherung des Lebensstandards in der DDR an den der BRD. Hier liegt die Achillesferse der vorgeschlagenen Strategie.« Denn da müsse man mit einem weiteren »Ausbluten der DDR« durch wachsende Abwanderung nach dem Westen rechnen.[131] Im Grunde wäre die DDR-Wirtschaft also nur dadurch zu retten, dass nach dem Mauerfall die Bundesrepublik nun ihrerseits die Grenze sperrt. Aber eine solche Konsequenz war tabu. Schon der rein ökonomische Sachzwang zur Wiedervereinigung war schon kurz nach dem Mauerfall schwer zu verkennen.

Das billige Vergnügen an der Besserwisserei aus der Retrospektive ist nach gelungener Wiedervereinigung besonders verführerisch; und man kann immer neue Belege für die deutsche Ahnungslosigkeit gegenüber dem Kommenden finden. Doch man vergesse nicht: Nur dank dieses bundesdeutschen Desinteresses konnte die Wiedervereinigung gelingen! Nur deshalb wurde der Machtapparat des SED-Regimes überrumpelt. Hätte die Bundesregierung von langer Hand eine zielstrebige Vereinigungspolitik betrieben, hätte sie Gegenkräfte auf den Plan gerufen: in der DDR und auch in der Sowjetunion. Von der Vergangenheit her war die Sorge sehr begründet, dass die Sowjetregierung eine derartige Revision des Ergebnisses des Zweiten Weltkrieges nicht kampflos zulassen würde, schon gar nicht, wenn dabei massiver westlicher Druck im Spiel gewesen wäre. Es war eine unvorhersehbare Koinzidenz unterschiedlicher Entwicklungen, die die Vereinigung im allgemeinen Konsens ermöglichte: die sowjetische Wirtschaftskrise, die für die Sowjetführung die Erlangung westlicher Hilfe vorrangig machte; der rasch voranschreitende Zerfall des Ostblocks; die Unterstützung der Vereinigung durch den US-Präsidenten Bush und der Glaube des französischen Regierungschefs Mitterrand, die bevorstehende Einführung der Euro-Währung, zu der Kohl im Dezember 1989 seine definitive Zustimmung erklärt hatte, werde eine deutsche Dominanz in Europa verhüten.[132]

Was nun nicht heißt, dass die ungeahnte Wende von 1989/90 dazu herhalten sollte, jegliche prognostische Anstrengung ins Lächerliche zu ziehen: Die singulären Synergieeffekte, die diese überraschende Wende möglich machten, sind schwerlich zu verallgemeinern. Oder hätte man Entscheidendes eben doch vorhersehen können, und gibt es Grund zu einer kritischen Rückbesinnung, wieso dies kaum irgendwo geschah?

Unter den Historikern sich hat dazu besonders ausführlich Imanuel Geiss (1931–2012) geäußert, und zwar sehr selbstbewusst: Nach der Wende nahm er für sich in Anspruch, im Unterschied zu den allermeisten Historikerkollegen den Zusammenbruch des Sowjetsystems seit langem vorhergesagt zu haben.[133] Innerhalb der Historikerzunft war Geiss lebenslang ein Außenseiter. In den 1960er Jahren galt er als Linksaußen, da er als Assistent Fritz Fischers diesen in der Zuspitzung seiner These von der planvollen Entfesselung des Ersten Weltkrieges durch die deutsche Reichsregierung bestärkte;

ab 1973 geriet er jedoch als Professor an der Universität Bremen in immer heftigere Erbitterung über den dortigen linken Konformismus, den er mit historischer Ignoranz gepaart erlebte[134], und in den achtziger Jahren zog er den von Habermas entfachten Historikerstreit als »Hysterikerstreit« ins Lächerliche.[135]

1998 brachte er ein Opus *Zukunft als Geschichte* heraus, dessen Untertitel lautet: *Historisch-politische Analysen und Prognosen zum Untergang des Sowjetkommunismus, 1980–1991*. Bei diesen Analysen, die an die 250 Seiten umfassen, handelt es sich um eigene Texte. Geiss hatte in den Jahren von 1980 bis 1982 intensiv die Autonomiebestrebungen der *Solidarność* in Polen verfolgt und dadurch Einblicke in Auflösungserscheinungen des Ostblocks gewonnen. In einer 1984 publizierten Abhandlung wies er auf solche Anzeichen des Verfalls hin, um jedoch sogleich hinzuzufügen, um »jeglicher Missdeutung vorzubeugen«: »kein vernünftiger Mensch sollte sich den Zusammenbruch des Systems wünschen oder gar aktiv herbeizuführen suchen … Der Zusammenbruch der ›Pax Sovietica‹ wäre eine Katastrophe für alle Beteiligten und für den Weltfrieden insgesamt.«[136] Und noch im Februar 1989: »Der Kollaps der ›Pax Sovietica‹ wäre für die ganze Menschheit eine Katastrophe, die kein vernünftiger Mensch vor seinem Gewissen verantworten könnte.«[137] Ein paar Jahre darauf wirkte eine solche Warnung für viele lächerlich, zumindest für die, die an ein »Ende der Geschichte« glaubten; heute ist nicht auszuschließen, dass sie sich in Zukunft doch als prophetisch erweisen könnte.

Zur deutschen Wiedervereinigung rief noch Anfang 1989 nicht einmal Imanuel Geiss auf: »Heute sollten wir aus Verantwortungsbewusstsein oder höherem Egoismus uns selbst gegenüber auf einen neuen deutschen Nationalstaat verzichten …«[138] Daran kann man das Ausmaß der Schwierigkeit ermessen, den Gang der Dinge im Jahr 1990 vorherzusehen! Festgehalten zu werden verdient immerhin sein »Lerngewinn«, dass ein »Außenseiter, frei von ideologischen Lagermentalitäten«[139], der sich unvoreingenommen umschaut, noch am ehesten die Chance hat, von überraschenden Wendungen der Geschichte ein Stück vorherzusehen. Seine Prognose ganz am Schluss, dass der unausrottbare Korpsgeist der Historiker auch in Zukunft eine derartige Unbefangenheit verhindern werde[140], ist freilich ein Ausbruch persönlicher Verbitterung.

Vom »kranken Mann Europas«
zum erneuten Exportweltmeister:
Ein Zickzack deutscher Zukünfte
vor der offenen Zukunft

»BLÜHENDE LANDSCHAFTEN«: PURER ZWECKOPTIMISMUS? Auf die überwältigend schöne Überraschung der friedlichen Wiedervereinigung folgte die böse Überraschung, dass ein Großteil der ostdeutschen Wirtschaft kollabierte, die Arbeitslosigkeit steil nach oben schnellte und die Integration von Ost und West sich als viel langwieriger erwies als erhofft. In seiner Fernsehansprache vom 1. Juli 1990 aus Anlass des Inkrafttretens der Währungs-, Wirtschafts- und Sozialunion brachte Bundeskanzler Kohl seine Vision der »blühenden Landschaften« in Umlauf, als er verhieß, »durch eine gemeinsame Anstrengung« werde es gelingen, die neuen Bundesländer »schon bald wieder in blühende Landschaften zu verwandeln, in denen es sich zu leben und zu arbeiten lohnt«. Noch im Jahr darauf wiederholte er seine Verheißung der »blühenden Landschaften«, die schon bald darauf mit ironischem Unterton zitiert zu werden pflegte. Aber Vorsicht mit der Häme aus der Retrospektive: Zwei Jahrzehnte später, als die Arbeitslosenquote in den neuen Bundesländern auf den Stand von 1991 gesunken war und mehr und mehr Ostdeutsche, die in den Westen gegangen waren, zurückkehrten, konnte Bundeskanzlerin Angela Merkel die »blühenden Landschaften« erneut beschwören: zwar nicht unwidersprochen, doch ohne sich geradezu lächerlich zu machen.[1]

Im übrigen ist gerade in diesem Fall die Frage nicht leicht zu beantworten, was die Beteiligten im Innern tatsächlich erwarteten und was bloßer Zweckoptimismus war.[2] Dass die Einführung der D-Mark in Ostdeutschland etwas ganz anderes bedeutete als die legendäre westdeutsche Währungsreform von 1948 mit dem prompt folgenden Wunder der vollen Schaufenster, war nicht schwer vorherzusehen: Die D-Mark von 1948 wurde dazu verwandt, um Produkte des eigenen Landes zu kaufen; die D-Mark in der DDR von 1990 dagegen bot die Chance, endlich an die ersehnten Westprodukte heranzukommen. Und dazu der Umtauschkurs der Ostmark zur D-Mark von 1:1! Im Blick auf die damals lautstarke Stimmung unter den Ostdeutschen (Parole:»Ohne eins zu eins werden wir nicht eins!«), die nur an die momentane Möglichkeit zum Kauf von Westwaren dachten, war dieser Wechselkurs politisch wohl schwer zu vermeiden. Vergeblich wurde Kohl von Finanzleuten gewarnt:»Der Dicke hört nicht auf uns!«[3]; denn dass diese Egalisierung von Ost- und Westmark ein ökonomisches Desaster nach sich ziehen würde, war absehbar.[4] Nicht genug damit, dass die Ostdeutschen jetzt von einem Tag auf den anderen nicht mehr die Produkte ihrer eigenen Industrie, sondern Westprodukte kauften: Auch die Löhne im Osten stiegen jetzt in Richtung Westniveau, und bereits gut die Hälfte der westlichen Tarife wurde vielen Betrieben zu viel. Obendrein wurden die Schulden der Betriebe ebenfalls 1:1 umgerechnet: eine Synergie, die die Betriebe reihenweise zum Zusammenbruch brachte und die Belegschaft in die Arbeitslosigkeit entließ. Kam dieses Fiasko für viele wirklich aus heiterem Himmel; hatte man es aus dem Drang nach Westwaren nur nicht sehen *wollen*? Und wie sah man es in den alten Bundesländern?

Im Februar 1990 stellte das Allensbach-Institut in der alten Bundesrepublik verschiedene Hypothesen über die Folgen einer Wiedervereinigung zur Wahl. Die stärkste Zustimmung (53 Prozent) fand die Aussicht:»Deutschland wird wirtschaftlich noch stärker.« Nur 36 Prozent dagegen erwarteten: »Die Arbeitslosigkeit geht zurück«, und nur 28 Prozent:»Es wird ein neues Wirtschaftswunder geben.«[5] Im September 1990 rechneten 81 Prozent der Befragten mit Steuererhöhungen als Folge der kommenden Vereinigung und gaben damit zu erkennen, »dass sie der Beschwichtigung der Bundesregierung gar keinen Glauben schenk(t)en« (Hans-Peter Schwarz).[6] Im März 1991 stimmten 64 Prozent der Befragten in den alten und sogar 74 Prozent in den neuen der Aussage zu:»Es hat genug Stimmen gegeben, die vor den hohen Kosten (der Vereinigung) gewarnt haben. Was an Kosten auf uns zukommt, hätte man schon vor der Bundestagswahl (vom 2. Dezember 1990) wissen können. Vor der Wahl wollten viele einfach nicht so genau hinsehen.«[7]

Immerhin, noch im Oktober 1991, als im Osten bereits die Massenarbeitslosigkeit um sich griff, zeigten 59 Prozent der Befragten in den alten und 64 Prozent in den neuen Bundesländern die Zuversicht, man werde die durch die Einheit entstandenen Probleme »in den Griff bekommen«.[8]

Im Jahr darauf bekannte die Allensbach-Chefin Renate Köcher, sie habe »in den letzten zwei Jahren bei der Analyse von Umfrageergebnissen aus Ostdeutschland die Zuversicht und Nervenstärke der ostdeutschen Bevölkerung oft bewundert«.[9] Denn mittlerweile war es im Osten nicht mehr leicht, die Zuversicht zu bewahren. Von 1993 bis 1996 sank im Westen die Zuversicht, »dass das Zusammenwachsen Deutschlands gelingt«, von 63 auf 58 Prozent, wogegen sie im Osten von 47 auf 49 Prozent leicht anstieg – aber eben doch noch unter 50 Prozent lag.[10]

War der Zusammenbruch eines Großteils der ostdeutschen Wirtschaft die zwangsläufige Folge der freien Konkurrenz mit dem Westen auf der Basis der 1:1-Umrechnung, oder nahmen westdeutsche Betriebe durch Machenschaften in der Treuhandanstalt, die die ostdeutschen Betriebe in die Privatwirtschaft überführen sollte, die Chance wahr, sich ihrer östlichen Konkurrenten zu entledigen? Der Verdacht, dass da nicht alles mit rechten Dingen zuging, war nur allzu begründet; selbst Detlev Rohwedder, der Chef der Treuhand, gab im März 1991 offen zu, dass viele Vorwürfe gegen den von ihm geleiteten Apparat berechtigt seien, wenige Monate später wurde er von RAF-Terroristen ermordet. Eine Allensbach-Umfrage im Juli 1991 ergab, dass nur drei Prozent der Befragten in den neuen Bundesländern mit der Arbeit der Treuhand zufrieden, dagegen 74 Prozent unzufrieden waren.[11] Wie sich die Überführung der Staatsbetriebe der DDR in die freie Wirtschaft gestalten würde, war 1990 nicht vorhersehbar, und was da konkret vor sich ging, blieb bis heute teilweise undurchsichtig; so gesehen war das volle Ausmaß des Fiaskos im Vorfeld der Wiedervereinigung kaum vorhersehbar. Die DDR-Industrie war nicht so starr und zentral gesteuert, wie sie aus der Ferne schien; unter der Hand waren gerade unter DDR-Bedingungen viele Betriebe auf Improvisation angewiesen und verfügten als Folge ihrer überalterten Maschinenausstattung über umfangreiche Instandhaltungsabteilungen[12]; so gesehen konnten Optimisten glauben, dass die Betriebe unter den neuen Verhältnissen einige Flexibilität beweisen würden. Von einer Welle von Euphorie wurden 1990/91 besonders westdeutsche Gewerkschaftskreise erfasst, als die neuneinhalb Millionen FDGB-Mitglieder in sie einströmten und die Einnahmen schlagartig in die Höhe schnellen ließen. Umso tiefer war kurz darauf der Absturz, als herauskam, dass man sich vor allem um Millionen von Arbeitslosen kümmern musste![13]

AUSGERECHNET NACH DER WIEDERVEREINIGUNG: DAS »MODELL DEUTSCHLAND« OHNE ZUKUNFT? VON MAASTRICHT BIS ZUM »HEUSCHRECKEN«-ALARM. Die deutschen Zukunftshorizonte verdüsterten sich nach 1990 wie lange nicht mehr, weil sich jetzt nicht nur die über Erwarten schwierige Aufgabe der inneren Wiedervereinigung stellte, sondern sich zur gleichen Zeit neue und mehrdeutige Perspektiven der europäischen Einigung auftaten Am 7. Februar 1992 verwandelte sich in Maastricht die einstige Europäische Wirtschaftsgemeinschaft (EWG) zur Europäischen Union (EU) mit dem Ziel gemeinsamer Außen- und Sicherheitspolitik und der für den Jahresbeginn 2002 festgesetzten Währungsunion. Für begeisterte Europäer machte Maastricht nach Zeiten der »Eurosklerose« endlich den Weg frei zu künftigen »Vereinigten Staaten von Europa«. Christian Meier dagegen, der Zukunftsdenker unter den Althistorikern, erklärte 1997 in einem *Spiegel*-Interview: »Es heißt ja immer, die Zukunft liege in Europa und in den Regionen. Ich glaube daran nicht ganz; wir sollten uns vielmehr über die Notwendigkeit der klassischen Nationalstaaten neu verständigen. Bei all meinen Studien hat sich immer wieder bestätigt, dass Demokratie ohne die Existenz von Nationalstaaten unmöglich ist.«[14]

Ähnlich dachte der Philosoph und frühere Düsseldorfer Staatssekretär Hermann Lübbe, der mit dem Althistoriker in geistigem Austausch stand. Wie wir sahen, war Lübbe im Blick auf die sich immer rascher wandelnde Gegenwart einst als Kritiker der Prognosen hervorgetreten; 1994 jedoch publizierte er ein Buch *Abschied vom Superstaat*, das im Untertitel eine apodiktische Prognose enthielt: *Vereinigte Staaten von Europa wird es* nicht *geben!* Bei aller Willkür der Wunsch-Utopien war doch eine negative Prognose solcher Art aus seiner Sicht sehr wohl möglich, denn bei allem rapiden Wandel der Welt seien doch Volk und Nation mitnichten Relikte von gestern. Im Gegenteil gehe gerade durch die wachsende Komplexität sozialer und institutioneller Netzwerke der Trend hin zur zunehmenden Bedeutung regionaler Einheiten, in denen sich die »neue Unübersichtlichkeit« noch am ehesten in Grenzen hält.[15] Zudem, so Lübbe, sei die westeuropäische Union wesentlich ein Produkt des Kalten Krieges; und gerade diese Herausforderung sei jetzt entfallen.[16]

Aber vielleicht gibt es in Zukunft neuartige Herausforderungen, die ein vereintes Europa zur Forderung der Zeit machen? Wie dem auch sei: Wie wir heute (2016) mit Blick auf Syrienkrise, Flüchtlingsproblem und Bedrohung durch den militanten Islamismus erkennen, waren damalige Hoffnungen auf eine vereinte Außen- und Sicherheitspolitik weit überzogen, selbst dort, wo diese dringend vonnöten gewesen wäre; dagegen die Währungsunion wurde Realität. Der Durchschnittsbürger schätzte die Währungsunion vor allem unter touristischem Aspekt, weil sie den lästigen Geldumtausch und das Umrechnen der Preise auf die eigene Währung erübrigte; ökonomisch gewichtiger war die auf sie gesetzte Erwartung, dass sie innereuropäische Währungsspekulationen unmöglich machen und den Exporteuren Sicherheit gegen Verluste durch künftige Abwertung anderer Währungen verleihen würde. Dass die Euro-Währung eine Selbstregulierung der nationalen Wirtschaften außer Kraft setzt, indem jetzt nicht mehr einem sinkenden Export durch Abwertung der Währung gegengesteuert wird, fand merkwürdig geringe Beachtung und wurde von vielen wohl gar nicht verstanden, ebenso wie weithin verkannt wurde, dass der Euro in einer Zeit, in der im Wirtschaftsleben ohnehin nationale Solidaritäten in Auflösung begriffen waren, spekulativen Finanzströmen einen zusätzlichen Auftrieb geben würde.

Die Einführung der Euro-Währung ging nach allem, was wir wissen, entscheidend auf den persönlichen Einfluss von Helmut Kohl zurück. Hans-Peter Schwarz erkennt in der Schlussbetrachtung seiner Kohl-Biographie in dieser für die Zukunft hochbedeutsamen Entscheidung eine fatale Fehlprognose:

> »Die Überlegung, sich gegen spekulative Attacken oder plötzliche Finanzkrisen durch eine europäische Währungsunion schützen zu können, hat sich als eine der großen Fehlkalkulationen erwiesen. Tatsächlich war es gerade die Verkoppelung unterschiedlich entwickelter, unterschiedlich produktiver und unterschiedlich verschuldeter Volkswirtschaften unter dem Dach einer gemeinsamen Währung, die nun alle Beteiligten erpressbar macht und zu destabilisieren droht – auch Deutschland, für das sich Helmut Kohl durch unauflösliche Einbindung in das Euro-System auf lange Sicht Sicherheit und Prosperität versprochen hatte.«[17]

Diese unerwartete Wirkung von Maastricht fügt sich ein in mehrere große Ironien in der Geschichte jener Zeit, die so manche Prognose über den Haufen warfen. Ausgerechnet in jenem historischen Moment, als auf dem Welt-Umweltgipfel von Rio »nachhaltige Entwicklung« zur Zauberformel erhoben wurde und in den allgemeinen Jargon von der Politik bis zur Pädagogik einging, griff vor allem in Finanzkreisen ein kurzfristig-spekulatives Verhalten in einem Maße um sich wie seit Jahrzehnten nicht mehr. Eben zu der Zeit, als das »deutsche Produktionsmodell« alias der »Rheinische Kapitalismus« als Gegenkonzept gegen den deregulierten Kapitalismus der USA unter Reagan und Großbritanniens unter Thatcher auf den Begriff gebracht wurde: als Antithese zum »Fordismus« mittels »diversifizierter Qualitätsproduktion (DQP)«[18], als verheißungsvolles Modell der Sozialpartnerschaft zwischen Kapital und Arbeit und regionaler Kooperation zwischen den

Unternehmen, war es für die Wortführer der Deregulierung ein Relikt der Vergangenheit, das den Weg in die Zukunft versperrte. Und gerade zu jener Zeit, als auch linke und liberale Ökonomen, die einst die Macht der Großbanken kritisiert hatten, die »Deutschland AG« schätzengelernt hatten als einen Garanten der Stabilität und der langfristigen Kalkulation und Schutz gegen spekulatives Fremdkapital, begannen die Großbanken, von den Verlockungen des internationalen Kapitalmarkts verführt, ihre Beteiligungen an führenden Industrieunternehmen abzustoßen. Das war, wie wir heute wissen, eine gerade für die richtungweisende Deutsche Bank womöglich verhängnisvolle Entscheidung.

Um die Paradoxie zu steigern: Ausgerechnet die rot-grüne Bundesregierung hat im Jahr 2000 durch Abschaffung der bis dahin bestehenden hohen Steuer (53 Prozent) auf Gewinne aus Kapitaltransaktionen diesen ohnehin in Gang befindlichen Prozess der letzten Hemmungen entledigt![19] Der dafür verantwortliche sozialdemokratische Finanzminister Hans Eichel, der dafür in der Folge mit Vorwürfen überschüttet wurde, dachte noch zu sehr vom Primat der Ankurbelung der Wirtschaftskonjunktur und von der Vorstellung her, es sei ein Fortschritt, die Verfilzung von Banken und Industrie zu lösen.[20] Ende 2004 sah er sich von seiner eigenen Partei desavouiert, als der SPD-Vorsitzende Franz Müntefering die »Heuschreckendebatte« anstieß, indem er in einem öffentlichen Vortrag am 22. November 2004 verkündete: »Wir müssen denjenigen Unternehmern, die die Zukunftsfähigkeit ihrer Unternehmen und die Interessen ihrer Arbeitnehmer im Blick haben, helfen gegen die verantwortungslosen Heuschreckenschwärme, die im Vierteljahrestakt Erfolg messen, Substanz absaugen und Unternehmen kaputtgehen lassen, wenn sie sie abgefressen haben.«

Dieser Satz ging in das Programm der SPD vom Januar 2005 ein. Der desaströse Finanz-Crash vom Herbst 2008, der der deutschen Wirtschaft eine Schrumpfung von fünf Prozent bescherte und doch von ihr noch vergleichsweise gut verkraftet wurde, galt vielfach als schlagender Beweis für die »Heuschrecken«-These und als Zeichen dafür, dass man in guter deutscher Tradition die »Realökonomie« gegen die wuchernde virtuelle Ökonomie stärken müsse.[21] Eichel polemisierte 2012, als die deutsche Wirtschaft erneut boomte und manche der rot-grünen Liberalisierungspolitik das Verdienst am neuen Aufschwung gaben, wütend gegen die Art, wie er, der einst als vielversprechender Fachmann seiner Partei gegolten hatte, zur Verkörperung des Unheils gemacht wurde. In seinem abschließenden Fazit entrang er sich jedoch, ehrlich, wie er war, den Stoßseufzer: »Ja, aus heutiger Sicht haben wir nicht genügend reguliert. Gegenüber dem ganzen wahnsinnig explodierenden Kreditersatzgeschäft, das die großen Probleme geschaffen hat, waren wir zu unkritisch. ... Ja, der damalige Zeitgeist hat auch Rot-Grün beeinflusst.«[22]

DER ANSCHWELLENDE UNKENCHOR: PURER ZWECKPESSIMISMUS? In der Tat wird man gegenüber Rot-Grün nachsichtiger, wenn man sich an die Deregulierungspropaganda erinnert, die ganz besonders in den 1990er Jahren auf die deutsche Öffentlichkeit herniederprasselte. Überhaupt konnten jene Unheilsprognosen, die bereits die Publizistik der 1980er Jahre durchzogen, sich im darauffolgenden Jahrzehnt mehr denn je zu einem schrillen Alarm steigern: als durch den Niedergang der ostdeutschen Industrie die Arbeitslosenzahlen in die Höhe schnellten; als die neue Stufe der europäischen Integration eine verschärfte internationale Konkurrenz erwarten ließ; als die voranschreitende mikroelektronische Revolution der Polemik gegen wirkliche oder vermeintliche deutsche Innovationsträgheit reichlich Stoff lieferte, und – last but not least – als der Kollaps des kommunistischen Machtblocks und dessen trübselige Hinterlassenschaften dazu beitrugen, dass die Polemik gegen sozialstaatliche Beschränkungen der Unternehmerfreiheit und überhaupt gegen staatliche Regulierung jegliche Hemmungen verlor.

Der Spiegel mokierte sich Anfang 1992 über die fortgesetzte Bangemache:

>In den Achtzigern verzweifelte Deutschland am technologischen Vorsprung Amerikas in der Mikro-Elektronik. Doch westdeutscher Gewerbefleiß verband alte und neue Technik abermals zu Spitzenprodukten des Made in Germany. Die Bundesrepublik wurde in diesem Jahrzehnt zum Weltmeister im Außenhandel. ... Doch wie nach dem Kalender ist Anfang der neunziger Jahre die nächste Angst-Psychose da: nun wegen des Durchmarsches der Japaner zur industriellen Weltspitze.«[23]

Aufsehen erregte im Jahr der Wiedervereinigung schon durch die Position des Verfassers das alarmierende Buch von Konrad Seitz, im Titel und auch Inhalt eine Fortschreibung des einstigen Bestsellers *Die amerikanische Herausforderung* von Jean-Jacques Servan-Schreiber (1967), dessen deutsche Ausgabe ein beifälliges Vorwort von Franz Josef Strauß bekommen hatte: *Die japanisch-amerikanische Herausforderung – Deutschlands Hochtechnologie-Industrien kämpfen ums Überleben*. Seitz war Chef des Planungsbüros im Auswärtigen Amt; *Der Spiegel* zitierte ihn mit der Warnung, einiges spreche dafür, »dass Europa in weniger als 20 Jahren zur technologischen Kolonie Japans wird«.[24] Im Westen wurde damals offenbar noch nicht wahrgenommen, dass die japanische Wirtschaft mit dem dortigen Börsenkrach von 1989/90 – dem zum Begriff gewordenen Platzen einer durch Spekulation aufgepusteten »Blase« – in eine Rezession stürzte, die das japanische Siegesbewusstsein erschütterte.[25] Seitz' Buch mündet in vollmundige Zukunftsrhetorik, verbunden mit einem trüben Bild von der deutschen Gegenwart, wobei er sich der Mehrzahl möglicher Szenarien bewusst ist, aber die »Informationsgesellschaft« für eine greifbare Zukunft hält:

> »… in einer Kultur der Nostalgie, des Technikpessimismus und der Angst lässt sich die Aufgabe der Zukunftsbewältigung nicht lösen. ›Ohne Vision geht ein Volk zugrunde‹, so weiß es schon die Bibel.[26] Was unser Volk braucht, was es von seinen Politikern, seinen Kirchenführern und seinen ›Kultur-Schaffenden‹ fordern muss, sind Zukunftsszenarien, konkurrierende Entwürfe für das Leben in der Informationsgesellschaft des 21. Jahrhunderts. Wir müssen endlich die Zukunft ergreifen.«[27]

Worauf dieser Chefplaner des Auswärtigen Amtes mit seinem Aufruf, »die Zukunft zu ergreifen«, konkret hinauswill, bleibt über weite Strecken des Buches in der Schwebe. Verräterisch ist jedoch eine Passage, in der er wütend über »fast gehässige Kommentare« zu staatlichen Zuschüssen an die Chip-Entwicklung bei Siemens herzieht und darin »jene eigenartig negative Haltung« erkennt, »mit der die viele Deutsche ihrer Industrie gegenüberstehen‹.[28] In einer Zeit, als die meisten Deutschen noch nicht ihre eigenen Erfahrungen mit der Mikroelektronik hatten, war deren öffentliche Wahrnehmung stark auf die Chips fixiert; das gilt nicht zuletzt für die späte DDR, die Milliarden, die anderswo nötig gebraucht wurden, in die Chip-Produktion investierte und darauf auch noch stolz war.[29] Zu jener Zeit wurde die japanische Spitzenstellung vielfach auf ein Monopol in der Chip-Produktion zurückgeführt, verbunden mit der Annahme, diese Produktion sei der Schlüssel zum Erfolg bei den neuen Technologien, und sie sei sehr kompliziert und nur auf breiter Hightech-Basis möglich.

Aber im gleichen Jahr 1992 gelangten neue Informationen an die Öffentlichkeit, die dies alles als überholt erscheinen ließen. In den Worten der *Wirtschaftswoche*: »Sogar die Bedeutung der Mikroelektronik als die alles überragende Schlüsseltechnologie stellen die Experten in Frage.«[30] In jenem Jahr verzichtete Siemens auf die Chip-Produktion, für die es zuvor mit Warnungen à la Seitz, staatliche Subventionen gefordert hatte, da sich mittlerweile herausgestellt hatte, dass man auf dem Weltmarkt problemlos an die neuesten Chip-Generationen herankam. Hatte die Chip-Entwicklung ursprünglich viel Intelligenz und Hightech erfordert, war es ein Fehlschluss gewesen, daraus zu folgern, dass das Gleiche auch für die routinemäßige Chip-Produktion gelte: Diese konnte vielmehr in miserabel entlohnter Fließarbeit in Indien vor sich gehen. Der langjährige Siemens-Chef Bernhard Plettner erklärte 1994 als Achtzigjähriger im Rückblick auf vorherige auch von ihm selbst gehegte Sorgen: »Die Chance, die Elektroindustrie der Welt durch die Verteuerung oder Verknappung von Speicherchips in die Knie zu zwingen …, ist gleich null.« Die Chips seien vielmehr auf dem besten Wege, ein »Massenprodukt« zu werden, »das in wenigen Jahren kaum eine andere Bedeutung haben wird als eine genormte Schraube«.[31]

An anderer Stelle spricht Seitz, obwohl die einstige Raumfahrteuphorie sich längst verflüchtigt hat, nicht nur von dem kommenden Informations-, sondern auch »Raumfahrtzeitalter«. Und doch hält er *ein* Hauptangriffsziel damaliger deutscher Technikkritik für wohlbegründet. Bemerkenswert ist eine Prognose, die er seinem Buch voranstellt: Eine Zukunft auf der Basis weltweiter Verbreitung der Kerntechnik, womit »Plutonium, das Spaltmaterial für Atombomben, weltweit zugänglich würde«, sei »ein Szenarium, das auch dem Technikgläubigen Schrecken einjagt«. »Wie immer auch die Systeme für die Gewinnung erneuerbarer Energien aussehen werden, eines erscheint sicher: das voll entwickelte Informations- und Raumfahrtzeitalter wird ein Zeitalter der Solarenergie sein.«[32] Er erkennt jedoch nicht, dass von den führenden Nicht-Atommächten gerade Japan unbeirrt auf die Kerntechnik setzte und die in seiner technischen Spitzenstellung enthaltenen Chancen zur Entwicklung der Solartechnik merkwürdig wenig nutzte. Zwei Jahrzehnte vor Fukushima standen die japanische Kerntechnik und überhaupt Energiepolitik noch nicht im internationalen Scheinwerferlicht.

Der 1989 einsetzende rapide Niedergang der Paderborner Firma Nixdorf, vordem der berühmteste bundesdeutsche Computer-Pionier, konnte als Warnzeichen im Sinne von Seitz gelten. Der 1986 auf der Hannoveraner Computermesse CeBIT am Herzinfarkt verstorbene Gründer Heinz Nixdorf, lange Zeit nach allgemeiner Meinung einer der ideen- und erfolgreichsten deutschen Unternehmer, hatte sich hartnäckig gegen die Produktion kleiner PCs gesträubt: »Ich baue keine Mopeds!« »Ich baue keine Goggomobile!«[33] Bald gab es jedoch auch Warnzeichen anderer Art. Der Alarm, dass die Deutschen drauf und dran seien, die neueste Hightech zu verschlafen, blieb in der Wirtschaft nicht ohne Folgen. Ein besonders bekanntes und zugleich pikantes Beispiel bietet Edzard Reuter, der als Chef von Daimler-Benz ganz im Geiste des Mythos »Neue Technologien« um 1990 sein Unternehmen ohne Rücksicht auf dessen Tradition zum »Integrierten Technologiekonzern« umzukrempeln suchte. Noch nach seinem Scheitern bekennt er sich in seinen Memoiren zu dieser seiner »Vision«.[34] Die bloße Vorstellung, »integrierte Technologie« bezeichne ein konkretes Ziel und sei Garant für eine große Zukunft, zeugt von einem eklatanten Mangel an konkretem Denken. Reuter, der dem erfahrenen Wirtschaftspublizisten Günter Ogger zufolge von Automobilen weniger verstand »als jeder Lehrling im Daimler-Reich«[35], bescherte der Firma mindestens acht Milliarden D-Mark, wenn nicht noch weit höhere Verluste.[36] Das Fiasko trägt zeittypische Züge.[37]

Ein, zwei Jahrzehnte danach bietet jene Publizistik der 1990er Jahre, die auf breiter Front einen deutschen Niedergang erkennt, ein seltsames Bild. Im Jahr 2004, als sich in Deutschland ein neuer Optimismus zu verbreiten begann[38], stufte das *Forbes Magazine* Deutschland als drittbesten Standort der Welt hinter den USA und der Volksrepublik China ein. In den neunziger Jahren dagegen verband sich mit dem Thema »Standort Deutschland« und dem allgegenwärtigen Leitmotiv »Globalisierung« in aller Regel ein unheilschwangerer, besorgt-warnender Unterton, verbunden mit Hinweisen darauf, dass ganze Industrien in Niedriglohnländer oder Länder mit besserer technologischer Basis abwanderten.[39]

Man kann davon ausgehen, dass es sich bei einem Teil jener Publizistik um Zweckpessimismus handelt, hinter dem Unternehmerinteressen standen und dessen Kern in der Behauptung bestand, in Deutschland seien die Löhne zu hoch, stünden der Entlassung von Beschäftigten zu viele Hindernisse entgegen und würden Industrieprojekte durch gar zu viele staatliche Auflagen gehemmt. Dabei war die hohe Arbeitslosigkeit der neunziger Jahre vor allem durch den Zusammenbruch des Großteils der DDR-Industrie verursacht und nicht dadurch, dass es den Arbeitslosen zu gut ging; dieses Faktum konnte man nur aus einer Anti-Haltung gegen den Sozialstaat unterschlagen. Doch vermutlich schlugen manche Autoren auch aus ehrlicher Überzeugung Alarm. Aus der Distanz erkennt man, wie wenig diese Literatur, die die deutsche Gegenwart auf Niedergang stylte, die Unübersichtlichkeit damaliger deutscher Verhältnisse, die Mehrdeutigkeit der Situation und die Vielfalt und Verschiedenartigkeit damaliger Trends in Rechnung stellte. Aber es wäre zu billig, sie aus der Retrospektive pauschal ins Lächerliche zu ziehen; vielmehr muss man mit der Möglichkeit rechnen, dass in schlechteren deutschen Zeiten doch diese und jene damalige Warnung als Ausdruck von Hellsicht erscheint.

1997 publizierte der Zeithistoriker Arnulf Baring seine Streitschrift *Scheitert Deutschland? Abschied von unseren Wunschwelten*, deren Untertitel immerhin zu erkennen gibt, dass in Deutschland nicht das pure Trägheitsgesetz regiert, sondern »Wunschwelten« ihre Wirkung ausüben, insbesondere der »Wohlfahrtstraum«[40]. Baring war durch sein großes Werk über die »Ära Brandt-Scheel« (*Machtwechsel*, 1982) bekannt geworden und verfügte über ausgiebiges politisches Insiderwissen. Sein Buch widmete er »allen jungen Generationen, denen wir Älteren eine zukunftsfähige Gesellschaft schuldig sind«. Da nahm er die Begriffskreation des Wuppertal-Instituts für eine ökologisch nachhaltige Zukunft auf, jedoch – wie sich im Nachfolgenden zeigt – in durchaus anderem Sinne. Denn er beschrieb die Umweltbewegung, speziell die Grünen als ein Element neudeutscher Dekadenz. Es sei »eine Binsenwahrheit, dass die Grünen nach wie vor keine angemessene, keine überzeugende Antwort auf die Frage haben, wie sich die industrielle Zukunft Deutschlands auf Dauer sichern lässt«. »Die verhängnisvolle Rolle, die die Grünen in der Verhinderung neuer Technologien gespielt haben«, sei »in vollem Ausmaß öffentlich noch gar nicht erkannt«.[41]

Er erweckt den Eindruck, als gebe es etwas zu enthüllen, verschweigt jedoch, an welche Technologien er konkret denkt. An die Kerntechnik? Oder die Gentechnik? Stattdessen folgt ein merkwürdiges Bekenntnis: »Kaum etwas hat mich in den letzten Jahren so tief und anhaltend bewegt wie ein Gespräch mit Herbert Gruhl kurz vor seinem Tode.« Da habe er sein neues Buch vorgestellt: *Himmelfahrt ins Nichts. Der geplünderte Planet vor dem Ende* (1992), ein Musterbeispiel der Öko-Apokalypse, und zwar einer, die den Untergang an keinem fernen Horizont, sondern als unmittelbar bevorstehend erkennt. Und das meinte Gruhl offenbar ganz ernst – und Baring war laut eigener Aussage »tief betroffen«. »Man konnte sich seinem Ernst, seiner Melancholie kaum entziehen.« Und er gesteht, »dass mich das Gespräch mit Gruhl monatelang gequält, meinen Lebensmut gelähmt hat«.[42] Baring schildert dies offenbar, um warnend vor Augen zu führen, in welchem Maße die Umweltbewegung die zukunftsgerichtete Energie lähmt.

Aber Gruhl gehörte gar nicht zu den Grünen, und deren Vordenker waren von der Öko-Apokalypse des alten Mannes weit entfernt, vielmehr überzeugt, dass sich für die Zukunft etwas verändern lasse: Ohne eine solche Zuversicht hätte ja das grüne Engagement keinen Sinn ergeben. Überdies ist Baring offenkundig blind dafür, dass die grüne Kritik an bestimmten Technologien keiner generellen Technikfeindschaft entspringt, vielmehr von der Offenheit für technologische *Alternativen* getragen ist, die schon längst weit mehr Zukunft versprechen als die Kerntechnik. In diesem Punkt war ihm Seitz voraus. Zehn Jahre nach dem Erscheinen der Streitschrift Barings brachte das Bundesumweltministerium ein Handbuch von über 500 Seiten heraus mit dem triumphierenden Titel *GreenTech made in Germany*.

Die Kapitel-Überschriften von Barings Buch, das teilweise auf Mallorca entstand[43], bieten von Anfang bis Ende ein abgrundtief trübseliges Szenario: »versäumte Innovationen«, »skandalöse Subventionen«, »lähmende Über-bürokratisierung«, »verrottetes Bildungswesen«, »Vergreisung der Gesell-schaft«, »große Müdigkeit im Land«, »Misere der Krankenversicherung«, und in der Art geht es weiter. Von abfälligen Pauschalisierungen selbst dort, wo man von einem Hochschullehrer eine differenziertere Sicht erwartet, gibt die These eine Vorstellung, es sei »an den Universitäten weithin nicht anders als in der Gesamtgesellschaft: Sie dämmern, dümpeln dahin ohne nennens-werte Anstrengungen innovativer Art im Innern und nach außen.«[44] Früher hatte er in seinem Opus über die »Ära Brandt-Scheel« das Fiasko der auf vermeintlich methodisch fundierte Prognosen gestützten Planungsambitio-nen Ehmkes geschildert (»Die Vertreibung Horst Ehmkes aus dem Kanz-leramt«[45]); jetzt geht er fortwährend davon aus, Prognosen seien doch mög-lich, so über die zunehmende Vergreisung der deutschen Gesellschaft und die absehbare Rentenkrise: »Langfristige, relativ sichere Prognosen haben seit vielen Jahren vorgelegen. Sie blieben unbeachtet, wurden politisch igno-riert …«[46] »In der Tat: Wer heute jung und gescheit ist, weiß, dass ihm das jetzige System keine Chancen bietet.«[47]

Die Aussicht der Altersversorgung in einer alternden Gesellschaft war in der Tat eine Quelle von begründeter Zukunftssorge. Auf der anderen Sei-te ließ sich der zunehmenden Überalterung der deutschen Bevölkerung durch eine entsprechende Einwanderungspolitik gegensteuern. Gewiss müsste diese dafür Sorge tragen, dass vorwiegend solche Zuwanderer auf-genommen werden, die Aussicht auf einen hiesigen Arbeitsplatz haben und nicht den deutschen Sozialstaat zusätzlich belasten; darauf kommt Baring in seinem Plädoyer »Für eine unsentimentale Einwanderungsregulierung« zu sprechen.[48] Auch seine Sorge um die Stabilität der damals noch in der Zukunft stehenden Euro-Währung[49] war begründet, auch wenn sie bislang durch den faktischen Gang der Entwicklung nicht bestätigt wurde.

Barings Unheilsprognosen, die sich – sofern man das Bekenntnis zur »zukunftsfähigen Gesellschaft« in der Widmung ernst nimmt – zumin-dest teilweise als Zweckpessimismus verstehen, werden noch übertroffen von dem im darauffolgenden Jahr 1998 publizierten Buch des 71-jährigen Politikwissenschaftlers und Bismarck-Biographen Christian Graf von Kro-ckow: *Der deutsche Niedergang – Ein Ausblick ins 21. Jahrhundert*. Das ist kein bloßer Zweckpessimismus mehr, sondern sichtlich ernst gemeint; er hält den »deutschen Niedergang« mitsamt der Aussicht, dass dieser sich nach der Jahrtausendwende fortsetzen werde, für eine offenkundige Tatsache, die nicht weiter bewiesen werden muss; und damalige Rezensionen des Buches lassen erkennen, wie sehr es einem verbreiteten Pessimismus entsprach, der heute nahezu in Vergessenheit geraten ist. (Man erschauert bei der Vorstellung, dass sich in naher oder ferner Zukunft derartige Prognosen zumindest zu einem Teil doch als hellsichtig erweisen könnten!)

Ein Leitmotiv Krockows geht dahin, dass die deutsche Stärke im Arbeitsethos wurzele, die Arbeitsgesellschaft jedoch drauf und dran sei, sich durch die Fortschritte der Technisierung selber abzuschaffen.[50] Eigentlich war die Vorstellung, die Automatisierung führe allenthalben zu menschenleeren Fabrikhallen, längst durch die faktische Entwicklung in Frage gestellt; aber die hohe Arbeitslosigkeit der neunziger Jahre ließ sie erneut plausibel erscheinen. Krockows anderes Leitmotiv war das Altern der deutschen Bevölkerung, das die Aufrechterhaltung der bisherigen Sozialleistungen schon bald unmöglich machen werde.[51] Die Sorge war begründet; er diskutiert jedoch nicht, ob sich diesem Dilemma durch eine gezielte Einwanderungspolitik gegensteuern lasse, da er es für evident hält, dass »Deutschland seine Anziehungskraft für leistungstüchtige junge Leute aus anderen Ländern verloren« habe[52]: eine Sichtweise, die im Anblick des heutigen Zuwanderungsstroms seltsam anmutet, vor dem damaligen Erfahrungshintergrund jedoch keineswegs lächerlich war. Die Regulierung der Immigration in einer Art, dass diese den deutschen Sozialstaat stärkt und nicht zusätzlich belastet, steht als Problem nach wie vor im Raum.

Nun, Warnungen solcher Art waren nicht gerade originell; den eigentlichen Kern des deutschen Niedergangs sucht Krockow jedoch anderswo: in dem Vergreisungsprozess der deutschen Mentalität, und zwar, so paradox es klingt, gerade nach der nationalen Vereinigung. Die wohl merkwürdigste Prognose des Buches lautet: »Auf die Wiedervereinigung von 1990 wird einmal der Beginn des deutschen Niedergangs zu datieren sein, der das Land in der Mitte Europas eher zweitrangig als übergewichtig, eher langweilig als unheimlich, eher wehleidig als gewalttätig macht.« Wo ist da die Logik? Laut Krockow sind »mit dem Gewinn der Einheit« »die Nachkriegsbedingungen des Aufstiegs entfallen«.[53] Aber war die alte Bundesrepublik »unheimlich« und »gewalttätig«; bestand etwa darin ihre Stärke? Für den Bismarck-Biographen Krockow lag jene Zeit, in der Deutschland auf dem Höhepunkt seiner Kraft stand, offenbar früher; mit spürbarer Begeisterung erinnert er

daran, wie »unvergleichlich tapfer« die Deutschen im Ersten Weltkrieg gekämpft hätten.[54] Da lässt sich folgern, dass mit dem Ende des Kalten Krieges
auch der letzte Ansporn zu kämpferischer Kraftentfaltung fortgefallen ist.
Seltsamer noch: In der »Zukunftsangst« erblickt er eine Hauptursache des
»deutschen Niedergangs«. »Woher die Zukunftsangst eigentlich stammt,
lässt sich nur schwer ermitteln und allenfalls vermuten.«[55] Und dabei schürt
kein anderer als er selbst immerfort diese Zukunftsangst!

Ein Vorbild ist für ihn das damalige England, wo Margaret Thatcher,
die »Eiserne Lady«, »den Konflikt mit den Gewerkschaften bis zum bitte-
ren Ende durchkämpft«.[56] Dabei war schon zu jener Zeit klar zu erkennen,
dass sich England weitaus deutlicher im Niedergang befand als Deutschland
und die massive Kürzung der Investitionen in den verstaatlichten Industrien
diesen Niedergang noch beschleunigte.[57] Im Kontrast zu der Kämpfernatur
der »Eisernen Lady« erblickt Krockow in dem »ausgeprägten Harmoniebe-
dürfnis« der Deutschen eine lähmende Schwäche; er erkennt nicht die Vorzüge des »Rheinischen Kapitalismus« mit seiner Tradition der Sozialpartnerschaft zwischen Kapital und Arbeit. Besonders fatal ist in seinen Augen
die deutsche »Umwelthysterie«[58]: Ebenso wie Baring erkennt er in der Stärke der deutschen Umweltbewegung keine zukunftsträchtige Kraft, sondern
nur lähmende und sinnlose Angst und bei der Umweltbürokratie eine Geschäftigkeit, die selbst Hühnerställe mit Regulierungen überhäuft, als seien
es Atomkraftwerke.[59]

Am allermerkwürdigsten jedoch ist seine Schlusspointe: »Die Angst
kann nur gebannt werden, wenn eine Mußekultur entsteht, die Aussichten
und praktische Möglichkeiten für ein lohnendes Leben jenseits der Arbeitsgesellschaft eröffnet.«[60] Von diesem Finale her bestünde das aktuelle deutsche Dilemma gar nicht darin, dass viele Arbeitslose dank des Sozialstaats
arbeitsscheu seien – die Prämisse von »Hartz IV« –, sondern vielmehr darin, dass die Deutschen allzu sehr auf Arbeit als einzigen Lebensinhalt fixiert
seien. Aber wird nicht gerade mit dieser Mußekultur, die gewiss den Beifall
der Hippies gefunden hätte, nach den Maßstäben Krockows der »deutsche
Niedergang« perfekt?

ZUKUNFTSRHETORIK VON HÖCHSTER STELLE: ROMAN HERZOGS »RUCK-
REDE«. Der publizistische Unkenchor jener Zeit, aus dem hier nur einige
prominente Beispiele herausgegriffen sind, erklärt die kolossale Resonanz
des präsidialen Paukenschlags vom 26. April 1997: der »Berliner Rede«
»Aufbruch ins 21. Jahrhundert« des Bundespräsidenten Roman Herzog,
die durch ihren Kernsatz »Durch Deutschland muss ein Ruck gehen«[61] als

»Ruck-Rede« bekannt geworden ist. Es handelt sich um die wohl eloquenteste und am schärfsten polemische Zukunftsproklamation aus dem Munde eines bundesdeutschen Staatsmanns. Der Text entstand als Kollektivarbeit des Präsidialamtes und bietet ein Panorama all der Themen der Warn- und Alarmpublizistik jener Zeit, von der (vermeintlichen) deutschen Ängstlichkeit und Innovationsscheu bis hin zu dem (angeblich) allzu üppigen deutschen Sozialstaat sowie dem Hang zu einer bürokratischen Überreglementierung, die sich auf den unternehmerischen Elan lähmend auswirke. Aus der Rückschau liest sich die Rede wie eine Ouvertüre zur »Agenda 2010«; und in beiden Fällen gibt es Hinweise auf den Einfluss der Bertelsmann Stiftung, deren unternehmerfreundlichen Deregulierungs-Präferenzen Ruck-Rede wie Agenda weithin entsprachen und die in den Augen kritischer Publizisten in den neunziger Jahren zu einer Art Nebenregierung aufstieg.[62] Als Wilhelm Staudacher, der von Herzog hochgeschätzte[63] Chef des Präsidialamts, den »Ruck«-Aufruf in den Redetext hineinbrachte, soll er ausgerufen haben: »Nun, Volk, steh auf, und Sturm, brich los!«

Die Ruck-Rede gehört zu jenen Zeitzeugnissen, die die deutsche Krisenstimmung kritisieren und zugleich kräftig selber schüren. Herzog beginnt seine Rede mit dem Hinweis, er komme »gerade aus Asien zurück«. Und da ist er gleich beim Thema, ohne allerdings zu erläutern, welche asiatischen Länder er als Zukunftsländer konkret im Auge hat:

> »In vielen Ländern dort herrscht eine unglaubliche Dynamik. ... Kühne Zukunftsvisionen werden dort entworfen und umgesetzt, und sie beflügeln die Menschen zu immer neuen Leistungen. Was sehe ich dagegen in Deutschland? Hier herrscht ganz überwiegend Mutlosigkeit. Krisenszenarien werden gepflegt. Ein Gefühl der Lähmung liegt über unserer Gesellschaft. Dabei stehen wir wirtschaftlich und gesellschaftlich vor den größten Herausforderungen seit 50 Jahren: 4,3 Millionen Arbeitslose, die Erosion der Sozialversicherung durch eine auf dem Kopf stehende Alterspyramide, die wirtschaftliche, technische und politische Herausforderung der Globalisierung. ... Was ist los mit unserem Land? Im Klartext: Der Verlust wirtschaftlicher Dynamik, die Erstarrung der Gesellschaft, eine unglaubliche mentale Depression – das sind die Stichworte der Krise.«[64]

Da er den Kern der Krise nicht so sehr in deutschen Strukturen wie in der aktuellen deutschen Seelenverfassung erblickt, kann er so reden, als ob sich durch einen großen »Ruck« die Wende schaffen lasse: eine Zuversicht, zu der andere wie etwa Arnulf Baring[65], die den Polemiken der Rede weithin zustimmten, ihre Zweifel äußerten. Herzogs Vision für ein »Deutschland im Jahre 2020« ist eine »Informations- und Wissensgesellschaft«[66]; aber abgesehen von der Frage, ob sich Gesellschaft in der Essenz durch Information und Wissen konstituieren kann und ob diese eine visionäre Ausstrahlung besitzt, müsste eigentlich das eine evident sein, dass sich eine derartige Gesellschaft unmöglich durch einen großen Ruck herstellen lässt. Für andere war die »Informations- und Wissensgesellschaft« – akademische Modewörter jener Zeit – ohnehin bereits Gegenwart.

Herzog polemisiert gegen »das Leitbild des ewig irritierten, ewig verzweifelten Versorgungsbürgers«, mit dem man doch der heutigen Jugend nicht kommen dürfe[67]; aber wer vertrat damals ein derartiges Leitbild? Wenn er aufruft: »wir müssen rein in die Zukunftstechnologien«, nennt er an erster Stelle die »Biotechnik«, danach die »Informationstechnologie«[68]; aber ein großer Ruck war einem so sensiblen Bereich wie der Biotechnik nicht angemessen – um die in den achtziger Jahren von Protagonisten der Gentechnik prophezeite biotechnische Revolution war es stiller geworden –, und die Computer breiteten sich in jener Zeit der Internet-Revolution auch ohne Präsidenten-Ansporn in rasantem Tempo aus. Herzog schließt seine düsteren Szenarien mit einer rosaroten Vision, die etwas von gekünstelter Naivität hat, als ob diese Zukunft nach vollbrachtem Ruck sicher sei: »Das Ergebnis dieser Anstrengung wird eine Gesellschaft im Aufbruch sein, voller Zuversicht und Lebensfreude, eine Gesellschaft der Toleranz und des Engagements.«[69]

Herzog spielte streckenweise den einsamen Rufer inmitten einer durch Angst und Depression gelähmten Gesellschaft; in Wahrheit spiegelte seine Rede jedoch eine verbreitete Zeitstimmung. Bei einer Allensbach-Umfrage im Monat darauf über Herzogs Image fand folgende Aussage mit 54 Prozent die stärkste Zustimmung: »Spricht auch unbequeme Wahrheiten aus«.[70] Renate Köcher erkennt zu jener Zeit in der Bevölkerung eine wachsende Besorgnis, »Deutschland könne technologisch zurückfallen und damit wichtige Zukunftschancen verloren geben«.[71] Bei den Zukunftstechnologien ist jedoch nicht primär an die Gentechnik gedacht: 77 Prozent der Befragten äußerten Zweifel, ob sich die Gentechnik sicher beherrschen lasse, und nur ganze elf Prozent zeigten in dieser Hinsicht Zuversicht. Eine kritische Einstellung gegenüber der Gentechnik war also keineswegs Ausdruck einer generellen Abwehrhaltung gegenüber neuen Technologien.

Ein Sammelband mit »33 Antworten« auf Herzogs Berliner Rede enthält ganz überwiegend Beifallsbekundungen, obwohl man vom kämpferischen Tonfall der Rede her eigentlich erwarten müsste, dass jetzt eine Gegenoffensive losbreche. Besondere Begeisterung über die »Ruck-Rede« bekundete Hans-Olaf Henkel, damals Präsident des Bundesverbandes der Deutschen

Industrie, der mit einem derartigen Ruck am liebsten gleich auch den bundesdeutschen Föderalismus sowie das Verhältniswahlrecht abgeschafft hätte[72], wogegen sich die Gewerkschaften, die von der Sache her am stärksten herausgefordert waren, auffallend bedeckt hielten, wohl aus dem Gefühl heraus, dass ihnen hier der Wind der Zeit ins Gesicht blies.[73] Henkel glaubte zu erkennen, dass Herzogs Ruck-Aufruf selbst die Gewerkschaftsführung in Bewegung gebracht habe: »Wer hätte sich träumen lassen, dass der DGB-Chef plötzlich die Flexibilisierung der Flächentarife fordert?«[74] Angesichts zunehmender Arbeitslosigkeit wuchs in der Tat die Bereitschaft der Gewerkschaften, bei existenzgefährdeten Betrieben einer Lohnsenkung zuzustimmen. Gegenwärtig (2016) gibt es nicht weniger als 71 900 Tarifverträge[75]: So himmelweit hat sich die Realität von überkommenen Vorstellungen starrer Flächentarife und rigider Gewerkschaftler entfernt! 2012 wurde zwischen mehreren Gewerkschaften und der Airbus Operations GmbH sogar ein »Zukunftstarifvertrag« geschlossen, ganz im Sinne der Flexibilität und des gesteigerten Unternehmenserfolges.[76]

Der »Ruck« schlug ein, auch dort, wo man gar nicht den von Herzog gemeinten Ruck forderte. Ernst Ulrich von Weizsäcker, ein prominenter Vordenker der Umweltpolitik, zeigte sich »dankbar« für Herzogs Aufruf, um jedoch im Folgesatz zu kritisieren, dass Herzogs Ruck einer dem 20. und nicht dem 21. Jahrhundert entsprechenden »Problemdiagnose« entsprungen sei: Der wahrhaft zukunftsträchtige Ruck müsse der Bewältigung der Umweltprobleme gelten.[77] In ebendiesem Sinne ruft noch das *Zukunftsfähige Deutschland* von 2008 am Schluss zu einem »Ruck« auf, der eine »Neue Internationale für eine zukunftsfähige Welt« begründen solle.[78]

Eine ebenso schneidende wie brillante Kritik an Herzog, betitelt »Henkel, Herzog und der Ruck ins Leere« – Herzog als Nachredner von Henkel! –, kam dagegen von Jan Roß, früher Berliner Korrespondent der *Frankfurter Allgemeinen Zeitung* und damals der *Zeit*. Zunächst nahm er den BDI-Chef aufs Korn: »Das Grundgesetz als Standortnachteil – das war originell.«[79] Und dann ergeht er sich in Sarkasmen darüber, dass ausgerechnet der Bundespräsident mit derartiger Vehemenz in die damals gängige Anti-Regulierungs-Polemik einstimmt, ohne ein Konzept für neue und bessere Regeln erkennen zu lassen; daher »Ruck ins Leere«. »Fragt man sich aber, auf welche Form von Staatlichkeit all das zielt, so lautet die Antwort: auf offenbar gar keine.«[80] Als letzte Konsequenz einer derart pauschalen Verachtung der Regulierung erkennt er somit die Ablehnung des Verfassungsstaates; daher der Obertitel seines Buches: *Die neuen Staatsfeinde*. Der Bundespräsident als oberster Staatsfeind! Sein beißender Sarkasmus zielt mit besonderer Schärfe auf Herzogs Zukunftsrhetorik mitsamt der rosigen Utopie, die der Präsident am Ende als Resultat des vollbrachten Rucks verheißt:

>Die Fixierung auf die Zukunft, auf das Neue, die man den Linken in den siebziger Jahren als Utopismus vorgehalten hat – heute kehrt sie wieder als Ideologie der Standortmodernisierung, der totalen Anpassung an die Weltmarktdynamik. ... Es geht ihm freilich alles Begeisternde und Idealistische ab ... Roman Herzogs Mahnungen zu Optimismus und Phantasie sind selbst von phantasieloser Bärbeißigkeit. Soll man sich in diesem Ton und mit diesem beschränkten Vokabular Lust auf die Zukunft machen lassen? Flexibilität, Mobilität, Innovation – lauter Platitüden, die von Bewegung reden, aber nichts darüber sagen, wo sie hinführen soll. ... So liegt etwas Freudloses über der ganzen Ruck-, Tempo- und Modernisierungsprogrammatik.«[81]

Auch Christian Meier sah sich durch die präsidiale Zukunftsrhetorik herausgefordert und nahm wiederholt zu der Ruck-Rede Stellung. Er zeigte sich merkwürdig gespalten. Anfangs scheint er mit dem Präsidenten eines Sinnes zu sein und die damaligen deutschen Zustände ähnlich desolat zu sehen: »Es ist dem Bundespräsidenten für seine Rede sehr zu danken. Denn man muss endlich anfangen, über den trostlosen Zustand dieses Landes zu sprechen; Bestehendes (vom Überkommenen zu schweigen) bricht in unerhörtem Ausmaß weg, sehr viel Neues bahnt sich unvermutet den Weg, und wir sitzen wie das Kaninchen vor der Schlange und wagen es nicht, die neuen, die zukünftigen Möglichkeitsräume auch nur ein wenig auszuleuchten.«[82] Und doch bekundet er diesem Karnickeltum auf einmal seinen Respekt, und dieses wird gar zu einem Ausdruck von Geschichtsbewusstsein:»Könnte es sein, dass wir nach den historischen Erfahrungen dieses Jahrhunderts, den – nachträglich noch immer sich verschärfenden – Erfahrungen mit uns selbst, mit dem, wozu wir fähig, wozu wir zu veranlassen waren – dass wir also aus guten Gründen besonders unsicher, besonders empfindlich geworden sind?«[83] Und diese Unsicherheit wirkt im Falle der gegenwärtigen Deutschen nicht lähmend: Die deutsche Gesellschaft sei »ja keineswegs einfach in Passivität versunken«. In der Tat kann man, wenn man will, die neunziger Jahre als höchst lebendige Zeit schildern; die pauschalen Zeitstimmungsgemälde haben etwas durchaus Subjektives. Die strahlende Zukunftsvision, mit der der Präsident schließt, ist für den Althistoriker nicht wirklich Ausdruck eines neuen Geistes, sondern steht für ihn in einer unersprießlichen Tradition: Er hält es für »wenig dienlich, einfach die alte Form freundlicher Zukunftsverheißung fortzuschreiben«.[84] Eben weil er das von Herzog entworfene neudeutsche Krisenszenario zumindest teilweise durchaus bedenkenswert findet, hält er die Idee für eine Illusion, man könne aus solcher Gegenwart mit großem Ruck in eine schöne neue Welt springen.

Herzogs Berliner Rede war, wenn man nach dem Adressaten fragt, eigentlich zuoberst als Anfeuerung an die damalige Bundesregierung zu verstehen, sich bei einer durchgreifenden Zukunftspolitik weder durch Technikkritiker noch durch sozialpolitische Besitzstandswahrer bremsen zu lassen. Kohl jedoch schwieg dazu; als Kritik an seiner Amtsführung hat er sie merkwürdigerweise nicht verstanden, denn in den späteren, peinlich indiskreten *Kohl-Protokollen*, in denen der Alt-Bundeskanzler selbst an prominenten CDU-Parteigenossen kein gutes Haar lässt, redet er über kaum einen anderen Politiker so herzlich wie über Herzog: »Die Amtszeit meines Freundes Roman Herzog war ein Glücksfall für die Bundesrepublik und das wiedervereinte Deutschland.«[85] Will man spekulieren, liegt die Vermutung nahe, dass Kohl aus der Ruck-Rede vor allem dies heraushörte, dass der »Reformstau« – ein Standardvorwurf gegen die Regierung Kohl – nicht durch die Person des Kanzlers, sondern durch einen übermächtigen Zeitgeist und zahllose Quertreiber verschuldet sei.

ALS DAS ZUKUNFTSJAHR 2000[86] ZUR GEGENWART WURDE: DIE »AGENDA 2010« – ZUKUNFT KONTRA SOZIALSTAAT. Als Kritik an Kohl empfand sie dagegen gewiss Gerhard Schröder, der der Herzog-Rede rundherum und ohne Vorbehalt Beifall spendete und dabei in einen ähnlich forschen Stil verfiel. »Der Bundespräsident hat recht. Er warnt vor der Regelungswut der Bürokratie und vor einer Selbstblockade der politischen Institutionen hierzulande. Wir haben zweifellos Innovationskompetenz, aber unser Problem ist der Umsetzungsstau.«[87] Als Bundeskanzler hat er, der Sozialdemokrat aus Achtundsechziger-Tradition, nicht wenige Zeitgenossen damit überrascht, dass er mit der »Agenda 2010« den in der Ruck-Rede geforderten Rückbau des bundesdeutschen Sozialstaats in einer rigorosen Weise betrieb, wie es sein christdemokratischer Vorgänger nicht gewagt hatte: So sehr sah er sich mit seiner Zukunfts-Agenda, mit der er viele Parteifreunde vor den Kopf stieß, von einem Trend der Zeit getragen. Die Resonanzen auf die Ruck-Rede machen dieses Selbstbewusstsein verständlich.

Eine spezielle Delikatesse der Ruck-Resonanz liegt darin, dass zu denen, die zu Herzogs Berliner Rede ausführlich Stellung nahmen, auch Peter Hartz gehörte, der in der Folge nicht nur durch »Hartz IV« – für viele der Schandfleck der »Agenda 2010« –, sondern obendrein durch Strafverfahren wegen Untreue in 44 Fällen ins Zwielicht geriet. Seine Antwort auf Herzog trägt den Titel »Visionen und Vorschläge«; sie beginnt mit der Fanfare: »Mit dem 26. April könnte die Berliner Epoche des vereinigten Deutschlands begonnen haben.«[88] Umso mehr überrascht, wie entschieden er Herzogs düsteres Bild von der damaligen deutschen Gegenwart zurückweist: »Was ist los mit unserem Land? Haben wir an Schwung verloren und uns in Depression verfangen? Nein, Deutschland lebt auf internationalem Hochplateau und wächst und wächst. … Deutschland im Rückwärtsgang – das ist eben nicht los in unserem Land!«[89] Gerade weil Hartz eigentlich Grund hatte, den Aufruf Herzogs voll und ganz zu unterstützen, ist dieser Widerspruch bemerkenswert; er wirft ein Licht darauf, wie willkürlich und von Interessen und Vorurteilen geleitet jener publizistische Unkenchor war, der Deutschland zum »kranken Mann Europas« machte – so noch *Die Welt* in einer Schlagzeile Anfang 2003[90], als die »Agenda 2010« in der Mache war. Das war eine Variante auf die Formel »kranker Mann am Bosporus« für das Osmanische Reich um 1900.

Hartz schließt mit neun Vorschlägen zur »Umorientierung in der Beschäftigungspolitik«, die auf die »Agenda 2010« vorausweisen, die konkreten Ziele jedoch mit seltsam wolkiger Metaphorik verschleiern: »Wir brauchen ein Atmen über Beschäftigungsverhältnisse und nicht über den Arbeitsmarkt. Also atmende Arbeitszeiten in einem Zeitkorridor …«[91] Der Anfangssatz von Punkt 1 lautete: »Wir brauchen ein neues Verständnis von Zumutbarkeit.« Im Klartext: Wissensgesellschaft hin, Wissensgesellschaft her – arbeitslose Akademiker dürfen auf dem Arbeitsamt keinen geistlosen Job als unzumutbar zurückweisen! In einer extensiveren Auslegung der Zumutbarkeit eines Arbeitsangebots bestand dann ein Kernstück der »Agenda 2010«.

Kohl liebte als Kanzler die Ausblicke auf das Jahr 2000[92], wohl in der irrigen Erwartung, dass er dann noch im Amt sein werde. Unter der rot-grünen Regierung wurde die Jahrtausendwende zur Gegenwart; daher ohne magisches Zukunftsjahr die »Agenda 2010«, die 2002 in einer Kommission ausgearbeitet wurde und 2004 durch den Bundestag ging. Im Jahr 2010 stand Deutschland in der Tat weit besser da als um die Jahrtausendwende; »Vom kranken Mann Europa (sic!) zum ökonomischen Superstar« lautete ein fundierter Artikel eines Autorenteams im *Journal of Economic Perspectives*.[93]

War das ein Verdienst der »Agenda 2010«, wenn auch mit solcher Verzögerung, dass die rot-grüne Regierung davon nicht mehr profitierte? Die Diskussion dieser bis heute heiß umstrittenen Frage sprengt den Rahmen dieses Buches. Aber schon in seiner Antwort auf Herzogs Rede bestritt Ernst Ulrich von Weizsäcker die Prämisse, zu hohe Löhne würfen die deutsche

Wirtschaft zurück: »Etwas einseitig bietet (Herzog) die Kostensenkung der Arbeit als Heilmittel an. Dabei stagnieren die Arbeitseinkommen seit Jahren. Vielerorts sinken sie. Die Einkommen der Reichen dagegen schnellen nach oben.«[94] Die »Scherenentwicklung« zwischen Arm und Reich wurde zum stehenden Begriff; sie signalisierte einen scharfen Kontrast zu dem Szenario des Unkenchors, das die Deutschen als ein vom Sozialstaat und überhöhten Löhnen verwöhntes Volk schilderte, und durchkreuzte die seit den fünfziger Jahren gängige Vorstellung, die Bundesrepublik befinde sich – löblich, wenn auch etwas langweilig – auf dem Wege zur »nivellierten Mittelstandsgesellschaft«.

Ironie der Geschichte: Hatte die These, es sei ein Gesetz des Kapitalismus, dass die Reichen immer reicher würden, lange als verstaubter Marxismus gegolten, wurde sie gerade nach dem Ende der marxistischen Systeme erneut plausibel; in den Worten des französischen Ökonomen Thomas Piketty, der das aktuelle Pendant zum Marxschen *Kapital* publizierte: »Die Vergangenheit frisst die Gegenwart auf«[95] – die in der Vergangenheit akkumulierten Vermögen absorbieren auch den Großteil neuer Ressourcen. Zukunftsszenarien, die auf einer derartigen Gesetzmäßigkeit des von bisherigen Hemmungen befreiten Kapitalismus fußten, wirkten nicht mehr heillos antiquiert. Die wachsende soziale Ungleichheit in Deutschland war das Thema des letzten Buches von Hans-Ulrich Wehler[96], der bis dahin die bundesdeutsche Geschichte überwiegend als Erfolgsgeschichte geschildert hatte. Hatte die Prognos AG noch um 1970 allen Ernstes versichert, soziale Ungleichheiten seien in der Regel Übergangsphänomene, die im Zuge des Wachstums verschwinden würden[97], rechnete das Deutsche Institut für Wirtschaftsforschung 2014 vor, dass die Vermögen in Deutschland »so ungleich verteilt seien wie in keinem anderen Land Europas«[98]: eine Bilanz, die das Deutschlandbild des Unkenchors über den Haufen warf und die Bundesrepublik in ganz anderem Sinn zum »kranken Mann Europas« machte!

Selbst Edgar Wolfrum, der in seinem großen Werk über die rot-grüne Bundesregierung diese wiederholt gegen Kritik in Schutz nimmt, kommt zu dem Schluss, dass »bei der Agenda 2010 zur Zeit ihrer Verabschiedung so gut wie alles schieflief und am Ende der Machtverlust für Rot-Grün stand«.[99] Vor allem »Hartz IV«, woran die meisten bei der Agenda zuallererst dachten, schlug der Arbeitsmoral geradezu ins Gesicht; in den Worten des Politologen Manfred G. Schmidt: »Wer viele Jahre lang in die Arbeitslosenversicherung eingezahlt hatte, würde bei längerer Arbeitslosigkeit gleich oder schlechter behandelt als ein Antragsteller, der nicht berufstätig war und keine Ersparnisse beiseitegelegt hatte.«[100] Wie sich schon damals erkennen ließ, war das alles andere als Zukunftspolitik; und der Wiederaufschwung der deutschen Wirtschaft hatte mit »Hartz IV« gewiss nichts zu tun, wie überhaupt die Erfahrung zeigt, dass sich die Wirtschaftskonjunktur unter den Bedingungen der freien Wirtschaft nur sehr begrenzt durch staatliche Maßnahmen beeinflussen lässt.

Gegenüber einem »Innovationsstau« in der Wirtschaft, sofern dieser überhaupt bestand, waren Politiker ohnehin mehr oder weniger machtlos; und ob man das bedauern muss, ist sehr die Frage. In der damaligen Publizistik wurde mit Vorliebe so getan, als seien Innovationen, welcher Art auch immer, das Erfolgsrezept schlechthin; dabei lässt sich bei kritischem Blick auf die Technikgeschichte nachweisen, dass technische Innovationen nicht selten, wenn nicht gar in der Regel ökonomische Flops sind.[101] Werner Abelshauser hat an der jüngsten Geschichte der BASF beispielhaft dargestellt, wie der Chemiekonzern eine Enttäuschung nach der anderen erlebte, als er sich in diversen neuen, vermeintlich zukunftsträchtigen Branchen engagierte, dagegen mit der Devise »*Back to the roots*« wieder gute Gewinne einfuhr[102], wogegen der Versuch des benachbarten Chemiegiganten Hoechst, unter seinem innovationsversessenen Chef Jürgen Dormann zum weltgrößten Konzern für *Life Science* zu werden, dem Unternehmen 16 Milliarden D-Mark Schulden bescherte.[103] Eine staatliche Förderung vermeintlicher Zukunftstechnologien, die von Moden bestimmt ist und nicht der Erfahrung vor Ort entspringt, kann sich auf die Wirtschaft geradezu schädlich auswirken; die Förderung der Kerntechnik bietet das beste Beispiel dafür.

»In den Jahren nach der Wiederwahl von Rot-Grün 2002 bis zum Machtverlust 2005« – so Edgar Wolfrum – hatte die »Katastrophenliteratur« noch einmal Hochkonjunktur. »Mit der Nachricht, dass das Land nicht mehr zu retten sei, ließen sich Bestsellerlisten stürmen.«[104] Das damals wohl prominenteste Beispiel dieses Genres ist das 2003 erschienene Buch von Hans-Werner Sinn: *Ist Deutschland noch zu retten?*: eine passende Begleitmusik zu der damals beratenen »Agenda 2010« und laut Verlagswerbung von Heinrich von Pierer, dem Aufsichtsratsvorsitzenden der Siemens AG, zur »Pflichtlektüre« erklärt. Der Autor, Präsident des Ifo-Instituts für Wirtschaftsforschung, ist einer der bekanntesten Ökonomen Deutschlands, wenn nicht gar der mit der meisten Publicity.

Das Buch beginnt mit Kapiteln »Schlusslicht Deutschland«; »Vom Wirtschaftswunderland zum kranken Mann Europas«; als Kontrast dazu präsentiert er den angeblichen »Aufstieg Englands«, dem der »Thatcherismus«

einen »Riesenerfolg« beschert habe, auch wenn die »Eiserne Lady« Margaret Thatcher ihn nicht mehr im Amt erlebte.[105] In aller Ausführlichkeit stellt er dar, »wie wir unsere Wettbewerbsfähigkeit verloren«; selbst der Wettkampf mit China sei womöglich schon zu Deutschlands Ungunsten entschieden, bevor er begonnen habe. Den Hauptgrund der deutschen Misere erblickt Sinn – ganz auf der Linie von Henkel und Herzog – in den zu hohen Löhnen; Rettung sei nur von einer durchschnittlichen Lohnsenkung von zehn bis 15 Prozent zu erwarten, bei Geringqualifizierten, die die asiatische Konkurrenz am empfindlichsten zu spüren bekämen, sogar um ein Drittel. Eben zu der Zeit, als die »Agenda 2010« den gesunkenen Einfluss der Gewerkschaften in einer Krassheit dokumentierte wie kein politischer Akt davor und einen auf die Gewerkschaften zielenden Zweckpessimismus gar nicht mehr nötig machte, gab Sinn einem Oberkapitel die Überschrift »Arbeitsmarkt im Würgegriff der Gewerkschaften«![106]

»Doch kaum hatte Sinn sein Buch auf den Markt gebracht, setzte die deutsche Exportindustrie zu einem eindrucksvollen Spurt an« mit Steigerungen von durchschnittlich fast zehn Prozent pro Jahr, spottete aus der Sicht von 2015 der Ökonom Peter Bofinger, seit 2004 Mitglied im Rat der Wirtschaftsweisen.[107] Hans-Werner Sinn allerdings schob mit seinem Buch *Die Basar-Ökonomie* (2005) rasch die Erklärung nach: Dieser Anstieg der Exporte sei nur ein Scheinerfolg, schlimmer noch: Es handele sich um einen »pathologischen Exportboom«.[108] Die Streitschrift trägt einen Untertitel nach dem Himmel-Hölle-Muster: *Deutschland: Exportweltmeister oder Schlusslicht?* Der Kern seiner Argumentation ging dahin, dass Deutschlands überhöhte Löhne das Kapital in die kapitalintensiven Exportsektoren dränge, die von der internationalen Niedriglohnkonkurrenz am wenigsten betroffen seien. »Die im Inland fehlenden Güter des arbeitsintensiven Sektors werden stattdessen verstärkt importiert.« Produkte, die als »*Made in Germany*« verkauft würden, bestünden in Wahrheit zum wesentlichen Teil aus Komponenten ausländischer Herkunft; und dort vollziehe sich ein wachsender Teil der Wertschöpfung. Deutschland dagegen verkomme mehr und mehr zum bloßen »Basar«, wo anderswo produzierte Güter nur noch zum Verkauf auslägen.[109] In einer von Sinn für 2003 aus OECD- und Ifo-Unterlagen errechneten Aufstellung der Investitionsquoten im weltweiten Vergleich rangieren Korea und Griechenland mit 18,9 und 18,6 Prozent an der Spitze; Deutschland dagegen ist mit drei Prozent das Schlusslicht.[110] Von daher müsste man erwarten, dass Griechenland der Bundesrepublik an wirtschaftlicher Dynamik turmhoch überlegen sei!

Wieder gilt sein Hauptstoß der Macht der Gewerkschaften und den in Oskar Lafontaine verkörperten Altlinken: »Am schlimmsten wäre es, wenn man der lafontaineschen Logik folgen würde, nach der man die Löhne so lange erhöhen darf, wie der Export stark bleibt.«[111] Sinns *Basar-Ökonomie* bedeutete sowohl für die deutsche Unternehmerschaft wie auch für die Gewerkschaften und die politische Linke eine Beleidigung und führte – wie in Wikipedia zu lesen – zu einer Welle von Gegenattacken, die die Brüchigkeit von Sinns empirischer Basis nachwiesen; aber Sinns These traf deutsche Sorgen. Dass viele deutsche Firmen ihre Produktion teilweise in Billiglohnländer verlagern, Ruhrfabriken von chinesischen Unternehmen ausgeschlachtet werden und nicht wenige auf den ersten Blick deutsche Produkte ganz oder großenteils asiatischer Herkunft sind, ist seit langem Gegenstand beunruhigter Alltagsgespräche. Solche im Prinzip nicht unbegründete Sorgen wurden durch Sinns Streitschrift bestärkt und verallgemeinert.

Als Pauschalbehauptung war die These, dass Deutschland lediglich als »Basar« für anderswo hergestellte Produkte diene, ohne Zweifel höchst anfechtbar; wie viel Wahrheitsgehalt sie gleichwohl enthielt, ist bis heute schwer zu überblicken. Wenn hohe Löhne das Kapital in kapitalintensive Sektoren lenken, folgt daraus nicht mit logischer Notwendigkeit, dass Deutschland zum bloßen »Basar« verkommt. Eine Weltfirma wie das im Kern französisch-deutsche Unternehmen Airbus hat gegenwärtig – für den Außenstehenden schwer vorstellbar! – an die tausend Zulieferfirmen in einer Vielzahl von Ländern[112]; fragt sich nur, was dieses Faktum zu bedeuten hat. Auf den ersten Blick könnte man darin den schlagenden Beweis für die Sinn-These erkennen; aber gerade die kolossale Zahl der Zulieferfirmen deutet darauf hin, dass die Herstellung des Endproduktes weit mehr ist als ein simples Zusammenschrauben und sich ein erheblicher Teil der Wertschöpfung am Ende der Produktionskette vollzieht. Ein Unternehmen wie Airbus ist gewiss kein bloßer »Basar« und Deutschland als Standort von Qualitätsarbeit und hochqualifizierten Arbeitskräften nicht lediglich eine nostalgische Erinnerung. Aus Gesprächen mit Betriebsräten des deutschen Airbus-Konzerns kommt Thomas Gorsboth zu dem Schluss: »Das deutsche Produktionsmodell wurde tausendmal tot geschrieben, und doch funktioniert es heute bestens bei einem High-Tech-Unternehmen«; da werde »Mitbestimmung hoch drei« praktiziert, und die Betriebsräte wirkten kräftig bei Innovationen mit.[113]

Sinns These von der »Basar-Ökonomie« präsentierte Fakten und Prognosen in bunter Mischung. Kritiken entzog er sich mit der Behauptung, er habe »immer betont«, »dass Deutschland zwar noch keine Basar-Ökonomie ist, sich aber dorthin entwickelt«[114]: Demnach handelte es sich bei seinem Opus in Wahrheit um eine *Prognose*. Nachdem er »die« Deutschen immer wieder pauschal und apodiktisch als unbelehrbare Idioten hingestellt hat[115], schmeichelt er ihnen am Schluss, sie seien »reifer und klüger« geworden, und daher gebe es guten Grund zur Hoffnung[116]; aber diese Pointe wirkt nicht gerade überzeugend.

Diese und andere Unheilsverkündungen des prominenten Ökonomen führten Anfang 2015 zu einer in der Wirtschaftspublizistik einzigartigen Gegenattacke: zu einer Sammlung von Sinn-Kritiken in einer *Handelsblatt*-Wochenendausgabe unter dem Titel »Der falsche Prophet«. In einer Zeit der Hochkonjunktur wirken die einstigen Unkenrufe lächerlich. Und doch wäre es wohl leichtsinnig, aus dem Optimismus der Hochkonjunktur heraus all die publizistischen Warnungen auf eine Art zu kontern, die ihrerseits Fakten mit Prognosen mischt, um das genaue Gegenteil zu behaupten. Die alte Himmel-Hölle-Pseudoalternative ist für Entwürfe deutscher Zukunftsszenarien, die einen Orientierungswert versprechen, schwerlich von Nutzen. Dass Deutschland nach den Erfahrungen der Vergangenheit nicht zu Paradies-Utopien inspiriert – mögen manche Flüchtlinge unser Land auch als Paradies erleben –, muss man nicht bedauern: Nüchterne und zweifelnde Zukunftsszenarien leisten vermutlich die besten Dienste.

Ob Deutschland ein Gewinner der Globalisierung bleibt, steht gewiss nicht ein für alle Mal fest; schon in der Zeit des »Wirtschaftswunders« war das »deutsche Produktionsmodell« nie das alleinige Erfolgsrezept und war die deutsche Industrie nicht durchweg »postfordistisch«; die langfristige Zukunft deutscher Unternehmenstraditionen ist ungewiss.[117] Die Geschichte ist nicht zu Ende, und manche Warnungen mögen zu späterer Zeit weitsichtig wirken; nicht zuletzt aus diesem Grund lohnt sich eine Geschichte der Zukunftserwartungen. Und auch deshalb tut es gut, sie bis in die Gegenwart durchzuziehen; denn da erledigt sich jegliche retrospektive Besserwisserei, und der Historiker ist wie die Menschen der Vergangenheit mit der offenen Zukunft konfrontiert.

In diesem Zusammenhang lohnt sich ein Blick auf die Große Wende in der Zinspolitik der Deutschen Bundesbank. Noch bis in die Zeit nach der Wiedervereinigung hatte diese im Zeichen der alten deutschen Inflationsangst gestanden; die Bundesbank reagierte auf die rasante Vermehrung des Geldumlaufs durch den 1:1-Umtausch mit einer Hochzinspolitik.[118] Heute dagegen sind – historisch einzigartig – die Zinsen gegen null gedrückt, ja sogar künftige Strafzinsen in Aussicht gestellt worden, ohne dass es einer allgemeinen Aufschrei der Empörung gegeben hätte[119]: Die Ankurbelung der Konjunktur und die Verbilligung der staatlichen Schuldenaufnahme gehen über alles. Das bedeutet die Forcierung eines nicht eben solide fundierten Wirtschaftswachstums und überdies Politik auf Kosten der Zukunft. Heuss hatte 1957 seine Altersliebe Toni Stolper belehrt: »Der Zinsfuß der ›Festverzinslichen‹ ist der Maßstab für Reichtum oder Armut einer Gesellschaft.«[120] Es ist fraglich, ob das die hoffnungslos antiquierte Weisheit eines alten Mannes war. Sein andersdenkender Schwiegervater, der Ökonom Georg Friedrich Knapp, der Verfasser der *Staatlichen Theorie des Geldes*, hatte den Anhängern der Goldwährung als ein geistiger Urheber der Inflation gegolten.[121]

SYNERGIEEFFEKTE DER GLOBALISIERUNG UND DIGITALISIERUNG, UND: DIE HEILLOSIGKEIT DER HIMMEL-HÖLLE-ALTERNATIVE. Die Gegenwart und schon gar die Zukunft sind heute unübersichtlicher denn je, am meisten durch die neue Phase und Vieldeutigkeit der Globalisierung, die wir vor allem seit den neunziger Jahren erleben. Mögen Wirtschaftshistoriker auch daran erinnern, dass das Phänomen als solches so neu nicht ist und ein Welthandel bis ins späte Mittelalter zurückreicht, so hat doch die Weltwirtschaft durch die wachsenden Verkehrsverbindungen, den Zerfall des Ostblocks und erst recht durch das Internet eine neue Qualität bekommen. Der Begriff »global« besitzt mitsamt seinen Komposita seine eigene Dialektik, besonders dort, wo er den Blick auf die Gegenwart durch die Brille von Zukunftserwartungen signalisiert. Für diejenigen, die sich für die Dritte Welt und für Umwelt- und Klimaschutz engagieren, ist »global« nahezu gleichbedeutend mit »gut« geworden: »Globale« Verantwortung, »globales« Denken und Handeln sind gefordert. Die »Globalisierung« dagegen fungierte vor allem seit den 1990er Jahren den Protagonisten der Deregulierung und unternehmerischen Freiheit als ein Schlagwort der Einschüchterung, gegen Sozialpolitiker, Technikkritiker und Umweltschützer gerichtet.[122] Wo jedoch Deutschland als »Exportweltmeister« gefeiert wurde, bekam »Globalisierung« einen triumphierenden Klang. Und wie wir heute alle Tage erleben, spielen auch die Möglichkeiten des Internets bei globalen Perspektiven eine Rolle sehr eigener Art, ob in der Wirtschaft oder im Alltag des Durchschnittsbürgers.

Eine Allensbach-Umfragenbilanz von 1997 bemerkt unter der Überschrift »Computer machen nicht einsam«: »Heute, in Zeiten der Internet-Begeisterung, ist fast schon wieder vergessen, dass Anfang der achtziger Jahre nicht zuletzt der Computer Gegenstand einer Welle von Angst und Ablehnung war.«[123] Und in der jetzigen Gegenwart, zwei Jahrzehnte darauf, ist es schon gar für die Jüngeren noch schwieriger geworden, sich in die Vor-PC- und Vor-Internet-Lebensweise zurückzuversetzen. Erst auf diese Weise wird man sich dessen bewusst, was heute selbstverständlich wirkt: in welchem Maße der PC in Verbindung mit dem inzwischen auch mobilen Internet wachsenden Bevölkerungsteilen eine lustvolle, wenn nicht gar süchtige Beschäftigung mit digitalen Angeboten ermöglichte. Er bot jetzt eine neue Qualität geistiger Globalisierung; für immer mehr Menschen, die sonst in ganz kleinen Welten lebten, öffnete sich die weite Welt als Kommunikationsraum. Die Verbindung des Computers mit Einsamkeit erscheint heute vielen absurd; das Internet vermittelt ganz im Gegenteil das Gefühl, nie einsam zu sein!

Für Theoretiker der »Weltgesellschaft«[124] war dies der schlagende Beweis, dass diese Gesellschaft nunmehr Realität geworden sei oder doch eine Zukunft, die schon begonnen habe. Umso mehr ist es eine große Ironie der jüngsten Geschichte, dass ausgerechnet das Internet bei allem Schweifen in die Weite die Chance bot, sich in einem Netzwerk mit Gleichgesinnten abzuschotten. Dies wurde durch eine weitere Innovation gewaltig vorangetrieben: durch das 2004 von Harvard-Studenten ins Leben gerufene soziale Netzwerk Facebook. Heute ist es schwer geworden, über dieses allgegenwärtige Netzwerk aus der Distanz zu reflektieren. Sein Zauberwort war die »Freundschaft«; es förderte das Gefühl, selbst in weiter Ferne von lauter Freunden, lauter sympathischen Menschen umgeben zu sein: für politisch Engagierte eine potentielle Chance, neuartige Aktionsgemeinschaften zu begründen, die bestehende Strukturen unterliefen.

2011 publizierte der Klima-Aktivist Daniel Boese ein Buch mit dem Untertitel *Wie die Generation Facebook den Planeten rettet.* Eine phantastische Zukunft als Gegenwart! Von Anfang bis Ende besitzt das Buch einen jugendbewegten euphorisch-utopischen Schwung, wie man ihn in der politischen Literatur der jüngsten Zeit nur selten findet. Realistisch ist Boese jedoch darin, dass er – wie Harald Welzer hervorhebt – sich dessen bewusst ist, dass die globale Kommunikation als solche noch nichts bewegt, vielmehr der konkrete wirksame Protest »immer seinen Ort und immer eine nationale Politik, einen einzelnen Konzern, eine lokale Zerstörung zum Gegenstand hat«.[125] Solche durch Facebook vernetzten Aktionsansätze vor Ort lässt Boese auf der ganzen Welt wie ein rasender Reporter Revue passieren. Es war die Zeit, in der digitale Enthusiasten von den neuen Internet-Foren ein Sprießen des »Arabischen Frühlings«, ausgehend von Ägypten und Tunesien, einen Siegeszug nahöstlicher Demokratisierungsansätze erwarteten.[126]

Und doch enthielten derartige Erwartungen schon zu jener Zeit viel an Verdrängung; denn seit Jahren war bekannt, dass Facebook viel Privates und Intimes enthüllte und nicht nur von »Freunden«, sondern auch von Geschäftsleuten und anderen Außenstehenden benutzt wurde, mitunter zum Schaden der »Freunde«, wogegen ebendiese Durchlässigkeit des »sozialen Netzes« seinen Gründern ein Milliardengeschäft bescherte. Und natürlich standen die Internet-Foren nicht nur liberalen Demokraten, sondern auch militanten Fanatikern offen; wenige Jahre darauf wurde die eifrige Nutzung des Internets durch gewalttätige Islamisten zum öffentlichen Thema.[127] Im gleichen Jahr 2011 wurden die Weltretter per Internet durch Tim Bendzko in einem Song verulkt mit dem atemlosen Refrain: »Muss nur noch kurz die Welt retten, danach flieg ich zu dir. / Noch 148 Mails checken, wer weiß, was mir dann noch passiert, denn es passiert so viel. / Muss nur noch kurz die Welt retten, und gleich danach bin ich wieder bei dir.«[128]

Ebenfalls im gleichen Jahr wie Boeses begeisterte Facebook-Utopie erschien das weit umfangreichere und mit einer Fülle von Fakten gefütterte Opus des erfahrenen Medienmannes Sascha Adamek: *Die facebook-Falle. Wie das soziale Netzwerk unser Leben verkauft.* Wieder ein klassischer Hell-Dunkel-Kontrast der Perspektiven! Zu einer Zeit, wo viele sich immerfort mit Facebook beschäftigen, erlangt bei Adamek die Welt ohne Facebook einen Hauch von Paradies-Utopie: »Alles deutet darauf hin, dass, wer Facebook abschaltet, die Chance hat, intensiver zu leben, zu lieben und realen Freundschaften einen größeren Stellenwert einzuräumen.«[129] Mittlerweile ist das »soziale Netzwerk« nicht wenigen Nutzern, die zunächst dem Kommunikationsrausch verfallen waren, nicht mehr geheuer. Derweil gibt es jedoch andere abgesicherte Netzwerke, die angeblich den Datenschutz ernster nehmen. Hier ist alles ständig im Fließen; Prognosen müssen laufend auf Revisionsbedürftigkeit geprüft werden; den Prophezeiungen über die digitale Zukunft ist der alte Himmel-Hölle-Kontrast schwerlich angemessen! Zwei Jahrtausende Christentum zeugen zwar davon, dass die Prophezeiung eines Entweder-Oder von Paradies und Verdammnis sehr viel bewirken kann; nur haben diese Wirkungen wenig mit einem Paradies zu tun.

Eines kann man in einer Zeit des vorherrschenden Optimismus mit Sicherheit vorhersagen: Die nächste Welle von Pessimismus kommt bestimmt; schon während der Niederschrift dieses Manuskriptes meldet sie sich an.[130] Und mag vieles in dem zitierten Unkenchor auch dubios sein: Grund zur Sorge im Blick auf die Zukunft der deutschen Wirtschaft gibt es gewiss. Wenn auch hinter dem Ruf nach Deregulierung in der Regel Interessen standen, war doch die Sorge vor zunehmender bürokratischer Über-regulierung nicht gänzlich unbegründet: Da muss man nur an die Warnun-gen Max Webers erinnern.[131] Und wenn Weber mit seiner These recht hat, dass das Berufsethos für den Aufstieg des Kapitalismus entscheidend war, tun sich trübe Aussichten auf. Aber ein derartiger Prozess ist in der Gegen-wart nicht leicht empirisch zu fassen.[132]

11

Vom »Ende der Arbeitsgesellschaft« zu »Arbeit 4.0«: Ein Zickzack in den Zukünften der Industriearbeit[1]

VOM UNTERGANG DER SCHRIFTSETZER ZUR WIEDERENTDECKUNG DES UNVER-ZICHTBAREN FACHARBEITERS: EINE NEUE DIALEKTIK VON FURCHT UND HOFF-NUNG. Um 1977/78 erregte unter all denen, die über die Zukunft der Arbeit grübelten, der heftige und anhaltende Widerstand der Schriftsetzer gegen die Wegrationalisierung ihres Berufes per Digitalisierung und Fotosatz große Aufmerksamkeit. Die Schriftsetzer gehörten traditionell zu den selbstbewusstesten Arbeitnehmergruppen: Sie waren gleichsam die Intellektuellen unter den Arbeitern, da sie die oft handgeschriebenen Texte, die sie setzten, auch verstehen mussten, um Fehler zu vermeiden. Um 1900 hatten sie zu den wenigen Arbeitergruppen gehört, die sich gegen das erhöhte Arbeitstempo gewehrt hatten; in den späten 1970er Jahren waren sie nahezu die Einzigen, die sich der »elektronischen Revolution« offen widersetzten. Am Ende handelten sie zwar für ihre eigene Person Bestandsschutz aus, konnten jedoch die Abschaffung des Schriftsetzers als eines qualifizierten Berufsstandes nicht verhindern.[2] All das fiel in eine Zeit zunehmender Arbeitslosigkeit und löste eine Welle pessimistischer Prognosen über die »Zukunft der Arbeit« im Zuge des neuen Automatisierungsschubes aus.[3] Aber konnte man das Schicksal der Schriftsetzer verallgemeinern, führte die Elektronik tatsächlich mit techno-logischer Zwangsläufigkeit zu Dequalifikation und wachsender Arbeitslosigkeit? In den 1980er Jahren mehrten sich die Gegenstimmen und setzte eine neue Dialektik zwischen Furcht und Hoffnung ein.

Peter Brödner, damals Experte für Automatisierung in dem früheren Kernforschungs-, nunmehr Forschungszentrum Karlsruhe, publizierte 1985 ein Buch *Fabrik 2000:* Wieder einmal die Jahrtausendwende als Fixpunkt des Zukunftsdenkens. Der Obertitel klingt nach Prophezeiung einer bestimmten Zukunft; der Untertitel dagegen lautet: *Alternative Entwicklungspfade in die Zukunft der Fabrik;* und gleich die ersten Überschriften schlagen einen revisionistischen Grundton gegenüber prognostischen Prophetengesten an: »Die ›Fabrik der Zukunft‹ – ein Anachronismus?« »Der Jahrmarkt der Prophezeiungen« und dann, wie im Jahr davor auch die ihm geistesverwandten Industriesoziologen Horst Kern und Michael Schumann: »Wider falsche Propheten«. Gemeint sind die »Hohepriester« eines zum Dogma erhobenen »technologischen Determinismus«, die – Brödner zufolge – »seit langem« das Feld beherrschten. Dem stellt er die Erfahrung entgegen, dass »ein und dieselbe Technologie in höchst unterschiedliche Formen der Arbeitsorganisation eingebettet und dabei ökonomisch gleich effizient betrieben werden kann«.[4] Damit ist sein Grundmotiv angeschlagen: dem technologischen Determinismus ein »anthropozentrisches Produktionskonzept« entgegenzustellen: Für ihn war die Entscheidung zwischen den Alternativen klar – oder doch nicht? Mit seiner Wahrnehmung eines großen Grundsatzkonfliktes stand er nicht allein. »Der Jahrmarkt der Prophezeiungen« beginnt mit einem dramatischen Auftakt:

> »Selten haben sich in der Geschichte der kapitalistischen Industrialisierung Visionen über die künftige Entwicklung der Fabrik derart gehäuft wie gerade jetzt, selten auch klafften sie so weit auseinander. Kaum je in einer anderen industriellen Epoche waren die Entwürfe so weitreichend und kühn, die Parolen so aufwiegelnd und herausfordernd wie im gegenwärtigen Streit um die Zukunft der Fabrik. Kaum je zuvor hat eine Auseinandersetzung um Technik und Arbeitseinsatz in der Produktion so deutlich die Gestalt eines Glaubenskrieges angenommen.«[5]

Das war die Zeit, da der »Postfordismus« dem »Fordismus« und »Taylorismus«, die sich selbst organisierende Gruppenfertigung dem Fließband und der hierarchischen Trennung von Planung und Durchführung ein von optimaler Nutzung der menschlichen Fähigkeiten her gedachtes Produktionskonzept der Perfektionierung des technisch-organisatorischen Systems entgegengestellt wurde; das bekannteste Vorbild dafür bot in den 1980er Jahren die renommierte schwedische Automobilfirma Volvo.[6] 1985 brachte der Wagenbach-Verlag das im Vorjahr in New York erschienene Buch *The Second Industrial Divide – Possibilities for Prosperity* von Michael J. Piore und Charles F. Sabel – beide vom einflussreichen Massachusetts Institute of Technology (MIT) – unter dem Titel *Das Ende der Massenproduktion – Studie über die*

Requalifizierung der Arbeit und die Rückkehr der Ökonomie in die Gesellschaft heraus. Auch Brödners Ausführungen sind ganz von der Wiederentdeckung der Unverzichtbarkeit des Facharbeiters für die Kleinserienfertigung und die je nach Nachfrage flexibel diversifizierte Qualitätsproduktion getragen. Damals war *NC (Numerical Controlled)*, die numerische Steuerung von Werkzeugmaschinen, das große Thema der Industrietechnologen. Da weist Brödner sarkastisch darauf hin, dass diese sich in den USA in Reinform am ehesten im militärisch-industriellen Komplex durchsetzen konnte, wo Rentabilität keine Rolle spielte und es nicht um Befriedigung vielfältiger und wechselnder Kundenwünsche, sondern um Vernichtung von Menschen und Menschenwerk ging. Im zivilen Sektor habe sich die NC-Technologie »nur zögernd« und mit Rückschlägen und Einschränkungen durchgesetzt. Denn:

> »Freilich war der Traum vom facharbeiterfreien Betrieb mit NC-Maschinen schnell ausgeträumt. Im jähen Erwachen stellte sich heraus, dass bei den hohen Zerspanungsleistungen und Genauigkeitsanforderungen der Prozess keineswegs so definiert ablief wie ursprünglich vorgestellt: Verformungen der Werkzeugmaschine, Verschleißerscheinungen an Werkzeugen, Elastizitäten beim Spannen der Werkstücke und dergleichen unkalkulierbare technische Einflüsse sorgten immer wieder für Abweichungen des tatsächlichen Prozesses von seinem programmierten Ablauf und erzwangen sachverständige Korrekturen.«[7]

Das dann folgende Oberkapitel »Die unbewältigten Probleme der Fabrik von heute« – Brödner zielt also auf die andersartige Fabrik der Zukunft! – beginnt mit den Kapiteln »Das unaufhaltsame Anwachsen der Kapitalintensität« und »Der Teufelskreis von Durchlaufzeiten und Beständen«. Dieser »Teufelskreis« entspringt aus seiner Sicht der »vertikalen Arbeitsteilung«, der strikten Trennung von Planung und Durchführung im Sinne von Taylor und Ford. Mit zunehmender Kapitalintensität wird der Weg von der Planung zur Durchführung immer langwieriger.[8] Dem stellt er die »Gruppenfertigung« in autonomen »Fertigungsinseln« entgegen, deren Grundprinzip es sei, »Qualifikation, Intelligenz und Enthusiasmus des Menschen« optimal zu nutzen. Zustimmend zitiert er einen US-amerikanischen Kritiker des »Glaubens an die Überlegenheit der Maschine«, der »den äußersten Wahnsinn einer solchen Haltung« brandmarkt.[9]

DAS PHANTOM DER »KÜNSTLICHEN INTELLIGENZ«, DAS FIASKO DER VW-HALLE 54 UND DIE »CIM-RUINEN« ALS MEMENTO: DISKURSE ÜBER AUTOMATION UND »ZUKUNFT DER ARBEIT« ZWISCHEN EIGENDYNAMIK UND AKTUELLER ERFAHRUNG. Brödners beißende Ironie gilt ganz besonders den »Verheißungen ›künstlicher Intelligenz‹«; »KI« war in der Tat ein Modethema unter den Technologen jener Zeit, gerade auch solchen, die der betrieblichen Praxis fernstanden. Die »Schalmeienklänge der KI-Forschung« sieht er voller »Illusionen und Verblendungen«: Ausdruck des für die KI-Forscher typischen »Maschinendenkens«.[10] »Intelligentes Handeln des Menschen« dagegen definiere sich durch die Fähigkeit, »in einer ungewissen Situation auch ohne festgeschriebene Regeln zielgerichtet handeln zu können«; daher sei »menschliche Intelligenz« »das genaue Gegenteil dessen«, »als was sie dem durch das Maschinendenken verblendeten Bewusstsein erscheint«.[11]

Das ist allerdings eine anspruchsvolle Definition des spezifisch Menschlichen; ein Großteil menschlicher Tätigkeit zumal in der Fabrik folgt der Routine. Zudem erkennt Brödner, dass auch die Technomanen dabei sind, einen Lösungsweg ihrer Art aus bisherigen Sackgassen der Automatisierung zu finden: durch CIM, *Computer-integrated Manufacturing*.[12] Da zeichnet sich auch in der Computerwelt eine Perspektive integrierter Produktion ab, die die herkömmlichen Hierarchien und die Aufteilung in verschiedene Maschinensparten überwindet. Einiges davon ist hier und da bereits Realität, anderes jedoch Zukunftsprojekt. Wie dem auch sei: »CIM« lässt sich auch für Brödner nicht so leicht ins Lächerliche ziehen wie »KI«. Insofern gibt es für ihn doch eine echte Alternative. Dreißig Jahre darauf wird Brödners *Fabrik 2000* wie so viele Zukunftsbücher von vorgestern für wenige Cent im Internet verramscht.

Ist Brödners Botschaft längst passé? Denn die damals bei Volvo eingeführte Gruppenfertigung war keineswegs, wie von Optimisten erhofft, der Beginn eines Siegeszuges autonomer Arbeit, sondern wurde schon nach wenigen Jahren wieder zurückgefahren und auf bestimmte Kleinserien beschränkt. Das »Ende des Fordismus« war voreilig proklamiert worden; aber das wurde von Industriesoziologen, die die großen Ausblicke liebten, merkwürdig wenig wahrgenommen! 1989 warnte der Schweizer Unternehmensberater Nicolas G. Hayek, in der europäischen Industrie spiele sich »etwas Lebensgefährliches ab. Die Europäer sind dabei, das Feld der preiswerten Massenautos den Asiaten zu überlassen. Das kann nicht gut gehen.«[13] Dieser Gefahr war man sich jedoch auch in einschlägigen Industriekreisen bewusst.[14] Die Ära der Massenproduktion mit »fordistischen« Methoden war keineswegs zu Ende[15] und ebenso wenig die Ära der Automation. Mittlerweile versprechen jedoch die neuen Möglichkeiten digitaler Produktion die Aufhebung des alten Widerspruches zwischen Massenproduktion und Diversifizierung. »Massenproduktion erfüllt auch ausgefallene Einzelwünsche« lautet die Schlagzeile einer Siemens-Reklame für die Hannover Messe vom April 2016.

Seit über einem halben Jahrhundert hat der Diskurs über Automation seine Eigendynamik entwickelt, deren Leitmotive sich bis heute wiederholen.[16] Wie Birger P. Priddat an der Jahrtausendwende, als die »Zukunft der Arbeit« wieder kräftig im Kommen war, in Erinnerung ruft: »Die Zukunft der Arbeit schien in den 70er Jahren bereits beendet zu sein; man läutete das Ende der Arbeitsgesellschaft ein. Wir lasen, der Arbeitsgesellschaft gehe die Arbeit aus, inspiriert von Hannah Arendt, bei Lord Dahrendorf.«[17] Und das, obwohl solche Thesen – wie Christoph Spehr spottet – »schon in den 1970er Jahren falsch waren«.[18] Auch ein »dramatischer Verlust der Leistungsbereitschaft«, wie er zu jener Zeit befürchtet wurde – kein Wunder bei der Aussicht auf ein »Ende der Arbeit«! –, ist seither nicht eingetreten.[19] Die Aussicht auf eine zunehmende Eliminierung der Arbeit verführte immer wieder zu einer kontrastierenden Dualität von Utopie und Dystopie (in moderner Version: von »Risiko und Chance«): auf der einen Seite ein lockendes Reich der Freiheit mit immer weniger Arbeit, zumindest ohne stumpfsinnige Arbeit – Helmut Kohl redete gar vom »Freizeitpark Deutschland«![20] –, zum anderen die Horrorvision von wachsender Arbeitslosigkeit und schärferer Kontrolle der verbliebenen Arbeit.[21]

Für die Gewerkschaften war die Ambivalenz besonders akut: Die Automation war das Argument für Arbeitszeitverkürzung und auch für höhere Löhne entsprechend der erhöhten Produktivität der Arbeit und der wachsenden Qualifikationsanforderungen an die verbliebene menschliche Arbeit; aber die zunehmende Ersetzung von Arbeit durch Automatismen konnte auch durch wachsende Arbeitslosigkeit die Basis der Gewerkschaften unterhöhlen – oder das stärkste Argument für die Notwendigkeit der Mitsprache von Arbeitnehmervertretungen liefern. Betriebsräte besitzen bei technischen Innovationen ein Recht auf Information und Konsultation. Das führt bei umsichtigen Unternehmensleitungen dazu, dass die Betriebsräte bei Beratungen über neue technologische Strategien einbezogen werden, auch wenn die letzte Entscheidung beim Management liegt.

Über kurz oder lang pflegten auf die Alarmrufe abwiegelnde Stimmen zu folgen, die darauf hinwiesen, dass das, was unter Automation lief, bei nüchterner Betrachtung der Realität so dramatisch nicht war; diesem Genre ist über weite Strecken das Buch Brödners zuzuordnen. Diese Dialektik war in der Essenz kein deutscher Sonderweg, sondern konnte sich auf amerikanische Autoritäten berufen. Besonders berühmt wurde in der Bundesrepublik der Fall des deutschen Emigranten Joseph Weizenbaum, der in den USA zu einem Pionier der Automatik aufgestiegen war und 1966 ein Computerprogramm entwickelte, das die Möglichkeit der Kommunikation zwischen Mensch und Computer über natürliche Sprache zeigen sollte. Er gab diesem Programm den suggestiven Namen »Eliza« nach dem schlichten, doch gelehrigen Mädchen in George Bernard Shaws *Pygmalion*, das als Musical *My Fair Lady* Furore machte, zeigte sich jedoch in der Folge entsetzt über die Breitenwirkung seiner Innovation, die viele als Beweis dafür nahmen, in Zukunft werde es Computer mit menschlichen Fähigkeiten geben. Unter diesem Eindruck publizierte er zehn Jahre darauf ein Buch *Computer Power and Human Reason – From Judgment to Calculation*, das im Folgejahr 1977 auf Deutsch unter dem zugespitzten Titel *Die Macht der Computer und die Ohnmacht der Vernunft*[22] erschien und mit einem Aufruf »Gegen den Imperialismus der instrumentellen Vernunft« schließt. Dieses Schreckensszenario fand eine gelassene Replik des Philosophen Hubert L. Dreyfus in der Neuausgabe seines zuerst 1972 erschienenen Buches *Die Grenzen künstlicher Intelligenz – Was Computer nicht können*, wo er Weizenbaum vorwirft, dass er mit seiner Überschätzung der unwiderstehlichen Suggestivkraft des Computers wider Willen den Technomanen zugearbeitet habe und die Computer, nüchtern aus der Nähe betrachtet, den Menschen keineswegs zu überwältigen drohten.[23] Noch bevor KI auch unter deutschen Technikdenkern in Mode kam, nahm er vieles von Brödners Sarkasmen über die hochtrabenden KI-Verheißungen vorweg.

Brödners Buch fiel in eine Phase verbreiteter Ernüchterung auch in der Bundesrepublik. Wie 1988 ein Branchenkenner urteilte, scheiterten bis dahin die meisten Unternehmen bei der Einführung einer EDV-gestützten Fertigungsorganisation: »Luftschlösser von automatisierter Fabrik zerfallen in trostlose Ruinen.« Nicht viel besser waren zu jener Zeit erste Erfahrungen bei der Einführung elektronischer Systeme zur Bürokommunikation; da ertönte schon bald die Klage, »Chaos und Frustration« seien »an der Tagesordnung«; »der Absturz von Systemen legt ganze Bürolandschaften lahm«.[24] Das verfrüht verheißene »papierlose Büro« wurde im Anblick der Papierberge von Computer-Ausdrucken gerne als Paradebeispiel einer Fehlprognose zitiert; »die Rückkehr der Schriftlichkeit, die Computer seit den 1990er Jahren tatsächlich bescherten, war nicht absehbar«. (Frank Bösch)[25] Aber auch dieses Zurück muss nicht für alle Zukunft gelten: Womöglich führt die Elektronik bei neuen Generationen doch zu einer drastischen Reduktion des Papierkriegs.[26] Doch war es offenbar nicht möglich, Industrie und Organisation mittels der Elektronik in einem revolutionären Akt umzukrempeln.

Hatte man sich bei der Erwartung einer »dritten industriellen Revolution« durch ein bestimmtes Geschichtsbild in die Irre führen lassen; war die Geschichte der Industrialisierung seit dem 18. Jahrhundert wirklich ein dramatischer Prozess, bei dem eine Revolution auf die andere folgte? Je mehr Technikhistoriker in die Archive gingen und regional differenzierten, desto deutlicher war zu erkennen, dass nicht die Dampfmaschine der vorherrschende Antrieb der Industrialisierung war, sondern in den meisten Regionen nach wie vor Mensch und Tier, Brennholz und Wasserkraft die Hauptenergiequellen blieben, ja noch intensiver als zuvor genutzt wurden.[27] Und wurde seit den 1950er Jahren immer wieder die »dritte industrielle Revolution« angekündigt[28], resümierte 1989 der Industriesoziologe Gert Schmidt, all derartigen Proklamationen zum Trotz vollziehe sich »der Prozess der so genannten (dritten oder vierten) technisch-industriellen Revolution, sucht man ihn auf Organisationsebene zu fassen, erstaunlich langsam«.[29]

Als Standardwerk galt das zuerst 1978 erschienene Buch des Fernsehredakteurs Dieter Balkhausen *Die Dritte Industrielle Revolution*, »Dritte« großgeschrieben, dem er 1985 ein ähnliches Buch *Die elektronische Revolution* folgen ließ, das diese »Revolution« in atemberaubender Weise dramatisiert. Doch in den achtziger Jahren waren die industriellen Folgen der Elektronik, nüchtern besehen, noch nicht revolutionär. Aber die Geschichte war nicht zu Ende; seit den neunziger Jahren bescherte das Internet eine ganze Serie von Innovationen, die selbst von Insidern nicht vorhergesehen worden waren[30], da diese wesentlich durch die Anwender vorangetrieben wurden. Balkhausens »Revolutions«-Bücher klingen auf den ersten Blick ähnlich wie die spätere »Industrie-4.0«-Literatur; man darf jedoch nicht vergessen, dass Balkhausen noch ohne Blick auf das Internet schrieb.

Ein Artikel im Jahrgang 1989 der *VDI-Nachrichten*, in jenen Jahren eine Fundgrube für die neue Nüchternheit, begann unter der Schlagzeile »Flexibilität ist oft fehl am Platz« mit der Feststellung: »So flexibel computergestützte Arbeitssysteme für das produzierende Gewerbe mitunter auch sein mögen, am flexibelsten ist und bleibt der Mensch.« Er zitiert einen Abteilungsleiter im Stuttgarter Fraunhofer-Institut für Arbeitswirtschaft und Organisation: Nach wie vor seien die meisten Arbeitssysteme »starre« Gebilde; und da von »Flexibilität« zu reden, sei »eine glatte Lüge. Wer diesen Begriff in diesem Zusammenhang in die Welt gesetzt hat, der sollte verjagt wer-

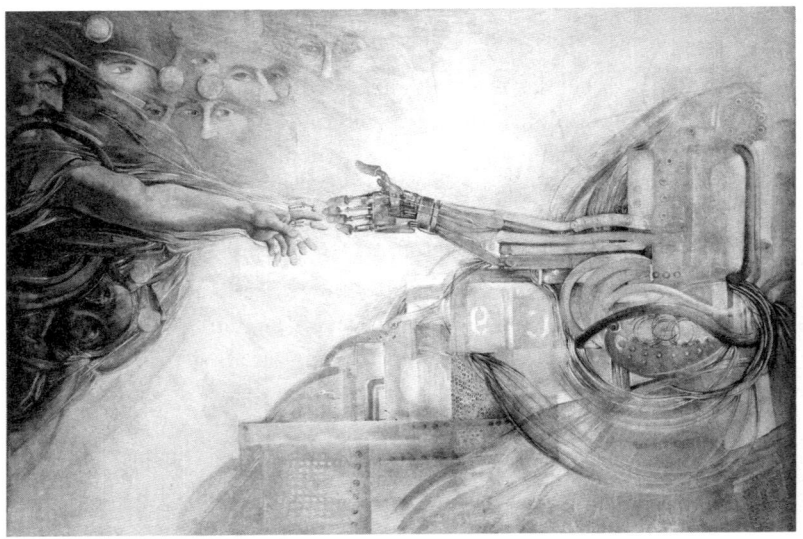

Erschaffung: *Gemälde des in Berlin lebenden Exil-Iraners Akbar Behkalam, ursprünglich für die Ausstellung der Berliner Kunsthalle »Kunst und Rationalisierung« im Jahr 1984. Das war vormals durch George Orwells Roman* Nineteen eighty-four *(1949) der Inbegriff einer totalitär technisierten Horrorzukunft gewesen. War diese Schreckensvision nun, da das Jahr herbeigekommen war, widerlegt? Da ist Behkalams Gemälde – eine Parodie auf Michelangelos Schöpfungsfresko in der Sixtinischen Kapelle – mehrdeutig: Die Stelle des Menschen bei Michelangelo nimmt ein Roboter ein – ist der Mensch dagegen an die Stelle Gottes gerückt, und will das Bild auf die humane Gestaltbarkeit der Computertechnik hindeuten? So wurde es gerne in Gewerkschaftskreisen ausgelegt und in diesem Sinne reproduziert. Und doch behält es etwas Unheimliches! Bekommt der Mensch dort wirklich die »digitalisierte« Technik in den Griff?*

den.«[31] Und dabei hatte gerade »Flexibilität« als Zauberwort wie als Parole der Einschüchterung eine große Zukunft! Jörg Hofmann, Erster Vorsitzender der IG Metall, spricht in seinem »Zukunftsreferat« auf dem Frankfurter Gewerkschaftstag im Oktober 2015 dem damals auch in Gewerkschaftskreisen vorherrschenden Optimismus zum Trotz von den »Grausamkeiten der Flexibilisierung«, der Aufweichung der einst von den Gewerkschaften erkämpften Begrenzungen der Arbeitszeit.[32] Zwar würdigt er die »Strahlkraft des Normalarbeitsverhältnisses«, klagt jedoch zugleich: »Arbeitszeit verfällt aller Orten, Tag für Tag« – gemeint ist die Vergütung von Überstunden[33] –, und die Flächentarife befänden sich im »freien Sinkflug«.[34] Eine Stellungnahme der Arbeitnehmerkammer Bremen stellt im gleichen Jahr fest, die unter »Industrie 4.0« laufenden Entwicklungen träfen auf eine Arbeitswelt, »deren Erosion weg vom sozialpartnerschaftlichen Modell der 1950er bis 1970er Jahre hin zu einem hoch flexibilisierten Regime schon weit fortgeschritten ist«.[35]

Das berühmteste Beispiel für einstweilige Grenzen der Automatisierung war seit den späten achtziger Jahren die VW-Halle 54, die mit ihren achtzig Robotern – über die automatische Fertigung einzelner Komponenten des Autos hinausgehend – beim »Golf« auch die Endmontage automatisierte: zu einer Zeit, als über unerträgliche Arbeitsbedingungen in der Fertigmontage öffentlich geklagt wurde.[36] Das war damals die modernste Montagehalle der ganzen Welt.[37] Aber diese Spitzenstellung – mehr von technologischem Ehrgeiz als von ökonomischem Kalkül inspiriert – war mit extrem hohen Investitionskosten erkauft[38]; und überdies erwies sich dieses Roboter-Ensemble als derart störanfällig, dass die Halle 54 in der Folge bei genervten Fertigungsingenieuren »Hölle 54« tituliert wurde!

Damaligen Robotern fehlte die Fähigkeit, aus Erfahrungen zu lernen, »zu beurteilen, ob die Schraube verwendbar war oder nicht, die Ursache von Fehlern zu bestimmen und zu beheben, kurz, Entscheidungen zu treffen, die auf Arbeitserfahrung beruhen«. Und derartige Fehler, denen gegenüber die Roboter hilflos waren, passierten »unerwartet häufig – dauernd standen die Montagestraßen still, die Arbeiter mussten eingreifen«. Der verantwortliche Fertigungsingenieur stöhnte: »Die Roboter funktionieren nur, wenn alles auf den Zehntelmillimeter genau passt«, was jedoch allzu oft nicht der Fall war – so die Kultur- und Technikhistorikerin Martina Heßler.[39] Schon 1986 mahnte der Arbeitsdirektor von VW: »Man kann nicht einerseits die Apparate ständig verfeinern, ihre Steuerung optimieren, ihre Leistung erhöhen, ihre Verzahnung perfektionieren, und andererseits kaum einen Gedanken daran verschwenden, welche Position der Mensch im modernen Produktionsprozess einnimmt.« Längst nicht nur Humanwissenschaftler gaben damals die Parole aus, dass es gelte, die besonderen Fähigkeiten des Menschen, hier: des erfahrenen Facharbeiters wiederzuentdecken! Selbst Folker Weißgerber, einer der Hauptverantwortlichen für die Konzeption der Halle 54, bekannte 1993: »Wir wissen heute, dass es ein Fehlschlag war, den Taylorismus zu perfektionieren.«[40]

Hatte die Halle 54 die alte Angst der Verdrängung der Menschen durch denkende Maschinen wieder aufleben lassen, verbreitete sich nunmehr Gelassenheit. Bei einem aus einer Tagung der Alfred Herrhausen Gesellschaft

1994 hervorgegangenen Sammelband *Arbeit der Zukunft – Zukunft der Arbeit* fällt gegenüber den Spekulationen auf eine bevorstehende »postindustrielle Gesellschaft« auf, dass niemand die Zukunft der Industriearbeit anzweifelt und auch keiner das Bild einer ganz andersartigen Zukunft entwirft. Wolfgang Reitzle, Vorstandsmitglied von BMW, erinnert daran, »dass die Amerikaner vor vielen Jahren konsequent den Weg weg von der Industriegesellschaft hin zur reinen Dienstleistungsgesellschaft beschreiten wollten und schmerzhaft erkennen mussten, dass sie damit nicht in der Lage waren, als Volkswirtschaft wettbewerbsfähig zu sein«.[41] Walter Riester, zweiter Vorsitzender der IG Metall, der die Erfahrungen mit der VW-Halle 54 aufmerksam verfolgt hatte, wobei ihm eine grundsätzliche Kritik des Kapitalismus fernlag, erklärte damals:

> »Das Problem liegt darin, dass die Suche nach Innovationen auf die ›noch bessere‹ Technik hin orientiert war, es aber dafür keinen oder keinen ausreichenden Markt mehr gibt. Irgendwann ist diese Technik auch ausgereizt und der zusätzliche Gewinn an Produktverbesserung steht in keinem Verhältnis mehr zu den dafür erforderlichen Kosten. … Die bloße Imitation von Leitbildern z. B. aus Japan ist aus meiner Sicht kein zukunftsträchtiger Weg. … Deshalb werbe ich – und das ist ein Teil des Umdenkens – dafür, dass wir uns ein neues Technikleitbild erarbeiten, das die besonderen Stärken der deutschen Wirtschaft betont … Ein solches Technikleitbild könnte die Problemorientierung sein.«[42]

VERHEISSUNGSVOLLE »VERTRAUENSARBEITSZEIT«: DAS DOPPELGESICHT DER NEUEN AUTONOMIE DER ARBEIT. »Problemorientierung« rückte den Menschen, den erfahrenen Facharbeiter, den Ingenieur in eine Schlüsselposition, zumindest auf dem damaligen Stand der Computer-Entwicklung. Damit diese Mitarbeiter ihre Fähigkeiten zumal in Problemsituationen voll entfalten konnten, brauchten sie Autonomie; und verstärkte Autonomie war denn auch eine Parole für die Arbeit der Zukunft. Zu jener Zeit gehörten Hightech-Unternehmen wie IBM Informationssysteme und Microsoft zu den Betrieben, die unter drastischer Reduktion der Management-Hierarchie vor allem bei den höheren Rängen der Beschäftigten mit dieser neuen Autonomie vorangingen.[43] Da zählte allein die Erledigung bestimmter Aufgaben, egal zu welcher Zeit und mit welchem Zeitaufwand; wo die »Vertrauensarbeitszeit« – so der neue Begriff – eingeführt worden war, wurde die Stechuhr abgeschafft. Unter der Hand sehnten sich jedoch nach einiger Zeit nicht wenige Arbeitnehmervertreter nach der Stechuhr zurück, die vordem die misstrauische Kontrolle von oben verkörpert hatte; denn wo die Arbeitszeit nicht mehr kontrolliert wird, entfallen auch die höher bezahlten Überstunden, und der Druck durch die in begrenzter Zeit erwartete Arbeitsleistung ist für viele empfindlicher als die Kontrolle der Arbeitszeit und verführt zur Selbstausbeutung.

Dass »flexible Einsätze mit einem hohen Maß an Eigenverantwortlichkeit« zunehmen würden, darüber entstand nach der Jahrtausendwende unter Arbeitswissenschaftlern weithin Einigkeit.[44] Aus der Ferne wirkte die neue Freiheit im Zeichen der »Vertrauensarbeitszeit« wie ein Fortschritt auf dem Wege zu der seit Jahrzehnten verheißenen »Humanisierung der Arbeit«. 2001 erschien jedoch das Buch *Mehr Druck durch mehr Freiheit – Die neue Autonomie der Arbeit und ihre paradoxen Folgen*, verfasst von dem IBM-Betriebsratsvorsitzenden Wilfried Glißmann in Zusammenarbeit mit dem Philosophen Klaus Peters, das zum neuen Klassiker der Arbeitssoziologie wurde. Die Verfasser gingen aus von der Beobachtung: »In den letzten Jahren« würden bei IBM »immer öfter« bestehende Schutzrechte von den Mitarbeiterinnen und Mitarbeitern selbst ignoriert und unterlaufen. Diese Kolleginnen und Kollegen arbeiten länger, als sie müssen, und sie fühlen sich für Dinge verantwortlich, die weit über ihr eigentliches Arbeitsfeld hinausgehen.« Diese Einstellung konnte man als solche positiv beurteilen; Glißmann jedoch erlebte sie »als Maßlosigkeit der Anforderungen, als Besinnungslosigkeit und Überforderung als System« mit krankmachenden Folgen. Immer häufiger beobachte er bei Beschäftigten »das Gefühl einer existenziellen Angst«. »Dieses Gefühl der Angst ist besonders erschütternd für jene Menschen, die sich selbst bisher als erfolgreich und stark erlebt haben.«[45]

NEUARTIGE INTERNET-PERSPEKTIVEN IN DER ARBEITSWELT. Ein materialreiches Buch von 1998 *Geschichte und Geschichten des Internets* schließt mit der Prophezeiung: »Das Internet wird verschwinden.« Es werde »mit anderen Netzen zu einem riesigen, integrierten Netzwerk verschmelzen, und es wird sich über Computer hinaus auf andere Geräte ausbreiten«.[46] In der Tat kursiert in jüngster Zeit die Formel vom »Internet der Dinge«, *whatever that may be.* Um die Jahrtausendwende befinden wir uns bereits in der Zeit der rasanten Ausbreitung des Internets mit all seinen vormals unvorstellbaren Möglichkeiten. Seit der Elektrifizierung ein Jahrhundert davor hatte keine technische Innovation in solchem Maße zugleich das Berufs- wie das Privatleben mit einer verwirrenden Fülle neuartiger Perspektiven versehen und die Empfindung verbreitet, am Beginn einer neuen Ära zu stehen: eine Chance für eine üppig sprießende Zukunfts-Literatur, wie es sie seit Jahrzehnten nicht mehr gegeben hatte. Allein schon das »Navi«, der Navigator, dessen Ursprünge zu den Bombern des Zweiten Weltkrieges zurückreichen, der seit den 1990er Jahren jedoch seinen Einzug in die privaten Automobile hielt: eine Innovation, die bis dahin das Vorstellungsvermögen nüchterner Menschen überschritten hatte, wobei sich freilich auch die Erfahrungen häuften, dass es riskant sein konnte, diesem Wegweiser blindlings zu folgen.

Die Idee von einem selbstgesteuerten Auto spukte schon seit den 1920er Jahren in der Science-Fiction-Literatur herum[47]; von jetzt an wirkte diese Zukunft realistisch. »Auf den Straßen beginnt bald ein neues Zeitalter – Konzerne arbeiten mit Hochdruck an selbstfahrenden Autos«, verheißt 2015 eine Schlagzeile der Presse.[48] Aber kamen damit nicht auch neuartige Unfallrisiken in Sicht? Das mochte wohl sein, räumten die Fürsprecher des autonomen Autos ein; aber sehr viel mehr Verkehrsunfälle würden durch die automatische Steuerung vermieden. Verkehrsjuristen zerbrechen sich schon im Voraus die Köpfe darüber, wie die durch die Computer verursachten Unfälle juristisch zu belangen sind.

Nicht nur die Automationsphantasien, sondern auch deren gelassene Abwiegelung gehört seit einem halben Jahrhundert zur Dialektik des Automationsdiskurses. Selbst die Rhetorik von der Unersetzlichkeit des Menschen ist mit Vorsicht zu nehmen: Mag sie sich auch auf eindrucksvolle historische Beispiele berufen können, so ist doch die Geschichte der Automation keineswegs zu Ende. In den 1980er Jahren erwies sich *CIM, Computer-integrated Manufacture* als viel bespöttelter Flop – aber das war noch vor den neuartigen Vernetzungsperspektiven des Internets. Alltägliche Erfahrungen mit Smartphone, Tablet, Facebook verbreiten auch unter Nicht-Technologen das Gefühl, dass in unserer Zeit etwas Neues beginnt. Der von dem Sozialwissenschaftler Dieter Sauer verfasste Schlussbeitrag zum Begleitband der Ausstellung »Hauptsache Arbeit – Wandel der Arbeitswelt nach 1945« im Bonner Haus der Geschichte 2009/10 gelangt zu der Feststellung, durch den Synergieeffekt diverser Innovationen, die zum Teil weiter zurückreichen, sei seit den 1990er Jahren ein »qualitativer Schub« im »Umbruch der Arbeitsgesellschaft« bewirkt worden. »All dies macht es schwer, einigermaßen stabile Aussagen über die Arbeitsweisen der Zukunft zu formulieren. Soviel scheint sicher: Die Krise der Arbeitsgesellschaft ist nicht zu Ende, und die neuen Entwicklungsrichtungen verweisen nicht auf die Stabilität und Sicherheit, wie wir sie aus früheren Zeiten gewohnt waren.«[49]

»INDUSTRIE 4.0« – EIN NEUER TON VOR DEM HINTERGRUND DER HOCHKONJUNKTUR, DOCH ZUGLEICH: FRAGEN ÜBER FRAGEN. Doch im Jahr nach der Bonner Ausstellung, 2011, erscholl aus Berlin ein neuer forscher und scheinbar zukunftssicherer Ton: Der SPD-Vorsitzende Sigmar Gabriel, vormaliger

Umwelt- und kommender Wirtschaftsminister, gab auf der Hannover Messe die Parole »Industrie 4.0« aus, ein modisches Kürzel für die vierte industrielle Revolution, als Richtziel für einen neuen Schub staatlicher Innovationsförderung. Der Begriff schlug ein und war bald in aller Munde, ob in Wirtschafts- oder Gewerkschaftskreisen. Auch wenn mittlerweile bei »Industrie 4.0« manche aufstöhnen, steht das Thema weiterhin im Raum. Zwei Arbeitssoziologinnen, die mit dieser Begriffskreation kritisch umgehen und noch 2015 darauf hinweisen, »Industrie 4.0« sei »aktuell mehr Diskurs als empirische Realität«, stellen gleichwohl fest: »Selten hat ein erst in die Zukunft weisendes Thema so schnell einen so breiten und vitalen gesellschaftlichen Diskurs in Gang gesetzt.«[50]

»Industrie 4.0« führt uns mitten in die Unübersichtlichkeit unserer Gegenwart und wirft eine ganze Serie von Fragen auf, auf die es bislang keine definitive Antwort gibt: Wie ist Gabriel auf diesen Begriff gekommen[51]; welche Interessen lassen sich hinter dieser Begriffskreation erkennen, und wie erklärt es sich, dass diese derart eingeschlagen hat, und zwar nicht nur in der Industrie, sondern auch bei den Gewerkschaften? Ist dieser Begriff mehr von politischem, von technologischem oder von ökonomischem Kalkül inspiriert? Lässt sich »Industrie 4.0« überhaupt einigermaßen präzise definieren, oder handelt es sich um ein großspurig generalisierendes Schlagwort, unter dem jeder das ihm gerade Passende versteht, mit dem sich vielerlei Fördermittel lockermachen lassen, das ein Konglomerat unterschiedlicher Entwicklungen abdeckt und die Vielfalt der industriellen Wirklichkeit und ihrer aktuellen Trends verschleiert?

Und weiter: Wieweit bezieht sich »Industrie 4.0« auf eine bereits vorhandene industrielle Realität, und wieweit ist sie in der Essenz ein Zukunftsszenario oder gar eine Vision?[52] Welche Vorstellungen von der Industrie- und Technikgeschichte transportiert der meist merkwürdig geschichtslos geführte Diskurs über »Industrie 4.0«? Wie neu sind die mit »Industrie 4.0« verbundenen Themen, und wieweit wiederholen sie lediglich alte Motive des seit über einem halben Jahrhundert geführten Automatisierungsdiskurses? Wieweit führt dieser Diskurs ein Eigenleben, und wo schöpft er aus scharfer Beobachtung der aktuellen Arbeitswelt und ihrer Trends? Und, *last but not least,* was hat er für die Zukunft der Arbeit und der Arbeitnehmervertretungen zu bedeuten? An der Schwelle zur Zukunft mündet die Zukunftsgeschichte in lauter offene Fragen. Begeben wir uns nun auf die Suche nach zumindest vorläufigen Antworten!

Ein *Handelsblatt*-Artikel von 2015 verweist darauf, dass der Ursprung dieses Begriffes nicht in der Politik, vielmehr in der Wirtschaft zu suchen ist, und erweckt den Eindruck, es gehe dabei vor allem um Kommunikation, nicht um staatliche Subvention: »Mit Bundeswirtschaftsminister Sigmar Gabriel als Geburtshelfer formierten die drei großen Industrieverbände des Maschinenbaus, der Elektrotechnik und der IT (Informationstechnik) eine Plattform 4.0. Sie wollten sich über Grundzüge und Anforderungen einer digitalisierten Wirtschaft verständigen. Doch an der Arbeit der Verbände-Plattform scheiden sich bis heute die Geister. Die Verschmelzung der Produktion mit der virtuellen Welt rund um IT und Software weist bis heute Friktionen auf. Die IT bringt viel schneller Innovationen auf den Markt als der Maschinenbau.« Gleichwohl habe ein weltweiter Wettlauf in dieser Richtung begonnen, »denn das Potenzial ist riesig: Studien rechnen mit einer zusätzlichen Bruttowertschöpfung von 80 Milliarden Euro allein für Deutschland. In Hannover traut sich kaum ein Aussteller noch, seine Produkte ohne Anbindung an Produktionsnetzwerke vorzustellen.«[53]

Sarkastischer geht im gleichen Jahr 2015 ein Artikel des vielerfahrenen Wirtschaftsjournalisten Wolf Lotter in dem von ihm mitbegründeten, auf Querschüsse spezialisierten Wirtschaftsmagazin *brand eins* mit »Industrie 4.0« um, wobei er über dessen Herkunft Genaueres berichtet: Es handele sich bei dem Begriff nicht um die Bezeichnung einer Produktionsform, sondern um eine »Weltanschauung«, um eine »heimliche Staatsreligion«, wobei er – und das ist bemerkenswert – deren im Grunde konservativen, beschwichtigenden Zug hervorhebt:

> »Und natürlich ist der Name Industrie 4.0, den Bundesregierung, BDI, der Technikförderverein Acatech, der Maschinenbauerverband VDMA und andere Branchenvertreter ausgeknobelt haben, alles andere als zufällig gewählt. Industrie 4.0, das soll klick, klack machen in den Köpfen von Bürgern, Unternehmern und Managern. Industrie 4.0 suggeriert eine Art logischen nächsten Schritt in der Industriegesellschaft, ihrem Sozialstaat und dem gängigen Erwerbsmodell: Sicherheit, Kontinuität, keine Brüche.«[54]

EINE BLOSSE BEGRIFFSBLASE ODER EIN SIGNAL, DAS BEWEGT? UND: IST »INDUSTRIE 4.0« GEGENWART ODER ZUKUNFT? Aber lässt sich »Industrie 4.0« nicht konkreter definieren und an diversen Beispielen illustrieren, damit die darauf gerichtete Politik ein klares Ziel bekommt? Doch im gleichen Jahr 2015, vier Jahre nach der Verkündung dieser Parole, beginnen die einschlägigen Wikipedia-Artikel kurz hintereinander unterschiedlich, wobei auch im letzten Fall der Hinweis vorangeschickt ist, der Artikel bedürfe der Überarbeitung. Die erste Fassung (wie viele Versionen mögen in den Jahren davor vorausgegangen sein?) beginnt: »*Industrie 4.0* ist ein Zukunftsprojekt im Bereich der Hightech-Strategie der deutschen Bundesregierung, mit dem in erster Linie die Informatisierung der Fertigungstechnik vorangetrieben werden soll.« (Zwischenfrage: Kann dieses in einer freien Wirtschaft nicht nur durch Eigeninitiative der Industrie geschehen?) »Das Ziel ist die ›intelligente Fabrik‹ (*Smart Factory*), welche sich durch Wandlungsfähigkeit, Ressourceneffizienz, ergonomische Gestaltung sowie die Integration von Kunden und Geschäftspartnern in Geschäfts- und Wertschöpfungsprozesse auszeichnet.« Also ein Nonplusultra an Perfektion in jeglicher Hinsicht; aber wieder die Frage: Lässt sich diese schöne neue Welt durch staatliche Initiative herbeiführen? Am Schluss des auffallend kurzen Artikels wird kommentarlos ein Sprecher der Elektronikbranche zitiert, der im Februar 2015 »die Ziele der Plattform für gescheitert« erklärt habe: »Außer Gremienarbeit und Maßnahmenempfehlungen gibt es bisher keine konkreten Ergebnisse und kein konzertiertes Vorgehen deutscher Unternehmen in Sachen Industrie 4.0.«

Kurz darauf beginnt der Wikipedia-Artikel ein wenig konkreter: »Industrie 4.0« soll die Verzahnung der industriellen Produktion »mit modernster Informations- und Kommunikationstechnik« bezeichnen. Und dann, zwischen den Zeilen in Abwehr des Einwands, all das habe die Industrie doch schon vor dreißig Jahren vergeblich mit »CIM« versucht: »Zentraler Befähiger und wesentlicher Unterschied zu Computer Integrated Manufacturing (demzufolge Industrie 3.0 genannt) ist die Anwendung der Internettechnologien zur Kommunikation zwischen Menschen, Maschinen und Produkten.« Dabei sind die Ziele nicht neu: Es handele sich vielmehr im wesentlichen um »klassische Ziele der produzierenden Industrie wie Qualität, Kosten- und Zeiteffizienz, Flexibilität, Wandlungsfähigkeit sowie (und jetzt kommt‹ doch ein neuer modisch verklausulierter Akzent! J. R.) Robustheit (oder Resilienz) in volatilen Märkten.«

Von der Ligna, der Hannoveraner Holzmaschinenmesse, wird 2015 mit ironischem Ton berichtet, »wieder einmal« »reden sie auf dem Messegelände … alle über Industrie 4.0«. »Wie üblich versteht jeder etwas anderes darunter. Es fällt allerdings auf, wie vertraut die Möbelindustrie mit ›vollständig verketteter, automatisierter, sich selbst optimierender … Fertigung‹ ist.« Da bekomme man zu hören, dass »die ostwestfälischen Küchenfirmen … ihre 4.0-Projekte seit den 90er Jahren ganz ohne öffentliche Förderprojekte … realisiert« hätten.[55] Ausgerechnet in der regionalen Möbelbranche, die kein Hightech-Image besitzt und der die natürliche Unregelmäßigkeit des Hol-

zes zu schaffen macht, ist »Industrie 4.0« ein alter Hut? Der schon zu Anfang dieses Kapitels zitierte Peter Brödner bezweifelt, ob sich im Zeichen von
»Industrie 4.0« »wirklich ein neuer Technologieschub« vollziehe und die Fixierung auf die Computertechnik nicht von der »lebendigen Arbeit« ablen-
ke, auf die es ankomme.[56] Doch 2016 stellt ein Beitrag zu »Industrie 4.0« in
dem Gewerkschaftsjahrbuch *Gute Arbeit* fest, zu Unrecht erwecke »die breite
öffentliche Diskussion … den Eindruck, die Digitalisierung der Arbeitswelt
sei in vollem Gange«, und zwar auch im Dienstleistungssektor. Gerade bei
den »intelligenten Dienstleistungen«, die digital miteinander vernetzt und
»veredelt« würden, sei das meiste »Zukunftsmusik«.[57]

Anfang 2016 stellte das Bundesministerium für Bildung und Forschung
folgende hochtönende und ausschließlich zukunftsgerichtete, ja visionäre
Definition für das »Zukunftsprojekt Industrie 4.0« ins Netz, sich selbst als
Hauptakteur präsentierend, ohne über die Arbeit der vergangenen fünf Jahre
und überhaupt über die Erfahrungen mit zentraler Steuerung industrieller
Prozesse Rechenschaft abzulegen und die Unsicherheit und Mehrdeutigkeit
der Zukunft auch nur der Erwähnung zu würdigen:

> »Die Wirtschaft steht an der Schwelle zur vierten industriellen Revolution. Durch
> das Internet getrieben, wachsen reale und virtuelle Welt zu einem Internet der
> Dinge zusammen. Mit dem Projekt Industrie 4.0 wollen wir diesen Prozess unter-
> stützen.
> Das Zukunftsprojekt Industrie 4.0 zielt darauf ab, die deutsche Industrie in die
> Lage zu versetzen, für die Zukunft der Produktion gerüstet zu sein. Sie ist gekenn-
> zeichnet durch eine starke Individualisierung der Produkte unter den Bedingun-
> gen einer hoch flexibilisierten (Großserien-)Produktion. Kunden und Geschäfts-
> partner sind direkt in Geschäfts- und Wertschöpfungsprozesse eingebunden. Die
> Produktion wird mit hochwertigen Dienstleistungen verbunden. Mit intelligen-
> teren Monitoring- und Entscheidungsprozessen sollen Unternehmen und gan-
> ze Wertschöpfungsnetzwerke in nahezu Echtzeit gesteuert und optimiert werden
> können.«[58]

EINE INDUSTRIELLE ESCHATOLOGIE. Die deutsche Industrie habe »jetzt« (erst
jetzt, nach fünf Jahren »Industrie 4.0«?) »die Chance, die vierte industrielle Revolution aktiv mitzugestalten«. In der hoffnungsvollen Zeit der neuen
Hochkonjunktur, als Deutschland sich erneut als Exportweltmeister feierte, konnte man die lange Reihe enttäuschter Prognosen vergessen oder zumindest so tun, als könne man sie vergessen. Die Prophezeiung einer »postindustriellen Gesellschaft« war ja offenkundig passé.[59] Eine Pikanterie liegt
darin, dass die mit »Industrie 4.0« suggerierte Zukunft bei allem schein-

bar nüchternen Realismus im Grunde eine *eschatologische* Qualität besitzt: Sie ist ein Nonplusultra an Rationalisierung zugleich mit Flexibilität und prompter Befriedigung individueller Kundenwünsche.[60] Die Erklärung aus dem Bundesforschungsministerium schildert Anfang 2016 das »Zukunftsprojekt Industrie 4.0« wie eine *unio mystica*: »Durch das Internet getrieben, wachsen reale und virtuelle Welt zu einem Internet der Dinge zusammen.«[61] Des Weiteren frappiert aus technikhistorischer Sicht, mit welcher Selbstverständlichkeit bei »Industrie 4.0« eine vorausgegangene erste, zweite und dritte industrielle Revolution als kompakte, sich in großem Ruck vollziehende Ereignisse vorausgesetzt werden, was bei genauerem Hinsehen ganz unrealistisch ist: Der Begriff »Revolution« fungiert hier lediglich als Metapher. Wolf Lotter spottet in *brand eins*:

> »Die vermeintlich vierte industrielle Revolution ist die erste, die auf Geheiß von Politikern und Verbänden stattfinden soll. Die industriellen Revolutionen Nummer eins, zwei und drei erhielten ihre Namen noch auf ganz altmodische Art und Weise, im Nachhinein, also nachdem ihr Wesen für alle sichtbar war. Man gab einer Tatsache einen Namen, keiner politischen Wunschvorstellung.«[62]

Wirklich eine reine Wunschvorstellung? Im Widerspruch dazu bemerkt Lotter, in »Industrie 4.0« stecke »immer beides: Himmel und Hölle der Automatisierung«.[63] Zur gleichen Zeit beginnt die Arbeitssoziologin Sabine Pfeiffer einen Artikel zu der Frage »Warum reden wir eigentlich über Industrie 4.0?« mit der Feststellung: »Glaubt man den hochfliegenden Visionen, die unter dem Stichwort ›Industrie 4.0‹ firmieren, gehen wir glorreichen Zeiten entgegen. … Gerade die in den vergangenen Jahren als widersprüchlich erlebten Entwicklungen in der Arbeitswelt sollen sich harmonisch in Win-Win-Konstellationen auflösen.« Und sie zitiert aus dem 2013 vorgelegten Abschlussbericht des Arbeitskreises Industrie 4.0, aus dem hervorgeht, dass diese neue Industriezukunft nebenbei auch bei Umweltproblemen und dem demographischen Wandel Abhilfe verspricht:

> »Industrie 4.0 leistet … einen Beitrag zur Bewältigung aktueller Herausforderungen wie Ressourcen- und Energieeffizienz, urbane Produktion und demografischer Wandel. … Arbeit kann demografiesensibel und sozial gestaltet werden. Die Mitarbeiter können sich dank intelligenter Assistenzsysteme auf die kreativen, wertschöpfenden Tätigkeiten konzentrieren und werden von Routineaufgaben entlastet. Angesichts eines drohenden Fachkräftemangels kann auf diese Weise die Produktivität älterer Arbeitnehmer in einem längeren Arbeitsleben erhalten werden. Die flexible Arbeitsorganisation ermöglicht es den Mitarbeitern, Beruf

und Privatleben sowie Weiterbildung besser miteinander zu kombinieren und erhöht die Work-Life-Balance.«[64]

Da erinnert Pfeiffer an die »sprichwörtlich gewordenen ›CIM-Ruinen‹ und das Menetekel der Halle 54 bei Volkswagen«.[65] Wie Lotter verweist sie auf den konservativen Zug von »Industrie 4.0«: Nichts mehr von einer kommenden »postindustriellen« Gesellschaft – »Was noch vor kurzem als abgelebte *Old Economy* gegolten hatte, wird als Nukleus eines IT-basierten Fortschritts ... gefeiert«.[66] Auf der anderen Seite würden »aber auch Szenarien durchgespielt, deren industrieller Einsatz noch in weiter Ferne liegt: Beispielsweise steckt der allenthalben gehypte 3D-Druck für viele industrielle Anwendungen technisch noch zu sehr in den Kinderschuhen«.[67] »Industrie 4.0« deckt also ein höchst heterogenes Ensemble von real existierenden Trends und Zukunftsvisionen ab. »Eines ist so oder so offensichtlich: Nicht primär technische Machbarkeiten haben Industrie 4.0 in Gang gebracht, sondern die von Eliten der Wirtschaft als relevant herausgestellten ökonomischen Notwendigkeiten.«[68]

Pfeiffer beantwortet die von ihr im Titel gestellte Frage: »Dass wir im Jahr 2015 fast in jeder gesellschaftlichen Sphäre von Industrie 4.0 reden, ist keine Folge eines faktisch erreichten technischen Entwicklungsstands, in erster Linie vielmehr das Resultat eines professionellen *Agenda-building*. Wir haben es, diskursanalytisch gesprochen, mit einem Fall erfolgreicher Öffentlichkeitsarbeit zu tun.«[69] Ist »Industrie 4.0« wirklich weiter nichts als eine der vielen Begriffsblasen? Aber am Schluss des Artikels kommt der Clou, aus dem sich ergibt, dass es gerade aus kritischer Sicht höchst wichtig ist, über »Industrie 4.0« zu reden: Dieses Projekt, das mit den Möglichkeiten des Internets eine nie da gewesene globale Kontrolle der Arbeit ermögliche, ziele auf einen »digitalen Despotismus«.[70] Dem von den Befürwortern verheißenen Paradies wird am Ende die Apokalypse entgegengestellt!

»ARBEIT 4.0« ALS PENDANT ZU »INDUSTRIE 4.0«; HIN- UND HERGERISSENE ARBEITNEHMERSPRECHER. War diese alte dramatische Dialektik der Zukunftsvisionen dem Projekt »Industrie 4.0« adäquat? Gerade in jüngster Zeit werden auch die Gewerkschaften mit diesem Projekt massiv und nicht ohne Erfolg umworben; »Industrie 4.0« bekommt als Partner »Arbeit 4.0«; das Bundesministerium für Bildung und Forschung will in den kommenden Jahren für ein Programm »Zukunft der Arbeit«, das bereits als »Arbeitsforschung 4.0« läuft, nicht weniger als eine Milliarde Euro investieren! Annelie Buntenbach, grüner Provenienz und im DGB-Bundesvorstand für »Arbeit der Zukunft« zuständig, begrüßt das Programm mit Nachdruck: Es habe »für den DGB und seine Mitgliedsgewerkschaften großen Wert«. Es sei »höchste Zeit«, über die »Spekulationen« hinauszukommen, die »von Jubelgesängen über unendliche Potenziale bis zu Kassandrarufen vom angeblichen Ende der Arbeit« reichen. »Uns ist sehr bewusst, dass die Digitalisierung das Potenzial hat, die Arbeit der Zukunft grundlegend zu verändern.« Offenbar in verheißungsvoller Weise; denn Buntenbach kritisiert, dass es in weiten Teilen der Industrie an »Arbeitsbedingungen« mangele, »die ein innovatives Klima fördern«.[71] Könnte diese Zurückhaltung nicht rationale Gründe haben?

In der gleichen DGB-Broschüre betont die zuständige Ministerin Johanna Wanka (CDU), »Gewerkschaften und Arbeitgeberverbände« seien »eine treibende Kraft für die Umsetzung des Programms«. Da gehe es um eine Zukunft, die bereits mit Macht begonnen habe: »Zwei Drittel aller Beschäftigten in Deutschland erleben heute an ihrem Arbeitsplatz die Folgen des digitalen Wandels – vernetzte Computer sind zu selbstverständlichen und akzeptierten Arbeitsmitteln geworden, die Grenzen zwischen realer und virtueller Arbeitswelt verschwimmen.« Das »innovative Potenzial« sei »enorm«, und gerade Deutschland mit seinen vielen »kleinen und mittelständischen Unternehmen« habe dabei besondere Chancen – und doch seien Besorgnisse begründet: »Die Gefahr der Selbstausbeutung durch ständige Erreichbarkeit, immer neue Anforderungen an Kompetenzen, die Entwertung des Gelernten und der Verlust von Arbeitsplätzen lassen sich zu einem düsteren Bild der Arbeit von morgen verbinden.«[72]

Ist es nicht gerade deshalb von größter Bedeutung, dass die Gewerkschaften bei den unter »Industrie 4.0« laufenden Planungen aktiv dabei sind, die im Zeichen der »Flexibilität« die traditionelle Fixierung der Gewerkschaften auf bestimmte Standards von Arbeitszeit und Entlohnung altmodisch erscheinen ließen und mithin die Zukunft der Gewerkschaften in Frage stellten? Klaus Pickshaus allerdings, von 2010 bis 2014 Leiter des Bereichs »Arbeitsgestaltung« bei der IG Metall, verweist 2015 unter dem Titel »Gefährliche Liebschaften« auf die Gefahr, dass sich die Gewerkschaften gerade bei der in ihren Kreisen »grassierenden Gestaltungseuphorie« in ein Projekt einbinden lassen, das Arbeitnehmerinteressen zuwiderläuft, ohne klaren und zwingenden ökonomischen und technologischen Imperativen zu folgen.[73] »Die Grenzen zwischen realer und virtueller Arbeitswelt verschwimmen«: Verrät nicht ebendieses Verschwimmen, dass es sich um eine Illusion handelt, ähnlich wie die von Facebook suggerierte weite Welt voller »Freunde«?

Ebenfalls 2015 führt Philipp Staab von der Zeitschrift *Mittelweg 36* ein Interview über »Industrie 4.0« mit Constanze Kurz, der Leiterin des im Vorjahr gegründeten Ressorts »Zukunft der Arbeit« in der IG Metall. Ähnlich wie Sabine Pfeiffer zeigt sie sich hin- und hergerissen bei der Frage, ob »Industrie 4.0« ein bloßes Produkt industrieller Öffentlichkeitsarbeit oder ein sehr ernst zu nehmendes Projekt ist und ob für die Arbeitnehmer dabei die lichtvollen oder die düsteren Aussichten dominieren. Die Digitalisierung kann dazu benutzt werden, um »einzelne Arbeitsschritte streng vor(zu)geben«, die durch sie gebotenen Informationsmöglichkeiten können jedoch auch dazu dienen, dass die Beschäftigten »ihre Arbeitsabläufe selbst bestimmen«. Und ebendies könne von den neuen Techniktrends sogar erfordert werden: »Hochtechnisierte Arbeitsprozesse sind bekanntlich sehr störanfällig. Es braucht die Flexibilität und das Erfahrungswissen menschlicher Arbeitskraft, um Krisensituationen adäquat zu managen.«[74] Also droht die von Sabine Pfeiffer befürchtete »digitale Diktatur« doch nicht, gerade aus Notwendigkeiten der Digitalisierung heraus? Doch »wird die Digitalisierung einen Zugriff auf Arbeitskraft ermöglichen, der alle bisher bekannten Ausmaße sprengt«.[75]

Die Zukunft der Arbeit bleibt gleichwohl in vieler, jedoch nicht in jeglicher Hinsicht unsicher. »Über die tatsächlich eintretenden Konsequenzen lässt sich im Moment nur mehr oder weniger gut begründet spekulieren. Sicher ist: Der Typus von Industriearbeit, wie wir ihn heute kennen, wird sich verändern. In Zukunft werden die Funktionen, etwa von Service, von Vertrieb, also die produktbegleitenden Dienstleistungen, an Bedeutung gewinnen.«[76] Kurz darauf jedoch: »Mir ist bislang kein einziger Betrieb bekannt, der tatsächlich die Wirtschaftlichkeit neuer, unter der Überschrift ›Industrie 4.0‹ firmierender Ansätze nachweisen könnte.«[77] Aber dann warnt sie vor der verbreiteten Manier, mit der Bemerkung »Kennen wir schon, wissen wir schon, hatten wir schon« »Industrie 4.0« als bloßen »Hype« abzutun. Solchen Abwieglern sei »der Arbeits- und Umsetzungsdruck fremd, den wir in der Gewerkschaft täglich spüren, wenn uns Kollegen aus unterschiedlichen Betrieben anrufen, weil sie sehen, dass etwas Neues passiert, ohne zu wissen, wie sie mit den sich abzeichnenden Veränderungen umgehen sollen«.[78]

Ein derartiges Hin und Her findet man gegenwärtig in Stellungnahmen zu »Industrie 4.0« immer wieder. Christoph Spehr, ein Sprecher der Linkspartei, beginnt einen Artikel zum Thema in ironischem Ton: »Industrie 4.0 ist ein deutscher Begriff für eine sehr deutsche Art und Weise, den Umbruch zu sehen. … Die Hightech-Strategie der Bundesregierung und der großen deutschen Unternehmen zielt auf die vollautomatisierte Fabrik, die aber dabei das produziert, was sie immer produziert hat: Autos oder Maschinen.« Doch schon kurz darauf ist der Begriff gar nicht mehr typisch deutsch und heimischer Tradition verbunden: »Der Kampf um die globale Arbeitsteilung im Zuge der Industrie 4.0 hat längst begonnen.« Und im Untertitel spricht er von einem »Sozialismus 4.0« als Alternative zu »digitaler Arbeit«![79] »Industrie 4.0« stand als Veränderung nicht nur der Arbeits-, sondern auch der Lebensweise 2016 im Mittelpunkt des Weltwirtschaftsforums (World Economic Forum, WEF) in Davos, wobei eine WEF-Studie warnte: Diese vierte industrielle Revolution werde in aufstrebenden Volkswirtschaften rund sieben Millionen Arbeitsplätze überflüssig machen und nur zwei Millionen Stellen schaffen.[80] Für die Gewerkschaften ein Alarmsignal! Da wäre »Arbeit 4.0«, sofern diese eine erstrebenswerte Zukunft bezeichnet, kein bloßes Pendant zu »Industrie 4.0«, sondern eher ein Kontrapunkt. Derartige Pauschalprognosen sind freilich stets mit Vorsicht zu behandeln.

Thorben Albrecht, Staatssekretär im Bundesministerium für Arbeit und Soziales und zuvor in Funktionen beim SPD- und DGB-Vorstand, versteht 2016 in der Überschrift eines Artikels zum Thema die »Digitale Revolution in der Arbeitswelt« noch mit Fragezeichen, nimmt sie in der Folge jedoch als teils schon vorhandenes, teils zukünftiges Faktum. Gewiss könne diese Revolution durch »Arbeitsverdichtung, Multitasking« »neue psychische Belastungen« bewirken und die Überwachung der Beschäftigten perfektionieren; und doch biete sie »große Chancen, Arbeitsplätze gesünder zu gestalten« und – in genauem Gegenteil zu den erwähnten Risiken – »physische und psychische Belastungsfaktoren weiter zu reduzieren«. Der Ton wird immer optimistischer und verfällt in das alte sozialdemokratische Fortschrittspathos: Die Digitalisierung der gesamten Arbeitswelt eröffne »ein großes emanzipatorisches und humanisierendes Potenzial, nämlich, mehr Menschen kreative und selbstbestimmte Arbeit zu ermöglichen«.[81]

Die entscheidende Frage, wie sich diese schöne Zukunftsalternative mit den Mitteln der Politik durchsetzen lässt, bleibt weithin ausgeblendet. Dieser Optimismus ist im Zuge der Hochkonjunktur und eines Hochstandes der Beschäftigten, wie er seit Jahrzehnten nicht mehr erreicht worden war, nicht nur in Kreisen der Industrie, sondern auch der Gewerkschaften verbreitet.[82] Die zunehmende Freisetzung von Arbeitskräften schien doch nicht, wie noch ein Jahrzehnt davor befürchtet, ein Gesetz des technischen Fortschritts in der Ära der Elektronik zu sein; von der einstigen Alarm- und Kampfstimmung in Gewerkschaftskreisen beim Thema »Automation« ist in jüngster Zeit nichts zu spüren. Frank Lennings vom Institut für angewandte Arbeitswissenschaft (ifaa) glaubt 2015, noch weiter abwiegeln zu können: Das Thema »Auswirkungen von Industrie 4.0 auf die Arbeitswelt« werde »unnötig scharf diskutiert«. »Die Automatisierung sei längst noch nicht so weit, wie das manch aufgeregter Kommentar nahe lege.« Industrie 4.0 sei »mehr eine weitreichende Vision als ein konkret verfügbares Produkt«.[83]

Doch Holger Krökel, Experte für »Industrie 4.0« bei Bosch Rexroth, einem Technologieführer der Steuerungstechnik, bekennt, »am Anfang« habe er sich »von der Faszination der neuen Technik verleiten lassen«. Mittlerweile sei er sich jedoch dessen sicher, dass die »digitale Produktion« den »gläsernen Mitarbeiter« produziere, bei dem jeder Handgriff und selbst die geringste Entfernung vom Arbeitsplatz kontrollierbar sei. Zudem seien jetzt auch solche Arbeitsplätze gefährdet, von denen man bislang glaubte, sie seien dagegen gesichert, wegautomatisiert zu werden. »Wenn die Software den Prozess der Zuordnung von Mensch und Material plant und passend zum Kundenauftrag Material und Mensch zieht, werden die Menschen überflüssig, die zuvor für die Kommunikation zuständig waren und solche Prozesse gesteuert haben.«[84] Der Arbeitssoziologe Dennis Eversberg glaubt 2016 zu erkennen, dass »die Möglichkeit, sich als arbeitender Mensch die eigene Zukunft anzueignen, eine grundsätzliche Destabilisierung erfahren« habe. Der Abbau »linearer und langfristiger Erwartungshorizonte« in der Arbeitswelt vollziehe sich allerdings schon seit den frühen 1970er Jahren.[85]

Im Jahr 2002, noch vor »Industrie 4.0« und der neuen Welle von Optimismus, hatte Kurt Johannson, vormals Bildungsreferent beim Vorstand der IG Metall, seinen Beitrag »Perspektiven künftiger Arbeit« zum Begleitband der Dortmunder Arbeitsschutzausstellung mit dem Seufzer begonnen, »der Blick auf die derzeit populären Prognosen zur Entwicklung der Arbeit in der Zukunft« lasse »wenig Optimismus zu«, und zwar »vor allem dann, wenn man sich die Perspektive der Arbeitnehmerinnen und Arbeitnehmer von heute zu eigen macht«. »Nichts wird bleiben wie es ist, mit einer Ausnahme: Die Arbeitslosigkeit bleibt uns erhalten, wird das derzeit ohnehin hohe Niveau noch überschreiten und zum Dauerproblem werden.«[86] Ein Jahrzehnt darauf ist das Thema »Arbeitslosigkeit« in der Diskussion über »Industrie 4.0« über weite Strecken nahezu vergessen: So sehr ist der Diskurs über die Zukunft der Gegenwart verhaftet, selbst bei sonst geschichtsbewussten Sozialdemokraten und Gewerkschaftlern![87]

VERSUCH EINER VORLÄUFIGEN BILANZ. Einiges spricht dafür, dass jene

Trends, die unter »Industrie 4.0« laufen, inhärente Bremsen besitzen, die bewirken, dass die Vorstellung einer dramatischen, sich in kurzer Zeit auf breiter Front vollziehenden »Revolution«, die ganz neue Verhältnisse schafft, auch hier ähnlich irreführend ist wie bei den drei früheren »industriellen Revolutionen«. Zuoberst das Gebot der Rentabilität: Generell gilt die Regel, dass die Technik mit zunehmender Komplexität teurer wird. Auf den ersten Blick verblüffen besonders die Perspektiven von »Industrie 4.0« in der Landwirtschaft: Da ist schon von »Farming 4.0« die Rede. Vorbild ist beispielsweise das Unternehmen Weyga Farming Ltd. in der kanadischen Provinz Alberta, das – so ein staunender Bericht – »Satellitenbilder und Infrarot-Aufnahmen einer Drohnenkamera« einsetzt. Es »verfügt über automatisch gesteuerte Landmaschinen, die wegen dieser Daten wissen, wo sie welche Menge Saatgut oder Düngemittel einzusetzen haben«. Diese fahren »so präzise«, dass man »zwischen die Stoppelreihen des Vorjahres zu sähen vermag«. »Die Maschinen tauschen die Daten untereinander aus, sind von der Arbeitsbreite her aufeinander abgestimmt und benutzen dieselben Wege, das schont den Boden.« Und doch: »Aufpassen muss man trotzdem.« Bei Pflanzenschutz und Düngung beträgt die Einsparung um die fünf Prozent: Das ist bei diesem technischen Aufwand nicht gerade viel. Und: »Das Erdbeerpflücken gehört noch zu den Dingen, die ein Mensch besser kann als eine Maschine.« Unter den Bedingungen kleinräumiger deutscher Agrarregionen ist vorerst sehr zweifelhaft, ob sich »Farming 4.0« lohnt.[88]

Überdies erscheint die Regel, dass die Technik mit wachsender Komplexität nicht nur teurer, sondern auch störanfälliger wird und insbesondere neuartige und unerwartete Störungen zunehmen[89], auch durch »Industrie 4.0« nicht außer Kraft gesetzt.[90] Zugleich sinkt die Reparaturfreundlichkeit und werden Reparaturen aufwendiger; das erlebt jeder Autofahrer mit zunehmender Elektronik am eigenen Fahrzeug. Aufwendiger wird auch die Wartung der Technik; sie erfordert Kompetenzen neuer Art. Eine Tücke der per Internet erfolgenden Vernetzung besteht überdies im gesteigerten Risiko der Industriespionage, das Grundängste der Industrie wachruft.[91]

Die Debatte über die Zukunft der Arbeit ist nicht so neu, wie aus Unkenntnis der Geschichte heraus manchmal behauptet wird. Über das Industrieproletariat wurde bereits zu einer Zeit diskutiert, bevor es dieses Proletariat als Massenerscheinung gab.[92] Signalisiert das Schlagwort »Industrie 4.0« einen zukunftsträchtigen Typ von Zukunftsdenken, der aus ernüchternden Erfahrungen der Vergangenheit gelernt hat? Es gibt gute Gründe, diese Frage, wenn auch mit Vorsicht, zu bejahen, auch wenn der Ursprung dieser Begriffskreation bislang nicht ganz durchsichtig ist und die Diskussion teilweise ahistorisch geführt wird.[93] Zwar ist der immer neue Rückfall in die Paradies-Apokalypse-Tradition der Prophezeiungen nicht geeignet, echte Alternativen vor Augen zu führen und eine Mehrzahl möglicher Zukunftsszenarien zu diskutieren; aber diese neue Diskussion erschöpft sich keineswegs in solchen Klischees, und zumindest teilweise zeichnet sie sich durch Selbstkritik und Transparenz aus, zudem durch schärferen Sinn für die Realität als vieles, was früher über »Automation« und »Roboter« geschrieben wurde.[94] Gegenwärtig besteht weithin Konsens, dass hier kein technologischer Determinismus herrscht, sondern sich Gestaltungsfreiräume öffnen. Die Diskussion wird nicht nur *über* das Internet, sondern auch *mit Hilfe* des Internets geführt: Das Bundesarbeitsministerium hat unter *arbeitviernull.de* ein Internetportal für einen breiten Dialog eröffnet. Alles in allem scheint »Industrie 4.0« einen nützlichen Anstoß zu geben, Umschau zu halten, ob gegenwärtig nicht einiges ganz Neues auf uns zukommt.

Gewiss ist es eine Banalität, dass es »die« Zukunft »der« Industrie, »die« Zukunft »der« Arbeit nicht gibt, ein derartiges Niveau der Generalisierung hoch über der Vielfalt aktueller und künftiger Realität schwebt und es entscheidend darauf ankommt, nach Branchen ebenso wie nach näheren und ferneren Zukünften zu unterscheiden und bei alledem die Unsicherheit der Zukunft, das überraschende Hineinspielen externer Faktoren zu bedenken, anstatt die derzeitige Konjunktur in die Zukunft zu extrapolieren. Einst begünstigte die Dampfmaschine, das Wahrzeichen der ersten industriellen Revolution, den kohlenahen Großbetrieb und die Produktionsweise mit simplem und kräftigem Antrieb; die Digitalisierung dagegen, die vielfach als Essenz von »Industrie 4.0« gilt, enthält keine vergleichbare Techno-Logik.[95] Das vernebeln Schlagzeilen wie diese: »Die Zukunft ist digital.«[96] Daher enthält es auch eine fragwürdige Suggestion, wenn »Industrie 4.0« von seinen Protagonisten als »strategischer Leuchtturm« präsentiert wurde[97]; aber die Diskussion darüber ist mittlerweile vorangeschritten und trägt zumindest teilweise der Vielfalt der Arbeitswelt und dem Element der Unsicherheit in der Zukunft Rechnung. Auf die Frage eines Journalisten nach der künftigen Wirkung der Roboter auf die Beschäftigtenzahl erwiderte 2016 Jörg Hofmann, der Vorsitzende der IG Metall: »Wer heute behauptet zu wissen, was dies in zwanzig oder dreißig Jahren im Saldo für die Zahl der Arbeitsplätze bedeutet, kann im Zirkus auftreten.«[98]

Der Industrie- und Arbeitssoziologe Klaus Dörre weist darauf hin, die Frage nach »ökologischen Grenzen der Digitalisierung« werde in der öffent-

lichen Debatte über »Industrie 4.0« »weitgehend ausgeblendet«. »Das ist
überaus problematisch, weil auch eine digitalisierte Produktion auf knappe
Naturressourcen, etwa auf Seltene Erden, angewiesen bleibt. Die Nachfrage nach seltenen Erdmetallen mit stark magnetischen Eigenschaften ... ist
weltweit explodiert. 95 Prozent des globalen Angebots befinden sich gegenwärtig in China. Auch grüne Technologie ist, zumal in digitalen Varianten,
von solchen Erdmetallen abhängig ...«[99] Wird die Abhängigkeit von solchen Seltenen Erden aus zwingender Techno-Logik so bleiben? Ökologie als
Grenze der Digitalisierung – und grüne Digitalisierung selber durch Ökologie gebremst? Diese Fragen führen zum letzten Kapitel.

12

Zwischen Herausforderungen der Zukunft und des Hier und Jetzt: Ein noch zu erkundendes Spannungsfeld der Umweltbewegung

DIE ZUKUNFTSORIENTIERUNG IN DER UMWELTBEWEGUNG, DER MYTHOS VON DER »GERMAN ANGST« UND DIE QUERVERBINDUNGEN ZUR ELEKTRONISCHEN REVOLUTION. Die Geschichte der Zukunftserwartungen kennt nicht nur Fehlprognosen. *Eine* Prognose hat sich im Prinzip bewahrheitet: wenn der britische Naturschützer Max Nicholson 1970 eine »*Environmental Revolution*« proklamierte, einen nachhaltigen Wandel in der Sicht der Welt, auch wenn er zugleich bekennt: »Unglücklicherweise haben Revolutionen eine Art, die Revolutionäre zu überraschen«[1], so dass diese die Kontrolle über den Fortgang verlieren – das ist im Zuge der Politisierung des Umweltschutzes in der Tat oft genug geschehen.

Wir sind der Umweltbewegung in dieser Darstellung schon wiederholt begegnet: dem anhaltenden Proteststurm gegen die Atomkraftwerke als gleichsam dialektische Gegenreaktion auf die frühe Atomeuphorie, den »Grenzen des Wachstums« als Abkippen des Prognostikbooms der 1960er Jahre mit dessen Extrapolation des damaligen Wirtschaftswachstums in die Zukunft, dem zeitweiligen ökologischen Aufbruch in der DDR der späten 1960er Jahre, dem Brundtland-Report *Our Common Future*, der weltweit einen zweiten großen Schub des Umweltschutzes und eine Gemeinsamkeit der Vorsorge markiert, nach dem zeitweise drohenden Wiederaufleben des Kalten Krieges. Die Vorsorge für die Umwelt als bisheriger Höhepunkt der Geschichte des Zukunftsdenkens seit 1945 zieht sich als ein Leitmotiv durch mehrere Kapitel.

Doch da erkennt man zugleich das Problem für den Zukunftshistoriker: Beim Thema »Umwelt« droht die Darstellung aus allen Nähten zu platzen.

Die Umweltbewegung quillt über von Zukunftsperspektiven; aber gerade hier stellt sich die Frage mit besonderer Schärfe, wo man anfangen und aufhören und wie man die Geschichte strukturieren und die Pointen setzen soll. Doch ebendeshalb gibt der Umgang mit der Zukunft im Zeichen der Öko-Ära besonders intensive Denkanstöße, gerade wegen der inneren Spannungen in der Vielfalt der Aspekte. Daher soll dieses Kapitel zu dem Versuch einer Bilanz hinführen und zu möglichen Antworten auf die Frage, welche Lehren sich der Geschichte der Zukunftserwartungen für künftige Szenarien entnehmen lassen.

Die erste Generation der Umwelthistoriker tendierte dazu, die Neuartigkeit der seit der Zeit um 1970 von den USA bis Japan in Erscheinung tretenden Umweltbewegung zu relativieren. Wie sich zeigte, gab es bereits im 19. Jahrhundert eine Fülle von Bürgerprotesten gegen Flussverschmutzung und »Rauchplage« zu entdecken, besonders gegen die von Chemiewerken ausgehenden Giftschwaden. Am Ende also die übliche Historiker-Einsicht: »Alles schon einmal dagewesen«? Aber da steht ein neuer Schub von Entdeckungen an, der darauf hindeutet, dass sich um 1970 eben doch so etwas wie eine »ökologische Revolution« vollzogen hat.[2] Als Entgegnung auf das Wort im Prediger Salomo 1,9: »Nichts Neues geschieht unter der Sonne«, gab John R. McNeill seiner globalen Umweltgeschichte des 20. Jahrhunderts den Titel: *Something New Under the Sun*. Und zumindest in der Bundesrepublik sammelte sich der Umweltprotest zu einer Zeit, als über den Industriestädten nicht mehr ein Wald rauchender Schlote das Sonnenlicht trübte und die meisten Flüsse nicht mehr zu Kloaken verkamen, deren bloßer Anblick schon aufreizend wirkte, es vielmehr bereits verheißungsvolle Ansätze bei der Reinhaltung von Wasser und Luft gab. Ebenso wenig stand eine große Katastrophe, die panische Ängste hätte auslösen können, am Anfang der bundesdeutschen Umweltbewegung. Und nicht zu vergessen: Die Umweltbewegung florierte vor allem in Zeiten politischer Entspannung. Wenn man einen dritten Weltkrieg in absehbarer Zeit für möglich hält, fehlt der Antrieb zur Umwelt-Vorsorge für künftige Generationen.

Von Anfang bis heute haben Spötter den Umweltprotest gerne auf eine *German Angst* – als ob das ein Urteil des westlichen Auslands sei – oder einen der deutschen Romantik entsprossenen Horror vor der Technik zurückgeführt.[3] Ein derartiges Urteil ist jedoch nur aus historischer Ignoranz und auch aus Unkenntnis von Meinungsumfragen der jüngsten Zeit zu erklären.[4] Die Umweltbewegung hat vielmehr einen langen internationalen Vorlauf auf den Höhen intellektueller Eliten.[5] Aus lähmender Angst entsteht keine große und politisch wie publizistisch überaus produktive Bewegung, die Jahrzehnte überdauert. Gewiss entwarfen die *Grenzen des Wachstums* ein potentielles Zukunftsszenario mit apokalyptischen Zügen, und diese Studie erregte merkwürdigerweise (oder bezeichnenderweise?) in der Bundesrepublik unvergleichlich viel mehr Aufsehen als in den USA[6]; aber der elitäre Club of Rome mit der prominenten Denkfabrik des Massachusetts Institute of Technology (MIT) im Hintergrund war gewiss alles andere als eine Schar von Hysterikern, auch wenn er die Produzenten des Science-Fiction-Horrorfilms von 1973 *Soylent Green* (auf Deutsch *Jahr 2020 – Die überleben wollen*) beriet, der davon handelt, wie in dem auf 40 Millionen Einwohner angewachsenen New York insgeheim Menschenfleisch zu Nahrungsmitteln verarbeitet wird.

Bei furchteinflößenden Szenarien ist es aufschlussreich, nicht nur auf die Publikationen, sondern auch auf die dahinter stehenden Menschen zu schauen: Wurden sie wirklich von Angst getrieben? Wer sich in der Umweltbewegung engagierte, musste im Innern die Zuversicht hegen, dass sich gegen die der Umwelt drohenden Gefahren etwas machen ließ. Mathias Greffrath betont aus persönlicher Vertrautheit:»Robert Jungk war kein Apokalyptiker. Eher schon ein chronisch Zukunftsverliebter.«[7] Bei Herbert Gruhl, dessen düsteres Zukunftsgemälde, wie wir sahen, selbst einen Arnulf Baring angeblich über Monate quälte, war der tiefe Pessimismus ohne Zweifel echt; aber er war der erste in einer ganzen Reihe von Führungsaspiranten, der bei den Grünen durchfiel[8]; und auch bei der darauf von ihm gegründeten Ökologisch-Demokratischen Partei (ÖDP) isolierte er sich mehr und mehr durch sein düsteres Prophetentum; schließlich zog er sich verbittert aus der ÖDP zurück. Er war ein Zukunftsdenker, repräsentierte jedoch in keiner Weise den zukunftsträchtigen Teil der politisch aktiven Umweltbewegung.[9]

Wenn Josef H. Reichholf, der notorische Querdenker der Öko-Szene, seiner Streitschrift *Die falschen Propheten* (2002), die auf die Umweltalarmisten zielt, den Untertitel *Unsere Lust an Katastrophen* gibt – eine Variante von Friedrich Sieburgs wohlgelaunter *Lust am Untergang* von 1954 –, verrät er damit zugleich, dass Katastrophenszenarien nicht unbedingt der Angst entspringen, sondern mit einem gewissen Genuss ausgemalt werden können – »Hurra, die Welt geht unter!« war ein Hit von 2014.[10] Und wenn er den »Ökologismus« »als Ersatzreligion missbraucht« sieht und warnt, der »Schritt zur Öko-Diktatur« sei »dann leicht zu vollziehen und schwer zu vermeiden«[11] – obwohl man im gegenwärtigen Deutschland nicht die geringste Tendenz in dieser Richtung erkennen kann –, gibt er Grund zu dem

Verdacht, dass auch ihm selbst die »Lust an Katastrophen« nicht fremd ist.[12] Wenn er überdies fragt, ob der Kern des Klimaproblems nicht in den Kohlendioxyd-Emissionen, sondern »einfach darin« bestünde, »dass wir zu viele geworden sind«[13], dann ist er es im Grunde selber, der die Vorstellung erweckt, eine Welt-Öko-Diktatur, und zwar eine brutale, sei unvermeidlich; denn wie anders will man die Weltbevölkerung in kurzer Zeit drastisch reduzieren?

Angst gab es gewiss in der Umweltbewegung; doch diese ist alles andere als eine deutsche Besonderheit. Als der 90-jährige Historiker Fritz Stern, der 1938 aus Deutschland in die USA emigrierte, Anfang 2016 die Befürchtung äußerte, »wir stehen vor einem Zeitalter der Angst«, der von Rechtspopulisten genutzten politischen Angst, dachte er vor allem an die USA und den Aufstieg eines Donald Trump zum Präsidentschaftskandidaten.[14] Ein langer Artikel der *New York Times* vom April 2016 zu *global warming*, verfasst von einem früheren Präsidenten der American Meteorological Society, trägt den Titel: »A New Dark Age Glooms«.[15] Ein populäres US-amerikanisches Buch zum Klimawandel verkündet gar im Titel: *The Collapse of Western Civilization – A View from the Future*.[16] Die deutsche Literatur zum Klimawandel zieht gemeinhin nicht derart apokalyptische Register – und hat doch mehr bewegt.

Anstatt den Ursprung des Umweltprotests in einer vermeintlichen deutschen Angst, insbesondere Angst vor neuen Technologien zu suchen, sollte man besser auf subtile Zusammenhänge zwischen ökologischer und elektronischer Revolution achten. Die »Grenzen des Wachstums« waren mit den Spitzencomputern des MIT errechnet; nicht zuletzt dadurch erlangten sie ihre Autorität, obwohl man auf die Begrenztheit allen Wachstums auch ohne große Computer hätte kommen können. Die mikroelektronische Revolution produzierte ein neues Bild von technischem Fortschritt, fern von dem bisherigen Bild vom Fortschritt als Steigerung der Kraft. Die fixe Idee, die Energieversorgung müsse zentral gesteuert werden, wurde anachronistisch.[17] Durch die Regulierungsmöglichkeiten der Elektronik wird jenes *Smart Grid* möglich, das die dezentrale regenerative Energieerzeugung vernetzt und die Unregelmäßigkeiten von Sonne und Wind auszugleichen verspricht. In jüngster Zeit sehen sich Hausbesitzer damit konfrontiert, dass die ein- und ausströmende Wärme elektronisch gemessen und danach ein vorteilhafter »Energiepass« ausgestellt wird – oder auch nicht: So schlägt die Wende zum Energiesparen in die privaten Haushalte durch.

Rein theoretisch könnte durch elektronische Kommunikation eine Menge motorisierter Verkehr ersetzt werden. Ob dies jedoch tatsächlich geschehen wird: Bei dieser Frage zeigt sich sogar das sonst von ökosozialen Zukunftsvisionen beschwingte *Zukunftsfähige Deutschland* von 1996 skeptisch; denn ähnlich wie die Computer statt des »papierlosen Büros« bislang Berge papierener Ausdrucke produzierten, kann die elektronische auch zu motorisierter Kommunikation animieren:

> »Die ökologische Chance, die in der möglichen Reduzierung von Verkehr durch Elektronik liegt, lässt sich nur realisieren, wenn die Ausweitung der elektronischen Vernetzung möglichst wenig in neuen physischen Verkehr umgesetzt wird. Ansonsten wird von Verkehrsvermeidung kaum die Rede sein können; im Gegenteil, wenn nicht die Steigerung der elektronischen Raum-Zeit-Verdichtung mit einer Begrenzung der mechanischen Raum-Zeit-Verdichtung einhergeht, dann stehen womöglich weitere Verkehrslawinen ins Haus.«[18]

Auch die neuartigen und vertrackten Entsorgungsprobleme bei dem rapide wachsenden Elektronikschrott mögen ein Grund dafür sein, dass die Elektronik bislang das visionäre Denken der Umweltbewegung nicht in dem Maße inspirierte, wie es theoretisch denkbar wäre. Denn die »Alternative« war das Zauberwort der Umweltbewegung; fern von einer fundamentalen Technikfeindschaft stand sie mit ihrer Suche nach technischen Alternativen in bester Tradition des technologischen Fortschrittsdenkens. »Dem Ingenieur ist nichts zu schwer, er lacht und spricht: ›Geht dieses nicht, so geht doch das!‹«, beginnt Heinrich Seidels »Ingenieurlied« von 1871, das Eingang in das studentische Kommersbuch fand. Das schon erwähnte Buch des Klima-Aktivisten Daniel Boese mit dem Untertitel *Wie die Generation Facebook den Planeten rettet* zeigt ebenso wie der jüngste Literaturschwall zu »Industrie 4.0« und »Arbeit 4.0«, was sich in der Internet-Ära an Verbindungen von Elektronik und Ökologie alles ausdenken lässt.

VON DER ATOMKRAFT ZU DEN ERNEUERBAREN ENERGIEN: EIN ZUKUNFTSDRAMA. Das eine ist vorweg festzuhalten: Mag auch, historisch gesehen, die Umweltbewegung mindestens so sehr der Toxikologie wie der Ökologie entsprungen sein, so besteht ihr neuartiger Zug doch wesentlich in ihrer Zukunftsorientiertheit und darin, dass sie sich nicht nur auf altbekannte und evidente Schäden, sondern mindestens so sehr auf künftig drohende, teilweise noch hypothetische Gefahren richtete. Der mächtigste Umweltprotest sammelte sich in der Bundesrepublik gegen die Kerntechnik, und zwar lange vor Tschernobyl, als noch keine Reaktorkatastrophe vor Augen stand. Die radioaktive Strahlung war eine unsichtbare, mit den Sinnen nicht wahrnehmbare Gefahr; und über die Schadenswirkung radioaktiver Niedrig-strahlung aus dem Normalbetrieb von Kernkraftwerken gab es keine klaren und evidenten Fakten, sondern einen weiten Spielraum für hypothetische Annahmen. Kein anderer als Wolf Häfele, der gerne als »Brüterpapst« ti-tulierte Leiter des Schnellbrüterprojekts im Kernforschungszentrum Karls-ruhe, wies schon 1973 auf die »Pfadfinderrolle« des Diskurses um die Sicher-heit von Kernkraftwerken bei der Einbeziehung hypothetischer Risiken hin, gewiss auch, um angesichts der sich sammelnden Gegenbewegung daran zu erinnern, dass der nukleare Risikotypus mit seinen Unsicherheiten in der Ri-sikolandschaft der neuen Technologien keineswegs allein stand.[19]

Durch den Brüter, ursprünglich das Endziel der Reaktorentwicklung, ver-sprach die Kernenergie zur regenerativen Energie zu werden. Eine Geschich-te der bundesdeutschen Brüterentwicklung trägt den Titel *Die geplante Zu-kunft*.[20] Als der Brüter von Kalkar in den Jahren nach Tschernobyl sang- und klanglos beerdigt wurde, hatte die Kernkraft ihre Zukunftsfähigkeit verloren und blieben nur die erneuerbaren Energien als Zukunft übrig. Da fiel umso mehr ins Gewicht, was man im Prinzip von Anfang an wusste oder hätte wissen können: dass die Kernenergie in anderer, fataler Weise höchst zu-kunftsträchtig ist, und zwar im Sinne einer vorhersehbaren, wenn auch nicht überschaubaren Zukunft. Zum einen durch das Dilemma der Endlagerung der abgebrannten Brennelemente, deren Strahlung sich über Jahrtausende fortsetzt: ein in der gesamten Industriegeschichte noch nie dagewesenes Problem der Zukunftsvorsorge, aus dem sich streng genommen ergibt, dass das Gerede über die »Endlagerung« einer Utopie aufsitzt, da es im Umgang mit dem strahlenden Müll keine endgültige Lösung gibt.

Und noch eine andere nukleare Zukunft ist vorhersehbar. Karl Winnacker und Karl Wirtz verblüffen in ihrem gemeinsamen Buch *Das unverstandene Wunder* (1975) – dieses Wunder ist für sie die Kernenergie – den Leser mit folgender Anmerkung zu dem indischen Atombombentest von 1974: »Eines aber ist sicher: Wenn eines Tages auf der ganzen Welt Kernreaktoren in Be-trieb sein werden, dann wird es an weiteren solchen Überraschungen nicht fehlen. Die Menschen werden dann in der Lage sein, an jedem beliebigen Platz in der Welt Kernexplosionen ohne großen Aufwand auszulösen.«[21] Auch ein von vielen unverstandenes Wunder der Atomkraft! Winnacker, Chef der Farbwerke Hoechst, war lange Zeit der einflussreichste Großindus-trielle in der nuklearen »Community«; Wirtz war technischer Leiter des Kernforschungszentrums Karlsruhe – wieso weisen gerade diese Protago-nisten der Kernenergie auf abgründige Seiten der nuklearen Zukunft? Des

Rätsels Lösung: Sie waren Gegner des »Atomsperrvertrags«, des Vertrags zur Nichtverbreitung von Kernwaffen, und wollten dessen Sinnlosigkeit demonstrieren, wogegen die Befürworter davon auszugehen hatten, dass eine scharfe Trennung der zivilen und der militärischen Kerntechnik möglich sei. War nicht die Atomtechnik mit solcher Art von Zukunftsträchtigkeit erledigt? Aber ausgerechnet James Lovelock, der Schöpfer der »Gaia«-Theorie, den um 1970 im Zuge der ökologischen Revolution die Erleuchtung überkam, man müsse die gesamte Erde als ein Lebewesen begreifen, der die Globalisierung des Umweltdenkens inspirierte, hielt in seinen alten Tagen eine Vorsorge für ferne Zukünfte für sinnlos, da die menschliche Zivilisation so oder so vor dem Kollaps stehe. 2008 wusste er in einem Interview mit dem *Guardian* nur den Rat: »Genießt das Leben, solange ihr könnt. Denn wenn wir Glück haben, dauert es noch 20 Jahre, bis die Karre gegen die Wand fährt.« Daher befürwortet er die Kerntechnik, da diese der Menschheit die kurze Galgenfrist immerhin ein wenig komfortabler gestalte.[22]

Ein abenteuerliches und heute längst vergessenes Projekt, das nie in die große Öffentlichkeit gelangte, wirft ein grelles Licht auf die Verstiegenheit von Nuklearprojekten, kurz bevor die Stimmung kippte: das Qattara-Projekt, das in den 1960er Jahren vom Bundeswirtschaftsministerium im Zeichen der Entwicklungshilfe in Kooperation mit Ägypten gefördert wurde und dessen Leiter und Motor der deutsche Wasserbauingenieur Friedrich Bassler (1909–1992) war, der schon 1941/42 unter Rommel in der Qattara-Senke gekämpft hatte. Er wollte mit Atomexplosionen einen Kanal vom Mittelmeer in die unter dem Meeresspiegel liegende Senke sprengen und dort ein gigantisches Wasserkraftwerk errichten, das den Assuan-Damm in den Schatten stellte. Er glaubte errechnet zu haben, dass die Wassermassen in der Wüstenhitze so rasch verdunsteten, dass die Senke erhalten blieb und sich der Zustrom der Meeresfluten ohne Ende fortsetzte.[23] In der Zeit der großen Kernkraftkontroverse wirkte ein derartiges Projekt irrenhausreif: kein Wunder, dass es seither rücksichtsvoll verschwiegen wurde.

ZUKUNFT ALS GEGENWART, GEGENWART ALS ZUKUNFT: EIN VERSTECKSPIEL MIT DEN ZEITEN. In den 1970er Jahren waren es die Risiken und düsteren Zukünfte der Kerntechnik, die die stärkste Protestbewegung hervorriefen; in den 1980er Jahren lösten das »Waldsterben« und die Risiken der Gentechnik die größten Gegenbewegungen aus. Zugleich begannen die Warnungen vor dem Klimawandel und seinen Folgen Aufsehen zu erregen. Später wurde der Alarm um das »Waldsterben« oftmals lächerlich gemacht, als sich herausstellte, dass der deutsche Wald keineswegs im Sterben lag, sondern üppiger wuchs als zuvor.[24] Der irreführende Effekt wurde dadurch hervorgerufen, dass die Alarmrufer aus einer durch Bodenversauerung zu befürchtenden chronischen, teilweise hypothetischen Waldkrise eine akute Katastrophe machten, in der Annahme, nur auf diese Weise ließe sich etwas bewegen.[25] Ebendies ist die große Frage.

Die Protestbewegung gegen die *Gentechnik* folgte weithin dem Muster des Protests gegen die Atomkraft; schon vorher hatten US-amerikanische Kritiker eine Analogie zwischen der Atombombe und der Gentechnik gezogen [26] Das Argument lautete: So wie die Kernspaltung die Grundelemente der anorganischen Welt erschüttere, so die Gentechnik die Grundlagen der organischen Welt; daher seien auch von dieser Technik unabsehbare und unheilvolle Kettenreaktionen zu erwarten. Die konkrete Katastrophengefahr war bei der Gentechnik viel undeutlicher als bei der Kerntechnik. Weit mehr noch als der Protest gegen die Atomkraftwerke richteten sich die Warnungen vor der Gentechnik auf ein hypothetisches, mehr der Zukunft als der Gegenwart zuzuordnendes Risiko. Zwar verkündete der Biobauer und grüne Europa-Abgeordnete Friedrich-Wilhelm Graefe zu Baringdorf 1997: »Ich glaube, wir werden unser gentechnologisches Tschernobyl erleben«[27]; aber auch in den zwei Jahrzehnten danach wurde ein derartiges Desaster nicht bekannt.[28]

Die zeitweilige Fixierung der öffentlichen Aufmerksamkeit auf künftige Risiken, die der Landwirtschaft und ihren Konsumenten von genetisch neu kombinierten Pflanzen drohte, konnte von der aktuellen und ungleich deutlicheren Gefahr des massenhaften Einsatzes von Pestiziden ablenken: ebenjener Gefahr, die mit Rachel Carsons *Der Stumme Frühling* von 1962, dessen Hauptstoß dem DDT galt, am US-amerikanischen Anfang der Umweltbewegung gestanden hatte. Der *Silent Spring* war die Vision eines Frühlings ohne Vogelgezwitscher als Folge des massenhaften Einsatzes moderner Pestizide. Im Blick auf das Insektensterben der jüngsten Zeit wäre es kurzsichtig, auch diese Vision unter die vielen Fehlprognosen einzureihen. Christof Mauch, der Leiter des Münchener Rachel Carson Center, meint dazu: »Ich habe Silent Spring immer als Klageprophetie gelesen. Rachel Carson als poeta vates, als Seherin, die den doom erkennt. Aber wie bei allen Prophetien, haben die Rechtschaffenen die Möglichkeit, noch einmal umzukehren, um die Welt zu retten.« Wobei die alttestamentlichen Propheten allerdings wohl annahmen, die Rechtschaffenen seien in der Minderheit, und das Unheil werde kommen.[29]

Wie der *Spiegel*-Titel vom 16. November 1981 »Der Wald stirbt – Saurer Regen über Deutschland« den Startschuss zum Alarm um das »Waldsterben« gegeben hatte – eine *Spiegel*-Schlagzeile vom 14. Februar 1983 sprach sogar von einem »ökologischen Hiroshima« im deutschen Wald! –, war der *Spiegel*-Titel vom 11. August 1986 »Die Klima-Katastrophe« der publizistische Paukenschlag am Anfang des deutschen *Global-warming*-Alarms. Das berühmt-berüchtigte Titelbild zeigte einen zur Hälfte im Meer versunkenen Kölner Dom (gegenüber den Risiken der Gentechnik hält sich das Nachrichtenmagazin auffällig zurück). Keine vier Monate nach Tschernobyl lenkte dieser neue Alarm den Ansturm der Kritik auf die damals einzige reale Alternative zur Kernkraft: die Kohle![30] In einem Sammelband von 1989 *Energie für die Stadt der Zukunft*, Abschlussbericht des damaligen Bremer Energiebeirats, ist die Kraft-Wärme-Kopplung ein großes Thema[31]; das setzt die Produktion von Wärme voraus. Eva Müller, Redakteurin beim Wirtschaftsmagazin *Capital*, proklamierte 1993 das »Ende der Ölzeit« und konzentrierte dabei ihren Angriff auf das Öl, nicht auf die Kohle.[32] Das unter dem Eindruck von Tschernobyl geschriebene Buch *Energie-Wende* von Volker Hauff, womit sich erstmals ein bundesdeutscher Spitzenpolitiker diesen Zukunftsbegriff zu eigen machte, enthält noch ein Kapitel »Saubere Kohle hat Zukunft«[33]; die so verstandene Energiewende reichte damals schon in die Gegenwart. Doch gerade die Entschwefelung der Kohle, die dem Waldsterben Einhalt zu gebieten versprach, drohte die globale Erwärmung eher noch zu verschlimmern.[34] Die Sonne, die größte Hoffnung der Anhänger der erneuerbaren Energien, wurde auf einmal zur größten Gefahrenquelle!

Schon 1979 hatte der *Spiegel* mit dem Treibhauseffekt Alarm geschlagen (Schlagzeile in Heft 9/1979: »Tod im Treibhaus«), damals jedoch ohne nachhaltige Wirkung: Zu jener Zeit grassierten noch mit ähnlicher Vehemenz Prophezeiungen einer bevorstehenden neuen Eiszeit, da seit den 1940er Jahren weltweit ein Trend zur Abkühlung registriert worden war. Zu jener Zeit grassierten ja Prophezeiungen einer bevorstehenden neuen Eiszeit. Auch 1986 und noch bis weit in die 1990er Jahre war von einem eindeutigen Forschungsstand in Sachen *global warming* keine Rede: Das gibt Bert Bolin, der Gründervater des Intergovernmental Panel on Climate Change (IPCC) und höchste Autorität in Sachen Klimawandel, 2007 kurz vor seinem Tod in einem detaillierten Rückblick auf die »Wissenschaft und Politik des Klimawandels« mit bemerkenswerter Offenheit zu erkennen und kritisiert sogar die damalige Bundesumweltministerin Angela Merkel dafür, dass sie auf der Berliner Klimakonferenz von 1995 mit Warnungen vor einer wachsenden Häufigkeit von Wetterextremen als Folge des Klimawandels zu weit vorgeprescht sei.[35]

Wieder erkennt man die Prämisse, dass in der Politik nur dann etwas zu bewegen sei, wenn man mit unmittelbar bevorstehenden Katastrophen Alarm schlägt. Zu jener Zeit, als die Entwicklung der erneuerbaren Energien noch in den Anfängen stand, hätte jedoch eine Sofortreaktion großen Stils, so wie sie ein akuter Katastrophenalarm erfordert, nur auf den drastisch verstärkten Ausbau der Kernenergie hinauslaufen können. Wie nicht zu verwundern, hat denn auch die Atomlobby international die Gefährdung des Klimas kräftig für ihre Zwecke benutzt und »Klimawandel stoppen – Laufzeit verlängern« skandiert.[36] Wer dagegen etwas ganz Neues in Gang bringen will, dessen Entwicklung seine Zeit braucht, tut gut daran, keinen unnötig massiven Druck zum Soforthandeln (»Es ist fünf vor zwölf!«) zu suggerieren.

Die Frühgeschichte der Atomtechnik ist durch verwirrende Zeitspiele gekennzeichnet: Ein ursprüngliches Nahziel wie der Brutreaktor wurde mit wachsendem Aufwand zu einem Zukunftsprojekt, das in immer weitere Ferne rückte; zugleich setzten sich in dieser einst mit Zukunftsrhetorik propagierten Technik im Laufe der Zeit die Leichtwasserreaktoren durch, und zwar einfach deshalb, weil sie relativ billig und erprobt waren, mochten auch gegen ihre Zukunftsfähigkeit erhebliche Bedenken bestehen.[37] Es lohnt sich, der Frage nachzugehen, wieweit es Zeitspiele anderer Art auch in der Umweltbewegung gab. Vermutlich hatte es seinen Grund, wenn Umweltschützer immer wieder künftige Risiken als akute Bedrohungen schilderten: Ob bewusst oder unbewusst, lag dabei die Prämisse zugrunde, dass der Antrieb zum Handeln wesentlich den Herausforderungen der Gegenwart entspringt – gerade auch das Engagement zum Schutz der Umwelt.

Viele Menschen machen die Erfahrung, dass sie sich, sobald sie Kinder haben, über die eigene Lebenszeit hinaus Sorgen um die Zukunft machen: um die ihrer Kinder und auch der Welt, in der diese leben müssen. Umso merkwürdiger die zeitliche Koinzidenz: Gerade in die Zeit der »ökologischen Revolution« um 1970 fiel der »Pillenknick«, der beginnende Geburtenrückgang im Zuge der Verbreitung der »Anti-Baby-Pille«; dadurch wurde ein vitaler Antrieb zur Vorsorge für künftige Generationen geschwächt. Wie wir sahen, war Daniel Cohn-Bendits Wechsel von Rot zu Grün in der Ernüchterung nach 1968 von der Devise begleitet: »Nicht Politik für die Zukunft machen, sondern für heute«[38]; und diese Wende zum vitalen Leben im Hier und Jetzt charakterisierte weithin die alternativen Szenen der 1970er Jahre, aus denen sich die entstehende Umweltbewegung zum Gutteil rekrutierte.

Nicht nur von dort: Ein erster Anstoß war – später oft vergessen – ab

Ende 1969 aus der Bundesregierung gekommen, als Peter Menke-Glückert den neuen Innenminister Genscher auf den frisch aus den USA importierten Umweltschutz brachte. Aber gerade auch bei der Politik gibt es stets Grund zu der Vermutung, dass sie auch dann, wenn sie rhetorisch mit der Zukunft operiert, wesentlich von der Goetheschen »Forderung des Tages« bestimmt wird. Man geht schwerlich fehl in der Annahme, dass hinter der Erfindung der Umweltpolitik nicht zuletzt Genschers Bestreben stand, der FDP ein eigenes Reformprofil in der Koalition mit der SPD zu verschaffen. Frank Uekötter glaubt darüber hinaus zu erkennen, »dass die Ökologisierung der Bundesrepublik ganz wesentlich vom Eigeninteresse der Verwaltungen vorangetrieben wurde, die auch deshalb auf Umwelt setzten, weil sie dadurch Kompetenzen und Budgets erweitern konnten«.[39] Aus seiner Sicht trifft das gerade auch auf die Klimapolitik zu, die in der Öffentlichkeit als die Zukunftspolitik *par excellence* präsentiert wurde.

In Hegels *Phänomenologie des Geistes* findet sich das für einen Geschichtsphilosophen in einer höchst geschichtsbewussten Zeit bemerkenswerte Diktum, das den alten Spruch von der Geschichte als Lehrerin (»*Historia magistra vitae*«) zurückweist:

> »Jede Zeit hat so eigentümliche Umstände, ist ein so individueller Zustand, dass in ihm aus ihm selbst entschieden werden muss und allein entschieden werden kann. Im Gedränge der Weltbegebenheiten hilft nicht ein allgemeiner Grundsatz, nicht das Erinnern an ähnliche Verhältnisse, denn so etwas wie eine fahle Erinnerung hat keine Kraft gegen die Lebendigkeit und Freiheit der Gegenwart.«[40]

Wie ein Existenzphilosoph lehrte Hegel, der Mensch sei »wesentlich jetzt und hier«: eine überhistorische, anthropologische Bestimmung des menschlichen Verhältnisses zu den Zeiten. Wenn nicht einmal die Vergangenheit, die noch in so vielem präsent ist, Macht über die Gegenwart besitzt: Gilt das Gleiche dann nicht in noch höherem Maße für die Zukunft? Man könnte einwenden: Sind nicht all die »für die Ewigkeit« errichteten Bauwerke, all die Kathedralen und mächtig-massiven Stadtmauern, der eindrucksvollste Beweis für das Gegenteil? Doch diese Bauten waren bereits in der Gegenwart machtvoll präsent; und heutige Bauten werden ohnehin kaum je für die Ewigkeit bestimmt. Der anfangs als »Jahrhundertbaustoff« gepriesene Beton bröckelt oft schon nach wenigen Jahrzehnten. Aber zeugt nicht die Macht des Christentums über viele Jahrhunderte, in welchem Maße die Angst vor ewiger Verdammnis das Verhalten der Menschen schon in der Gegenwart leitete?

ZUM ACHTSAMEN UMGANG MIT DEM APOKALYPSE- UND DEM UTOPIE-VER-DACHT. Der Philosoph Hermann Lübbe, der uns bereits als Kritiker hochgemuter Prognostiker begegnete, überrascht seine Leser 1996 mit einer Apologie der Apokalypse: »Apokalyptische Erwartungen sind ein prägender Bestandteil unserer kulturgeschichtlichen Überlieferung bis heute, und inzwischen ist die Apokalypse empirisch geworden. ... Den Befindlichkeitswandel, der von der modernen, nämlich empirisch gewordenen Apokalyptik ausgeht, darf man als beträchtlich einschätzen.« Zugleich warnt er »vor der naheliegenden Vermutung, dass die apokalyptische Erwartung zukünftiger Schrecken eo ipso destabilisierend wirke«.[41] In der Tat, da wäre die Geschichte des Christentums der stärkste Gegenbeweis. Wir sehen, es handelt sich um eine geschichtsbelastete Frage, deren Beantwortung ein Stück weit offenbleiben muss. Der gleiche Hermann Lübbe verwies 2008 in einer Rundfunksendung *Die Zukunft der modernen Zivilisation* auf mehrere »Großtrends«, die »Zuversicht geben«.[42]

Doch eine Fülle an Zuversicht vermittelte auch das Christentum; und überdies hatten die christlichen Kirchen und Sekten stets nicht nur Zukunftserwartungen, sondern auch sehr vieles für die Gegenwart zu bieten: Gemeinschaft, Sinngebung, materielle Vorteile. Zudem leben wir heute in einer Zeit, der nicht zu Unrecht Schnelllebigkeit nachgesagt wird und in der die Jenseitsreligionen auf dem Rückzug sind. Oder kehren sie in neuartigem Gewand zurück? Der für seine Person areligiöse Historiker Hans-Ulrich Wehler bekannte in seinen späten Jahren, die größte Überraschung seines Lebens sei die Wiederkehr der Religion gewesen[43]: Bis dahin hatte er die Säkularisierung für einen unaufhaltsamen Trend der Moderne gehalten.

Wie wir sahen, erkennt Reichholf in der Tat – und dies nicht ohne Grund – die Tendenz, dass der »Ökologismus« zur »Ersatzreligion« wird; er hegt für seine Person einen Horror vor dieser Mutation. Zugleich kritisiert er die Undeutlichkeit des Zukunftsdenkens der Umweltbewegung: »Die Frage, für welche Zukunft aus der Fülle der möglichen wir eigentlich verantwortlich seien oder uns fühlen sollten, bleibt ungestellt.« Er selbst hat eine Antwort:

> »Für eine Zukunft, die wir erleben können und für die wir die Erde lebenswert erhalten wollen. Weil unsere Nachkommen in dieser Zeit leben werden. ... Die nahe Zukunft, die wirkliche Zukunft. ... Das ist die Zukunft, die wir gebrauchen und verbrauchen. Sie ist unsere Lebenszeit. Und sie ist überprüfbar. ... An ihr, an dieser erlebbaren Zukunft sollte uns gelegen sein.«[44]

Wenn zu der von ihm angepeilten Zukunft zunächst noch die Lebenszeit der (welcher?) Nachkommen gehört, ist sie am Schluss auf die eigene Lebenszeit geschrumpft. Seine ganz persönliche Betroffenheit erkennt man in der Klage, dass »weite Teile Bayerns unter den Gestankwolken von Gülle aus der Massentierhaltung versinken«[45], ohne dass dies zu einem großen Thema der Umweltbewegung würde. Von einer derart begrenzten Zukunftsdefinition her betrachtet wäre die Lagerung des Atommülls kein sonderlich großes Problem. In letzter Konsequenz landet man bei der zynischen Devise »Nach uns die Sintflut!«, die als Grundlage der Umweltpolitik offenkundig absurd ist.

Gewiss liegt eine solche Konsequenz einem Ökologen wie Reichholf fern. Gerade er weist an anderer Stelle kritisch darauf hin, dass der Schutz der Natur oftmals nur vorgeschoben wird, um bestimmte Bauprojekte zu verhindern, die im eigenen Umfeld stören.[46] Da besteht die Crux des Naturschutzes nicht darin, dass er auf eine allzu ferne Zukunft zielt, sondern als Verkleidung sehr gegenwärtiger und persönlicher Präferenzen fungiert. Aber sind derartige Motive aus Reichholfs Sicht verwerflich? Seiner Meinung nach sollten die Naturschützer offen zugeben, dass sie für eine bestimmte Natur kämpfen, weil sie an ihr hängen. »Wir wollen, dass die Blaukehlchen in der Au überleben, weil wir uns daran erfreuen und weil wir sie unseren Kindern und Enkeln zeigen wollen.«[47] Einen Hauptbeweggrund der Naturschützer hat er damit wohl aus eigener Erfahrung ganz realistisch geschildert.

Dass die Erhaltung überkommener Reize der Natur eine vorrangige Sorge der Naturschützer ist, mag ein Grund dafür sein, dass trotz der weiten Resonanz, die das *Zukunftsfähige Deutschland* von 1996 des Wuppertal-Instituts erlangte, der Begriff »zukunftsfähig«, der sich in Wuppertal erst nach intensiver Diskussion durchsetzte[48], das zunächst so altfränkische[49] »nachhaltig« nicht wirklich verdrängen konnte. Das 1992 beschlossene EU-Programm »Natura 2000« spielte auf das seit langem magische Jahr der Zukunftsentwürfe an; in Wirklichkeit ging es jedoch bei den dort vorgesehenen »Flora-Fauna-Habitat(FFH)-Gebieten« um die Erhaltung einer bestehenden ökologischen Vielfalt. Es wäre ganz unrealistisch, diese Verwurzelung in der Gegenwart pauschal als kurzsichtig abzutun.

In der Zeit unmittelbar nach der Wiedervereinigung, als die politische Zukunft der Grünen zweifelhaft geworden war, verfasste Winfried Kretschmann, der es später als erster Grüner zum Chef einer Landesregierung brachte, neuerdings sogar in Koalition mit der CDU, zu dem Sammelband *Sind die Grünen noch zu retten?* einen Beitrag: »Wie konservativ müssen die Grünen sein? Warum eine ökologische Partei nicht ›links‹ sein kann‹. Ein Unterkapitel trägt, wiederum mit Fragezeichen, die Überschrift: »Warum kann eine ökologische Partei keine Partei des Utopismus sein?« Sein Kernargument, ganz im Geiste schwäbischer Sparsamkeit, lautet folgendermaßen:

> »Die Scheidelinie zwischen Fundis und Realos, die es ja überall in der Welt gibt, geht im letzten immer um die Frage: Ist der Mensch ein Wesen der Fülle oder des Mangels? … Die ökologische Krise aber hat uns eine neue Erkenntnis dazugebracht: Auch die Natur ist kein Reich der Fülle. Nach dem, was wir heute wissen, setzt schon die Natur außerhalb des Menschen der Lebensweise in den entwickelten Industrienationen Grenzen. … Was also soll der moderne Begriff von Emanzipation in dieser Situation für eine ökologische Partei? Was das Gerede von Utopien, wo das utopische Potential der Moderne sich überhaupt erst zu entfalten beginnt und die Politik nur noch hilflos hinter dem hinterherhinkt, was in den Labors der Wissenschaft der Büchse der Pandora entweicht?«

Wenn man überdies jeden »kleinen Reformschritt immer an die Meßlatte von Utopien anlege«, werde jede Politik sinnlos: ein Grund, weshalb sich in der Bundesrepublik »viele Grüne im Feindesland« fühlten.[50] In der Tat kann man festhalten, dass solche Utopien politisch verderblich sind, die den umweltpolitischen Alltag entwerten. Und dennoch: Steckt in Utopien zwangsläufig das alte Märchen vom Schlaraffenland, wo die Menschen in Hülle und Fülle leben? Besitzt nicht in einer Zeit, wo sich viele Menschen eine florierende Wirtschaft ohne Wachstum nicht vorstellen können, gerade das Konzept einer mit den natürlichen Grenzen in Einklang gebrachten Wirtschaft einen utopischen Zug?

Der Politologe Herbert Kitschelt, der über die Kernenergiepolitik promoviert hatte, wetterte 1984 gegen den wachsenden Einfluss des Amerikaners Amory Lovins auf deutsche Anti-AKW-Kreise, der die »sanften Energiequellen« als die selbst »marktwirtschaftlich billigste« Alternative zur Atomkraft propagierte. Das, so Kitschelt – der bald darauf einem Ruf in die USA folgte –, sei naiver »Amerikanismus und Utopismus«, der als »ideologisches Schmiermittel« für das bestehende Wirtschaftssystem fungiere. Daher sei es »an der Zeit, dass aufgeklärte Teilnehmer des ökologischen Diskurses damit aufhören, Lovins zu zitieren«. Lieber sollten sie sein »Kartenhaus weltfremder Konstruktionen« zum Einsturz bringen.[51] Wie sich längst gezeigt hat, war Lovins alles andere als ein weltferner Utopist, vielmehr mit seiner »*Soft Energy*« von 1977 ein Vordenker der deutschen Energiewende[52], wogegen Kitschelts damalige Implikation, der bestehende Kapitalismus lasse

Schaubild eines teilweise extra-
terrestrischen Solarkraftwerks,
bei dem ein gewaltiger Satellit im
Weltraum gebündelte Sonnenstrahlen
auf die Nachtseite der Erde reflektiert.
Das Projekt wurde 1965 von Peter Glaser,
dem damaligen Präsidenten der US-
amerikanischen Solar Energy Society,
der Öffentlichkeit präsentiert und noch
1980 von Bernd Stoy, dem Fürsprecher
der Solarenergie im RWE-Vorstand,
wie eine ernst zu nehmende Zukunfts-
vision dargestellt.

sich durch ein anderes Wirtschaftssystem ersetzen, weitaus wirklichkeits-ferner war.

Die Geschichte liefert nicht nur Beispiele dafür, dass Utopien ins Leere verpuffen, sondern gerade in einer utopiefernen Zeit auch Hinweise darauf, dass man mit dem Utopismus-Vorwurf vorsichtig umgehen muss. Wir haben bereits gesehen, wie bei dem erklärten Anti-Utopisten Hans Jonas die Solarenergie unter Utopismus-Verdacht geriet, wogegen er der Propaganda für die weit weniger realistische Kernfusion aufgesessen war.[53] Eine Zukunft auf der Grundlage der Energie der Sonne: Das erschien zu schön, um wahr zu sein.[54] Die seit der Genfer Atomkonferenz von 1955 verheißene Fusions-energie dagegen folgte angeblich (genau besehen nicht wirklich[55]) dem durch die Kernenergie vorgezeichneten Pfad. Aber eine wichtige Lehre aus dem Rückblick auf Zukunftserwartungen der Vergangenheit geht dahin, dass die Geschichte Überraschungen bietet.

SOLARSTROM AUS DER WÜSTE? DIE KRAFTLOSE DESERTEC-VISION UND DIE UMSICHT DES SOLARVISIONÄRS HERMANN SCHEER BEIM UMGANG MIT DER ZU-KUNFT. Das 2003 unter Mitwirkung des Club of Rome initiierte *Desertec*-Projekt, das bis 2050 den Bau Hunderter Solarthermie-Kraftwerke in der Sahara und den Wüsten des Nahen Ostens anpeilte, erscheint gegenwärtig, wo die Planungsgesellschaft zu einem bloßen Beratungsunternehmen her-untergekommen ist[56], wie ein Musterbeispiel für eine allzu realitätsferne

Hermann Scheer, der
visionäre Vorkämpfer
der Solarenergie, der
jedoch die Unsicherheit
konkreter Prognosen
erkannte.

Utopie; und doch ist seine lange Vorgeschichte keineswegs luftig von der realen Welt abgehoben. Heutige Kritiker wittern in diesem Projekt Kolonialismus; es besaß jedoch auch eine alte Attraktion für Sozialisten. Wie oben erwähnt, plädierte bereits 1900 Friedrich Kohlrausch, als Nachfolger von Helmholtz Präsident der Physikalisch-technischen Reichsanstalt, im Blick auf die kommende Solartechnik für einen solaren Kolonialismus in sonnenreichen Wüsten. Im Zeichen der Zukunftsvorsorge sei es somit ratsam, wenn eine Nation sich schon jetzt einen Anteil an solchen Gegenden sicherte. Sehr große Flächen sind nicht einmal nötig; »einige Quadratmeilen in Nordafrika würden für den Bedarf eines Landes wie das Deutsche Reich genügen«. August Bebel übernahm diese Vision mit Begeisterung in darauf folgende Auflagen seines Bestsellers *Die Frau und der Sozialismus*.[57]

Auch Desertec-Studien ergaben laut Wikipedia, »dass solarthermische Kraftwerke auf einem Gebiet von weniger als 0,3 Prozent der Wüstenfläche des Nahen Ostens und Nordafrikas genügend elektrische Energie und entsalztes Wasser für den steigenden Bedarf dieser Länder sowie für Europa erzeugen können«, wobei freilich die bei Wärmekraftwerken erforderlichen Kühltürme in heißen und trockenen Regionen ein kritischer Punkt sind. Hinzu kommt der Einwand, diese Weltregionen seien gegenwärtig politisch noch unsicherer als in der Gründerzeit von Desertec; aber auch Islamisten brauchen Energie und Devisen, und Erdöl bezieht die Bundesrepublik auch aus dem Iran. So gesehen wäre es voreilig, ein Projekt wie Desertec als realitätsferne Utopie abzutun. Populär ist es jedoch allem Anschein nach in Deutschland nie gewesen: Gerade die Öko-Szene wollte die erneuerbaren Energien dezentral im eigenen Lande haben und mit ihnen die Allmacht der großen Energieerzeuger brechen, die durch Desertec neu gestärkt worden wäre.[58] In den Chefetagen der großen EVUs dagegen, die hier eigentlich eine Chance gehabt hätten, fehlte jene unternehmerische Mentalität, die für ein derart extravagantes Projekt nötig gewesen wäre.[59]

Hermann Scheer (1944–2010), der als Präsident von EUROSOLAR mit Leidenschaft für die »solare Weltwirtschaft«[60] kämpfte und mit seinem Charisma als »Sonnenkönig« (oder sarkastisch als »Solarpapst«) tituliert wurde[61], war gleichwohl ein entschiedener Gegner von Desertec, wobei er dieses Projekt »rein technisch« ohne Zweifel für realisierbar hielt.[62] Obwohl er etwas Visionäres besaß, hielt er sich doch in seinen späteren Jahren mit konkreten Visionen über die solare Zukunft zurück[63], im Bewusstsein, dass es noch viele von Unsicherheiten gab, von der Entwicklung neuer Speichertechniken[64] bis zur Weiterentwicklung der Solarzellen auf der Basis neuer Materialien und zur Bewältigung des Problems der Wärme- und Treibstofferzeugung.[65] In der ersten Zeit nach Tschernobyl hatte er eine »Energie-Revolution durch solaren Wasserstoff« verkündet[66] und dazu beigetragen, dass sich vor allem in der SPD vorübergehend eine solare Wasserstoff-Euphorie verbreitete. Selbst *Der Spiegel* machte den solaren Wasserstoff am 11. August 1987 zum Titelhelden, wobei das sonst für seinen Sarkasmus berühmte Magazin eine ungewohnte Begeisterungsfähigkeit zeigte. Mit Solarenergie Wasserstoff von Wasser abzuspalten, schien alle Probleme der erneuerbaren Energien auf einen Schlag zu lösen: das Speicherproblem ebenso wie das Problem der Erzeugung von Wärme und Treibstoff.

Aber Wasserstoff ist hochexplosiv; und bei der Produktion von Wasserstoff per Solarenergie war das Verhältnis von Aufwand und Ertrag zumindest auf absehbare Zeit extrem ungünstig.[67] Ausgerechnet nach der Jahrtausendwende wurde es um die vermeintliche »Energie für das neue Jahrtausend« wieder still[68]; auch der ehedem so begeisterte Scheer wurde skeptisch.[69] Diese Erfahrung mag mitgespielt haben, wenn er fortan mit konkreten Utopien über die solare Zukunft zögerte. Seine Zurückhaltung resultierte überdies daraus, dass die erneuerbaren Energien für ihn nicht nur eine Energiewende, sondern auch eine Gesellschaftswende markieren sollten: eine Entmachtung der großen Stromerzeuger zugunsten einer dezentralen Energieproduktion und einer energiepolitischen Aktivierung der Bürger. »Die Chancen der Solarenergie waren für ihn in hohem Maße auch eine Chance für mehr Demokratie.« (Christiane Grefe)[70]

In der Tat gab es Grund genug für Zweifel, ob es die großen Energieversorgungsunternehmen mit der Energiewende tatsächlich ernst meinten. Auch Reinhard Loske, der gegen Ende der rot-grünen Bundesregierung zusammen mit Scheer ein »rot-grünes Projekt« zur Reaktivierung der Energie- und Umweltpolitik entwarf[71], stellt noch 2016 fest, »dass die großen EVUs die Energiewende seit zwanzig Jahren bombardiert haben«. »Die Monopol- zeit sitzt zu tief in den Genen der Groß-EVUs, als dass sie zu schnellen und flexiblen Akteuren der neuen Energiewelt werden könnten.«[72] Allerdings ist »dezentral« nicht automatisch gleichbedeutend mit »demokratisch«; viel- mehr sind auch Szenarien denkbar, wo die Kontrolle durch Parlament und Öffentlichkeit unter Bedingungen der Dezentralität erschwert wird.

Christiane Grefe, Reporterin im Berliner Büro der *Zeit*, die Scheer gut kannte und mit ihm und Carl Amery zusammen das Buch *Klimawechsel* ver- fasste, schreibt über sein ambivalentes Verhältnis zu Zukunftsszenarien, das zu Grundsatzüberlegungen zum Zukunftsdenken anregt:

> »Er war ein Visionär. Freilich unterschied er sich von den meisten anderen ›Visio- nären‹, deren Zukunftsbild sich oft auf einseitig propagierte technische Eupho- rien stützt. Denn als Wirtschafts- und Sozialwissenschaftler und als Politiker hat er immer die soziologische Dimension der Technologien mitgedacht und im Fall der erneuerbaren Energien ihr demokratieförderndes Potential. Nach meiner Er- innerung lehnte er keine Zukunftsszenarien ab, die unterschiedliche Pfade und Optionen technologischer Entwicklungen beschreiben. Die machten als ›Denk- hilfe‹ Sinn. Aber er kritisierte Prognosen, die als scheinbar präzise Hochrechnung der Entwicklung einzelner Technologien im Energiesystem daherkamen. Da war er aus mehreren Gründen oft misstrauisch: 1) weil sie allzu oft auf interessengelei- teten Prämissen gründeten und entsprechend politisch instrumentalisiert wurden, 2) weil sie zu sehr innerhalb des Status quo des bestehenden Energiesystems kon- zipiert waren und damit 3) technologische Innovationen wie 4) den gesellschaft- lichen Wandel ignorierten, den die Erneuerbaren Energien nach seiner Überzeu- gung, seiner ›Vision‹ ermöglichen würden. Über Prognosen, die im Jahr 2000 genaue Wege bis zum Jahr 2050 beschrieben, hat er eher gelacht – und immer wieder gern Hochrechnungen von früher zitiert, die sich als hanebüchen erwiesen hatten. – Wie sicher er sich seiner Vision war, ist auch daran zu erkennen, dass er von Anfang an im Erneuerbare Energien Gesetz eine Degression der Förderung eingebaut hat, zu einem Zeitpunkt, als andere besonders die Photovoltaik noch als irrelevant und kleinklein verwarfen. Und dass er in hohem Maße Recht hatte mit seiner damals als viel zu optimistisch belächelten Beschreibung der zukünftigen Dynamik der erneuerbaren Energien, erkennt man daran, dass diese Degression sich ziemlich schnell sogar als zu langsam erwies.«[73]

Die anfangs hohe Förderung der Solarenergie führte in der einschlägigen Industrie zu einem derart unerwarteten Boom, dass die Bundesregierung ihre ursprünglich großzügigen Förderungen kürzte und damit in der Solar- industrie eine Pleitewelle auslöste, durch die nach manchen Berechnungen an die 80 000 Arbeitsplätze verlorengingen.[74] Die bisherige Geschichte der Solartechnik ist in hohem Maße eine Geschichte der Visionen, aber auch der Überraschungen und Überraschungsreaktionen.

ÖKO-UTOPISMUS US-AMERIKANISCHEN UND OSTDEUTSCHEN STILS. Man kann es bezeichnend finden, dass die weitaus berühmteste literarische Öko-Utopie aus den USA stammt: Es ist der 1975 erschienene Roman *Ökotopia* von Ernest Callenbach, der die Reportage eines William Weston aus dem Jahre 1999 aus dem im amerikanischen Westen lokalisierten Ökotopia schildert, das sich um 1980 von den USA abspaltete. Dort sind nicht nur die Häuser, sondern auch die Badewannen aus Holz: Die Rückführung der Materialien in den Kreislauf der Natur ist kein Problem. Aber die Bewohner von Ökotopia sind überhaupt keine innovationsfeindlichen Traditionalisten; im Gegenteil, sie reisen sanft und ohne Geratter mit 360 Stundenkilometern in einer Magnetschwebebahn, die damals auch in der Bundesrepublik als Verkehrsmittel der Zukunft galt, bis sich bei einer Versuchsstrecke im Emsland herausstellte, dass der angeblich »flüsternde Pfeil« bei Spitzentempo den Lärm eines Tieffliegers verursachte. Da in Ökotopia jedoch Wert auf Technikfolgenabschätzung gelegt wird, müsste man diese Tücke der neuen Technologie rechtzeitig bemerken. Callenbachs *Ökotopia* ist nicht nur eine ökologische, sondern auch eine soziale Utopie; es ist basisdemokratisch organisiert, gründet sich auf den Konsens seiner Bürger und erregt mit seinem lustvollen Lebensstil – Marihuana ist legalisiert! – das Entzücken des Reporters William Weston. Sexuelle Bindungen sind grundsätzlich stabil; nur an vier Feiertagen im Jahr herrscht Promiskuität: eine Doppelmoral, die nicht unbedingt utopisch ist.

In der bundesdeutschen Literatur gibt es keine Öko-Utopie, die auch nur entfernt die Strahlkraft von Callenbachs Roman besaß. Lag das daran, dass den Nachkriegsdeutschen die Lust an der Utopie vergangen war, oder eher daran, dass es hier so viele reale Ansätze zum Umweltschutz gab, dass man sich in keine Utopie zu flüchten brauchte? Noch am ehesten findet man Spielarten einer Öko-Utopie, die sich auf die gesamte Gesellschaft und nicht nur auf einzelne Sektoren wie Energie oder Verkehr bezieht, in der späten DDR: bei den Dissidenten Wolfgang Harich (*Kommunismus ohne Wachstum?*, 1975), Robert Havemann (*Morgen*, 1980) und Rudolf Bahro (*Die Alternative*, 1977). Alle drei Bücher konnten nur im Westen publiziert werden, wo zwar Bahros *Alternative* zum vieldiskutierten Bestseller wurde, ihre Botschaften jedoch politisch in der Luft hingen, da sie auf ein sozialistisches System ausgerichtet waren. Alle drei wurden im Westen nur als Regimekritiker, nicht als Utopisten wahrgenommen. Ihre Zukunftsvisionen fallen in eine Zeit, in der die ostdeutsche Realität sich weniger denn je als zukunftsträchtig darstellte; nicht zuletzt daraus mag sich ihr utopischer Zug erklären.

Im Kontrast zu Callenbach entwirft Harich eine asketische Öko-Diktatur, wogegen Havemanns Öko-Utopie eher anarchokommunistische Züge trägt. Sie alle wurden als Regimekritiker vom SED-Regime verfolgt und observiert, verstanden sich gleichwohl als Marxisten. Alle drei entwickelten ihre Utopien unabhängig voneinander. Ungeachtet ihrer Gegnerschaft gegen die SED-Diktatur tragen ihre utopischen Entwürfe Spuren des zentral gesteuerten DDR-Systems. Eine erkennbare Wirkung haben sie nicht ausgeübt.[75] Bahros und Harichs Zukunftsentwürfe sind im Kern theoretische Konstrukte, die nicht selten etwas Gequältes haben und kaum etwas von dem Charme und der Lebendigkeit der *Ökotopia* Callenbachs besitzen; nur Havemanns *Morgen* kann an lustvoller Schilderung mithalten. Nicht unbedingt verlockend ist freilich seine Vision, dass die Gesellschaft der Zukunft zum Großteil aus Lehrern und Erziehern bestehen wird: »Die Tätigkeit der Lehrer und Erzieher schafft überhaupt erst die Grundlagen der utopischen Kultur.«[76] Das zeugt von (bislang) weit übertriebenen Vorstellungen von dem Ausmaß, in dem die Automation die produktive Tätigkeit beseitigt. Falls westliche Umweltaktivisten Havemanns Utopie bis zu Ende lasen, mussten sie überdies darüber konsterniert sein, dass in seiner Zukunftsgesellschaft jedes Haus seinen eigenen – Mini-Fusionsreaktor besitzt![77]

Rein theoretisch bot die Ökologie der DDR die Chance, aus der Not eine Tugend zu machen und sich als Gemeinschaft der Selbstbescheidung, des Nullwachstums und des Recyclings gleichsam neu zu erfinden; die alltägliche Realität der späten DDR dagegen inspirierte keine fröhliche Phantasie. Bahro, der mit seiner Forderung einer »Kulturrevolution« noch vergleichsweise konkret und praktisch wird[78], führt zur Erläuterung aus, »das kulturrevolutionäre Konzept« verfolge »den Zweck, den Abfluss eines möglichst großen Betrages motivationaler Energien aus dem kompensatorischen Kontext zu erreichen«.[79] Selbst wo er auf die Erotik kommt, bleibt er auf mühsame Weise theoretisch-abstrakt: »Die Gesellschaft muss den jungen Menschen endlich den Rahmen für eine rechtzeitige und umfassende kollektive und individuelle Selbstverständigung über die große auf sie zukommende Aufgabe schaffen, Eros, Erziehung und Ehe so weit wie möglich in Einklang miteinander zu bringen.« Dies müsse »einhergehen mit einer Verbesserung der Bedingungen für die erotische Kommunikation«, in diesem Stil geht es weiter.[80] Noch am packendsten ist seine negative Utopie:

»Wenn die Entwicklung der nächsten Jahrzehnte darauf hinausliefe, dass die 10 bis 15 Milliarden Individuen, auf denen sich der Bestand der Menschheit nach den gegenwärtigen Extrapolationen einpegeln soll, den Verbrauchs- und Emittierungsmaxima der entwickeltsten Länder nachjagen, werden sich die kommenden Generationen damit befassen, Sauerstoff für die Atmosphäre, Wasser für die Flüsse, Kälte für die Pole herzustellen.«[81]

Das laufe im Endeffekt, »im Zeichen barbarischer Kämpfe«, auf eine Öko-Diktatur hinaus.[82] Im Westen schloss er sich eine Zeitlang den Grünen an; aber Ende 1983 heißt es im grünen Fraktionsprotokoll: »Allgemein wird Rudolf Bahro vorgeworfen, er würde Weltuntergangsstimmung betreiben.«[83] Anders als ihnen von Gegnern unterstellt, hatten die Grünen generell keinen Hang zur Apokalypse. In der Folge führte Bahro ein ideologisch-spirituelles Vagabundendasein, und da rutschte ihm sogar heraus: »Eigentlich ruft es in der Volkstiefe nach einem grünen Adolf. Und die Linke hat davor nur Angst, anstatt zu begreifen, dass ein grüner Adolf ein völlig anderer wäre als der bekannte.«[84]

Harich lehnte die antiautoritäre Bewegung des Westens ab; in seinem Abscheu vor der Konsumgier ließ er sich jedoch unter dem Titel »Das Weib in der Apokalypse« von den Kaufhausanschlägen, dem Protest der Achtundsechziger gegen den »Konsumterror« und auch von der exponierten Rolle von Frauen in der RAF zu einer Vision von massenhaftem »weiblichem Terrorismus« inspirieren:

»Es lohnt, unter diesem Gesichtspunkt über das aktuelle Problem des weiblichen Terrorismus nachzudenken. Mit ökologischem Problembewusstsein erfüllt, wüchse er sich zur Massenbewegung aus, freilich zu einer, die, statt sinnlos individuellen Terror zu praktizieren, etwa allen parkenden Autos die Reifen zerschnitte oder den Absatz von Spraydosen sabotierte und überhaupt das ganze Selbstmord-Instrumentarium unserer fehlgeleiteten Zivilisation kurz und klein schlüge.«[85]

Aber all die vielen Ostdeutschen, die neidisch auf westliche Kaufhäuser schauten, hätten die Botschaft vom Konsumverzicht vermutlich als puren Hohn empfunden. Zukunftsvisionen solcher Art gerieten zur abstrus realitätsfernen Utopie. Havemann spottete in seinem in die Utopie mündenden *Morgen*, »nirgends« werde »Wachstum mit mehr Ergebenheit angebetet als in den Staaten des realen Sozialismus«.[86] Und wenn westdeutsche Umweltaktivisten dazu aufgerufen hätten, Autoreifen zu zerschneiden, wären sie ein gefundenes Fressen für die Autolobby gewesen, um Widersacher zu kriminalisieren und als Verrückte hinzustellen.

HAT DIE ZUKUNFT SCHON BEGONNEN? VOM »ZUKUNFTSFÄHIGEN DEUTSCH-
LAND« BIS ZUR EWIGEN WIEDERGEBURT »VON WIEGE ZU WIEGE«. Eine enorme
Publizität erlangte dagegen die erste Fassung (1996) des im Wuppertal Institut für Klima, Umwelt, Energie erarbeiteten Zukunftsentwurfes *Zukunftsfähiges Deutschland*. Das 450-Seiten-Opus besitzt einen visionären Elan,
wie es ihn in der deutschen Zukunftsliteratur schon lange nicht mehr gegeben hat. *Der Spiegel* nannte es eine »grüne Bibel«, und dieser Titel wurde
laut Wikipedia zum geflügelten Wort. 2008 erschien eine Neufassung von
650 Seiten. Alles in allem sind beide Bände eine Fundgrube von Gedanken
und Impulsen zur Umweltpolitik; es ist nicht möglich, in kurzen Worten von
dieser Fülle eine Vorstellung zu vermitteln. Eine Fundgrube sind beide Ausgaben des *Zukunftsfähigen Deutschlands* auch für die Vermittlung von Gegenwart und Zukunft. Beide sind der größte Kontrast zu der pessimistischen
Öko-Literatur. Ihnen liegt die Überzeugung zugrunde, dass ein eindrucks-
volles, in sich rundherum geschlossenes Leitbild von der Zukunft nötig ist,
um dem Handeln in der Gegenwart eine breite Basis und einen zielbewuss-
ten Elan zu geben.

Insgesamt suggerieren die Bände eine Harmonie zwischen den grünen
Zielen. Zielkonflikte werden allenfalls am Rande berührt, wenn überhaupt:
so die sich ab Mitte der 1990er Jahre[87] zuspitzende Konfrontation zwischen
erneuerbaren Energien – vor allem Biosprit und Windkraft – und dem Na-
tur- und Landschaftsschutz[88], die relativ stärkere Belastung einkommens-
schwacher Schichten durch Öko-Steuern und das Problem, wie »Entwicklung« in der Dritten Welt ohne wachsenden Ressourcenverbrauch möglich
ist. »Ökologie ist Gerechtigkeit ist Sicherheit« lautet eine Kapitelüberschrift in dem Band von 2008.[89] Beide Bände entstanden in Zusammenarbeit mit dem BUND, dem größten deutschen Naturschutz-Verband; auch
Entwicklungshilfe-Organisationen der Kirchen zeichneten als Mitherausgeber; beides förderte die Verbreitung dieser Öko-Vision, mag jedoch zur
Zurückhaltung bei den genannten Zielkonflikten beigetragen haben. Von
den erneuerbaren Energien handeln beide Bände auffallend kurz. Der Band
von 2008 stellt fest, die zunehmende Biosprit-Produktion, die zur Expansion der Maisfelder führt, sei »zu Recht« »zunehmend in die Kritik« geraten.[90] Das Wuppertal-Institut, in dem bei aller visionären Phantasie doch die
Pragmatiker dominierten, gab stattdessen die Parole »Effizienz«, Steigerung
der Material- und Energie-Effizienz aus, die den Konflikt mit dem Natur-
und Landschaftsschutz vermied und in den 1990er Jahren, als das Potential
der »Erneuerbaren« unsicherer war als heute, raschere Erfolge versprach.[91]

Noch in dem Band von 2008, vor der Energiewende von 2011, behält die vollständige Umstellung Deutschlands auf die »Erneuerbaren« ungeachtet aller handfest-gegenwärtigen Ansätze etwas Utopisches:

>»Windräder, die sich träge oder hektisch in der Landschaft drehen, Solarkollektoren, die auf Hausdächern sitzen, Fotovoltaikzellen, die Parkscheinautomaten mit Strom versorgen: In den vergangenen zehn Jahren ist vielfach anschaulich geworden, wie die ersten Schritte auf dem Weg zu einem solaren Energiesystem aussehen. Und an den ersten Schritten lässt sich bereits der utopische Horizont des Endziels ablesen, nämlich den gesellschaftlichen Durchsatz an Energien und Stoffen aus dem laufenden Sonneneinkommen zu bestreiten.«[92]

Beide Bände sind von dem Bemühen getragen, Zukunftsperspektiven in gegenwärtigen Handlungsmöglichkeiten zu verankern, aber halten dieses vorerst doch nur begrenzt für möglich. Das »zukunftsfähige Deutschland« ist in der Ausgabe von 1996 nur sehr eingeschränkt das Deutschland der Gegenwart; nur streckenweise – vor allem in den eingekastelten Fensterblicken auf verheißungsvolle Ansätze der Gegenwart – besitzt die Darstellung den Tenor »Die Zukunft hat schon begonnen«:

>»Die oft selbstgerecht vorgetragene Position, Deutschland sei ›Weltmeister im Umweltschutz‹ und könne deshalb als Modell für andere Länder gelten, ist … nicht überzeugend. Erfolge konnten – freilich zu horrenden Kosten – bei nachgeschalteten Reinigungstechniken erzielt werden, etwa durch die Entstaubung, Entschwefelung und Entstickung von Kraftwerken oder die Klärung von Abwässern. Am Anfang steht die Bundesrepublik aber erst bei dem schonenden Einsatz von Energie, dem Schutz des Klimas, des Grundwassers und der biologischen Vielfalt sowie der Ökologisierung der Landnutzung. In allzu vielen dieser Bereiche sind die Weichen nach wie vor auf Naturzerstörung gestellt. Die Umstellung der Weichen ist denn auch das zentrale Anliegen der Studie ›Zukunftsfähiges Deutschland‹.«[93]

Der Band von 2008 dagegen stellt zu Anfang fest, die Ausgabe von 1996 sei »Teil jener untergründigen Veränderung« geworden, »welche Deutschland zu einem der Vorreiter für ressourcenschonende Technik und Politik in Europa und in der Welt hat werden lassen«. Weltweit dagegen sehe es sehr anders aus: »Kein Staat … hat bis vor kurzem die Beschlüsse von Rio ernst genommen. Es war ein verlorenes Jahrzehnt.«[94]

Trotz des globalen Horizonts ist das Bevölkerungswachstum im Unterschied zum Brundtland-Report kein Thema; aus deutscher Sicht gibt ja der Geburtenrückgang mehr Grund zur Sorge. Die Globalisierung begegnet trotz allem eher als Quelle der Hoffnung, nicht als Gefahr; die Berichte suggerieren den Eindruck einer übersichtlichen Welt mit einer guten Chance, sich auf friedlichem Wege im Zeichen des Umweltschutzes zu verständigen. In der dezidiert globalen Perspektive droht streckenweise die Frage an den Rand zu rücken, welche spezifischen Chancen Deutschland in der Umweltpolitik besitzt und wo hier und jetzt die »kleinen Stellschrauben« sind, um ohne große Grundsatzkonflikte etwas zu bewirken; und doch halten die Autoren immer wieder Ausschau nach den »Weichen«, mit deren Umlegung sich ein Richtungswechsel bewirken lässt. Im Grundtenor ist das Opus mehr konsens- als konfliktorientiert. Aus all diesen Gründen werfen die Bände wie kaum eine andere Publikation der letzten Jahrzehnte die Grundfrage auf, wie man sich konstruktives Zukunftsdenken vorzustellen hat: eine Frage, auf die es gewiss keine einzige und keine definitive Antwort gibt. Sie soll am Schluss wiederaufgenommen werden.

Das *Zukunftsträchtige Deutschland* von 2008 schließt mit einem ungemein dramatischen und ambitiösen, utopisch wie apokalyptisch angehauchten Finale, das über Deutschland hoch hinausgeht und mit der Alliteration von »solar« und »solidarisch« spielt:

> »Es ist die Aufgabe dieser Generation, eine solar-solidarische Zivilisation zu schaffen, und die Zeit dafür drängt. Bereits die beiden nächsten Jahrzehnte entscheiden darüber, ob ein kaum mehr zu steuerndes Klimachaos mit unabsehbaren Auswirkungen für die Biosphäre und die Weltgesellschaft noch zu vermeiden ist. … Vergleichbar ist die gegenwärtige Situation nur mit Kriegszeiten, geht es doch darum, Überleben in Anstand und Würde als die entscheidende Herausforderung für die globale Gesellschaft zu begreifen. … In den Reichtumszonen der Welt sind die Bürger als Investoren, Unternehmer und Konsumenten aufgerufen, einen Teil ihrer Kapital- und Komfortmacht an die Natur und die Schlechtergestellten auf dem Globus abzutreten. Geschieht das nicht, wird von dem, was jetzt ihre Position erstrebenswert macht, nicht viel erhalten bleiben. Geburtshelfer des neuen Gesellschaftsvertrags kann nur der Nutznießer des alten sein, nämlich der Staat als der legitime Repräsentant des allgemeinen Wohls.«[95]

Das ist ein ganz anderer Ton als der in Callenbachs *Ökotopia*: Das ökologische Gemeinwesen der Zukunft ist nicht auf das Lustprinzip und auf die dezentral-basisdemokratische Autonomie kleiner Welten gegründet, sondern auf den starken Staat, der im Grunde ein Weltstaat sein müsste. Eine drastische Einschränkung des Konsums in den reichen Ländern durch eine demokratisch gewählte Regierung ist schwer vorstellbar; vor der makabren Konsequenz einer Öko-Diktatur scheut jedoch das *Zukunftsfähige Deutschland* verständlicherweise zurück.

Von einem ganz anderen Geist getragen ist das *Cradle-to-Cradle(Von-Wiege-zu-Wiege)*-Projekt, abgekürzt *C2C*, das der aus der Verfahrenstechnik kommende Chemiker Michael Braungart, einst ein Greenpeace-Schlauchbootkämpfer, seit der Jahrtausendwende zusammen mit dem US-amerikanischen Architekten William McDonough mit übersprudelnder visionärer Leidenschaft verkündet.[96] In der Essenz geht es um ein universal angewandtes Recycling; dieses bekommt jedoch mit der Formel »Von Wiege zu Wiege« eine Aura ewiger Wiedergeburt. Die auf den ersten Blick absonderliche und erläuterungsbedürftige Begriffskreation schlug ein; seit 2008 bekleidet Braungart in Rotterdam eine eigens für den dortigen Cradle-to-Cradle-Studiengang bestimmte Professur, wie er überhaupt in den Niederlanden bislang mehr Mitstreiter fand als in Deutschland, das er dafür zu attackieren pflegt, dass es viel zu einseitig und aus einem typisch deutschen Komplex heraus auf die Müllverbrennung fixiert sei. Die beiden Bände *Zukunftsfähiges Deutschland* hatten durch ihr breites Themenspektrum den Nachteil, dass sie die Energien nicht auf ein bestimmtes konkretes Ziel hin konzentrierten; ebendies tut Braungart. Er verkündet eine Zukunft, die in vielen Fabriken bereits begonnen habe, und dazu eine, die überhaupt nicht an Askese gebunden ist und keinen starken Staat erfordert. Während andere von »Industrie 4.0« reden, propagiert er »Cradle to Cradle« als »nächste industrielle Revolution«.[97]

Eigentlich war die Perfektionierung der Stoffkreisläufe bereits ein Ziel der späten DDR gewesen; aber dort fehlte die dazu notwendige Kreativität, Phantasie und Flexibilität: Da herrscht unter Braungarts Mitarbeitern ein anderer Geist. Kann man glauben, dass die Industrie im eigenen Interesse – und nicht nur aus Image-Gründen – »Cradle to Cradle« nicht nur punktuell realisiert, sondern ihre Produktion in ständig wachsendem Maße so umgestaltet, dass aus den Produkten, sobald diese abgenutzt sind, neue Produkte gefertigt werden können? Das setzt voraus, dass eine derartige Produktion billiger ist als die bisherige auf der Basis neuer Rohstoffe oder Rohstoffverbindungen.

Geht man davon aus, dass sich viele Rohstoffe über kurz oder lang verknappen, besitzt diese Annahme ihre Logik. Bedenken ergeben sich aus dem steten Vordringen der Kunststoffe und der Elektronik. Schon die Produktion von Joghurtbechern, die sich leicht rezyklieren lassen, hat erstaunliche Schwierigkeiten bereitet; und der Elektronikschrott ist das peinlichste Problem des neuesten technischen Fortschritts.[98] Der »geplanten Obsoleszenz« widmet sich ein eigener Wikipedia-Artikel: die vom Hersteller absichtlich und insgeheim einprogrammierte Verringerung der Lebensdauer ihrer Produkte. Die Verbreitung von »Cradle to Cradle« wird unter den Bedingungen der Konkurrenzwirtschaft überdies dadurch gehemmt, dass »die meisten Firmen ihre C2C-Materialien als Geschäftsgeheimnis« betrachten (Niels Boeing).[99] Muss das in aller Zukunft so bleiben? Wer will das heute wissen?

Der charismatische Michael Braungart dagegen hat mit den alten Propheten dies gemeinsam, dass er seine Heilslehre als die allein seligmachende verkündet und alle anderen Wege – verbesserte Müllverbrennung, Effizienzsteigerung, Wachstumsverzicht – als Irrwege abtut. Der in der Öko-Szene als viel zu groß kritisierte »ökologische Fußabdruck« der Menschen dürfe getrost noch größer werden, wenn er nur das C2C-Prinzip befolge. Er und McDonough provozierten jüngst weite Teile der Öko-Szene mit dem Buch *Intelligente Verschwendung*, das den *Weg in eine neue Überflussgesellschaft* weisen will.[100] Diese Botschaft kommt in Wirtschaftskreisen gut an. Ernst Ulrich von Weizsäcker, von 1991 bis 2000 Präsident des Wuppertal-Instituts, zeigt sich von Braungarts Botschaft berührt. »Michael ist ein Genie. Aber dass er nicht über Energie redet, ist falsch.« »Cradle to Cradle« sei ein brillantes Konzept. »Es würde noch kräftiger, wenn man es mit anderen Konzepten wie ökologischer Fußabdruck, Energie-Effizienz ... zusammenbringen würde.«[101]

Ein vielstimmiges Finale:
10 Thesen

DAS THEMA »ZUKUNFT« SCHEINT NACH einem volltönenden Finale zu verlangen, schon gar in Verbindung mit dem Thema »Umwelt«. Aber je mehr man sich mit all den Zukünften herumschlägt, desto mehr ist man hin- und hergerissen. Wenn die Schlussgedanken im Folgenden auf die runde Zahl Zehn gebracht werden, soll damit gewiss keine Analogie zu den Zehn Geboten angestrebt werden; die Gedanken gehen vielmehr in verschiedene Richtungen und stehen teilweise in Spannung zueinander.

1. NICHT VERLEUGNEN: DIE OFFENHEIT GROSSER FRAGEN. Eins ist vorweg sicher, nach all den Erfahrungen mit Fehlprognosen: Die perfekte Prognose gibt es nicht. Immerhin bieten die Umweltprobleme der Prognostik spezielle Chancen, da Naturgesetze hineinspielen, mag man auch darüber diskutieren, in welchem Maße der Klimawandel jetzt und in Zukunft von anthropogenen Kohlendioxyd-Emissionen bestimmt wird. Frank Uekötter hat seinem Buch über *Die ökologische Frage im 21. Jahrhundert* den Obertitel gegeben: *Am Ende der Gewissheiten*; und doch bekennt er sich gegen Ende seiner Darstellung zu *einer* Gewissheit, zumindest zu einer geahnten:

> »Es bedarf ... keiner prophetischen Gabe, um zu ahnen, dass das 21. Jahrhundert im Zeichen der Umwelt stehen wird. Das gilt ziemlich unabhängig davon, wie sich Bewusstsein und Politik in den nächsten Jahren entwickeln werden. Allein die Entwicklungen in der natürlichen Umwelt werden uns zu Reaktionen nötigen. Es wird durch den Klimawandel kaum einen Platz auf dem Planeten geben, an dem sich die Lebensbedingungen in den kommenden Jahrzehnten nicht wesentlich verändern werden.«[1]

Aber gesetzt den Fall, die auch künftig immer weiter voranschreitende globale Erwärmung sei ein gesichertes Faktum, so bleibt doch die Frage – und das dürfte die spannendste Zukunftsfrage überhaupt sein –, wie man in Deutschland darauf reagieren wird. Wenn die Folgen hierzulande einstweilen erträglich sind: Wird sich dann die Ansicht durchsetzen, dass man sie hinnimmt und das Beste aus ihnen zu machen sucht, so wie es Karsten Reise für die Nordseeküste vorschlägt: bei Überflutung bisheriger Ackerflächen in der Marsch Ferienhäuser als »*floating homes*« zu verankern und diesen Regionen eine neuartige touristische Attraktivität zu verleihen?[2] Aber falls der Meeresspiegel noch weiter ansteigt, lässt sich mit ziemlicher Sicherheit vorhersagen, dass man Großstädte wie Hamburg und Bremen nicht zum Schwimmen bringen kann.

Dazu die große Frage, die weltweit mit Spannung verfolgt wird[3]: Wird die deutsche Energiewende in ihrer ursprünglich geplanten Form gelingen?[4] Oder wird sie – vom bloßen Klimaschutz her betrachtet korrekt – in eine verschämte Koexistenz zwischen den »Erneuerbaren« für die Spitzenlast und der Kernkraft für die Grundlast münden? Zu dieser Frage gibt es eine nicht endende Flut von Publizistik mit konträren Urteilen und Polemiken. Hans Bünting, im RWE-Vorstand für die erneuerbaren Energien zuständig, unterstreicht 2016, von den Anlagekosten her seien diese unter deutschen Bedingungen »unschlagbar«, und zwar auch bei »richtig großen Kraftwerken von mehreren 100 Megawatt«; und Offshore-Windparks seien sogar »nahezu grundlastfähig«.[5] Das könnte man so verstehen, dass eine prinzipielle Ablehnung derartiger Windparks kurzsichtig ist und es Grund zu der Hoffnung gibt, dass die großen Stromerzeuger auf die Dauer die Energiewende im eigenen Interesse vorantreiben.[6] Oder ist das eine trügerische Hoffnung, wenn man sieht, in welchem Maße bislang in den Chefetagen der Energiekonzerne das Trägheitsgesetz regierte?[7] Und ist die Unterscheidung zwischen Grund- und Spitzenlast eine Konstruktion zur Begründung der Großkraftwerke, die durch digital gesteuerte dezentrale Energieerzeugung überholt werden wird?[8]

2. EIN GEWINN DER EINGESTANDENEN UNSICHERHEIT DER ZUKUNFT: OFFENHEIT FÜR DISKUSSIONEN UND SELBSTÜBERPRÜFUNG! Das Grundfaktum bei allem Zukunftsdenken ist die *Unsicherheit* der Zukunft. Das ist von Futurologen pflichtgemäß wieder und wieder eingeräumt worden; und doch wurden daraus allzu oft keine Konsequenzen gezogen. Kein Wunder; denn das ist auch nicht leicht. Seit der US-amerikanischen Zukunftsforschung der 1950er Jahre wird die Notwendigkeit einer Mehrzahl von Szenarien hervorgehoben; aber dieses Postulat geriet in den Zukunftsentwürfen oft genug in Vergessenheit. Der Gedanke an die Unsicherheit der Zukunft macht tole-

rant und diskussionsoffen gegenüber Andersdenkenden, was der Qualität der Prognosen besser bekommt als das Hineinrutschen des Prognostikers in Propheten-Allüren.

Auch wenn ein Umweltaktivist darauf angewiesen ist, seine Energie auf ein bestimmtes Ziel zu konzentrieren, tut er gut daran, nicht andere Ziele und Strategien vorschnell zu verwerfen. Gerade die Energiewende leidet an der Zersplitterung der Umweltbewegung in unterschiedliche Szenen, ob dezentrale gegen zentrale Energieerzeugung, »Cradle to Cradle« gegen »Degrowth«, Subvention gegen Wettbewerb, »Effizienz« gegen die Priorität der erneuerbaren Energien oder »Suffizienz« gegen »Effizienz«.[9] Selbst innerhalb des Wuppertal-Instituts bildeten die Effizienz- und die Suffizienz-Anhänger verschiedene Lager, die nicht nur durch unterschiedliche Prioritäten, sondern auch durch eine unterschiedliche Mentalität getrennt waren, mit der Neigung, sich wechselseitig als »schluffige Suffizienzsoziologen«[10] bzw. »Technokraten« zu betrachten. Der Blick auf die solare Zukunft konnte kühne Visionen inspirieren; die Einsparung von Energie ist dagegen eine weithin triviale Angelegenheit.

3. PRÄMISSEN DER PROGNOSEN VON ZEIT ZU ZEIT ÜBERPRÜFEN! Prognosen sollten stets die Prämissen in Erinnerung behalten, auf denen sie beruhen, und diese Prämissen – und damit auch die Prognosen – von Zeit zu Zeit überprüfen, statt die Prognosen zur Glaubensfrage und zum Bestandteil der eigenen Identität zu machen. Dem Element der Unsicherheit in der Zukunft entspricht ein experimenteller, stets für neue Erfahrungen offener Politikstil, der sich nicht gar zu beharrlich auf festen Positionen verschanzt. Zugegeben: Einen solchen Politikstil zu befolgen, ohne in ein bloßes opportunistisches Sich-Durchwursteln zu verfallen, ist nicht ganz leicht.[11] Und doch dürfte der Erfolg der Energiewende wesentlich daran hängen, ob die Beteiligten bereit und fähig sind, gemeinsam verschiedene realistische Zukunftsszenarien zu durchdenken und die eigenen Voraussetzungen von Zeit zu Zeit zu überprüfen, ob es um Weiterentwicklung der Speichertechniken, Umfang und Kapazität neu anzulegender Stromleitungen[12], Effizienzsteigerung, Fortschritte in der automatischen Regulierung von Energieerzeugung und -verbrauch oder um neue Materialien der Solarzellen geht. Darin liegt der sehr praktische Nutzen der eingestandenen Unsicherheitsmomente in der Zukunft. Da die Weiterentwicklung der Solarzellen wesentlich eine Materialfrage ist, muss man hier in besonderem Maße mit Überraschungen rechnen.

Wenn der 82-jährige Nuklearphysiker Friedrich Schmidt-Bleek, ein Mitbegründer des Wuppertal-Instituts, die Energiewende nicht zuletzt deshalb für Humbug erklärt, weil über der Fixierung auf die CO_2-Emissionen der Verbrauch umweltschädlicher Materialien ignoriert werde[13], geht er von der Prämisse aus, dass die »grüne« Energietechnik auf dem gleichen Stand bleibt wie bisher und sich nicht weiterentwickelt.[14] Aber ebendies ist die Frage. Der Solarenergie-Förderverein (SFV) attackiert seit Jahren die Energiepolitik der Bundesregierung als von Grund auf verlogen, da diese die proklamierte Energiewende durch das Zurückfahren der Subventionen für die erneuerbaren Energien (EE) hintertreibe. Er mag recht behalten; und doch: Was er womöglich »unterschätzt, ist die Intelligenz der EE-Branche, die andere Wege finden wird, um ihr dynamisches Wachstum der Vergangenheit fortzusetzen, auch und gerade dezentral«: so der umweltpolitisch vielerfahrene Reinhard Loske 2016.[15]

4. NICHT DIE GEWÜNSCHTE ZUKUNFT MIT WAHRSCHEINLICHEN ZUKUNFTS-SZENARIEN VERWECHSELN! In der Geschichte der Zukunftserwartungen, zumal der professionellen, trifft man immer wieder darauf, dass die gewünschte oder die vom Auftraggeber geplante Zukunft mit den bei nüchtern-distanzierter Betrachtung wahrscheinlichen Zukunftsszenarien vermischt wird. Das geschieht oft wie von selbst und ist nur allzu verständlich; denn in der Regel denkt man dann intensiv über die Zukunft nach, wenn man mit ihr bestimmte Wünsche verbindet oder für Auftraggeber mit bestimmten Optionen forscht. Und doch gebietet die simple Logik, beides auseinanderzuhalten. Nicht zu vergessen: Euphorische Zukunftsvisionen sind absturzgefährdet; kein Zufall, dass sie bei Enttäuschungen leicht in ihr Gegenteil umschlagen. Ebendafür bietet die Zukunftsgeschichte eine Fülle warnender Beispiele.

Die Einleitung zu meiner *Ära der Ökologie*, in der ich statt einer *master story* der Umweltbewegung mehrere Narrative präsentierte, habe ich mit folgender Erinnerung geschlossen: »René Dubos, der wie kein anderer die Stockholmer Umweltkonferenz von 1972 inspirierte, ging zu den Öko-Apokalyptikern auf Distanz und bekannte sich zu einem Zwielicht besorgter und hoffnungsvoller Zukunftsentwürfe. Gerade die Pluralität möglicher Geschichten begründet die Zuversicht, dass man etwas tun kann. »He is not an optimist, he is not a pessimist, he is a possibilist«, sagte Jakob von Uexküll am 9. Dezember 1988 bei der Verleihung des Alternativen Nobelpreises an den brasilianischen Umweltaktivisten José Lutzenberger.«[16] Die Zukunftsgeschichte gewinnt ihren Wert, geistig wie praktisch, als Einübung in Possibilismus.

5. GEGEN DEN PROPHETEN-GESTUS: ZUM HANDELN BRAUCHEN WIR NICHT DIE EINBILDUNG TOTALER ZUKUNFTSSICHERHEIT! Wer Prognosen stellt, um

politisch etwas zu bewegen, glaubt allzu oft, dass man nur mit dem Eindruck felsenfester Zukunftssicherheit den gewünschten Effekt erzielt. In den Umweltprognosen der letzten Jahrzehnte bieten die Warnungen vor dem Klimawandel das beste Beispiel. In Wirklichkeit handeln wir jedoch permanent mit Blick auf solche Zukünfte, die nur die Wahrscheinlichkeit für sich haben. Gerade auf Menschen, die sich der ungewissen Faktoren in der Prognostik bewusst sind, wirkt der Prophetengestus nicht unbedingt überzeugend. Heute gehört es zwar vielfach zum guten Ton, der Notwendigkeit der Vorsorge gegen den Klimawandel Lippenbekenntnisse zu leisten; das kann jedoch mit insgeheimer Gleichgültigkeit einhergehen oder der Hoffnung, so schlimm werde es schon nicht werden. Wie wir sahen, bietet Bert Bolin, der erste Vorsitzende des IPCC (Intergovernmental Panel on Climate Change), ein Musterbeispiel dafür, wie man gerade dadurch, dass man die Elemente der Unsicherheit zugibt, glaubwürdig wird und etwas bewegt.[17]

6. AUCH BEIM KLIMASCHUTZ: NACH STRATEGIEN »AUF DER SICHEREN SEITE« SUCHEN! Wenn man die unsicheren Faktoren aller Prognosen bedenkt, selbst bei heutigen Klima-Prognosen, ist es ein Gebot der Klugheit, solche Gegenstrategien zu verfolgen, mit denen man sich »auf der sicheren Seite« befindet: die zwar die vorhergesagte Gefahr ernst nehmen, aber selbst dann einen guten Sinn haben, wenn sich diese Gefahr als doch nicht so gravierend erweist wie befürchtet. Im Falle des Klimaschutzes bedeutet das, sich nicht auf den Bau von Kernkraftwerken und auf die Förderung von Biosprit um jeden Preis zu verlegen, sondern die Nutzung der Solar- und Windenergie voranzubringen, den Fahrradverkehr und die öffentlichen Verkehrsmittel zu fördern, weltweit die Aufforstung voranzubringen und das Bevölkerungswachstum durch Frauenbildung und Empfängnisverhütungsmittel zu bremsen. Selbst Reinhard Loske, Projektleiter beim *Zukunftsfähigen Deutschland* von 1996, stellt fest: »Vollständige Gewissheit über den menschlichen Einfluss auf das Klima kann und wird es nie geben.«[18]

Die vor allem in jüngster Zeit zu beobachtende Tendenz, Umweltschutz pauschal durch Klimaschutz zu ersetzen, dürfte sich als kontraproduktiv erweisen: Da droht eine Spaltung der Umweltbewegung in Natur- und Klimaschützer, und mit dem Naturschutz und dazu den Biobauern[19] geht ihr jenes Element verloren, das viele Menschen am meisten bewegt. Selbst Reinhard Böhm (1948–2012), angesehener Klimatologe an der Wiener Zentralanstalt für Meteorologie und Geodynamik (ZAMG), gab zu bedenken: »Vielleicht sollten wir in der Umweltbewegung von der tunnelartigen Konzentration auf den Klimaschutz wieder zu einem weiter gefassten Umweltschutz kommen.«[20] Er verwies auf die von der Öffentlichkeit noch merkwürdig wenig begriffene Ironie der Umweltpolitik, dass gerade die Entschwefelung der Kohlekraftwerke die Sonneneinstrahlung auf die Erde erhöhte![21]

7. VERWURZELUNG DER ZUKUNFTSENTWÜRFE IM HIER UND JETZT. All solche Entwürfe von Wunsch-Zukünften, die von einer scharfen Beobachtung der Gegenwart ablenken, Probleme bei der Realisierung der Ziele verschleiern und nicht in Handlungsmöglichkeiten hier und jetzt verankert sind, dürften sich als kontraproduktiv erweisen. Zukunftsphantasien, die hoch über der gegenwärtigen Realität schweben, verpuffen in aller Regel ins Leere. Besonders schädlich sind solche Utopien, die gegenwärtige Reformansätze entwerten, wo die Akteure sich pragmatisch in kleinen Schritten voranrobben. Rob Hopkins, der britische Begründer der *Transition-Town*-Bewegung, die mit ihrem aktivistischen Schwung vielerorts in der Welt eingeschlagen hat, verbindet emphatisch die Zukunft mit der Gegenwart in seinem deutschen Buchtitel: *Einfach. Jetzt. Machen! Wie wir unsere Zukunft selbst in die Hand nehmen* (2014; englisches Original: *The Power of just doing Stuff!*). Das ist implizit ein Seitenhieb auf eine Art von Zukunftsschau, die sich mit einem Desinteresse an Aktionsmöglichkeiten hier und jetzt verbindet.

Gerade weil Diskussionen über Zukunftsszenarien allzu oft ahistorisch geführt werden, rutschen sie nicht selten, ohne sich dessen bewusst zu werden, in überkommene Denkmuster hinein. Vielleicht besteht der beste Gewinn des Rückblicks auf die vielen Fehlprognosen der Vergangenheit dahin, das Neue der Gegenwart schärfer ins Visier zu nehmen und sich von eingefahrenen Gewohnheiten der Zukunftsschau zu befreien. Dazu gehört auch, über technische Innovationen möglichst konkret zu reden. Allgemeinheiten über »die Elektronik«, »die erneuerbaren Energien« weisen nicht den Weg zu künftigen Entwicklungspotentialen; und schon gar bei dem Abstraktum »die Technik« ist die Schaumschlägerei vorprogrammiert. Thomas Gorsboth wird beim Stöbern »in der arbeits- und industriesoziologischen Literatur der 90er Jahre« polemisch: »Mich überrascht doch sehr, wie unglaublich unkonkret in technischer Hinsicht argumentiert wird. Die Technik an sich wird geradezu zum Verschwinden gebracht! Hauptsache, das Adorno-Zitat sitzt an der richtigen Stelle!«[22] So gesehen könnte die Prognostik von einer Rematerialisierung einer in Diskursgeschichte abgeglittenen Technikgeschichte profitieren.

8. DAS UNERWARTETE ERWARTEN: REALISTISCHE LANGZEITSZENARIEN SIND MEHR ALS DIE BLOSSE VERLÄNGERUNG BISHERIGER TRENDS. Das ist ein besonders vertrackter Punkt: Auch wenn man Zukunftsentwürfe in der Gegenwart verwurzelt, hat es doch oft in die Irre geführt, wenn man sie als bloße Ver-

längerung gegenwärtiger Trends entwirft.[23] Trendforschung ist der neueste Trend in der Futurologie; doch sie allein genügt nicht. Für bestimmte Sektoren über eine begrenzte Zeit hat sie ihren Sinn: So haben sich technische Entwicklungen häufig als »pfadabhängig« erwiesen, wenn sie darauf angewiesen sind, auf Erfahrungen aufzubauen und/oder an bestehende Infrastrukturen anzuknüpfen. Das war vermutlich ein Hauptgrund, weshalb sich die Magnetschwebebahn nur in Ökotopia durchsetzte. Das Verkehrswesen bietet weiten Raum für sehr handfeste Zukunftsvisionen, die mit Projekten einer menschlicheren Stadt verbunden sind, setzt jedoch einer Umsteuerung einen noch zäheren Widerstand entgegen als die Energiewirtschaft.[24]

Bei Kurzzeitprognosen besteht in typischen Fällen die Gefahr, das Trägheitsgesetz des Bestehenden zu unterschätzen, bei Langzeitprognosen dagegen eher die andere Gefahr, die Möglichkeit einer überraschenden Wende zu wenig zu beachten. Und gerade die Technik beschert eine Fülle von Überraschungen: Noch vor einigen Jahrzehnten konnten sich nur wenige vorstellen, wie billig Solarzellen werden würden, was an Nullenergie- und Fastnullenergiehäusern möglich ist und für wie weite Strecken die Akkumulatoren von Elektro-Fahrrädern vorreichen. Auch aus anderen Gründen muss man mit Überraschungen rechnen, so etwa durch den Synergieeffekt, wenn sich bestimmte Entwicklungsstränge mit anderen verknüpfen, mit denen sie bis dahin nicht zusammen gesehen wurden, so etwa die Umweltbewegung ungeachtet ihrer partiellen Ursprünge in der alternativen Szene mit dem Expansions- und Regelungsdrang der Bürokratie. Nur ein »vagabundierender Blick« bietet die Chance, derartige Synergien schon frühzeitig zu bemerken.[25]

Überdies können neue Strömungen geradezu als Gegenreaktion auf bisherige Entwicklungen aufkommen, wohl nicht zuletzt deshalb, weil in der menschlichen Natur auf die Dauer etwas gegen Einseitigkeit rebelliert. Von heutigen Lehrern kann man hören, der zukunftsreichste Beruf sei der Orthopäde, weil sich schon die Jugendlichen durch dauerndes Starren auf Laptop und Tablet Rücken- und Nackenprobleme zuzögen; aber es wäre kein Wunder, wenn nicht Gegentrends dafür sorgten, dass die Jugendlichen auch körperlich jung bleiben. Wer sich an die Jahrzehnte der massenhaften Automanie erinnert, liest mit Staunen: »Carsharing wächst rasant«[26]: Der Drang zum eigenen Auto scheint doch kein unwandelbarer Bestandteil der menschlichen Natur geworden zu sein! Ob allerdings der Automobilismus in absehbarer Zeit drastisch zurückgehen wird und ob dem Elektro-Auto sowie dem automatisch gesteuerten Auto die Zukunft gehört: Bei derartigen

Fragen wird es dem Zukunftsdenker schwindelig, gerade wenn er die ernüchternden Erfahrungen mit der Prognostik beherzigt!

Manche Überraschungen haben ihre ökonomische Logik, so in jüngster Zeit der unerwartete Sturz der Ölpreise, zum Teil eine Reaktion auf das Vordringen der erneuerbaren Energien. Oder der fatale *Rebound*-Effekt: Effizientere Nutzung des Treibstoffes kann dazu anreizen, sich größere Autos zuzulegen! Nicht zu vergessen das trotz aller Naturgesetze unberechenbare Element der wirklichen Natur: Es wäre verkehrt, wenn der neue Leitbegriff »Anthropozän« als erdgeschichtliche Bestimmung der Gegenwart[27] dazu verführte, die heutige und künftige Natur nur noch als Objekt menschlicher Einwirkungen zu begreifen und nicht mehr darauf zu achten, ob die Natur nicht auch Überraschungen beschert.

9. HIMMEL-HÖLLE-SZENARIEN SIND KEINE ECHTEN ALTERNATIVEN, UND: VORSICHT MIT APOKALYPSEN! Wo man verschiedene Szenarien entwirft und es dabei auf Öffentlichkeitswirksamkeit abgesehen hat, ist man in typischen Fällen in die Tradition der Himmel-Hölle- bzw. Paradies-Apokalypse-Prophezeiung hineingerutscht. Natürlich ist das keine echte Alternative; man entwirft ein künftiges Horrorszenario, um die vitale Notwendigkeit der gewünschten Zukunft zu unterstreichen. Der Katastrophenalarm wird jedoch kontraproduktiv, wenn die Katastrophe auch bei Nichtbefolgen der geforderten Gegenmaßnahmen nicht eintritt. Der »*Cry-Wolf-Effekt*« ist in der US-amerikanischen Katastrophenliteratur vor allem seit den 1990er Jahren ein stehender Begriff: Wird wiederholt falscher Alarm geschlagen, kann die Alarmbereitschaft fehlen, wenn ernsthaft Gefahr droht.

10. ANDERERSEITS, ZUMAL IN EINER UTOPIERESISTENTEN GESELLSCHAFT: VORSICHT MIT DEM »UTOPIE«- UND DEM »APOKALYPSE«-VORWURF! *Last but not least:* Auch wenn man gegenwartsferne Utopien für praktisch wertlos, ja womöglich für fatal hält, ist doch Vorsicht geboten, wenn Zukunftsentwürfe vorschnell als »Utopien« abgefertigt werden. Dass das geistige Klima der Bundesrepublik bislang für Utopien nicht gerade günstig war, muss man nicht unbedingt bedauern; aber ebendeshalb bedeuteten Utopien bislang für die Bundesdeutschen nur eine geringe Gefahr. Stattdessen weckt die Rekapitulation bundesdeutscher Zukunftserwartungen nicht selten eine Sehnsucht nach ausgiebigeren, farbig-konkreten und konsequent durchgespielten Zukunftsentwürfen, ob bei den Achtundsechzigern, den Multikulturalisten oder den Umweltaktivisten.

Einen der aufregendsten Zukunftsentwürfe mit einem Hauch von Utopie findet man in jüngster Zeit in der Bioökonomie: dem Projekt, nicht nur

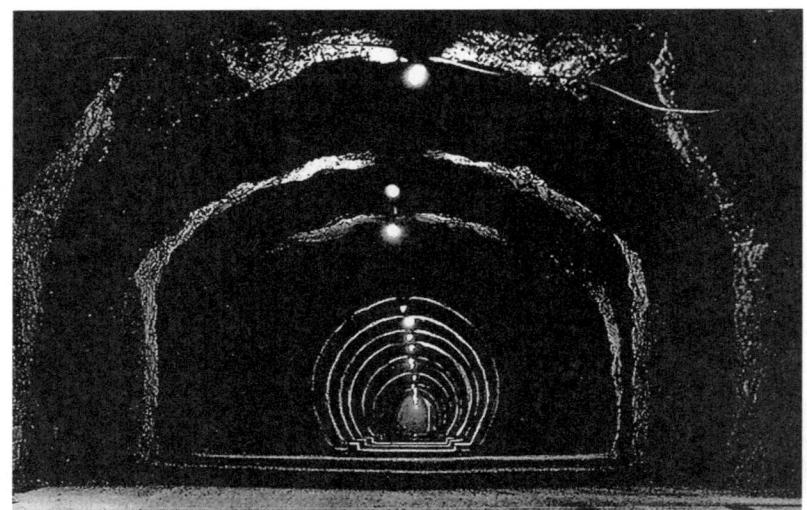

Titelbild des Abschlussberichtes der Bundestagskommission zur Lagerung hoch-
radioaktiver Abfälle *(2016) unter der Überschrift »Verantwortung für die Zukunft«.*
Man kann in das Bild eine reale und eine symbolische Bedeutung hineinsehen: Vor-
dergründig verweist es auf die Notwendigkeit, den strahlenden »Atommüll« in der Tiefe
möglichst massiver Felsformationen zu lagern; hintergründig jedoch könnte es darauf
deuten, dass die Suche nach dem »Endlager« ein unendlicher Prozess ist, bislang ohne
ein »Licht am Ende des Tunnels«. Dieses Dilemma war von Anfang an vorhersehbar
(vgl. S. 136 und 409).

die Energieerzeugung auf erneuerbare Basis zu stellen, sondern auch sämtliche Materialien auf organischer, nachwachsender Grundlage herzustellen.
Mit diesem Vorhaben ließen sich bei der Bundesregierung Fördermittel in
Milliardenhöhe lockermachen: Da bringt der visionäre Zukunftsentwurf
sehr handfeste Vorteile im Hier und Jetzt, wobei allerdings nicht sicher ist,
ob die geförderten Entwicklungen tatsächlich die Vision zur Realität machen.[28]

Vorsicht auch mit einer allzu schnellen Abfertigung pessimistischer Szenarien als »Apokalypsen«: Auch der, dem die Optimisten sympathischer
sind, sollte gerade zu einer Zeit, in der in weiten Kreisen die Zuversicht
herrscht, in Zukunft würden sich die Dinge schon irgendwie regeln, die
Möglichkeit bedenken, dass pessimistische Prognosen wohlbegründet
sind – an Argumenten dafür ist leider kein Mangel. In jüngster Zeit macht
in Frankreich der Film *Tomorrow* (2015) Furore: Da lasen zwei Aktivisten in

der Zeitschrift *Nature* eine Studie, die den wahrscheinlichen Zusammenbruch unserer Zivilisation in den nächsten vierzig Jahren voraussagte, und
suchen darauf in der ganzen Welt nach Projekten und Initiativen, die eine
gute Chance zum Überleben verheißen. Die Angst lässt sich, wenn man an
sich arbeitet, in Sorge verwandeln; und die Sorge ist eine Quelle der Vorsorge – und der Fürsorge.

Dank und Nachgedanken

Das Thema »Zukunft« hat es in sich. Je tiefer man in das Thema eindringt, desto mehr gerät man in eigene Tiefenschichten, an den vitalen Kern des eigenen Daseins, und wird sich dessen bewusst, dass sich Furcht und Hoffnung in ihrem Wechselspiel nur begrenzt vom Geist steuern lassen. Ich begann die Darstellung mit einem Rückblick, wie Historiker-Anläufe zur Rekonstruktion einstiger Zukünfte wiederholt steckengeblieben waren; auch ich selbst geriet mitten in der Abfassung dieses Buches ins Stocken. Aber dann wurde mir das Weiterdenken zur Befreiung.

Mein Ziel ging dahin, das Thema »Zukunft« so tief wie möglich in der Geschichte zu verankern und mich nicht auf diejenigen Visionen zu beschränken, die zwar von literarischem Reiz sind, doch hoch über der realen Geschichte schweben, vielmehr solche Erwartungen zu rekonstruieren, die Geschichte gemacht haben – und sei es dadurch, dass sie den Überrumpelungseffekt des Unerwarteten erhöhten. Frühere Bielefelder Kollegen wie Lucian Hölscher und Jörg Requate, die mir in der Zukunftsgeschichte vorangingen und zunächst als Vorbild dienten, warnten mich mit Grund, mein Vorhaben drohe ins Uferlose zu geraten; ähnlich Michael Wettengel, dessen Vortrag über Zukunftserwartungen im Parlamentarischen Rat mir den unmittelbaren Anstoß zu diesem Buch gab.

Die Gefahr der Uferlosigkeit besteht in der Tat; und *eine* Prognose ist sicher: dass dieses Buch nicht für alle Zukunft das letzte Wort der Zukunftsgeschichte sein wird. Umso mehr bin ich all denen zu Dank verpflichtet, die meine Schreiberei mit Rat begleiteten und erste Textentwürfe kritisch kommentierten. Das gilt wie schon bei früheren Büchern am allermeisten für meinen langjährigen Freund Thomas Gorsboth, Referent am Bildungszentrum der IG Metall in Bad Orb, der trotz starker Arbeitsbelastung stets von Ideen und Lesefrüchten übersprudelte und mich besonders mit Material zur Geschichte der Zukünfte der Arbeit überschüttete, wovon ich bis dahin nur wenig Ahnung gehabt hatte. Mir war klar, dass in eine Zukunftsgeschichte, so wie ich sie mir vorstellte, an zentraler Stelle auch Prognosen zu Wirtschaft und Arbeitswelt hineingehörten. Da verdanke ich wertvolle Hinweise meinen Kollegen Werner Abelshauser und Christopher Kopper. Sein Vater Hilmar Kopper war als Chef der Deutschen Bank der letzte Exponent der »Deutschland AG«: So Abelshauser, der schon 2005 den »wirtschaftlichen und moralischen Niedergang der Deutschen Bank« kommen sah, weil diese allzu begierig den Verführungen der Wallstreet erlegen sei (ders.: *The Dynamics of German Industry*, New York 2005, S. 143). der weite Teile dieses Textes gegengelesen hat. Auch Knut Borchardt, einst Berichterstatter über die Prognose-Tagung des Vereins für Socialpolitik von 1961, schrieb mir zu einschlägigen Textstücken einen langen kritischen Brief.

Wichtige Einblicke in agrarische Zukünfte verdanke ich meinem Freund Frank Uekötter (Birmingham), der sich über die Verwissenschaftlichung der bundesdeutschen Landwirtschaft habilitierte, und Wolfgang Haber, der an der Synthese ökonomischer und ökologischer Perspektiven der Landwirtschaft arbeitet, dazu der Journalistin Tanja Busse, die Schlaglichter auf die ostdeutsche Landwirtschaft nach der Wende lieferte. Durch Michael Prinz, den Verfasser vom *Sozialstaat hinter dem Haus*, der längst vergessene Leitbilder der Kombination von Industrie und Landwirtschaft wiederentdeckt hat, wurde ich daran erinnert, dass auch ich in einem alten Ackerbürgerhaus lebe und ein Teil meiner Bibliothek in der früheren Deele steht. Kai Hünemörder, der als Umwelthistoriker begann und mittlerweile das Hamburger Handwerk in Fragen der Ökologie berät, bescherte mir eine Fülle von Material. Aus eigener Erfahrung weiß er am besten, in welchem Maße einstige Prognosen vom unaufhaltsamen Niedergang des Handwerks gerade auch durch die ökologische Wende über den Haufen geworfen sind.

Im Interesse einer Bodenbindung der Zukunftsgeschichte war es mir wichtig, die frühere Zukunftsliteratur vor dem Hintergrund der Erwartungen breiter Bevölkerungsschichten zu sehen. Da bin ich Thomas Petersen vom Allensbach-Institut zu großem Dank verpflichtet, der meine Arbeit von Anfang bis Ende mit Berichten über einschlägige Meinungsumfragen begleitete. Ein kritischer Weggenosse war auch Reinhard Ueberhorst (Elmshorn), der Vorsitzende der Bundestags-Enquetekommission »Zukünftige Kernenergiepolitik« 1979/80, der es seither als seine Aufgabe betrachtet, den Politikbetrieb zu einem überlegten Umgang mit Zukunftsszenarien anzuhalten. Eine lange Waldwanderung mit Gertrude Lübbe-Wolff, der früheren Verfassungsrichterin, und ihrem Vater Hermann Lübbe, dem Philosophen-Politiker, der sich ausgiebig mit dem Thema »Zukunft« herumschlug, stieß ebenfalls manche Gedanken über Nutzen und Nachteil von Zukunftsentwürfen für die Politik an.

Dieses Buch ging aus einer Vorlesung hervor. Es war vor allem Christof Mauch, der Leiter des Münchener Rachel Carson Center for Environment and Society, der mich dazu anfeuerte, die Vorlesung in Buchform zu fassen; ihm danke ich besonders für die kritische Gegenlektüre der Schlussthesen, für mich der dickste Brocken, wo ich den Text immer wieder umschrieb. Die Umwelt-Zukünfte sind ein Leitmotiv der Darstellung, ganz besonders auch die Frage nach der Zukunft der Energiewende. Da verdanke ich eine Fülle von Anregungen der Berliner *Zeit*-Reporterin Christiane Grefe und Reinhard Loske, seinerzeit Wuppertaler Projektleiter vom *Zukunftsfähigen Deutschland*. Volker Hauff bestärkte mich darin, in der Zersplitterung der Umweltbewegung in eine Vielzahl von Szenen eine Crux der Energiewende zu sehen. Hinweise zu gegenwärtigen Perspektiven der Solarenergie erhielt ich von Gerhard Mener, dem Historiker der Solartechnik und Manager des Mainova-Energieunternehmens.

Kritische Schlaglichter setzte Theo Tekaat, einst Manager der Hoechst AG und im Ruhestand Mitstreiter von Attac. Er, der sich seit Studienbeginn für Künstliche Intelligenz interessiert hatte, hat mir höchst eindrucksvoll die vielen Überraschungsmomente der Computer-Entwicklung geschildert. Sabine Lehmann, die mir als ZDF-Redakteurin in der Digitalisierung weit voraus war, berichtete mir viel von verblüffenden und auch beklemmenden Erfahrungen mit dem Internet. Mathias Greffrath hielt mich dazu an, die Angst als Triebkraft der Umweltbewegung nicht zu unterschätzen und »vor lauter Übermorgen« nicht »die Verbindung von Heute zu Morgen« zu vernachlässigen. Dagegen Michael Müller lenkte in dem Berliner Lokal *Böse Buben* meine Aufmerksamkeit auf das unendlichste aller Zukunftsprobleme: die nukleare »Endlagerung«, die kaum jemals endgültig sein dürfte.

Die Ausführungen über die Achtundsechziger wurden von angeregten Gesprächen mit meinen Kolleginnen Gisela Diewald-Kerkmann und Ingrid Gilcher-Holtey begleitet. In Berlin traf ich mich mit Bahman Nirumand, der 1967 die Anti-Schah-Demonstrationen inspirierte, heute viele damalige Zukunftsprojektionen kritisch sieht und mir Einblick in existenzphilosophische Untergründe jener Protestbewegung vermittelte. Er bekannte, ihm sei es ein Rätsel, wieso viele deutsche Intellektuelle ihr eigenes Land so wenig zu schätzen wüssten. Ich habe nach diesem Treffen seine Memoiren mit neuen Augen gelesen und auch über »1968« neu nachgedacht.

Die Geschichte der Zukunftsentwürfe bietet besondere Chancen zur Zusammenschau von Bundesrepublik und DDR, auch wenn die Einbeziehung des ostdeutschen Staates Probleme eigener Art aufwirft. Die größte Hilfe war mir dabei Christian Möller, der über die Umweltpolitik der DDR promoviert. Manche Überraschungen verdanke ich Alexander Amberger, der in der DDR aufgewachsen ist und eine Dissertation über Öko-Utopien von DDR-Dissidenten verfasst hat. Auch mein früherer Kollege Christoph Kleßmann und Jörg Roesler, einst führender Wirtschaftshistoriker der DDR, haben mich beraten. Das Gleiche gilt für Hans Prüfer, der als Schüler in Ostberlin die entstehende DDR erlebte und später als Richter in Westberlin an RAF-Prozessen beteiligt war.

Das Kapitel über Zukunftshorizonte des Reisens geht auf Seminare zur Geschichte des Reisens zurück, die ich mit meinem 2011 verstorbenen Freund und Kollegen Bernd Hey abhielt, verbunden mit Exkursionen, die zu den schönsten Erinnerungen meiner Zeit als Universitätslehrer gehören. Auch Britta Jünemann, die an mehreren Exkursionen teilnahm, hat das Kapitel gegengelesen, als frühere Sprecherin des Flüchtlingsrates von NRW mit kritischem Blick besonders auf das »Multikulti«-Unterkapitel. Hier wie auch sonst versteht es sich, dass ungeachtet der Vielzahl der Anregungen, von denen dieses Buch profitierte, der Text allein von mir zu verantworten ist.

Die Reihe derer, die mir an diesem und jenem Punkt ein Licht aufsetzten, nimmt kein Ende. Hans-Jürgen Wolff, unter Horst Köhler Staatssekretär im Bundespräsidialamt, gab mir Hinweise auf die Genese von Herzogs »Ruck-Rede«. Erhard Eppler schilderte mir, wieso er schon im Sommer 1989 einen Zerfall der DDR für möglich hielt. Christian Lahnstein berichtete mir von der im eigenen Geschäftsinteresse betriebenen Katastrophenprognostik der Münchener Rückversicherungsgesellschaft. Karlheinz Steinmüller vermittelte mir kritische Insidereinblicke in die Zukunftsforschung. Constanze Eisenbart, die einstige Mitarbeiterin von Georg Picht, sowie Susanne Thurn, die langjährige pädagogische Leiterin der Laborschule, waren mir wertvolle Gesprächspartnerinnen bei dem Kapitel über die vermeintlich drohenden Bildungskatastrophen. Gerhard Sagerer, derzeit Präsident der Universität Bielefeld, führte mit mir ein angeregtes Gespräch über meine Bosheiten in Sachen »Bologna«.

Mein Lektor Tobias Heyl, der das mitunter heftige Auf und Ab meiner Schreiberei verständnisvoll und ermutigend begleitete, hat mir im Verein mit Orlinde, meiner Ehefrau, den von mir ursprünglich favorisierten Titel *Im Zickzack der Zukünfte* ausgeredet. Orlinde hat meine Sehnsucht verstärkt, dass die Wissenschaft am Ende zur Weisheit hinführen möge. Rüdiger Graf, der über die *Zukunft der Weimarer Republik* schrieb, behauptet die »elementare Zukunftsgerichtetheit des menschlichen Lebens«; was aber, wenn die eigene Zukunft schrumpft? Als ich mit diesem Buch begann, hatte ich die Siebzig überschritten und wurde mir erstmals nicht nur rational, sondern auch emotional bewusst, dass ich nicht die ewige Jugend besitze. Orlinde jedoch hielt mich mit buddhistischer Weisheit dazu an, die eigene Vergänglichkeit nicht tragisch zu nehmen: Sobald man sich mit vielen anderen, auch künftigen Lebewesen verbunden fühlt, gewinnt man eine Unendlichkeit an Zukunft. Es tut gut, zu dieser Verbundenheit hinzugelangen.

In den Tagen, als ich über den Abschluss dieses Textes grübelte, besuchte mich der mir befreundete israelische Mediävist Benjamin Kedar, der, 1938 in Nitra (Slowakei) geboren, als Kind mit seinen Eltern im Versteck bei slowakischen Bauern den Holocaust überlebte. Ich gab ihm zu bedenken: Obwohl mir Optimismus eigentlich sympathischer sei, gebe es doch leider Grund genug, mit großer Sorge in die Zukunft zu blicken. Darauf erwiderte er aus eigener Lebenserfahrung: »Man unterschätzt die Elastizität des Menschen. Menschen halten vieles aus. Die Katastrophe ist ein Teil des Lebens; man muss sie annehmen, mit ihr leben.« Ich sehne mich danach, durch die Zukunftsgeschichte zu solcher Gelassenheit zu gelangen!

Bielefeld, im August 2016
Joachim Radkau

Anmerkungen

EINLEITUNG: DER HISTORIKER UND DIE ZUKUNFT

1 Darauf verweist der in dem Zusammenhang von Wehler scharf attackierte Journalist Peter Bender, in: Patrick Bahners/Alexander Cammann (Hrsg.): *Bundesrepublik und DDR. Die Debatte um Hans-Ulrich Wehlers ›Deutsche Gesellschaftsgeschichte‹*, München 2009, S. 316; Hans-Ulrich Wehler: *Deutsche Gesellschaftsgeschichte 1949–1990*, München 2008, S. 326 f.

2 Ebd., S. XVI f. Immer wieder wird Wehler, in aller Regel kritisch, für die These zitiert, die DDR sei nichts als eine »Fußnote der Geschichte«, ohne dass er dies öffentlich dementiert hätte! Vgl. Sven Felix Kellerhoff: »War die DDR nur eine Fußnote der Geschichte?«, in: *Die Welt*, 4.10.2008.

3 Wilma und Georg Iggers: *Zwei Seiten der Geschichte. Lebensbericht aus unruhigen Zeiten*, Göttingen 2002, S. 263.

4 Michael Wettengel an den Verf., 6.3.2015: »Ich hatte als Referatsleiter im Bundesarchiv die Aufgabe, Mitarbeiter des Gesamtdeutschen Instituts zu beschäftigen, nachdem das Institut im Zuge der Wiedervereinigung aufgelöst wurde. Die Mitarbeiter, mit denen ich sprach, versicherten mir, sie hätten das Ausmaß der Misere in der DDR nicht wirklich realistisch eingeschätzt und den Kollaps des Systems nicht vorausgesehen. Und das bei einem Institut, das eigentlich die DDR beobachten sollte!«

5 Ganz ähnlich Golo Mann, mit dem Hallgarten durch die Liebesbeziehung zwischen ihren beiden älteren Brüdern Klaus und Ricki gleichsam verschwägert war; vgl. Clemens Albrecht: »Warum Horkheimer Golo Mann einen ›heimlichen‹ Antisemiten‹ nannte: Der Streit um die richtige Vergangenheitsbewältigung«, in: ders. u.a.: *Die intellektuelle Gründung der Bundesrepublik – Eine Wirkungsgeschichte der Frankfurter Schule*, Frankfurt 1999, besonders S. 194.

6 Joachim Radkau: »George W.F. Hallgarten«, in: Hans-Ulrich Wehler (Hrsg.): *Deutsche Historiker VI*, Göttingen 1980, S. 105 und 115 f.

7 *FAZ*, 25.3.1959.

8 Joachim und Orlinde Radkau: *Praxis der Geschichtswissenschaft. Die Desorientiertheit des historischen Interesses*, Düsseldorf 1972, S. 72 ff. Ich hätte dem Buch am liebsten den Titel »Das Lustprinzip in der Geschichtswissenschaft« gegeben!

9 Reinhard Wittram: *Zukunft in der Geschichte. Zu Grenzfragen der Geschichtswissenschaft und der Theologie*, Göttingen 1966, S. 6.

10 Robert Payne: *Mao Tse-tung*, Hamburg 1951 (amerikan. Original New York 1950).

11 *Neue Westfälische*, 18.8.2014.

12 Michael Wettengel: »›Politik mit dem Kopf unter dem Arm‹. Zukunftserwartungen des Parlamentarischen Rates während der Beratungen über das Grundgesetz 1948/49«, in: Henning Albrecht u. a. (Hrsg.): *Politische Gesellschaftsgeschichte im 19. und 20. Jahrhundert. Festgabe für Barbara Vogel*, Hamburg 2006, S. 42–62.

13 Ebd., S. 48.

14 Gerd Heinz-Mohr: *Lexikon der Symbole*, 5. Aufl. Düsseldorf 1979, S. 162.

15 Joachim Radkau: »Die deutsche Emigration in den USA. Ihr Einfluss auf die amerikanische Europapolitik 1933–1945«, Düsseldorf 1971 (= *Studien zur modernen Geschichte*, hrsg. von Fritz Fischer u. a., Bd. 2), S. 246–250.

16 Rüdiger Graf: *Die Zukunft der Weimarer Republik. Krisen und Zukunftsaneignungen in Deutschland 1918–1933*, München 2008, S. 70 f.

17 Bernd Hey / Joachim Radkau: *Nationalsozialismus und Faschismus*, 1. Aufl. Stuttgart 1976 (= *Politische Weltkunde* II), S. 22–24.

18 Joachim Radkau: »Die ›Weltbühne‹ als falscher Prophet? Prognostische Versuche gegenüber dem Nationalsozialismus«, in: Thomas Koebner (Hrsg.): *Weimars Ende. Prognosen und Diagnosen in der deutschen Literatur und politischen Publizistik 1930–1933*, Frankfurt / M. 1982, S. 57–79.

19 Eine besonders hohe Meinung hegte ich verständlicherweise von dem einstigen *Weltbühne*-Mitarbeiter Heinz Pol; denn er hatte als Siebzigjähriger, kurz vor seinem Tod, durch eine (wenn auch etwas doppelbödige) Rezension in der *Frankfurter Rundschau* dazu beigetragen, meine Dissertation dem Schicksal so vieler anderer solcher Arbeiten zu entreißen, unbeachtet zu bleiben. Aber der gleiche Pol hatte 1925 in der »Weltbühne« dem scheinbar domestizierten Hitler einen tragikomischen Nachruf gewidmet: »Er war, nehmt alles nur in allem, ein süßer Schneck.« Immerhin – früher als viele andere, schon im Jahr vor dem Erdrutsch der Septemberwahlen von 1930, revidierte er diese seine verfrühte, allzu feuilletonistisch witzelnde Prognose; sein Artikel »Die Nationalsozialisten« vom Juli 1929 beeindruckt noch heute durch Sachkunde und Scharfsicht. Eine Lehre: Fehlprognosen sind unvermeidlich; folglich kommt es darauf an, Prognosen durch scharfe Beobachtung der sich wandelnden Realität zu überprüfen. Damals brachte mich das Thema auf die Frage, wieweit Handlungsmöglichkeiten die Prognose bestimmen – und auch die Bereitschaft zum Handeln. Wer bereit und fähig war, den Nationalsozialismus zu bekämpfen, war am ehesten dazu disponiert, die drohende Gefahr zu erkennen.

20 Vgl. Joachim Radkau: *Theodor Heuss*, München 2013, S. 177–184.

21 Theodor Heuss: *Die großen Reden. Der Staatsmann*, Tübingen 1965, S. 43.

22 Ders.: *Aufzeichnungen 1945–1947*, hrsg. von Eberhard Pikart, Tübingen 1966, S. 204.

23 *Theodor Heuss und Moritz Julius Bonn als Jubilare der Universität München*, Berlin 1956, S. 45.

24 Joachim Radkau: *Das Zeitalter der Nervosität. Deutschland zwischen Bismarck und Hitler*, München 1998, vor allem S. 295 ff. und 416 ff.

25 Ders.: *Max Weber – Die Leidenschaft des Denkens* (urspr. 2005), Neuausgabe München 2013, S. 652 f.

26 Ders.: *Theodor Heuss*, S. 75 ff.

27 Karl Alexander von Müller: *Aus Gärten der Vergangenheit. Erinnerungen 1882–1914*, Stuttgart 1951, S. 229.

28 Friedrich Kießling: *Gegen den »großen« Krieg. Entspannung in den internationalen Beziehungen 1911–1914*, München 2002; Tillmann Bendikowski: *Zwischen Begeisterung und Angst – Wie Deutsche den Kriegsbeginn erlebten*, Gütersloh 2014.

29 Bundesarchiv Koblenz, N 1221/223 (13.7.1962).

30 Hans-Peter Schwarz: »Die Welt des Bundeskanzlers. Weltwahrnehmung und globale Ordnungsvorstellungen Konrad Adenauers«, in: Eckart Conze (Hrsg.): *Die Herausforderung des Globalen in der Ära Adenauer*, Bonn 2010 (Rhöndorfer Gespräche 24), S. 21.

31 Dazu Joachim Radkau: »Historiker mit schwerer Munition. 1914 und kein Ende: Ungelöste Rätsel, blinde Flecke und die alte Frage nach den ›Lehren der Geschichte‹. Ein Essay zur neuen Kriegsbücherflut«, in: *Die Zeit*, 9.1.2014, S. 43.

32 Lucian Hölscher: *Die Entdeckung der Zukunft*, Frankfurt/M. 1999, S. 198.

33 Joachim Radkau: »Fragen an die Geschichte der Kernenergie. Perspektivenwandel im Zuge der Zeit (1975–1986)«, in: Jens Hohensee/Michael Salewski (Hrsg.): *Energie – Politik – Geschichte. Nationale und internationale Energiepolitik seit 1945*, Stuttgart 1993, S. 101.

34 Vgl. meine ersten Literaturüberblicke zur Kernenergie-Kontroverse: »Atompolitik ohne Alternative? Auf der Suche nach Diskussionsebenen der Kernenergie«, in: NPL 22/1977, S. 309–345 und 443–483.

35 Joachim Radkau: *Aufstieg und Krise der deutschen Atomwirtschaft 1945–1975. Verdrängte Alternativen in der Kerntechnik und der Ursprung der nuklearen Kontroverse*, Reinbek 1983, S. 51, 68, 73, 152, 179 ff.

36 Ebd., S. 15 f.

37 Wittram: *Zukunft in der Geschichte*, S. 15.

38 Eric J. Hobsbawm: *Das Zeitalter der Extreme. Weltgeschichte des 20. Jahrhunderts*, 6. Aufl. München 2003, S. 17 und 19.

39 Das hat Reinhard Ueberhorst (an den Verf., 16.5.2016) zur Verteidigung Hobsbawms hervorgehoben!

40 Vgl. Michael Müller: »Zur Ideengeschichte des Fortschritts« = Deutscher Bundestag, Enquete-Kommission Wachstum, Wohlstand, Lebensqualität, Kommissionsdrucksache 17 (26) 31.

41 Eric Hobsbawm: *Wieviel Geschichte braucht Zukunft?* München 2001, S. 77, 61.

42 Christian Meier an den Verf., 11.1.2015.

43 Christian Meier: »Das Verschwinden der Gegenwart. Über Geschichte und Politik«, München 2001, S. 217 (aus: *Historiker und Prognose*, urspr. 1996).

44 Hermann Lübbe: *Zeit-Erfahrungen. Sieben Begriffe zur Beschreibung moderner Zivilisationsdynamik*, Mainz 1996, S. 12 f.

45 Werner Sombart: *Der moderne Kapitalismus*, ND der 2. Aufl. von 1916, Bd. II/2, München 1987, S. 1137 ff.

46 Joachim Radkau: »Holzverknappung und Krisenbewusstsein im 18. Jahrhundert«, in: *Geschichte und Gesellschaft 9/1983*, S. 513–543; provozierender noch ders.: »Zur angeblichen Energiekrise des 18. Jahrhunderts – Revisionistische Betrachtungen über die ›Holznot‹«, in: VSWG 73/1986, S. 1–37.

47 Dazu Richard Hölzl: *Umkämpfte Wälder. Die Geschichte einer ökologischen Reform in Deutschland 1760–1860*, Frankfurt/M. 2010, S. 22 ff.; und Artikel »Holznot« in Wikipedia.

48 Reinhart Koselleck: *Vergangene Zukunft. Zur Semantik geschichtlicher Zeiten*, Frankfurt/M. 1979.

49 Dazu Joachim Radkau: *Die Ära der Ökologie – Eine Weltgeschichte*, München 2011, S. 45.

50 Ders.: *Holz. Wie ein Naturstoff Geschichte schreibt* (urspr. 1987), Neufassung München 2012, S. 266.

51 Christian Meier an den Verf., 11.1.2015.

52 Vgl. Radkau: *Die Ära der Ökologie*, S. 32–37 (»Statt einer einzigen Meistergeschichte ein Ensemble von Spannungsszenarien«).

53 Ebd., S. 621 f.

54 Ebd., S. 219 ff.

55 Ders.: *Technik in Deutschland vom 18. Jahrhundert bis heute*, Neuausgabe Frankfurt/M. 2008, S. 387 f.

56 Ders.: »›Revoltierten die Produktivkräfte gegen den real existierenden Sozialismus?‹ Technikhistorische Anmerkungen zum Zerfall der DDR«, in: *1999. Zeitschrift für Sozialgeschichte des 20. und 21. Jahrhunderts 4/90*, S. 36.

57 Joachim Radkau: »›Wirtschaftswunder‹ ohne technologische Innovation? Technische Modernität in den 1950er Jahren«, in: Axel Schildt/Arnold Sywottek (Hrsg.): *Modernisierung im Wiederaufbau. Die westdeutsche Gesellschaft der 50er Jahre*, Neuausgabe Bonn 1998, S. 137.

58 Jürgen Kuczynski: *Vom Zickzack der Geschichte. Letzte Gedanken zu Wirtschaft und Kultur seit der Antike*, Köln 1996, S. 150, 151 f.

59 Thomas Petersen an den Verf., 2.3.2016.

60 Ernst Wagemann (Gründer des Berliner Institutes für Konjunkturforschung): *Wägen, Wagen, Wirtschaften*, Hamburg 1954, S. 247: 1926 sei ein Aufwärts der Wirtschaft für den Konjunkturforscher »mit Sicherheit zu erwarten« gewesen, »obwohl die Unternehmer selbst merkwürdigerweise damals eine andere Ansicht äußerten. Offenbar wollte damals keiner seine Karten aufdecken …«

61 Joachim Radkau: »Der Historiker, die Erinnerung und das Exil. Hallgartens Odyssee und Kuczynskis Prädestination«, in: *Exilforschung. Ein internationales Jahrbuch*, Bd. 4/1984, S. 96–101.

62 Vgl. dazu Rüdiger Graf an den Verf., 13.8.2014: »Ich glaube, dass es nicht besonders ertragreich ist, optimistische und pessimistische Perioden voneinander zu

unterscheiden, sondern würde Zukunftsoptimismus und -pessimismus eher als verschiedene Rhetoriken begreifen, die in der Moderne immer in komplizierten Mischungsverhältnissen existieren.«

63 Michael Wettengel an den Verf., 6.3.2015.

64 John Maynard Keynes: *Allgemeine Theorie der Beschäftigung, des Zinses und des Geldes*, Berlin 1955 (urspr. 1935), S. 124 ff.

65 Vgl. Robert Lekachman: *John Maynard Keynes – Revolutionär des Kapitalismus*, München 1970, S. 112.

66 Karl Jaspers: *Wohin treibt die Bundesrepublik? Tatsachen – Gefahren – Chancen*, Neuausgabe München 1988, S. 122.

67 Karl J. Newman: *Wer treibt die Bundesrepublik wohin?* 3., erg. Aufl. Köln 1969, vor allem S. 93 ff., wo er anprangert, dass Jaspers in der totalitären Tendenz über den NS-Staatsrechtler Carl Schmitt sogar noch weit hinausgehe!

68 Ebd., S. 103, 132 (= *Die Zeit*, 22.7.1966).

69 *Der Spiegel*, 13.3.1967, S. 122–127 (»Bomben gegen Chinas Bombe?«).

70 So in einem Interview mit Rudolf Augstein, in: Jaspers: *Wohin treibt die Bundesrepublik?* S. 24 f.

71 Hans Saner: *Karl Jaspers*, Reinbek 1970, S. 138.

72 Jaspers: *Wohin treibt die Bundesrepublik?* S. IV.

73 Saner: *Jaspers*, S. 43 f. Wenn Jaspers 1932 das nur durch ihn belegte Wort Max Webers berichtet (und damit die junge Hannah Arendt begeistert), »zur Wieder-aufrichtung Deutschlands in seiner alten Herrlichkeit« würde er sich »auch mit dem leibhaftigen Teufel verbünden«, konnte das damals kaum anders denn als ein Votum für die NSDAP verstanden werden! Jaspers: *Max Weber – Deutsches Wesen im politischen Denken, im Forschen und Philosophieren*, Oldenburg 1932, S. 35; *Hannah Arendt – Karl Jaspers, Briefwechsel 1926–1969*, München 1985, S. 52 (Arendt an Jaspers, 1.1.1933).

74 Newman: *Wer treibt die Bundesrepublik wohin?* S. 141.

1

»FORDERUNG DES TAGES« — »UND DER ZUKUNFT ZUGEWANDT«

1 Sigfried Giedion: *Die Herrschaft der Mechanisierung. Ein Beitrag zur anonymen Geschichte*, Frankfurt/M. 1982, S. 770.

2 Joachim Radkau: »›Wirtschaftswunder‹ ohne technologische Innovation? Technische Modernität in den 50er Jahren«, in: Axel Schildt/Arnold Sywottek (Hrsg.): *Modernisierung im Wiederaufbau. Die westdeutsche Gesellschaft der 50er Jahre*, Studienausgabe Bonn 1998, S. 141.

3 Friedrich Sieburg: *Die Lust am Untergang. Selbstgespräche auf Bundesebene* (urspr. 1954), Reinbek 1961, S. 222.

4 Jens Hacke bemerkt zu Sieburgs Lamento, das mit seinen unbeweisbaren Pau-schalurteilen fortan zur Masche »kritischer« Publizisten wurde und mal als »rechte«, mal als »linke« Leier begegnet: »Wie bei so vielen Kritikern der Bon-

ner Republik fällt es auch hier schwer, eine realistische Folie für diese Defizitanalyse zu finden. Woran wurde eigentlich Maß genommen? Und woraus speiste sich dieses Ressentiment, das sich souverän über alle Neuheiten der politischen Ordnung hinwegsetzte?« Jens Hacke: *Die Bundesrepublik als Idee. Zur Legitimationsbedürftigkeit politischer Ordnung*, Hamburg 2009, S. 24.

5 Hans Braun: »Das Streben nach ›Sicherheit‹ in den 50er Jahren«, in: *Archiv für Sozialgeschichte* 18/1978, S. 293.

6 Eberhard Rathgeb: *Deutschland kontrovers. Debatten 1945 bis 2005*, München 2005, S. 328.

7 Petra Weber: *Carlo Schmid*, München 1996, S. 192.

8 Ulrich Raulff: *Kreis ohne Meister. Stefan Georges Nachleben*, München 2009, S. 456 ff. Auf S. 457 zitiert Raulff eine Bemerkungen, die Wilhelm Hennis, einst Schmids parlamentarischer Assistent, zu ihm und Stephan Schlak machte: »Carlo Schmid war eine verschwiegene, tief verschwiegene Georgine, und das ist das Kostbarste an ihm gewesen.«

9 Wilhelm Ostwald: *Die Forderung des Tages*, 2. Aufl. Leipzig 1911, S. 7, 67, 59.

10 Hermann Kellermann: *Der Krieg der Geister 1914*, Dresden 1915, S. 113.

11 Ders.: »Monistische Sonntagspredigten«, 5. Reihe, N. F., Nr. 10–38: *Die Kriegspredigten*, Leipzig 1916, S. 145 ff. (15.8.1914).

12 Diese Rede wurde nicht, wie lange angenommen, erst 1918 oder 1919 gehalten; dazu Radkau: *Max Weber*, S. 976 f., Anm. 529.

13 Karl Schmid: *Die Forderung des Tages*, Stuttgart 1946, S. 9 f.

14 Weber: *Carlo Schmid*, S. 263.

15 Ebd., S. 307.

16 Ebd., S. 335 f.

17 Stiftung Bundespräsident-Theodor-Heuss-Haus (Hrsg.): *Parlamentarische Poesie. Theodor Heuss: Das ABC des Parlamentarischen Rates. Carlo Schmid: Parlamentarische Elegie im Januar*, Stuttgart 1999, S. 14.

18 *Der Spiegel* 11/1949; Unterschrift: »Alte, brave Matka« (Schmid über die SPD).

19 Vgl. Thomas Freimüller: »Der versäumte Abschied von der Volksgemeinschaft. Psychoanalyse und ›Vergangenheitsbewältigung‹« (docupedia).

20 Joachim Fest: *Ich nicht. Erinnerungen an eine Kindheit und Jugend*, Reinbek 2006, S. 341.

21 Peter Merseburger: *Kurt Schumacher. Der schwierige Deutsche – Eine Biographie*, Stuttgart 1995, S. 252 ff.

22 Typisch dafür Ute Schmidt / Tilman Fichter: *Der erzwungene Kapitalismus. Klassenkämpfe in den Westzonen 1945–48*, Berlin 1971.

23 In Michael Ruck / Michael Dauderstädt: *Zur Geschichte der Zukunft – Sozialdemokratische Utopien und ihre gesellschaftliche Relevanz*, Bonn 2011, werden die Nachkriegsjahre bezeichnenderweise überschlagen.

24 Helmut Gollwitzer: *… und führen wohin du nicht willst. Bericht einer Gefangenschaft* (urspr. 1951), 5. Aufl. Gütersloh 1994, S. 42.

25 Ebd., S. 30.

26 Alexander Schmidt-Gernig: »›Futurologie‹ – Zukunftsforschung und ihre Kri-

tiker in der Bundesrepublik der 60er Jahre«, in: Heinz Gerhard Haupt/Jörg Requate (Hrsg.): *Aufbruch in die Zukunft*, Weilerswist 2004, S. 129.

27 Klaus Mehnert: *Der deutsche Standort*, Stuttgart 1967, S. 18.

28 Toni Stolper: *Gustav Stolper 1888–1947 – Ein Leben in Brennpunkten unserer Zeit – Wien, Berlin, New York*, Tübingen 1960, S. 307.

29 Joachim Radkau: *Theodor Heuss*, München 2013, S. 295.

30 Gustav Stolper: *Die deutsche Wirklichkeit*, Hamburg 1949, S. 14.

31 Ebd., S. 284.

32 Radkau: *Heuss*, S. 154.

33 Ernst Wagemann: *Wägen, Wagen, Wirtschaften – Erprobte Faustregeln, neue Wege*, 2. Aufl. Hamburg 1954, S. 249 f., 228 f.

34 Elisabeth Noelle-Neumann/Renate Köcher (Hrsg.): *Allensbacher Jahrbuch der Demoskopie 1984–1992*, Allensbach u. a. 1993, S. 403.

35 Arne Andersen: *Der Traum vom guten Leben. Alltags- und Konsumgeschichte vom Wirtschaftswunder bis heute*, Frankfurt / M. 1997, S. 11.

36 Noelle-Neumann/Köcher, S. 404.

37 Theodor Heuss: *Tagebuchbriefe 1955–63. Eine Auswahl aus Briefen an Toni Stolper*, hrsg. von Eberhard Pikart, Tübingen 1970, S. 150 (22.2.1956) und wieder S. 152 (2.3.1956). Heuss hebt bei der Erfindung dieses Schlagworts besonders die Rolle eines Teils der ausländischen Presse hervor.

38 So auch der 1921 in Breslau geborene Historiker Walter Laqueur, der den bundesdeutschen Wiederaufstieg aus der Außenperspektive des Emigranten verfolgte: »Angesichts der Ruinen von 1945 war die allgemeine Ansicht, dass sich das Land nie erholen werde, und die Teilung vertiefte noch den Pessimismus. Die rasche Erholung war ein Wunder und überstieg die kühnsten Erwartungen.« Ders.: *Was ist los mit den Deutschen?* Frankfurt / M. 1985, S. 271.

39 Werner Abelshauser erwähnt »Wirtschaftswunder« geradezu als einen Begriff der Pessimisten! Ders.: *Wirtschaft in Westdeutschland 1945–1948. Rekonstruktion und Wachstumsbedingungen in der amerikanischen und britischen Zone*, Stuttgart 1975, S. 11.

40 Michael Prinz: *Der Sozialstaat hinter dem Haus. Wirtschaftliche Zukunftserwartungen, Selbstversorung und regionale Vorbilder: Westfalen und Südwestdeutschland 1920–1960*, Paderborn 2012, S. 286 (nach einem Vortrag von Axel Schildt vom 7.4.2004).

41 Elisabeth Noelle/Erich Peter Neumann: *Jahrbuch der öffentlichen Meinung 1965–1967*, Allensbach 1967, S. X (Erich Peter Neumann).

42 Abelshauser: *Wirtschaft in Westdeutschland 1945–1948*, S. 28. Auch die folgenden Ausführungen zur Wirtschaftsentwicklung stützen sich vor allem auf Abelshauser.

43 Bahners/Cammann (Hrsg.): *Bundesrepublik und DDR*, S. 107 ff.

44 George W. F. Hallgarten/Joachim Radkau: *Deutsche Industrie und Politik von Bismarck bis in die Gegenwart*, Neuausgabe Reinbek 1981, S. 446.

45 Vgl. Nina Grunenberg: »Die Wirtschaftswundertäter. Etliche Industriekapitäne der Nachkriegszeit haben ihr Handwerk im Rüstungsministerium von Albert

Speer gelernt. Hitlers Wirtschaftsorganisator setzte auf junge, hungrige Mitarbeiter. Die profitierten später von ihren Weltkriegserfahrungen.« In: *Die Welt*, 8.10.2006.

46 Wagemann: *Wagen, Wägen, Wirtschaften*, S. 279.

47 Werner Abelshauser: »Die Bedeutung des Marshall-Plans für Wiederaufbau und Wirtschaftswachstum: Ein makroökonomischer Ansatz«, in: Charles S. Maier/Günter Bischof (Hrsg.): *Deutschland und der Marshall-Plan*, Baden-Baden 1992, S. 407–440. Abelshauser zum Verf., 17.5.2007: Er könne noch so oft die Legende vom Marshallplan widerlegen – es sei alles umsonst, sie sei nicht totzukriegen! Zu den unterschiedlichen Sichtweisen vgl. Hans-Jürgen Schröder (Hrsg.): *Marshallplan und westdeutscher Wiederaufstieg. Positionen – Kontroversen*, Stuttgart 1990.

48 Knut Borchardt/Christoph Buchheim: »Marshall-Plan-Hilfe in industriellen Schlüsselsektoren: Eine ›mikroökonomische‹ Perspektive«, in: ebd., S. 441–474.

49 Radkau: *Aufstieg und Krise der deutschen Atomwirtschaft*, S. 29.

50 Über eine mögliche Synthese der kontroversen Positionen mit Hinweis auf Forschungen von Helge Berger und Albrecht Ritschl vgl. Dierk Hoffmann: *Nachkriegszeit. Deutschland 1945–1949*, Darmstadt 2011 (*Kontroversen um die Geschichte*), S. 94 f.

51 Volker Hentschel: *Ludwig Erhard. Ein Politikerleben*, Berlin 1998, S. 69.

52 Klaus Schwabe: »Das Echo Westdeutschlands auf den Marshall-Plan 1947–49«, in: Maier/Bischof (Hrsg.): *Deutschland und der Marshall-Plan*, S. 264, 267.

53 Als sich mein Vater Günter Radkau 1943 zum letzten Mal von meiner Mutter verabschiedete, um an die Ostfront und in den Tod zu gehen, schärfte er ihr ein: »Vergiss nie: Wir brauchen die Vereinigten Staaten von Europa, damit sich dieser Wahnsinn niemals wiederholt!«

54 Radkau: *Die deutsche Emigration in den USA*, S. 300 ff.

55 Klaus Mann: *Der Wendepunkt. Ein Lebensbericht*, Frankfurt 1963 (amerikan. Erstausgabe 1942), S. 183 ff.

56 Frank Ahland: *Bürger und Gewerkschafter Ludwig Rosenberg 1903 bis 1977. Eine Biografie*, Essen 2016, S. 438.

57 Rolf Hellmut Foerster (Hrsg.): *Die Idee Europa 1300–1946. Quellen zur Geschichte der politischen Einigung*, München 1963, S. 247 ff.

58 Wettengel: *Politik mit dem Kopf unter dem Arm*, S. 59.

59 Sieburg: *Die Lust am Untergang*, S. 70 ff.

60 Hans-Peter Schwarz: *Adenauer. Bd. 1: Der Aufstieg: 1976–1952*, Stuttgart 1986, S. 563.

61 Siegfried Balke, von 1956 bis 1962 Bundesminister für Atomfragen, versicherte mir im Frühjahr 1978, Adenauer sei in Wahrheit kein echter Europäer gewesen, sondern habe nationalstaatlich gedacht.

62 Alan S. Milward: *The European Rescue of the Nation-State*, London 1992.

63 Radkau: *Aufstieg und Krise der deutschen Atomwirtschaft*, S. 173 (= *Industriekurier*, 14.2.1959: »Schiff auf falschem Kurs – Notwendige Betrachtung zur Arbeit von Euratom«).

64 Hallgarten/Radkau: *Deutsche Industrie und Politik*, S. 472 ff.

65 *Neue Westfälische*, 26.5.1960. Ich war als Schüler bei dieser Rede zugegen und erwarb mir das Lob des Schulsprechers, als ich Niemöller öffentlich widersprach!

66 Radkau: *Theodor Heuss*, S. 358.

67 Dieser Satz wurde am 23. Juni 2016 geschrieben, dem Tag des britischen Brexit-Referendums!

68 Hentschel: *Ludwig Erhard*, S. 480.

69 Eine Sammlung skeptischer Stimmen schon in der Frühzeit der Entwicklungs-hilfe findet sich in dem Sammelband von Wilhelm Röpke u.a.: *Entwicklungs-länder – Wahn und Wirklichkeit*, Erlenbach-Zürich 1961. Röpke, ein Vordenker des Neoliberalismus, hat gegen die Entwicklungshilfe vor allem einzuwenden, dass sie in der Regel mit planwirtschaftlichen Konzepten verbunden ist. Zudem könne man »den Satz wagen: moderne Industrie höherer Art wird ihrer Natur nach im wesentlichen auf denjenigen Teil der Erde beschränkt bleiben, wo jemand, der ›morgen‹ sagt, es auch meint und nicht irgendeine vage Zukunfts-möglichkeit.«

70 Hentschel: *Ludwig Erhard*, S. 404.

71 Joachim Radkau: »Der atomare Ursprung der Forschungspolitik des Bundes«, in: Peter Weingart/Niels C. Taubert (Hrsg.): *Das Wissensministerium – Ein halbes Jahrhundert Forschungs- und Bildungspolitik in Deutschland*, Weilerswist 2006, S. 35 (mündl. Mitt. von Siegfried Balke).

72 *Der Spiegel*, 20.6.1983, S. 76 f.

73 Dietmar Klenke: *Bundesdeutsche Verkehrspolitik und Motorisierung. Konflikt-trächtige Weichenstellungen in den Jahren des Wiederaufstiegs*, Stuttgart 1993, S. 163 f.

74 Ich habe mir an jenem 1. November als Dreizehnjähriger, von Kriegsangst ge-packt, die Ausgabe der sonst CDU-nahen *Westfälischen Zeitung* mit der Haupt-schlagzeile »Luftangriffe auf Kairo« aufbewahrt, die in einem eingekastelten Ar-tikel auf der Titelseite an die 6,5 Millionen deutschen Kriegstoten erinnerte und auch sonst im Zeichen dieses Kriegsausbruchs stand.

75 Heuss: *Tagebuchbriefe*, S. 210 (4.11.1956).

76 Radkau: *Aufstieg und Krise der deutschen Atomwirtschaft*, S. 140.

77 Hans-Peter Schwarz: *Adenauer. Bd. 2: Der Staatsmann: 1952–1967.* Stuttgart 1991, S. 95.

78 Theodor Heuss/Konrad Adenauer: *Unserem Vaterlande zugute. Der Briefwechsel*, hrsg. von Hans Peter Mensing, Berlin 1989, S. 294.

79 Adenauer: *Teegespräche 1955–1958*, bearb. von Hanns Jürgen Küsters, Berlin 1986, S. 250 (24.1.1958).

80 Schwarz: *Adenauer, Bd. 1*, S. 555, auch 552.

81 Bernhard Wördehoff: »Die Adenauersche Mumie«, in: *Die Zeit*, 30 1.1987.

82 Schwarz: *Adenauer, Bd. 1*, S. 574 (5.7.1948).

83 Ebd., S. 576.

84 Radkau: *Aufstieg und Krise der deutschen Atomwirtschaft*, S. 325.

85 Ders.: »Die Kontroverse um den ›Atomsperrvertrag‹ aus der Rückschau«, in:

Constanze Eisenbarth/Dieter von Ehrenstein (Hrsg.): *Nichtverbreitung von Nuklearwaffen – Krise eines Konzepts*, Heidelberg 1990, S. 63–89.

86 Schwarz: *Adenauer*, Bd. 1, S. 579 f.

87 Ders.: *Anmerkungen zu Adenauer*, München 2004, S. 164.

88 Dazu Robert Stupperich: *Otto Dibelius. Ein evangelischer Bischof im Umbruch der Zeiten*, Göttingen 1989, S. 498 ff.

89 Eine solche Äußerung von ihm wurde aus Evanston (USA) berichtet. Dazu jedoch Jens Murken, der Leiter des Ev. Landeskirchlichen Archivs von Westfalen, an den Verf., 27.2.2015: »In Evanston konnte ich diese Äußerung Dibelius' jedenfalls nicht dokumentiert finden. ... In seinem Rechenschaftsbericht für die EKD-Synode in Ost-Berlin Ende April 1958 hat Dibelius als Ratsvorsitzender hingegen unterstrichen, dass er persönlich jede Mitwirkung an einer atomaren Bewaffnung ablehne.«

90 Jost Hermand: *Kultur im Wiederaufbau. Die Bundesrepublik 1945–1965*, Frankfurt/M. 1989, S. 243 (Broschüre *Militärkirche oder kirchlicher Friedensdienst*); Manfred Görtemaker: *Geschichte der Bundesrepublik Deutschland*, München 1999, S. 259.

91 Karl Jaspers: *Die Atombombe und die Zukunft des Menschen. Politisches Bewusstsein in unserer Zeit*, 7. Aufl. München 1983 (urspr. 1958), S. 228 f. Golo Mann, der bei Jaspers mit einem »kümmerlichen *cum laude*« promoviert hatte – was dazu beitrug, dass er von der Philosophie zur Historie überging –, erkennt bei dem einstigen Lehrer überall einen »in Melancholie sich überschlagenden Willen zum Realismus«. Ders.: *Erinnerungen und Gedanken. Eine Jugend in Deutschland*, Frankfurt/M. 1991, S. 310, 306.

92 Hermand: *Kultur im Wiederaufbau*, S. 242.

93 Michael Knoll: *Atomare Optionen. Westdeutsche Kernwaffenpolitik in der Ära Adenauer*, Frankfurt/M. 2013 (= *Militärhistorische Untersuchungen* 13), S. 150.

94 Werner Abelshauser (mündl. zum Verf., 10.4.2015) hält diese Geschichte in der Tat für unglaubwürdig.

95 Franz Josef Strauß: *Die Erinnerungen*, Berlin 1989, S. 376; auch Knoll (S. 25) geht davon aus, dass Strauß hier glaubwürdig sei, erwähnt diesen Vorfall jedoch nur nebenbei.

96 Knoll: *Atomare Optionen*, S. 325 f.

97 So Abelshauser zum Verf., 10.4.2015.

98 Schwarz: *Adenauer – Der Staatsmann*, S. 493.

99 Hans-Peter Schwarz an den Verf., 1.6.2013.

100 Die folgenden Ausführungen nach Hans Günter Hockerts: *Der deutsche Sozialstaat. Entfaltung und Gefährdung seit 1945*, Göttingen 2011.

101 Hans Günter Hockerts: *Der deutsche Sozialstaat – Entfaltung und Gefährdung seit 1945*, Göttingen 2011, S. 297: Dieses vermeintliche Adenauer-Wort werde »immer wieder zitiert, aber nie belegt«. Vgl. Hans Peter Mensing, der langjährige Leiter des Rhöndorfer Adenauer-Archivs, an den Verf., 16.12.2014: Beim Thema »Adenauers Zukunftssorgen und -hoffnungen« müsse man »sehr darauf achten, dass die Streu immer noch weitverbreiteter Allerweltsweisheiten, Ka-

lendersprüche, kolportierter Endzeitprognosen nicht mit dem Weizen wirklich relevanter Aussagen durcheinandergerät; und bei denen ist dann wiederum abzuwägen, *wem* er *wann was* anvertraut, auf *welche* Ereignisse und Schicksalsschläge er *wie* reagiert …«

102 Besonders drastisch in den Memoiren der früheren HJ-Pressereferentin Melitta Maschmann: *Fazit*, Stuttgart 1963, S. 70 f.

103 Hans Peter Mensing: »Ein ›Gehirntrust‹ für Adenauer? Beraterstäbe, Meinungsbildung und Politikstil beim ersten Bundeskanzler«, in: ders.: *Aus Adenauers Nachlass. Beiträge zur Biographie und Politik des ersten Bundeskanzlers*, Köln 2007, S. 273.

104 Radkau: *Theodor Heuss*, S. 352.

105 Christian Welzbacher: »Der Wiederaufbau des Frankfurter Goethehauses«, in: *Die Alte Stadt* 33/2006, S. 317–330.

106 Karl Jaspers: *Unsere Zukunft und Goethe*, Bremen 1949, S, 12.

107 Saner: *Jaspers*, S. 58 ff.

108 Eduard Baumgarten, der Nachlassverwalter Max Webers, foppte 1932 seine Tante Marianne Weber: »Ich habe einen Moment lang Onkel Max lachen sehen, während Du die öffentliche Erklärung abgabst: Goethe sei Dir schnuppe.« (Radkau: *Max Weber*, S. 844) »Goethe« war damals im Hause Weber anscheinend die Chiffre für freie Liebe!

109 So Karl Robert Mandelkow: »Der ›restaurierte‹ Goethe: Klassikerrezeption in Westdeutschland nach 1945 und ihre Vorgeschichte seit 1870«, in: Schildt/Sywottek (Hrsg.): *Modernisierung im Wiederaufbau*, S. 547.

110 Dazu Stefan Wolle: *Der große Plan. Alltag und Herrschaft in der DDR 1949–1961*, Berlin 2013, S. 147 ff. (»Goethe ist unser«).

111 Ders.: *Aufbruch nach Utopia. Alltag und Herrschaft in der DDR 1961–1971*, Berlin 2011, S. 278 ff.

112 Axel Schildt: »Von der Not der Jugend zur Teenager-Kultur: Aufwachsen in den 50er Jahren«, in: Schildt/Sywottek (Hrsg.): *Modernisierung im Wiederaufbau*, S. 335.

113 Noelle/Neumann (Hrsg.): *Jahrbuch der öffentlichen Meinung 1965–1967*, S. 430.

114 Schwarz: *Adenauer*, Bd. 1, S. 445.

115 Heinz Boberach (Hrsg.): *Meldungen aus dem Reich. Auswahl aus den geheimen Lageberichten des Sicherheitsdienstes der SS 1939–1944*, TB-Ausgabe München 1968, S. 297 (15.2.1943).

116 Florian Huber: *Kind, versprich mir, dass du dich erschießt. Der Untergang der kleinen Leute 1945*, Berlin 2015.

117 André Steiner: *Von Plan zu Plan. Eine Wirtschaftsgeschichte der DDR*, Berlin 2007, S. 16, 73.

118 Ebd., S. 10 f.

119 Joseph A. Schumpeter: *Kapitalismus, Sozialismus und Demokratie*, Bern 1950 (urspr. New York 1942), S. 267. Vgl. dazu Richard Swedberg: *Joseph A. Schumpeter – Eine Biographie*, Stuttgart 1994, S. 219.

120 Kurt Pritzkoleit: *Männer, Mächte, Monopole*, Düsseldorf 1953, S. 271.

121 Vgl. Wolfgang Engler: *Die Ostdeutschen. Kunde von einem verlorenen Land*, Berlin 1999, S. 257 ff.

122 Christian Meier: *Der Historiker und der Zeitgenosse. Eine Zwischenbilanz*, München 2014, S. 77 f.

123 Philipp Graf: »›Nach Hitler wir!‹ Zu Anspruch und Wirklichkeit des DDR-Antifaschismus«, in: *Phase 2/34* (Winter 2009).

124 Alfred Kantorowicz: *Deutsches Tagebuch*, Bd. 1, München 1964, S. 352.

125 Ebd., Bd. 2, S. 422.

126 Einschlägige Hinweise gesammelt bei Wilfried Loth: *Stalins ungeliebtes Kind. Warum Moskau die DDR nicht wollte*, Berlin 1994; zur Kontroverse um diese These Dierk Hoffmann: *Nachkriegszeit*, S. 58 f.

127 Ilko-Sascha Kowalczuk: »Der 17. Juni 1963«, in: Rainer Eppelmann u. a. (Hrsg.): *Bilanz und Perspektiven der DDR-Forschung*, Paderborn 2003, S. 161.

128 Wolle: *Der große Plan*, S. 273; *Der Spiegel* 17/2013, S. 41: In diesem Sinne wurde selbst Adenauer von der Organisation Gehlen, dem späteren BND, informiert!

129 Radkau: *Theodor Heuss*, S. 415 ff.

2

AGRARAUSSICHTEN VOR DEM URGRUND DER HUNGERZEIT

1 Wolfgang Haber an den Verf., 15.6.2015.

2 Hobsbawm: *Wieviel Geschichte braucht die Zukunft*, S. 74.

3 Hans Schlange-Schöningen: *Lebendige Landwirtschaft*, Hannover 1947, S. 17.

4 Ebd.

5 Ebd., S. 219.

6 Kiran Klaus Patel: *Europäisierung wider Willen. Die Bundesrepublik Deutschland in der Agrarintegration der EWG 1955–1973*, München 2009, S. 58.

7 Frank Uekötter: *Die Wahrheit ist auf dem Feld*, Göttingen 2010, S. 197.

8 Vgl. Herbert Giersch: *Die offene Gesellschaft und ihre Wirtschaft. Aufsätze und Kommentare aus fünf Jahrzehnten*, Hamburg 2006, S. 211.

9 Zusammenstellung entsprechender Pressezitate bei Patel: *Europäisierung wider Willen*, S. 379 ff.

10 Frank Uekötter, der sich über die Verwissenschaftlichung der deutschen Landwirtschaft habilitierte, am 4.3.2015 an den Verf.: Ich dürfe mich »bei Agrarthemen von Rechthaberei nicht beeindrucken lassen. Das haben die alle drauf«, da »der Bauer gerne etwas lauter spricht«.

11 Schlange-Schöningen: *Lebendige Landwirtschaft*, S. 28.

12 Ebd., S. 30, 31.

13 Ebd., S. 218.

14 Ebd., S. 59.

15 Fr. Christoph (Ministerialrat) (Hrsg.): *Die Technik in der Landwirtschaft*, Berlin 1926, S. 405 ff. (»Wichtige technische neuzeitliche Düngungsfragen«).

16 Helene Albers: *Die stille Revolution auf dem Lande. Landwirtschaft und Landwirtschaftskammer in Westfalen-Lippe 1899–1999*, Münster 1999, S. 82.

17 Theodor Heuss beginnt seinen Essay von 1944 auf die Agrarwissenschaftlerin Margarete von Wrangell (1877–1932), die erste Frau auf einem deutschen Lehrstuhl, mit den Worten, mit denen sie auf einem Gedenkstein verewigt wurde: »Ich lebte mit den Pflanzen, ich legte das Ohr an den Boden, und es schien mir, als seien die Pflanzen froh, etwas über die Geheimnisse ihres Wachstums erzählen zu können.« Heuss: *Deutsche Gestalten. Studien zum 19. Jahrhundert*, Tübingen 1951, S. 479.

18 Hans Schlange-Schöningen: *Landwirtschaft von heute*, 3. Aufl. Berlin 1931, S. 17, 22.

19 Joachim Radkau: *Technik in Deutschland. Vom 18. Jahrhundert bis heute*, Neuausgabe Frankfurt 2008, S. 327.

20 Wilhelm Kaltenborn: *Schein und Wirklichkeit. Genossenschaften und Genossenschaftsverbände – Eine kritische Auseinandersetzung*, Berlin 2014, S. 40 ff., vor allem S. 47.

21 Ulrich Kluge: *Ökowende*, Berlin 2001, S. 41.

22 Selbst das Handbuch *Religion in Geschichte und Gegenwart (RGG)* widmet dem Genossenschaftswesen noch in seiner Ausgabe von 1928 einen langen Artikel. Die »Propheten des Genossenschaftswesens« hätten darin einen Weg begriffen, um den »Egoismus durch den Gemeinsinn (zu) überwinden«. Diese »hohen Erwartungen der Verkünder des Genossenschaftssozialismus« hätten sich bislang jedoch nicht erfüllt, auch wenn die landwirtschaftlichen Genossenschaften mehr als dreieinhalb Millionen Mitglieder umfassten: In der Regel schlösse man sich einer Genossenschaft an, wenn man daraus einen ökonomischen Nutzen für sich selbst erwarte, wobei sich jedoch die Raiffeisenvereine bei der »ständigen Gegenseitigkeitskontrolle auf dem Lande« als Kreditgenossenschaften durchaus bewährten. RGG Bd. 2, Tübingen 1928, Sp. 1018, 1021. Während die Genossenschaften damals selbst für ein Handbuch zur Religionsgeschichte ein großes Thema waren, kommen sie seit den 1950er Jahren selbst in der Agrarliteratur meist nur am Rande vor!

23 Kaltenborn: *Schein und Wirklichkeit*, S. 314. Vgl. dazu den Briefwechsel zwischen ihm und Armin Peter in den Konsum-Veröffentlichungen, http://konsum-info.de, der ebenfalls bei vielen Genossenschaften eine geradezu monarchische Struktur erkennt, aber dennoch deren Unverzichtbarkeit unterstreicht. Burchard Bölsche in der Einleitung zu John Curl: *Die Genossenschaftsbewegung im 21. Jahrhundert*, Hamburg 2012, S. 3, trotz der Zukunftsverheißung des Buches: »Die Geschichte der genossenschaftlichen Arbeit ist eine Geschichte des Scheiterns, enttäuschter Hoffnungen.«

24 Hermann Priebe: *Wer wird die Scheunen füllen? Sozialprobleme der deutschen Landwirtschaft*, Düsseldorf 1954, S. 14, 15.

25 Ebd., S. 319.

26 David Schoenbaum: *Die braune Revolution. Eine Sozialgeschichte des Dritten Reiches*, Köln 1968, S. 199.

27 Adolf Hitler: *Mein Kampf*, 263.–264. Aufl. München 1937, S. 151.

28 Joachim Radkau: *Natur und Macht. Eine Weltgeschichte der Umwelt*, Neuausgabe München 2002, S. 296.

29 Vgl. Patel: *Europäisierung wider Willen*, S. 45 f.

30 Radkau: *Holz* (2012), S. 232.

31 Ders.: *Die Ära der Ökologie – Eine Weltgeschichte*, München 2011, S. 99.

32 Erich Preiser: *Die württembergische Wirtschaft als Vorbild*, Stuttgart 1937, S. 96.

33 Michael Prinz: *Der Sozialstaat hinter dem Haus. Wirtschaftliche Zukunftserwartungen, Selbstversorgung und regionale Vorbilder: Westfalen und Südwestdeutschland 1920–1960*, Paderborn 2012 (= *Forschungen zur Regionalgeschichte* 69).

34 Ebd., S. 240 ff., 394; Joachim Radkau: »Nationalsozialismus und Modernisierung«, in: Hans-Ulrich Wehler (Hrsg.): *Scheidewege der deutschen Geschichte*, München 1995, S. 185 ff.; Hans Dieter Schäfer: »Amerikanismus im Dritten Reich«, in: Michael Prinz / Rainer Zitelmann (Hrsg.): *Nationalsozialismus und Modernisierung*, Neuausgabe Darmstadt 1994, S. 199–215.

35 Prinz: *Der Sozialstaat hinter dem Haus*, S. 17 ff., 249 f.

36 Karl Polanyi: *The Great Transformation. Politische und ökonomische Ursprünge von Gesellschaften und Wirtschaftssystemen*, Wien 1977 (urspr. 1944).

37 Radkau: *Natur und Macht*, S. 71 ff.

38 Rudolf Morsey: *Heinrich Lübke. Eine politische Biographie*, Paderborn 1996, S. 223.

39 Ebd., S. 228.

40 Prinz: *Der Sozialstaat hinter dem Haus*, S. 277 ff.

41 Vgl. Patel: *Europäisierung wider Willen*, S. 432.

42 Hermann Priebe: *Die subventionierte Naturzerstörung. Plädoyer für eine neue Agrarkultur*, München 1990, S. 81.

43 Ders.: *Landwirtschaft in der Welt von morgen*, Düsseldorf 1970, S. 201.

44 Patel: *Europäisierung wider Willen*, S. 215, 192.

45 Priebe: *Die subventionierte Naturzerstörung*, S. 64.

46 Obwohl in dieser seiner Darstellung die »gute alte Zeit« der naturgemäßen Landwirtschaft vielfach mit dem Innovationsschub der 1950er Jahre zu enden scheint, bezeichnet er überraschenderweise auf S. 25 »die zwei Jahrzehnte von der Mitte der fünfziger Jahre an« – die Zeit seiner Beratertätigkeit! – kursiv gedruckt als das »Goldene Zeitalter der deutschen Landwirtschaft«, das die vom Bauernverband auf Dauerklage dressierten Landwirte nur nicht zu würdigen gewusst hätten!

47 Frank Uekötter: *Die Wahrheit ist auf dem Feld. Eine Wissensgeschichte der deutschen Landwirtschaft*, Göttingen 2010, S. 170 ff.

48 Zu diesem Begriff ebd., S. 173.

49 Michael Baur: *Humusversorgung – Bodenfruchtbarkeit*, Hiltrup 1949; im Vorwort: »die Nährstoffvorräte unserer Böden« seien »ganz erschreckend zusammengeschmolzen«.

50 Morsey: *Heinrich Lübke*, S. 224.

51 Priebe: *Wer wird die Scheunen füllen?* S. 9, 11, 12.

52 Ebd., S. 18.

53 Ebd., S. 107.

54 Vgl. Svenja Kracht: »Der digitale Bauernhof – Wie das Computerzeitalter die Arbeit der Landwirte in der Region verändert«, in: *Neue Westfälische*, 3.4.2015, wonach einer Sprecherin des Unternehmens 365FarmNet zufolge »besonders kleinere und mittlere Betriebe bei der Datenauswertung ihren Betrieb optimieren« können. Wie dem Internet zu entnehmen, gibt es gerade in letzter Zeit eine Flut ähnlicher Presseartikel, so in der *Welt* vom 21.2.2015: »Wenn die Kuh eine SMS schickt«.

55 Albers: *Die stille Revolution auf dem Lande*, S. 91.

56 Dietmar Stutzer: *Geschichte des Bauernstandes in Bayern*, München 1988, S. 289.

57 Als ich um 1990 mit einem Seminar für moderne Agrargeschichte einen Bio-Bauernhof besichtigte, gestand mir ein alter Bauer, der an dem Seminar teilnahm, mit Tränen in den Augen, auch er habe in seinem Herzen einen solchen Bauernhof betreiben wollen; aber dazu habe er nicht die richtige Frau gehabt: Auf die komme es bei einer derart sensiblen und arbeitsintensiven Landwirtschaft entscheidend an!

58 Joachim Radkau: »›Wirtschaftswunder‹ ohne technologische Innovation?«, in: Schildt/Sywottek (Hrsg.): *Modernisierung im Wiederaufbau*, S. 151.

59 Uekötter: *Die Wahrheit ist auf dem Feld*, S. 123.

60 Frank Uekötter an den Verf., 20.10.2014.

61 Uekötter: *Die Wahrheit ist auf dem Feld*, S. 279.

62 Ebd., S. 355.

63 Stutzer: *Geschichte des Bauernstandes in Bayern*, S. 325.

64 Vgl. Patel: *Europäisierung wider Willen*, S. 101 ff.

65 Ulrich Kluge: *Ökowende. Agrarpolitik zwischen Reform und Rinderwahnsinn*, Berlin 2001, S. 18.

66 Hermann Priebe: *Landwirtschaft in der Welt von morgen*, Düsseldorf 1970, S. 141.

67 Patel: *Europäisierung wider Willen*, S. 66.

68 Das Pro-Mansholt-Pamphlet von Hermann Bohle (*Das Ende der Illusionen*, Köln 1969, S. 19) will von einem derart trivialen Ursprung der EWG nichts wissen – und gibt doch an anderen Stellen (S. 18, 24, 37) ebendies zu erkennen

69 Patel: *Europäisierung wider Willen*, S. 512; zur Kritik daran ebd., S. 507.

70 Noch nach sechzig Jahren ist mir die Prognose meines Erdkundelehrers aus der Gründerzeit der EWG in Erinnerung: »Wenn die EWG kommt, können die deutschen Winzer ihren Essig wegschütten.« Das war noch vor der »Riesling-Revolution« und der Präferenz für trockene Weine!

71 Morsey: *Heinrich Lübke*, S. 227.

72 Stutzer: *Geschichte des Bauernstandes in Bayern*, S. 293.

73 Zitat des baden-württembergischen Landwirtschaftsministers Oskar Farny in einem Brief an Lübke vom 10.10.1957, nach Morsey: *Heinrich Lübke*, S. 235.

74 Ebd., S. 220.

75 Priebe: *Landwirtschaft in der Welt von morgen*, S. 336 ff.

76 Patel: *Europäisierung wider Willen*, S. 446 f.

77 Vgl. Fritz Baade: *Der Wettlauf zum Jahre 2000*, Berlin 1960, S. 89.

78 Ders.: »*Wie werden wir uns ernähren?*«, in: *Wie leben wir morgen? Eine Vortragsreihe* (des Süddeutschen Rundfunks), Stuttgart 1957, S. 80.

79 Hinrich Ewert: *Edmund Rehwinkel. Ein Leben im Dienste des bäuerlichen Berufsstandes*, Hannover o. J. (2003), S. 21; daraus auch zu den folgenden Ausführungen.

80 Ebd., S. 75.

81 *Der Spiegel* 14/1957 mit der Unterschrift auf dem Rehwinkel-Titel: »Ein gieriges Untier ist die Stadt«.

82 Ewert: *Edmund Rehwinkel*, S. 81.

83 Frank Westermann: *Das Getreideparadies* (niederländ.: *De graanrepubliek*, 1999), Berlin 2008.

84 Kluge: *Ökowende*, S. 22.

85 Westermann: *Das Getreideparadies*, S. 180.

86 Erich Thiesen: *Es begann im Grünen Kreml. Agrarpolitik zwischen Rendsburg und Brüssel*, Neumünster 1997, S. 227 f.

87 *Der Spiegel* 51/1968: »Butter auf die Straße«.

88 Hermann Bohle: *Das Ende der Illusionen. Der Mansholt-Plan: Die Stunde der Wahrheit für Parlamentarier, Minister, Steuerzahler und Bauern*, Köln (Bildungswerk Europäische Politik) 1969, S. 7, 84.

89 Ebd., S. 17.

90 Thiesen: *Es begann im Grünen Kreml*, S. 223.

91 Bohle: *Das Ende der Illusionen*, S. 33 f.

92 Joachim Radkau: »Scharfe Konturen für das Ozonloch. Zur Öko-Ikonographie der *Spiegel*-Titel«, in: Gerhard Paul (Hrsg.): *Das Jahrhundert der Bilder. 1949 bis heute*, Göttingen 2008, S. 536.

93 Dazu Westermann: *Das Getreideparadies*, S. 186 f.; Saskia Richter: *Die Aktivistin. Das Leben der Petra Kelly*, München 2010, S. 70 f.

94 Sicco Mansholt: *Die Krise. Europa und die Grenzen des Wachstums*, Reinbek 1974, S. 93, 72, 23.

95 Ebd., S. 98.

96 Vgl. *Der Spiegel* 47/1965, S. 144 f.: »Dunkles Geraune«; Hildegard Hamm-Brücher: *Freiheit ist mehr als ein Wort – Eine Lebensbilanz*, Köln 1996, S. 154; ähnlich schon *Der Spiegel* 10/1965, S. 62 f.: »Faust am Sterz« über das Buch des Leiters des Kuratoriums für Technik in der Landwirtschaft Alfred Oberlack: *Schulbücher unter dem Dreschflegel*. Man erkennt eine regelrechte Kampagne gegen Agrarromantik in Schulbüchern. Der letztgenannte *Spiegel*-Artikel schließt allerdings mit der Replik einer Volksschullehrerin auf Oberlack: »Stehlen Sie uns doch nicht die letzte Romantik, die uns nur der Bauernhof noch bietet.« Wilhelm Hennis, damals in gutem Kontakt zu Hildegard Hamm-Brücher, machte sich mir gegenüber über diese Kampagne lustig, die nur offene Türen eingerannt habe!

97 Wolfgang Haber: *Landwirtschaft und Naturschutz*, Weinheim 2014, S. 107, 109.

98 Edgar Wolfrum: *Rot-Grün an der Macht. Deutschland 1998–2005*, München 2013, S. 248.

99 Vgl. Haber: *Landwirtschaft und Naturschutz*, mit den Hinweisen auf die Vielzahl seiner früheren Veröffentlichungen (ebd., S. 270 ff.); meine Ausführungen schöpfen hier und im Folgenden auch aus der sich über Jahre erstreckenden Korrespondenz mit Wolfgang Haber, dem ich viel verdanke, nicht zuletzt auch die Ermutigung zu einem von partikularen Sichtweisen unabhängigen Zugang zu Umweltfragen.

100 Radkau: *Die Ära der Ökologie*, S. 590 ff.

101 Haber: *Landwirtschaft und Naturschutz*, S. 245 ff.

102 Ebd., S. 252 ff.

103 Ebd., S. 143 ff.

104 Wolfgang Haber an den Verf., 15.6.2015.

105 Vgl. dazu: *Landwirtschaft im Konfliktfeld Ökologie – Ökonomie*, München 1997 (= *Rundgespräche der Kommission für Ökologie* 13), insbesondere den Beitrag von Jürgen Zeddies: »Zur Entwicklung des Konfliktfeldes zwischen Ökologie und Ökonomie in der heutigen Landwirtschaft« (mit der anschließenden Diskussion, S. 25–41); auch Folkhard Isermeyer: »Umweltverträgliche Landwirtschaft – unwirtschaftlich und nicht wettbewerbsfähig?« (mit Diskussion, S. 157–172).

106 Leena Maria Keuler u. a.: *Brodowiner Bauerngärten. Von Bondköpfchen, Baldrian und Brennender Liebe*, Brodowin 2013.

107 Karl Ludwig Schweisfurth: *Wenn's um die Wurst geht. Gedanken über die Würde von Mensch und Tier – Autobiographie*, Gütersloh 1999.

108 Vgl. den US-amerikanischen Bestseller von Marion Nestle: *Safe Food. The Politics of Food Safety*, Berkeley 2003. Die Verfasserin, von der ich das Buch bekam, schrieb mir als Widmung hinein: »*Eat well and change the world! Enjoy!*«

109 Vgl. *Slow Food Genussführer Deutschland 2014*, München 2013.

110 Volker Angres, Claus-Peter Hutter und Lutz Ribbe: *Futter fürs Volk – Was die Lebensmittelindustrie uns auftischt*, München 2001.

111 Thilo Bode: Abgespeist. Wie wir beim Essen betrogen werden und was wir dagegen tun können, Frankfurt/M. 2007. 2002 gründete er die Verbrauchervereinigung Foodwatch.

112 Radkau: *Die Ära der Ökologie*, S. 405 ff.

113 Kluge: *Ökowende*, S. 13.

114 Edgar Wolfrum: *Rot-Grün an der Macht. Deutschland 1998–2005*, München 2013, S. 254 ff.

115 Kluge: *Ökowende*, S. 135.

116 Antoine Acker an den Verf., 27.3.2015.

117 Radkau: *Die Ära der Ökologie*, S. 401; José Bové/François Dufour: *Le monde n'est pas une marchandise. Des paysans contre la malbouffe* (stubenreine Form von »bouffe de merde«!), Paris 2000.

118 Über Traditionen des Widerstandes im Larzac, an die Bové anknüpfen konnte, vgl. Georges Duby/Armand Wallon (Hrsg.): *Histoire de la France rurale*, Bd. 4, Michel Gervais u. a.: *La fin de la France paysanne*, Paris 1976, S. 388 f.

119 Wolfgang Haber an den Verf., 15.6.2015.

120 Darüber und auch zu den folgenden Ausführungen Jürgen Rosebrock: *Wegberei-*

ter der bundesdeutschen Umweltpolitik. Eine kleine Geschichte der Interparlamentarischen Arbeitsgemeinschaft, München 2014 (= *DBU-Umweltkommunikation,* Bd. 3), in Teil II mit einem Bericht über die Osnabrücker Tagung »Umweltgeschichte und aktuelle Umweltpolitik« am 11.10.2012, die unter Teilnahme von Zeitzeugen die IPA-Geschichte aufarbeitete. Wertvolle Hinweise verdanke ich Jürgen Rosebrock sowie einem von ihm vermittelten Gespräch mit Wolfgang Burhenne, der die IPA ununterbrochen von 1953 bis zu ihrer Auflösung 2013 leitete.

121 Ebd., S. 45 f.

122 Ebd., S. 52 ff.

123 Burhenne glaubt sogar, »Robert Jungk erst eigentlich zum ›Umweltmann‹ gemacht« zu haben. So Jürgen Rosebrock an den Verf., 15.5.2015.

124 Wolfgang E. Burhenne in: *Deutschland ohne Konzeption? Am Beginn einer neuen Epoche,* München 1964, S. 489.

125 Ebd., S. 485.

126 Wolle: *Der große Plan,* S. 390.

127 Jens Schöne: *Frühling auf dem Lande? Die Kollektivierung der DDR-Landwirtschaft,* Berlin 2005, S. 142 ff.

128 Vgl. z. B. den an und für sich mit Sorgfalt und Bestreben nach solider Fundierung gemachten Sammelband einer Tagung an der University of Illinois 1969, hrsg. von James R. Millar: *The Soviet Rural Community,* Urbana 1971, mit Beiträgen wie »The Revolution in Soviet Farm Household Income, 1953–1967« (David W. Bronson und Constance B. Krueger) oder »Progress on Mechanization in Soviet Agriculture« (Folke Dovring), ohne von dem Ausmaß der Hungerkatastrophe auch nur die leiseste Vorstellung zu vermitteln!

129 Vgl. Schöne: *Frühling auf dem Lande,* S. 15, 106 ff., 127, 167, 227, 298 u. a., obwohl Schöne insgesamt eher an den Momenten des Ungeplanten interessiert ist.

130 Ebd., S. 106, 298.

131 Ebd., S. 61 ff.

132 Zum Ärger von Agrarberatern; dazu Uekötter: *Die Wahrheit ist auf dem Feld,* S. 277 ff.

133 Vgl. Schöne: *Frühling auf dem Lande,* S. 125, 175.

134 Darauf verweist Christian Möller (an den Verf., 30.3.2015), der über Umweltpolitik in der DDR promoviert.

135 Haber: *Landwirtschaft und Naturschutz,* S. 84.

136 Radkau: *Technik in Deutschland,* S. 334.

137 Vgl. die Erinnerungen von Michael Succow, einem führenden ostdeutschen Naturschützer, in Christiane Grefe: *Global Gardening. Bioökonomie – neuer Raubbau oder Wirtschaftsform der Zukunft?* München 2016, S. 174 ff. Ebd., S. 175: Erst seit den 1990er Jahren erlebe er wirklich einen »stummen Frühling«, wie ihn Rachel Carson in ihrem *Silent Spring* von 1962 – der Bibel des entstehenden amerikanischen *environmentalism* – beschrieben habe.

138 Darauf verweist Till Backhaus als Landwirtschaftsminister von Mecklenburg-

Vorpommern; s. Tanja Busse: *Die Landwirtschaft der DDR – Eine Erfolgsgeschichte über die Wende hinaus?* Berlin 2014, S. 111.

139 Vgl. Busse: *Die Landwirtschaft der DDR*, S. 12 f.

140 Radkau: *Technik in Deutschland*, S. 388 f.

141 Bernd Martens: »Landwirtschaft in Ostdeutschland: der späte Erfolg der DDR«, www.bpb.de/geschichte/deutsche-einheit/lange-wege-der-deutschen-einheit/ 47157/landwirtschaft.

142 Busse: *Die Landwirtschaft der DDR*, S. 27 f.

143 Martens: *Landwirtschaft in Ostdeutschland*.

144 Vgl. Kluge: *Ökowende*, S. 123 ff. (»Der geteilte Agrarhimmel«, mit Anspielung auf den Roman von Christa Wolf *Der geteilte Himmel!*).

145 Busse: *Die Landwirtschaft der DDR*, S. 17.

146 Prognosen solcher Art gab es in der Tat! Christian Möller an den Verf., 30.3.2015.

147 Busse: *Landwirtschaft in der DDR*, S. 42.

3

»DIE ZUKUNFT HAT SCHON BEGONNEN« –
ABER WAS FÜR EINE?

1 Meine größte Verblüffung bei der antiquarischen Literaturbeschaffung über das Internet erlebte ich, als ich nach der deutschen Taschenbuchausgabe dieses Buches suchte und damit rechnete, sie wie bei Zukunftsbüchern üblich für ein paar Cent plus Porto und Verpackung zu bekommen; es gab sie im April 2015 jedoch nur für – 390 Euro! Ein Indiz dafür, dass man damals, in den späten 1950er Jahren, bei diesem Buch in der Bundesrepublik nur mit geringem Absatz rechnete, es heute dagegen für manche Interessenten etwas Magisches bekommen hat!

2 Rolf Strehl: *Die Roboter sind unter uns*, Oldenburg 1952, S. 297.

3 Louis Emrich: *Fabriken ohne Menschen. Unsere Zukunft im Zeichen der Automation*, Wiesbaden 1957, S. 53; = Norbert Wiener: *The Human Use of Human Beings – Cybernetics and Society*, 2. Aufl. Garden City/N. Y. 1954, S. 162.

4 Strehl: *Die Roboter sind unter uns*, S. 227, 178, 296, 319, 264.

5 Jean Fourastié: *Die große Hoffnung des 20. Jahrhunderts*, Köln 1969, S. 220.

6 Ebd., S. 221.

7 So Klaus Düll und Dieter Kreuz in der deutschen Neuausgabe von 1969, S. 15.

8 Rüdiger Safranski: *Romantik. Eine deutsche Affäre*, Frankfurt 2007, S. 332.

9 Friedrich Georg Jüngers *Perfektion der Technik* (zuerst 1946, mehrere Neuauflagen), die in der NS-Zeit nicht hatte erscheinen können, war immerhin noch für Friedrich Pollock zitierfähig (vgl. ders.: *Automation*, S. 6 f.), wogegen er bei Jost Hermand (vgl. ders.: *Kultur im Wiederaufbau – Die Bundesrepublik Deutschland 1945–1965*, München 1986, S. 76, 170 u. a.), der die gesamte Kulturszene stereotyp nach fortschrittlich bis konservativ sortiert, eher wegwerfend behandelt wird.

10 Axel Schildt: »›German Angst‹. Überlegungen zur Mentalitätsgeschichte der

Bundesrepublik«, in: ders.: *Annäherungen an die Westdeutschen*, Göttingen 2011, S. 31 ff.

11 Zit. n. Bodo Manstein: *Im Würgegriff des Fortschritts*, Frankfurt 1961, S. 18 f.

12 Johannes Straubinger: *Ökologisierung des Denkens*, Salzburg 2009, S. 59.

13 Ein Musterbeispiel dafür ist George W. F. Hallgarten, der es in der »Neuen Welt« nicht leichthatte und dessen kritischer Blick auf imperiale atomare Ambitionen der USA dadurch geschärft wurde. Obwohl er einstige Illusionen über den Sowjetkommunismus längst verloren hatte, erweckte in seinen späteren Jahren der »atomare Imperialismus der USA« in ihm einen förmlichen Hass. »Alles, was ich auf dieser Welt noch tun kann«, schrieb er mir 1974, im Jahr vor seinem Tod, »wird dem Kampf gegen dies apokalyptische Untier gewidmet sein.« Joachim Radkau: »George W. F. Hallgarten«, in: Hans-Ulrich Wehler (Hrsg.): *Deutsche Historiker VI*, Göttingen 1980, S. 108. Dabei machte er in seinem Testament von seinem Recht als früherer US-Soldat Gebrauch, seine Asche von einem Flugzeug der US-Luftwaffe über dem Atlantik verstreuen zu lassen!

14 Robert Jungk: *Trotzdem. Mein Leben für die Zukunft*, München 1993.

15 Ders.: *Die Zukunft hat schon begonnen. Amerikas Allmacht und Ohnmacht*, Berlin 1952, S. 171 ff., 190 ff.

16 Radkau: *Max Weber* (Neuausgabe von 2014), S. 313.

17 Jungk: *Die Zukunft hat schon begonnen*, S. 8 f.

18 Ebd., S. 316 f.

19 Vgl. Bernd Stöver: *Der Kalte Krieg. Geschichte eines radikalen Zeitalters 1947–1991*, München 2007, S. 97.

20 Vgl. Radkau: *Die deutsche Emigration in den USA*, S. 223, 235.

21 *Der Spiegel* 46/2005, S. 275.

22 Radkau: *Die deutsche Emigration in den USA*, S. 295 f.

23 Ebd., S. 21 f.

24 Peter F. Drucker: *Die nächsten zwanzig Jahre. Ein Blick auf die Wirtschaftsentwicklung der westlichen Welt*, Düsseldorf 1957 (amerikan. Erstausgabe: *America's next twenty years*, New York 1955), S. 47 ff.

25 Ebd., S. 71.

26 Ebd., S. 55.

27 Ebd., S. 56.

28 Ebd., S. 123.

29 Vgl. Friedrich Pollock: *Automation. Materialien zur Beurteilung ihrer ökonomischen und sozialen Folgen*, Frankfurt 1956 (= *Frankfurter Beiträge zur Soziologie*, Bd. 5), vor allem S. 209 ff.

30 Clemens Albrecht u. a.: *Die intellektuelle Gründung der Bundesrepublik. Eine Wirkungsgeschichte der Frankfurter Schule*, Frankfurt 1999, S. 262 f.

31 Radkau: *Aufstieg und Krise der deutschen Atomwirtschaft*, S. 83.

32 Leo Brandt: *Die zweite industrielle Revolution*, München 1957, S. 58.

33 Darüber Frank Bösch: »Euphorie und Ängste: Westliche Vorstellungen einer Zukunft mit Computern, 1945–1990«, Paper zur Bochumer Tagung »Die Zukunft des 20. Jahrhunderts« am 11./12.7.2014.

34 Pollock: *Automation*, S. 44.

35 Ebd., S. 283; so Wiener in der Tat in der 1954 erschienenen Neuausgabe von *The Human Use of Human Beings*, S. 162. Seine Begründung für den neuen Optimismus ist freilich charakteristisch für einen Spitzenmann der Wissenschaft, der sich an der Selbstdarstellung von Eliten orientiert: Er sei auf zwei »big meetings with representatives of business management« gewesen und von deren gutem Willen und Verantwortungsbewusstsein beeindruckt worden.

36 Drucker: *Die nächsten zwanzig Jahre*, S. 63.

37 Vgl. ebd., S. 277–282.

38 Norbert Wiener: *Mathematik – Mein Leben* (urspr. 1956), Frankfurt 1965, S. 253.

39 Louis Emrich: *Fabriken ohne Menschen. Unsere Zukunft im Zeichen der Automation*, Wiesbaden (Betriebswirtschaftlicher Verlag) 1957; das Buch war laut Vorwort eine Auftragsarbeit für ein »westdeutsches Großunternehmen«

40 Pollock: *Automation*, S. 105.

41 Ebd., S. 244.

42 Drucker: *Die nächsten zwanzig Jahre*, S. 61, 65 f.

43 Wiener: *Mathematik – Mein Leben*, S. 255.

44 Radkau: *Technik in Deutschland*, S. 352 (= Michael Pyper: »Sensoren: Die Euphorie der frühen Jahre ist vorbei. Zum intelligenten Roboter ist es noch ein langer Weg. Die Erfassung unvorhersehbarer Geometrien liegt im Argen«; das Zitat stammt von R. D. Schraft, dem stellvertretenden Leiter des Stuttgarter Fraunhofer-Instituts für Produktions- und Automatisierungstechnik). Eine Expertin für neue Technologien, der ich dieses Zitat zeigte, kommentierte dazu, rein technisch ließen sich viele männliche Partner im Bett weitaus leichter wegrationalisieren; denn deren Bewegungen beim Sex seien derart stereotyp-mechanisch, dass sie sich mit Leichtigkeit einem Roboter einprogrammieren ließen. Aber auch hier ist die Automation kein rein technisches Problem!

45 Igor Aleksander / Piers Burnett: *Die Roboter kommen. Wird der Mensch neu erfunden?* Basel 1984, S. 25.

46 Radkau: *Technik in Deutschland*, S. 331; Material dazu im Paderborner Nixdorf-Museum und im Berliner Museum für Computerspiele.

47 Jens Hüttmann: »So sah die DDR im Jahr 2000 einmal aus. Mutmaßungen über die Zukunft der SED-Diktatur in der Bundesrepublik vor 1989«, in: Susanne Muhle u. a. (Hrsg.): *Die DDR im Blick*, Berlin 2008, S. 227.

48 Pollock: *Automation*, S. 244.

49 Ebd., S. 249.

50 Ebd., S. 108.

51 Ebd., S. 115.

52 Ebd., S. 291 f.

53 Vgl. Eugen Varga: *Die Krise des Kapitalismus und ihre politischen Folgen*, hrsg. von Elmar Altvater, Frankfurt 1969, S. 426 ff. (»Der staatsmonopolistische Kapitalismus und seine Schwäche«, urspr. 1962); Jürgen Kuczynski: *60 Jahre Konjunkturforscher – Erinnerungen und Erfahrungen*, Berlin 1984 (= *Jahrbuch für Wirtschaftsgeschichte*, Sonderband), S. 146 ff.

54 Werner Abelshauser: *Nach dem Wirtschaftswunder. Der Gewerkschafter, Politiker und Unternehmer Hans Matthöfer*, Bonn 2009, S. 104 ff.

55 Vgl. ebd., S. 297 ff.

56 Mündl. Mitt. von Werner Abelshauser an den Verf.

57 Abelshauser: *Nach dem Wirtschaftswunder*, S. 121. Ebd., S. 120: Er musste in Gesprächen mit amerikanischen Gewerkschaftlern erleben, dass die meisten Insider »für Probleme der Automation nur ein müdes Lächeln übrig« hatten.

58 Abelshauser: *Nach dem Wirtschaftswunder*, S. 118 f.

59 August Bebel: *Die Frau und der Sozialismus*, ND Berlin 1974, S. 435 f.

60 Arthur Brehmer (Hrsg.): *Die Welt in 100 Jahren* (urspr. 1910), ND Hildesheim 1988, S. 181 f.

61 Franz Hui: *Erfüllte Prophezeiungen über das Weltgeschehen der Jahre 1935/45. Louis Emrich, der Prophet unseres Jahrhunderts*, Zürich 1945, Klappentext; Prophezeiung von 1939: ebd., S. 115.

62 Emrich: *Fabriken ohne Menschen*, S. 112 f.

63 Louis Emrich: *Die Welt im Jahre 2000. Der Schlüssel erfolgreicher Prognostik*, München 1969, Motto auf der Titelseite und Überschrift des letzten Teils (S. 180).

64 Leo Brandt: *Die zweite industrielle Revolution*, München 1957, S. 60.

65 Schildt: *German Angst*, S. 36. Der Schildescher Pfarrer Ernst Felsch, der mich 1956 konfirmierte und an der Ostfront gewesen war, klärte uns im Konfirmandenunterricht auf, diese Angst vieler Deutscher rühre aus dem schlechten Gewissen, weil sie noch sehr wohl die Verbrechen der Wehrmacht im Osten in Erinnerung hätten (auch dieses Thema konnte der, der sich dafür interessierte, schon lange vor den 1970er Jahren entdecken!). Mein langjähriger Geschichtslehrer Friedrich Korte (Jahrgang 1925), der ebenfalls die Ostfront und russische Gefangenschaft durchgemacht hatte und uns schon damals im Unterricht in aller Offenheit von willkürlichen Erschießungen russischer Zivilisten berichtete, eröffnete mir viel später, bis in die frühen 1970er Jahre sei er Nacht für Nacht von dem Angsttraum »Die Russen kommen« verfolgt worden; erst damals habe er auch im Unterbewussten die Zuversicht gewonnen, dass diese Gefahr nicht besteht. Fortan engagierte er sich in Kontakten zu russischen Kriegsveteranen.

66 Helmut Wolfgang Kahn: *Die Russen kommen nicht. Fehlleistungen unserer Sicherheitspolitik*, München 1969, vor allem S. 17 ff.

67 Ebd., S. 109 ff.

68 Denkschrift über Wiederbewaffnung und Verteidigungsplanung der Bundesrepublik Deutschland, zuerst veröffentlicht im *Spiegel* vom 30.3.1955, hier zit. n. Klaus von Schubert (Hrsg.): *Sicherheitspolitik der Bundesrepublik Deutschland, Dokumentation 1945–1977, Teil 2*, Bonn 1978, S. 111.

69 Kahn: *Die Russen kommen nicht*, S. 231.

70 So z. B. Adenauer auf einer CDU-Veranstaltung in Heidelberg am 1.3.1952, Bulletin, Nr. 26/52, S. 254.

71 Vor dem Bundesparteiausschuss der CDU am 17.1.1958.

72 Im Gespräch mit Serge Groussard, 27.3.1958.

73 Klaus von Schubert (Hrsg.): *Sicherheitspolitik der Bundesrepublik Deutschland. Dokumentation 1945–1977, Teil 2*, S. 228 ff.

74 Mündl. Mitt. von Werner Abelshauser, der bei seinen früheren Recherchen zur bundesdeutschen Sicherheitspolitik in den 1950er Jahren Einblick in diese Berichte erlangte.

75 Mündl. Mitt. von Werner Abelshauser aus eigener Erfahrung in der Ausbildung als Reserveoffizier in den frühen 1960er Jahren.

76 Wilhelm Bittorf im *Spiegel* vom 28.2.1983, S. 156; Bernd Greiner/Kurt Steinhaus: *Auf dem Weg zum Dritten Weltkrieg? Amerikanische Kriegspläne gegen die UdSSR. Eine Dokumentation*, Köln 1981, S. 232 ff.

77 Ilona Stölken-Fitschen: *Atombombe und Geistesgeschichte. Eine Studie der fünfziger Jahre aus deutscher Sicht*, Baden-Baden 1995, S. 207.

78 Diese Äußerung Adenauers war allerdings nicht ganz so absurd, wie damals die Kritiker meinten. Dieter von Ehrenstein, Prof. für Physik an der Universität Bremen und erfahrener Kritiker der Kerntechnik, wies mich am 26.1.1990 darauf hin, Adenauer sei über die Möglichkeit »taktischer«, verkleinerter Atomwaffen offenbar besser informiert gewesen als die Physiker, die hinter dem Göttinger Manifest standen.

79 Amerikan. Erstausgabe: *Red Storm over Asia*, 1951; deutsche Ausgabe: *Roter Sturm über Asien. Eine Gesamtdarstellung der politischen Entwicklung in Asien seit 1946*, Salzburg o.J.

80 Brandt: *Die zweite industrielle Revolution*, S. 103.

81 Günter Friedrich (Red.): *Automation – Risiko und Chance*, Bd. I, Frankfurt 1965, S. 532.

82 Helmut Schelsky: *Die sozialen Folgen der Automatisierung*, Düsseldorf 1957, S. 38.

83 Radkau: *Theodor Heuss*, S. 517.

84 Überschrift der Titelgeschichte im *Spiegel* 48/1985.

85 Ulrike Marie Meinhof: *Die Würde des Menschen ist antastbar. Aufsätze und Polemiken*, Berlin 1980, S. 44.

86 Terence Prittie: *Konrad Adenauer. Vier Epochen deutscher Geschichte*, Stuttgart 1971, S. 360.

87 Gero von Randow: »Der Regler des Zustands des Systems«, in: *Die Zeit*, 25.11.1994.

88 Christa Wolf: *Der geteilte Himmel*, dtv-Ausgabe München 1973, S. 143–146.

89 Henry C. Wallich: *Triebkräfte des deutschen Wiederaufstiegs*, Frankfurt 1955, S. 317 f.

90 Vgl. Radkau: Theodor Heuss, S. 233 f.

91 Paul Erker: »›Amerikanisierung‹ der westdeutschen Wirtschaft? Stand und Perspektiven der Forschung«, in: Konrad Jarausch/Hannes Siegrist (Hrsg.): *Amerikanisierung und Sowjetisierung in Deutschland 1945–1970*, Frankfurt 1997, S. 142.

92 Radkau: »›Wirtschaftswunder‹ ohne technologische Innovation?«, in: Schildt/Sywottek (Hrsg.): *Modernisierung im Wiederaufbau*, S. 139.

93 Kurt Pentzlin: *Rationelle Produktion*, Kassel 1950, S. 53 f.

94 Kern/Schumann: *Das Ende der Arbeitsteilung?* S. 140 ff.

95 Hans Selye: *Stress beherrscht unser Leben*, Düsseldorf 1957.

96 Patrick Kury: *Der überforderte Mensch. Eine Wissensgeschichte vom Stress zum Burnout*, Frankfurt 2012, S. 178 ff., 196 ff.

97 Joachim Radkau: *Das Zeitalter der Nervosität*, München 1998, S. 190 ff.

98 Kury: *Der überforderte Mensch*, S. 73, 77 ff.

99 Ebd., S. 111 f.

100 Radkau: *Das Zeitalter der Nervosität*, S. 439 ff.

101 Kury: Der überforderte Mensch, S. 119.

102 *Der Spiegel*, 14.4.1954, S. 34–37. Das Magazin erwähnt zwar, dass Grafs statistische Basis sofort angefochten wurde, nimmt gleichwohl die Warnung ernst – von der sich gewiss auch *Spiegel*-Redakteure getroffen fühlten – und schließt mit der Pointe, auf die schön die Überschrift anspielte: Nach dem Motto »Jung stirbt, wen die Götter lieben« seien die betroffenen Manager dennoch nicht zu bedauern.

103 Radkau: *Theodor Heuss*, S. 237.

104 Kury: *Der überforderte Mensch*, S. 125.

105 Alexander Rüstow: *Ortsbestimmung der Gegenwart. Eine universal-geschichtliche Kulturkritik*, Bd. 3, Erlenbach-Zürich 1957, S. 67 f.

106 Brandt: *Die zweite industrielle Revolution*, S. 15.

107 Hierzu und zum Folgenden Susanne Peters: *William S. Schlamm. Ideologischer Grenzgänger im 20. Jahrhundert*, Berlin 2013.

108 William S. Schlamm: *Die Grenzen des Wunders. Ein Bericht über Deutschland*, Zürich 1959, S. 250.

109 Ebd., S. 243.

110 So z. B. in Friedrich: *Automation – Risiko und Chance*, Bd. I, S. 405 f. (Referat von Valentin Siebrecht, dem Präsidenten des Münchener Landesarbeitsamtes).

111 So zitiert Michael Linnartz einen Sprecher der IG Metall aus den 1960er Jahren auf dem FES-HBS-Workshop »Zukunft – Fortschritt – Utopie: Arbeiterbewegung im 20. Jahrhundert« am 30.10.2015 in Düsseldorf.

112 Friedrich: *Automation – Risiko und Chance*, Bd. I, S. 285.

113 Ebd., S. 139 (Wilhelm Claussen).

114 Vgl. das große Werk von Werner Milert/Rudolf Tschirbs: *Die andere Demokratie. Betriebliche Interessenvertretung in Deutschland, 1848 bis 2008*, Essen 2012, S. 462 ff.

115 Horst Kern/Michael Schumann: *Das Ende der Arbeitsteilung?* München 1984, S. 118.

116 Friedrich: *Automation – Risiko und Chance*, Bd. II, S. 762 (Hans Deckers).

117 Mündl. Mitt. von Werner Abelshauser an den Verf.

118 Mit einem solchen Hinweis beginnt der Beitrag von Hans Deckers, dem Geschäftsführer des Ettlinger Kreises, in dem Georg Picht Munition für seinen »Bildungskatastrophen«-Alarm sammelte; Friedrich: *Automation – Risiko und Chance*, Bd. II, S. 760.

119 Radkau: *Technik in Deutschland*, S. 349.

120 Dazu Annette Schuhmann: »Der Traum vom perfekten Unternehmen. Die Computerisierung der Arbeitswelt in der Bundesrepublik Deutschland (1950er bis 1980er Jahre)«, in: *Zeithistorische Forschungen/Studies in Contemporary History* 9 (2012), S. 231–256.

121 Radkau: *Technik in Deutschland*, S. 432 f.

122 Ebd., S. 352, 483.

123 Annette Schuhmann: *Der Traum vom perfekten Unternehmen*, S. 11 f.

124 Horst Kern/Michael Schumann: *Industriearbeit und Arbeiterbewusstsein. Eine empirische Untersuchung über den Einfluss der aktuellen technischen Entwicklung auf die industrielle Arbeit und das Arbeiterbewusstsein*, Frankfurt 1970.

125 Dies.: *Das Ende der Arbeitsteilung? Rationalisierung in der industriellen Produktion*, München 1984.

126 Abelshauser: *Nach dem Wirtschaftswunder*, S. 131.

127 Hartwig Berger: *Untersuchungsmethode und soziale Wirklichkeit. Eine Kritik an Interview und Einstellungsmessung in der Sozialforschung*, Frankfurt 1974 (edition suhrkamp 712), S. 87. Das Buch, dessen Autor damals mit der Gegenwartsdiagnose »Spätkapitalismus« das Ende des Kapitalismus prognostizierte und später seine politische Zukunft bei den Grünen suchte, zielt zentral auf das Opus von Kern/Schumann (vgl. S. 46, 65 ff., 87 ff., 96 f., 138).

128 Kern/Schumann: *Industriearbeit und Arbeiterbewusstsein*, S. 251.

129 Ebd., S. 276.

130 Dies.: *Das Ende der Arbeitsteilung?* S. 15.

131 Dies.: *Industriearbeit und Arbeiterbewusstsein*, S. 247, 271.

132 Ebd., S. 253.

133 Ebd., S. 257.

134 Ebd., S. 280, 281.

135 Kern/Schumann: *Das Ende der Arbeitsteilung?* S. 170.

136 Ebd., S. 151.

137 Ebd., S. 151.

138 Ebd., S. 155–169.

139 Die deutsche Ausgabe im Berliner Rotbuch-Verlag: *Wege ins Paradies. Thesen zur Krise, Automation und Zukunft der Arbeit*.

140 Gorz: *Wege ins Paradies*, S. 76 f.

141 Kern/Schumann: *Das Ende der Arbeitsteilung?* S. 330.

4

DAS AMBIVALENTE »ATOMZEITALTER«

1 *Der Spiegel* 34/1960 (17.8.1960).

2 www.taz.de, »Mythos Stalin – Erbschaft dieser Zeit«.

3 Radkau: *Max Weber* (2014), S. 627.

4 Vgl. etwa das weitaus vorsichtigere Lob der synthetischen Chemie, von der einst

August Bebel Wunder erwartet hatte: *Das Prinzip Hoffnung,* Bd. 2, TB-Ausgabe Frankfurt 1973, S. 779 f.!

5 Ebd., S. 775.

6 Nicht zuletzt auch für die DDR-Intelligenz. Auch das Buch von Stefan Heym: *Das kosmische Zeitalter – Ein Bericht* (Ostberlin 1959), von einem Besuch in dem sowjetischen Atomzentrum Dubna inspiriert, verherrlicht die Atomkraft!

7 Gerhard Löwenthal/Josef Hausen: *Wir werden durch Atome leben,* Berlin 1956, S. 17, 86.

8 Bloch: *Das Prinzip Hoffnung,* Bd. 2, S. 368 ff., 370, 371.

9 Joachim Radkau: *Aufstieg und Krise der deutschen Atomwirtschaft 1945–1975. Verdrängte Alternativen in der Kerntechnik und der Ursprung der nuklearen Kontroverse,* Reinbek 1983, S. 89 ff.

10 Julian Huxley: *Ein Leben für die Zukunft. Erinnerungen,* München 1974, S. 253 f.

11 Bloch: *Das Prinzip Hoffnung,* Bd. 1, S. 511.

12 Radkau: *Aufstieg und Krise der deutschen Atomwirtschaft,* S. 78; Friedrich Münzinger: *Atomkraft,* Berlin 1960, S. 255.

13 Ebd., S. 149 ff.

14 Löwenthal/Hausen: *Wir werden durch Atome leben,* S. 260.

15 Ebd., S. 208 ff.

16 Ebd., S. 238.

17 Ebd., S. 163 f.

18 Ebd., S. 166 f.

19 Ebd., S. 171.

20 Radkau: *Aufstieg und Krise der deutschen Atomwirtschaft,* S. 352 f.

21 Ebd., S. 139.

22 Löwenthal/Hausen: *Wir werden durch Atome leben,* S. 10.

23 Radkau: *Aufstieg und Krise der deutschen Atomwirtschaft,* S. 65 f.

24 Ebd., S. 99 und 548 (Anm. 26 und 27).

25 Ilona Stölken-Fitschen: *Atombombe und Geistesgeschichte. Eine Studie der fünfziger Jahre aus deutscher Sicht,* Baden-Baden 1995, S. 208.

26 Radkau: *Die Ära der Ökologie,* S. 110 f.

27 Leo Brandt: *Die zweite industrielle Revolution,* München 1957, ebd., S. 26 in Verbindung mit der Kerntechnik.

28 Brandt: *Die zweite industrielle Revolution,* S. 31.

29 Ebd., S. 33.

30 Radkau: *Aufstieg und Krise der deutschen Atomwirtschaft,* S. 160 f.

31 Ebd., S. 81.

32 Ebd., S. 495, Anm. 353.

33 Elke Seefried: »Prognostik zwischen Boom und Krise: Die Prognos AG und ihre Zukunftsprognosen für die Entwicklung der Bundesrepublik in den 1960er und 1970er Jahren«, in: Heinrich Hartmann/Jakob Vogel (Hrsg.): *Zukunftswissen. Prognosen in Wirtschaft, Politik und Gesellschaft seit 1900,* Frankfurt 2010, S. 79 ff.

34 Herbert Giersch/Knut Borchardt (Hrsg.): *Diagnose und Prognose als wirtschafts-*

wissenschaftliche Methodenprobleme, Berlin 1962, S. 466 (aus dem Diskussionsbericht von Knut Borchardt).

35 Ulrich Raulff: *Kreis ohne Meister. Stefan Georges Nachleben*, München 2009, S. 422.

36 Marion Gräfin Dönhoff: *Menschen, die wissen, worum es geht*, Hamburg 1976, S. 185.

37 Edgar Salin: *Ökonomik der Atomkraft. Vor einer neuen Etappe der industriellen Revolution*, Köln 1955, S. 30.

38 Ebd., S. 5 f.

39 In H. W. Zimmermann (Hrsg.): *Zur Ökonomik und Technik der Atomzeit*, Tübingen 1956 (= Veröffentlichung der von Salin geleiteten Friedrich-List-Gesellschaft), S. 136, Fn.

40 Salin: *Ökonomik der Atomkraft*, S. 44.

41 In: Zimmermann (Hrsg.): *Zur Ökonomik und Technik der Atomzeit*, S. 102.

42 Salin: *Ökonomik der Atomkraft*, S. 31 f., 39.

43 Vgl. Friedrich Münzinger: *Menschen, Völker und Maschinen. Erinnerungen eines alten Ingenieurs*, Baden-Baden 1955, S. 37.

44 Ders.: *Ingenieure. Gedanken über Technik und Ingenieure*, Berlin 1942, S. 65.

45 Ders.: *Menschen, Völker und Maschinen*, S. 132.

46 Ebd., S. 107.

47 Ebd., S. 126.

48 Ders.: *Atomkraft. Der Bau ortsfester und beweglicher Atomantriebe und seine technischen und wirtschaftlichen Probleme. Eine kritische Einführung für Ingenieure, Volkswirte und Politiker*, 3. Aufl. Berlin 1960 (Vorwort von 1959; die erste Auflage von 1955, die kaum ein Drittel des Umfangs umfasste, war noch vor der Genfer Atomkonferenz entstanden), S. 175, 177, 178.

49 Ebd., S. 210.

50 Ebd., S. 236.

51 Radkau: *Aufstieg und Krise der deutschen Atomwirtschaft*, S. 89, 98.

52 Vgl. Münzinger: *Atomkraft*, S. 249 (über die anzunehmende Ursache des vorsichtigeren britischen Vorgehens im Vergleich zu den USA).

53 Ebd., S. 236.

54 Ebd., S. 242.

55 Vgl. Radkau: *Aufstieg und Krise der deutschen Atomwirtschaft*, S. 83.

56 Ders.: »Das RWE zwischen Braunkohle und Atomeuphorie 1945–1968«, in: Dieter Schweer / Wolf Thieme (Hrsg.): *»Der gläserne Riese«. RWE – Ein Konzern wird transparent*, Essen 1998, S. 190.

57 Münzinger: *Atomkraft*, S. 260, 261.

58 Ebd., S. 280.

59 Kurt Jaroschek: *Technischer und wirtschaftlicher Aspekt der Reaktorentwicklung*, München 1962, S. 61 f.

60 Zit. n. Jochim Varchmin / Joachim Radkau: *Kraft, Energie und Arbeit. Energie und Gesellschaft*, Reinbek 1981 (= Deutsches Museum [Hrsg.]: *Kulturgeschichte der Naturwissenschaften und der Technik*), S. 289 f.

61 Radkau: *Aufstieg und Krise der deutschen Atomwirtschaft*, S. 356.

62 Ebd., S. 495, Anm. 342; ders.: *Das RWE zwischen Braunkohle und Atomeuphorie*, S. 188 (nach Dokumenten aus dem RWE-Archiv).

63 Fritz Baade: *Welt-Energiewirtschaft. Atomenergie – Sofortprogramm oder Zukunftsplanung?* Hamburg 1958, S. 124 ff.

64 Baade: *Weltenergiewirtschaft*, S. 8.

65 Belege in Radkau: *Theodor Heuss*, S. 372 und 600, Anm. 168.

66 Vgl. Radkau: *Aufstieg und Krise der deutschen Atomwirtschaft*, S. 55 f.

67 Baade: *Welt-Energiewirtschaft*, S. 120. Wie mir Werner Abelshauser berichtete, erklärte ihm noch in jüngster Zeit ein hochrangiger britischer Finanzmann, wir Deutschen hätten es gut: Wir brauchten keine Kernkraftwerke, um Kosten für die atomare Rüstung zu verstecken!

68 Ebd., S. 177.

69 Ebd., S. 171.

70 Ebd., S. 176.

71 Radkau: *Aufstieg und Krise der deutschen Atomwirtschaft*, S. 88.

72 Ebd.

73 Radkau: *Die Ära der Ökologie*, S. 476.

74 Gerhard Mener: *Zwischen Labor und Markt. Geschichte der Sonnenenergienutzung in Deutschland und den USA 1860–1986*, München 2000, S. 98 f.

75 Radkau: *Aufstieg und Krise der deutschen Atomwirtschaft*, S. 67 ff.

76 Münzinger: *Atomkraft*, S. 162 ff.

77 Der sog. Incore-Thermionik-Reaktor (ITR). Dazu und über den Konflikt der ITR-Befürworter mit den »Solar-Pionieren« Bernd-A. Rusinek: »Zwischen Himmel und Erde: Reaktorprojekte der Kernforschungsanlage Jülich (KFA) in den 1970er Jahren«, in: Gerhard A. Ritter u. a. (Hrsg.): *Antworten auf die amerikanische Herausforderung. Forschungen in der Bundesrepublik Deutschland und der DDR in den ›langen‹ siebziger Jahren*, Frankfurt 1999, S. 188–216.

78 Radkau: *Die Ära der Ökologie*, S. 478.

79 Hans Walter Flemming: *Wüsten, Deiche und Turbinen. Das große Buch von Wasser und Völkerschicksal*, Frankfurt 1957, S. 14.

80 Joachim Radkau: »Nationalpolitische Dimensionen der Schwerwasser-Reaktorlinie in den Anfängen der bundesdeutschen Kernenergie-Entwicklung«, in: *Technikgeschichte, Jg. 45/1978*, S. 229–256.

81 Flemming: *Wüsten, Deiche und Turbinen*, S. 294.

82 Reimar Gilsenbach: *Die Erde dürstet. 6000 Jahre Kampf um Wasser*, Leipzig 1961, S. 280.

83 Ebd., S. 281 f.

84 Ebd., S. 284.

85 Radkau: *Aufstieg und Krise der deutschen Atomwirtschaft*, S. 102 ff. u. a.

86 Walter Greiling: *Wie werden wir leben? Ein Buch von den Aufgaben unserer Zeit*, Düsseldorf 1954, S. 13 f.

87 Ebd., S. 15.

88 Ebd., S. 200.

89 Ebd., S. 21 f.

90 Vgl. Raymond H. Dominick III: *The Environmental Movement in Germany. Prophets and Pionieers, 1871–1971*, Bloomington 1992, S. 155 ff., 167 f.

91 Günther Schwab: *Der Tanz mit dem Teufel. Ein abenteuerliches Interview*, 15. Aufl. Hameln 1991, S. 281; die Versicherung, dass der Text seit der Originalausgabe von 1958 unverändert geblieben sei, trifft offenbar zu.

92 Schwab: *Der Tanz mit dem Teufel*, S. 35.

93 Radkau: *Aufstieg und Krise der deutschen Atomwirtschaft*, S. 15 u. a.

94 Vgl. Schwab: *Der Tanz mit dem Teufel*, S. 404 ff.; dazu Dominick: *The Environmental Movement in Germany*, S. 155.

95 Nicht einmal im Register von Friedrich Wagner: *Die Wissenschaft und die gefährdete Welt*, 2. Aufl. München 1969, diesem umfangreichsten Literaturkompendium früher Warnungen vor der Gefährdung der Umwelt, kommt Schwab auch nur ein einziges Mal vor!

96 Johannes Straubinger: *Ökologisierung des Denkens* (= *Sehnsucht Natur*, Bd 2), Salzburg 2009, S. 70.

97 Robert N. Proctor: *Blitzkrieg gegen den Krebs (The Nazi War on Cancer). Gesundheit und Propaganda im Dritten Reich*, Stuttgart 2002, S. 36, 89, 101 f.

98 Straubinger: *Ökologisierung des Denkens*, S. 61 ff. Diese Darstellung des Natur- und Umweltschutzes im Salzburger Raum behandelt Jungk und Schwab in einer Reihe.

99 Günter W. Zwanzig in einer WSL-Flugschrift zu Schwabs 95. Geburtstag. Ich danke Günter Zwanzig für deren Zusendung.

100 Schwab: *Der Tanz mit dem Teufel*, S. 306 ff.

101 Fritz Wolf: *Das lustige Atom. Wie man's gebar, wie sich's bewegte/und wie man es in Trümmer legte*, 3., erw. Auflage Essen o. J. (1959, Erstauflage 1954), S. 198.

102 Radkau: *Aufstieg und Krise der deutschen Atomwirtschaft*, S. 159 ff.

103 Friedrich Wagner: *Die Wissenschaft und die gefährdete Welt. Eine Wissenschaftssoziologie der Atomphysik*, 2. Aufl. München 1969, S. 283.

104 Ebd., S. 240.

105 Zum Verfasser nach einem gemeinsamen Zusammensein mit Häfele.

106 Radkau: *Aufstieg und Krise der deutschen Atomwirtschaft*, S. 222.

107 Mitt. von Reinhard Ueberhorst; auch bei meinem letzten Gespräch mit Häfele am 18.5.2009 zusammen mit Cornelia Altenburg war er mitunter von entwaffnender Offenheit: Ein Reaktorbau zur Produktion von Plutonium sei sinnlos geworden; wörtlich: »Wir ersticken im Plutonium!«

108 Hans Matthöfer (Hrsg.): *Schnelle Brüter Pro und Contra*, Villingen 1977 (= *Argumente in der Energiediskussion* 1), S. 58.

109 Radkau: *Aufstieg und Krise der deutschen Atomwirtschaft*, S. 256.

110 Ebd., S. 226–241.

111 In einem gemeinsamen Auftritt mit dem Verfasser in der Universität Bielefeld; s. *Westfalen-Blatt*, 12.2.1987.

112 Radkau: *Die Ära der Ökologie*, S. 150 f.; ders.: *Angstabwehr*, S. 38.

113 Vgl. Alvin M. Weinberg: *The First Nuclear Era. The Life and Times of a Techno-*

logical Fixer, New York 1994, S. 175 ff. (»Nuclear Reality: The Faustian Bargain«), insbesondere S. 199.

114 Ebd., S. 125 ff.

115 Bernd A. Rusinek (Leiter des Archivs der KFA Jülich): »Zwischen Himmel und Erde: Reaktorprojekte in den 1970er Jahren«, in: Gerhard A. Ritter u. a. (Hrsg.): *Antworten auf die amerikanische Herausforderung. Forschung in der Bundesrepublik und in der DDR in den ›langen‹ siebziger Jahren*, Frankfurt 1999, S. 188–216.

116 Ich gestehe, diese Utopie auch selber bei meiner Arbeit an der Geschichte der Atomwirtschaft im Hinterkopf gehabt zu haben; es war vor allem Klaus Traube, der mir mit seiner Erfahrung als technischer Leiter des Brüterbaus bei Kalkar den Kopf zurechtrückte! Vgl. auch seine Rezension meiner *Atomwirtschaft* im *Spiegel* 4/1984 (»Ein Scherbenhaufen in der Atomszene«), bes. S. 76.

117 Dass die SPD »so langsam glaubhaft als die Partei des Geistes dasteht«, darauf verweist besorgt der kommende Familien- und Jugendminister Bruno Heck auf der Sitzung des CDU-Parteivorstandes vom 23.5.1960 (s. u., S. 690).

118 Radkau: *Aufstieg und Krise der deutschen Atomwirtschaft*, S. 96. Schon 1956 hatte die SPD, von Leo Brandt inspiriert, einen Atomplan beschlossen.

119 Das Protokoll aus dem ACDP (Archiv für Christlich-Demokratische Politik St. Augustin) steht im Internet; ebd., S. 687 f.; dazu Hans-Peter Schwarz: *Adenauer – Der Staatsmann: 1952–1967*, Stuttgart 1991, S. 619 f.

120 Adenauer an William S. Schlamm, 27.2.1967, in der Rhöndorfer Ausgabe der Adenauer-Briefe: *Die letzten Lebensjahre 1963–1967*, Bd. II, Paderborn 2009, S. 396 f.

121 Radkau: *Aufstieg und Krise der deutschen Atomwirtschaft*, S. 280 ff. u. a.

122 *FAZ* vom 14.2.1967; Radkau: »Die Kontroverse um den ›Atomsperrvertrag‹ aus der Rückschau«, in: Constanze Eisenbarth/Dieter von Ehrenstein (Hrsg.): *Nichtverbreitung von Nuklearwaffen – Krise eines Konzepts*, Heidelberg (FEST) 1988, S. 85.

123 Ebd., S. 82; Radkau: *Aufstieg und Krise der deutschen Atomwirtschaft*, S. 331.

124 Radkau: *Die Kontroverse um den »Atomsperrvertrag« aus der Rückschau*, S. 65 f., vor allem die lange Fn. auf S. 66.

125 Dazu Joachim Radkau: »Angstabwehr. Auch eine Geschichte der Atomtechnik«, in: *Kursbuch 85* (September 1986), S. 28 f.; ders.: »Fragen an die Geschichte der Kernenergie. Perspektivenwandel im Zuge der Zeit (1975–1986)«, in: Jens Hohensee/Michael Salewski (Hrsg.): *Energie – Politik – Geschichte. Nationale und internationale Energiepolitik seit 1945*, Stuttgart 1993, S. 116 f.

126 Dazu und zum Folgenden Joachim Radkau: »Der Überraschungseffekt von Wyhl 1975 oder: Wodurch erlangte die deutsche Anti-AKW-Bewegung international eine Spitzenstellung?«, in: Haus der Geschichte Baden-Württemberg (Hrsg.): *»Erst stirbt die Natur ...« Der Wandel des Umweltbewusstseins*, Stuttgart 2015, S. 121–147.

127 So auch mir selbst; s. Radkau: *Fragen an die Geschichte der Kernenergie*, S. 101 f.

128 Dazu Radkau: *Die Ära der Ökologie*, S. 226 ff.

129 Walter Mossmann: *Realistisch sein: das Unmögliche verlangen. Wahrheitsgetreu gefälschte Erinnerungen*, Berlin 2009, S. 226–232.

130 Radkau: *Aufstieg und Krise der deutschen Atomwirtschaft*, S. 374 f.

131 »Bürgerinitiativen im Bereich von Kernkraftwerken. Bericht für das Bundesministerium für Forschung und Technologie«, Bonn 1975.

132 Radkau: *Die Ära der Ökologie*, S. 213.

133 Vgl. zum Folgenden die ausführlichere Darstellung in Radkau/Hahn: *Aufstieg und Fall der deutschen Atomwirtschaft*, S. 288–311.

134 Joachim Radkau: »Eine kurze Geschichte der deutschen Antiatomkraftbewegung«, in: Bundeszentrale für politische Bildung (Hrsg.): *Ende des Atomzeitalters? Von Fukushima in die Energiewende*, Bonn 2012, S. 113 f.

135 Bundesminister für Forschung und Technologie (Hrsg.): *Dokumentation über die öffentliche Diskussion des 4. Atomprogramms der Bundesregierung Deutschland für die Jahre 1973–1976*, Bonn 1974.

136 Radkau: *Angstabwehr*, S. 32.

137 Darüber Radkau: *Die Ära der Ökologie*, S. 143 ff.

138 Holger Strohm: *Friedlich in die Katastrophe. Eine Dokumentation über Kernkraftwerke*, Hamburg 1973.

139 Radkau/Hahn: *Aufstieg und Fall der deutschen Atomwirtschaft*, S. 300 ff.

140 Dazu Radkau: *Aufstieg und Krise der deutschen Atomwirtschaft*, S. 35 ff.; Elisabeth Heisenberg, die Witwe des Atomphysikers, schilderte mir, wie peinlich für ihren Mann Jungks gutgemeintes Buch gewesen sei, und zeigte mir ein Foto von dem ersten Wiedersehen Heisenbergs mit seinem einstigen Freund Niels Bohr, der ihm einen kühlen Blick zuwirft. Bohr hatte bei seinem berühmt gewordenen Treffen mit Heisenberg in Kopenhagen 1941 den Eindruck gewonnen, dass die deutschen Kollegen zielstrebig auf die Bombe hinarbeiteten, und das an die Atomforscher des *Manhattan Project* weitergegeben. Vgl. dazu das Theaterstück von Michael Frayn: *Kopenhagen, mit zehn wissenschaftsgeschichtlichen Kommentaren*, Göttingen 2001. Wie mir Martin Heisenberg, einer der Söhne des Atomforschers, 2002 mitteilte, war »Kopenhagen«, für die Heisenberg-Familie nicht angenehm, eine Zeitlang das erfolgreichste moderne Theaterstück der Welt!

141 Vgl. Bodo Manstein: *Im Würgegriff des Fortschritts*, Frankfurt 1961, S. 155.

142 Robert Jungk: *Die große Maschine. Auf dem Weg in eine andere Welt*, Bern 1966, S. 161 f.

143 Für diesen Hinweis und den Text des Drehbuches danke ich Jürgen Rosebrock (Bonn).

144 Robert Jungk: *Die große Maschine*, S. 121.

145 Als Hintergrund Radkau: *Aufstieg und Krise der deutschen Atomwirtschaft*, S. 207.

146 Jungk: *Die große Maschine*, Neuausgabe von 1986, S. 261 (»Ein Nachwort – zwanzig Jahre später«).

147 Z.B. *Süddeutsche Zeitung* vom 17.5.2010: »Riskieren Physiker den Weltuntergang?«

148 Alain Touraine u. a.: *Die antinukleare Prophetie. Zukunftsentwürfe einer sozialen Bewegung*, Frankfurt 1982 (frz. 1980), S. 57.

149 Vgl. ebd., S. 312.

150 *Der Spiegel*, 29.5.1989, S. 83.

151 Hans Jonas: *Das Prinzip Verantwortung. Versuch einer Ethik für die technologische Zivilisation*, Frankfurt 1984, S. 337.

152 Ebd., S. 335 ff.

5

ZWISCHEN HEIMAT UND FERNE

1 Christoph Hennig: *Reiselust. Touristen, Tourismus und Urlaubskultur*, Frankfurt 1997, S. 23 ff.

2 Vgl. z. B. ebd., S. 40.

3 Hans Magnus Enzensberger: *Einzelheiten I. Bewusstseins-Industrie*, Frankfurt 1962, S. 182.

4 Ebd., S. 204.

5 Hans Joachim Piechotta in ders. (Hrsg.): *Reise und Utopie. Zur Literatur der Spätaufklärung*, Frankfurt 1976, S. 7.

6 Uwe Japp: »Aufgeklärtes Europa und natürliche Südsee. Georg Forsters ›Reise um die Welt‹«, in: ebd., S. 37.

7 Vgl. das Interview von Thomas Assheuer mit dem Philosophen Martin Seel in *Die Zeit* vom 21.6.2012, S. 47 (»Träumereien eines Spaziergängers«).

8 Georg Forster: *Weltumsegelung mit Kapitän Cook (1772–1775)*, München 1963, S. 86.

9 Japp: *Aufgeklärtes Europa und natürliche Südsee*, S. 17.

10 Ebd., S. 19.

11 Dazu Radkau: *Die Ära der Ökologie*, S. 45–54, 163 f.

12 Wolfgang Schivelbusch: *Geschichte der Eisenbahnreise. Zur Industrialisierung von Raum und Zeit im 19. Jahrhundert*, München 1977, S. 173.

13 Ebd., S. 39, 38.

14 Heinrich von Treitschke: *Deutsche Geschichte im 19. Jahrhundert, 4. Teil*, 3. Aufl. Leipzig 1890, S. 379.

15 Ebd., S. 584, 581.

16 Radkau: *Das Zeitalter der Nervosität*, S. 248 ff.

17 Dazu Radkau: *Max Weber* (2004), S. 328 f.

18 Bernhard Fürst von Bülow: *Denkwürdigkeiten, 1. Bd.*, Berlin 1930, S. 257.

19 Zu ihnen Radkau: *Theodor Heuss*, S. 80 ff., 390 ff.

20 Peter Ghosh, ein führender britischer Experte für Max Weber, gelangt sogar zu dem Befund: »German-speaking Central Europe formed an unusual society that devoted proportionately more resource, and attached a higher value to understanding the world, than any other in recent history.« Peter Ghosh: *Max Weber and the Protestant Ethic. Twin Histories*, Oxford 2014, S. 387.

21 Helmuth von Moltke: *Erinnerungen, Briefe, Dokumente 1877–1916*, hrsg. von Eliza von Moltke, Stuttgart 1922, S. 288 f., 247, 257 ff.

22 Stiftung Haus der Geschichte der Bundesrepublik Deutschland (Hrsg.): *Endlich Urlaub! Die Deutschen reisen* (Begleitbuch zur Ausstellung), Köln 1996, S. 33 56, 28 (Kerstin Schumann: »Grenzübertritte – das ›deutsche‹ Mittelmeer«; Hermann Bausinger: »Wie die Deutschen zu Reiseweltmeistern werden«).

23 Dirk van Laak: »Raum-Revolutionen. Geopolitisches Denken in Deutschland um 1930 und nach 1945«, in: Alexander Gallus / Axel Schildt (Hrsg.): *Rückblickend in die Zukunft. Politische Öffentlichkeit und intellektuelle Positionen um 1950 und um 1930*, Göttingen 2011, S. 97.

24 Peter Kramper: »Das Ende der Gemeinwirtschaft. Krisen und Skandale gewerkschaftseigener Unternehmen in den 1980er Jahren«, in: *Archiv für Sozialgeschichte*, Bd. 52 (2012), S. 111 ff.; Herfried Münkler: »Neue Heimat«, in: Stiftung Haus der Geschichte der Bundesrepublik Deutschland (Hrsg.): *Skandale in Deutschland nach 1945*, Bonn 2007, S. 121 ff.

25 Gerhard Bliersbach: *So grün war die Heide ... Die gar nicht so heile Welt im Nachkriegsfilm*, Weinheim 1989 (Psychologie-heute-Taschenbuch), S. 65.

26 Ebd., S. 83, 84.

27 In: Patrick Bahners / Alexander Cammann (Hrsg.): *Bundesrepublik und DDR. Die Debatte um Hans-Ulrich Wehlers »Deutsche Gesellschaftsgeschichte«*, München 2009, S. 223.

28 Radkau: *Theodor Heuss*, S. 420–423.

29 Bloch: *Das Prinzip Hoffnung*, Bd. 3, S. 1627, 1628.

30 Theodor W. Adorno: *Versuch über Wagner*, München 1964, S. 12.

31 Joachim Radkau: »Richard Wagners Erlösung vom Faschismus durch die Emigration«, in: *Exilforschung. Ein internationales Jahrbuch*, Bd. 3, München 1985, S. 86.

32 *Das umstrittene Experiment: Der Mensch. 27 Wissenschaftler diskutieren die Elemente einer biologischen Revolution*, München 1966 (= *Modelle für eine neue Welt*, hrsg. von Robert Jungk und Hans Josef Mundt), S. 39 f., 37.

33 Vgl. Radkau: *Die Ära der Ökologie*, S. 109–116.

34 Joachim und Orlinde Radkau: *Praxis der Geschichtswissenschaft. Die Desorientiertheit des historischen Interesses*, Düsseldorf 1972, S. 110.

35 Ebd., S. 172.

36 Klaus Harpprecht: *Mein Frankreich. Eine schwierige Liebe*, Reinbek 1999, S. 107 f.

37 *Der Spiegel* 49/2014, S. 138. Harpprecht als Beispiel für eine der »sehr verrückten Ideen«, mit denen Grass einst das Kanzleramt behelligt habe: »Die Mauer durchlässiger zu machen, indem man ganz viele Sinti und Roma nach Deutschland holt, weil die wüssten, wie man Mauern überwindet. Jeder sollte eine Zigeunerfamilie im Garten haben.« Auf der gleichen Linie habe er später »die Zwangseinquartierung von Flüchtlingen angeregt«.

38 Oder auch – so in berühmten Briefen der Lady Mary Montagu 1718 aus Konstantinopel – mit dem Frauenbad, wo die britische Gesandtengattin hingerissen war vom unbefangenen Liebreiz der nackten türkischen Frauen, so dass sie nach

Hause schrieb, diese seien »freier als vielleicht alle anderen Frauen der Erde« und dazu die einzigen in der Welt, »die ein Leben voll ununterbrochener Freuden, bar aller Sorgen führen«. Ulf Diederichs (Hrsg.): *Vom Glück des Reisens zu Lande, zu Wasser und in der Luft,* München 1994, S. 22. Der als Truppeninstrukteur nach Konstantinopel abkommandierte 35-jährige Moltke, der keinen Zugang zum Frauenbad hatte, schrieb dagegen 1836 über die dortigen Frauen: »So schleichen sie langsam und schwankend wie Gespenster, unerfreulichen Anblicks einher.« (Ebd., S. 18)

39 Birgit Mandel: »›Amore ist heißer als Liebe‹. Das Italien-Urlaubsimage der Westdeutschen in den 50er und 60er Jahren«, in: Hasso Spode (Hrsg.): *Goldstrand und Teutonengrill. Kultur- und Sozialgeschichte des Tourismus in Deutschland 1945 bis 1989,* Berlin 1996, S. 155.

40 Elisabeth Noelle/Erich Peter Neumann (Hrsg.): *Jahrbuch der öffentlichen Meinung 1965–1967,* Allensbach 1967, S. 56, 452.

41 John Ardagh: *Frankreich als Provokation,* Frankfurt 1969, S. 356.

42 Ebd., S. 359.

43 Ebd., S. 363, 365.

44 Hans-Peter Schwarz: »Die Welt des Bundeskanzlers. Weltwahrnehmung und globale Ordnungsvorstellungen Konrad Adenauers«, in: Eckart Conze (Hrsg.): *Die Herausforderung des Globalen in der Ära Adenauer,* Bonn 2010 (= *Rhöndorfer Gespräche,* Bd. 24), S. 24.

45 Ebd., S. 23, 25 f., 33.

46 Schwarz: *Adenauer,* Bd. 2, S. 239.

47 Morsey: *Heinrich Lübke,* S. 369 ff.

48 Radkau: *Theodor Heuss,* S. 497.

49 Schwarz: *Die Welt des Bundeskanzlers,* S. 34.

50 Radkau: *Die Ära der Ökologie,* S. 549.

51 Peter Merseburger: *Willy Brandt 1913–1992,* München 2004, S. 678.

52 Vgl. Heuss an Mehnert, 23.9.1958, als er darüber peinlich berührt war, dass Mehnert ihm den *Sowjetmenschen* mit der Widmung »Dem großen Deutschen« zugeeignet hatte: »ich möchte nicht gern haben, dass unsere menschlichen Beziehungen auf Distanz angelegt sind.« Heuss: *Briefe 1954–1959,* hrsg. von Ernst Wolfgang Becker u. a., Berlin 2013, S. 479.

53 Radkau: *Theodor Heuss,* S. 492 f.

54 Vgl. Carl Friedrich von Weizsäcker: *Der bedrohte Friede. Politische Aufsätze 1945–1981,* München 1981, im Register auf S. 645 die Belege für »Weltinnenpolitik«, »Weltstaat« und »Weltüberstaat«!

55 Klaus Mehnert: *Der deutsche Standort,* TB-Ausgabe Frankfurt 1969 (die Erstausgabe von 1967 wurde unter dem Eindruck von »1968« überarbeitet!), S. 21.

56 Der *Spiegel*-Essay des Bremer Politologen Rainer Traub über Mehnerts Memoiren (»Ein Deutscher in der Welt«, 1981) verweist ironisch auf die »zündende Formel«, auf die Mehnert aus der Rückschau die Essenz seines *Sowjetmenschen* bringe: »Der Sowjetmensch ist kein Kommunist geworden, darum mag ich ihn.« (»Spätzle in Schanghai«, in: *Der Spiegel* 41/1981, S. 257).

57 Daran erinnert Ulrich Schmid: »Wie bolschewistisch ist der ›Sowjetmensch‹?
Klaus Mehnert erkundet die russische Mentalität«, in: *Zeithistorische Forschungen*, Online-Ausgabe 4 (2007), H. 3.

58 Darauf verweist Golo Mann in seinem Essay über Mehnerts *Deutschen Standort*
»Die Welt – gar nicht so böse?«, in: *Der Spiegel* 34/1967, S. 101.

59 Mehnert: *Der deutsche Standort*, S. 16.

60 Radkau: *Max Weber* (2015), S. 346 ff.

61 Forsthoff an Carl Schmitt, 22.2.1950, in: Dorothee Mußgnug u. a. (Hrsg.): *Briefwechsel Ernst Forsthoff – Carl Schmitt*, Berlin 2007, S. 66. Vermutlich spielte bei
Forsthoff dabei ein Trotz gegenüber den Amerikanern mit, auf deren Weisung
er 1945 wegen seiner NS-Belastung seinen Lehrstuhl (bis 1952) verloren hatte.

62 Radkau: *Theodor Heuss*, S. 371 f.

63 Arthur Koestler: *Die Herren Call-Girls*, München 1975, S. 26.

64 Vgl. ebd., S. 33 f.

65 Koestler: *Die Herren Call-Girls*, S. 9.

66 Radkau: *Die Ära der Ökologie*, S. 138 ff.

67 Anna-Katharina Wöbse: *Weltnaturschutz. Umweltdiplomatie in Völkerbund und
Vereinten Nationen 1920–1950*, Frankfurt 2012.

68 Die folgenden Ausführungen zu diesem Thema stützen sich auf die Abhandlung
der Forschungsgruppe Weltgesellschaft: »Weltgesellschaft: Identifizierung eines
›Phantoms‹«, in: *Politische Vierteljahresschrift* 37/1 (1996), S. 5–26.

69 Vgl. Radkau: *Max Weber*, S. 603 ff.

70 Zur »Weltgesellschaft« als Zukunftsprojekt Alexander Schmidt-Gernig: »Ansichten einer künftigen ›Weltgesellschaft‹. Westliche Zukunftsforschung der
60er und 70er Jahre als Beispiel einer transnationalen Expertenöffentlichkeit«,
in: Hartmut Kaelble u. a. (Hrsg.): *Transnationale Öffentlichkeit und Identitäten im
20. Jahrhundert*, Frankfurt 2002, S. 393–421.

71 In: Willem I. Oltmans (Hrsg.): »*Die Grenzen des Wachstums*« PRO UND CON-
TRA, Reinbek 1974, S. 33.

72 Niklas Luhmann: »Die Weltgesellschaft«, in: ders. (Hrsg.): *Soziologische Aufklärung*, Bd. 2: *Aufsätze zur Theorie der Gesellschaft*, Opladen 1975, S. 51–71.

73 Vgl. Rudolf Stichweh: *Die Weltgesellschaft*, Frankfurt 2000. In einem Gespräch
mit mir (Februar 2005) hob Stichweh das Internet als entscheidende Basis der
»Weltgesellschaft« hervor. Die Konjunktur der »Weltgesellschaft« begann jedoch lange vor dem Aufstieg des *world wide web*.

74 Dazu Radkau: *Die Ära der Ökologie*, S. 9.

75 Radkau: *Natur und Macht*, S. 324.

76 Günther Anders: *Der Blick vom Mond. Reflexionen über Weltraumflüge*, München 1970, S. 98.

77 Noelle/Neumann (Hrsg.): *Jahrbuch der öffentlichen Meinung 1965–1967*, S. 490.

78 Baade: *Der Wettlauf zum Jahre 2000*, S. 239.

79 Eugen Sänger: »Verkehrspolitische Aspekte der Raumfahrt«, in: *Außenpolitik*, Jg.
9/1958, S. 597; Radkau: »*Wirtschaftswunder*« ohne technologische Innovation?
S. 146 f.

80 Radkau: *Technik in Deutschland*, S. 342 und 486, Anm. 61. Wie sich schon Bertha von Suttner, die Gründermutter des deutschen Pazifismus, vor 1914 empörte, biederten sich damalige Flugpioniere sowohl den Pazifisten wie den Militärs an und priesen die Fliegerei je nach Bedarf als Friedens- wie als Kriegstechnik. Gisela Brinker-Gabler: *Bertha von Suttner*, Frankfurt 1982, S. 204f.

81 Eugen Sänger: »Die Raumfahrt und die Erschließung fremder Welten«, in: *Wie leben wir morgen?* (Vorträge aus einer Sendereihe des Süddeutschen Rundfunks), Stuttgart 1957, S. 143, 148.

82 J. B. S. Haldane: »Biologische Möglichkeiten für die menschliche Rasse in den nächsten zehntausend Jahren«, in: *Das umstrittene Experiment: Der Mensch*, S. 384.

83 Ebd., S. 390.

84 Wiener: *Mathematik – Mein Leben*, S. 257.

85 Arthur C. Clarke: *Unsere Zukunft im Weltall. Perspektiven der Raumfahrt*, Frankfurt 1970, S. 22.

86 Ebd., S. 281.

87 Ebd., S. 182.

88 John Tirman (Hrsg.): *SDI. Der Krieg im Weltraum. Grundlagenstudie prominenter Wissenschaftler der Union of Concerned Scientists zur Bewaffnung des Weltraums*, Bern 1985.

89 Anders: *Der Blick vom Mond*, S. 59, 95 u. a.

90 Radkau: *Natur und Macht*, S. 324f.

91 Alexander C. T. Geppert: »Raumausdehnung und Zukunftsexpansion. Zur parallelen Konjunktur von Weltraum- und utopischem Denken im Nachkriegseuropa«, Paper zur Bochumer Tagung »Die Zukunft des 20. Jahrhunderts« am 11./12.7.2014.

92 Wolfgang Sachs: »Der blaue Planet. Zur Zweideutigkeit einer modernen Ikone«, in: Kulturamt Stuttgart (Hrsg.): *Natur im Kopf*, Bd. 1, Stuttgart 1994, S. 76ff.

93 Radkau: *Die Ära der Ökologie*, S. 481f.

94 Ebd., S. 599; Erik M. Conway: *Atmospheric Science at NASA: A History*, Baltimore 2008.

95 Das war ein Ergebnis eines Seminars über Berichte von Bethel-Missionaren, das ich im Wintersemester 1996/97 zusammen mit dem Landeskirchenarchivar Bernd Hey und dem Bethel-Archivar Wolf Kätzner abhielt.

96 Als meine Tante Eva-Maria Koch 1950 die Schriftleitung des *Kinderboten* übernahm, der im Kindergottesdienst verteilt wurde, war eine ihrer ersten Neuerungen die Übernahme der Patenschaft für ein südindisches Mädchen mit dem klangvollen Namen Kokushubila. Fortan kreisten die Gedanken der kinderlosen Frau viel um dies Mädchen, obwohl sie es ihr Leben lang nie zu Gesicht bekam!

97 Radkau: *Max Weber* (2005), S. 330.

98 Peter Schneider: *Rebellion und Wahn. Eine autobiographische Erzählung*, Köln 2008, S. 263.

99 Ulrich Gehrke/Harald Mehner (Hrsg.): *Iran. Natur – Bevölkerung – Geschichte – Kultur – Staat – Wirtschaft*, Tübingen 1975, S. 90.

100 Annemarie Schimmel: *Der Islam. Eine Einführung*, Stuttgart 1990, S. 95.

101 Bahman Nirumand: *Weit entfernt von dem Ort, an dem ich sein müsste. Autobiographie*, Reinbek 2011, S. 200 f.

102 Friedrich Wilhelm Graf an den Verf., 8.6.2015.

103 Noelle-Neumann/Köcher (Hrsg.): *Allensbacher Jahrbuch der Demoskopie 1984–1992*, S. 530.

104 Nirumand: *Weit entfernt*, S. 346.

105 Auch Sabine Sielke nennt die multikulturelle Gesellschaft eine »Utopie«, wohl verstanden produktiver Art; in: Stephan Conermann (Hrsg.): *Die multikulturelle Gesellschaft in der Sackgasse?* Berlin 2009, S. 154 f.

106 *Der Spiegel*, 29.5.1989, S. 99.

107 Seyran Ateş: *Der Multikulti-Irrtum. Wie wir in Deutschland besser zusammenleben können*, Berlin 2007, S. 17 f.

108 Vgl. den Bericht darüber in der *Neuen Westfälischen* vom 24.10.2015 (Thomas Maier: »Wir lernen nicht aus Fehlern«).

109 Navid Kermani: *Wer ist wir? Deutschland und seine Muslime*, München 2009, S. 168 f.; vgl. auch S. 117.

110 Eberhard Rathgeb: *Deutschland kontrovers. Debatten 1945 bis 2005*, Bonn 2005, S. 287, 288.

111 *Der Spiegel* 37/1995, S. 224 f.

112 Paul Scheffer: *Die Eingewanderten. Toleranz in einer grenzenlosen Welt*, Neuausgabe München 2016, S. 475.

113 Vgl. Yong-Il Lee: *Ausländerbeschäftigung und technischer Fortschritt. Die Anwerbepolitik der Bundesrepublik im Vergleich mit der geschlossenen Arbeitsmarktpolitik Japans (1955–1973)*, Diss. Bielefeld 2003. Lee geht sogar so weit, in dieser bundesdeutschen Immigrationspraxis eine Ursache des technischen Zurückbleibens im Vergleich zu Japan zu erblicken; und sein Betreuer Werner Abelshauser hält seine Argumentation für überzeugend. Dazu Radkau: *Technik in Deutschland*, S. 335.

114 Die beste mir bekannte Neuerscheinung aus jüngster Zeit ist das von Jens Spahn, dem Parlamentarischen Staatssekretär beim Bundesfinanzminister, herausgegebene Buch: *Ins Offene. Deutschland, Europa und die Flüchtlinge. Die Debatte*, Freiburg 2015.

115 Jürgen Kocka: »Die Großstadt als Brennpunkt der Sozialgeschichte des Industriezeitalters«, in: Stadt Hamm (Hrsg.): *Die Großstädte und die Zukunft unserer Gesellschaft* (26. Universitätstage der Stadt Hamm, 11. bis 21. Oktober 1975), Hamm 1976, S. 56.

116 Das bestätigte auch die ehemalige Bundesverfassungsrichterin Gertrude Lübbe-Wolff (an den Verf., 30.12.2015), der ich für einen kritischen Kommentar zur Erstfassung dieses Kapitels danke. Ihr zufolge liegt dieser Zustand jedoch wesentlich an der Vertracktheit der Materie selbst, nicht so sehr an einem Mangel an öffentlicher Diskussion.

117 Radkau: *Die Sehnsucht nach Grenzenlosigkeit*, S. 121 f.

118 Charakteristisch ist die Passage eines Artikels in der *Neuen Westfälischen* vom

7.1.2016 (Ansgar Mönter: »Manche Migranten haben ein anderes Frauenbild als Mitteleuropäer«): »Ein Experte, der seit Jahrzehnten mit Zuwanderern in Bielefeld arbeitet«, habe ausgeführt: »Unter Flüchtlingen und Zuwanderern gibt es Nationalitätengruppen, die unterschiedliche Tendenzen zeigen, was Kriminalität und Drogendelikte betrifft. Wenig auffällig sind Iraker und Syrer.« Der Experte »möchte anonym bleiben«!

119 Ich selbst erlebte auf einer Tagung in den frühen 90er Jahren in der Ev. Akademie Tutzing zum Thema »Überforderung«, als die Diskussion auf die sehr berechtigte Frage kam, ob nicht viele Lehrer durch den wachsenden Anteil ausländischer Schüler überfordert würden, wie ein darauf folgender Redner von Anfang bis Ende derartigen Bedenken »Ausländerfeindlichkeit« unterstellte und am Schluss die Bedenkenträger bat, keinen Brand in Heimen für Asylbewerber zu legen!

120 Ich habe zu diesem Thema ausführlich mit Thomas Petersen vom Allensbach-Institut korrespondiert, der mir entsprechende Umfragebefunde übermittelte, aus denen »mit Sicherheit« hervorgehe, »dass von einer wachsenden deutschen Fremdenfeindlichkeit keine Rede sein kann«. »Praktisch alle unsere Daten, die dieses Thema berühren, deuten in die entgegengesetzte Richtung.« (Thomas Petersen an den Verf., 29.1.2015) Bei konträren Behauptungen ist zu bedenken, dass man »Rassismus«-Befunde nahezu beliebig ausweiten kann: Kaum jemand wird leugnen, dass es zwischen Vietnamesen und Nigerianern typische Unterschiede gibt. Aber die Annahme, dass die Menschen in fernen Ländern andersartig sind, muss nichts Abfälliges haben, sondern ist ein Haupt-Anreiz des Ferntourismus. Und nach Maßstäben heutiger *political correctness* war auch Albert Schweitzer ein Rassist!

121 Michel Pincon/Monique Pincon-Charlot: *Sociologie de Paris*, nouvelle edition Paris 2008, S. 32, 84.

122 Pierre Bourdeu u. a.: *Das Elend der Welt. Zeugnisse und Diagnosen alltäglichen Leidens an der Gesellschaft* (franz. Originalausgabe 1993), Konstanz 1997, S. 141 ff.

123 Frank Böckelmann: *Die Gelben, die Schwarzen und die Weißen*, Frankfurt 1998, S. 440.

124 Vgl. Hennig: *Reiselust*, S. 101–123 (»Tourismus und Natur«).

125 *Süddeutsche Zeitung* vom 20.9.2016: »Merkel: Würde die Zeit gern zurückspulen«). Ein Pressekommentar trug die Überschrift: »Zurück in die Zukunft« (Jörg Rinne, *Neue Westfälische* vom 20.9.2016.

126 »Wenn das Bundesamt für Migration in einem Tweet seine Asylgewährungspraxis erläutert, dann machen sich schon eine Woche später ein paar tausend Flüchtlinge mehr über die Ägäis auf den Weg«: So beginnt Gustav Seibt seine Besprechung der deutschen Ausgabe des neuen Buches von Timothy Garton Ash: *Redefreiheit. Prinzipien für eine vernetzte Welt*, München 2016 (»Nicht beleidigt sein – Praktische Weltethik: Timothy Garton Ashs Zehn Gebote für die Kosmopolis des Internets«, in: *Süddeutsche Zeitung*, 28.9.2016, S. 11).

127 Alfred Vagts: *Deutschland und die Vereinigten Staaten in der Weltpolitik*, Bd. 1, New York 1935, S. 641 f. und 923.

128 Hans Fischer: *Warum Samoa? Touristen und Tourismus in der Südsee*, Berlin 1984, S. 336 f.
129 Ebd., S. 90.
130 *Der Spiegel* 38/1998, S. 204.

6

DROHENDE DEUTSCHE BILDUNGSKATASTROPHEN

1 Reiner Klingholz/Wolfgang Lutz: *Wer überlebt? Bildung entscheidet über die Zukunft der Menschheit*, München 2016.
2 Georg Picht: »Die Idee des Landerziehungsheimes«, in: ders.: *Die Verantwortung des Geistes. Pädagogische und politische Schriften*, Stuttgart 1969, S. 28.
3 Hellmut Becker: »Georg Picht als Erzieher«, in: Constanze Eisenbart (Hrsg.): *Georg Picht – Philosophie der Verantwortung*, Stuttgart 1985, S. 24.
4 Heike Schmoll: »Eine deutsche Bildungskatastrophe – Wie die Spinnen saßen die Freunde im wirkungsvollen Netz, das die bildungspolitische Elite in der frühen Bundesrepublik ausgespannt hatte: Die Geschichte von Hellmut Becker und Georg Picht«, in: *FAZ* vom 28.7.2013.
5 Ulrich Raulff: *Kreis ohne Meister. Stefan Georges Nachleben*, München 2009, S. 480 (mündl. Mitt.).
6 Georg Picht: »Kulturpolitik ist große Politik. So wie bisher darf es nicht weitergehen«, in: *Die Zeit* 19/1962 (11.5.1962).
7 Georg Picht: *Die deutsche Bildungskatastrophe*, München 1965, S. 19, 17, 31.
8 Ebd., S. 65.
9 Ebd., S. 19.
10 Ebd., S. 50.
11 Ebd., S. 19.
12 Ebd., S. 88.
13 Ebd., S. 38, 104.
14 Ebd., S. 54.
15 Friedrich: *Automation – Risiko und Chance*, Bd. I, S. 530.
16 Picht: *Die deutsche Bildungskatastrophe*, S. 137 f.
17 Ebd., S. 74.
18 Mündl. Mitt., 18.1.2015.
19 Georg Picht: *Mut zur Utopie. Die großen Zukunftsaufgaben*, München 1969, S. 69 f.
20 Ders.: *Prognose, Utopie, Planung. Die Situation des Menschen in der Zukunft der technischen Welt*, Stuttgart 1967, S. 6.
21 Ebd., S. 59.
22 Becker: *Georg Picht als Erzieher*, S. 25.
23 Picht: *Prognose, Utopie, Planung*, S. 28.
24 Kai F. Hünemörder: *Die Frühgeschichte der globalen Umweltkrise und die Formierung der deutschen Umweltpolitik (1950–1973)*, Stuttgart 2004, S. 213. Dazu

Hünemörder an den Verf., 12.6.2016: »Ich glaube, dass für Picht zwischen Bildungskatastrophe und Umweltkatastrophe zunächst konzeptionell kein systematischer Link bestand, aber er … später in seinen Vorlesungen versuchte, hier ein System zu basteln, das in dem interpretationsbedürftigen Satz gipfelte: ›Ein System, das die Natur zerstört, kann nicht »wahr« sein.‹«

25 Robert Jungk: *Der Jahrtausend-Mensch. Bericht aus den Werkstätten der neuen Gesellschaft*, Gütersloh 1973, S. 374.

26 Raulff: *Kreis ohne Meister*, S. 485.

27 Ebd., S. 483.

28 Ebd., S. 484.

29 Zit. n. Eberhard Rathgeb: *Deutschland kontrovers. Debatten 1945 bis 2005*, Bonn 2005, S. 86, 87.

30 Schmoll: *Eine deutsche Bildungskatastrophe.*

31 Vgl. schon Fritz Baade: *Der Wettlauf zum Jahre 2000* (1960) mit dem Oberkapitel (S. 208 ff.): »Der Wettlauf im Bildungswesen zwischen West und Ost«!

32 Hildegard Hamm-Brücher: *Freiheit ist mehr als ein Wort. Eine Lebensbilanz*, Köln 1996, S. 508 ff.

33 Dies.: *Aufbruch ins Jahr 2000, oder Erziehung im technischen Zeitalter. Ein bildungspolitischer Report aus 11 Ländern*, Reinbek 1967, S. 66.

34 Vgl. Picht: *Die deutsche Bildungskatastrophe*, S. 17, 42.

35 Mehnert: *Der deutsche Standort*, S. 26, 139, 283 ff., 290 f.

36 Radkau: *Theodor Heuss*, S. 235 f.

37 Ebd., S. 369.

38 Franz Schnabel: *Die moderne Technik und die deutsche Industrie* (= *Deutsche Geschichte im 19. Jahrhundert*, Bd. 6), Freiburg 1965, S. 118.

39 Karin Hausen/Reinhard Rürup in ihrer Einführung zu: dies. (Hrsg.): *Moderne Technikgeschichte*, Köln 1975, S. 14.

40 Radkau: *Technik in Deutschland*, S. 56–61 (»Das deutsche Ideal der wissenschaftlichen Technik und die Wiederentdeckung der Erfahrung«) und 169–184 (»Abstraktion und Autorität – Zur Rolle der Wissenschaft«).

41 Joachim Radkau: »Kernenergie-Entwicklung in der Bundesrepublik: ein Lernprozeß? Die ungeplante Durchsetzung des Leichtwasserreaktors und die Krise der gesellschaftlichen Kontrolle über die Atomwirtschaft«, in: *Geschichte und Gesellschaft*, Jg. 4 (1978), S. 195–222.

42 Radkau: *Aufstieg und Krise der deutschen Atomwirtschaft*, S. 203.

43 Konrad Adenauer: »… um den Frieden zu gewinnen.« *Die Protokolle des CDU-Bundesvorstandes 1957–1961*, Düsseldorf 1990, S. 676 ff.

44 Peter Lundgreen an den Verf., 12.12.2014, unter Hinweis auf das statistische Material in seinem Datenhandbuch: *Die Lehrer an den Schulen in der Bundesrepublik Deutschland 1949–2009*, Göttingen 2013.

45 Günther Schnuer: *Die deutsche Bildungskatastrophe. 20 Jahre nach Picht – Lehren und Lernen in Deutschland*, Herford 1986, S. 13, 17, 22, 12.

46 Ebd., S. 19.

47 Vgl. auch das mit seinem Zukunftspessimismus noch an späterer Stelle zu be-

sprechende Buch von Christian Graf von Krockow: *Der deutsche Niedergang –
Ein Ausblick ins 21. Jahrhundert*, Stuttgart 1998, wo Picht zunächst beifällig, dann
jedoch als Auslöser einer neuen Katastrophe erwähnt wird (S. 103 f.): »Erst mit
dem Alarmruf von Georg Picht entstand Bewegung (in der Bildungspolitik
J. R.), weil er an handfeste Interessen appellierte. … Leider hat der vordergründi-
ge Erfolg geradewegs wieder in die Katastrophe geführt: Es ist ein Massenbetrieb
entstanden, der alle Beteiligten hoffnungslos überfordert und ständig wachsende
Reibungsverluste erzeugt.«

48 Walter Schultze / Christoph Führ: *Das Schulwesen in der Bundesrepublik Deutschland*, Weinheim 1966, S. 41.

49 Ebd., S. 120 f.

50 Mündl. Mitt. von Constanze Eisenbart an den Verf., 18.1.2015.

51 In: Bahners / Cammann (Hrsg.): *Bundesrepublik und DDR*, S. 163.

52 Hamm-Brücher: *Freiheit ist mehr als nur ein Wort*, S. 514.

53 Peter Lundgreen: *Sozialgeschichte der deutschen Schule im Überblick, Teil II:
1918–1980*, Göttingen 1981, S. 28.

54 Annette Kuhn: *Einführung in die Didaktik der Geschichte*, München 1974,
S. 19.

55 Besonders heftig diskutiert wurde die »linke« Didaktik damals in der Kontroverse um die unter einer SPD-Regierung entworfenen Hessischen Rahmenricht-
linien Gesellschaftslehre (HRRG, 1972, revidierte Fassung 1973), die das Schul-
fach Geschichte in eine Gesellschaftslehre auflösen wollten, die zum Instrument
einer Gesellschaftsveränderung werden sollte. Das Buch *Geschichte und Zukunft* (Frankfurt 1975), verfasst von den Gießener Geschichtsdidaktikern Klaus
Bergmann und Hans-Jürgen Pandel, die Annette Kuhn nahestanden, versteht
unter »Zukunft« vor allem die HRRG, die dem Fach Geschichte keine Zukunft
gaben!

56 Katharina Rutschky: *Schwarze Pädagogik. Quellen zur Naturgeschichte der bürgerlichen Erziehung*, Frankfurt 1977, S. XV.

57 Katharina Rutschky, Querdenkerin auch innerhalb der linken und feministischen Szene, stiftete später Verwirrung, als sie den mit dem Vorwurf von sexuel-
lem Missbrauch getriebenen Missbrauch attackierte!

58 *Mut zur Erziehung. Beiträge zu einem Forum am 9./10. Januar 1978 im Wissenschaftszentrum Bad Godesberg*, Stuttgart 1978, S. 5 f.

59 Ebd., S. 163.

60 Ebd., S. 9.

61 Ebd., S. 108 f.

62 Ebd., S. 110.

63 Diese Passage ist nur in dem Abdruck seines Diskussionsbeitrags in der Gegenschrift enthalten: *Entgegnungen zum Bonner Forum ›Mut zur Erziehung‹*, München 1978, S. 93.

64 Ebd., S. 97.

65 Ebd., S. 95; leicht abgewandelt in: *Mut zur Erziehung*, S. 155.

66 *Entgegnungen*, S. 92; in dem Band des Forums fehlt diese Passage!

67 Vgl. die sehr ausführliche Schilderung dieses Konfliktes in seinen Memoiren: *Mein Leben – bedacht und bejaht*, Bd. 2: *Schule, Polis, Gartenhaus*, München 2007.

68 *Neue Westfälische*, 20.1.1978; am 17.2.1978 über seinen dann folgenden Rückzieher.

69 Lehrergruppe Laborschule: *laborschule bielefeld: modell im praxistest – zehn kollegen ziehen ihre zwischenbilanz*, Reinbek 1977, S. 214 (Alfred Scheer). Alfred Scheer war damals mein Hausnachbar; über ihn bekam ich manchen Einblick in die »Szene«.

70 Ebd., S. 325 (Ekkehard Naumann).

71 Ebd., S. 194 ff. (Veronika Rosenbohm).

72 Ebd., S. 84 (Gerd Büttner).

73 Hartmut von Hentig: »Heilsame Verstörung oder: Georg Pichts Bedeutung für Hartmut von Hentig«, in: *Neue Sammlung* 44 (2004), S. 529; ders.: *Mein Leben*, S. 44.

74 Zit. n. Raulff: *Kreis ohne Meister*, S. 479.

75 Hentig: *Heilsame Verstörung*, S. 530.

76 Ebd., S. 535.

77 Ebd., S. 531.

78 Ebd., S. 531.

79 Wilhelm Ostwald: *Die Forderung des Tages*, 2. Aufl. Leipzig 1911, S. 520 (aus: *Naturwissenschaftliche Forderungen zur Mittelschulreform*, 1907).

80 Elke Seefried: *Zukünfte. Aufstieg und Krise der Zukunftsforschung 1945–1980*, Berlin 2015, S. 116 ff.

81 Ebd., S. 437.

82 Karl Steinbuch: *Falsch programmiert*, Stuttgart 1968, S. 70.

83 Ebd., S. 170.

84 Ebd., S. 38.

85 Ebd., S. 21, 20.

86 Ebd., S. 22 f.

87 Ebd., S. 126.

88 Ebd., S. 132.

89 *Der Spiegel*, 23.2.1970 (»Geschäfte gestört«).

90 Kai Hünemörder an den Verf., 9.2.2016.

91 Seefried: *Zukünfte*, S. 395.

92 In: Eckart Heimendahl: *Zukunft im Kreuzverhör*, Gütersloh 1970, S. 110.

93 Ebd., S. 176.

94 Ebd., S. 89.

95 Ebd., S. 65.

96 Vgl. ebd., S. 122 f.

97 Karl Steinbuch: *Diese verdammte Technik. Tatsachen gegen Demagogie*, München 1980, S. 233 ff.

98 Ebd., S. 62.

99 Ebd., S. 246.

100 Karl Steinbuch: *Zukunftsbewältigung. Deutschland auf der Suche nach seiner Identität*, München 1995, S. 24.

101 Seefried: *Zukünfte*, S. 201.

102 Titel des Beitrags von Robert Sloss, in: Arthur Bremer (Hrsg.): *Die Welt in 100 Jahren*, Berlin 1910, Neudruck Hildesheim 1988, S. 27 ff.

103 *Neue Westfälische*, 11.6.2015.

104 Rolf G. Heinze: »Die Bildungskatastrophe – Ein alter Hut?«, in: Bernd Fahrholz/ Sigmar Gabriel/Peter Müller (Hrsg.): *Nach dem Pisa-Schock. Plädoyer für eine Bildungsreform*, Hamburg 2002, S. 17.

105 Angela Merkel: »Leistung und Verantwortung – Elite verpflichtet«, in: ebd., S. 238–243.

106 Ebd., S. 11.

107 *SPIEGEL online*, 16.5.2014.

108 Sigmar Gabriel: »Kompetenz durch Konzentration – Schule neu gestalten«, in: ebd., S. 33.

109 *The Guardian*, 6.5.2014 (Internet).

110 Andreas Schleicher: »Attacks on Pisa are entirely unjustified«, in: *TES magazine*, 2.8.2013 (Internet).

111 Diese Kritikpunkte werden vor allem in dem offenen Brief an Schleicher von Heinz-Dieter Meyer und Katie Zahedi, der Leiterin einer Mittelschule im Staat New York, hervorgehoben; http://oecdpisaletter.org.

112 Claire Weiß/Tim Wiewiorra: »Reform des Bologna-Prozesses als Voraussetzung für innovative und kreative Ausbildung in Europa«, in: Europäisches Informationszentrum in der Thüringer Staatskanzlei (Hrsg.): *Reform des Bologna-Prozesses an deutschen Hochschulen als Voraussetzung für innovative und kreative Ausbildung in Europa*, Erfurt 2011, S. 110.

113 Dieter Lenzen: *Bildung statt Bologna!*, Berlin 2014, S. 30.

114 Ebd., S. 34 f.

115 Interview mit der *Frankfurter Allgemeinen Sonntagszeitung* am 3.5.2016.

116 Lenzen: *Bildung statt Bologna*, S. 28.

117 Ebd., S. 29.

118 Das betonte mir gegenüber Gerhard Sagerer, der Rektor der Universität Bielefeld, am 24.8.2016 in einem Gespräch über die erste Fassung dieses Kapitels.

119 Vgl. dazu Stefan Kühl: *Der Sudoku-Effekt. Die Wissenschaft im Würgegriff der Bürokratie*, Bielefeld 2016.

120 Stefan Kühl an den Verf., 25.8 und 1.9.2016.

121 Aus südkoreanischer Perspektive: Hye Jeong Park: *Das duale System der Berufsbildung in Nachkriegsdeutschland zwischen Restauration und Reform. Unter besonderer Berücksichtigung der Industrie- und Handelskammern in der britischen und amerikanischen Besatzungszone 1945–1956*, Diss. Bielefeld 2002.

122 Hubertus Schmidt: »Schule und Betrieb – Ist das duale System am Ende?«, in: Fahrholz u. a. (Hrsg.): *Nach dem Pisa-Schock*, S. 140, 145.

123 Edgar Wolfrum: *Rot-Grün an der Macht. Deutschland 1998–2005*, München 2013, S. 636.

124 Vgl. die Schlagzeile der *Neuen Westfälischen* vom 23.4.2015, die das Stichwort »Akademisierungswahn« aufgreift: »Ansturm auf Universitäten lässt Handwerk verzweifeln – Alarmstimmung: Studierendenzahl steigt weiter an – Lehrstellenmarkt leergefegt«.

125 In ähnlichem Sinne der vielerfahrene Luis Sepúlveda – chilenischer Freiheitskämpfer, Greenpeace-Aktivist und *Spiegel*-Mitarbeiter: »Der Mythos um das Studieren ist kriminell. In den letzten zwanzig Jahren hat er dazu geführt, dass viele, viel zu viele Traditionsberufe verschwunden sind.« In: Carlo Petrini/Luis Sepúlveda: *Eine Idee vom Glück*, Frankfurt 2014, S. 40. Carlo Petrini, der Gründer von Slow Food, brauchte Wirte und Köche alter Art!

126 *Zeit online*, 18.4.2013 (»Wir brauchen mehr Chaos!«).

127 Vgl. Radkau: *Theodor Heuss*, S. 235 f. (»Rehabilitation der Bastelei gegenüber der Theorie und der Technik«).

128 Ebd., S. 25.

129 Hamm-Brücher: *Aufbruch ins Jahr 2000*, S. 74.

7

VON DEN TECHNOKRATEN BIS ZU DEN ACHTUNDSECHZIGERN

1 Hermann Lübbe: »Ernst und Unernst der Zukunftsforschung«, in: *Merkur* 23 (1969), H. 250, S. 126, 127.

2 Alexander Schmidt-Gernig: »Die gesellschaftliche Konstruktion der Zukunft. Westeuropäische Zukunftsforschung und Gesellschaftsplanung zwischen 1950 und 1980«, in: *WeltTrends* 18 (Frühjahr 1998), S. 72.

3 Knut Borchardt: »Produktions- und Verwertungsbedingungen von Langfristprognosen in historischer Perspektive«. Ich danke Knut Borchardt für die Zusendung des Manuskripts.

4 Demgegenüber glaubt Schmidt-Gernig (*Die gesellschaftliche Konstruktion der Zukunft*, S. 78) zu erkennen, dass in den 1980er Jahren nicht zuletzt mit Blick auf ökologische Krisen das »Denken in Gesetzmäßigkeiten« von Grund auf erschüttert worden sei. Aber das sieht schon längst wieder anders aus, seit Klimaprognosen den Umweltdiskurs beherrschen!

5 Elke Seefried: *Zukünfte. Aufstieg und Krise der Zukunftsforschung 1945–1980*, Berlin 2015, S. 49 ff.

6 Ebd., S. 111.

7 *Der Spiegel* 28/1965 (7.7.1965). Dagegen prognostizierte er die Nutzung der Atomtechnik im Haushalt! (Seefried: *Der kurze Traum von der steuerbaren Zukunft*, S. 5).

8 Seefried: *Zukünfte*, S. 139.

9 Vgl. den Beitrag von Bernard Cazes: »Prinzipien und Methoden der französischen Planung«, in: *Wege ins neue Jahrtausend. Wettkampf der Planungen in Ost und West*, München 1964, S. 157–188; und ebd. Alfred Frisch: »Auseinandersetzung mit der westeuropäischen Planung«, besonders S. 541.

10 Elke Seefried: »Der kurze Traum von der steuerbaren Zukunft. Aufstieg und Krise der Zukunftsforschung (1945–1980)«, Paper zur Bochumer Tagung »Die Zukunft des 20. Jahrhunderts« am 11./12.7.2014, S. 6.

11 Frank Bösch: »Euphorie und Ängste: Westliche Vorstellungen einer Zukunft mit Computern, 1945–1990«, Paper zur Bochumer Tagung »Die Zukunft des 20. Jahrhunderts« am 11./12.7.2014, S. 12.

12 Helmut Schelsky: »Planung der Zukunft. Die rationale Utopie und die Ideologie der Rationalität«, in: Soziale Welt 17 (1966), S. 160, zit. n. Schmidt-Gernig: Die gesellschaftliche Konstruktion der Zukunft, S. 81.

13 Vgl. Hermann Lübbe in seinem Nachruf auf Schelsky über dieses Missverständnis, dem der Soziologe ausgesetzt war. Lübbe stellte den Nachruf unter die Überschrift: »Prinzip Erfahrung« (Zeitschrift für Soziologie, Jg. 13, H. 3, Juli 1984, S. 275 f.): Schelsky habe »das ›Prinzip Erfahrung‹ gegen Blochs ›Prinzip Hoffnung‹ aufgeboten«.

14 Michael Ruck: »Ein kurzer Sommer der konkreten Utopie – Zur westdeutschen Planungsgeschichte der langen 60er Jahre«, in: Axel Schildt u. a. (Hrsg.): Dynamische Zeiten. Die 60er Jahre in den beiden deutschen Gesellschaften, Hamburg 2000, S. 366. Der Begriff »Utopie« trifft allerdings den Großteil bundesdeutscher Planungen jener Zeit überhaupt nicht!

15 Wege ins neue Jahrtausend, S. 40 f., 43.

16 Ebd., S. 555 f.

17 Lübbe: Ernst und Unernst der Zukunftsforschung, S. 130.

18 Frank Bösch: »Euphorie und Ängste: Westliche Vorstellungen einer Zukunft mit Computern, 1945–1990«. Paper zur Bochumer Tagung »Die Zukunft des 20. Jahrhunderts« am 11./12.7.2014, S. 1.

19 Eckart Heimendahl (Hrsg.): Zukunft im Kreuzverhör, Gütersloh 1970, S. 89.

20 Bösch: Euphorie und Ängste, S. 24.

21 Zit. n. Seefried: Zukünfte, S. 93.

22 Wege ins neue Jahrtausend, S. 23, 24.

23 Schmidt-Gernig: Die gesellschaftliche Konstruktion der Zukunft, S. 72.

24 Seefried: Zukünfte, S. 66.

25 Hans-Edwin Friedrich: »›One Hundred Years from this Day …‹ Zur Semantik der Zukunft in den 1960er Jahren. Science-Fiction in der Bundesrepublik Deutschland und wissenschaftliche Phantastik der DDR«, in: Heinz-Gerhard Haupt / Jörg Requate (Hrsg.): Aufbruch in die Zukunft. Die 1960er Jahre zwischen Planungseuphorie und kulturellem Wandel – DDR, CSSR und Bundesrepublik Deutschland im Vergleich, Weilerswist 2004, S. 144 ff., 162.

26 Alexander Schmidt-Gernig: »›Futurologie‹ – Zukunftsforschung und ihre Kritiker in der Bundesrepublik der 60er Jahre«, in: Haupt / Requate (Hrsg.): Aufbruch in die Zukunft, S. 129.

27 Auch bei Schmidt-Gernig ist die bundesdeutsche Utopie-Resistenz eher negativ akzentuiert und wird nicht nur aus dem NS-Trauma, sondern mehr noch aus dem damaligen Antikommunismus und der »grundsätzlich ›prekären‹ Lage der Intellektuellen in der Bundesrepublik« hergeleitet (ebd., S. 129 f.). Ähnlich Elke

Seefried (*Der kurze Traum von der steuerbaren Zukunft*, S. 12): »Den bundesdeutschen Denkkollektiven fehlte angesichts der NS-Erfahrung eine evolutionäre Zeiterfahrung, und dies machte sie affiner für Zukunftsängste und apokalyptische Szenarien ...« Aber gab es diese »Denkkollektive«? Und besaß nicht diese deutsche Abwehrhaltung gegenüber den damaligen Zukunftsprojektionen ihren Realismus?

28 Ruck: »Ein kurzer Sommer der konkreten Utopie«, S. 374 f.

29 Wolfgang E. Burhenne: »Ansätze deutscher ›Planarbeit‹ und Möglichkeiten für die Entwicklung eines deutschen ›Planungsamtes‹«, in: *Deutschland ohne Konzeption? Am Beginn einer neuen Epoche*, München 1964, S. 471.

30 Ebd., S. 482.

31 Ebd., S. 499 f.

32 Radkau: *Aufstieg und Krise der deutschen Atomwirtschaft*, S. 149 ff.

33 Ebd., S. 218 ff., 232 ff.; Günther Oetzel: *Die geplante Zukunft. Die bundesdeutsche Schnellbrüterentwicklung in den 1960er Jahren*, Frankfurt 1999.

34 Radkau: *Aufstieg und Krise der deutschen Atomwirtschaft*, S. 89 ff.

35 Ruck: »Ein kurzer Sommer der konkreten Utopie«, S. 371 f.

36 Diether Stolze: »Planung für Europa – Die Bemühungen um eine langfristige Wirtschaftspolitik für die EWG«, in: *Wege ins neue Jahrtausend*, S. 506.

37 Werner Abelshauser zum Verf., 15.10.2014: In der Nachkriegszeit bis um 1960 herum seien in der Regel unternehmerische Strategie-Entscheidungen nicht erforderlich gewesen. Der im eigenen Land bestehende Nachholbedarf sei offenkundig gewesen, und auswärtige Märkte, selbst in Lateinamerika, seien im Vergleich zu später übersichtlich gewesen. In dieser Hinsicht habe sich Anfang der 1960er Jahre eine markante Wende vollzogen.

38 Stolze: *Planung für Europa*, S. 507.

39 Burhenne: *Ansätze deutscher Planarbeit*, S. 499.

40 Ruck: »Ein kurzer Sommer der konkreten Utopie«, S. 373.

41 Stolze: *Planung für Europa*, S. 508.

42 Burhenne: *Ansätze deutscher Planarbeit*, S. 472, 487.

43 Ich danke Werner Abelshauser für den Einblick in dieses Gutachten, das das Auswärtige Amt unter dem 14.5.1956 den bundesdeutschen Botschaften in Europa und in Washington übermittelte. Es suggeriert sogar, dass die Zukunft der Automobil- und Luftfahrtindustrie durch den nuklearen Rückstand gefährdet sei!

44 Zu der scheinbaren Paradoxie, dass ausgerechnet Euratom, anstatt die deutsch-französische Zusammenarbeit zu fördern, zwischen beiden Ländern Spannungen entstehen ließ, die es ohne die Atomgemeinschaft nicht gegeben hätte, vgl. Joachim Radkau: »Die Nukleartechnologie als Spaltstoff zwischen Frankreich und der Bundesrepublik«, in: Yves Cohen/Klaus Manfrass (Hrsg.): *Frankreich und Deutschland. Forschung, Technologie und industrielle Entwicklung im 19. und 20. Jahrhundert. Internationales Kolloquium*, München 1990, S. 302–318.

45 Radkau: *Aufstieg und Krise der deutschen Atomwirtschaft*, S. 317 ff.; über den Ursprung des Projekts S. 181 ff.

46 Schmidt-Gernig: *Die gesellschaftliche Konstruktion der Zukunft*, S. 74 und die dortigen Belege.

47 Herbert Giersch/Knut Borchardt (Hrsg.): *Diagnose und Prognose als wirtschafts-wissenschaftliche Methodenprobleme*, Berlin 1962, S. 579.

48 Joachim Radkau/Lothar Hahn: *Aufstieg und Fall der deutschen Atomwirtschaft*, München 2013, S. 15.

49 Knut Borchardt: »Perspektiven der Wachstumsgesellschaft«, in: ders., Klaus von Beyme u. a.: *Wirtschaftliches Wachstum als gesellschaftliches Problem*, Königstein/Ts. 1978.

50 Joachim Radkau: »Wachstum oder Niedergang: ein Grundgesetz der Geschichte?«, in: Irmi Seidl/Angelika Zahrnd (Hrsg.): *Postwachstumsgesellschaft – Konzepte für die Zukunft*, Marburg 2010, S. 38 ff.

51 Borchardt: *Perspektiven der Wachstumsgesellschaft.*

52 Radkau: *Wachstum oder Niedergang*, S. 43.

53 Knut Borchardt an den Verf., 7.8.2014.

54 John Maynard Keynes: *Allgemeine Theorie der Beschäftigung, des Zinses und des Geldes*, Berlin 1955 (urspr. 1936), S. 124 ff. (»Der Zustand der langfristigen Erwartung«). Ich danke Knut Borchardt für den Hinweis auf dieses Kapitel.

55 Borchardt: *Perspektiven der Wachstumsgesellschaft.* Ungeachtet seiner Kritik an dieser Auffassung bekennt er sich im gleichen Vortrag doch zu der Überzeugung, »dass moderne ›Nichtwachstums-Gesellschaften‹ eher unfreie Gesellschaften sein werden«.

56 Kurt W. Rothschild: *Wirtschaftsprognose. Methoden und Probleme*, Berlin 1969, S. 168.

57 Ebd., S. 63.

58 Ebd., S. 147, 149.

59 Ernst Wagemann: *Wagen, Wägen, Wirtschaften. Erprobte Faustregeln – neue Wege*, Hamburg 1954, S. 181.

60 So Rolf Fricke: »Zur qualitativen Analyse der Wirtschaftsstruktur«, in: Giersch/Borchardt: *Diagnose und Prognose als wirtschaftswissenschaftliche Methodenprobleme*, S. 183.

61 Elke Seefried: »Prognostik zwischen Boom und Krise: Die Prognos AG und ihre Zukunftsprognosen für die Entwicklung der Bundesrepublik in den 1960er und 1970er Jahren«, in: Heinrich Hartmann/Jakob Vogel (Hrsg.): *Zukunftswissen. Prognosen in Wirtschaft, Politik und Gesellschaft seit 1900*, Frankfurt 2010, S. 80 f.

62 Ebd., S. 84.

63 Ebd., S. 91.

64 Seefried: *Zukünfte*, S. 320.

65 Seefried: *Prognostik zwischen Boom und Krise*, S. 93 f.

66 Kai Hünemörder an den Verf., 4.2.2016.

67 Seefried: *Zukünfte*, S. 422.

68 Seefried: *Prognostik zwischen Boom und Krise*, S. 94.

69 Lübbe: *Ernst und Unernst der Zukunftsforschung*, S. 125.

70 Seefried: *Zukünfte*, S. 338 f.

71 Als Weizsäcker in einer Vorlesung an der Universität Hamburg, zu deren Hörern
ich zählte, in der Zeit nach dem Sechstagekrieg von 1967 zwischen Israel und seinen arabischen Nachbarstaaten gefragt wurde, wie er sich einen künftigen Frieden im Nahen Osten vorstellte, wusste er nach einer Denkpause nur zu sagen:
»Die Völker müssen sich versöhnen.«

72 Seefried: *Zukünfte*, S. 328 ff.

73 Vgl. ebd., S. 374 ff., 378 f., 385, 393, 395.

74 Ebd., S. 354.

75 Seefried: *Der kurze Traum von der steuerbaren Zukunft*, S. 1.

76 Seefried: *Zukünfte*, S. 356 f.

77 Ebd., S. 15–19.

78 Ebd., S. 157.

79 Ebd., S. 495.

80 Schmidt-Gernig: *Die gesellschaftliche Konstruktion der Zukunft*, S. 73–77.

81 Karlheinz Steinmüller: »Zukunftsforschung in Deutschland – Versuch eines historischen Abrisses (Teil 3)«, in: *Zeitschrift für Zukunftsforschung* 3 (2014), S. 20.

82 Angela und Karlheinz Steinmüller: *Ungezähmte Zukunft. Wild Cards und die
Grenzen der Berechenbarkeit*, München 2003, S. 17. Karlheinz Steinmüller an den
Verf., 4.7.2016: »Manche Zukunftsforscher (in den späten 1960er/70er Jahren)
sahen sich offensichtlich in der Rolle eines Kuhnschen Revolutionärs (wie auch
manche Kybernetiker und Systemtheoretiker), aber ein eigenständiges Paradigma hat es nie gegeben … Vom Anspruch her sollte die ZF eine neue Universal-
theorie der Gesellschaft (wie die Kybernetik) sein – und das bei einem eklatanten Theoriedefizit! (Das bis heute anhält, trotz immer neuer Versuche, Theorien
der ›Zukunftsgenese‹ … zu entwickeln.)«

83 Seefried: *Zukünfte*, S. 131.

84 Ebd., S. 134.

85 Ebd., S. 147, 149.

86 Schmidt-Gernig: *Futurologie*, S. 117.

87 Karlheinz Steinmüller: »Zukunftsforschung in Deutschland – Versuch eines historischen Abrisses (Teil 2)«, in: *Zeitschrift für Zukunftsforschung* 2 (2013), S. 7 ff.

88 Wie mir Hermann Lübbe mitteilte, weigerte Ernst Bloch sich auf einer Tagung,
mit ihm zusammen auf dem Podium zu sitzen, weil er, Lübbe, ein »Reaktionär«
sei, wogegen Bloch, der einst die Stalinschen Schauprozesse verteidigt hatte, für
Lübbe der beste Beweis war, dass die Utopie vom Himmel auf Erden in die Hölle führe!

89 Dieter Senghaas: »Rückblick auf die Zukunft. Futurologie und ihre Leerstellen«,
in: *Neue Politische Literatur* 13, 1968, S. 176, zit. n. Schmidt-Gernig: *Die gesellschaftliche Konstruktion der Zukunft*, S. 80.

90 Lübbe: *Ernst und Unernst der Zukunftsforschung*, S. 128 f.

91 *Der Spiegel* 12/1972 (13.3.1972): »Wir brauchen eine Antwort.«

92 Götz Aly: *Unser Kampf. 1968 – ein irritierter Blick zurück*, Bonn 2008, S. 79.

93 Zit. n. Rathgeb: *Deutschland kontrovers*, S. 274.

94 Nirumand: *Weit entfernt*, S. 157.

95 Ingrid Gilcher-Holtey: *1968. Eine Zeitreise*, Frankfurt 2008, S. 38.

96 Hans Magnus Enzensberger: »Zur Kritik der politischen Ökologie«, in: *Kursbuch* 33 (Okt. 1973), S. 40

97 Nirumand: *Weit entfernt*, S. 188

98 Philipp Felsch: *Der lange Sommer der Theorie. Geschichte einer Revolte, 1960–1990*, München 2015, S. 50. Ingrid Gilcher-Holtey zum Verf., 9.2.2016: Felsch konzentriere sich ganz auf die Szene um den März-Verlag und vermittle daher von »1968« ein zu einseitiges Bild.

99 Ebd., S. 82.

100 Nirumand: *Weit entfernt*, S. 168.

101 Radkau: *Max Weber*, S. 841.

102 Radkau: *Theodor Heuss*, S. 267 f.

103 Hannah Arendt: *Eichmann in Jerusalem. Ein Bericht von der Banalität des Bösen*, Neuausgabe München 1986, S. 370.

104 Detlef Siegfried: *Time Is on My Side. Konsum und Politik in der westdeutschen Jugendkultur der 6oer Jahre*, Göttingen 2006.

105 In diesem Sinne zieht auch Sven Reichardt die Bilanz aus dem Werk Detlef Siegfrieds; vgl. ders.: *Authentizität und Gemeinschaft. Linksalternatives Leben in den siebziger und frühen achtziger Jahren*, Berlin 2014, S. 75.

106 In: Patrick Bahners/Alexander Cammann (Hrsg.): *Bundesrepublik und DDR. Die Debatte um Hans-Ulrich Wehlers »Deutsche Gesellschaftsgeschichte«*, München 2009, S. 171. Schärfer noch in: Hans-Ulrich Wehler: *Deutsche Gesellschaftsgeschichte 1949–1990*, München 2008, S. 310 f.: »Die Protestbewegung der 68er ist zu einem legendenumrankten Phänomen überhöht worden. ... Von wenigen Ausnahmen abgesehen ist an dieser historischen Verklärung so gut wie nichts richtig.«

107 *Der Spiegel*, 31.10.1977, S. 55 ff.

108 Alex Jeschke/Wolfgang Malanowski (Hrsg.): *Der Minister und der Terrorist. Gespräche zwischen Gerhart Baum und Horst Mahler*, Hamburg (SPIEGEL-Buch) 1980, S. 25.

109 Schneider: *Rebellion und Wahn*, S. 37.

110 Jürgen Habermas: *Technik und Wissenschaft als »Ideologie«*, Frankfurt 1968, S. 102.

111 Dazu Daniel Gäsche: *Die 68er und die Musik*, Leipzig 2008.

112 Darin erblickt Ingrid Gilcher-Holtey, die seit Jahrzehnten über »1968« forscht, den Kern des Denkens jener Bewegungen, insbesondere in der Vermittlung zwischen Zukunft und Gegenwart (Gespräch mit dem Verf. am 9.2.2016). Sie prägte dafür den Begriff »präfigurative Politik«.

113 *Der Spiegel* 25/1998, S. 80 f.

114 Ingrid Gilcher-Holtey: *1968. Eine Zeitreise*, Frankfurt 2008, S. 7.

115 Diethart Kerbs (Hrsg.): *Die hedonistische Linke. Beiträge zur Subkultur-Debatte*, München 1970, S. 5.

116 Timothy Leary: *Politik der Ekstase*, Markt Erlbach 1997, S. 138.

117 Vgl. die unter dem unmittelbaren Eindruck publizierte 300-Seiten-Dokumenta-

tion von Bernd Nössler/Margret de Witt (Hrsg.): *Wyhl. Kein Kernkraftwerk in Wyhl und auch sonst nirgends. Betroffene Bürger berichten,* Freiburg 1976.

118 Laqueur: *Was ist los mit den Deutschen?* S. 78.

119 Alain Touraine: *Le mouvement de mai ou le communisme utopique,* Paris 1968, S. 9.

120 Helmut Schelsky: *Die skeptische Generation. Eine Soziologie der deutschen Jugend* (urspr. 1957), Düsseldorf 1963, S. 381 f.

121 Ebd., S. 5.

122 Claus Koch: »Kritik der Futurologie«, in: *Kursbuch* 14/1968, S. 8.

123 Ebd., S. 14.

124 Ebd., S. 10.

125 Radkau: *Die Ära der Ökologie,* S. 150.

126 Siepmann, der spätere Leiter des Werkbund-Archivs, hatte Nirumand bei der Redaktion seines Buches *Persien, Modell eines Entwicklungslandes* geholfen, das das Schah-Regime anprangerte und die Anti-Schah-Demonstrationen inspirierte.

127 Bahman Nirumand/Eckhard Siepmann: »Die Zukunft der Revolution«, in: ebd., S. 90, 91.

128 Ingrid Gilcher-Holtey zum Verf., 9.2.2016.

129 *Kursbuch* 14/1968, S. 148.

130 Ebd., S. 159.

131 Ebd., S. 155.

132 Ebd., S. 162.

133 Ebd., S. 169.

134 *Der Spiegel,* 21.8.1967.

135 In: Oltmans (Hrsg.): »*Die Grenzen des Wachstums*« PRO UND CONTRA, S. 98.

136 Gisela Diewald-Kerkmann, die sich über die Prozesse gegen die RAF-Frauen habilitierte, erblickte in Gesprächen mit mir darin den entscheidenden Grund für das auffällige Schweigen der meisten Wortführer von 1968 und auch der daraus hervorgegangenen Linksgruppen über ihre Zukunftsvorstellungen.

137 *Kursbuch* 14/1968, S. 171.

138 Schneider: *Rebellion und Wahn,* S. 219, 220.

139 Ebd., S. 127–131.

140 Ebd., S. 111–113.

141 Vgl. Wilhelm Reich: *Die Funktion des Orgasmus: Die Entdeckung des Orgons. Sozialökonomische Grundprobleme der biologischen Energie,* Köln 1969. Laut Verlagswerbung war es das Werk Reichs, »das die weiteste Verbreitung gefunden hat«. Reich selbst war schon 1957 in einem US-Gefängnis gestorben; seine gegen die herrschende Moral verstoßenden Therapiemethoden hatten zu seiner Verhaftung geführt. Als Ingrid Gilcher-Holtey (zum Verf., 9.2.2016) um 1968 beim *Republikanischen Club,* dem von Enzensberger und Flechtheim mitbegründeten wichtigsten Sammelpunkt der Achtundsechziger-Bewegung neben dem SDS, als Schulsprecherin Einlass begehrte, wurde sie von den am Eingang postierten Studenten gefragt: »Marx oder Reich?« Der Klub zerfiel in diese beiden ganz unterschiedlichen Szenen! Im »Reich-Raum« hätten Matratzen gelegen und habe ein süßlicher Duft in der Luft gehangen.

142 Ingrid Gilcher-Holtey zum Verf., 9.2.2016: Zumindest in ihrer Aufbruchszeit hätten die Achtundsechziger im Kern nicht marxistisch, sondern anarchistisch gedacht.

143 Diese interne Bedeutung Heideggers, des »Heiligen aus dem Schwarzwald«, betonte Bahman Nirumand mir gegenüber in einem Gespräch am 7.5.2015. Gretchen Dutschke berichtet von studentischen Diskussionen von 1963, an denen Rudi Dutschke teilgenommen hatte: »Nicht Marx, sondern Heidegger und Sartre waren die tonangebenden Denker der Zeit. Rudi hat diese Existenzialisten gelesen und war von ihnen beeinflusst.« Rudi Dutschke: *Jeder hat sein Leben ganz zu leben. Die Tagebücher 1963–1979*, Köln 2003, S. 378.

144 *Kursbuch 14/1968*, S. 167 f.

145 Seefried: *Zukünfte*, S. 371.

146 Ebd., S. 372.

147 Helmut Krauch: *Computer-Demokratie. Hilft uns die Technik entscheiden?* München 1972, S. 12.

148 Seefried: *Zukünfte*, S. 449.

149 Krauch: *Computer-Demokratie*, S. 52 f.

150 Ebd., S. 68 f.

151 *Der Spiegel*, 10.7.1967.

152 Jürgen Miermeister: *Ernst Bloch – Rudi Dutschke*, Hamburg 1996, S. 16.

153 So Ende 1967 im Fernsehinterview mit Günter Gaus. Gretchen Dutschke-Klotz u. a. (Hrsg.): *Rudi Dutschke – Mein langer Marsch. Reden, Schriften und Tagebücher aus zwanzig Jahren*, Reinbek 1980, S. 42.

154 Vgl. dazu Gerhard A. Ritter: »›Direkte Demokratie‹ und Rätewesen in Geschichte und Theorie«, in: Erwin K. Scheuch (Hrsg.): *Die Wiedertäufer der Wohlstandsgesellschaft. Eine kritische Untersuchung der »Neuen Linken« und ihrer Dogmen*, Köln 1968, S. 234.

155 Miermeister: *Ernst Bloch – Rudi Dutschke*, S. 139.

156 Gretchen Dutschke: *Rudi Dutschke. Wir hatten ein barbarisch schönes Leben – Eine Biographie*, Köln 1996, S. 176.

157 Dutschke-Klotz u. a. (Hrsg.): *Rudi Dutschke – Mein langer Marsch*, S. 80. Die Herausgeber, zu denen auch der Theologe Helmut Gollwitzer gehört, beginnen ihre Vorbemerkung mit dem Dutschke-Zitat: »Unser Prozess der Revolution wird ein sehr langer Marsch sein«, und setzen hinzu: »Rudi Dutschke setzte diese Wahrheit gegen die abstrakte Utopie, alles und alle könnten sich gleichsam über Nacht radikal verändern.«

158 Touraine: *Le mouvement du mai*, S. 216.

159 Sogar Sartre bekannte sich 1968 zu der Auffassung, dass die *Aktion* die Zielrichtung zu erkennen gebe und die Worte manchmal geradezu irreführend seien So seien in jenem Mai bei Protestaktionen die Arbeiter mit den Studenten gegangen. »Während der Aktion war alles klar. Als man aber die Arbeiter aufforderte, ihre Wünsche mit einem Namen zu bezeichnen, haben sie geantwortet: ›de Gaulle‹.« *Der Spiegel*, 15.7.1968, S. 58 ff.

160 Ingrid Gilcher-Holtey: »*Die Phantasie an die Macht« – Mai 1968 in Frankreich*,

Frankfurt 1995, S. 24, 25; ebd., S. 26: »Bleibt die Frage: Versäumte es die Mai-Bewegung, ihre Ziele deutlich zu machen, oder versagt Touraines Modell, die Zielorientierung zu erfassen?«

161 Ebd., S. 145.

162 Daniel Cohn-Bendit/Reinhard Mohr: *1968 – Die letzte Revolution, die noch nichts vom Ozonloch wusste*, Berlin 1988, S. 94 f.

163 Vgl. Wolfgang Lefèvre: »Reichtum und Knappheit. Studienreform als Zerstörung gesellschaftlichen Reichtums«, in: Uwe Bergmann u. a.: *Rebellion der Studenten oder Die neue Opposition*, Reinbek 1968, S. 96 ff.

164 Herbert Marcuse: *Psychoanalyse und Politik*, Frankfurt 1968, S. 70, 69.

165 Ebd., S. 74.

166 Titel des Buches von Ingrid Gilcher-Holtey.

167 Marcuse: *Psychoanalyse und Politik*, S. 42 (Die Idee des Fortschritts im Licht der Psychoanalyse).

168 Ebd., S. 49.

169 Ebd., S. 30 (Trieblehre und Freiheit).

170 Wolfgang Fritz Haug: »Das Ganze und das ganz Andere. Zur Kritik der reinen revolutionären Transzendenz«, in: Jürgen Habermas (Hrsg.): *Antworten auf Herbert Marcuse*, Frankfurt 1968, S. 52.

171 Ebd., S. 61.

172 Vgl. Ruck: »Ein kurzer Sommer der konkreten Utopie«, S. 385 f.

173 Seefried: *Zukünfte*, S. 418 f.

174 Knut Borchardt (an den Verf., 7.8.2014) verweist auf die »Sequenz von Fehlprognosen der Automobilbestandsentwicklung«, bekennt jedoch zugleich: »Ich habe auch einige Zeit die Vorausschau betrieben, so dass in mir die Fähigkeit zum Mitleid stark ausgeprägt ist.«

175 Dietmar Klenke: »*Freier Stau für freie Bürger*« – *Die Geschichte der bundesdeutschen Verkehrspolitik*, Darmstadt 1995, S. 91.

176 Ebd., S. 18–35.

177 Ebd., S. 79.

178 Wikipedia-Artikel »Leber-Plan«.

179 Helmut Holzapfel: *Urbanismus und Verkehr*, Wiesbaden 2012, S. 76.

180 So bei Aly: *Unser Kampf*, S. 78.

181 Im Vorspann zu Horst Ehmke (Hrsg.): *Perspektiven. Sozialdemokratische Politik im Übergang zu den siebziger Jahren. Erläutert von 21 Sozialdemokraten*, Reinbek 1969.

182 Ebd., S. 36, 37.

183 Horst Ehmke: »Planung im Regierungsbereich – Aufgaben und Widerstände«, in ders.: *Politik als Herausforderung. Reden Vorträge Aufsätze 1968–1974*, Karlsruhe 1974, S. 113 f.

184 Rolf Peter Sieferle: *Fortschrittsfeinde? Opposition gegen Technik und Industrie von der Romantik bis zur Gegenwart*, München 1984, S. 237; Radkau: *Die Ära der Ökologie*, S. 156 f. Noch 1973 schreibt Enzensberger (*Zur Kritik der politischen Ökologie*, S. 8), es sei »kein Wunder, dass die europäische Linke sich auf die öko-

logische Bewegung nicht eingelassen hat«: was damals nur noch eingeschränkt zutraf. Dabei lässt Enzensbergers Artikel insgesamt erkennen, dass er die ökologischen Sorgen im Grunde für berechtigt hielt!

185 In: Ehmke (Hrsg.), *Perspektiven*, S. 59 f.

186 *Der Spiegel*, 26.10.1970. Da der neue Chef des Presseamtes, Conrad Ahlers, aus der *Spiegel*-Redaktion kam, muss das Nachrichtenmagazin über solche Interna bestens informiert gewesen sein!

187 Benjamin Seifert: *Träume vom modernen Deutschland. Horst Ehmke, Reimut Jochimsen und die Planung des Politischen in der ersten Regierung Willy Brandts*, Stuttgart 2010, S. 74 f., Fn.

188 Seefried: *Zukünfte*, S. 420.

189 Klaus Harpprecht: *Im Kanzleramt. Tagebuch der Jahre mit Willy Brandt*, Reinbek 2000, S. 29 (22.1.1973). Interessanterweise hebt er in diesem Zusammenhang hervor, dass Jochimsen die Einbürgerung der Gastarbeiter betrieben habe: eine im Blick darauf, dass diese in typischen Fällen für kriselnde Branchen angeworben wurden und keine dauernde Beschäftigung fanden (vgl. Radkau: *Technik in Deutschland*, S. 480 f., Anm. 6), keineswegs unproblematische Strategie, die dazu beitrug, dass der 1973 von der Bundesregierung verfügte Anwerbestopp de facto unterlaufen wurde, und einmal mehr ein Licht darauf wirft, wie wenig selbst zukunftsorientierte Politiker mögliche Zukünfte der Zuwanderung durchspielten!

190 Seifert: *Träume vom modernen Deutschland*, S. 141.

191 Zit. n. Seefried: *Zukünfte*, S. 427.

192 Kai Hünemörder an den Verf., 4.2.2016.

193 Seifert: *Träume vom modernen Deutschland*, S. 62 f.

194 Ebd., S. 77.

195 Peter Merseburger: *Willy Brandt, 1913–1992*, Stuttgart 2002, S. 589, der jedoch S. 590 mahnt, solche Witze mit Vorsicht zu nehmen: »Vieles von der Kritik an Ehmke scheint maßlos überzogen, denn wie sehr dieser dem Kanzler Brandt in dessen zweiter Amtszeit fehlen wird, beweist der grob fahrlässige Umgang mit dem Fall Guillaume.«

196 Arnulf Baring: *Machtwechsel. Die Ära Brandt-Scheel*, Stuttgart 1982, S. 522. In dem Zusammenhang geht Baring bis zu der Behauptung: »Die allgemeine Überzeugung wuchs mit der Zeit, dass Globke als Chef des Amtes unter Adenauer mit hundert Bediensteten weit wirkungsvoller gearbeitet habe als Ehmke mit seinen vierhundert.«

197 *Der Spiegel*, 27.11.1972, zit. n. Seifert: *Träume vom modernen Deutschland*, S. 131.

198 Ehmke: *Politik als Herausforderung*, S. 117.

199 *Zeit online*, 4.3.2010.

200 Vgl. *B.Z. online*: »Tod einer Legende – ›Wer Visionen hat, sollte zum Arzt gehen‹ – Die besten Zitate von Helmut Schmidt«.

201 Seifert: *Träume vom modernen Deutschland*, S. 89, nach Ulrich Blank: »Horst Ehmke und der Zwang zur Stärke«, in: *Frankfurter Hefte*, H. 6, Juni 1970, S. 395.

202 *Der Spiegel*, 10.2.1975.

203 Jost Küpper: *Die SPD und der Orientierungsrahmen '85*, Bonn 1977, S. 37.

204 Alexander Schwan: »Im Clinch mit den Linken. Was ist der SPD das Godesberger Programm noch wert?«, in: *Zeit online*, 12.8.1977. Küpper: *Die SPD und der Orientierungsrahmen '85*, S. 142 f.: »Die Frage der Verbindlichkeit des OR '85 hat die SPD negativ beantwortet ...«

205 Steinbuch: *Diese verdammte Technik*, S. 23.

206 Alvin Toffler: *Der Zukunftsschock*, München 1970.

207 Robert Jungk: »Krank durch Veränderung«, in: *Der Spiegel*, 49/1970 (30.11.1970), S. 218.

208 Andreas Rödder: *21.0. Eine kurze Geschichte der Gegenwart*, München 2015, S. 96 ff.

209 Vgl. Rüdiger Graf: *Öl und Souveranität. Petroknowledge und Energiepolitik in den USA und Westeuropa in den 70er Jahren*, Berlin 2014.

210 Radkau: *Aufstieg und Krise der deutschen Atomwirtschaft*, S. 215 f. (so Meysenburg zum Verf. am 25.6.1981).

211 Dennis Meadows u. a.: *Die Grenzen des Wachstums. Bericht des Club of Rome zur Lage der Menschheit*, Reinbek 1973 (urspr. Stuttgart 1972), S. 17.

212 Kai F. Hünemörder: *Die Frühgeschichte der globalen Umweltkrise und die Formierung der deutschen Umweltpolitik (1950–1973)*, Stuttgart 2004, S. 199 ff. (»Die Untergangsstimmung von 1972«) und S. 293 ff. Thomas Petersen gelangt durch Allensbach-Material zu dem Schluss, dass eine Welle von Pessimismus in breiteren Bevölkerungsschichten erst durch die Ölkrise ausgelöst wurde.

213 Meadows: *Die Grenzen des Wachstums*, S. 169.

214 Ebd., S. 174 f.

215 Ebd., S. 169 f.

216 Oltmans: »*Die Grenzen des Wachstums*« PRO UND CONTRA, S. 95.

217 Ebd., S. 103.

218 Ebd., S. 106.

219 K. L. R. Pavitt: »Malthus und andere Ökonomen – Prognosen des Untergangs in neuem Licht«, in: Christopher Freeman u. a. (Hrsg.): *Zukunft aus dem Computer? Eine Antwort auf die »Grenzen des Wachstums«*, Neuwied 1973, S. 215–254; auch in dem darauffolgenden Beitrag von William Page: »Bevölkerungsprognostik«.

220 Aurelio Peccei: *Die Zukunft in unserer Hand. Gedanken und Reflexionen des Präsidenten des* Club of Rome, Wien 1981, S. 218.

221 Radkau: *Die Ära der Ökologie*, S. 188 f.

222 Seefried: *Zukünfte*, S. 458.

223 Ebd., S. 376.

224 Vgl. seine Berichte darüber im *Handelsblatt*, 24./25.4.1970 (»Zukunftsforschung zwischen Plan und Utopie«), und in der *Frankfurter Rundschau*, 16.5.1970 (»Hat die Zukunftsforschung Zukunft?«); Seefried: *Zukünfte*, S. 214, Fn., 216 f. und 225.

225 Ebd., S. 302; zur WFSF ebd., S. 210 ff.

226 Radkau: *Die Ära der Ökologie*, S. 141. Vgl. *Die Zeit*, 11.7.1980: »Ein aufmüpfiger

Beamter. Umweltexperte Peter Menke-Glückert ist ständig im Clinch mit seinen Ministern in Bonn.«

227 Radkau: *Die Ära der Ökologie*, S. 149.

228 Peter Menke-Glückert: »Umwelt und Freiheit. Plädoyer für eine Herausforderungswirtschaft«, in: *liberal, Vierteljahrshefte für Politik und Kultur*, Jg. 37/1995, S. 16 f. Für den Hinweis danke ich Kai Hünemörder.

229 Vgl. den von ihm ins Internet gestellten Artikel »Zukunftsforschung nachhaltig« seines *Mittelstandslexikons*, S. 3.

230 Den Hinweis verdanke ich Volker Hauff bei einem Treffen am 30.4.2014.

231 *Aufgabe Zukunft: Qualität des Lebens*, Bd. 4, Frankfurt 1972, S. 179, 180.

232 Ebd., S. 183.

233 Ebd., Bd. 7, S. 73.

234 Hrsg. von Heiner Monheim und Christoph Zöpel, Essen 1997, 2. überarbeitete und ergänzte Auflage 2008; vgl. auch Heiner Monheim/Klaus Nagorni (Hrsg.): *Die Zukunft der Bahn. Zwischen Bürgernähe und Börsengang*, Karlsruhe 2004 (= *Herrenalber Protokolle* 116).

235 Ivan Illich: *Die sogenannte Energiekrise oder Die Lähmung der Gesellschaft. Das sozial kritische Quantum der Energie*, Reinbek 1974, S. 56, 59.

8

DDR-HORIZONTE VON ULBRICHT ZU HONECKER

1 Jörg Roesler: *Was wäre geschehen, wenn ... Nachdenken über Alternativen zum Verlauf der DDR-Geschichte*, Berlin 2013 (= *hefte zur ddr-geschichte* 128), S. 28: Bis 1961 seien »gerade überdurchschnittlich viele Ingenieure« nach dem Westen gegangen. Dabei hatte die DDR »im Verhältnis zur Bevölkerung annähernd doppelt so viel Ingenieure ausgebildet« wie die Bundesrepublik. Roesler zufolge spricht einiges dafür, dass sich die DDR wirtschaftlich weitaus besser entwickelt hätte, wenn die DDR die Grenze zum Westen viel früher abgeriegelt hätte: was jedoch von sowjetischer Seite untersagt wurde (ebd., S. 25, 27).

2 André Steiner: *Von Plan zu Plan. Eine Wirtschaftsgeschichte der DDR*, Berlin 2007, S. 146 ff.

3 Vgl. Stefan Wolle: »Wir sind das Ärgernis. Warum der Unabhängige Historikerverband nach der Wende auch im Westen nichts werden konnte«, in: *Die Welt*, 27.9.2000 (online).

4 *Der Spiegel* 10/1991 (»Gauck feuert Kritiker«).

5 Stefan Wolle: *Aufbruch in die Stagnation. Die DDR in den Sechzigerjahren*, Bonn 2005, S. 59.

6 Ebd., S. 99.

7 Ders.: *Aufbruch nach Utopia. Alltag und Herrschaft in der DDR 1961–1971*, S. 279.

8 So in dem Kapitel »The End of Utopia« in Dolores L. Augustine: *Red Prometheus. Engineering and Dictatorship in East Germany 1945–1990*, Cambridge, Mass. 2007, S. 247 f.

9　Einen Höhepunkt in den 1960er Jahren erkennt Christoph Kleßmann: *Arbeiter im »Arbeiterstaat« DDR. Deutsche Traditionen, sowjetisches Modell, westdeutsches Magnetfeld (1945 bis 1971)*, Bonn 2007, S. 564 ff.; ähnlich Martin Sabrow: »Zukunftspathos als Legitimitätsressource. Zu Charakter und Wandel des Fortschrittsparadigmas in der DDR«, in: Hans Gerhard Haupt / Jörg Requate (Hrsg.): *Aufbruch in die Zukunft. Die 1960er Jahre zwischen Planungseuphorie und kulturellem Wandel: DDR, CSSR und Bundesrepublik Deutschland im Vergleich*, Weilerswist 2004, vor allem S. 178 ff. Dagegen Rainer Gries: »›… und der Zukunft zugewandt‹ Oder: Wie der DDR das Jahr 2000 abhanden kam«, in: Enno Bünz u. a. (Hrsg.): *Der Tag X in der Geschichte. Erwartungen und Enttäuschungen seit tausend Jahren*, Stuttgart 1997, S. 309–333. Ebd., S. 332: »Der Befund scheint eindeutig: Schritt für Schritt, Jahrzehnt um Jahrzehnt verliert die große Zukunftserwartung kontinuierlich und folgerichtig an propagandistischem und damit an politischem Terrain.«

10　Vgl. den Internet-Artikel von Christian Schröder (ohne Zeitangabe): »Das Mosaik am Haus der Ministerien« (www.schnitzler-aachen.de/Sammlungen/DDR/Mosaik/HausDerMinisterien.htm).

11　Das erlebte zu jener Zeit der mit mir befreundete Hans Prüfer, später Richter in Westberlin, als Schüler in Ostberlin von einem Schulrat.

12　Hinweis von Christian Möller.

13　Wolle: *Aufbruch nach Utopia*, S. 179.

14　ZK der SED (Hrsg.): *Chemie gibt Brot – Wohlstand – Schönheit*, Berlin o. J.

15　Wolle: *Aufbruch in die Stagnation*, S. 68.

16　Wolfram Pohl: »Chemie heißt das große Zauberwort«, in: *Zeit online*, 26.6.1964. Über die Bedeutung der Chemie für die Beziehung der DDR zur Sowjetunion: »Das Zauberwort Chemie bindet beide stärker als bisher aneinander.«

17　Pohl über deren mutmaßliche konkrete Bedeutung: »Brot, das heißt Düngemittel und Schädlingsbekämpfungsmittel, Wohlstand soll wohl den weiten Bereich der Verwendung von Kunststoffen und Chemiefasern andeuten, Schönheit schließlich als Symbol für Pharmazie und Kosmetik.«

18　Veronika Siedt: »Die Entwicklung der Chemiefaserproduktion der DDR von 1958 bis 1980«, in: *Jahrbuch für Wirtschaftsgeschichte, Sonderband 1988: Industriezweige in der DDR 1945 bis 1985*, Berlin 1988, S. 200.

19　Ebd., S. 197.

20　Mitt. auf archivalischer Grundlage von Christian Möller, der zur Geschichte der Umweltpolitik der DDR forscht. Ihm verdanke ich wesentliche Anregungen zu diesem Kapitel.

21　Carlo Jordan / Michael Kloth (Hrsg.): *ARCHE NOVA. Opposition in der DDR – Das »Grün-ökologische Netzwerk Arche« 1988–90*, Berlin 1995. Die ebd., S. 184, enthaltene Behauptung, die Bitterfelder selbst hätten die Bitterkeit ihrer Realität erst wahrgenommen, als sie diese durch »*Bitteres aus Bitterfeld* via West-Fernsehen in die heimischen Wohnzimmer geliefert bekamen«, hält Christian Möller jedoch mit Blick auf die Fülle an Umweltklagen in den Eingaben an Staatsstellen nicht für glaubwürdig. Auch der in der DDR aufgewachsene Alexander Amber-

ger (an den Verf., 2.3.2016) findet die Behauptung »charmant, aber fragwürdig.«
»Wenn ich mich an meine Kindheit erinnere, so war die Luftverschmutzung bei
den Erwachsenen immer ein Gesprächsthema, und Bitterfeld galt als dreckigste
Stadt Deutschlands.« Der Roman *Flugasche* von Monika Maron (1981), der von
dem Kampf einer Journalistin gegen ein gesundheitsschädigendes Braunkohle-
kraftwerk in der Stadt »B.« handelt – einem (welch eine Utopie!) am Ende erfolgreichen Kampf –, konnte nur im Westen erscheinen.

22 So der DDR-Ökonom Hermann v. Berg nach seiner Emigration in den Westen:
    Der Spiegel, 26.5.1986, S. 161 f.; ähnlich schon in dem Artikel »Schuss im Büro«
    am 15.12.1965: »gerade unter den jungen DDR-Bürgern galt Apel als Vertreter
    jenes fortschrittlichen Funktionärstyps, dem Sachlichkeit mehr bedeutet als
    einfallsloser Dogmatismus und der Ideen nicht allein schon deshalb für des Teu-
    fels hält, weil sie aus dem Westen kommen.« Apel hatte vor 1945 in Peenemün-
    de in der Raketenforschung gearbeitet. Gunnar Decker: *1965 – Der kurze Som-
    mer der DDR*, München 2015, beginnt mit dem »mysteriösen Ende« Erich Apels;
    allerdings kommt Apel in der darauf folgenden Darstellung kaum mehr vor: Ob
    er tatsächlich eine Alternative zum System Ulbricht verkörperte, bleibt fraglich.

23 ZK der SED (Hrsg.): *Chemie gibt Brot – Wohlstand – Schönheit*, S. 130.

24 Radkau: *Aufstieg und Krise der deutschen Atomwirtschaft*, S. 24 f.

25 Albrecht Weisker: »Systemwettstreit oder Konvergenz durch Sachzwänge? Die
    Ausbaupläne der Kernenergie in der Bundesrepublik und der DDR in den 1960er
    Jahren«, in: Haupt/Requate (Hrsg.). *Aufbruch in die Zukunft*, S. 197 f.

26 Radkau/Hahn: *Aufstieg und Fall der deutschen Atomwirtschaft*, S. 311 ff., auf
    der Grundlage der Dissertation von Mike Reichert: *Kernenergiewirtschaft in der
    DDR – Entwicklungsbedingungen, konzeptioneller Anspruch und Realisierungs-
    grad (1955–1990)*, St. Katharinen 1999.

27 Vgl. Maxie Wander: »Guten Morgen, du Schöne.« *Frauen in der DDR*, Darmstadt
    1978, S. 54.

28 Steffen Werner: *Kybernetik statt Marx? Politische Ökonomie und marxistische
    Philosophie in der DDR unter dem Einfluss der elektronischen Datenverarbeitung*,
    Bonn 1977; Rez. von Detlef Herrmann in der *FAZ* vom 3.6.1978.

29 Wolle: *Aufbruch in die Stagnation*, S. 71.

30 André Steiner: *Von Plan zu Plan. Eine Wirtschaftsgeschichte der DDR*, Berlin
    2007, S. 161.

31 *Der Spiegel* 31/1967 (24.7.1967).

32 Wolle: *Aufbruch in die Stagnation*, S. 59.

33 Jérôme Segal: »Die Einführung der Kybernetik in der DDR. Begegnung mit der
    marxistischen Ideologie« (jerome-segal.de/Publis/Kyb-DDR.htm), S. 13. Der
    DDR-Wirtschaftshistoriker Jörg Roesler (an den Verf., 13.1.2015) bedauert aus
    der Rückschau, »wie viel Porzellan da Anfang der 70er Jahre in kürzester Zeit
    durch Auflösung von auf die Zukunft ausgerichteten Forschungsgruppen, In-
    stituten usw. zerschlagen wurde«. Und das noch vor der Erkenntnis, »dass
    das kapitalistische System im Westen mit der digitalen Revolution fertig werden
    könnte«, der Fortschritt der Computerisierung also keineswegs für die zentra-

le Planwirtschaft arbeite! Vgl. dazu aus eigener Erfahrung Karlheinz Steinmüller: »Aufstieg und Niedergang der Prognostik. Zur Geschichte der Zukunftsforschung in der DDR«, in: *Zeitschrift für Zukunftsforschung* 2/2014.

34 Dazu Wolle: *Aufbruch nach Utopia*, S. 229 ff.

35 Jens Hüttmann: »So sah die DDR im Jahr 2000 einmal aus. Mutmaßungen über die Zukunft der SED-Diktatur in der Bundesrepublik vor 1989«, in: Susanne Mühle u. a. (Hrsg.): *Die DDR im Blick. Ein zeithistorisches Lesebuch*, Berlin 2008, S. 225.

36 Das erfuhr ich Anfang 2008 im Stasi-Archiv an der Berliner Normannenstraße von Christian Halbrock.

37 Egon Krenz: *Wenn Mauern fallen*, Wien 1990, S. 55; Radkau: *Revoltierten die Produktivkräfte gegen den real existierenden Sozialismus?* S. 19 f. Damals stieß ich in Gesprächen mit Technikwissenschaftlern der DDR darauf, dass diese Ulbricht anders als Honecker in guter Erinnerung hatten!

38 Peter Przybylski: *Tatort Politbüro. Die Akte Honecker*, Berlin 1991, S. 106.

39 Ernst Richert: *Die DDR-Elite oder Unsere Partner von morgen?* Reinbek 1968, S. 58 ff.

40 Radkau: *Technik in Deutschland*, S. 399.

41 Klaus Steinitz/Dieter Walter: *Prognostische Arbeit in der DDR. Erfahrungen für eine künftige sozialistische Transformation*, Berlin 2014 (= *Pankower Vorträge* 191), S. 25 f.

42 Karlheinz Steinmüller: »Aufstieg und Niedergang der Prognostik. Zur Geschichte der Zukunftsforschung in der DDR«, in: *Zeitschrift für Zukunftsforschung* 2/2014.

43 Vgl. auch den ins Internet (H / Soz / Kult) gestellten Bericht von Frieder Günther über eine Berliner Tagung am 12. und 13.11.2015 zur Planung in Ost und West in den 1960er Jahren und danach: Die Gleichzeitigkeit der Hochkonjunktur einer auf Prognostik gestützten Planung in der Bundesrepublik und der DDR sei zwar frappant, jedoch könne in diesem Kontext »kaum von einem direkten deutsch-deutschen Ideentransfer gesprochen werden«. Also Synchronie ohne Konvergenz!

44 In seiner ausführlichen Abhandlung »Die Zukunft der DDR« in der *Zeit* vom 10.10.1969 stellt Ludz zwar die DDR-Entwicklung seit dem »NÖSPl« von 1963 insgesamt als Erfolgsgeschichte dar: Die damals eingeleiteten Reformen hätten sich »vielfach bewährt«, und die »sozioökonomische Konsolidierung der DDR« sei seither »kontinuierlich fortgeschritten«. Doch spätestens seit 1968 habe sich »immer deutlicher gezeigt«, dass diese Reformen »nicht notwendig mit liberalen Tendenzen im politischen Raum verbunden« seien.

45 Peter Christian Ludz: *Deutschlands doppelte Zukunft. Bundesrepublik und DDR in der Welt von morgen*, S. 88 f.

46 Wolle: *Aufbruch nach Utopia*, S. 231. Dazu Kleßmann: *Arbeiter im »Arbeiterstaat« DDR*, S. 566: »Ludz' Diagnose und seine Folgerungen sind nach dem Ende der DDR heftig kritisiert worden, im Kern ist dieser Befund jedoch nach wie vor richtig, auch wenn die daraus abgeleiteten Prognosen falsch waren.«

47 Karl Wolfgang Deutsch im Nachruf: *Peter Christian Ludz 1931–1979*, o.O. u J., S. 23 f.

48 Wolle: *Aufbruch nach Utopia*, S. 226 f.; dabei lautet die Überschrift auf S. 225: »Wandel ohne Annäherung«. In einem Gespräch mit mir am 7.5.1990 zeigte Bahr sich gleichwohl von den Entwicklungen in der in Auflösung befindlichen DDR nicht weniger überrollt als die meisten anderen!

49 Dazu Sabrow: *Zukunftspathos als Legitimationsressource*, S. 168 f.

50 Thomas Topfstedt: *Städtebau in der DDR 1955–1971* (Seemann-Beiträge zur Kunstwissenschaft), Leipzig 1988, S. 56.

51 Das klagte man mir dort, als ich 1990 an einer Tagung im Bauhaus teilnahm. Mitten in der Nacht wurde ein Tagungsteilnehmer, dessen Zimmer unter dem Flachdach lag, in ein leeres Bett in meinem Zimmer verlegt, da es in Strömen regnete und er nass geworden war!

52 Topfstedt: *Städtebau in der DDR*, S. 66 f.

53 Wolle: *Aufbruch nach Utopia*, S. 173.

54 Jeanette Otto: »Ungeliebtes Wahrzeichen. Der Turmbau zu Jena und seine Geschichte«, in: *Die Zeit* 17/1999 (22.4.1999).

55 Topfstedt: *Städtebau in der DDR*, S. 169.

56 Ebd., S. 67 f.

57 Gries: »... und der Zukunft zugewandt«, S. 326.

58 Alexander Amberger: *Bahro – Harich – Havemann. Marxistische Systemkritik und politische Utopie in der DDR*, Paderborn 2014, S. 29.

59 Gerhard Kosel: *Unternehmen Wissenschaft. Erinnerungen*, Berlin 1989.

60 Ebd., S. 180; Radkau: *Technik in Deutschland*, S. 384.

61 Topfstedt: *Städtebau in der DDR*, S. 36.

62 Kosel: *Unternehmen Wissenschaft*, S. 9 f., 294.

63 Ebd., S. 313 ff.

64 Radkau: *Revoltierten die Produktivkräfte gegen den real existierenden Sozialismus?* S. 41 f.

65 Titel eines Aufsatzes von Christian Möller, dem dieses Unterkapitel das meiste verdankt: »Der Traum vom ewigen Kreislauf. Abprodukte, Sekundärrohstoffe und Stoffkreisläufe im ›Abfall-Regime‹ der DDR (1945–1990)«, in: *Technikgeschichte* 81 (2014), H. 1, S. 61–89.

66 Hans-Edwin Friedrich: »›One Hundred Years from this Day ...‹ Zur Semantik der Zukunft in den 1960er Jahren. Science-Fiction in der Bundesrepublik Deutschland und Wissenschaftliche Phantastik der DDR«, in: Haupt/Requate (Hrsg.): *Aufbruch in die Zukunft*, S. 159.

67 Franz Rottensteiner im Vorwort zu ders. (Hrsg.): *Die andere Zukunft. Phantastische Erzählungen aus der DDR*, Frankfurt 1982, S. 9.

68 Jürgen Kuczynski: *Fortgesetzter Dialog mit meinem Urenkel. Fünfzig Fragen an einen unverbesserlichen Urgroßvater*, Berlin 1996, S. 138. In Stefan Wolles *Heiler Welt der Diktatur* kommt Kuczynski gleichwohl nur sporadisch vor; aus seiner Sicht handelt es sich bei der Aufregung, die der *Dialog mit meinem Urenkel* in seiner Erstfassung von 1983 erregte, »wohl eher um ein Fliegenhusten« (ebd.,

S. 426). Immerhin versicherte mir damals ein DDR-Historiker neidisch, einzig Kuczynski könne sich in der DDR ein derartiges Buch leisten!

69 Jürgen Kuczynski: *Vier Revolutionen der Produktivkräfte. Theorie und Vergleiche*, (Ost-)Berlin 1975, S. 110.

70 Ders.: *Dialog mit meinem Urenkel. Neunzehn Briefe und ein Tagebuch. Ungekürzte und unzensierte Originalfassung*, Berlin 2000, S. 282.

71 Radkau: *Technik in Deutschland*, S. 403.

72 Wolfgang Engler: *Die Ostdeutschen. Kunde von einem verlorenen Land*, Berlin 1999, S. 145.

73 Radkau: *Revoltierten die Produktivkräfte gegen den real existierenden Sozialismus?* S. 15.

74 Jürgen Kuczynski: *60 Jahre Konjunkturforscher. Erinnerungen und Erfahrungen*, Berlin 1984 (= *Jahrbuch für Wirtschaftsgeschichte*, Sonderband), S. 202.

75 Mitt. von Christian Möller, der den Eingaben aus der Bevölkerung an Regierungsorgane besondere Aufmerksamkeit widmete.

76 Das ist eine Entdeckung Christian Möllers bei seinen Recherchen zur Umweltpolitik der DDR.

77 Reimar Gilsenbach: »Wohin gehst du, Naturschutz? 3. Teil«, in: *Natur und Heimat* 10 (1961), H. 7, S. 352. Ich danke Christian Möller für diesen Hinweis.

78 Christian Möller: »Zwischen Gestaltungseuphorie, Versagen und Ohnmacht: Umwelt, Staat und volkseigene Wirtschaft in der DDR«, in: *Zeitschrift für Unternehmensgeschichte*, 60. Jg., Nr. 2/2015, S. 147 f.

79 Radkau: *Die Ära der Ökologie*, S. 522.

80 Das hob Christian Möller in Gesprächen mit mir immer wieder hervor.

81 Christian Möller: *Der Traum vom ewigen Kreislauf*, S. 79, 81.

82 Radkau: *Die Ära der Ökologie*, S. 523.

83 Ich danke Christian Möller für den Hinweis. Für das Schulbuch zeichnete ein Autorenkollektiv unter der Leitung von Erich Zabel.

84 Stefan Wolle (*Die heile Welt der Diktatur*, S. 295) widmet der »Abfallentsorgung« lediglich eine halbe Seite und nimmt sie als ein Stück Umweltpolitik nicht ernst!

85 Möller: *Der Traum vom ewigen Kreislauf*, S. 75 f.

86 Radkau: *Technik in Deutschland*, S. 389.

87 Wolle: *Die heile Welt der Diktatur*, S. 268.

88 Möller: *Zwischen Gestaltungseuphorie, Versagen und Ohnmacht*, S. 151 f.

89 Ders.: *Der Traum vom ewigen Kreislauf*, S. 63.

90 Christian Möller an den Verf., 22.2.2016. Ebd.: Im Falle der »Plaste« scheint das Recycling leidlich funktioniert zu haben, da es in den DDR-Haushalten davon nur wenige Sorten gab. »Bei der Wiederverwertung kam es dann vor allem darauf an, dass die Plaste möglichst sortenrein erfasst wurde«, was jedoch allem Anschein nach »relativ gut geklappt hat«.

91 Ders.: *Der Traum vom ewigen Kreislauf*, S. 64.

92 Dazu Radkau: *Revoltierten die Produktivkräfte gegen den real existierenden Sozialismus?* S. 32 f.

93 Stefan Wolle an den Verf., 12.1.2015: »Grundsätzlich lag das Problem für den

Staatssozialismus à la DDR darin, dass es nie gelungen war, eine zivilisatorische Alternative zum Kapitalismus zu entwickeln. Gerade auf der Strecke, auf der die Marktwirtschaft unschlagbar war, nämlich bei der Befriedigung der Konsumwünsche, hat sich die DDR auf einen Wettlauf eingelassen, den sie verlieren musste.«

94 So im Gespräch mit meiner damaligen Kollegin Elisabeth Harder-Gersdorff und mir Anfang 1978 in Bielefeld.

95 Robert Havemann: *Morgen. Die Industriegesellschaft am Scheideweg – Kritik und reale Utopie*, München 1980

96 Radkau: *Die Ära der Ökologie*, S. 531 f.

97 Steinmüller: *Aufstieg und Niedergang der Prognostik*, S. 1.

98 Sabrow: *Zukunftspathos als Legitimationsressource*, S. 182 f.

99 Wolle: *Die heile Welt der Diktatur*, S. 329.

100 Gries: »... *und der Zukunft zugewandt*«, S. 324 f.

101 Wolle: *Aufbruch nach Utopia*, S. 418. Zweifelnd dazu Christoph Kleßmann, ein Experte für DDR-Geschichte: Diese These sei »steil«; aber lasse sie sich »empirisch unterfüttern«?

9

VON »NO FUTURE« ZU »OUR COMMON FUTURE«

1 *Zukünftige Kernenergie-Politik. Kriterien – Möglichkeiten – Empfehlungen. Bericht der Enquete-Kommission des deutschen Bundestages*, Bonn 1980 (= *Zur Sache* 1/80 und 2/80). Dazu Joachim Radkau: »Die Kernkraft-Kontroverse im Spiegel der Literatur. Phasen und Dimensionen einer neuen Aufklärung«, in: Armin Hermann / Rolf Schumacher (Hrsg.): *Ende des Atomzeitalters? Eine sachlich-kritische Dokumentation*, München 1987, S. 321 ff.

2 Als Buchtitel erscheint das Schlagwort »Energiewende« erstmals in dem 1980 im Selbstverlag (1981 bei S. Fischer / Frankfurt) publizierten Buch der dem Öko-Institut angehörenden Florentin Krause, Hartmut Bessel und Karl-Friedrich Müller-Reißmann: *Energie-Wende. Wachstum und Wohlstand ohne Erdöl und Uran.* (Aber nicht ohne Kohle! J. R.) *Ein Alternativ-Bericht.*

3 Werner Abelshauser: *Deutsche Wirtschaftsgeschichte seit 1945*, München 2004, S. 421.

4 Werner Glastetter u. a.: *Die wirtschaftliche Entwicklung in der Bundesrepublik Deutschland 1950–1980. Befunde, Aspekte, Hintergründe*, Frankfurt 1983, S. 161.

5 Noelle-Neumann / Köcher (Hrsg.): *Allensbacher Jahrbuch der Demoskopie 1984–1992*, S. 405.

6 Horst Kern / Michael Schumann: *Das Ende der Arbeitsteilung? Rationalisierung in der industriellen Produktion*, München 1986, S. 329.

7 Abelshauser: *Deutsche Wirtschaftsgeschichte seit 1945*, S. 423.

8 Sven Reichardt: *Authentizität und Gemeinschaft. Linksalternatives Leben in den siebziger und frühen achtziger Jahren*, Berlin 2014, S. 13.

9 Ebd., S. 22.

10 Ebd., S. 807 ff.

11 Ebd., S. 156 ff., 470 ff., 818 ff. Vgl. die Rezension von Mathias Greffrath: »Politik in der ersten Person«, in: Die Zeit, 26.6.2014, S. 47. Greffrath an den Verf. über Reichardt, 15.6.2016: »er hat die verschiedenen Facetten der Bewegung nicht zusammengebracht/gedacht«.

12 Hans Prüfer, der als Richter am Prozess gegen jene Göttinger Studenten beteiligt war, die »klammheimliche Freude« an der Ermordung des Generalbundesanwalts Buback bekundet hatten, schreibt aus der Erinnerung über seinen Eindruck von den Angeklagten (an den Verf., 24.3.2016): »Sie hatten keine Zukunftshoffnung, aber Zukunftsangst, sahen das öffentliche Klima verdorben, die Meinungsfreiheit hinsichtlich sozialistischer Kritik eingeschränkt, während faschistisches Gedankengut ungehindert verbreitet werden könne.«

13 In einem Zusammenhang nur auf S. 408; vgl. außerdem S. 88.

14 Der Spiegel 7/1980 (»Exotische Lösung«); detaillierter in 36/1987 (»Die Deutschen sind irrsinnig geworden«).

15 Greil Marcus: Lipstick Traces. Von Dada bis Punk – kulturelle Avantgarden und ihre Wege aus dem 20. Jahrhundert, Hamburg 1992, S. 127.

16 Thomas Petersen an den Verf., 2.3.2016.

17 Der Spiegel 7/1981.

18 Hans-Ulrich Wehler: Deutsche Gesellschaftsgeschichte 1949–1990, München 2008, S. 250.

19 Vgl. die Diskussion dazu in Bahners/Cammann (Hrsg.): Bundesrepublik und DDR. Die Debatte um Hans-Ulrich Wehlers »Deutsche Gesellschaftsgeschichte«, S. 246–256; S. 251 f. Wirsching.

20 Andreas Wirsching: Abschied vom Provisorium. Geschichte der Bundesrepublik Deutschland 1982–1990, München 2006, S. 83.

21 So wie ich es seinerzeit tat; vgl. Joachim Radkau: »Historische Argumente in der Kontroverse um den NATO-Doppelbeschluss. Fragen bei der Durchsicht neuerer Veröffentlichungen zur Rüstungspolitik«, in: Geschichte in Wissenschaft und Unterricht, Jg. 33, H. 6 (Juni 1982), S. 356–379.

22 Die Zeit, 26.10.1979.

23 Hans-Peter Schwarz: Helmut Kohl. Eine politische Biographie, München 2012, S. 383.

24 Thomas Petersen an den Verf., 2.3.2016: Schon 1970 hatte Allensbach für den World Wildlife Fund (WWF) eine Umfrage vorgenommen, mit welchen Argumenten man Menschen dazu bringen könne, für Umweltorganisationen Geld zu spenden. Der Aufruf »Wald in Gefahr!« machte 50 Prozent der Befragten spendenbereit, »Singvögel in Gefahr!« sogar 59 Prozent. Die Sorge um die Singvögel hatte Rachel Carsons Silent Spring (1962) angesprochen, der zur Bibel des amerikanischen environmentalism wurde!

25 Radkau: Holz (2012), S. 180.

26 Hans Biebelriether: »Schutzwald – wogegen oder wofür?«, in: Horst Stern u.a. (Hrsg.): Rettet den Wald, München 1979, S. 345.

27 Thomas Petersen (an den Verf., 2.3.2016) gewinnt aus dem Allensbach-Archiv den Eindruck, dass das Umwelt-Thema »in den 8oer Jahren erst richtig Fahrt aufnahm«. »Unser Fragearchiv hat unzählige Fragen zum Thema Umweltschutz aus den 8oer Jahren und nur sehr wenige aus den Jahren davor.«

28 Radkau: *Die Ära der Ökologie*, S. 238.

29 Ders.: *Holz* (2012), S. 264 ff.

30 Rudi Holzberger: *Das sogenannte Waldsterben. Zur Karriere eines Klischees: Das Thema Wald im journalistischen Diskurs*, Bergatreute 1995.

31 Ebd., S. 70 f.

32 Ebd., S. 237.

33 Ebd., S. 239.

34 Ebd., S. 55–81.

35 Ebd., S. 210.

36 Radkau/Hahn: *Aufstieg und Fall der deutschen Atomwirtschaft*, S. 288–311.

37 Radkau: *Die Ära der Ökologie*, S. 198 ff.

38 Ebd., S. 488 ff.

39 *Der Spiegel*, 29.5.1989, S. 83.

40 Hans Jonas: *Das Prinzip Verantwortung. Versuch einer Ethik für die technologische Zivilisation*, Frankfurt 1979, S. 245.

41 Ebd., S. 383.

42 Dietrich Böhler: »Hans Jonas – Stationen, Einsichten und Herausforderungen eines Denkerlebens«, in: ders. (Hrsg.): *Ethik für die Zukunft. Im Diskurs mit Hans Jonas*, München 1994, S. 55.

43 Ebd., S. 60.

44 Jonas: *Das Prinzip Verantwortung*, S. 385.

45 Ebd., S. 85; ähnlich das Kapitel auf S. 234 ff.: »Das elementare ›Soll‹ im ›Ist‹ des Neugeborenen«.

46 Ebd., S. 337.

47 Radkau: *Aufstieg und Krise der deutschen Atomwirtschaft*, S. 69 f.

48 Marieluise Beck-Oberdorf/Elke Kiltz: »Dogmatismus macht nicht stark. Warum die Grünen das Frauenthema an die Etablierten verlieren«, in: Ralf Fücks (Hrsg.): *Sind die Grünen noch zu retten?* Reinbek 1991, S. 84 ff., S. 86: Je mehr diese Kontroverse in der Partei der Grünen »an Schärfe und Bösartigkeit zunahm, desto heftiger wurden auch die Konflikte unter den Frauen. … Der Aufstand der Mütter war eine berechtigte Reaktion.«

49 Cristina Perincioli: *Die Frauen von Harrisburg oder Wir lassen uns unsere Angst nicht ausreden*, Reinbek 1980.

50 Claudia v. Werlhof: »Wir werden das Leben unserer Kinder nicht dem Fortschritt opfern«, in: dies. u.a.: *Tschernobyl hat unser Leben verändert. Vom Ausstieg der Frauen*, Reinbek 1986, S. 8.

51 Noelle-Neumann/Köcher (Hrsg.): *Allensbacher Jahrbuch der Demoskopie 1984–1992*, S. 919.

52 Besonders bekannt ist das Buch von Swetlana Alexejewitsch: *Tschernobyl – eine Chronik der Zukunft*, Berlin 1997, das im gleichen Jahr wie die russische Aus-

gabe auf Deutsch erschien und 2013 den Friedenspreis des deutschen Buchhandels bekam.

53 Radkau/Hahn: *Aufstieg und Fall der deutschen Atomwirtschaft*, S. 321 f.

54 Ebd., S. 67 ff. Oder hat der Fusionsreaktor nach neuesten Entwicklungen etwa doch eine Zukunft? Verblüfft finde ich ausgerechnet in einem neuen *greenpeace magazin* (4.16, S. 64–72) einen beschwingt-erwartungsvollen Beitrag über die Fusion (Lev Grossmann: »Im Westen geht die Sonne auf«) mit Zwischentiteln wie: »Die ›Asche‹ der Fusion ist Helium. Damit können wir die Ballons für eine Riesenparty füllen, falls die Sache jemals funktioniert.«

55 Radkau: *Die Ära der Ökologie*, S. 596.

56 *Unsere gemeinsame Zukunft. Bericht der Weltkommission für Umwelt und Entwicklung*, Berlin (DDR) 1988, S. 76: Zitat von Richard Sandbrock vom Internationalen Institut für Umwelt und Entwicklung (im englischen Original *Our Common Future*, S. 64).

57 *Our Common Future*, S. 43.

58 *Unsere gemeinsame Zukunft*, S. 190.

59 Ebd., S. 196.

60 Ebd., S. 179.

61 Ebd., S. 194, Zitat von Rutger Engelhard aus einem öffentlichen Hearing in Nairobi.

62 Ebd., S. 31.

63 Ebd., S. 180.

64 Frank Uekötter: »Ein Haus auf schwankendem Boden: Überlegungen zur Begriffsgeschichte der Nachhaltigkeit«, in: *Aus Politik und Zeitgeschichte*, 64. Jg., 31–32/2014, S. 13.

65 BUND/Misereor (Hrsg.): *Zukunftsfähiges Deutschland. Ein Beitrag zu einer global nachhaltigen Entwicklung. Studie des Wuppertal Instituts für Klima, Umwelt, Energie*, Basel 1996.

66 BUND, eed (Evangelischer Entwicklungsdienst) und Brot für die Welt (Hrsg.): *Zukunftsfähiges Deutschland in einer globalisierten Welt. Ein Anstoß zur gesellschaftlichen Debatte. Eine Studie des Wuppertal Instituts für Klima, Umwelt, Energie*, Frankfurt 2008.

67 Zit. n. Andreas Wirsching: *Abschied vom Provisorium. Geschichte der Bundesrepublik Deutschland 1982–1990*, S. 430.

68 Martin Jänicke: *Vor uns die goldenen neunziger Jahre? Langzeitprognosen auf dem Prüfstand*, München 1985, S. 7.

69 Wirsching: *Abschied vom Provisorium*, S. 433, 434.

70 Jürgen Habermas: *Die Neue Unübersichtlichkeit*, Frankfurt 1985, S. 143.

71 Ebd., S. 145.

72 Ebd.

73 Ebd., S. 157.

74 Ebd., S. 161.

75 Gabriele Metzler: »›Ein deutscher Weg‹ – Die Liberalisierung der Telekommunikation in der Bundesrepublik und die Grenzen politischer Reformen in den

1980er Jahren«, in: *Archiv für Sozialgeschichte* 52/2012 (Rahmenthema: Wandel des Politischen: Die Bundesrepublik Deutschland während der 1980er Jahre), S. 179, 190.

76 Vgl. Radkau: *Technik in Deutschland*, S. 373.

77 Bruce Nussbaum: *Das Ende unserer Zukunft*, München 1984, S. 101.

78 In meinem Exemplar des Buches, das ich mir 1987 kaufte, als ich an *Technik in Deutschland* arbeitete, finde ich die nach dem Kauf eingetragene Begründung: »Wieder so ein abscheuliches Buch, das ich vielleicht für Stilblüten gebrauchen kann!«

79 Konrad Seitz: *Die japanisch-amerikanische Herausforderung. Deutschlands Hochtechnologie-Industrien kämpfen ums Überleben*, 4. Aufl. Bonn 1992 (zuerst 1990), S. 348 f.

80 Walter Laqueur: *Was ist los mit den Deutschen?* Frankfurt 1985, S. 10.

81 Ebd., S. 21.

82 Ebd., S. 123 (Beginn des Kapitels »Die unglücklichen Intellektuellen oder *fin de siècle* nach deutscher Art«).

83 Ebd., S. 166.

84 Ebd., S. 95.

85 Ebd., S. 175 ff.

86 Ebd., S. 180 ff.

87 Ebd., S. 213.

88 Ebd., S. 263.

89 Ebd., S. 262.

90 Ossip K. Flechtheim: *Ist die Zukunft noch zu retten?* Hamburg 1987, hier nach der TB-Ausgabe München 1990, S. 28, 12.

91 Ebd., S. 9.

92 Ebd., S. 180 ff.

93 Ebd., S. 183 ff.

94 Ebd., S. 187.

95 Ebd., S. 212.

96 Ebd.

97 Martin Jänicke (Hrsg.): *Vor uns die goldenen neunziger Jahre? Langzeitprognosen auf dem Prüfstand*, München 1985, S. 9.

98 Klaus-Dieter Schmidt: »Wachstumsperspektiven der Industrieländer«, in: ebd., S. 153.

99 Ebd., S. 154.

100 Ebd., S. 159.

101 Martin Jänicke: »Langfristige Wachstumsperspektiven der westlichen Industrieländer«, in: ebd., S. 19.

102 Peter Hofer: »Langfristige Wachstumsperspektiven für die Bundesrepublik Deutschland«, in: ebd., S. 142, 143.

103 Das bekam ich zu spüren, als ich 1987 eine Exkursion in die DDR organisierte: Obwohl dies die erste Exkursion der Universität Bielefeld in das andere Deutschland war und meine Exkursionen bis dahin populär gewesen waren,

bekam ich nur mit Mühe das notwendige Minimum an Teilnehmern zusammen!

104 Schmidt: *Wachstumsperspektiven der Industrieländer*, S. 156.

105 Christopher Kopper: »Der langsame Abschied von der Deutschland AG? Die deutschen Banken und die Europäisierung des Kapitalmarkts in den 1980er Jahren«, in: *Archiv für Sozialgeschichte* 52/2012, S. 91–110. Werner Abelshauser datiert die Abkehr von der »Deutschland AG« erst auf die 1990er Jahre; Kopper dagegen – dessen Vater Hilmar Kopper an der Spitze der Deutschen Bank als letzter Chef der »Deutschland AG« gegolten hatte! – erkennt diese Abkehr bereits in der Zeit davor.

106 Noelle-Neumann/Köcher (Hrsg.): *Allensbacher Jahrbuch der Demoskopie 1984–1992*, S. 1020.

107 Ebd., S. 406.

108 Dirk van Laak: »Der Tag X. Vorbereitungen für die deutsche Wiedervereinigung vor 1989«, in: Enno Bünz u. a. (Hrsg.): *Der Tag X in der Geschichte. Erwartungen und Enttäuschungen seit tausend Jahren*, Stuttgart 1997, S. 282.

109 Thomas Petersen: *17. Juni, der »Wartesaal der Geschichte« und die Schatten der Diktatur*, Mskr., ca. 2010, dem Verf. mit Schreiben vom 2.3.2016 zugesandt.

110 Als ich im Vorfeld der Wiedervereinigung einem DDR-Jugendlichen bekannte, an etwas Derartiges hätte ich nicht gedacht, erwiderte er vorwurfsvoll: »Wir haben immer daran gedacht.«

111 Armin Mitter/Stefan Wolle (Hrsg.): *»Ich liebe euch doch alle!« Befehle und Lageberichte des MfS Januar–November 1989*, Berlin 1990, S. 125.

112 Rathgeb: *Deutschland kontrovers*, S. 345.

113 So von dem Historiker Imanuel Geiss, SPD-Mitglied seit 1955; ders.: *Zukunft als Geschichte*, Stuttgart 1998, S. 47 (»platte Anbiederung an den Kommunismus«).

114 Wirsching: *Abschied vom Provisorium*, S. 619.

115 So im Gespräch mit dem Verf. am 24.6.2014.

116 Nach dem Redetext, den Eppler mir mit Schreiben vom 1.8.2014 zusandte.

117 Milan Horáček: »Die Mauer im Kopf. Grüne und Osteuropa«, in: Fücks (Hrsg.): *Sind die Grünen noch zu retten?* S. 104.

118 Ralf Fücks: »Ökologie und Bürgerrechte. Plädoyer für eine neue Allianz«, in: ebd., S. 33.

119 Merseburger: *Willy Brandt*, S. 828. Bei einem Gespräch, das ich aus anderem Grund am 7.5.1990 mit Bahr führte, fragte ich ihn, wieso er und seine Kreise keine Initiative zur Steuerung der chaotischen Geschehnisse in der DDR ergriffen. Darauf bekannte er, man sei vom Gang der Dinge überrollt worden.

120 Wirsching: *Abschied vom Provisorium*, S. 618.

121 Merseburger: *Willy Brandt*, S. 844.

122 Ebd., S. 836.

123 Willy Brandt: *Erinnerungen*, Frankfurt 1989, S. 156 f.

124 Ronald J. Granieri: »Franz Josef Strauß and the End of the Cold War«, in: Frédéric Bozo u. a. (Hrsg.): *Visions of the End of the Cold War in Europe, 1945–1990*, New York 2012, S. 111.

125 Schwarz: *Helmut Kohl*, S. 462.

126 Ebd., S. 510.

127 Ebd., S. 556.

128 Hermann von Berg/Franz Löser/Wolfgang Seifert: *Die DDR auf dem Weg in das Jahr 2000. Politik, Ökonomie, Ideologie. Plädoyer für eine demokratische Er-neuerung*, Düsseldorf 1987.

129 Ebd., S. 87–90.

130 Ebd., S. 187. Jens Hüttmann findet es aus der Rückschau phänomenal, dass die Autoren trotz aller Gegenargumente von einem Fortbestand der DDR aus-gehen. Ders.: »So sah die DDR im Jahr 2000 einmal aus. Mutmaßungen über die Zukunft der SED-Diktatur in der Bundesrepublik vor 1989«, in: Susanne Mühle u.a. (Hrsg.): *Die DDR im Blick. Ein zeithistorisches Lesebuch*, Berlin 2008, S. 226.

131 Hansjörg Herr/Andreas Westphal: »Konsequenzen ökonomischer Integration. Entwicklungsperspektiven der DDR als Region und als eigenständiger Staat im Vergleich«, in: Michael Heine u.a. (Hrsg.): *Die Zukunft der DDR-Wirtschaft*, Reinbek 1990, S. 165.

132 Vgl. dazu Frédéric Bozo: »Mitterrand's Vision and the End of the Cold War«, in: ders. u.a. (Hrsg.): *Visions of the End of the Cold War in Europe*, S. 290.

133 So am 24.10.1992 im Gespräch mit dem Verf.

134 Als Schreckbeispiel berichtete er mir, dass eine ganze Reihe seiner Studenten es in einem Text nicht fertiggebracht habe, Luther, Napoleon und Hitler in die rich-tige chronologische Reihenfolge zu ordnen!

135 Imanuel Geiss: *Der Hysterikerstreit. Ein unpolemischer Essay*, Bonn 1992. Natür-lich ist das Buch durch und durch polemisch!

136 Imanuel Geiss: *Zukunft als Geschichte. Historisch-politische Analysen und Pro-gnosen zum Untergang des Sowjetkommunismus, 1980–1991*, Stuttgart 1998, S. 162

137 Ebd., S. 207.

138 Ebd., S. 204.

139 Ebd., S. 300.

140 Ebd., S. 305.

10
VOM »KRANKEN MANN EUROPAS«
ZUM ERNEUTEN EXPORTWELTMEISTER

1 Malte Lehming: »Blühende Landschaften in Ostdeutschland – Helmut Kohl hat-te Recht«, in: *Der Tagesspiegel*, 19.8.2014; »Deutsche zieht es in den Osten« in: *Süddeutsche Zeitung*, 17.11.2013.

2 Andreas Rödder (*21.0 – Eine kurze Geschichte der Gegenwart*, München 2015, S. 202 f.) geht davon aus, Kohl habe an die kommenden »blühenden Landschaf-ten« tatsächlich geglaubt, und er habe mit dieser Zuversicht damals nicht allein gestanden. S. 205: »Der Aufbau- und Konvergenzprozess in den neuen Ländern

verlief viel langsamer, mühsamer und begrenzter, als 1990 erwartet.« Gerhard
A. Ritter (*Der Preis der deutschen Einheit. Die Wiedervereinigung und die Krise des
Sozialstaats*, München 2006, S. 64) anerkennt zwar bei der Bonner Regierung
»ein flexibles, instinktsicheres Reagieren auf die sich ständig wandelnden Verhältnisse«, getragen jedoch von einem trügerischen Optimismus (S. 402): »Das
deutsche Modell des sozialverträglichen Strukturwandels durch enge Zusammenarbeit der Sozialpartner im Rahmen staatlicher Gesetze scheiterte an der
zunächst unterschätzten gewaltigen Aufgabe des Strukturwandels im Osten.«

3 Christopher Kopper zum Verf., 24.3.2016.

4 Werner Abelshauser: »Die Idee des ›zweiten Wirtschaftswunders‹ und der Preis
der Wiedervereinigung« (Vortragsmanuskript, 2016, S. 10): »Hausgemacht
war der Zwang zur Verramschung der DDR-Industrie insoweit, als keine ›offene
Volkswirtschaft‹ eine Aufwertung ihrer Währung um 400 Prozent verkraften
kann.« Ebendies habe der Umstellungskurs von 1 : 1 bedeutet.

5 Noelle-Neumann/Köcher (Hrsg.): *Allensbacher Jahrbuch der Demoskopie 1984–
1992*, S. 456.

6 Schwarz: *Helmut Kohl*, S. 595.

7 Noelle-Neumann/Köcher (Hrsg.): *Allensbacher Jahrbuch der Demoskopie 1984–
1992*, S. 458.

8 Ebd., S. 481.

9 Ebd., S. 487.

10 Elisabeth Noelle-Neumann/Renate Köcher (Hrsg.): *Allensbacher Jahrbuch der
Demoskopie 1993–1997*, Allensbach u. a. 1997, S. 555.

11 Noelle-Neumann/Köcher (Hrsg.): *Allensbacher Jahrbuch der Demoskopie 1984–
1992*, S. 597.

12 Joachim Radkau: *Revoltierten die Produktivkräfte gegen den real existierenden Sozialismus?* S. 39.

13 Thomas Gorsboth an den Verf., 21.3.2016.

14 *Der Spiegel* 41/1997, S. 107 f.

15 So auf einer dreistündigen Waldwanderung mit mir am 4.3.2016.

16 Hermann Lübbe: *Abschied vom Superstaat. Vereinigte Staaten von Europa wird es
nicht geben*, Berlin 1994, S. 28.

17 Schwarz: *Helmut Kohl*, S. 936.

18 Ulrich Jürgens/Martin Krzywdzinski: »Zur Zukunftsfähigkeit des deutschen
Produktionsmodells«, in: Jürgen Kocka (Hrsg.): *Zukunftsfähigkeit Deutschlands.
Sozialwissenschaftliche Essays*, Berlin 2007, S. 182.

19 Christopher Kopper: »Der langsame Abschied von der Deutschland AG? Die
deutschen Banken und die Europäisierung des Kapitalmarkts in den 1980er Jahren«, in: *Archiv für Sozialgeschichte* 52/2012, S. 91. Ich danke Christopher Kopper
für viele anregende Gespräche im Umkreis dieser Thematik.

20 Vgl. Edgar Wolfrum: *Rot-Grün an der Macht. Deutschland 1998–2005*, München
2013, S. 523. Harald Welzer kritisiert in seiner Rezension des Buches (»Verwege-
nes Unterfangnis«, in: *Die Zeit*, 18.7.2013, S. 45), dass Wolfrum diese epochale
Maßnahme zu kursorisch und zu unkritisch behandele.

21 In der kurz vor dem Crash von 2008 herausgekommenen Neuausgabe meiner *Technik in Deutschland,* die »die unreflektierte Übernahme ›modischer‹
Technologien« kritisiert, bin ich dem Rezensenten Reinhard Löser zufolge
(»Technologien im Zeitgewand«, in: *Spektrum der Wissenschaft,* 30.12.2009)
»unbeabsichtigt zum Propheten der aktuellen Finanz- und Wirtschaftskrise«
»avanciert«.

22 Hans Eichel: »Dichtung und Wahrheit. Die Konservativen und Liberalen wollten Banken noch viel mehr helfen. Zur rot-grünen ›Deregulierung‹ der Finanz-
märkte«, in: *Süddeutsche Zeitung,* 31.8.2012.

23 *Der Spiegel,* 20.1.1992, S. 91.

24 Ebd., 9.3.1992, S. 143.

25 Andrew Gordon: *A Modern History of Japan – From Tokugawa Times to the Present,* 2. Aufl. New York 2009, S. 317 f.

26 In der Sprache der Luther-Bibel (Sprüche 29,18): »Wo keine Weissagung ist,
wird das Volk wild und wüst.«

27 Konrad Seitz: *Die japanisch-amerikanische Herausforderung. Deutschlands Hochtechnologie-Industrien kämpfen ums Überleben* (zuerst 1990), 4. Aufl. München
1992, S. 382.

28 Ebd., S. 380.

29 Radkau: *Technik in Deutschland,* S. 403.

30 *Wirtschaftswoche,* 3.7.1992, S. 34 f.: »Die Wettbewerbsforscher räumen mit beliebten Vorurteilen über den Chipmarkt auf: Ein japanisches Monopol gibt es
nicht.«

31 Bernhard Plettner: *Abenteuer Elektrotechnik. Siemens und die Entwicklung der
Elektrotechnik seit 1945,* München 1994, S. 138.

32 Seitz: *Die japanisch-amerikanische Herausforderung,* S. 14, 15.

33 Klaus Kemper: *Heinz Nixdorf – Eine deutsche Karriere,* Neuauflage Landsberg/
Lech 2001, erschien zuerst in Nixdorfs Todesjahr 1986 und schließt mit einem
Kapitel »Gerüstet für die Zukunft«, auch wenn es Hinweise auf die Schwachstel-
len der Nixdorf-Strategie enthält (vor allem S. 107 ff.). Über die Folgezeit Peter
Hasenbein: »Alles unterm Siemens-Dach – Aus der wechselvollen Geschichte eines Computerriesen an der Pader«, in: *Neue Westfälische,* 19.12.1998. Neuerdings bestreitet allerdings Christian Berg (*Heinz Nixdorf – Eine Biographie,*
Paderborn 2016) die gängige Auffassung, Nixdorfs Aversion gegen Mikrocom-
puter habe zum Niedergang seines Unternehmens geführt: Gerade in den Jahren
nach Nixdorfs Tod habe das PC-Geschäft geschwächelt.

34 Edzard Reuter: *Schein und Wirklichkeit. Erinnerungen,* Berlin 1998, S. 342.

35 Günter Ogger: *Nieten in Nadelstreifen. Deutschlands Manager im Zwielicht,*
München 1992, S. 37.

36 Dieter Schweer: *Daimler-Benz. Innenansichten eines Imperiums,* Düsseldorf
1995.

37 Vgl. Radkau: *Technik in Deutschland,* S. 421 f. und 491, Anm. 45.

38 Während die Arbeitslosigkeit noch nach der Jahrtausendwende zunahm, begann sie ab 2006 in West und Ost zurückzugehen. Andreas Rödder (*21.0 – Eine*

kurze Geschichte der Gegenwart, München 2015, S. 262) datiert die neue Wertschätzung des »Modells Deutschland« erst auf die Zeit nach der Finanzkrise vom Herbst 2008, als »der relativ hohe Industrialisierungsgrad … als großer Vorteil wiederentdeckt« worden sei.

39 Vgl. Stefan Müller/Martina Kornmeier: *Internationale Wettbewerbsfähigkeit. Irrungen und Wirrungen der Standort-Diskussion*, München 2000.

40 Arnulf Baring: *Scheitert Deutschland? Abschied von unseren Wunschwelten*, Stuttgart 1997, S. 320.

41 Ebd., S. 272, 273.

42 Ebd., S. 273–275. Mir fällt es schwer, dieses Bekenntnis zu glauben; denn obwohl ich mich der Umweltbewegung zugehörig fühle, mit Gruhl gemeinsam im September 1986 vor einer Kernenergie-Konferenz in Wien demonstrierte und nachher mit ihm lange zusammensaß, ließ mich sein Pessimismus innerlich kalt: Zu offensichtlich sagte dieser mehr über den Seelenzustand Gruhls als über die Zukunft der Welt aus!

43 Ebd., S. 331.

44 Ebd., S. 55.

45 Ders.: *Machtwechsel*, S. 520 ff.

46 Ders.: *Scheitert Deutschland?* S. 92.

47 Ebd., S. 93.

48 Ebd., S. 58 ff.

49 Ebd., S. 247 ff.

50 Christian Graf von Krockow: *Der deutsche Niedergang. Ein Ausblick ins 21. Jahrhundert*, Stuttgart 1998, S. 71 ff.

51 Ebd., S. 86 ff.

52 Ebd., S. 212.

53 Ebd., S. 60.

54 Ebd., S. 42.

55 Ebd., S. 95.

56 Ebd., S. 143.

57 Vgl. dazu Sidney Pollard: *The Wasting of the British Economy*, London 1982, besonders S. 175 f. Im März 1988 unternahm ich mit meinem damaligen Kollegen Pollard eine Exkursion in alte englische Industriegebiete, wo wir reichliche Bestätigung für seine These fanden. Der sonst in seinen Urteilen eher dezente Pollard bekannte mir am 26.3.1988, mit diesem Buch habe er sich seine ganze Wut von der Seele geschrieben: die Wut über die Blindheit der damaligen britischen Wirtschaftspolitik!

58 Krockow: *Der deutsche Niedergang*, S. 93.

59 Ebd., S. 155 f.

60 Ebd., S. 212.

61 Manfred Bissinger (Hrsg.): *Stimmen gegen den Stillstand. Roman Herzogs »Berliner Rede« und 33 Antworten*, Hamburg 1997, S. 28.

62 Thomas Schuler: *Bertelsmann Republik Deutschland. Eine Stiftung macht Politik*, Frankfurt 2010, S. 56 ff. und 101 ff.

63 Roman Herzog: *Jahre der Politik. Die Erinnerungen*, München 2007, S. 165: »Wenn meine Präsidentschaft ein Erfolg war, dann hat Wilhelm Staudacher den entscheidenden Anteil darin.« »Seine besondere Stärke« sei »die Vorarbeit vor wichtigen Reden« gewesen.

64 Bissinger (Hrsg.): *Stimmen gegen den Stillstand*, S. 13 f.

65 Baring: *Scheitert Deutschland?* S. 288.

66 Bissinger (Hrsg.): *Stimmen gegen den Stillstand*, S. 21.

67 Ebd., S. 26.

68 Ebd., S. 28.

69 Ebd., S. 30.

70 Noelle-Neumann/Köcher (Hrsg.): *Allensbacher Jahrbuch der Demoskopie 1993–1997*, S. 816.

71 Ebd., S. 1044.

72 Vgl. Hans-Olaf Henkel: »Für eine Reform des politischen Systems«, in: Bissinger (Hrsg.): *Stimmen gegen den Stillstand*, S. 89.

73 Walter Riester, damals 2. Vorsitzender der IG Metall, bemerkte auf dem Kolloquium der Alfred Herrhausen Gesellschaft von 1994 »Arbeit der Zukunft – Zukunft der Arbeit« (ebd., S. 179 f.) fast kleinlaut und mit impliziter gewerkschaftlicher Selbstkritik: »Die meisten Kritiker an Zustand und Politik der Gewerkschaften abstrahieren von ihrem Werden, von ihrer Herkunft. … Sie verkennen die Tatsache, dass Gewerkschaften die millionenfache Langsamkeit von Menschen in sich haben, und negieren eine der ›alten‹ Aufgaben, ohne die sie keine Zukunft haben werden: ihre Schutzfunktion für die Mitglieder.« Er erklärt sich bereit, eine erhöhte Flexibilität der Tarifverträge sowie Teilzeitarbeit zu akzeptieren (ebd., S. 187). Riester kam später durch die »Riester-Rente« zu zweifelhaftem Ruhm. Theo Tekaat, früher Manager bei Hoechst, an den Verf., 26.4.2016, rechnet die »Riester-Rente« zu den »Taschenspielertricks der an der Umverteilung interessierten Finanz-Jongleure«: »Wenn man die staatlichen Zuschüsse, die jetzt den Banken für die Riester-Rente gezahlt werden, direkt in die Rentenkasse einzahlen würde, wären die Rentner besser dran.«

74 Henkel: *Für eine Reform des politischen Systems*, S. 88.

75 Thomas Gorsboth an den Verf., 30.4.2016.

76 Der Vertrag beginnt: »Ziel des Zukunftstarifvertrags ist die Sicherung und der Ausbau der Wettbewerbsfähigkeit des Unternehmens … Dazu soll die Produktivitätsentwicklung des Unternehmens über die bestehenden jährlichen Planungsziele hinaus signifikant gesteigert werden. Die Parteien kommen mindestens einmal jährlich auf Spitzenebene (4 : 4) zusammen, um über den Stand der Umsetzung des Zukunftstarifvertrages und der Unternehmensentwicklung zu beraten.« Ich verdanke Thomas Gorsboth diesen Hinweis.

77 Ernst Ulrich von Weizsäcker: »Ökologischer Aufbruch ins 21. Jahrhundert«, in: Bissinger (Hrsg.): *Stimmen gegen den Stillstand*, S. 279.

78 BUND, eed (Evangelischer Entwicklungsdienst) und Brot für die Welt (Hrsg.): *Zukunftsfähiges Deutschland in einer globalisierten Welt* (s. u., Kapitel 12), Frankfurt 2008, S. 609.

79 Jan Roß: *Die neuen Staatsfeinde. Was für eine Republik wollen Schröder, Henkel, Westerwelle und Co.?* Berlin 1998, S. 22.

80 Ebd., S. 31.

81 Ebd., S. 30, 35.

82 Christian Meier:»Wer hat die besten Jahre noch vor sich?«, in: Bissinger (Hrsg.): *Stimmen gegen den Stillstand*, S. 161.

83 Ebd., S. 169.

84 Ebd.

85 Heribert Schwan/Tilman Jens: *Vermächtnis. Die Kohl-Protokolle*, München 2014, S. 170.

86 Ebd.

87 Gerhard Schröder:»Gegen den Luxus der Langsamkeit«, in: Bissinger (Hrsg.): *Stimmen gegen den Stillstand*, S. 206.

88 Peter Hartz:»Visionen und Vorschläge«, in: ebd., S. 72.

89 Ebd., S. 72 f.

90 *Die Welt*, 6.1.2003:»Deutschland ist inzwischen der kranke Mann Europas«. Die Kolumne enthält die Behauptung:»Die Gewerkschaften kontrollieren ... die meisten und wichtigsten Politikfelder der Bundesregierung. Dies wird kein gutes Ende nehmen.« In Wahrheit zeugte gerade damals die »Agenda 2010« von einem nie dagewesenen Einflussverlust der Gewerkschaften selbst innerhalb der SPD!

91 Ebd., S. 83.

92 Schwarz: *Helmut Kohl*, S. 765.

93 Christian Duttmann, Bernd Fitzenberger, Uta Schönberg und Alexandra Spitz-Oener:»From Sick Man of Europe to Economic Superstar: Germany's Resurgent Economy«, in: *Journal of Economic Perspectives* 28 (1), S. 187 f., auf Deutsch im Internetportal»oekonomenstimme«.

94 Ernst Ulrich von Weizsäcker:»Ökologischer Aufbruch ins 21. Jahrhundert«, in: Bissinger (Hrsg.): *Stimmen gegen den Stillstand*, S. 280.

95 Vgl. die Piketty-Rezension von Mark Schieritz:»Geld bringt Geld«, in: *Die Zeit*, 6.3.2014, S. 24; auch das *Spiegel*-Gespräch über Piketty mit Roman Leick, in: *Der Spiegel*, 5.5.2014 (Piketty:»Wir müssen dafür sorgen, dass die Vergangenheit nicht die Gegenwart auffrisst«).

96 Hans-Ulrich Wehler: *Die neue Umverteilung. Soziale Ungleichheit in Deutschland*, München 2013.

97 Seefried: *Zukünfte*, S. 423.

98 Schieritz: *Geld bringt Geld*.

99 Wolfrum: *Rot-Grün an der Macht*, S. 577.

100 Zit. n. ebd., S. 579.

101 Radkau: *Technik in Deutschland*, S. 10 ff.

102 In: Werner Abelshauser (Hrsg.): *Die BASF. Eine Unternehmensgeschichte*, München 2002, S. 622 ff.

103 Radkau: *Technik in Deutschland*, S. 426 f.

104 Wolfrum: *Rot-Grün an der Macht*, S. 501.

105 Hans-Werner Sinn: *Ist Deutschland noch zu retten?* 5. Aufl. München 2004, S. 29.
106 Ebd., S. 115.
107 *Handelsblatt* 11/2015 (16.–18.1.2015), S. 54.
108 Hans-Werner Sinn: *Die Basar-Ökonomie. Deutschland: Exportweltmeister oder Schlusslicht?* Berlin 2005, S. 159 ff.
109 Ebd., vor allem S. 162 ff.
110 Ebd., S. 41.
111 Ebd., S. 173.
112 Mitt. von Thomas Gorsboth, März 2016.
113 Thomas Gorsboth an den Verf., 27.3.2016.
114 Sinn: *Basar-Ökonomie*, S. 110.
115 Vgl. z. B. ebd., S. 68, 72: Die Deutschen seien mit ihrer »extreme(n) Präferenz für Gleichheit« mit Recht als »gleichheitskrank« bezeichnet worden – eine im Blick auf die im europäischen Vergleich hohe und noch zunehmende soziale Ungleichheit in Deutschland groteske Behauptung!
116 Ebd., S. 207.
117 Dazu ausführlich Jürgens/Krzywdzinski: »Zur Zukunftsfähigkeit des deutschen Produktionsmodells«, in Kocka (Hrsg.): *Zukunftsfähigkeit Deutschlands*, insbesondere die Schlussbilanz auf S. 201.
118 Kritisch dazu Holger Kuhr: »Exkurs: Die deutsche Hochzinspolitik zur Finanzierung der Einheit – das Auseinanderbrechen des Europäischen Währungssystems«, in: Anneli Buntenbach u. a. (Hrsg.): *Ruck-wärts in die Zukunft. Zur Ideologie des Neokonservatismus*, Duisburg 1998, S. 255 ff.
119 Die Allensbach-Chefin Renate Köcher fand es 1997 überraschend, dass »Versuche ins Leere« liefen, die Bevölkerung mit der Angst vor Inflation gegen die bevorstehende Euro-Währung zu mobilisieren, »und das, obwohl die deutsche Bevölkerung in Fragen der Geldwertstabilität so kritisch ist wie wohl keine andere Nation«. Noelle-Neumann/Köcher (Hrsg.): *Allensbacher Jahrbuch der Demoskopie 1993–1997*, S. 1194.
120 Radkau: *Theodor Heuss*, S. 449.
121 Ebd., S. 151 f.
122 Radkau: *Die Ära der Ökologie*, S. 583 ff., 586 f.
123 Noelle-Neumann/Köcher (Hrsg.): *Allensbacher Jahrbuch der Demoskopie 1993–1997*, S. 461.
124 So für den Soziologen und Luhmann-Nachfolger Rudolf Stichweh in einem Gespräch mit dem Verf. Anfang 2005.
125 Daniel Boese: *Wir sind jung und brauchen die Welt. Wie die Generation Facebook den Planeten rettet*, München 2011, S. 10.
126 Asiem El Difraoui: »Blogs und Foren befeuerten die Umbrüche in der arabischen Welt, die neuen Medien wurden zum Mittel der Selbstermächtigung. Dennoch: Die Revolution hat auf der Straße stattgefunden« (Internet, Bundeszentrale für politische Bildung, 3.11.2011).
127 Yassin Musharbash: »Die geheime Schlacht im Internet. Was kann der Westen ausrichten gegen die Propaganda des IS?«, in: *Die Zeit* 41/2014 (7.10.2014).

128 Ich danke Ernst Steinberg für den Hinweis auf diesen Song.

129 Sascha Adamek: *Die facebook-Falle. Wie das soziale Netzwerk unser Leben verkauft*, München 2011, S. 303.

130 Vgl. den Artikel von Tanja Tricarico: »Das Jahr der Ängste« (*Neue Westfälische*, 15.7.2016), der unter Verweis auf eine Erhebung der R+V Versicherung mit der Behauptung beginnt: »Die Sorgen der Menschen in Deutschland haben einen neuen Spitzenwert erreicht.« Charakteristischerweise rangieren durchweg medial vermittelte Ängste an der Spitze. Dagegen trotz hoher Scheidungsraten und der Fragilität vieler Partnerbeziehungen: »Am wenigsten Angst haben die Menschen vor Scheidung oder Verlust des Partners.« Thomas Petersen zufolge (an den Verf., 15.7.2016) sind jüngste Allensbach-Befunde ähnlich.

131 Auch diese Warnungen waren jedoch nicht unvoreingenommen; dazu Radkau: *Max Weber* (2005), S. 502–506 (Kapitelüberschrift: »Buhmann Bürokratie«)! Aus heutiger Sicht wirken sie für die damalige Zeit weit übertrieben; aber eine Voraussicht muss man ihnen zugestehen.

132 Bei Abfassung dieses Textes hatte ich eine Zufallsbegegnung mit einem alterfahrenen Industriedesigner. Er sagte mir, sein Job sei es, die *corporate identity* eines Unternehmens in ein werbewirksames Logo zu fassen. Ich stellte die Gegenfrage, ob denn tatsächlich das Gros der Unternehmen eine Identität besitze, mit der sich werben lasse. Da brach es aus ihm heraus: Leider nicht! Schon seit Jahrzehnten sei generell die Unternehmensmoral im Sinken.

11

VOM »ENDE DER ARBEITSGESELLSCHAFT« ZU »ARBEIT 4.0«

1 Dieses Kapitel stützt sich wesentlich auf Anregungen und Materialien, die ich von Thomas Gorsboth erhielt, der als Referent am IG Metall Bildungszentrum Lohr-Bad Orb tagtäglich mit »Industrie 4.0« und »Arbeit 4.0« konfrontiert ist und dem ich eine Fülle von Einblicken in die industrielle Realität der Gegenwart verdanke.

2 Walther Müller-Jentsch: »Technik als Bedrohung? Fotosatz und Computertechnologie in der Druckindustrie«, in: *Hauptsache Arbeit. Wandel der Arbeitswelt nach 1945*, hrsg. von der Stiftung Haus der Geschichte der Bundesrepublik Deutschland, Bonn 2009 (Ausstellungs-Begleitband), S. 97 ff. (»Der Setzer – Niedergang eines Berufs«); Radkau: *Technik in Deutschland*, S. 433.

3 Müller-Jentsch: *Technik als Bedrohung?* S. 101. Zur Sicht zeitgenössischer Ingenieure ausführlich Martin Schwarz: »Fabriken ohne Arbeiter. Automatisierungsvisionen von Ingenieuren im Spiegel der Zeitschrift *automatik*, 1956–1972«, in: Uwe Fraunholz/Sylvia Wölfel (Hrsg.): *Ingenieure in der technokratischen Hochmoderne*, Münster 2012, S. 167–178. S. 170: »In der altruistischen Interpretation der Ingenieure verdrängt die ›Menschmaschine‹ den ›Maschinenmenschen‹. Dieser Emanzipationsprozess steuert quasi ein heilsgeschichtliches Ziel an, d. h. die ›menschliche Selbstbegegnung‹ bzw. den ›freien Menschen‹, der der Maschi-

ne seinen Willen mitteilt.« Ob hier »altruistisch« treffend ist, darüber lässt sich streiten.

4 Peter Brödner: *Fabrik 2000. Alternative Entwicklungspfade in die Zukunft der Fabrik*, Berlin 1985, S. 15, 20.

5 Ebd., S. 11.

6 Dazu mit argwöhnischem Unterton Jürgen H. Mendner: »›Humanisierung‹ oder Automatisierung? Zur Zukunft der kapitalistischen Arbeit«, in: *Kursbuch* 43 (März 1976): »Arbeitsorganisation – Ende des Taylorismus?«, S. 136 f.

7 Brödner: *Fabrik 2000*, S. 47

8 Ebd., S. 54.

9 Ebd., S. 13.

10 Ebd., S. 101 ff.

11 Ebd., S. 107.

12 Ebd., S. 92 ff.

13 *Der Spiegel*, 2.1.1989, S. 74.

14 Um 2010 bemerkte ein leitender BMW-Manager mir gegenüber, das beste Geschäft mache sein Unternehmen mit den chinesischen Neureichen – was aber, wenn deren BMW-Bedarf gestillt sei? Immerhin: Noch bei Niederschrift dieses Textes (2016) ist China der lukrativste Markt für Nobelautos.

15 Thomas Haipeter: »Vom Fordismus zum Postfordismus? Über den Wandel des Produktionssystems bei Volkswagen seit den siebziger Jahren«, in: Rudolf Boch (Hrsg.): *Geschichte und Zukunft der deutschen Automobilindustrie*, Stuttgart 2001, S. 217: Vieles weise darauf hin, »dass die Verbreitung postfordistischer Formen deutlich geringer ist als häufig suggeriert«. S. 225: Schon in den frühen siebziger Jahren habe VW »erstmals den heißen Atem der japanischen Konkurrenz im Nacken« gespürt. In der Grundtendenz ähnlich Roland Springer: *Rückkehr zum Taylorismus? Arbeitspolitik in der Automobilindustrie am Scheideweg*, Frankfurt 1999.

16 Martina Heßler: »Zur Persistenz der Argumente im Automatisierungsdiskurs«, in: *Aus Politik und Zeitgeschichte (APuZ)*, 66. Jg., 18–19/2016, S. 17–24.

17 Philip Kovce in seiner Rezension von Birger P. Priddat: *Arbeit an der Arbeit: Verschiedene Zukünfte der Arbeit*, Marburg 2000, in: *die Drei* 6/2010, S. 134.

18 Christoph Spehr: »Arbeitspolitik für Weltänderer. Zwischen digitaler Arbeit u. Sozialismus 4.0«, in: *Luxemburg. Gesellschaftsanalyse u. linke Praxis* 3/2015, S. 80.

19 Jörg Neuheiser/Andreas Rödder: »Eine Geschichte vom Werteverfall? Die Deutschen und ihre Einstellungen zur Arbeit seit 1945«, in: *Hauptsache Arbeit*, S. 37.

20 Daran erinnert Thomas Gorsboth (an den Verf., 26.7.2016), wie denn auch »Freizeitgesellschaft« über geraume Zeit zu einem der modischen »Gesellschafts«-Komposita avancierte.

21 Der Bielefelder Soziologe Johannes Berger beginnt ein Kapitel über »Alternative Pfade der zukünftigen Wirtschaftsentwicklung« mit dem Hinweis: »So verschieden und vielfältig die verschiedenen Zukünfte« in der einschlägigen »Szenarien-Literatur« »auch ausfallen mögen, im Kern handelt es sich immer um die Entscheidung zwischen zwei Alternativen, zwischen denen die Menschheit zu

wählen habe: einem harten und einem weichen Weg.« Ders. unter Mitarbeit von Lore Voigt: »Zur Zukunft der Dualwirtschaft«, in: Frank Benseler u. a. (Hrsg.): *Zukunft der Arbeit*, Hamburg 1982, S. 97.

22 Deutsche Ausgabe Frankfurt: Suhrkamp 1977.

23 *What Computers can't do – The Limits of Artificial Intelligence*, New York 1972, Neuausgabe 1979, deutsch Königstein: Athenäum 1985, S. 330 f., 366 f.

24 Radkau: *Technik in Deutschland*, S. 352.

25 Frank Bösch: »Euphorie und Ängste: Westliche Vorstellungen einer Zukunft mit Computern, 1945–1990«, Paper zur Bochumer Tagung »Die Zukunft des 20. Jahrhunderts« am 11./12.7.2014, S. 15.

26 Achim Barczok: »Ganz ohne Druck«, in: *ct – magazin für computer technik* 5/2014, S. 70.

27 Vgl. ebd., S. 73 ff.

28 So noch 1982 Dieter Otten: »Das Roboter-Syndrom«, in: Frank Benseler u. a. (Hrsg.): *Zukunft der Arbeit*, Hamburg 1982, S. 131.

29 Ebd., S. 351.

30 Theo Tekaat an den Verf., 10.8.2016: »Ich selber habe mich seit Studienbeginn für künstliche Intelligenz interessiert und habe später im Beruf einen Teil der Computerentwicklung mitgekriegt. Die Entwicklung lief wirklich unvorhersehbar. … Und dann kam Ende der neunziger Jahre eine ganz neue Entwicklung: das INTERNET!! … Die Entwicklung des Internets verlief so stürmisch, dass ich dazu nichts sagen will und auch (nicht) kann.« Ebenso Sabine Lehmann, damals ZDF-Redakteurin, noch über die späten 1990er Jahre: »Was das Internet alles kann, konnte man sich ja nicht vorstellen.«

31 *VDI-Nachrichten* 18/1989, S. 75.

32 Ein Trend dorthin unter der Devise »Flexibilisierung« bestand schon seit den späten 1970er Jahren. Darüber Dietmar Süß: »Stempeln, Stechen, Zeit erfassen. Überlegungen zu einer Ideen- und Sozialgeschichte der ›Flexibilisierung‹ 1970–1990«, in: Meik Woyke (Hrsg.): *Wandel des Politischen: Die Bundesrepublik Deutschland während der 1980er Jahre*, Bonn 2013, S. 143–166.

33 Thomas Gorsboth an den Verf., 26.7.2016: »Das mit den Überstunden läuft in der Praxis noch perfider, indem diese einfach nicht mehr erfasst werden.«

34 Jörg Hofmann: Zukunftsreferat »Sicher – gerecht – selbstbestimmt«, S. 11, 14, 20. Ich danke Thomas Gorsboth für den Text. Er bemerkt jedoch zu »freiem Sinkflug« (24.7.2016), dieser habe sich mittlerweile »stark entschleunigt«.

35 Arbeitnehmerkammer Bremen: Stellungnahme zum Grünbuch »Arbeitenvier-null« des Bundesarbeitsministeriums, Sept. 2015.

36 Vgl. Rainer Niermann: »VW – ade!«, in: Reinhard Doleschal/Rainer Dombois (Hrsg.): *Wohin läuft VW? Die Automobilproduktion in der Wirtschaftskrise*, Reinbek 1982, S. 182 ff.

37 Radkau: *Technik in Deutschland*, S. 353.

38 Walter Riester: »Rationalisierung und die Krise der Arbeitsgesellschaft«, in: Dietrich Hoß/Gerhard Schrick (Hrsg.): *Wie rational ist Rationalisierung heute? Ein öffentlicher Diskurs*, Stuttgart 1996, S. 239.

39 Martina Heßler: »Die Halle 54 bei Volkswagen und die Grenzen der Automatisierung«, in: *Zeithistorische Forschungen* 11 (2014), S. 56, 68, 70 f.

40 Ebd., S. 71.

41 Diskussionsbeitrag in: Alfred Herrhausen Gesellschaft für internationalen Dialog (Hrsg.): *Arbeit der Zukunft – Zukunft der Arbeit*, Stuttgart 1994, S. 221.

42 Walter Riester: »Die Zukunft der Arbeit – Die neue Rolle der Gewerkschaften«, in: ebd., S. 188.

43 Stefanie Bilen: »Stechuhr ade – Arbeit im Zeitalter der Flexibilisierung«, in: *Hauptsache Arbeit*, S. 58.

44 Ebd.

45 Wilfried Glißmann/Klaus Peters: *Mehr Druck durch mehr Freiheit. Die neue Autonomie der Arbeit und ihre paradoxen Folgen*, Hamburg 2001, S. 41 und 63. Thomas Gorsboth an den Verf., 12.6.2016: Zu jener Zeit hätten Burnout-Fälle bei IBM-Beschäftigten dramatisch zugenommen; das habe den Anstoß zu dem Buch von Glißmann/Peters gegeben. Er verweist auf das Vorwort von Wolfgang Trittin und Gerd Nickel, IBM-Betreuer der IG Metall, zu: *Denkanstöße – IG Metaller in der IBM*, Februar 1999, Dokumentation »Meine Zeit ist mein Leben«: »Jede Woche erhalten wir Meldungen über die Millionenzahl registrierter Überstunden. Sie geben jedoch nur einen Teil der tatsächlich geleisteten Mehrarbeit wieder. In vielen Unternehmen schnellt das an der Zeiterfassung vorbei geleistete Arbeitsvolumen in die Höhe. Das gilt ganz besonders für die Unternehmen der schnell wachsenden Branche der DV- und Informationstechnologie. … Ein denkwürdiges Phänomen ergibt sich. Die Arbeitnehmer spüren intuitiv das Dilemma, in dem sie sich befinden. Es wird spätestens dann für jeden offenbar, wenn ihre Leistungsgrenze erreicht oder gar überschritten wird, wenn Freundschaften, vielleicht sogar Ehen wegen der nicht endenden Arbeit zerbrechen. Nur ganz wenige wagen es, das Problem zu thematisieren …« Angst vor der Offenlegung der eigenen Angst!

46 Matthias W. Zehnder: *Geschichte und Geschichten des Internets. Reiseführer für das Leben mit dem Internet*, Kilchberg 1998, S. 311.

47 Fabian Kröger: »Fahrerlos und unfallfrei. Eine frühe automobile Technikutopie und ihre populärkulturelle Bildgeschichte«, in: Uwe Fraunholz/Anke Woschech (Hrsg.): *Technology Fiction. Technische Visionen und Utopien in der Hochmoderne*, Bielefeld 2012, S. 93–114.

48 Wobei jedoch zugleich zugegeben wird, »praxistauglich« seien die bereits auf Testfahrten erprobten Prototypen noch nicht. »›Künstliche Intelligenz‹ stößt an Grenzen bei der zeitnahen Analyse sehr chaotischer Umgebungen oder bei der Reaktion auf unvorhersehbare, dynamische Entwicklungen.« *Neue Westfälische*, 15.9.2015. Bernd Osterloh, der Vorsitzende des VW-Betriebsrats, versichert gleichwohl in einem Interview, der »voll vernetzte« »New Volkswagen«, der »sein Umfeld« erkenne und »elektrisch angetrieben« sei, werde 2019 auf den Markt kommen. *Der Tagesspiegel*, 22.8.2016. Nicht nur hier profiliert sich ein Betriebsrat als Protagonist der – realen oder vermeintlichen – technischen Zukunft seines Unternehmen!

49 Dieter Sauer: »Zukunft der Arbeit – Arbeit der Zukunft«, in: *Hauptsache Arbeit*, S. 140.

50 Sabine Pfeiffer/Anne Suphan: »Industrie 4.0 und Erfahrung – das Gestaltungspotential der Beschäftigten anerkennen und nutzen«, in: Hartmut Hirsch-Kreinsen, Peter Ittermann, Jonathan Niehaus (Hrsg.): *Digitalisierung industrieller Arbeit. Die Vision Industrie 4.0 und ihre sozialen Herausforderungen*, Baden-Baden 2015, S. 205.

51 Soweit ich sehe, taucht der Begriff »Industrie 4.0« erstmals im Vorfeld der Hannoveraner Messe in einem Artikel der VDI-Nachrichten vom 1.4.2011 auf, als dessen Verfasser Henning Kagermann (Präsident der Deutschen Akademie der Technikwissenschaften/Acatech), Wolf-Dieter Lukas (Leiter der Abteilung »Schlüsseltechnologien – Forschung für Innovationen« im Bundesforschungsministerium) und Wolfgang Wahlster (Geschäftsführer des Deutschen Forschungszentrums für Künstliche Intelligenz) zeichnen. Titel: »Industrie 4.0: Mit dem Internet der Dinge auf dem Weg zur 4. industriellen Revolution«. Der Artikel schließt mit der Aufforderung: »Deutschland sollte dabei die erste Geige spielen.« Das hier entworfene selbstbewusste Szenario ist also nicht so wie in den neunziger Jahren, wo oft der Eindruck erweckt wurde, Deutschland müsse bei einem längst im Gange befindlichen internationalen Trend den Anschluss finden.

52 So im Untertitel eines Sammelbandes, dessen Beiträge teilweise mit dieser Begriffskreation durchaus kritisch umgehen: Hartmut Hirsch-Kreinsen, Peter Ittermann, Jonathan Niehaus (Hrsg.): *Digitalisierung industrieller Arbeit. Die Vision Industrie 4.0 und ihre sozialen Herausforderungen*, Baden-Baden 2015.

53 Martin Wocher: »Ein Nachfolger für die Plattform 4.0«, in: *Handelsblatt*, 15.4.2015.

54 Wolf Lotter: »Schichtwechsel«, in: *brand eins*, 17. Jg., H. 7, Juli 2015, S. 33.

55 Hartmut Braun: »Keine Angst vor Industrie 4.0«, in: *Neue Westfälische*, 12.5.2015.

56 Peter Brödner: »Industrie 4.0 und Big Data – wirklich ein neuer Technologieschub?«, in: Hirsch-Kreinsen u.a. (Hrsg.): *Digitalisierung industrieller Arbeit*, S. 247.

57 Michaela Böhm: »Ausflüge in die digitale Arbeitswelt: Ein Blick in die Zukunft«, in: Lothar Schröder/Hans-Jürgen Urban (Hrsg.): *Gute Arbeit, Ausgabe 2016: Digitale Arbeitswelt – Trends und Anforderungen*, Frankfurt 2016, S. 267.

58 https://www.bmbf.de/de/Zukunftsprojekt-industrie-4-0.

59 Vgl. neuerdings dazu auf breitem empirischem Fundament Werner Plumpe/André Steiner (Hrsg.): *Der Mythos von der postindustriellen Welt. Wirtschaftlicher Strukturwandel in Deutschland 1960 bis 1990*, Göttingen 2016.

60 Thomas Gorsboth, der die Diskussionen über »Industrie 4.0« insgesamt für wichtig und weiterführend hält, macht dabei die Einschränkung (an den Verf., 26.7.2016): »Verdächtig erscheinen mir allerdings die Euphoriker, für die die Industrie 4.0 im Grunde die Lösung schier aller Probleme darzustellen scheint ...«

61 BMBF (Hrsg.): »Digitale Wirtschaft und Gesellschaft – Zukunftsprojekt Industrie 4.0«, 21.1.2016 (Internet). (s. Anm. 58).

62 Lotter: *Schichtwechsel*, S. 33.

63 Ebd., S. 31.

64 Sabine Pfeiffer: »Warum reden wir eigentlich über Industrie 4.0? Auf dem Weg zum digitalen Despotismus«, in: *Mittelweg 36*, H. 6/2015, S. 14.

65 Ebd., S. 15.

66 Ebd., S. 16.

67 Ebd., S. 19.

68 Ebd., S. 23.

69 Ebd., S. 20.

70 Ebd., S. 32 ff.

71 »Arbeitsforschung 4.0«, in: *einblick. Gewerkschaftlicher Info-Service*, Nr 6, 11.4.2016, S. 2.

72 Ebd., S. 3 (»Enormes innovatives Potenzial«).

73 Klaus Pickshaus: »Gefährliche Liebschaften: Die IG Metall und die Industrie 4 0«, in: *Luxemburg. Gesellschaftsanalyse und linke Praxis*, (Jg. 3/2016) 22.2.2016.

74 »Die nächste industrielle Revolution?«, in: *Mittelweg 36*, H. 6/2015, S. 89.

75 Ebd., S. 97.

76 Ebd., S. 93.

77 Ebd., S. 94.

78 Ebd., S. 96.

79 Christoph Spehr: »Arbeitspolitik für Weltänderer. Zwischen digitaler Arbeit und Sozialismus 4.0«, in: *Luxemburg. Gesellschaftsanalyse und linke Praxis 3/2015*, S. 76, 77.

80 Thomas Burmeister in: *Neue Westfälische*, 6.6.2016 (»Tagesthema«).

81 Thorben Albrecht: »Digitale Revolution in der Arbeitswelt?«, in: *spw – Zeitschrift für sozialistische Politik und Wirtschaft*, H. 212 (2016), S. 30–35.

82 Ich zeigte Thomas Gorsboth eine Passage in einem Kommentar zur »vierten industriellen Revolution« in der *Neuen Westfälischen* vom 30.4./1.5.2016 (Thomas Seim: »Zukunft gestalten statt vorwalten«): »Die Angst geht um in Deutschland … Es ist die Angst vor Jobverlust, vor Altersarmut, vor sozialem Abstieg – oder kurz: Angst vor der Zukunft. Diese Angst ist begründet. Sie beherrscht anders als früher auch jene, die hoch qualifizierte bzw. so genannte sichere Jobs haben …« Thomas erwiderte, diese Bangemache sei typisch für Journalisten. Bei dem Gros der Beschäftigten und Arbeitnehmervertreter dominiere der Optimismus. Kein Wunder: Noch nie seien in Deutschland so viele Menschen in Arbeit gewesen wie heute. Er verweist auf den optimistischen Grundton einer »Argumentationshilfe der IG Metall: »Auswirkungen der Digitalisierung/Industrie 4.0 auf die Beschäftigung«. Bemerkenswert ist allerdings die Feststellung auf S. 14: »Die Beschäftigten selbst schätzen die Risiken der Automatisierung deutlich geringer ein als die Forscher.«

83 *Nordwest-Zeitung*, 26.2.2015 (Maximilian Plück: »Wer hat Angst vor Industrie 4.0?«).

84 Michaela Böhm: »Ausflüge in die digitale Arbeitswelt: Ein Blick in die Zukunft«, in: Schröder/Urban (Hrsg.): *Gute Arbeit* (2016), S. 268, 272.

85 Dennis Eversberg: »Destabilisierte Zukunft. Veränderungen im sozialen Feld des Arbeitsmarktes seit 1970 und ihre Auswirkungen auf die Erwartungshorizonte der jungen Generation«, in: Anselm Doering-Manteuffel u.a. (Hrsg.): *Vorgeschichte der Gegenwart. Dimensionen des Strukturbruchs nach dem Boom*, Göttingen 2016, S. 451 f.

86 In: Gerhard Kilger/Hans-Jürgen Bieneck (Hrsg.): *Neue Qualität der Arbeit. Wie wir morgen arbeiten werden*, Frankfurt 2002, S. 211.

87 Dieses Schweigen muss jedoch nicht bedeuten, dass an Arbeitslosigkeit kein Gedanke mehr wäre. Thomas Gorsboth aus eigener Erfahrung an den Verf., 26.7.2016: »Das Thema Arbeitslosigkeit ist bei den Gewerkschaften zu keiner Zeit vergessen. ... Das ist das Urtrauma! Das muss nicht eigens immer wieder expressis verbis vorkommen.«

88 Matthias Hannemann: »Erntehelfer in der Cloud. Wer verstehen will, was Automatisierung bedeutet, sollte aufs Land fahren«, in: *brand eins*, 17. Jg., H. 7, Juli 2015, S. 44–46.

89 So mit Bezug auf die Kerntechnik das grundlegende Werk von Charles Perrow: *Normal Accidents – Living With High-Risk Technologies* (1984), das unter dem Eindruck des Störfalls von Harrisburg (Three Mile Island) 1979 entstand.

90 Das betont mein in Fragen der Digitalisierung höchst versierter Hausnachbar Michael Hüttemann, Kompagnon der Firma AeroEngineering, für den »Industrie 4.0« eher eine Begriffsblase ist, die fälschlich suggeriert, es gebe eine bestimmte kompakte und vorhersagbare Zukunft.

91 Vgl. Spehr: *Arbeitspolitik für Weltänderer*, S. 77.

92 Vgl. Jürgen Kocka/Claus Offe (Hrsg.): *Geschichte und Zukunft der Arbeit*, Frankfurt 2000.

93 Vgl. Raphael Menez, Sabine Pfeiffer, Elke Oestreicher: *Leitbilder von Mensch und Technik im Diskurs zur Zukunft der Fabrik und Computer Integrated Manufacturing (CIM)*, Veröffentlichung der Universität Hohenheim, WP 02/2016. Die in der Diskussion um Industrie 4.0 sehr versierten Autoren kommen in diesem brillanten historischen Rückblick zu dem Schluss, »der Erfolg von Industrie 4.0« werde »wesentlich davon abhängen, ob Lehren aus der CIM-Debatte gezogen werden«, insbesondere aus der damaligen Wiederentdeckung des Menschen, der Bedeutung des Facharbeiters. Alle drei Autoren tragen kräftig zu einem derartigen Geschichtsbewusstsein bei.

94 Vgl. die Vielfalt der Perspektiven in dem Sammelband von Alfons Botthof/Ernst Andreas Hartmann (Hrsg.): *Zukunft der Arbeit in Industrie 4.0*, Berlin 2015.

95 Anregend dazu der temperamentvolle Artikel von Alexander Klier: »Die fünf Mythen der digitalen Arbeit«, in: *Computer und Arbeit*, 25. Jg., H. 7/8, S. 26–30, mit dem Memento, sich durch eine Blickverengung auf die Digitalisierung nicht von Chancen zur Neugestaltung der Arbeitsverhältnisse ablenken zu lassen.

96 Herbert Fromme: »Die Zukunft ist digital«, in: *Süddeutsche Zeitung*, 14.7.2016, S. 13.

97 Ernst Hartmann: »Arbeitsgestaltung für Industrie 4.0: Alte Wahrheiten, neue

Herausforderungen«, in: Botthof/Hartmann (Hrsg.): *Zukunft der Arbeit in Industrie 4.0*, S. 9.

98 Interview mit der *Frankfurter Allgemeinen Sonntagszeitung* am 3.5.2016.

99 Klaus Dörre: »Digitalisierung – neue Prosperität oder Vertiefung gesellschaftlicher Spaltungen?«, in: Hirsch-Kreinsen (Hrsg.): *Digitalisierung industrieller Arbeit*, S. 279.

12

ZWISCHEN HERAUSFORDERUNGEN DER ZUKUNFT

UND DES HIER UND JETZT

1 Max Nicholson: *The Environmental Revolution – A Guide for the New Masters of the World*, London 1970, S. 12.

2 Radkau: *Die Ära der Ökologie*, S. 124–164.

3 Ein eloquentes Musterbeispiel ist das Buch des Chemikers Heinz Hug: *Die Angsttrompeter. Dioxin im Frühstücksei, Pestizide überall und trotzdem leben wir immer länger. Die Wahrheit über die Gefahren aus der Umwelt*, München 2006.

4 Die Polemik gegen eine deutsche Angst hat weit eher eine üble einheimische Tradition: Vor 1914 warfen die Kriegstreiber den Friedensfreunden Angst vor. »*Überall Angst, Angst, Angst*« wettert eine alldeutsche Broschüre von 1913 (Radkau: *Das Zeitalter der Nervosität*, S. 423). Annette Schuhmann bemerkte am 16.10.2015 auf der Tagung des Bochumer Kulturwissenschaftlichen Instituts zur Zukunftsgeschichte, der »Mythos der deutschen Technikfeindschaft« sei von einschlägigen Studien längst widerlegt worden und dennoch nicht totzukriegen: Die Beweise für das Gegenteil seien in einem »schwarzen Loch« verschwunden! Vgl. auch den auf Umfrage-Ergebnisse gestützten Artikel des Allensbach-Mitarbeiters Thomas Petersen: »Wo bleibt die ›German Angst‹? Warum der Pessimismus schlechte Aussichten hat«, in: *Die politische Meinung*, 59. Jg., Nr. 529, November/Dezember 2014, S. 26–31. Ich danke Thomas Petersen für die Zusendung dieses Artikels, der zu dem Ergebnis kommt (S. 31), »dass man der Zukunft des Pessimismus pessimistisch gegenüberstehen darf«!

5 Vgl. Radkau: *Die Ära der Ökologie*, S. 101–123.

6 Christof Mauch (langjähriger Leiter des German Historical Institute/GHI in Washington) an den Verf., 10.7.2016.

7 Mathias Greffrath: »Zorn der Vernunft. Kämpfer, Skeptiker, Aufklärer: Erinnerung an die Avantgardisten der Anti-Atom-Bewegung«, in: *Die Zeit*, 19.5.2011, S. 22.

8 Radkau: *Die Ära der Ökologie*, S. 257.

9 Gabriela Schimmer-Göresz, seit 2014 Bundesvorsitzende der ÖDP, erinnerte sich am 24.9.2016 auf einer Tagung zu Geschichte und Zukunft der Umweltbewegung in Lichtenfels-Schney: Gruhl habe »Sehertum in höchster Ausprägung« verkörpert, sei jedoch »von Anfang an kein Hoffnungsträger« gewesen. Das bestätigte Hans-Joachim Ritter, der Gruhl 1989 als ÖDP-Vorsitzender folgte. Gruhl sei »im Grunde ein Zauderer« gewesen. Kein Wunder: Wenn er die

Auffassung vertrat, die Hälfte der bundesdeutschen Bevölkerung sei genug – welches werbewirksame politische Handeln hätte sich daraus ableiten lassen?

10 Darauf machten mich Göttinger Studenten aufmerksam, als ich dort am 31.5.2016 einen ersten Entwurf dieses Kapitels vortrug.

11 Josef H.Reichholf: *Die falschen Propheten. Unsere Lust an Katastrophen*, Berlin 2002, S. 43.

12 Eberhard Faust (Münchener Rückversicherung) dazu, in Kritik an meinem Zweifel über die Produktivität von Katastrophenalarm in einer ersten Fassung dieses Kapitels:»Unsere Lust am Katastrophischen ist nur deshalb vorhanden, weil sie einen unbedingt positiven Wert in der Entwicklungsgeschichte hatte«, indem sie Schutzvorkehrungen förderte (Christian Lahnstein an den Verf., 30.5.2016). Kritisch zu meiner Tendenz auch Mathias Greffrath (an den Verf., 14.6.2016), obwohl er die Charakteristik Robert Jungks als »Apokalyptiker« abwehrt:»Über Deine These, dass es nicht die Apokalypse-Angst war, die die Umweltbewegung getrieben hat, muss ich erst noch einmal nachdenken. Mein Bauchgefühl sagt mir: diese Furcht hat immer mitgespielt ...« Diese Bedenken habe ich in meine abschließende Bilanz aufgenommen.

13 Reichholf: *Die falschen Propheten*, S. 20.

14 »Wir stehen vor einem Zeitalter der Angst«, in: *Tagesspiegel*, 28.1.2016.

15 William B.Gail:»A New Dark Age Glooms«, in: *New York Times*, 19.4.2016. »Dark« ist hier doppelsinnig: Es bedeutet »finster«, aber auch »undurchsichtig«. Gail schwankt zwischen der Annahme, eine fortgesetzte Erwärmung des Klimas sei gesichert, und der Behauptung, die Zukunft werde immer undurchsichtiger.

16 Deutsche Ausgabe: Naomi Oreskes/Erik M.Conway: *Vom Ende der Welt. Chronik eines angekündigten Untergangs*, München 2015.

17 Radkau: *Die Ära der Ökologie*, S. 479.

18 BUND/Misereor (Hrsg.): *Zukunftsfähiges Deutschland. Ein Beitrag zu einer globalen nachhaltigen Entwicklung. Studie des Wuppertal Instituts für Klima, Umwelt, Energie*, Basel 1996, S. 168.

19 Radkau: *Die Ära der Ökologie*, S. 210.

20 Günther Oetzel: *Die geplante Zukunft. Die bundesdeutsche Schnellbrüterentwicklung in den 1960er Jahren*, Frankfurt 1999.

21 Karl Winnacker/Karl Wirtz: *Das unverstandene Wunder. Kernenergie in Deutschland*, Düsseldorf 1975, S. 266.

22 Radkau: *Die Ära der Ökologie*, S. 34 f.

23 Vgl. den Wikipedia-Artikel über Friedrich Bassler.

24 Auf der Grundlage einer breiten Presse-Dokumentation Rudi Holzberger: *Das sogenannte Waldsterben. Zur Karriere eines Klischees: Das Thema Wald im journalistischen Diskurs*, Bergatreute 1995.

25 Radkau: *Die Ära der Ökologie*, S. 235 ff.; ders.: *Holz* (2012), S. 264 ff.

26 Ders.:»Learning from Chernobyl for the fight against genetics? Stages and stimuli of German protest movements – a comparative synopsis«, in: Martin Bauer (Hrsg.): *Resistance to new technology – nuclear power, information technology and biotechnology*, Cambridge 1995, S. 335; ders.:»Hiroshima und Asilo-

mar. Die Inszenierung des Diskurses über die Gentechnik vor dem Hintergrund der Kernenergie-Kontroverse«, in: *Geschichte und Gesellschaft* 14 (1988), S. 329–363.

27 *Neue Westfälische*, 26.2.1997.

28 Peter Finke, Wissenschaftstheoretiker an der Universität Bielefeld und seit Jahrzehnten im Naturschutz engagiert, bestreitet meine Behauptung, ein »gentechnisches Tschernobyl« habe es bislang nicht gegeben (an den Verf., 12.8.2016): »Allen Entomologen und immer mehr Ornithologen fällt seit zwei Jahren ein gewaltiger Rückgang der Insektenfauna auf ...« Das verweist jedoch aus meiner Sicht auf die Schädlichkeit neuer Pestizide – im Einklang mit Rachel Carsons Warnung vor dem »stummen Frühling« (1962)! –, nicht unbedingt auf Spezifika der Gentechnik.

29 Christoph Mauch an den Verf., 21.8.2016.

30 Franz-Josef Brüggemeier: *Sonne, Wasser, Wind: Die Entwicklung der Energiewende in Deutschland*, hrsg. von der Friedrich-Ebert-Stiftung, Bonn 2015, S. 9: »Generell fanden sich in den 1980er Jahren immer wieder Hinweise auf die Möglichkeiten, Sonnenenergie zu nutzen. Doch selbst deren Befürworter/innen beurteilten diese Alternative zurückhaltend ... Realistischer war für die große Mehrheit der Zeitgenossen ein vermehrter Einsatz von Kohle, zumal Technologien zur Verfügung standen, um den Ausstoß der dabei anfallenden Schadstoffe deutlich zu mindern.«

31 Cornelius C. Noack, Dieter v. Ehrenstein, Jürgen Franke (Hrsg.): *Energie für die Stadt der Zukunft. Das Beispiel Bremen. Der Abschlußbericht des Bremer Energiebeirats*, Marburg 1989, S. 19, 82 u. a.

32 Eva Müller: *Das Ende der Ölzeit. Strategie für eine saubere Wirtschaft in Deutschland*, Frankfurt 1993.

33 Volker Hauff: *Energie-Wende. Von der Empörung zur Reform*, München 1986, S. 95 ff.

34 Reinhard Böhm: *Heiße Luft nach Kopenhagen*, 2. Aufl. Wien-Klosterneuburg 2010, S. 59 und 169.

35 Ebd., S. 597 ff.; Bert Bolin: *A History of the Science and Politics of Climate Change. The Role of the Intergovernmental Panel on Climate Change*, Cambridge 2007, S. 108. Vgl. auch S. 212 f. seine Distanzierung von dem aus seiner Sicht teilweise überzogenen Klima-Alarmismus in dem Film *An Unconvenient Truth* des früheren US-Vizepräsidenten Al Gore!

36 Hinweis von Kai Hünemörder. In Frankreich und den USA noch massiver als in der Bundesrepublik, wo die Atomkraft seit langem latent auf dem Rückzug ist und schon seit 1982 kein neues Kernkraftwerk mehr in Auftrag gegeben wurde. Auf die »weltweite Renaissance der Atomkraft in der Folge der Klimadebatte« verweist Karena Kalmbach: *Tschernobyl und Frankreich. Die Debatte um die Auswirkungen des Reaktorunfalls im Kontext der französischen Atompolitik und Elitenkultur*, Frankfurt 2011, S. 173.

37 Radkau/Hahn: *Aufstieg und Fall der deutschen Atomwirtschaft*, S. 16.

38 Rathgeb: *Deutschland kontrovers*, S. 274.

39 Frank Uekötter: *Am Ende der Gewissheiten. Die ökologische Frage im 21. Jahrhundert*, Frankfurt 2011, S. 145.

40 G. W. F. Hegel: *Werke in 20 Bänden*, Frankfurt 1970, Band XII, S. 17; hier zitiert nach Hegel: *100 Gedanken und Aussprüche*, ausgewählt von Frank Ackermann, Stuttgart 2011, S. 17.

41 Hermann Lübbe: *Zeit-Erfahrungen. Sieben Begriffe zur Beschreibung moderner Zivilisationsdynamik*, Mainz 1996, S. 35, 36, 34.

42 ORF Vorarlberg, 31.5.2008.

43 Der mit ihm befreundete Religionssoziologe Friedrich Wilhelm Graf, der am 14.7.2014 auf den verstorbenen Wehler die Trauerrede hielt, an den Verf., 8.6.2015.

44 Reichholf: *Die falschen Propheten*, S. 112 f.

45 Ebd., S. 114.

46 Vgl. ders.: *Naturschutz. Krise und Zukunft*, Berlin 2010, S. 18 ff.

47 Ebd., S. 165.

48 Dazu Reinhard Loske, Projektleiter beim *Zukunftsfähigen Deutschland* von 1996 an den Verf.: »Wir haben lange über den Titel der Studie diskutiert. Letztlich war es eine sprachästhetische Entscheidung. Wir fanden die Kombination des Begriffes Deutschland mit den (damals dominierenden) Begriffen Nachhaltigkeit, Dauerhaftigkeit oder Durchhaltbarkeit einfach nicht gut. ›Nachhaltiges Deutschland‹ klang uns eher wie eine Drohung (obwohl das UBA später eine gleichnamige Studie veröffentlichte), ›Dauerhaftes Deutschland‹ erinnerte irgendwie an das tausendjährige Reich …« (UBA = Umweltbundesamt).

49 Peter Finke an den Verf., 12.8.2016: Er erinnere sich noch gut an einen Vortrag von Erhard Eppler, »wo er zu Beginn das Ansinnen, er solle zur Nachhaltigkeit sprechen, mit der Bemerkung zurückwies: ›Ein reines Bürokratenwort! Ich spreche zur Zukunftsfähigkeit.‹«

50 Winfried Kretschmann: »Wie konservativ müssen die Grünen sein? Warum eine ökologische Partei nicht ›links‹ sein kann«, in: Ralf Fücks (Hrsg.): *Sind die Grünen noch zu retten?* Reinbek 1991, S. 62–64.

51 Herbert Kitschelt: *Der ökologische Diskurs. Eine Analyse von Gesellschaftskonzepten in der Energiedebatte*, Frankfurt 1984, S. 213.

52 Dazu Reinhard Loske an den Verf.: »Eigentlich begann die Wenderhetorik mit Erhard Epplers *Ende oder Wende* 1975.«

53 Jonas: *Das Prinzip Verantwortung*, S. 335 ff.

54 Vgl. dazu Joachim Radkau: »Von der Kohlennot zur solaren Vision: Wege und Irrwege bundesdeutscher Energiepolitik«, in: Hans-Peter Schwarz (Hrsg.): *Die Bundesrepublik Deutschland – Eine Bilanz nach 60 Jahren*, Köln 2008, S. 478 ff.

55 Vgl. Radkau: *Aufstieg und Krise der deutschen Atomwirtschaft*, S. 67 ff.

56 Vgl. *Süddeutsche Zeitung*, 14.10.2014: »Wüstenstrom-Projekt Desertec zerfällt«.

57 Radkau: *Die Ära der Ökologie*, S. 476. Über die lange, heute weithin vergessene Vorgeschichte der Solarenergienutzung vgl. die große und breit fundierte Darstellung von Gerhard Mener: *Geschichte der Sonnenenergienutzung in Deutschland und den USA 1860–1986*, Baldham 2001.

58 Thomas Petersen schrieb mir am 27.5.2016 über einschlägige Allensbach-Umfragen der letzten Zeit: »Es gibt unzählige Fragen zur Atom- und Windenergie, zum Energiemix, zu erneuerbaren Energien allgemein, zu Stromtrassen, zu Kohle, Gas, diversen Versorgern usw. Aber es geht immer um in Deutschland hergestellte Energie. Der Gedanke, dass Sonnenenergie aus der Wüste hierher transportiert werden könnte, wird in keiner einzigen Frage auch nur am Rande erwähnt.«

59 Dazu Gerhard Mener (an den Verf., 26.6.2016), der Historiker der Solartechnik, gegenwärtig leitender Manager bei dem EVU Mainova: »Warum wurde bisher aus den Plänen von Desertec nur so wenig umgesetzt? Dieser Frage nachzugehen würde einige Forschungszeit kosten. Meine These wäre, dass die deutsche Energiewirtschaft genug damit zu tun hat, ihre bisherigen Großprojekte im fossilen Bereich zu verarbeiten«, und zwar gerade deshalb, »weil auf Grund der Fortschritte der Energiewende in Deutschland nicht mehr so viel Nachfrage nach Strom aus fossilen Kraftwerken besteht.« Tobias Grimm von der Münchener Rückversicherung, die zu den Initiatoren von Desertec gehörte: »Neben den politischen Umwälzungen ab 2010 hat der Siegeszug von PV (Photovoltaik; J R.) + Wind in Europa dazu geführt, dass Europa keinen Wüstenstrom braucht.« (Christian Lahnstein an den Verf., 9.6.2016)

60 Hermann Scheer: *Solare Weltwirtschaft. Strategien für die ökologische Moderne*, München 1999.

61 Reinhard Loske an den Verf., 10.6.2016: Er würde Scheer am ehesten »den ›Titel‹ des geistigen Vaters der Energiewende« zuerkennen, obwohl er »ein Egoman und auch ein Polarisierer« gewesen sei, »der immer alles besser wusste«. »Er hat ›dirty deals‹ mit der Kohlefraktion in der SPD gemacht, um ›sein‹ EEG durchzusetzen. ... Aber er war eben auch ein absoluter Überzeugungstäter mit sehr großer Beharrlichkeit und ein echter Stratege. ... Er war schon etwas Besonderes ...«

62 Vgl. Scheers Buch von 2010, seinem Todesjahr: *Der energethische* (sic!) *Imperativ – Wie der vollständige Wechsel zu erneuerbaren Energien zu realisieren ist*, S. 144 ff. (»Technologie ohne Soziologie: Das unkalkulierte Desertec-Projekt«). Ob das Projekt in wirtschaftlicher und politischer Hinsicht realistisch ist, bleibt für ihn allerdings höchst zweifelhaft, schon im Blick auf die »explodierenden Kosten«.

63 Zu dieser Zurückhaltung, die seinem Temperament und visionären Zug eigentlich widersprach, bekannte er sich ausdrücklich auf einem von Reinhard Ueberhorst in Elmshorn über Scheers *Solare Weltwirtschaft* veranstalteten Gesprächsabend am 7.7.2000.

64 Gerhard Mener (s.o.) an den Verf., 26.6.2016: »Auch wenn man die Solarzellen noch günstiger produzieren kann oder ein Technologiesprung gelingt, mit dem der Wirkungsgrad verbessert wird, gibt es immer noch die dunkle Flaute ohne Wind und Sonne, die abgedeckt werden muss.«

65 Meine Ausführungen über Scheer stützen sich wesentlich auf Mitteilungen von Christiane Grefe, die zeitweise mit Scheer zusammenarbeitete und als Berliner

Journalistin der *Zeit* die Energiewende intensiv verfolgte. Der grüne Kommunal-
politiker Roland Schaeffer, der ebenfalls Scheer gut kannte, bemerkt über ihn
(Elisabeth von Thadden an den Verf., 19.6.2016): »Dass solare Zukunftsszenarien nichts taugen, wusste er besser als alle anderen, weil er die letzten dreißig
Jahre und die revolutionären Veränderungen, die in diesem Sektor auf der Tagesordnung waren und sind, bewusst erlebt hat.«

66 Hermann Scheer: »Energie-Revolution durch solaren Wasserstoff«, in: ders.
(Hrsg.): *Die gespeicherte Sonne. Wasserstoff als Lösung des Energie- und Umwelt-
problems*, München 1987, S. 7–32.

67 Joachim Grawe (VDEW) in: *VDI-Nachrichten* 29/1988 (22.7.1988), S. 2: »Solaren Wasserstoff herzustellen kostet heute fast 50mal so viel, wie wir für leichtes
Heizöl zahlen ...«

68 Martin Boeckh: »Die Wasserstoff-Ära: Eine Vision verblasst«, in: *Bild der Wissenschaft*, 1.6.1997; »Vision auf dem Abstellgleis«, in: *Der Spiegel* 45/1996
(4.1.1996). Vgl. Radkau: *Die Ära der Ökologie*, S. 481 f., über die ab 1986 auf Betreiben des MBB-Gründervaters Ludwig Bölkow im oberpfälzischen Neunburg
vorm Walde errichtete Anlage zur solaren Wasserstoffproduktion, die damals
als weltgrößte Anlage ihrer Art gepriesen wurde, deren Betrieb jedoch um 2000
eingestellt wurde: zu einer Zeit, als auch bei den meisten Automobilproduzenten
die Entwicklung von Wasserstoff-Verbrennungsmotoren abgebrochen wurde.

69 Christiane Grefe an den Verf., 9.8.2016.

70 Christiane Grefe an den Verf., 20.6.2016.

71 Gunter Hofmann: »Selten so grün wie jetzt. Umweltpolitik galt lange Zeit als
Luxus. Kurz vor der Wahl wird sie wieder existenziell – auch für die Koalition«,
in: *Die Zeit*, 22.8.2002, S. 3.

72 Reinhard Loske an den Verf., 11.7.2016.

73 Christiane Grefe an den Verf., 20.6.2016.

74 Wolf von Fabeck (Geschäftsführer des Solarenergie-Fördervereins SFV) an den
Verf., 9.8.2016.

75 Dazu ausführlich die Diss. von Alexander Amberger: *Bahro – Harich – Havemann. Marxistische Systemkritik und Utopie in der DDR*, Paderborn 2014, vgl.
besonders sein Resümee auf S. 291 ff. Ebd., S. 194: Hermann Scheer fand Bahros
»Alternative« praxisfern, wogegen Helmut Gollwitzer, der an linken Abstraktio-
nen anderes gewohnt war, Bahros Konkretheit rühmt (ebd., S. 197). Ebd., S. 200:
»Entgegen Bahros Hoffnungen wurde dem utopischen Teil nicht der Großteil der
Aufmerksamkeit gewidmet ...« Zur Sensation wurde das Buch vor allem durch
die Regimekritik.

76 Robert Havemann: *Morgen. Die Industriegesellschaft am Scheideweg* (zuerst
1980), Frankfurt 1982, S. 109.

77 Ebd., S. 120 ff.

78 Das hebt Amberger (*Bahro – Harich – Havemann*, S. 181) hervor.

79 Rudolf Bahro: *Die Alternative. Zur Kritik des real existierenden Sozialismus*,
Frankfurt 1977, S. 479 f.

80 Ebd., S. 346.

81 Ebd., S. 311.

82 Ebd., S. 311; dazu Amberger: *Bahro – Harich – Havemann*, S. 165.

83 Radkau: *Die Ära der Ökologie*, S. 269.

84 Ebd., S. 268.

85 Wolfgang Harich: »Das Weib in der Apokalypse«, in: Andreas Baudis (Hrsg.): *Richte unsere Füße auf den Weg des Friedens. Festschrift für Helmut Gollwitzer zum 70. Geburtstag*, München 1989, S. 684, zit. n. Amberger: *Bahro – Harich – Havemann*, S. 87.

86 Robert Havemann: *Morgen. Die Industriegesellschaft am Scheideweg. Kritik und reale Utopie*, München 1980, S. 52, zit. n. Amberger: *Bahro – Harich – Havemann*, S. 232.

87 Radkau: *Von der Kohlennot zur solaren Vision*, S. 479 f. Hermann Scheer sprach mit Blick darauf von der »verlorenen Unschuld der Umweltbewegung (ders.: *Energieautonomie. Eine neue Politik für erneuerbare Energien*, München 2005, S. 201 ff, Kapitelüberschrift.

88 Beispielhaft in der geschickten und einfallsreichen Harmonisierung von Naturschutz und Energiewende ist der Beschluss der Bundesdelegiertenversammlung des BUND (Bund für Umwelt und Naturschutz Deutschland) vom 22.11.2015 zum »Leitantrag Energiewende«, auch wenn er erkennen lässt, dass sich ein immer weiterer Ausbau der »Erneuerbaren« nicht leicht mit dem Landschaftsschutz vereinbaren lässt. Ich verdanke den Text Christel Schroeder, der Präsidentin von EuroNatur – Stiftung Europäisches Naturerbe.

89 *Zukunftsfähiges Deutschland* (2008), S. 88.

90 Ebd., S. 311.

91 Vgl. im Band von 1996 S. 292 f.: Der Abschnitt über »Effizienzsteigerung« ist mehr als doppelt so lang wie der Abschnitt über die erneuerbaren Energien.

92 *Zukunftsfähiges Deutschland* (2008), S. 227.

93 Dass. (1996), S. 19.

94 Dass. (2008), S. 23.

95 Dass., S. 606 f.

96 Michael Braungart / William McDonough: *Cradle to Cradle: Einfach intelligent produzieren*, Berlin 2001. Pointierte Kurzdarstellung seines Projektes auf dem gegenwärtigen Stand im Interview mit Detlef Wetzel, dem damaligen Vorsitzenden der IG Metall, in: *metallzeitung*, Jg. 67, März 2015, S. 14 f. (»Von der Wiege zur Wiege«).

97 Dies. (Hrsg.): *Die nächste industrielle Revolution. Die Cradle to Cradle-Community*, Hamburg 2008.

98 Zu »Grenzen der Müllverwertung« vgl. Martin Runge: *Milliardengeschäft Müll. Vom Grünen Punkt bis zur Müllschieberei. Argumente und Strategien für eine andere Abfallpolitik*, München 1994. Gewiss sind Wahrheiten zu diesem Thema zeitgebunden!

99 Niels Boeing: »Recycling, aber richtig. Kreisläufe wie in der Natur sind Vorbild für eine Welt ohne Müll. Doch können hochwertige Produkte zu 100 Prozent wiederverwertet werden?«, in: *Zeit online*, 4.12.2012.

100 Michael Braungart/William McDonough: *Intelligente Verschwendung. The Upcycle: Auf dem Weg in eine neue Überflussgesellschaft*, München 2013.

101 Alexandra Borchardt: »Kein Müll. Der Öko-Visionär Michael Braungart arbeitet an einer Zukunft, in der alles wieder verwertbar ist. Er will eine Welt ohne Abfall, eine Welt zum Prassen. Damit macht er sich nicht nur Freunde«, in: *Süddeutsche Zeitung*, 21.8.2013, S. 3.

EIN VIELSTIMMIGES FINALE

1 Frank Uekötter: *Am Ende der Gewissheiten. Die ökologische Frage im 21. Jahrhundert*, Frankfurt 2011, S. 227.

2 Karsten Reise: »Wann bewegt sich die Nordseeküste?«, in: *Natur und Landschaft*, 89. Jg. (2014), S. 537 ff. Ich danke Anna-Katharina Wöbse für den Hinweis. Allerdings berichtete mir Kai Hünemörder, Reise sei von Marschbauern »fast gelyncht« worden, als er ihnen seine Zukunftsvisionen vorgetragen habe.

3 Dazu Claudia Kemfert: »Globale Energiewende: ›Made in Germany‹?«, in: *Aus Politik und Zeitgeschichte*, 66. Jg., 12–13/2016, S. 17–24. S. 17: »Zunächst international belächelt, wird inzwischen immer weniger über Deutschlands Energiepläne gescherzt. Spätestens seit die Kosten für Solar- und Windstrom immer weiter zurückgehen und die von Atomstrom immer weiter ansteigen und zum Beispiel in Texas mehr in Solar als in Öl investiert wird, verstummen die Kritiker.«

4 Volker Hauff, seit langem ein Vordenker der SPD in Umweltfragen, der die Bundesrepublik in der Brundtland-Kommission vertrat, zog in einem Vortrag zur Energiewende im Stuttgarter Theaterhaus am 13.5.2013 die Bilanz, die Energiewende brauche »eine feste Institution zur Zusammenarbeit von Politik, Wirtschaft und Zivilgesellschaft«, und daran fehle es noch immer. »Bislang hat die Bundesregierung die Energiewende lausig organisiert.« Er kann sich dabei auf Klaus Töpfer berufen, den umweltpolitischen *grand old man* der CDU: »Die Ethikkommission ›Sichere Energieversorgung‹ unter Vorsitz von Klaus Töpfer hat dazu klare Worte gefunden: ›Die Energiewende wird nur mit einer gemeinsamen Anstrengung auf allen Ebenen der Politik, der Wirtschaft und der Gesellschaft gelingen … Bürgerdialoge und -foren sind geeignete Instrumente, um Entscheidungen zur Energiewende auf allen Ebenen voranzutreiben.‹ Davon sind wir freilich im Augenblick meilenweit entfernt.« Ich danke Volker Hauff für die Zusendung des Vortragstextes.

5 *Neue Westfälische*, 30.4./1.5.2016 (»Erneuerbare Energie ist unschlagbar«).

6 In diesem Sinne auch das *Zukunftsfähige Deutschland* von 2008, S. 329 f.

7 Daran erinnert Reinhard Loske (an den Verf., 11.7.2016).

8 Kai Hünemörder zum Verf.: »Grundlast« sei ein Kampfbegriff zur Verteidigung der Großkraftwerke.

9 Dazu Radkau/Hahn: *Aufstieg und Fall der deutschen Atomwirtschaft*, S. 402 ff.

10 Kai Hünemörder an den Verf., 12.6.2016.

11 Dazu Joachim Radkau: *Natur und Macht. Eine Weltgeschichte der Umwelt*, 2. Aufl. München 2000, S. 305.

12 In einem Gespräch mit Lothar Hahn und mir bemerkte Klaus Töpfer im November 2012: »Sage mir, auf welche Länge du die für die Energiewende neu zu legenden Stromleitungen taxierst, und ich sage dir, ob du für oder gegen die Energiewende bist!« Zu dieser komplizierten Frage neuerdings Benjamin Tschida: *Die Systemverantwortung der Netzbetreiber. Überlegungen vor dem Hintergrund eines sich wandelnden energiewirtschaftlichen Umfeldes*, Tübingen 2016.

13 Tim Rahmann: »›Grüne Lügen‹ – Abrechnung mit den Klimarettern« (Interview mit Friedrich Schmidt-Bleek), in: *Wirtschaftswoche*, 25.6.2014; Stefan Dietrich: »Grüne Lügen – Auf zur nächsten Wende – In seinem 82. Lebensjahr lässt der Chemiker und Nuklearphysiker alle wissenschaftliche Zurückhaltung fahren und teilt seitenweise Hiebe aus« (Rezension seines Buches *Grüne Lügen*), in: *FAZ*, 11.7.2016.

14 Diesen Hinweis verdanke ich Christiane Grefe.

15 Reinhard Loske an den Verf., 9.7.2016. Der Chef des EE-Unternehmens Lichtblick, Heiko von Tschischwitz, trumpft neuerdings auf, er brauche keine Subventionen und könne die Konkurrenz mit den träg gewordenen großen EVUs bestens bestehen! Vgl. *Capital*, 25.6.2015, Axel Hansen: »Heiko von Tschischwitz über seine erste Million«.

16 Radkau: *Die Ära der Ökologie*, S. 13.

17 Das aus meiner Sicht spannendste Beispiel einer äußerst detaillierten und einigermaßen offenen Diskussion der Unsicherheiten in der Klima-Prognostik bietet die ins Internet gestellte Debatte von 2002/2004 zwischen Stefan Rahmstorf und Alvo von Alvensleben, mit der man ein halbes Seminar füllen könnte. Stefan Rahmstorf: »Die Thesen der ›Klimaskeptiker‹ – was ist dran? Eine Antwort auf Alvo von Alvensleben. www.pik-potsdam.de.

18 Reinhard Loske: *Klimapolitik. Im Spannungsfeld von Kurzzeitinteressen und Langzeiterfordernissen*, Marburg 1996, S. 51. Wie er mir mitteilte, steht er zu diesem Satz nach wie vor, auch wenn in den seither vergangenen zwei Jahrzehnten die Indizien für anthropogene Klimaerwärmung an Gewicht gewonnen haben.

19 Der durch die Förderung von Biosprit subventionierte Maisanbau treibt die Bodenpreise in eine Höhe, die den biologischen Landbau unrentabel zu machen droht. Vgl. *Der Spiegel* 45/2014, S. 64: »Auf deutschem Boden ist der Kampf Bio gegen Bio ausgebrochen: Die Förderung nachwachsender Energie macht ausgerechnet Ökobauern … den Garaus.«

20 Reinhard Böhm: *Heiße Luft nach Kopenhagen. Reizwort Klimawandel: Fakten – Ängste – Geschäfte*, Wien-Klosterneuburg 2010, S. 171.

21 Ebd., S. 169 ff., 263 ff.

22 Thomas Gorsboth an den Verf., 8.8.2016.

23 Der Zukunftsforscher Horst P. Opaschowski bemerkt in seinen »Zehn Geboten für das 21. Jahrhundert«, einem Basispapier für die Tagung »Landschaft 2050« in München/Freising 20.–23.10.2016: »Politik und Wirtschaft propagieren gern

und stolz: Die Schnellen schlagen die Langsamen – das ist viel zu kurzatmig gedacht. Erst rastlos, dann ziellos und am Ende ratlos? Offensichtlich sind sie den schnelllebigen Trendforschern auf den Leim gegangen, die unlängst auf dem 5. deutschen Trendtag in Hamburg kleinlaut eingestehen mussten: Vorne ist da, wo sich keiner auskennt.«

24 Heiner Monheim: »Die Autofixierung der Verkehrspolitik. Warum die ökologische Verkehrswende bisher nicht vorankommt und wie sich das ändern ließe«, in: ders./Christoph Zöpel (Hrsg.): *Raum für Zukunft. Zur Innovationsfähigkeit von Stadtentwicklungs- und Verkehrspolitik*, 2. Aufl. Essen 2008, S. 324–340.

25 Radkau: *Natur und Macht*, S. 339 f.

26 *Neue Westfälische*, 1.3.2016.

27 Zum neuesten Diskussionsstand vgl. Wolfgang Haber u. a. (Hrsg.): *Die Welt im Anthropozän. Erkundungen im Spannungsfeld zwischen Ökologie und Humanität*, München 2016.

28 Darüber ausführlich wie kritisch Christiane Grefe: *Global Gardening. Bioökonomie – Neuer Raubbau oder Wirtschaftsform der Zukunft?* München 2016.

Bildnachweis und Quellen

10: »Hoffnungseinbruch«: Umfragen jeweils am Jahresende, 1949–1989: Westdeutschland, ab 1990 Gesamtdeutschland. Quelle: Allensbacher Archiv, zuletzt IfD-Umfrage 11049. © IfD-Allensbach

107: Bundeswirtschaftsminister Dr. Ludwig Erhard bei der Eröffnung der Deutschen Industrieausstellung, Berlin 1951. Foto © Landesarchiv Berlin/Bert Sass, F Rep. 290_0 014 852

123: *DER SPIEGEL* 14/1964, Titelblatt: »Automation in Deutschland«.

140: »Mensch, die nehmen jetzt die Pille!«. Karikatur aus dem *Industriekurier* 1969. Foto © Deutsches Museum München. Aus: Joachim Radkau: *Technik in Deutschland: Vom 18. Jahrhundert bis heute*, Frankfurt/Main u. a.: Campus 2008, S. 357

154: »Es gibt ein neues Völker-Jus in rebus naturalibus«. Karikatur aus: Fritz Wolf: *Das lustige Atom. Wie man's gebar, wie sich's bewegte, und wie man es in Trümmer legte*, Essen: Vulkan-Verlag Dr. W. Classen [1954], S. 194

176: Projekt »Alsterzentrum«, 1966, Fotomontage: Hans Konwiarz. Aus: Neue Heimat (Hg.): *Das Alsterzentrum. Ein Vorschlag zur Erneuerung des Hamburger Stadtteils St. Georg*, Hamburg o. D. (1966), S. 10

231: Robert Jungk und Rudi Dutschke auf einer Kundgebung gegen Atomkraftwerke. Foto: *Kölner Volksblatt*. Aus: Robert Jungk: *Trotzdem: Mein Leben für die Zukunft*, München: Hanser 1993, S. 378

232: Karl Steinbuch, Ludwigshafen 1975. Foto © akg-images/picture-alliance/dpa

243: *DER SPIEGEL* 53/1966, Titelblatt: »Futurologie«

279: Rudi Dutschke (mit Sohn) und Ernst Bloch in Dänemark. Foto © Erben von Ernst und Karola Bloch. Aus: Silvia Markun: *Ernst Bloch in Selbstzeugnissen und Bilddokumenten*, Reinbek bei Hamburg: Rowohlt Taschenbuch Verlag GmbH 1977, S. 115

299: Max Lingner, Porzellanfries »Aufbau der Republik« (Ausschnitt) am »Haus der Ministerien« der DDR, heute Bundesfinanzministerium, Berlin, Leipziger Straße. © Max Lingner/VG Bild-Kunst, Bonn 2016/Foto © akg-images/Urs Schweitzer

307: »Phallus Jenensis«, der Universitätsturm in Jena. Foto: akg-images/Bildarchiv Monheim/Schütze/www.bildarchiv-monheim.de

314: Bernd Heisig: *Ikarus*, Öl auf Hartfaser. DHM Berlin, Dauerleihgabe der Bundesrepublik Deutschland. © Bernhard Heisig/VG Bild-Kunst, Bonn 2016/Foto © akg-images

315: Walter Womacka: *Wenn Kommunisten träumen*, Öl auf Hartfaser. DHM Berlin, Dauerleihgabe der Bundesrepublik Deutschland. © Walter Womacka/VG Bild-Kunst, Bonn 2016/Foto © akg-images

319: »Die 4 Pfade in die Zukunft«. Doppelseite in *Bild der Wissenschaft*, Heft 2 (1981), S. 80/81 (Infografik: Klaus Birkle)

332: Henny van der Most: Entwurf des Freizeitparks »Kern-Wasser-Wunderland«, der Mitte der 1990er Jahre auf dem Gelände des ehemals geplanten Schnellen Brüters am Rhein in Kalkar entstand. Foto © akg-images/picture-alliance/dpa

333: *DER SPIEGEL* 33/1986, Titelblatt: »Die Klima-Katastrophe« und *DER SPIEGEL* 19/2007, Titelblatt: »Hilfe ... Die Erde schmilzt!«

387: © Akbar Behkalam: *Erschaffung*, 1983, 140 x 200 cm Öl/Leinwand. Berlin, Staatliche Kunsthalle. Foto © akg-images

419: Peter Glaser: Vorschlag für ein Sonnenzellen-Großkraftwerk im erdnahen Weltraum (Quelle: Historisches Konzernarchiv RWE, Essen). Aus: Bernd Stoy: *Wunsch-Energie Sonne*, Heidelberg: Energie-Verlag 1977, S. 475

420: Der Politiker Hermann Scheer bei einer Pressekonferenz, Bonn 1999. Foto © akg-images/picture-alliance/dpa

438: Titelbild des Abschlussberichts der Kommission Lagerung hoch radioaktiver Abfallstoffe, »Verantwortung für die Zukunft«. Foto: © BGR (Hannover)

Personenregister

Borgward, Carl Friedrich Wilhelm 192
Bösch, Frank 248, 384
Bosch, Robert 66, 217
Bott, Hans 217
Bougainville, Louis Antoine de 172
Bourdieu, Pierre 168, 205
Bové, José 87
Brandt, Leo 111, 116, 121, 139 f., 156 f.
Brandt, Willy 162 f., 184, 221, 282,
285–288, 306, 343, 345, 360 f.
Braungart, Michael 428 f.
Braun, Wernher von 191, 260
Brecht, Bertolt 36, 299
Brenner, Otto 109, 123, 213
Brentano, Lujo 19 f.
Brödner, Peter 379–384, 394
Brundtland, Gro Harlem 24, 333–335,
404, 426
Buchheim, Christoph 43
Bülow, Bernhard von 174
Buntenbach, Annelie 397
Bünting, Hans 431
Burgbacher, Fritz 116, 218
Burhenne, Wolfgang E. 89, 251, 254
Burton, John W. 188
Busch, Wilhelm 18

Callenbach, Ernest 422 f., 427
Carson, Rachel 151, 411
Chaplin, Charlie 96
Chomsky, Noam 235
Chruschtschow, Nikita S. 50, 53, 114,
117, 124
Churchill, Winston 189
Clarke, Arthur C. 193
Cohn-Bendit, Daniel 200, 264, 280,
413
Curtius, Ernst Robert 56

Dahrendorf, Ralf 216, 383
Darré, Walther 69 f., 80
Dean, James 57
Decker, Gunnar 305
Dehler, Thomas 47

Deppe, Frank 177
Derrida, Jacques 240
Dibelius, Otto 52
Di Lorenzo, Giovanni 288
Dönhoff, Marion Gräfin 140, 232
Dormann, Jürgen 371
Dörre, Klaus 402
Dörrie, Doris 208
Dreyfus, Hubert L. 384
Droysen, Johann Gustav 13
Drucker, Peter F. 102–108
Dulles, John Foster 54
Dutschke-Klotz, Gretchen 276, 278
Dutschke, Rudi 17, 37, 162, 266, 268,
272–274, 277–279

Efferoth, Hugo 50
Ehlers, Otto E. 207
Ehmke, Horst 285–289, 361, 497
Eichel, Hans 355
Eichmann, Adolf 267
Eisenbart, Constanze 213
Eisenhower, Dwight D. 103
Emrich, Louis 111
Engels, Friedrich 26, 282
Ensslin, Gudrun 267, 321
Enzensberger, Hans Magnus 171, 265,
269, 271–274, 276, 280
Eppler, Erhard 29, 344 f.
Erhard, Ludwig 29, 40, 42 f., 46–48,
70, 79, 106, 184, 253–255, 258, 282,
344
Erker, Paul 118
Ertl, Josef 82
Erzberger, Matthias 16
Eversberg, Dennis 400

Felsch, Philipp 265
Fest, Joachim 36
Fischer, Fritz 17, 348
Fischer, Hans 208
Fischer, Joschka 345
Flechtheim, Ossip K. 262 f., 271, 278,
340 f., 345

Heßler, Martina   387
Heuss, Theodor   16, 18–20, 35, 39 f.,
49 f., 56, 62, 117, 121, 178 f., 184 f., 187,
216 f., 241, 267, 375
Himmler, Heinrich   12
Hitler, Adolf   14, 18, 32, 36, 38, 49–61,
69 f., 115, 189, 198, 233
Hobsbawm, Eric J.   22 f., 63
Höcherl, Hermann   82
Ho Chi Minh   197
Hödel, Max   11
Hofmann, Jörg   238, 386, 402
Hölscher, Lucian   15, 20
Holzapfel, Helmut   284
Holzberger, Rudi   326
Honecker, Erich   26, 298, 305,
307–310, 312, 345
Hoover, Herbert C.   39
Hopkins, Rob   435
Horáček, Milan   345
Horkheimer, Max   103
Hünemörder, Kai F.   287, 291
Hussein, Saddam   198
Huxley, Aldous   96, 134
Huxley, Julian   133 f., 179

Illich, Ivan   296
Iwan IV., Zar von Russland   115

Jäckh, Ernst   175
Jänicke, Martin   336, 341 f.
Janzen, Karl-Heinz   126, 319
Japp, Uwe   173
Jaroschek, Kurt   144 f.
Jaspers, Karl   29, 53, 56, 266
Jobs, Steve   240
Jochimsen, Reimut   286–288
Johannson, Kurt   400
Jonas, Hans   169 f., 328–331, 418
Jouvenel, Bertrand de   244, 294
Jungehülsing, Hans   74
Jünger, Friedrich Georg   99
Jungk, Robert   89, 100 f., 141, 152,
165–168, 214, 231–233, 244 f., 247,

249, 251, 260–263, 277, 287, 289 f.,
292–294, 406

Kahn, Helmut Wolfgang   112 f.
Kahn, Herman   244, 249
Kaltenborn, Wilhelm   68
Kant, Immanuel   173, 240
Kantorowicz, Alfred   61
Kelly, Petra   83
Kermani, Navid   201
Kern, Horst   119, 127 f., 130, 320, 380
Keynes, John Maynard   28, 44, 256 f.,
283
Khomeini, Ayatollah   198
Kiesinger, Kurt Georg   283
Kirchknopf, Géza   275
Kitschelt, Herbert   417
Klages, Helmut   260
Klenke, Dietmar   284
Kluge, Ulrich   77, 87
Knapp, Friedrich   375
Knoll, Michael   53 f.
Koch, Claus   271 f.
Köcher, Renate   40, 318, 343, 352, 365
Kocka, Jürgen   203
Koelle, Heinz Hermann   260
Koeppen, Wolfgang   56
Koestler, Arthur   187 f.
Kohl, Helmut   221, 323–326, 343, 345 f.,
348, 350 f., 354, 368 f., 383
Kohlrausch, Friedrich   147, 419
Kondratieff, Nicolai   342
Kosel, Gerhard   308 f.
Koselleck, Reinhart   23 f., 28, 255
Kossert, Andreas   177
Krauch, Helmut   276 f., 286–288, 293
Kraushaar, Wolfgang   264, 267
Krenz, Egon   305
Kretschmann, Winfried   416
Krockow, Christian Graf von   361–363
Krökel, Holger   400
Kubrick, Stanley   193
Kuczynski, Jürgen   25–27, 309 f., 316,
319